남자가 겪는 인생의 사계절

THE SEASONS OF A MAN'S LIFE

남자가 겪는 인생의 사계절

대니얼 레빈슨 외 지음
김애순 옮김

이화여자대학교출판문화원

옮긴이의 말

이 책은 대니얼 레빈슨Daniel J. Levinson, 샬롯 다로Charlotte N. Darrow, 에드워드 클라인Edward B. Klein, 마리아 레빈슨Maria H. Levinson과 브랙스턴 매키Braxton McKee 이렇게 다섯 사람이 함께 쓴 『남자가 겪는 인생의 사계절 *The Seasons of a Man's Life*』(New York: Ballantine Books, 1978)을 완역한 것이다. 30대 후반, 처음 이 두꺼운 책을 번역하겠다고 돈키호테 같은 시도를 했던 것은 여기 삶의 이야기들이 그 당시 나의 삶을 투명하게 조명해주었기 때문이다. 번역의 소망은 나 자신이 중년기에 깊숙이 들어온 후에야 이루어졌다. 다행히 많은 독자들의 사랑에 힘입어, 이제 인생의 끝자락으로 가는 길목에서 다시 개정 작업을 하다 보니, 꿈을 좇아 치열하게 살아온 지난 삶이 주마등처럼 스치며 만감이 교차한다.

우리는 가끔 묻는다. "우리는 어린 시절의 모습과 특성을 고스란히 지닌 채 늘그막까지 살아가게 되는가? 아니면 아동기처럼 성인기에도 어떤 질서정연한 발달의 원리가 존재하는가? 여기에 대한 해답을 구하기 위해, 레빈슨은 그의 동료들과 함께, 노동자, 소설가, 생물학자, 기업체 간부 40명의 남자들의 삶의 여정을 10여 년에 걸쳐 추적 면담했다. 이들은 고도의 전문성이 요구되는 "전기적 면담biographical interview" 방법을 사용하여, 예리한 분석력과 통찰력으로 남성들의 삶의 내용을 심층적으로 분석해서 획기적인 성인 발달 이론을 창출해냈다. 이런 심층적인 연구가 가능했던 것은 연구진 대다수가 임상심리나 정신의학에 뿌리를 두었기 때문으로 추측되지만, 연구진의 다양성을 기해 개인의 삶을 사회·심리학적으로 접근한 데도 큰 의미가 있다.

그동안 주목할 만한 장기 종단 연구들이 진행되어왔지만, 그 연구 결과물을 이렇게 훌륭한 저술 작품으로 창조해낸 경우는 매우 드물다. 그는 연구 자료를 근거로 이론적 논술을 펴나가는 차원을 넘어서, 대단한 문학적 감성으로 네 남자의 전기傳記와 함께 전설적인 위인들의 삶의 초상, 그리고 굽이굽이 문학적 고전과 시를 인용하여 삶의 깊은 심연을 들여다보게 한다. 그야말로 삶 속에 예술이, 예술 속에 삶이 녹아들어 있는 것 같다. 그래서 이 책은 딱딱한 이론서라기보다 마치 흥미진진한 문학 작품 같기도 하고, 몇 편의 다큐멘터리 드라마를 보고 있는 것 같기도 하다. 그의 삶에 대한 사랑과 진지성, 예리한 분석력과 통찰력, 탁월한 문학적 감각과 해박함에 감탄과 찬사를 드리며, 장기간의 연구팀을 이끈 리더십과 학문적 열정에 존경과 경의를 표한다.

레빈슨은 전 인생 주기를 네 개의 시대Era로 구분하고 있다. 각 시대 안에는 대여섯 개의 시기들Periods이 줄지어 있는데, 어느 시기도 특별히 우월하지 않고 나름대로 독특한 특성과 발달 과제를 가지고 있으며, 한 시기가 시작되고 끝나는 시점은 연령과 관련이 있다. 그는 우리의 인생을 자연의 사계절에 비유하고 있다. 이는 다음과 같은 이유에서이다.

우선 춘하추동의 사계절마다 뚜렷한 특징이 있고, 그 안에서 해야 할 일이 있듯이, 우리의 인생도 마찬가지이다. 꽃 피는 봄 못지않게 겨울의 설경이 아름답듯이, 청춘의 활력 못지않게 노년의 원숙함도 아름답다. 또 봄에는 씨를 뿌리고 가을엔 거두어들이듯, 우리는 성장의 어린 시절을 보낸 후, 성인 초기에는 꿈을 실현하기 위해 성취의 사다리를 오르며, 중년기에는 자신의 삶을 재조명해보고 흠을 바로잡아 삶의 균형을 찾아나간다. 그리고 노년에는 지나온 삶을 반추하고 정리하며, 자신의 삶에 의미를 부여하기 위해 마지막 노력을 하면서 다가올 죽음을 준비한다.

또한 전 인생 주기의 흐름은 자연의 사계절이 순환하는 원리와 흡사하다. 각 계절 사이에 환절기가 오듯이, 우리의 인생도 각 시기 사이에 '전환기'가 찾아온다. 전 인생 주기는 전환기와 안정기가 맞물려 순환하는 진화 과정이다. 전환기란 기존의 삶 속 결함을 발견하고 새로운 변화를 모색하는 시기이며, 안정기는 새로운 삶의 구조 속에서 발전의 움직임이 있는 시기이다. 인생에서 전환기가 주기적으로 찾아오는 이유를 레빈슨은 이렇게 말한다. "인간 발달에서 가장 역설적인 것은 현명하게 선택할 수 있는 판단력과 자기이해력을 갖추기 전에 인생에서 가장 중요한 선택을 해야 되는 것이다. 우리가 20대에 세운 인생 설계는 결코 완벽할 수가 없다. 그것은 머지않아 결함이 드러나고 다시 수정되어야 한다." 즉 삶 속의 모순은 갈등과 혼란을 초래하고 이는 곧 변화와 성장의 동인이 된다는 것이다. 우리는 변화와 안정의 수레바퀴 위에서 계속 삶의 결함들을 수정하면서 살아가야 한다.

그는 성인 발달이란 시기들의 계열을 따라서 '인생 구조life structure'가 진화되는 과정이라고 한다. 인생 구조란 한 시기를 살아가는 삶의 뼈대 혹은 설계도이다. 어느 한 시기의 인생 구조는 개인의 자아와 그를 둘러싼 세계의 상호 작용에 의해 조형된다. 자아가 꿈을 펼치려 할 때, 세계는 지지와 가능성을 열어주기도, 심한 제약을 가하기도 한다. 또 자아는 세계에 위축되기도, 이를 극복해버리기도 한다. 개인의 인생은 그가 어떤 꿈을 추구해왔고, 또 세계가 어떻게 지지와 가능성, 제약을 가했으며, 여기에 자아가 어떻게 고투해왔느냐에 따라 그의 삶의 내용과 색채가 달라진다. 레빈슨은 네 남자의 인생 역정을 통해서 이를 여실히 보여주고 있다. 어떤 인생은 도전과 발전을 위한 힘겨운 싸움으로, 성취의 기쁨과 환희로 채색되어 있다. 그러나 실패에서 오는 좌절과 상실감으로, 족쇄에 매인 듯한 인생 구조에서 벗어나려고 몸부림치면서, 자신의 한계를 수용해야 하는 번민으로 점철된 인생도 있다. 아마 대부분의 인생이 어느 정도는 이 모든 게 혼합된 것이리라. 그렇지만 자아와 세계 사이의 끊임없는 고투를 통하여 우리는 성숙해가며 지혜와 관용을 터득하게 된다. 가을과 겨울이 봄이나 여름 못지않게 아름답듯이, 중년이나 노년의 아름다움은 바로 이러한 아름다움일 것이다.

요즈음은 인간 수명이 놀랄 만큼 길어지고 라이프 스타일이 급속하게 변하고 있다. 젊은이들의 결혼에 대한 가치가 바뀌고 여성들의 사회 진출이 증가하면서, 이제 남성과 여성의 인생행로는 점점 비슷해지고 있다. 이런 시점에서 "이 이론이 젊은 세대들의 삶을 조명하고 이해하는 데 적용될 수 있을까?" 하는 의문이 들 수 있다. 여기에 레빈슨은 "시대와 시기들의 계열은 모든 사회에, 모든 인류의 진화 과정에 존재한다."고 주장한다—다만 한 시기가 시작하고 끝나는 시점이 달라질 뿐이라고.

레빈슨의 성인 발달 이론은 아프지만 아름다운 인간 성장의 이야기이다. 누군가의 인생이 성공으로 보이든 혹은 실패로 보이든, 그가 치열하게 살아왔고, 그리고 그 안에서 성숙했다면, 그 자체로 아름다운 인생일 것이다. 아마도 인생행로의 어디쯤 길목에 서서, "나는 왜, 어떻게 이런 모습으로 여기에 서 있는가? 나는 이제 어디로 가야 하는가?" 하고 묻는 사람이 있을 것이다. 이 책은 제2의 인생을 준비하는 젊은 청년들, 성취의 사다리를 오르는 젊은 성인들, 성취의 절정에서 혹은 실패의 늪에서 번민하는 중년들, 그리고 인생의 마지막 다리에서 자신의 삶을 반추하는 노년들 모두에게, 삶에 대한 통찰력을 주고 성숙한 삶의 방향을 모색하도록 도움을 줄 것이다.

이 책을 번역하면서, 마치 여러 사람의 인생의 피륙 속을 내가 실제로 끼어 돌고 있는 듯이 환희와 아픔과 연민을 느끼면서 정신없이 몰입해왔었다. 막상 이 책을 세상에 내놓으려 할 땐 눈을 딱 감고 얼굴을 땅에 묻고 싶은 심정이었다. 이제 개정 작업을 하면서 다시 검토해보니 여기저기 부족한 점들이 눈에 띄어 독자들에게 미안하고 부끄럽다. 잘못된 부분은 수정 보완하고 문장들은 더욱 간결하게 다듬느라 모든 여력을 쏟아부었지만, 아직 미비한 점이 있으면 독자들의 넓은 양해를 구한다.

마지막으로 이 책을 번역하도록 추천해주셨고, 번역을 마칠 때까지 독려와 조언을 아끼지 않으셨던 고故 윤진 교수님께 진심으로 감사를 드린다. 초판에 이어 개정판을 출판해준 이화여자대학교출판문화원에 감사드리며, 개정판을 기획한 이혜지 님, 편집에 정성을 다해준 민지영 님, 디자인팀에게 고마움을 전한다.

2023년 4월 솔모루에서

김애순

지은이의 말

성인成人이 된다는 것은 무엇을 의미하는가? 성인 생활의 근본 문제들—중요한 문제들과 만족감, 절망과 비애, 성취감의 근원들—은 무엇인가? 아동기나 청소년기와 마찬가지로 성인기 삶의 진행에도 어떤 기본 순서가 있는가? 이런 의문들이 나를 10여 년에 걸친 연구 계획에 참여하도록 했다. 이 책은 나와 나의 동료들이 이런 의문에 대한 해답을 얻어낸 과정을 보고하고 있다.

우리의 연구가 진행됨에 따라 아동기와 마찬가지로 성인기 연구에서도 발달적 접근이 필요하다는 것이 점점 더 명백해졌다. 이러한 생각은 이론적으론 널리 수용되고 있음에도 불구하고, 이상하게 실제는 소홀히 다루어진 거의 새로운 착안이었다. 이 연구가 처음 시작되었을 때, 인생 주기상의 성인 발달 단계나 성인 발달의 본질에 대한 이론은 거의 없었으며 연구 증거는 더욱 없었다.

성인 발달에 대한 관심이 증가하고 있음에도, 성인기 삶의 과정을 심도 있게 연구하기는 아직 꺼려들 한다. 인간 성장의 가능성에 대해선 더 많은 것을 알고 싶어 하지만, 세밀한 관찰이 단지 감퇴와 한계만을 드러내지 않을까 하는 두려움이 있다. 성인들은 "인생은 마흔 살에 시작한다."는 희망을 가지고 있다—그러나 "인생은 거기서 끝난다."는 엄청난 불안 역시 가지고 있다. 중년에 대한 이 만연된 공포로 인하여 성인기에 경험하는 모든 것에 대해서는 거의 완전히 침묵을 지킨다. 성인기 삶의 구체적 특성들은 우리 사회에서, 아마도 인류 역사상 가장 잘 지켜진 '일급비밀' 중의 하나일 것이다. 중년기에 접어든 사람들은 자기 친구, 젊은 동료들, 젊은 자녀들과 자신의 삶의 과정이나 삶의 의미를 의논하기가 어렵다는 사실을 알게 된다. 중년기는 가장 큰 금지된 주제 가운데 하나가 되어왔다. 지난 10년 동안 이 주제에 대한 수많은 소설과 연극, 인기 있는 책들(통상 위안을 주기 위한)이 증가하고 있다. 그러나 우리들의 회피경향성은 아직도 뚜렷하며 우리의 지식 역시 제한되어 있다.

노년에 대한 만연된 두려움은 널리 인정되어왔다. 아직 노년은 저만치 멀리 있지만, 중년은 우리의 심연에 있는 감퇴와 죽음에 대한 불안을 불러일으킨다. 성인 초기의 가장 고통스런 두려움은 젊음이 사라진 후엔 인생이 별 볼일 없어진다는 것이다. 가끔 청장년들은 서른 살을 넘기는 것은 '언덕을 넘는 것'이라고 느낀다. 이들이 다른 성인 세대의 생활 속에 있는 실질적인 문제나 가능성에 대해 좀 더 풍부한 감각을 갖기에는 공허한 상투어구밖엔 아무것도 없다. 그래서 이들은 상상한다. 중년기는 기껏해야 평범함이나 무의미한 안락을, 최악의 경우 침체감이나 절망감을 가져다줄 것이라고.

통상 중년기는 모호한 '중간에 끼인 시기'로 간주되고 있으며, 우선 부정적인 용어로 정의되고 있다. 그 하나는 이제 더 이상 젊지는 않으며 그렇다고 완전히 늙은 것도 아니라는 것이다—하지만 무엇이 좀 더 긍정적 의미를 지닌 용어란 말인가? 젊음이 함축하고 있는 것은 생동감, 성장, 숙련, 용감함이다. 반면에 노년은 취약성, 시들음, 종말, 공허한 순간 등을 함축하고 있다. 노년에 대한 전반적인 부정적 이미지는 중년에 큰 부담을 더해준다. 마치 우리가 폭삭 늙어버린 것처럼, 죽음의 그늘 속에서 중년을 살아가는 것은 끔찍스러운 일이다. 또한 우리가 아직 젊은 것처럼, 젊음의 그늘 속에서 중년을 살아가는 것도 자기 파괴적인 환상이다. 인생 주기의 각 국면들은 그 자체의 고유한 미덕과 한계를 가지고 있다. 그 잠재적인 가치를 깨닫기 위해서 우리는 그것이 표현하고 있는 것들을 정확히 이해하고 수용해야 하며, 그 안에서 우리의 삶을 창조해야 한다.

이러한 개인적, 전문적 사려思慮들이 우리의 연구 목표를 정의하는 데 바탕이 되었다. 이 목표들은 해가 갈수록 더욱 뚜렷해지고 확장되었지만, 기본 생각은 바뀌지 않았다. 우리의 일차적 목적은 남성 성인기에 대한 발달적 조망을 독창적으로 생성하는 것이다. 우선 일차적 관심을 성인기 '주요한 계절들'에 두면서 전 인생 주기에 대한 체계적인 개념을 밝히고 싶다. 비록 그 특성들이 인생 주기상의 위치에 따라 변형되고는 있지만, 각 계절은 그 자체의 고유한 특성과 가치를 지니고 있다. 우리는 먼저 35세에서 45세까지 '중년 시기'에 초점을 두었다. 그러고 나서 10대 후반부터 40대 후반까지 그 범위를 넓혀갔다.

나는 이 분야에서 최근 활동이 시작되기 전, 1966년에 이 연구를 구상하고 계획하기 시작했다. 처음 이 연구를 시작할 때엔, 마치 내가 지도에도 없는 쓸쓸한 지역으로 들어가고 있는 것처럼 보였다. 이 연구는 어떤 면에서 성인 발달의 가능성에 대한 나의 지적 흥미를 반영하고 있었다. 또한 주제 선택 역시 개인적인 관심이 반영되었다. 나는 내 나이 46세에, 나 자신이 경험해온 것들을 이해하기 위해서 중년으로 들어가는 전환기를 연구하고 싶었다. 지난 10여 년에 걸쳐, 나의 삶은 결정적인 방향으로 변화되었다. 나는 내가 무엇이라 형언할 수 없는 어떤 의미에서의 '발달'을 했다. 나는 이 연구가 나 자신의 경험에 빛을 던져주고 일반적으론 성인 발달을 이해하는 데 공헌하기를 바랐다. 후에 이러한 결정이 나의 개인적 감정 이상을 반영하고 있었음이 명백해졌다. 우리 사회에는 성인기를 '한쪽에는 어린 시절이, 다른 한쪽에는 노령이 있는, 특징 없는 세월의 장사진'이상의 어떤 것으로 보려는 욕망이 점점 더 커져가고 있다.

예일대학교에 막 부임해온 학구적 시기인 1966~1967년에, 나는 성인 발달이라는 광범위한 영역 안에 있는 다양한 이론적 문제들을 탐색해보고, 구체적인 연구 계획을 세워 나아갔다. 1967년 가을에는 샬롯 다로Charlotte N. Darrow, 더글러스 데러Douglas S. Derrer, 그리고 에드워드 클라인Edward B. Klein이 합류해서 하나의 연구팀이 형성되었다. 1968년 초에 약간의 사전 면담을 실시하여 분석한 후 국립정신건강연구소에 연구 계획서를 제출했다. 물론 이때까지 연구가 순조롭게 진행되고 있긴 했지만, 1969년 1월에 연구비를 받게 되면서 공식적인 연구가 시작되었다. 우리는 첫 번째 피험자들을 1968년 가을에, 그리고 마지막 피험자들을 1970년 초에 면담했다. 브랙스턴 매키Braxton McKee는 1968년에 이 연구에 합류했으며, 마리아 레빈슨Maria H. Levinson은 데러가 다른 직책을 맡아 떠났던 1970년에 이 연구에 합류했다. 레이 워커Ray C. Walker[1]는 1968~1971년까지 우리 그룹의 한 사람이었다. 우리는 그에게 특별한 신세를 지고 있다. 그는 인간에 대한 다른 개념에 전념해 있는 그룹—주로 프로이트 학파Freudian—안에서 유일한 융 학파Jungian였다. 그는 탁월한 재치와 인내심을 가지고, 우리가 다른 관점들을 거부하지 않고 융의 생각을 받아들이도록 도왔다. 결과적으로 우리 모두는 점점 학파의 굴레에서 벗어날 수 있었다.

우리에 대한 연구비 지원은 1973년 초에 끝났다. 이때까지 우리는 1차와 2차 인터뷰를 마치고 많은 사례 분석을 끝마쳤다. 진행 과정에서, 우리의 연구는 중년기에서 더욱 광범위한 연령 범위로, 그리고 성인 발달에 대한 보다 보편적 이론으로 이동해갔다. 적절한 다음 단계는 우리의 개념들과 연구 결과 발견된 사실들을 더욱 발전시켜서 이에 대한 책을 쓰는 것이라고 우리는 느꼈다. 불행하게도 이 분야에서는 통상 연구비가 첫 연구에만 지원되고, 책을 쓰는 데는 지원되지 않는다. 그래서 이 책을 쓰는 작업은 연구비 부족과 대학들의 일반적인 열악한 재정 상황으로 인해 복잡해졌다.

1973년 봄에 이 책을 계획하면서, 우리는 이론과 연구 결과들에 대한 장章은 내가 쓰고, 다른 사람들은 각각 전기 한 편씩을 쓰기로 결정했다. 이 분업은 다음과 같이 이루어졌다. 다로는 그녀가 면담한 소설가 폴 냄슨Paul Namson의 전기를 썼다. 클라인은 기업체 간부 제임스 트레이시James Tracy의 전기를 썼고, 그리고 매키는 노동자 윌리엄 폴슨William Paulsen의 전기를 썼다. 마리아 레빈슨은 면담 작업이 끝난 이후에 이 연구에 합류했다. 그녀는 내가 면담한 생물학자 존 반즈John Barnes의 전기를 썼다. 나는 자료 분석과 개념화 작업을 마무리 짓고 나머지 장들을 썼다. 매키는 이 작업에서 나에게 큰 도움이 되었을 뿐 아니라, 원고를 수정하는 데도 역시 중요한 공헌을 했다.

비록 내가 이 연구의 발기인이고 이 책의 대표 저자이긴 하지만, 이 연구 프로젝트는 하나의 공동 연구였다. 모든 훌륭한 공동 연구에서처럼, 각 연구원의 두드러진 공헌을 분별해내기는 어렵다. 우리 다섯 사람은 공산품을 생산하는 집합 과정의 일부분으로 느낀다.

처음부터 우리의 접근은 다각적이었다. 우리의 연구 초점은 개인과 성인기에 걸친 그의 발달에 맞추어져 있었으며, 이것은 전통적으로 심리학과 정신의학의 영역이었다. 그러나 우리는 인생 과정이 진화되는 데에 흥미를 갖고 있었기에, 개개인을 사회 속에 안치해서 보아야 했다. 즉 남성이 자신의 환경과 어떻게 맞닥뜨려 있는지—그의 환상, 갈등, 능력은 물론 세상 속에서 그의 인간관계, 역할, 개입—를 우리는 면밀하게 시험하고 관찰해야 했다. 바꿔 말하면, 이것은 심리학, 정신의학과 함께 사회과학과 인문학에 의존해야 하고, 사회학, 인류학, 역사학, 정치학과 같은 학문 분야를 활용해야 한다는 것을 의미한다. 우리는 이제 경계 학문 분야boundary discipline인 사회심리학의 영역 안에 있다. 사회심리학은 개인을 우선적으로 다루는 학문 분야와 사회, 문화, 집합 생활을 우선적으로 다루는 학문 분야를 연결하는 이론과 지식 구조를 창조해낸다. 이런 의미에서 성인 발달에 대한 우리의 관점은 사회·심리학적이다.

이러한 연구 방향은 연구팀 구성에 잘 반영되어 있다. 나의 지적 근원은 심리학과 정신의학, 사회학에 있다. 다른 사람들은 일차적으로 심리학(마리아 레빈슨과 클라인), 사회학(다로), 그리고 정신의학·정신분석(매키)에 그 지적 뿌리를 두고 있다. 우리들의 지적 이력은 우리들 각각을 이 모든 학문 분야에 끌어들여, 경계선에 놓여 있는 하나의 기업을 창조하는 데 협력하도록 했다.

1967년 봄에, 나는 예일대학교의 동료 교수들 몇 분을 초청해서 나의 연구 초안을 소개하고 검토해보도록 했다. 몇 번의 회합을 통해서 내가 연구에 착수하는 것이 타당하다고 인정되었으며, 다른 사람들의 지속적인 흥미를 불러일으켰다. 그해 가을에 우리는 성인 발달에 대한 교수들의 세미나를 시작했다. 이 세미나는 멤버십에 큰 변화 없이 다음 4년에 걸쳐 계속되었다. 연구팀에 추가해서 세미나 멤버들도 포함되었다: 케네스 케니스턴Kenneth Keniston, 제럴드 클러맨Gerald L. Klerman, 그레이엄 리틀Graham Little, 테오도르 밀스Theodore M. Mills, 존 몽고메리Jone S. Montgomery, 데이비드 무스토David F. Musto, 피터 뉴턴Peter M. Newton, 대니얼 쉬바르츠Daniel P. Schwartz 등이 바로 그들이다.

세미나는 우리 연구 방법의 중요한 한 부분이었으며 연구 기획을 수립하는 과정에서 도움이 되었다. 세미나를 통해서, 우리는 이론적 접근, 연구 논문, 문학적 수필, 전기, 임상 사례 연구들, 그리고 예비 연구와 1차 연구의 피험자들에 대해서 논의했다. 다양한 성격 이론들의 상대적 장점에 대해서 논의했으며, 성인 발달에 미치는 사회적 영향력의 중요성에 대해서도 논의했다. 세미나 멤버들은 그 학문적 뿌리가 다양했으며, 끊임없이 여러 학문에 흥미를 보이면서 학문적 경계선상에서 일하고 싶어 했다. 그때 우리들 대부분은 35세에서 45세 사이였으며 개인적으로 이 시기의 발달적 문제로 씨름하고 있었다. 좀 더 늙거나 젊은 사람들도 이런 문제로부터 결코 자유롭지는 못했다. 만약에 우리가 타인의 인생에 대해서 신랄하게 지적 토론을 벌이게 된다면, 자신의 인생에 대해서도 마찬가지로 논의해보아야 된다는 점이 곧 명백해졌다. 비록 세미나의 주 기능은 연구 작업을 촉진시키는 것이었으나, 세미나는 우리 개인의 삶에도 마찬가지로 큰 공헌을 했다. 나는 각자 나름대로 독특한 방식으로 이 작업에 참여하게 된 멤버 개개인과 "그룹 전체"에 깊이 감사한다.

원고가 짜임새를 갖추고 출판사가 선정되었을 때, 우리가 제인 아이제이Jane Isay와 리처드 그로스만Richard Grossman의 자문을 받게 된 것은 대단한 행운이었다. 그들은 초고를 읽고 집필과 출판에 대한 매우 귀중한 충고를 해주었다. 그들의 도움으로 도널드 커틀러Donald Cutler(Sterling Lord Agency 소속)를 만나게 되었는데, 그는 우리의 대리인이 되어 우리 항해의 마지막 남은 여정을 도와주었다. 그는 신이 보낸 선물이었다. 노프Knopf 출판사에서 우리 책의 편집인이었던 찰스 엘리엇Charles A. Elliott은 원고를 완성하는 데 필요한 이해, 지지, 그리고 문학적 감수성의 원천이 되어주었다.

우리는 잭 셰퍼드Jack Shepherd에게도 역시 감사한다. 그는 일 년 동안 나와 가까이서 일하면서 개정 작업을 하는 데 주요한 공헌을 했다. 만약에 이 책이 실속이 있고 진지하다면, 그리고 수많은 학문적 글들이 갖고 있는 현학적인 티를 상당히 벗어났다면 그 공은 셰퍼드와 엘리엇의 것이며, 만일 문제가 여전히 남아 있다면, 그 책임은 전적으로 우리 자신들에게 있다.

지난 10년 동안 우리는 많은 사람들과 여러 기관들에서 큰 도움을 받아왔다. 그 당시 예일대학교 정신의학과 과장이었던 프레데릭 레들리히Frederick C. Redlich는 내가 연구비를 쓸 수 있기 전에 예비 연구를 시작할 수 있도록 정신적, 물질적 지원을 해주었다. 20여 년에 걸쳐, 제럴드 클러맨Gerald L. Klerman은 나의 제자이자 동료이고 친구였다. 그는 1967~1969년까지 코네티컷 정신건강센터의 소장으로 있으면서, 이 힘든 작업이 진전되고 내가 전문적인 발전을 해나가는 데 적극적으로 참여했다. 내가 예일대학교에 있는 동안 보리스 애스트러캔Boris M. Astrachan은 소중한 동료이자 친구였다. 이 연구는 여러 면에서 그의 개인적 관심과 행정적 지원을 받았다. 뉴턴은 비공식적인 토론, 원고 검토, 그리고 여러 가지 프로젝트에서 공동 연구를 하면서 나와 함께 수많은 시간을 보내왔다. 나와 클러맨, 애스트러캔, 그리고 뉴턴과의 관계는, 좋은 사제 관계 속에서는, 스승은 적어도 젊은 제자가 스승에게서 얻는 만큼의 많은 이득을 제자에게서도 얻어낼 수 있다는 것을 증명해준다. 에스터 하딩Ester Harding과 마지트 프랭크Margit van Leigh Frank는 간접적인 방법으로 이 연구의 지적, 심리학적 질에 크게 공헌했다. 또한 나의 어머님은, 내 인생의 어머니로서의 일반적 영향력을 넘어서, 이 책에 매우 직접적인 공헌을 했다. 이제 91세인 어머님은, 지난 5~6년 동안, 노년에도 자기 발전의 가능성이 있다는 것을 내가 이해하게 해준 장본인이었다.

바바라 켈러맨Barbara Kellerman과 웬디 스튜어트Wendy Stewart는 우리의 성인발달 이론을 활용하여 첫 번째로 두 편의 박사학위 논문을 썼다—켈러맨은 윌리 브란트Willy Brandt[2]의 전기를, 그리고 스튜어트는 17세에서 35세 사이에 있는 여성들의 발달에 대한 연구를 했다.[3] 켈러맨은 이 책의 몇 장을 개정하는 데, 특히 트레이시의 전기를 개정하는 데도 역시 공헌했다.

이제 이 연구를 위한 연구기금(Number MH-15982)뿐 아니라 나에게 연구과학상Research Scientist Award(Number MH-13032)을 수여해준 국립정신건강연구소에 감사할 차례이다. 이 연구 기획의 수행은 캐서린 캐시Katherine Cash, 주디 타운센드Judy Townsend, 그리고 샤론 캐노사Sharon Canosa에 이어서 관리되어왔다. 각자 자신의 독특한 방법으로, 우리들의 공동 연구와 개개인의 복리를 위해 맡은 임무 이상으로 공헌했다. 특히 캐노사는 비서이자 행정가였으며 이 책이 출간되는 4년이란 기나긴 세월 동안 꾸준히 영향을 미쳤다. 그녀는 이 기획의 전속 임원이었다.

우리는 에이잭스 인더스트리스Ajax Industries와 유나이티드 일렉트로닉스United Electronics라는 가명으로 알려진 회사들에게 우리를 환영해주고 순전히 우리의 요구에 따라 우리를 손님으로 받아준 것에 대해 감사한다. 우리들의 연구는 어느 회사에도 직접적인 혜택을 주지 못했다: 우리는 이 연구가, 회사들을 위해 그리고 우리의 연구 동료가 되어준 근로자와 관리자들을 위해 다소나마 간접적인 가치를 부여해주기를 희망한다.

무엇보다도, 우리는 우리를 그렇게 진심으로 자신들의 삶 속에 들여놓고, 자신들의 경험을 광범위한 청중들에게 소개하도록 허락해준 40명의 남성들에게 감사한다. 이름을 밝혀서 감사를 전할 수 없으므로, 그들이 우리에게 준 도움과 통찰에 대해 가명으로 감사를 표한다. 마지막으로, 우리는 초고를 읽은 후 자신들의 전기를 발행하도록 허락해준 네 사람에게 영원히 빚을 지고 있다. 그들은 이런 전기적 연구는 상호 간의 존경과 협력을 바탕으로 이루어질 수 있다는 우리들의 맹목적인 희망을 지지해준다.

1977년 5월, 뉴 헤이븐에서
대니얼 레빈슨

차례

3부 안정기

4부 중년의 전환기와 중년 입문기

5부 결론

THE SEASONS OF A MAN'S LIFE

1부

성인 발달에 대한 관점

1장 인생 주기와 그 계절들

성인 생활의 단면들을 볼 수 있는 매우 많은 분량의 자료들이 축적되어 왔다. 이 자료들 중에는 결혼과 이혼, 건강과 질병, 기대수명, 직업과 수입에 대한 통계 자료들이 있으며, 은퇴와 '빈 둥지 증후군'과 같은 스트레스가 심한 사건들에 대한 연구들도 있다. 간단히 말해서, 우리는 성인기에 대한 광범위한 정보를 가지고 있다. 그러나 성인기의 본질에 대해서는 매우 한정된 이해를 하고 있다. 성인기의 기본적 발달 원리는 아직 수수께끼로 남아 있다.

우리는 스무 살쯤까지의 성인 이전기pre-adulthood에 대해서는 훨씬 더 잘 알고 있다. 우리는 인간의 발달이 인생의 바로 이 부분에서 일어난다고 알고 있는데, 성인 이전기는 일련의 시기들—유아기, 아동 초기, 아동 중기, 사춘기, 청소년 초기와 청소년 후기—을 통해 거슬러 올라가 볼 수 있다. 우리는 성인 이전 단계에 대해서는 좀 더 심오하고 체계적으로 이해하고 있는데, 그 이유는 크게는 우리가 이 단계를 발달적 조망에서 검토해왔기 때문이다. 우리는 아동기와 청소년기를 독특한 기쁨과 갈등이 있으며, 다가올 성인기를 위해 성장과 준비를 하는 공식적인 단계로 간주한다. 첫 20년에 대한 전반적인 모양새는 평이하다. 불완전하고 의존성이 높은 어린이는 복잡한 생물학적, 심리적, 사회적인 환경 속에서 다소간 독립적이고 책임감 있는 어른으로 성장해간다.

성인 이전기에 대한 발달적 접근을 통해, 우리는 그러한 시기를 통과해가는 어린이들의 움직임 속에서 어떤 근본적인 질서를 구별해낼 수 있다. 우리는 모든 사람의 인생은 아동기나 청소년기에는 공통적 발달 원리에 지배되며 일련의 공통적 발달 시기들을 통과한다는 사실을 이제 보편적으로 받아들이고 있다. 동시에 각 개개인의 삶은 그 자체의 독특한 특성을 가지고 있으며, 그 자체의 독특한 인생 과정을 따라 진행된다는 사실도 인정한다.

발달적 접근은 성인기 연구에도 필요하다. 이 책에서는 인생 주기에 대한 개념을 전반적으로 제시하면서, 성인 초기와 중기에 대한 좀 더 세부적인 발달 양상을 보여주고자 한다. 이것은 그 자체만으로도 충분히 훌륭한 착상이며, 이상하게도 여태까지 소홀히 다루어져 왔다. 사회과학에서 인생 주기에 대해 연구된 적은 거의 없으며, 그래서 이 방면의 연구 계획을 자극하고 인도할 만한 이론적 틀도 거의 없다. 비록 최근에는 더 많은 관심과 흥미가 생기고 있긴 하나 학술적인 측면에서는 그 상황이 1960년대에야 다소 호전되었다.[1]

인생 주기에 대한 개념

인생 주기와 성인 발달에 대한 가장 유망한 관점은 넓게는 지그문트 프로이트(Sigmund Freud, 1856~1939)에 의해 창시된 '심층 심리학depth psychology'이라고 알려진 분야에서 유래한다. 프로이트는 의식적 측면뿐 아니라 무의식까지도 포괄하는 성격 이론을 내놓았으며, 어린 시절의 성격 발달이 얼마나 심오하게 성인기의 삶에 영향을 미치는지를 보여주었다. 그러나 아동기에 대한 그의 발견 중 우리를 흥분시키는 것은 성인기를 앞으로 더 발달해나가는 시기라기보다는 어린 시절의 무의식적 갈등들이 재연되는 장면으로 간주하는 경향이 있다는 것이다.

우리의 관점에서 볼 때, 현대의 성인 발달 연구의 아버지라고 부를 수 있는 사람은 칼 융(Carl G. Jung, 1875~1961)이다. 융은 30대의 대부분을 프로이트의 제자이자 신 정신분석 운동의 기수로 지냈다. 1913년에 그는 프로이트와 헤어져서 서서히 그 자신의 학파인 **분석심리학**analytical psychology을 형성했다.

융과 프로이트의 많은 지적 차이 중에서 특별히 두 가지 점이 여기에 관련되어 있다. 첫째, 융은 프로이트가 성인기의 문제, 갈등, 창조성에 미치는 아동기의 발달과 그 영향력에 너무 편협하게 초점을 맞추고 있다고 느꼈다. 융은 '인생 후반부'인 성인 발달에 대해 특별히 주의를 기울이면서 전全 인생 주기에 대한 개념을 안출해냈다. 둘째, 융은 프로이트의 강력한 임상적 입장이 정신병리나 '내적 정신 과정intra psychic'을 지나치게 강조하고, 사회적 상황, 종교, 신화 등은 소홀히 했다고 믿었다. 융은 일종의 사회심리학을 발달시키는 쪽으로 시작했다. 그는 개인의 발달을 내적 심리적 과정과 외적 문화적 힘의 산물로 이해하려고 노력했다. 그의 이론은 환자들에 대한 임상적 연구는 물론, 다양한 문화와 다양한 역사적 시기로부터 온 민속학, 신화, 상징적 창조물들을 분석한 데 근거하고 있다.

융의 주된 관심사는 성인 발달에 대한 연구였다. 그는 젊은 성인들은, 정상적 발달의 일부분으로, 아직 아동기의 정서적 개입과 갈등에 크게 사로잡혀 있으며, 동시에 가족과 직장, 지역사회의 요구에 대처하기 위해 강한 압박감을 받고 있다고 이해하고 있었다. 성격은 스무 살까지는 완숙한 경지에 도달할 수 없다. 그는 근본적인 변화를 위한 다음 시기는 '인생의 정오'인 마흔 살경에 시작된다는 것을 발견했다. 융은 이때 시작해서 인생 주기의 후반부까지 펼쳐지는 발달 과정을 설명하기 위해 **개별화**individuation라는 용어를 사용했다.[2]

성인 발달 연구에서 다음으로 위대한 인물은 에릭 에릭슨(Erik H. Erikson, 1902~1994)이다. 비록 정신분석학자에게 훈련을 받았고 정신분석의 신봉자였으나, 에릭슨은 프로이트와 융 사이를 역사적, 지적으로 이어주는 연결고리 역할을 하고 있다. 비록 에릭슨에겐 융을 전문 학계와 틀어지게 한 철학적이고 신비적인 자질이 약간 부족하긴 하지만, 그가 정신분석 이론을 수정한 사실은 그를 융과 더욱 가까운 사람으로 느끼게 한다.

처음엔 그는 예술가이자 교사였다. 겉으로 보기엔 우연히 그는 미국으로 이주하기 직전, 서른 살 무렵에 빈에서 프로이트 학파의 정신분석학자가 되었다.

인문과학, 심리학, 그리고 사회과학에 미친 에릭슨의 지대한 영향력은 1950년에 그의 첫 번째 책인 『아동기와 사회*Childhood and Society*』가 출판되면서 시작되었다. 그 이후, 그는 전기적 방법과 역사적·사회적·심리적 양식을 조합한 분석방법을 사용하여, 주로 성인 발달 연구에 심혈을 기울였다. 그의 아동기에 대한 연구는 성인기에 대한 연구보다 더 광범위하게 이해되고 인정되어왔다. 비록 그는 인문과학과 사회과학 사이의 경계선 위에 있지만, 에릭슨은 우선 인문과학자이다[3]. 그는 학문적 과학자 이상으로 인생을 연구하는 생도이다. 이런저런 면에서, 그의 사고방식은 생리학과 19세기 과학에 깊게 뿌리를 두고 있는 프로이트보다는 융과 더 가깝다.

심리학적 측면에서, 성인 발달에 대한 우리의 생각은 이처럼 프로이트, 융, 에릭슨에 의해 형성된 지적知的 전통에서 싹텄다. 오토 랭크Otto Rank, 알프레드 애들러Alfred Adler, 빌헬름 라이히Wilhelm Reich, 그리고 다른 사회적 입장을 취하는 심층 심리학자들도 여기에 포함된다.[4] 최근에는 어네스트 베커Ernest Becker, 로버트 리프턴Robert Lifton 등에 의해, 사회 속에서의 성인기 삶에 대해 좀 더 광범위한 접근을 하는데 이러한 지적 원천이 사용되어오고 있다. 심층 심리학의 다양한 학파들을 그렇게도 오랫동안 분열시키고, 각 관점의 범위를 제한해온 종파들이 아마도 그 고통에서 벗어나고 있는 듯하다. 옛 학파들의 다툼이 어리석은 짓이라는 것은 명백하다. 우리는 이 연구가 좀 더 통합적이고 비종파적인 접근을 가져오는 계기가 되기를 희망한다.

성인기에 대한 좀 더 깊고 복잡한 관점을 창출해내는 데는, 개인의 본질과 사회의 본질 양쪽을 다 고려해야 한다. 단순히 역사, 문화, 사회기관들이 성인 개개인의 삶에 미치는 영향을 인정하는 것만으로는 충분치 않다. 하나의 적절한 접근은 사회과학에서 온 개념과 사고방식에 의해 정보를 얻는 것이다. 이를 위한 우리들의 노력은 이 책을 통해서 분명해질 것이다.

생물학, 심리학, 사회과학의 문헌들은 인생 주기와 그 구성 요소들에 대한 체계적인 개념을 담고 있지 않다. 연구 과정을 통해서 우리는 인생 주기에 대해 상당히 많은 자료를 발견했고, 그래서 우리 나름대로의 개념에 도달했다. 그것은 2장과 3장에 제시될 것이며, 다음 여러 장에 걸쳐서 체계적으로 설명될 것이다. 그러나 우리들 사고의 출발점은 인생의 주기가 무엇이냐에 대한 정연한 이론이 아니라 본능적으로 추출된 은유적인 감각이다.

구체적 의미와 심상을 가지고 처음부터 시작해보자. 첫째, **인생 주기**life cycle라는 용어는 **인생 길이**life span 또는 **인생 과정**life course과 같은 다른 용어들과 가끔 동의어로 쓰이고 있다. 그러나 그들은 완전히 의미가 다르다. '인생의 길이'는 단지 탄생에서 죽음까지의 간격을 말하는 단순한 범주이다. 그것은 기술적으로 유용한 용어이긴 하나, 이 간격이 어떻게 채워지는지에 대해선 아무것도 말하고 있지 않다. '인생 과정'은 좀 더 내용이 있다. 그것은 시간이 지남에 따른 개개인 인생의 흐름—삶을 엮고 있는 재료인 특별한 사건들의 패턴, 인간관계, 성취, 실패, 야망—을 말하고 있다. 우리가 이해하려고 하는 것은 인생 과정이다. 우리는 여러 가지 조망을 통해서 인생 과정을 분석하고 이해하려고 노력하는데, 발달 이론은 이러한 조망 중의 하나이다.

'인생 주기'라는 용어는 또 다른 좀 더 독특한 의미를 전달하고 있다. 그것은 인생 과정이 독특한 특성을 가지고 있으며 기본적인 계열을 따라 진행된다는 것을 시사하고 있다. 『영어 어원 사전*American Heritage Dictionary*』에 따르면, **주기**cycle와 **발달**development이라는 말은 동일한 어원을 가지고 있다: kwel. kwel의 라틴형은 colere, 그리스형은 telos이다. 이들은 원형circle, 진화하다evolve, 완성completion, 선회wheel, 거주하다inhabit, 수양하다culture, 경작하다cultivate와 같은 현대 영어 단어들의 어원이다. '인생 주기'라는 용어는 이와 같은 낱말들의 기본 의미를 함축하고 있으나, 좀처럼 명료하게 표현되지는 않는다. 나는 두 가지 핵심적인 의미를 분명히 하려고 한다.

첫째, 출발점(탄생, 기원)부터 종점(죽음, 종결)까지의 과정 또는 여행이라는 의미가 있다. 말하자면, 인생 주기란 근원적인 보편적 패턴을 따라 진행되는 탄생에서 죽음까지의 여행을 의미하는데, 거기에는 끊임없는 문화적, 개인적인 다양성이 존재한다. 그 길을 따라 일어나는 많은 영향력들이 여행의 본질을 형성한다. 이러한 영향력들은 여행의 방향을 변경할 수도 우회시킬 수도 있다. 그들은 어떤 한계 내에서 시간표를 빠르게 혹은 늦출 수도 있다. 극단적인 경우에는 발달 과정을 모두 멈추게 할 수도 있다. 그러나 여행이 계속되는 한 그것은 기본적인 계열을 따른다.

둘째, 계절이라는 의미가 있다: 인생 주기 안에 있는 일련의 시기 또는 단계들. 그 과정은 단순하고, 지속적이고, 변함없는 흐름이 아니다. 모든 계절들은 질적으로 다르며, 각자 그 자체의 고유한 특성을 가지고 있다. 비록 계절들 안에는 많은 공통점이 있지만, 모든 계절은 앞의 계절과도 뒤에 오는 계절과도 다르다. 계절의 이미지는 다양한 형태를 취하고 있다. 한 해에도 계절이 있다. 봄은 만개의 계절이다. 그리고 겨울은 죽음의 계절인 동시에 재탄생의 계절이며, 새로운 주기의 시작이다. 하루에도 역시 계절이 있다—새벽, 정오, 황혼, 밤의 고요한 어두움—각각 시차에, 대기에 따른, 그리고 심리적인 특성이 있다. 사랑 관계에도, 전쟁에도, 정치에도, 예술적 창조에도, 그리고 질병에도 계절이 있다.

모든 사람은 춘하추동의 사계절과 인생 주기의 계절과의 연관성을 은유적으로 이해한다. 아무도 '9월의 노래'라는 서정시에 대해 설명을 들을 필요가 없다. "길지, 5월에서 12월까지는 길지/그리고 9월이 되면 날들은 점점 짧아지지."[5] 하고 주인공이 노래할 때, 우리는 누구나 그가 젊음과 중년을 비교하면서 말하고 있는지를 안다. 딜런 토머스Dylan Thomas가 그의 유명한 시에서 늙은 아버지에게 "그 좋은 밤 속으로 점잖게 들어가지 마세요."[6]라고 말할 때, 누구에게나 밤이 오는 것은 인생의 종말처럼 느껴진다는 것이 분명하다.

인생을 계절에 비유해서 말하는 것은 인생 과정이 어떤 형체를 띠고 있으며, 그 윤곽을 분명히 나타낼 수 있는 일련의 양식을 통해 진화된다는 것을 의미한다. 한 계절은 전체 주기의 비교적 안정된 한 부분이다. 여름은 겨울과는 다른 특성을 지니고 있다. 황혼은 서광曙光과는 다르다. 한 계절이 비교적 안정적이라는 것은 정지되어 있거나 침체되어 있다는 것을 의미하진 않는다. 변화는 각 계절 안에서 일어나며, 한 계절에서 다음 계절로 바뀌는 데에는 전환기가 필요하다. 모든 계절은 그 자체의 시간을 가지고 있다. 그 자체로서 중요하며 그 자체의 용어로 이해될 필요가 있다. 어떤 계절도 다른 계절보다 더 중요하진 않다. 각 계절은 각자 필요한 장소에서 그 독특한 특성으로 전체에 공헌한다. 그것은 과거와 미래를 연결해서 그 자체 내에 이 양쪽을 모두 내포하고 있는, 전체 주기의 한 유기적 부분이다.

인생 주기에 대한 보다 분석적인 관점을 제시하기 전에, 우리 연구에 대해 간략히 설명하는 것이 순서인 것 같다.

성인 발달에 대한 연구

이 연구의 특성은 2년 동안의 탐색 시기에 확립되었다. 그것은 서른 살에서 쉰 살까지 연령 범위 어딘가에서 성인 발달의 본질을 이해할 수 있으리라는, 나의 강렬하지만 분명히 말할 수는 없는 흥미에서 비롯되었다. 나는 개인의 인생에서 마흔 살 주변이 특별히 중요한 의미를 갖고 있다고 직감했다. 약간의 예비적 독서, 면담, 자기 관찰을 한 후, 나는 서른다섯 살에서 마흔다섯 살까지 10년 동안에 초점을 맞추기로 결정했다. 이 인생 중반의 10년 동안에 사람들은 '젊은이'에서 '중년'으로 탈바꿈한다고 추론했다. 위에 인용된 어떤 용어도 연구 문헌에서나 나 자신의 마음속에서 분명히 정의되지는 않았었다. 나의 애당초 목적은, 이 용어들에 대해 좀 더 사실적인 의미를 부여하고, 만약에 인생 중반의 이 10년 동안에 어떤 발달이 일어난다면 그 발달 과정을 설명하는 데 있었다.

따라서 우리 연구의 대상자들은 처음부터. 35세에서 45세 사이의 연령 범위 안에 있었다. 그들의 나이는 이 10년 동안에 걸쳐 고르게 분포되어 있었다. 우리는 모든 참여자들이 10년 동안에 걸친 자신의 삶을 회고해볼 수 있도록 좀 더 제한된 연령 범위, 즉 43세에서 45세까지의 연령 범위도 고려해보았었다. 그러나 우리의 연구 목적이 침해되지 않는 한, 가능한 한 좀 더 광범위한 현시점의 연령 범위를 다루는 것이 더 중요한 것 같았다. 연구 표본이 1969년에 선택되었기 때문에 연구 대상자들은 1923~34년 사이에 태어난 사람들이다. 1930년대의 대공황, 제2차 세계대전, 한국전쟁, 1950년대의 죄어오는 듯했던 순응주의자의 10년, 1960년대의 격변 등, 이런 주요한 사회적 변화를 경험할 때 그들은 제각기 다른 연령에 있었다. 겉으로 보기에 그들 삶의 위상은 동일하지 않았다. 이런 다양한 연령층 덕분에, 우리는 10여 년에 걸친 더욱 생생한 삶의 실상을 얻을 수 있었다. 누구나 지나간 추억을 재구성하는 것보다는 최근 경험을 더욱 풍부하고 신속하게 회고할 수 있다. 30대 후반에 있는 참가자들은 자신의 40대 삶을 말할 수는 없었으나, 30대 후반에 대해서는 44세나 45세인 사람보다 훨씬 더 풍부하게 설명해주었다.

많은 동료들은 특별한 연령 범위에 초점을 두지 말고 특별한 직업 발달 단계나 가족 발달 단계에 초점을 두라고 조언했다.[7] 예를 들면, 어린이들이 학교에 다니는 시기인 '중년 부모 단계middle parenthood/ 마지막 자녀가 집을 떠나는 '빈 둥지 시기empty nest period' 또는 직업적 이력에서 '중간 경력mid-career'에 대해 나는 연구할 수도 있었다. 직업적 이력에 대한 몇 편의 연구를 이미 마쳤기 때문에, 나는 이러한 선택이 너무 한계가 있음을 발견했다.[8] 나 자신의 개인적·지적 발달 때문에도 이 시기에, 나는 성인기의 삶에서 일어나는 다양한 생물학적, 심리적, 사회적 변화를 함축하는 포괄적인 발달 개념을 창출해내고 싶었다. 나는 이런 의미에서의 발달이 분명히 일어날 것이며, 그리고 중년의 10년은 그것을 보기에 가장 좋은 장소라는 위험한 내기를 했다. 드러난 바와 같이 이 내기는 할 만한 가치가 있는 것이었다.

연구 표본의 크기는 중요한 문제였다. 한 사람 한 사람의 인생이 심도 있게 연구될 예정이었기 때문에, 전체 연구 대상자의 수가 제한되었다. 나는 분명히 규모가 큰 집단에 거창한 설문조사나 심리검사를 실시하는 것을 원하지 않았다. 하지만 광범위하게 유의미한 이론을 생성해내고, 상이한 조건하에서의 다양한 발달 유형들을 찾아내기 위해선 우리는 두세 개 이상의 사례가 필요했다. 잘 짜인 단 한 개의 전기biography로는 충분하지 않았다. 결국 나는 우리의 인적 자원이 다룰 수 있는 최대 인원인 마흔 명의 표본을 사용하기로 결정했다. 이 적은 표본은 어떤 가설을 결정적으로 검증할 수는 없었다. 그러나 이 새로운 분야에서는 어떤 연구도 결정적일 수는 없다. 하지만 우리는 약간의 의미 있는 개념, 잠정적인 일반화, 그리고 유용한 연구 방법에 도달할 수 있을지 모른다.

가장 어려운 결정 중의 하나는 연구를 남자에게만 국한하는 것이었다. 궁극적으로 우리가 어느 한편을 이해하려 한다면 양성의 성인 발달을 연구하는 것이 더 본질적이다. 발달에 대한 도전은 적어도 남성과 마찬가지로 여성에 대해서도 크다. 여성도 남성과 똑같은 성인 발달 시기를 통과한다. 그러나 생물학적, 사회적, 환경의 차이가 반영된 특별히 다른 방법으로 통과할 것이라고 나는 믿는다. 시기 그 자체는 어떤 면에서 여성들에게는 다를 수도 있다. 그러나 여기에 제시된 접근은 양성의 발달이 동일하게 혹은 전적으로 상이한 방법으로 발달한다는 가정 없이, 여성 연구를 위한 기초를 제공해준다. 이런 방면의 첫 번째 행보는 웬디 스튜어트에 의해 행해졌다.[9] 30대 중반의 소규모 여성 집단을 연구하면서, 비록 세세한 문제들이 약간 다를지라도, 그들 모두가 우리 연구의 남성과 동일한 발달 시기를 통과한다는 것을 그녀는 발견했다. 부가적인 연구가 지금 진행 중이다.

여성을 연구에 포함시키고자 하는 나의 강렬한 바람에도 불구하고, 결국 나는 그렇게 하지 못했다. 남자 스무 명과 여자 스무 명에 대한 연구는 어느 쪽도 타당하게 설명해주지 못할 것이다. 여성과 남성의 차이는 분석의 초점이 될 만큼 충분히 크다. 그것은 단지 또 다른 집단에 검사를 시행해서 컴퓨터로 하여금 자료를 분석하게 하는 단순한 문제만은 아니었다. 연구의 강한 탐색적 본질을 고려해서, 우리는 각 참여자의 인생을 치밀하게 검토하고자 했다. 다양한 조건하에서 남성의 발달을 체계적으로 연구하기 위해선, 몇 개의 하위 집단을 포함한 마흔 명의 표본이 스무 명 표본보다 훨씬 더 적절하다. 돌이켜 보건대, 이것은 옳은 선택이었다고 나는 믿는다. 우리는 이제 다양한 다른 집단을 이해하기에 훨씬 더 유리한 고지에 와 있다. 그러나 솔직히 말하면, 내가 그런 선택을 한 데는 좀 더 개인적인 이유가 있었다는 것을 인정하지 않을 수 없다. 나는 어느 정도는 나 자신의 성인 발달에 대해서 더 깊이 이해하고 싶었기 때문에 남성들을 선택했다.

결국 나는 직업별로 네 개의 집단을 선택하기로 결정했으며 한 집단은 각각 10명으로 구성되었다. 남성들에겐 일이란 사회 내에서 그의 일차적인 삶의 근거가 된다. 그것을 통해서, 그는 직업적 체계 속에 들어가게 되며 그리고 문화적, 계층적, 사회적 틀 속에 짜여 들어가게 된다. 일이란 또한 중요한 심리적 의미를 가지고 있다. 그것은 자아의 중심부를 성취하거나 또는 부정하는 수단이 되기도 한다.

우리의 과제는 사회의 다양한 측면을 대표하는 네 개의 직업군을 선택하는 것이었다. 그들은 일의 유형과 이력, 현재의 사회적·심리적 생활 조건이 크게 차이가 나야 했다. 결국 우리는 다음 네 가지 직업군을 선택했다: 산업체의 일용 근로자, 기업가, 생물학자, 소설가. 다른 직업군도 동일한 입장에서 선택할 수 있었으나 우리는 이 선택에 매우 만족한다. 우리는 모든 집단에 공통된 성인 발달의 양상뿐 아니라, 집단 간의 다양한 차이를 발견하기 위해 노력했다.

이와 같이 우리는 네 직업군에 골고루 분포되어 있는 35세에서 45세 사이에 있는 마흔 명의 남성들을 연구하기로 했다. 그래서 연구될 남성들이 선정되었는데, 표집 과정은 네 직업군마다 약간씩 달랐다.

두 회사는 우리가 노동자와 기업인 양쪽을 다 선발한 일터였다. 하나는 우리가 에이잭스사의 산업용 화기 사업부Industrial Firearms Division라고 부르는 곳이다(모든 사람과 기관의 이름은 가명). 이 사업부는 군수품과 오락 기구를 포함한 소수의 생산품을 만들어낸다. 비록 최근 법인 구조의 변화 때문에 경영과 생산의 다양화가 크게 강조되고 있긴 하지만, 그 생산품이나 기계 공학, 조직체의 구조는 지난 50~60년 동안 급격히 변화하지는 않았다. 두 번째 회사인 유나이티드 일렉트로닉스사는 현대의 정보 통신 분야에서 급속히 성장하고 있는 '걸음마 단계의 회사'이다. 제록스나 IBM과 같은 기존 사단법인에서 온 이 회사 설립자들은, 지금은 어린애에 불과하지만 머지않아 그의 조상들과 겨루는 거인이 되리라는 꿈을 가지고 있다.

우리는 뉴 헤이븐New Haven의 50마일 반경 이내에서 탐색한 결과 이 두 회사를 선택했다. 이 두 회사에서 우리는 노동자와 기업체 간부 표본을 선발했다. 우리는 회사 직원들에게 회사가 우리의 연구를 찬성하지만 누구에게도 참여하도록 강요하지는 않는다고 말했다. 우리는 면담 비밀이 지켜진다는 것을 강조했다. 회사는 우리가 출판한 연구 결과의 사본을 받게 되겠지만 어떤 개인에 대한 사적인 보고서나 평가서는 얻지 못할 것이다. 신뢰성과 다른 윤리적 문제들은 우리에게 매우 중요했다. 우리는 아무도 이 연구에 참여함으로써 부당하게 고통을 당하거나 이득을 보는 일은 없을 것임을 확실히 하고자 했다. 양쪽 회사는 우리의 제의를 충분히 받아들였다. 연구에 참여한 개개인과 회사의 도움을 진심으로 감사하고는 있지만, 비밀보장에 대한 약속 때문에 처음부터 이들의 이름을 공개할 수 없는 것이 안타까웠다.

일용 노동자들은 에이잭스사와 유나이티드 일렉트로닉스사에서 똑같이 뽑혔다. 일용직 노동력의 60%가 흑인(아무도 관리인이 아님)인 에이잭스에서는, 흑인 세 명과 백인 두 명의 노동자를 선발했다. 유나이티드 일렉트로닉스에서는 흑인 노동자는 하나도 없었고 고용인들은 교육과 기술적 훈련 수준이 약간 더 높은 사람들이었다. 열 명의 노동자들은 나이, 직업, 직위, 교육 수준, 회사에 근무한 연한 등이 모두 다양했다. 열 명 모두가 연구에 참여하도록 권유하는 우리들의 청을 받아들였다. 그들 중 몇 명은 처음에 우리들이 관리인들과 어떤 관계를 갖고 있지 않나 하는 의심을 품고 있는 게 분명했다. 그래서 우리는 신뢰성을 심어주는 작업을 해야 했다. 이 집단에서도 다른 집단과 마찬가지로 아무도 탈락되지 않았으며, 대여섯 명은 필요한 경우 부가적으로 면담을 계속해주었다.

기업체 간부들 중 여섯 명은 에이잭스에서, 네 명은 유나이티드 일렉트로닉스에서 선발되었다. 우리는 각 회사로부터 개인의 이름과 연령, 몇 가지 인구학적 특성에 관한 자료와 함께, 중견과 최고 경영진의 조직도를 얻었다. 그러고 나서 우리는 연령, 중견과 최고 경영진에서의 순위, 부서와 직위, 공학기술 이력, 영업실적, 재정 등과 같은 측면에서 다양성을 최대화하도록 표본을 선발했다. 결혼 상태, 성격, 능력과 같은 특성은 고려하지 않고 선발했으나, 우리 연구 방법의 본질상, 이런 측면에서도 상당한 다양성을 확보했다. 일용 노동자들과 마찬가지로, 우리가 초대한 열 사람 모두가 연구에 참여하는 데 동의했다. 각 회사의 사장들이 표집 기준에 맞아 우리의 청을 받아들여 연구 대상자가 되어준 것은 큰 도움이 되었다(대여섯 명의 간부직원들은 연구자보다 자신들의 상관이 자기를 선발했다고 느끼고 있었다. 그들은 자신이 막 떠오르는 샛별로 보일지 아니면 시들어가는 실패자로 보일지 궁금해 했다. 다시, 우리는 면담 과정에서 이 문제에 대해 설명을 했다).

대학의 생물학자 표본을 얻기 위해서는, 보스턴과 뉴욕 사이의 회랑 지대에 있는 두 개의 명문 대학을 선정했다. 이들 대학에서는 생물학 교수들은 일반적으로 '장래가 촉망되는 젊은 남자'이거나 국가적 명성이 있는 선임 연구원이었다. 예일대학이나 그 외의 다른 곳에서 개인적 경험을 통해 우리가 알고 있는 것처럼, 교수들의 삶과 직업적 이력은 엄청나게 차이가 난다. 생물학은 과학적 측면이나 사회적 응용 분야라는 측면에서 급속한 변화를 겪고 있다(의약, 인구 통제, 전쟁, 식량 생산과 같은 영역에서). 생물학자들은 생물학과뿐 아니라 생화학과, 생물리학과, 공중 보건, 산림 관리, 도시 계획에까지도 고용되고 있다. 다양한 학과, 교직원들의 나이, 학문적 서열, 세부적 전공 분야를 파악하는 데 약간의 시간이 소요되었다. 이러한 몇 가지 면에서 크게 다른 다섯 명을 각 대학에서 선발했다. 우리는 편지, 전화, 그리고 개인적 면담을 통해 각 사람들과 접촉했다. 열 명 중 여덟 명은 연구에 참여하기로 동의했다. 우리는 열 명의 정원을 얻기까지 모두 열세 명과 접촉했다. 이와 같이 우리 연구대상이 '지원자 위주'라는 약간의 편향성volunteer Has을 갖고 있지만, 이것은 대부분의 연구에서보다는 훨씬 더 적은 편이다. 생물학자들을 연구할 때는 대학 당국으로부터 편의나 후원을 전혀 받지 못했다.

소설가들을 표집하는 과정은 또 달랐다. 여기에선 우리는 어떤 조직적인 틀에서 완전히 벗어나서 작업을 했다. 다시 한번, 우리는 무엇이 우리에게 새로운 문화인지를 공부하기 위하여 유사 인류학적 방법을 사용했다. 우리는 작가들의 세계—출판사, 대학, 대중 매체, 그 이외의 수많은 기관들을 포함한—를 알기 위한 노력부터 시작했다. 우리는 수많은 비평가, 교사, 편집자, 대리인, 그리고 우리가 선택한 연령 집단 이외의 작가들과 이야기를 나누었다.[10]

한 사람을 소설가로서 확인할 만한 공인된 준거는 없다. 매우 극소수의 사람만이 소설 쓰는 것을 전문 직업으로 삼을 수 있다. 소설가들은 가끔 비평가, 저널리스트, 사업가, 선생으로서도 일한다. 우리는 두 가지 기준을 정했다: 적어도 두 편의 소설을 출판한 사람, 그리고 소설가라는 것이 그의 개인적 정체감에서 가장 중요한 부분인 사람.

여러 가지 자료를 통해 우리는 이 기준에 맞으면서 보스턴과 뉴욕 사이의 어디엔가 살고 있는 100명이 넘는 남자 소설가 목록을 작성했다. 우리는 소설의 종류와 질적인 면에서 다양성을 고려하면서 이 목록에서 열 명의 이름을 선택했다. 선택된 몇 명의 소설가들은 그의 작품이 저명한 작가나 비평가들에게 호평을 받고 있는 매우 재능 있는 소설가들이었다. 다른 사람들은 좀 덜 알려지긴 했지만 장래가 촉망되거나 앞으로 진지하게 평가해볼 만한 가치가 있는 사람으로 간주되고 있었다. 나머지 사람들은 더 인기는 있으나 '문학적인' 냄새가 덜 풍기는 소설가들이었는데, 이들은 자신들을 기예가라고 여기고 있었으며 자신들의 작품을 쓰는 데는 열심이었다. 우리는 처음 작성된 목록에 있는 사람들에게 먼저 편지를 보낸 다음 다시 전화를 했다. 그리고 만약에 그 사람이 흥미를 느끼면, 개인적 면담을 했다. 처음 열 명 중 일곱 명이 우리의 청을 받아들였다. 집단을 완성하기까지 모두 열네 명과 이야기를 나누었다. 선택된 열 명은 사회적 배경, 문학적 양식과 목적, 그리고 그들에 대한 비평과 상업적 성공의 정도가 크게 달랐다. 그들 대부분은 소설 이외의 다른 글들—연극, 영화, 시, 논픽션—을 썼으며, 그리고 소설 쓰는 일 이외의 다른 부업을 갖고 있었다.

이와 같이 연구 표본은 35~45세 사이에 분포되어 있는 마흔 명의 남자로 구성되었으며, 모두가 미국 태생이었다. 연구를 위해 선택된 네 개의 직업군에 각각 열 명씩이 들어 있다. 비록 그들 중 많은 사람들이 다른 지역에서 출생했지만 현재는 모두 보스턴과 뉴욕 사이의 지역에서 살고 있다.

표본은 다른 측면에서도 매우 다양하다. 네 가지 특성을 얼핏 살펴보면, 사회 계층의 기원, 인종-관습-종교적 기원, 학력, 결혼상태 등이 다양하다.

남자들은 다양한 사회적 계층과 배경의 출신들이다. 그들 중 여섯 명(15%)은 가난한 도시나 농촌 출신인데, 네 명은 노동자, 한 명은 기업체 간부, 그리고 한 명은 소설가이다. 42%는 안정된 노동자 계층이나 낮은 중류 계층이고, 32%는 안락한 중류 계층, 그리고 10%는 부유층(중상층 또는 상류층)이다. 그리고 노동자들은 모두가 가난하거나 노동자 계층 출신이다. 기업체 간부 직원 중에서는 단지 두 명만이 안락한 중류층 출신이다. 일곱 명은 노동자 계층 또는 낮은 중류층에서, 그리고 한 사람은 빈곤 속에서 성장했다. 일곱 명의 생물학자와 여덟 명의 소설가들은 중류와 상류층 출신이다. 그들은 사회적 기원이라는 면에서 표본을 전체적으로 계층 구조의 상류층 쪽으로 기울게 하고 있다.

표본은 인종-언어-종교적 기원이라는 면에서도 역시 다양하다. 흑인은 모두 다섯 명이었다(12%)—세 명의 노동자와 두 명의 소설가. 우리가 연구한 기관에서는 35~45세 사이에 있는 생물학자나 기업체 간부 중엔 흑인이 하나도 없었다. 스무 명은 신교도 가정에서(50%), 여덟 명은 가톨릭(20%), 일곱 명은 유태인(18%), 그리고 다른 일곱 명은 종교적 또는 인종적으로 혼합된 혈통이다(통상 가톨릭-신교도, 또는 국가적 기원이 혼합된).

생물학자들 가운데, 여섯 명은 신교도, 한 사람은 유태인 그리고 세 사람은 가톨릭-신교도 혼합 가족 출신이다. 소설가들 중 여섯 명은 신교도(그중 두 명은 흑인), 그리고 네 명은 유태인 가족 출신이었다. 생물학자와 소설가들 가운데 가톨릭계가 빠진 것은 고의로 그렇게 한 것이 아니었다. 즉 이 직업에서 가톨릭 신자 수가 적은 것을 반영한 것일지도 모르는 우연한 변이였다. 기업체 간부들의 종교적 배경은, 다섯 명은 가톨릭(주로 폴란드, 이탈리아, 아일랜드 계통), 두 명은 신교도, 한 명은 가톨릭-신교도 혼합, 그리고 두 명은 유태교였다. 노동자들의 배경은, 세 명은 가톨릭, 다섯 명은 신교도, 그리고 두 명은 가톨릭-신교도의 혼합이었다.

학력에서는, 스물여덟 명(70%)은 대졸이었고, 여섯 명만이 고등학교를 졸업하지 못한 사람이었다. 학력은 대표된 직업군의 교육 수준을 반영하고 있다. 노동자들은 가장 교육을 적게 받았다: 다섯 명은 고등학교 미졸업자, 세 명은 고졸, 두 명은 약간의 대학 경험을 갖고 있었다. 생물학자는 열 명 모두 대학을 졸업했고, 생화학, 동물학, 또는 식물학과 같은 생물학 분야의 박사학위를 소지하고 있었다. 기업체 간부들 중 아홉 명은 대학을 졸업하고(공과대학 네 명), 그리고 이들 중 두 명은 어떤 대학원 교육을 받았다. 소설가들 역시 높은 교육을 받았다. 그들 중 아홉 명은 대학을 졸업했으며, 여섯 명은 하버드, 다트머스, 오벌린과 같은 명문 대학을 졸업했다. 한 진지한 젊은 소설가는 자신의 개인적 경험과 작품 소재를 풍부한 성인 이전 세계와 교육적 환경에서 얻은 듯했는데, 이러한 환경은 그가 성인 초기를 시작할 무렵 그의 문학적 야망에 양면가치를 부여하긴 했지만 역시 강력한 지지도 해주었다.

남자들 모두가 적어도 한 번은 결혼했었다. 그들의 현재 결혼 상태는 다음과 같이 다양했다. 마흔 명 중 서른두 명(80%)은 초혼을 유지하고 있었다. 이혼한 여덟 명 중 세 명은 재혼하지 않았으며, 다섯 명은 재혼했다. 두세 명의 결혼생활은 위기에 가까웠는데, 두 쌍은 연구가 끝난 후 곧바로 이혼했다. 대략 남자들의 80%가 초혼과 재혼에서 아이들을 갖고 있었다. 이러한 현상은 직업군들 가운데 뚜렷한 차이가 없었다.

각 남자에 대한 정보의 일차적 원천은 자기 자신이었을지라도, 우리가 다른 원천들 역시 갖고 있었다는 점은 주목할 만한 사실이다. 피험자의 아내들 대부분이 한 차례 면담을 받았다. 여기에서 주요 목적은 남편에 대한 부수적인 조망을 얻는 것이었으나, 우리는 여성들에 대해 좀 더 심도 깊은 연구를 하려는 준비로서, 여성 자신의 입장에서 본 '아내'에 대해 무언가를 배울 수 있었다. 남자들의 다양한 직업과 일의 세계에 대해서도 우리는 역시 많은 것을 알아냈다. 이 과정에서 우리는 사실 우리 연구에 참여한 두 회사와 두 대학에 대해 비공식적인 조직체 분석을 수행했다. 역사, 현재의 구조, 고용과 승진 정책, 그리고 각 조직체의 생존과 성장의 문제에 대한 청사진을 구성했는데, 특히 이런 것들이 연구에 참여한 피험자들에게 영향을 주기 때문이었다. 가끔 한두 사람이 특별한 사건이나 인물에 대한 자신의 개인적 해석을 해주었다. 그리고 이런 것들이 각 직업 세계에 대한 관점을 세우는 데 도움이 되었다. 우리는 남자들의 사무실, 가정, 그리고 조직체 공간을 방문함으로써 그가 우리에게 말했던 것들에 대한 의미와 부가적인 정보를 얻을 수 있었다. 소설가들은, 비록 그들은 조직체와 관계를 맺고 있지는 않았지만, 느슨하게 조직된 직업 세계 안에서 살고 있었다. 우리는 다양한 자료를 통해서 이들의 세계와 소설가 개인에 대해서 이해했다. 우리는 각 작가의 소설뿐 아니라 다른 작품들을 대략 다 읽었다. 우리는 그들의 평론도 역시 읽었다.

나는 두 가지 이유에서, 이 부가적인 정보원을 강조한다. 첫째, 이 정보들은 단순히 각 연구 대상자들을 면담함으로써 얻을 수 있었던 것보다 훨씬 더 풍부하고 타당한 정경情景을 보여주었기 때문이다. 둘째, 남성의 일생을 이해하기 위해서는 그의 개인적 동기, 야망, 사건들에 대한 해석뿐 아니라 그의 외적 환경에 대한 것들을 알 필요가 있기 때문이다. 우리가 극히 소수의 직업과 기업조직을 선택한 것은, 부분적으론 각 남성의 인생에서 직업과 조직의 역할을 연구하기 위해서였다. 그들에 대한 이해는 개인의 인생과 발달을 분석하는 데 중요한 재료가 되었다.

면담은 우리 연구 방법의 심장이었다. 인터뷰 단계에서, 우리는 한 남성을 그의 집, 직장, 또는 우리의 연구실 등에서 그의 선호에 따라 면담했다. 녹음기를 사용한 면담은 보통 한두 시간 계속됐으며 일주일 간격으로 시행되었다. 때때로 어떤 면담은 오후 내내 또는 밤까지 계속되곤 했다. 혹은 다음 면담이 시작되기 전에 5~6주가 지나기도 했다. 충분히 사적 비밀을 지켜주며, 충분한 시간 여유가 있다는 기본적 약속을 해주고, 그 안에서 융통성을 보이는 것이 연구의 중요한 열쇠였다. 대개 우리는 2~3개월 이내에 다섯 번 내지는 열 번 만났으며, 총 10~20시간을 면담했다. 대개의 경우, 우리는 최초의 면담 후 약 2년 후에 후속 면담을 했다. 녹음테이프의 복사본은 한 사람당 평균 약 300페이지에 달했다. 각 피험자는 각각 한 사람의 연구원이 맡아 면담했다.

면담의 일부분으로, 우리는 모든 남자들에게 다섯 장의 그림 시리즈를 보여주고 그들 각각에 대해 이야기를 엮어보라고 했다. 그림은 헨리 머레이Henry A. Murray에 의해 고안된 **주제통각검사**TAT: Thematic Apperception Test에서 선택한 것들이었다. 이 검사는 가끔 성격진단에도 사용된다. 우리는 그 이야기들을 자연스런 면담의 일부분으로 사용했다. 그들은 자칫하면 감추거나 자신이 알아차리지 못한 개인적 경험, 흥미, 상상들을 거기에 토해냈다. 이 방법의 유용한 예는 존 반즈의 전기에 나와 있다(17장).

면담은 우리의 이론적 접근에서 무엇이 가장 핵심적인 것인가를 반영해주고 있다. 이 방법에 대해 한 가지 용어를 선택해야 한다면, 나는 그것을 **전기적 면담**biographical interviewing이라고 부르겠다. 처음에 우리가 피험자들에게 알려준 바와 같이 일차적 과제는 남성의 인생에 대한 이야기를 만드는 일이었다. 면담인과 피면담자는 이 작업에 공동으로 협력했다.

우리는 아동기부터 현재에 이르는 인생의 모든 경로를 다루고자 했다: 원래의 가족, 결혼과 출산에 의한 가족(남편과 아버지의 역할을 하는), 남자와 여자의 중요한 관계들, 교육, 직업 선택과 경력, 여가, 민족적·종교적·정치적 흥미에 대한 개입 여부, 질병, 죽음과 사랑하는 사람의 상실, 즐거운 시절과 불행한 시절들, 인생 과정에서의 전환점. 다양한 주요 시점마다 우리는 그 남자의 삶의 그림조각을 전체로 묶어서 보려고 노력했다: 그의 인생의 다양한 구성 요소들이 어떻게 그때와 상호 관련되어 있는가? 말하자면, 서른네 살의 생활 패턴은 어떻게 해서 과거로부터 발현되었으며, 미래를 위한 그의 희망, 두려움, 계획, 상상 등은 어떤 것인가?

이것은 우리가 감당해야 할 많은 일들이었고, 그리고 그것을 할 유일한 최선의 방법은 없는 것이 분명했다. 사람마다 말할 이야기를 가지고 있다. 사건들은 특별한 시점에서 펼쳐지고 그리고 개인은 다양한 인생 역사의 과정과 결과에 대해 강한 감정을 가지고 있다. 그 당시 그가 품고 있던 내적 의미, 욕망, 갈등과 마찬가지로 세세한 외적인 상황들도 가끔 중요하다. 면담인은 그에게 그 자신의 이야기를 할 기회를 주어야 한다. 그는 또한 이야기의 흐름을 바로잡기 위해 때때로 개입해야 되며, 세부적인 상황, 행동, 감정들을 알아내야 한다. 그리고 인생행로에서 삶의 다른 부문과 다른 시점 사이의 연관성들을 발견해내야 한다.

전기적 면담은 연구면담, 임상면담, 친구들 사이 담화의 측면들을 겸비하고 있다. 그것은 특정 주제가 다루어져야 한다는 점에서는 구조화된 면담과 같으며, 주요 목적은 연구이다. 또한 임상면담에서처럼, 면담인은 표현된 감정에 민감하고, 피면담자들이 다양한 주제를 통해 이끌어가는 의미의 실마리를 따라가야 한다. 마지막으로 친구들 사이의 대화에서처럼, 둘 사이의 관계는 동등하며, 면담인은 그 자신의 경험이라는 면에서 반응하는 데 자유스럽다. 그럼에도 불구하고, 지속된 연구 과제 속에서는 각자가 규정된 역할이 있어서, 그 자체가 제약을 가한다.

개입된다는 것은 단순히 면담 기교나 절차가 아니라, 어떤 친밀감, 강도, 지속 기간이 있는 관계이다. 가장 중요한 작업은 관계를 형성하고, 유지하고, 종결하는 데 개입되는 것이다. 연구 참여자를 모집하고, 연구계약을 교섭하고, 그리고 면담 관계를 맺는 과정은 하나의 복합적인 과정 안에 있는 단계들이다. 이 과정을 이해하고 다루어나가는 것은 우리 연구 방법의 결정적인 부분이다. 감수성과 자유재량에 의해 운영되기 때문에, 연구자뿐 아니라 참여자에게도 소중한 학습경험이다. 비록 치료가 일차적 목적은 아니지만, 면담은 어떤 치료적 효과를 가질 수도 있다. 사실상 모든 연구 참여자들이 이것은 해볼 만한 가치 있는 일임을 발견했으리라 나는 믿는다.

전기의 근본적인 목적은 수년 동안에 걸쳐 전개되어온 개인의 삶을 그리는 것이다. 그것은 소설가, 문학적 전기 작가, 역사가, 심리학자들과는 다른 목적을 가지고 있다. 전기는 한 사람이 어떻게 그 시대에 의해 영향을 받았으며 또 그 자신이 그 시대를 형성하는 데 어떻게 도왔는지를 보여주는 데 사용될 수 있다. 그의 개인적 삶이나 그가 몸담았던 사회적 맥락 속에 한 개인의 작품—그것이 그림이든, 군사적 업적이든, 또는 정치적 지도력이든—을 배치시켜봄으로써 우리는 그 작품을 더욱 심도 깊게 이해할 수 있다. 보잘것없는 전기는 그의 주인공을 성인군자나 악인으로, 혹은 단순히 그 시대의 산물, 무의식에 통제되는 존재, 혹은 개성이 없는 일련의 반작용의 생명체로 묘사한다.

우리 연구 방법의 핵심은 마흔 명의 남성에 대한 인생사를 엮어내어 전기를 구성하고, 이 전기들에 근거해서 일반적인 이론을 발전시키는 것이었다. 우리는 각 남성들에 대해 책 한 권 분량의 전기를 쓸 만큼 필요한 자료를 갖고 있지 않을뿐더러, 모든 이야기 속에는 중요한 틈이 있다. 그럼에도 불구하고 우리는 마흔 명의 삶을 체계적으로 재조직했다. 각 사례마다, 우리는 먼저 인터뷰 자료에 심혈을 기울였으며, 그다음에 그 남성과 그의 생애에 대한 직관적인 이해를 해나가기 시작했다. 서서히 우리는 좀 더 설명력이 있는 공식을 만들어내려고 애썼으며, 인터뷰 내용과 분석 사이를 오가면서, 인생 과정에 대한 구조를 구축해나갔다.

이와 같이 전기를 준비하는 과정과 발달 이론을 창조하는 과정을 병행해 나아갔다. 우리는 발달 시기에 대한 이론으로 시작하지는 않았다. 기존의 발달 이론은 개인의 생애에 대한 통합된 관점을 얻기 위해 활용되었으며, 각 개인들의 전기는 세부적인 개념과 사고방식을 형성해 나아가도록 했다. 성인 발달에 대한 연구의 첫 단계에서는 어떤 형태이든, 전기적 방법이 필수적이라고 나는 믿는다.

여기에서는 전기가 매우 중요하기 때문에 네 사람—**노동자, 기업체 간부, 생물학자, 소설가**—의 전기가 제시될 것이다. 제4장에서는 이들 네 사람이 소개되었으며, 다음 장들에서는 이들의 삶이 기술되었다. 그 이외의 남성들의 인생에 대한 짤막한 요약이나 단편들도 특별한 발견이나 개념을 예시하기 위해 사용될 것이다. 성인 발달 이론을 시험해보는 데 결정적인 것은 전기나 자서전을 쓰는 데 그것이 얼마나 가치가 있는가이다.

마흔 명의 남성으로 구성된 1차 표본에 부가해서, 우리는 그들의 인생이 주로 전기 속에서 묘사되거나 소설, 시, 연극 속에서 상상되어온 남성들로 구성된 2차 표본을 만들어냈다. 이 표본은 우리들의 사고를 진전시키는 데 중요한 역할을 했다. 그래서 나는 우리 착상에 대한 좀 더 대중적인 예를 제시하고자 자주 그들을 끌어들일 것이다: 단테, 밀턴, 셰익스피어; 아브라함, 루터, 간디, 빌리 브란트; 프로이트와 융; 고갱, 고야, 유진 오닐과 버트런드 러셀; 프로스페로, 리어왕, 헤르조그, 윌리 로먼, 『누가 버지니아 울프를 두려워하랴?』에서 서로 파괴적인 부부인, 조지와 마사와 같은 허구적 인물들.

우리의 목표는 연구 과정에서 더욱 확장되었다. 처음에, 우리는 35~45세까지 10년간에 주요 초점을 두었다. 우리의 목표는, 만약에 있다면, 그 안에서 어떤 발달적 진행이 일어나는지를 확인하는 것이었다. 우리는 첫 번째 사례들을 고찰하는 과정에서, 중년기 10년을 연구하기 위한 배경으로 35세 이전의 인생사를 재구성했다. 우리는 연구 대상자들의 아동기와 청소년기 발달에 대해서—주로 정신분석학적 이론에서 유래한— 발상들로 가득 차 있는 우리 자신들을 발견했다. 우리는 이 어린 시기와 중년기에 일어난 일 사이에 많은 연관성을 지을 수 있었다. 그러나 우리는 청소년기 말부터 35세까지의 성인 초기 발달에 대해서는 아무런 유용한 개념도 갖고 있지 않다는 것이 점점 더 분명해졌다. 중년기의 허우적거림과 적응이 단순히 어린 시절에 형성된 성격특성과 갈등의 재현일 뿐이라고 간주함으로써, 우리는 우리가 피하고자 했던 '단순화의 오류'로 빠져들고 있었다. 아동기 발달에 역점을 두는 것은 성인 생활을 조명해보는 데 도움이 되기는 하나, 그것은 성인기에 새로운 것이 무엇인지를 검증하는 데는 방해가 된다.

결국, 우리는 청소년기와 중년기 사이에 있는 세월들을 좀 더 진지하게 다루어야 한다는 사실이 명백해졌다. 이제야 우리 연구의 주요한 목표가 형태를 갖추게 되었다. 우리는 성인기로 들어가는 초입부터 40대 후반까지의 성인 발달 이론을 창출해내야 했다. 이것은 가치 있으나 고통스러운 통찰이었다. 왜냐하면 그것은 우리 연구의 범위와 기간뿐 아니라 연구의 어려움을 증대시키기 때문이다. 처음 시작할 때 암묵적으로 한 선택의 실제 본질이 명백해졌다. 우리의 주제는 단순히 중년기 10년이 아니라, 성인기 동안의 전 발달 경로라는 것이 우리의 표본 안에 나타나 있었다.

제2장과 3장에서 우리는 인생 주기와 성인 발달 과정에 대한 우리의 개념을 기술하고 있다. 2장에서는 계절에 대한 은유로부터 시대들eras에 대한 개념화로 이동하면서, 전반적인 인생 주기에 대한 관점을 제시하고 있다. 제3장에서는 각각의 인생 구조가 진화되는 과정에 있는 일련의 발달 시기들을 통해 우리의 성인 발달 이론이 소개되고 있다. 다음 장들에서는 각 발달 시기들에 대한 우리의 이론과 연구 결과 발견된 사실들이 좀 더 상세하게 기술되고 있다.

2장

시대

인생 주기의 해부학적 구조

인생 주기의 주요한 계절들을 확인하기 위한 표준어가 없다는 것은 주목할 만한 일이다. 전 인생 주기를 그 고유한 특성에 따라 대여섯 개의 큰 **분절**segments로 구분할 수 있는 타당하고 유용한 방법이 있을까? 우리는 아마 아동기와 청소년기를 아우르는 성인 이전 단계인, 약 20년의 첫 분절에 대해서는 별다른 의의가 없을 것이다. 역시 60세 혹은 65세에 시작하는 노년기도 있다. 비록 별로 이해된 것은 없지만, 노년학은 인생의 이 시기에 대해서 이미 상당한 정보를 제공해주고 있다. 그러나 20세와 60세 사이의 성인기에 대해서는 어떠한가? 비록 일상생활에서는 '청년', '중년'과 같은 용어가 사용되고 있지만, 인생 주기 안에서 그들에 대한 정의나 위치에 관해서는 거의 일치된 바가 없다.

인생 주기에 대한 우리의 관점은 우리 연구의 산물이다. 그것은 우리가 미리 만든 탁상공론이나 가정이 아니다. 우리는 인생 주기가 대략 각각 25년씩 지속되는 일련의 시대를 통해 전개된다고 믿는다. 시대들은 부분적으로 겹쳐 있어서, 이전 시대가 끝나가고 있을 무렵 새로운 시대가 진행되고 있다. 그 계열은 다음과 같이 진행된다.

1. 아동기와 청소년기: 0~22세

2. 성인 초기: 17~45세
3. 성인 중기: 40~65세
4. 성인 후기: 60세~?

한 **시대**era는 광범위한 의미에서 '인생의 한때a time of life'이다. 비록 그 안에서 주요한 변화가 진행되고 있지만, 각 시대는 그 자체의 독특하고 통합된 특질을 가지고 있는데, 그것은 삶의 특성과 관련이 있다. 삶의 특성을 연구할 때, 우리는 생물학적, 심리적, 사회적인 측면을 고려하나 예외적으로 이들 중 어느 하나에 초점을 맞추지는 않는다. 이처럼 한 시대는 생물학적 발달, 성격 발달, 혹은 경력 발달에서 의미하는 한 단계가 아니다. 그것은 발달 단계나 발달 시기보다 훨씬 더 광범위하고 포괄적이다. 시대들의 계열은 인생 주기의 거대한 구조를 구축하고 있다. 그것은 그 안에서 발달 시기들과 일상의 구체적 과정이 일어나는 틀을 제공하고 있다. 시대는 연극의 막幕, 소설의 주요 단원, 또는 전기 작가가 주인공의 인생을 나누는 큰 분절과 유사하다. 발달 시기들이 극적인 사건과 삶의 자질구레한 일들에 대한 좀 더 훌륭한 그림을 제공해준다면, 시대들은 대체로 인생 주기에 대한 전반적인 전망을 보여준다.

우리 연구의 주요 초점은, 지금까지 언급한 바와 같이, 10대 후반부터 40대 후반까지에 맞추어져 있다. 이 연구에 근거해서 우리는 인생 주기 안에서 성인 초기와 성인 중기를 분리된 시대로 확인했다. 성인 초기는 남성들이 마흔 살이 되었을 때 끝나게 되는데, 이때 삶의 특성들이 다시 한번 근본적인 변화를 겪게 되며, 중년기가 출현하기 시작한다. 이 연구의 가장 중요한—그리고 가장 논쟁적인—공헌은 성인 초기와 성인 중기를 명백하게 정의하고 서로 다른 시대로 구분한 것이다. 간략하게 그 이유를 설명해 보자.

나는 각 시대가 시작되는 특정 연령과 그리고 그것이 끝나는 연령을 밝혔다. 하지만 이것은 모든 사람에게 정확하게 똑같은 시점에서 벨이 울린다는 것을 의미하진 않으며, 마치 권투시합의 라운드나 매우 규칙적인 학교의 수업처럼 시대들을 구획한다는 말이 아니다. 인생이란 결코 그처럼 표준화되지는 않는다. 모든 시대가 시작되고 끝나는 평균적인 혹은 가장 빈도가 잦은 연령이 있다. 또한 평균치 주위에는 변산 범위가 있다. 하지만 변산 정도는 그 범위가 꽤 좁다—아마도 기껏해야 5~6년이 안 되는. 시대와 연계된 연령이 있다는 사실을 발견한 것은 우리 연구의 예기치 않았던 또 하나의 발견이다. 이러한 발견은, 성인기에는 발달이 일어나지 않는다거나 혹은, 만약에 일어난다면, 그 속도가 엄청나게 다양하고 나이와는 전혀 상관이 없다는, 관습적인 가정과는 상반된다. 이와 상반되게도, 성인기의 발달은 연령과 밀접하게 연계되어 있는 것 같다.

한 시대에서 다음 시대로 이동하는 것은 결코 단순하지도, 순식간에 일어나지도 않는다. 그 이동은 개인 삶의 기본 구조에 근본적인 변화를 초래하며, 이것은 하루, 한 달 혹은 일 년 이상까지도 걸린다. 시대들 사이에 오는 **전환기**는 평균 4~5년 동안 지속된다—3년 이상, 드물게는 6년 이상까지도 지속된다. 이 전환기는 시대들을 이어주며 그들 사이에 어떤 연속성을 제공하는, 하나의 발달 시기로서 작업을 한다. 발달적 전환기는 가는 시대를 마무리 짓고 오는 시대를 시작하는 경계 구역을 창출해낸다.

성인 이전기는 대개 22세에 끝나지만, 성인 초기의 시작은 몇 년 더 일찍, 보통 17세부터 시작된다. 즉 17~22세 사이는, 이전 시대가 완료되고 새로운 시대가 시작되는 '중복된 구역'이다. 이 시기가 바로 **성인 초기 전환기**Early Adult Transition이다. 이 시기는 두 시대를 연결하기도 하지만 또 양쪽 시대의 일부분이기도 하다. 마찬가지로 **중년의 전환기**Mid-life Transition는 대략 40세에서 45세까지 뻗어 있다. 이 시기는 성인 초기를 마무리 짓고 중년기를 시작하는 데 도움을 준다. 60대 초반에도 잇따른 전환기가 있으며, 아마도 80세경에도 또 하나의 전환기가 있을 것이라 우리는 믿는다.

이와 같이 시대와 시대를 교차시키는 전환기가 그림 1에 제시되어 있다. 이제 시대들에 대해서 간략하게 살펴보자.

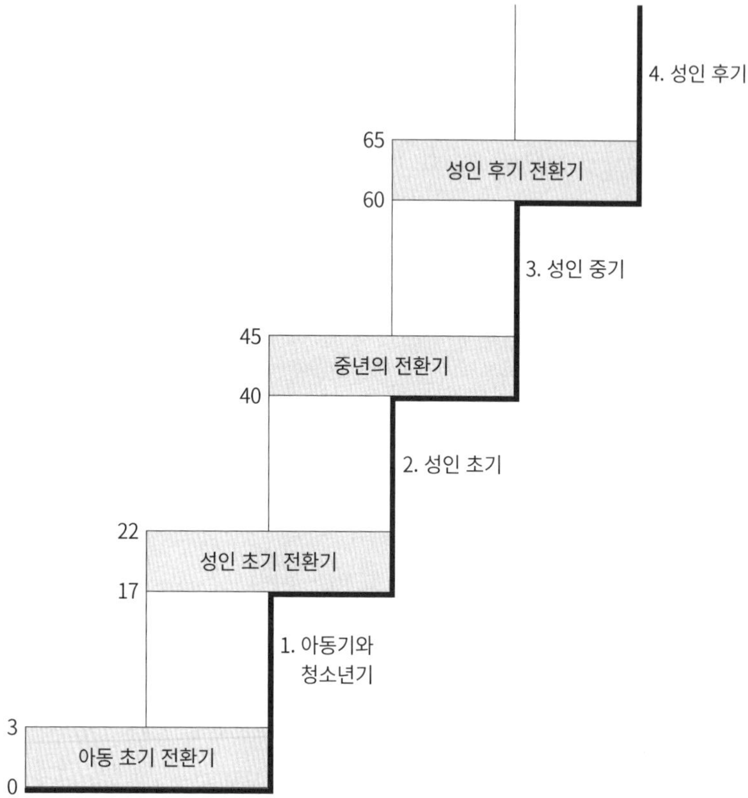

그림 1. 남자의 인생 주기에서 시대들

성인 이전기

성인 이전기pre-adulthood는 아동기, 청소년기 그리고 성인 초기 전환기를 포함하고 있다. 이 기간에는 우리는 보통 가족이나 그에 상응한 사회적 단위 내에서 살게 된다. 성인 이전기 동안 가족은 우리를 보호해주고 사회화와 성장을 지원해준다. 적절한 발달과 함께 성인기로 들어감으로써 우리는 상당히 자급자족할 수 있는 사회의 일원이 될 수 있다. 성인 이전기에는 우리는 상대적으로 의존적이고 취약성이 높으며(점차 감소하긴 하지만), 가장 기본적인 의미에서의 성장이 주축을 이루고 있는 시기이다.

'아동기로 들어가는 전환기'는 태어나기 전 어느 때부터 시작해서 출생 후 첫 2~3년 동안 계속된다. 이 기간 중에 유아는 한 사람의 독립된 인간으로 발달한다. 그는 '나 아닌 사람들'로부터 '나'를 구별하고 최초의 자아감을 형성하는 것을 배운다. 이 기간 동안에 그는 어떤 특징을 가진 타인들이 자기 주위에 지속적으로 존재한다는 사실을 인식한다. 5세 혹은 6세경에 오는 또 다른 전환기는 아동 초기에서 아동 중기로 이끌어간다. 어린이는 가까운 가족으로부터 학교, 좀 더 광범위한 동료 집단, 그리고 이웃을 포함한 더욱 큰 공간으로 자기의 사회적 세계를 확장한다. 가족 내에서 그는 정서적 갈등을 해결하기 시작하고, 더욱 숙련되고 부지런한 유능한 사람이 되어간다. **사춘기**puberty는 보통 12세에서 13세(±2년)에 시작되며, 아동 중기에서 청소년기로 들어가는 전환기이다. 사춘기는 성적 성숙을 초래하는 신체적 변화에서 시작되나, 완숙한 성인기로 이끄는 여러 가지 다른 변화들도 수반된다. **청소년기**adolescence는 성인 이전기의 절정기이다.

성인 초기 전환기는 대개 17~22세까지 걸쳐 있다. 그것은 청소년기와 성인 초기를 연결하며, 또 양쪽의 일부분이기도 하다. 모든 시대를 교차시키는 전환기처럼, 이 시기는 인생 주기 안에서 하나의 결정적인 전환점이다. 이 시기 동안 성장하고 있는 남성은 아이도 어른도 아닌 '애-어른boy-man'이다. 그는 성인 이전의 자아와 성인 이전 세계에서의 자신의 위치를 마무리 짓고, 동시에 최초의 성인 자아를 형성해서 성인 세계의 일원으로 자리매김 하기 위한 선택들을 하기 시작한다.

아동기와 청소년기는 대략 기대수명의 사분의 일을 차지한다. 성인 이전 시기는 엄청난 성장의 시기이다. 그러나 그것은 단지 성인 생활을 위한 서막일 뿐이다. 그 결과로 이제 막 성인 세계로 들어가려고 하는 아직도 미숙하고 취약한 한 개인이 탄생하게 된다.

성인 초기

성인 초기early adulthood는 인생 주기에서 두 번째로 오는 시대이다. 이 시대는 보통 17세 혹은 18세에 시작해서 45세경에 끝난다. 즉 성인 초기 전환기에 시작되어 성인 중기로 들어가는 입구인 중년의 전환기에 끝이 난다. 성인 초기는 아마도 인생에서 가장 절정기일 것이다. 남성들에게, 생물학적 기능의 정점은 대략 20~40세까지이다. 20대의 젊은이들은 신체적 활력이 절정에 달하며 성인 사회에서 한 남자로서 자신의 위치를 마련하려고 준비해간다. 그러나 한편, 마흔 살을 지남에 따라 새로운 계절이 시작되고 있음을 절실하게 느끼기 시작한다. 그는 인생의 여름이 끝나고 빠른 속도로 가을이 다가오고 있음을 깨닫기 시작한다.

20세까지, 성인 이전기부터 발달되어온 정신, 신체적 특성들이 거의 최고 수준에 달한다. 젊은 남성들은 이제 키, 힘, 성적 기능, 심장과 호흡 기능, 그리고 다른 일반적인 생물학적 기능이 최고 수준에 달한다. 지능도 역시 정점에 가까워지며, 기억력, 추상적 사고, 특수 기술을 습득할 수 있는 능력, 그리고 문제해결 능력 등, 성인 이전기에 적절하게 발달시켜 온 지적 자질들이 이때 거의 정점에 이른다.

이러한 특성들은 약 40세경까지 비교적 안정적으로 거의 최고 수준을 유지하며 남아 있다. 생물학자들은 성인기의 연령과 관련된 변화를 연구하려 할 때 가끔 30세를 준거점으로 사용하는 경우가 있다. 왜냐하면 대부분의 생물학적 기능이 이 나이까지는 아직 최고 수준에 가깝게 남아 있으며, 그 후에 서서히 감퇴해가기 때문이다.[1] 30대 후반까지는, 남성들은 보통 생물학적, 심리적 능력이 거의 최고 수준에 있으며 아직 성인 초기 시대에 머물고 있다.

질병이나 사고로 인한 손상을 제외하면, 40세인 남자는 신체적 기능이 아직 최고 수준에서 그다지 멀리 떨어져 있는 것은 아니다. 하지만 이 나이쯤에도 신체적 감퇴를 뚜렷이 느낄 정도로 감퇴의 폭이 큰 경우가 가끔 있다. 눈에 보이는 '외모상'의 변화—대머리, 주름살, 불룩한 배—는, 비록 이러한 것들이 실제로 신체 건강이나 능력의 감퇴를 별로 수반하지 않을지라도, 젊음이 스러져가고 중년이 임박해오고 있음을 상징한다.

20세에서 40세까지의 기간은 생물학적으로 가장 원기 왕성하고 심리적 갈등과 긴장이 가장 높은 시대이다. 남성들의 본능적인 욕구는 최고조에 달해 있다. 그들은 다양한 종류의 개인적인 만족감을 절박하게 추구한다. 그러나 이러한 만족감을 추구하는 데 대한 어린 시절의 갈등이 아직 남아 있어서 심리적 부담감을 느낀다. 그는 사회에서 자신의 위치를 확립하기 위해 힘겹게 싸운다. 이러한 노력 역시 만족과 긴장의 양면성을 갖고 있다.

20대 동안, 젊은 남성들은 보통 예비적인 성인 정체감을 형성한다. 그는 결혼, 직업, 주거, 그리고 삶의 양식과 같은 최초의 중요한 선택들을 하게 되는데, 이러한 것들은 성인 세계에서의 그의 위치를 정의해준다. 성인 초기는 종족의 생존을 위해 의무를 다하고 기본적인 공헌을 하는 시기이다. 자식을 낳아 양육하고, 결혼과 가족 생활을 유지하고, 돈을 벌고, 그리고 '종족'—자신이 가장 전적으로 개입된 종種의 부분—의 복리를 증진시키기 위해 땀을 흘린다. 다행히도 그는 타인뿐 아니라 자신을 위해서도 어떤 것을 하는 분별력을 갖고 있다. 그 자신의 욕구를 충족시키고 또 자신이 속한 사회에도 공헌하는 양면성을 가지고 있다.

이 시대에도 어떤 기본적 변화의 계열을 발견할 수 있다. 자연스럽게 한 남성은 보통 '풋내기 성인'에서 시작하여, 일련의 중간 단계를 거쳐서, 직장, 가족, 지역사회에서 자신이 좀 더 '연장자' 위치에 있다는 걸 확신할 수 있는 지점까지 이동해간다. 직업 형성 과정을 살펴보면(가끔 하나 이상의 잠정적인 선택을 함), 남성은 처음엔 하급 수준에 정착하고 나서, 40세경, 젊은 시절에 갈구했던 정상에 도달할 때까지 공식 혹은 비공식적 승진의 사다리를 타고 발전해 나아간다. 이렇게 해서 그는 성인 초기를 마무리 짓고 새로운 시대를 시작하게 된다.

결혼과 가족 관계에서도 역시 젊은 남성은 풋내기 연인으로 시작해서 남편과 아버지가 된다. 서서히, 가끔은 고통스럽게, 그는 좀 더 이해심이 많아지고 책임감이 생긴다—좀 더 만족감을 누릴 수 있고 연장자로서의 짐을 더욱 잘 감당할 수 있게 된다. 가족 성장 과정에서 첫 5~6년은 특히 심리적 긴장이 높은 경향이 있다. 어린 자녀들은 결혼 생활의 복잡성을 가중시키고 젊은 남성에게 경제적 부담을 가중시킨다. 그러나 그의 수입과 책임을 감당할 능력은 아직 제한되어 있는 편이다.

20대에 가족 생활을 처음 시작한 남성들은 40세쯤 되면, 자녀들이 청소년이 되어 있거나 청소년에 가까워져 있다. 그의 자녀들과의 관계는 민감하게 변화하고 있다. 둥지는 비어가고, 핵가족은 다른 집으로 분가하고 있다. 남편과 아내는 심한 정서적 상실감과 긴장감을 경험하며, 동시에 가족 부양에 대한 경제적, 사회적, 정서적 부담은 크게 감소해간다.

성인 초기의 과정을 거치는 동안, 남성들은 부모나 확대가족의 형제와 친지들과의 관계에서도 역시 변화를 경험한다. 20대에는, 그는 부모들이 이제 자신을 '어린이가 아닌' 한 남성으로 간주해주기를 바라며 필사적으로 노력한다. 40대에는, 그는 부모, 친척들, 그리고 자신이 보호해주고 인도해주기를 바라는 윗세대에 대한 부양 책임을 지고 있다. 그래서 젊은이들이 보기엔, 40대인 그는 이제 젊은 세대를 완전히 떠난 연장자이다.

다음에 오는 시대들과 비교해보면, 성인 초기는 외적인 압박감뿐 아니라 정력, 능력, 가능성이 가장 풍부하다는 점에서 다른 시대와 구분된다. 그 안에서 개인적 욕구와 사회적 요구가 강하게 맞물려서, 때로는 서로를 강화시키기도 하며, 때로는 심한 모순 속에 빠뜨리기도 한다.

성인 중기

마흔 살쯤에는 결정적인 발달적 변화가 일어난다. 이제 성인 초기가 끝나고 새로운 계절이 시작되고 있음이 절실히 느껴진다. 40세에서 45세까지 지속되는 **중년의 전환기**mid-life transition는 성인 초기를 마무리 짓고 중년기를 시작하는 데 기여한다. 이처럼 중년의 전환기는 양 시대의 일부분이기도 하다. 중년의 전환기를 확인한 것과, 그리고 중년의 전환기가 인생주기에서 뚜렷하게 구분되는 두 시대를 연결하는 연결고리라는 개념을 설정한 것은 우리 연구의 가장 논쟁적인 측면 중의 하나이다. 우리는 중년의 전환기가 있으리라는 확실한 가설을 갖고 시작한 것은 아니었다. 그것은 연구 과정에서 출현한 것이다. 여기에 대한 증거는 다음 장에서 제시될 것이다. 나는 여기에서 대략 40세에서 65세까지 걸쳐 있는, 성인 중기에 대해 간략한 설명을 하고자 한다. 만약에 개인의 삶의 근본을 흔들어버릴 정도로 충분한 영향력을 갖고 있는 사건이 40세경에 보편적으로 일어난다면, 성인 초기와 성인 중기는 이미 오래전에 서로 다른 시대로 구분되었을 것이고, 또 그러한 구분은 당연한 것으로 받아들여졌을 것이다. 이런 종류의 구체적이고 확실한 사건—신체적 변화, 극적인 사회적 사건, 또는 기본적인 심리적 변화—은 이론과 연구를 위해 유용한 준거점을 제공해준다. 연구자들은 그 사건이 기본적인 발달적 변화의 일부분인지 아닌지를 결정할 수가 있다. 이러한 준거점의 일차적 예는 사춘기이다. 사춘기는 일반적으로 아동기에서 청소년기로의 전환을 상징해준다. 폐경기도 이와 유사한 기능을 할 것이라고 기대되었으나, 그러나 여태까지는 그것이 여성의 성인 발달을 연구하는 데 유용한 지침이라고 증명되지는 못했다.

연구자들은 아직 성인 초기의 종결을 보편적으로 알리는 단 하나의 사건도 발견하지 못하고 있다. 이혼, 우울증, 질병, 빈 둥우리와 같은 다양한 의미 있는 사건들에 대한 연구들이 이루어져 왔다. 그러나 이러한 사건들은 다른 연령대에서도, 그리고 다른 이유 때문에도 일어난다. 이러한 사건들은 개인의 발달에 대해 좀 더 보편적인 관점을 세우기 위한 기초를 제공해주지는 못한다. 마찬가지로, 심폐 용량이나 눈의 선명도와 같은 신체적 특성들이 성인기 동안 서서히 감퇴한다. 그러나 기본적인 발달 과정을 반영해줄 정도로 일련의 생물학적, 심리적 특성이 뚜렷하게 변화하는 연령은 없다. 구체적인 변인이나 사건에 대한 연구를 통해 우리는 시대가 교차되고 있음을 밝히지는 못할 것이다.

하지만 우리는 단 하나의 특수한 준거를 찾기보다는, 차라리 있는 그대로의 생생한 삶을 검토해볼 때 색다른 그림을 얻을 수 있다. 이 연구에서 우리는 여러 해 동안 전개되어온 남성의 인생 전체를 있는 그대로 검토해보려고 노력했다. 그러고 나서, 이러한 맥락 속에서 우리는 일, 가족, 신체적 건강과 같은 세세한 삶의 부분들을 음미해보았다. 연이은 시대들을 확인하기 위해서, 우리는 수년에 걸친 개인의 인생 과정을 거슬러 올라가야 한다. 전기적 접근을 시도할수록, 시대들이 연구의 초점이 되리란 것은 명백하다.

이제부터 우리는 중년기에 대한 체계적인 관점을 제시할 것이다. 나는 이 시대를 세 가지의 대조적인 조망에서 검토해보았다: (1) 생물학적, 심리적 기능에서의 변화, (2) 세대의 계열, (3) 이력과 인생 기획의 진화. 한 시대에서 다른 시대로 변화해가는 삶의 특징들을 기술할 때, 각 조망들은 각기 독특한 이점을 갖고 있다. 앞으로 살펴보겠지만, 각 조망들은 각기 초점을 다른 데 맞추고 있으나 한 개인의 인생에 함께 짜여 들어가 있는 요소들이다. 이 각각의 요소들 안에는 한 남성의 성격과 외적 환경의 많은 면들이 표현되어 있다.

생물학적·심리적 기능의 변화

비록 남성의 신체, 정신적인 힘이 40세 이후에는 약간 저하된다고 하더라도, 그들은 일반적으로 중년기 동안은 아직 활동적이고 풍요로운 인생을 즐기기에 충분하다. 어떤 특별한 질병, 사고 또는 결함이 어떤 측면에서는 그의 행동을 제한할 수도 있다. 그는 스키 타는 것을 포기할 수도, 또는 일에 헌신하는 시간과 에너지를 줄일 수도 있다. 그러나 만약 그가 심각한 병에 걸렸거나 다치지 않았다면, 그리고 그의 정상적인 발달이 크게 방해받지 않았다면, 그가 원하기만 하면 그는 젊은 시절 흥미의 대부분을 유지할 수 있다.

본능적인 에너지 역시 그들의 최고 수준을 넘기고, 중년기에는 약간 감소한다. 남성들은 젊은 시절의 욕망들이 결코 부족한 것은 아니다—호색적인 열정, 분노와 도덕적 분개를 할 역량, 자기주장과 야망, 보살핌을 받고 지지받고 싶은 소망. 그러나 그는 이제 이러한 욕망의 횡포로부터 고통을 덜 받는다.

더구나 중년의 발달과 함께 기본적인 욕구가 적절히 감퇴함에 따라 그의 인생은 더욱 풍요로워질 수 있다. 그는 성인 초기의 보잘 것 없는 자만심, 증오심, 시기, 그리고 도덕주의에서 한결 자유스러워질 수 있다. 중년기에 그의 정상적인 성적 능력은 성생활을 만족시켜주기에 충분하고도 남는다. 그는 친밀감을 형성할 수 있는 능력을 한층 더 발달시키고, 자신의 부드럽고 '여성적인' 측면을 더욱 풍부하게 통합함으로써 사랑 관계의 질을 더욱 개선할 수 있다. 그는 여성뿐 아니라 남성들에게도 좀 더 다정다감한 친구가 될 가능성을 가지고 있다. 그는 이제 더 이상 자신의 자녀들이 어린애가 아니고, 그리고 자신이 더 이상 젊은 시절의 통제적인 아버지가 아니라는 점을 인정함으로써, 청소년 자녀나 젊은 성인자녀들의 성장을 더욱 촉진시키는 부모가 될 수 있다. 그는 나이든 부모님들을 잘 보살피는 아들이 될 수 있고(그는 점점 더 부모 부양에 대한 책임감을 확신한다), 그리고 젊은이들에겐 자비심이 많은 권위자이자 스승이 될 수 있다.

비록 생물학적 감퇴가 보통 서서히 일어난다고 할지라도, 40대 초반까지는 몇 가지 조그만 변화가 가끔 신체 기능에 주요한 질적인 저하를 초래한다. 이러한 변화는 개인의 삶의 스타일과 사회적 역할, 특히 일의 스타일을 상당히 조절하도록 요구할 수도 있다. 특히 고도의 정밀성과 격렬한 노동을 수반하는 많은 직무에서 이러한 효과가 나타난다. 이런 직무에서는 나이의 상한계가 보통 30대에 온다. 그 이후 그는 현재의 직업을 떠나거나 그 안에서 경영, 경영 진단, 또는 신체적 노동을 덜 요구하는 역할로 전환해야 한다.

30세에 현역을 포기하는 전문 직업선수들은, 새로운 직업이나 스포츠계의 어딘가에 자리를 잡기 위해, 또 다른 성인 초기를 십여 년 더 갖게 된다.[2] 그러나 30대 후반까지도 확실한 결정을 내리지 못하고 질질 끄는 사람은 중년의 전환기의 긴장된 시기로 들어가고 있을 때까지도 어려운 직업적 변화를 겪어나가야 한다. 내적, 외적인 다양한 이유 때문에 자신들의 일의 양식을 변경할 수 없었던 사람들은, 완전히 지쳐버리거나 극도로 한계가 있는 삶을 살게 된다.

중년기에는 대부분의 남성들이 일과 삶의 스타일에서 변화를 경험한다. 성인 초기는 힘, 속도, 참을성, 생산력에서 그 질이 최고조에 달한 시기이다. 그러나 중년은 다른 자질들—지혜, 판단력, 도량, 감상적이지 않은 연민, 조망의 폭, 비극적인 감각 등—이 무르익는 계절이다. 엘리엇 자크Elliott Jaques가 보여준 것과 같이, 40대 이후까지 창조적 작업을 계속하는 위대한 예술가들은 이전보다 심오하고 '냉정한sculpted' 작품을 창조하는 경향이 있다.[3] 중년기에는 남성들은 정치, 외교, 철학에 대한 가장 뛰어난 공헌을 할 수 있다. 비록 그의 가장 빛나는 전문적 발견은 가끔 성인 초기에 이루어졌다고 하더라도, 중년에 이른 창조적 과학자는 더욱 통합적이고 이론적인 연구를 하며, 다가오는 세대를 위해서 새로운 방향을 설정해주는 경향이 있다. 중년에는 많은 재능 있는 과학자들이 경영, 경영진단, 그리고 교수활동으로 직업 전환을 하고 있다. 최선의 경우, 새로운 역할은 대단한 개인적, 사회적 가치를 가지고 있다. 그러나 최악의 경우, 그들은 체면을 세우거나 바쁜 생활을 유지하는 수단이 되기는 하나, 자신이나 사회에 공헌하는 바는 거의 없으며 인간의 삶을 비극적으로 낭비하는 것이 된다.

중년기에 이른 남성들은 젊음의 활력이 스러져가고 있다는 상실감을 경험하며, 가끔은 젊은 시절의 자기도취적 자만심을 생각하고 어떤 굴욕감을 느끼기도 한다. 비록 문자 그대로 죽음에 임박했거나, 심각한 신체적 감퇴를 경험하고 있는 것은 아닐지라도, 그는 전형적으로 이러한 변화들을 근본적인 위협으로 느낀다. 그는 마치 자신이 노쇠의 한계점에, 죽음의 문턱에 가까이 와 있는 것처럼 느낀다.

자크는 '중년의 위기'를 30대 후반에 시작해서 약 5~6년 동안 지속되는 정상적인 발달 시기로 보았다. 그는 자기 자신의 **죽음의 필연성**mortality에 대한 인식이 중년기 위기의 핵심에 있다고 주장했다. 우리가 이 시기를 말할 때 비록 **전환기**라는 용어를 즐겨 쓰지만, 그것에 대한 우리들의 관점은 자크의 영향을 많이 받았다. 중년의 전환기는 오히려 더 안정되어 있을 수도 있다. 그러나 중년의 전환기가 상당한 혼란과 갈등을 수반할 때 우리는 **중년기 위기**라고 말한다.

이 시기에 위기를 경험하는 것은 그 자체가 병리적인 것은 아니다. 실로 이 시기를 별 불만 없이 거쳐 가는 사람은 자신의 인생이, 더 좋아지든 나빠지든, 변화해야 된다는 사실을 부정하고 있는 것일 수 있다. 개인적으로 볼 때, 그는 발달의 기회를 놓치고 있는 것이다. 그러나 이 시기의 위험과 가능성을 경험하는 것은 무의식적 환상과 불안의 판도라 상자*를 여는 것

---

* Pandora's box: 판도라는 주피터가 프로메테우스를 벌하기 위해서 보낸 인류 최초의 여자. 판도라 상자는 주피터가 판도라와 함께 보낸 상자로 그 뚜껑을 열었더니 그 속에서 온갖 해악害惡이 나오고 뚜껑을 빨리 닫음으로써 최후에 희망만이 남았다고 함. 인류의

과 같다. 죽음의 필연성을 다룬다는 것은 젊은 자아가 스러져감을 애석해해야 된다는 것을 의미하며, 그렇게 함으로써 자아는 전체로 통합될 수 있다. 이를 위해서 우리는 어느 정도 위기감이나 절망감을 경험하지 않으면 안 된다. 이 과정은 중년의 전환기에 시작되나 중년기 내내 지속되며, 다음 시대에는 새로운 형태로 나타난다. 그것은 결코 완결되지는 않는다.

물론 중년기에도 발달이 일어날 것이라는 것은 전혀 확실하지 않다. 수많은 남성들에게, 중년의 인생은 서서히 혹은 급속히 진행되는 침체의 과정이며, 세상과 자신에게서 소원해지는 과정이다. 상당한 감퇴와 속박감은 중년기 현상의 정상적인 일부분으로 보일 정도로 많은 사람들에게서 공통적으로 나타난다. 많은 모집단에서, 상당한 감퇴가, 그것이 자주 일어난다는 점에서는, 통계적으로 정상이다. 하지만 그것은 발달적으로 정상은 아니다. 극단적인 감퇴는 단지 불리한 심리·사회적, 생물학적 환경에 의해서 발달이 손상되었을 때만 일어난다.

만약에 발달 조건이 상당히 좋다면, 그리고 과거로부터의 손상이 심각하지 않다면, 중년기는 개인적 성취와 사회적 공헌을 하는 시대가 될 수 있다. 하지만 그러기 위해선 남성들은 중년의 전환기의 발달 과제와 타협하지 않으면 안 된다.(이러한 것들은 13~16장에서 논의되고 있다.)

세대의 계열

성인 초기에서 성인 중기로의 전환, 그리고 중년기 삶의 특성 역시 일련의 세대들과 연루되어 있다. 세대의 수준은 개인적, 집합적 경험의 특징을 보여준다. 그들은 문화적으로 정의된 연령등급에 의해, 가족적, 직업적, 다른 이력의 발달단계에 의해, 그리고 다음 세대의 역사적 흥망성쇠에 의해 구분된다. 세대의 의미는 생물학, 역사, 문화, 그리고 사회적 제도에 의해 형성된다. 변화하는 세대 속에서 개인이 자신의 경험을 이해하려고 몸부림치면서, 그는 그자신의 개인적 의미를 찾게 된다. **세대**generation의 개

불행과 희망을 상징하는 신화—역주

념은—비록 아직 잘 이해되지 않고 좀처럼 사용되고 있지도 않지만—성인 인생 과정을 연구하는 데는 대단히 중요하다. 어느 한 세대에 속한 사람들은, 더 젊은 세대나 더 늙은 세대에 비해, 동일한 연령 수준에 있다. 세월이 흐름에 따라, 젊은 성인은 자신이 한 세대에서 다음 세대로 이동하고 있으며, 그의 세계 안에서 다른 세대들과 새로운 유대 관계를 형성해가고 있음을 알고 있다.

다음의 연령 범주는 성인기 동안 상당히 광범위하게 경험되고 있다고 나는 믿고 있다. 만약 다른 사람들이 6년 혹은 7년 이상 더 젊거나 늙지 않다면, 그들은 대개 나와 동년배(또래 혹은 동기)이다. 이처럼 '나의 세대'는 약 12~15년간의 범위를 차지하고 있다. 또한 연령 차이가 약간 더 커져서, 말하자면 한쪽 방향으로 8~15년 더 커지면, 우리는 반 세대 더 나이든 것으로 간주한다. 나이든 쪽은, 상호 관계에서 더 권위적이기를 암암리에 요구하는, 손위 형제자매의 입장에 있다. 연령 차이가 20세 이상이면, 그들은 완전히 동떨어진 세대이며, 나이든 쪽은 형제자매보다 부모처럼 보인다. 연령 차이가 40년이면, 두 세대 정도 떨어진 거리이며, 나이든 쪽은 조부모의 상징적 특징들을 갖고 있으리라 추측된다.

모든 사회에서 세대 간의 상호 관계는 매우 중요하다. 세대 간의 차이를 깨달음으로써 우리는 세대 간의 상호작용을 증진시키는 방법을 배울 수 있다. 어느 연령층에 있든, 우리 모두는 각 세대가 갖고 있는 측면들을 우리 자신 안에 끌어드려야 한다. 이러한 측면들을 알고 활용하는 것은 모든 시대에서 의의 있는 과제이다. 아동기에는, 심지어 성인 초기까지도, '나이든 자아'와 더 많은 접촉을 하고, 우리보다 열 살 위인 사람들과 충분한 감정이입을 하기는 어렵다. 중년기의 특별한 과제는 자신과 타인들 속에 내재하는 아이와 어른 양쪽을 더욱 더 인식하는 것이다. 이 과제를 수행함으로써, 우리는 어느 정도 세대 간의 장벽을 초월할 수 있으며, 모든 세대의 사람들과 좀 더 완전한 인간적인 방법으로 관계를 유지할 수 있다.

20대의 젊은이들은 30 내지 35세의 남성들을 윗형(반 세대 떨어진)으로 간주하는 경향이 있다. 이 점은 30대 남성들 자신들도 역시 좋아할지 모른다. 그는 아직 자신을 '젊은이'로, 그리고 완전히 젊은 세대의 일부분으로 간주한다. 자신이 20대일 때, 그는 가끔 서른 살을 지나는 것은 '늙어가는 것'을 의미한다고 두려워한다. 비록 자신이 아주 젊은 사람들과 여러 가지로 윗형 관계를 맺고 있는 것을 더욱 자연스럽게 여기고 있지만, 30대 초반에는 자신이 아직 젊음의 힘을 지니고 있음을 발견하고 안도의 숨을 내쉰다.

일반적으로 30대 후반에 시작해서 40대 중반까지, 세대의 위상status에 완전히 새로운 변화가 온다. 사실상 20대 사람들에겐, 40대 남자는 완전히 동떨어진 세대, 좀 더 자리가 잡힌, 기득권층의 일부로 간주된다. 그들은 윗형이라기보다 부모로 보인다—'동료'라기보다는 차라리 '아버지'로. 점점 더 자주, 더욱 강하게 전달되는 이 메시지는 중년기로 들어가는 남성에겐 가끔 놀라움으로 다가온다. 그는 처음에는 당혹감, 짜증, 혹은 우울한 감정으로 여기에 반응할 수도 있다. 그는 말하고 싶다: "웃기고 있어! 난 정말로 변하지 않았어. 난 아직 너희들과 함께 있단 말이야, 그들과 함께 가 아니고!" 이 말에서 '너희들'이란 사회에서의 젊은 세대, 그리고 자아의 젊은 부분을 의미한다. '그들'은 그 의미가 훨씬 더 모호하다. 좀 더 깊은 수준에서 그것은 사회에서 설 자리를 잃었고, 젊은 시절 추구하던 능력을 잃은 세대, 바로 '노인'을 말한다. 즉 이 말은 그는 이제 젊은 세대를 떠나서 세대 중에서 가장 모호하고 혼란스러운 '중년'으로 들어가고 있음을 점점 더 절실하게 깨닫고 있다는 것을 표현하고 있다.

그래서 세대의 계열을 확인하는 것이 중요해졌다. 개인의 인생 주기 안에서 세대를 구분하는 데 기준이 될 만한 정의는 없다. 그러나 하나의 유용한 출발점은 스페인 철학자 호세 오르테가 이 가세트José Ortega y Gasset가 제시한 사회 역사와 인생 주기 안에서 세대에 대한 개념이다.[4] 그는 다섯 세대를 확인하고 있다.

1. 아동기(childhood): 0~15세
2. 청춘기(youth): 15~30세
3. 착수기(initiation): 30~45세
4. 지배기(dominance): 45~60세

5. 노년기(old age): 60세~

청춘기와 **착수기**는 성인 초기 시대를 점유하고 있다. 청춘기(15~30세)는 성인 초기 전환기와 함께 시작해서 성인 초기의 '초심자' 단계를 거쳐 확장된다. 곧 알게 되겠지만, 이 세대는 성인 세계로 들어가서 최초로 거기에 자신의 자리를 마련하기 위해 몰두한다. 착수 세대(30~45세)는 성인 초기의 끝부분과 중년의 전환기를 포함하고 있다. 이 세대는 아직 성인 사회에서 완전히 책임 있는 참여자가 아닌 청춘 세대와, 주요한 짐을 떠맡고 연장자로서의 지도력과 권위에 만족감을 느끼는 지배 세대 사이를 매개한다.

지배 세대(45~60세)는 사회의 다양한 분야(정치, 기업, 종교, 예술, 과학)에서 사람들을 다스리는 이상과 목적을 설정하며, 그리고 이러한 목적을 달성하기 위해 자신을 헌신한다. 다가오는 착수 세대는 선배의 지혜를 물려받아서, 자신의 권위를 주장하기 시작하며, 온건하게 또는 급진적으로 새로운 이상과 목표를 창조한다. 그리고 이들은 40대나 50대가 되면 힘의 망토를 걸쳐 입은 후 자신의 목적을 달성하게 된다.

오르테가는 역사상의 어느 일정한 시점에서 착수 세대와 지배 세대는 가장 핵심이 되는 세대라고 말한다. 그리고 이 두 세대 사이의 관계는 그 사회의 미래에 결정적으로 중요한 영향을 미친다. 젊은 '저항' 세대가 사회의 장면에서 극적인 역할을 하던 시대일 때도(1960년대처럼), 저항의 역사적 결과는 즉시 이 두 윗세대에 의해 결정된다. 현재의 청춘 세대는 차츰 힘을 쓸 수 있는 위치에 들어가서 서른에서 예순 살까지 잇따른 세대의 역할들을 수행할 때, 좀 더 직접적인 영향력을 갖게 될 것이다.

에릭슨은 전 인생 주기를 여덟 개 자아단계의 계열로 설명한 이론에서, 성인기에 존재하는 일련의 세대들을 확인하고 있다.[5] 그의 처음 네 단계는 아동 초기와 중기를 포함하고 있다. 정체감 성취/정체감 혼미의 발달 과제가 있는 다섯 번째 단계는 청소년기와 성인 초기 전환기를 점유하고 있다. 또한 발달 과제가 친밀감/고립인 여섯 번째 단계는 20대에 발달하며, 마흔 살쯤에는 생성감/침체감, 예순 살에는 통합/절망의 과제가 생긴다. 이와 같이 에릭슨의 마지막 네 개의 자아 단계는 성인 초기, 중기, 후기의 연이은 시대들로 전개되고 있다.

특히 생성감/침체감의 발달 과제를 가진 에릭슨의 일곱 번째 단계는 중년기와 직접적인 관련이 있다. 이 발달 과제는 중년의 전환기와 함께 시작되며, 중년기 동안 가장 중요한 관심사로 남아 있다. **생성감**generativity은 가끔 자손이라는 새로운 세대를 창조하는 것을 의미한다고 생각된다. 그러나 어린 아이의 아버지가 되는 것은 성인 초기의 발달 과제이다. 남자가 마흔 살을 넘어서면, 그의 발달 과제는 새로운 성인 세대—오르테가 가세트가 말한 청춘기와 착수기—를 가르치고 인도해야 할 책임을 떠맡는 것이다. 그는 젊은 성인들에게 새로운 방식으로 부성父性을 보여주어야 한다. 그는 마치 자녀들이 자신의 자애로운 통제아래 있을 때처럼 그들을 다룰 수가 없다. 그는 권위와 성숙을 조화시킨 새로운 방안을 발견해야 한다—자신의 책임감을 받아들이고 지도력을 발휘해서, 자녀들을 성인으로서 진지하게 대하며, 그들을 성인 세계에 참여시키고, 좀 더 원대한 독립심과 권위를 얻도록 자녀들의 성장을 촉진시켜주어야 한다. 그는 자신이 성인 세계의 연장자가 되고 있는 동안, 30대에 있는 사람들을 연소하지만 곧 자신을 승계할 완숙한 성인으로, 그리고 20대에 있는 사람들을 성인 세계의 첫 형성기를 통과하려는 초심자들로 이해해야 한다.

어느 발달 단계에서든지, 발달이란 상반된 양극성이 어느 정도 서로 조화를 이루고 통합되는 과정이다. 생성감과 침체감의 양극성은 남성의 발달에 매우 중요하다. 생성적이 되기 위해서는, 누구나 **침체된다는 것**이 어떤 느낌인지를 알아야 한다—성숙하고 있지 않은 느낌, 정체된, 고착된, 메마른, 의무로 가득 찬 삶의 늪 속에 빠져 있는, 자기 성취가 없는 느낌들. 그는 죽음의 그림자 속에서 죽는 것과 사는 것이 어떤 것인지를 터득해야 된다.

침체감을 경험하고, 참고, 거기에 맞서 싸울 역량은 중년기에 생성감을 향해 힘겹게 씨름하는 하나의 본능적인 측면이다. 침체감은 순전히 부정적인 것도 아니며, 전적으로 피할 일도 아니다. 그것은 중년의 발달에 필수불가결한 것이며, 꾸준히 중요한 역할을 하고 있다. 나 자신의 취약성을 인정하는 것은 지혜의 원천이며, 타인들에 대한 감정이입과 연민의 원천이다. 내가 나 자신의 나약함과 파괴성을 인식함으로써 그들과 동일시할 수 있다면, 타인들의 고통을 진실로 이해할 수 있다. 이러한 자아인식이 없이는 나는 단지 타인의 고통을 감소시키나 그를 여전히 희생물로 내버려두는 연민, 동정과 이타심을 느끼는 정도만을 할 수 있다.

이력과 기획의 진화

한 남성이 직업이나 가족, 그 이외 다른 장면들 — 독자적이거나 사회적인 기획 속에 개입하고, 그의 폭넓은 인생 계획과 목표를 추구하는 — 속에서 자신의 이력을 발전시켜나가는 과정에는 각 시대Era의 특성이 반영되어 있다. 중년기의 시작과 함께, 40세 무렵에 그의 인생의 기본 짜임새는 변화한다. 마흔 살까지, 그는 한 인생을 구축해서 그의 젊은 시절 노고의 결실을 수확할 기회를 가졌다. 중년의 전환기로 들어갈 때, 그는 자신이 지나온 인생 과정을 되돌아보고 물을 것이다: "나는 무엇을 했는가?", "나는 이제 어디에 와 있는가?", "나는 사회에, 타인들에게, 특히 나 자신에게 무슨 가치가 있는가?" 그는 현재의 자신과 자신이 꿈꾸어왔던 이상 사이의 불균형을 처리해야 한다.

이러한 의문들은 개인이 젊은 시절 노고의 결실을 어느 정도 얻었느냐에 관계없이 일어난다. 만약 마흔 살의 남성이 자신이 가장 소중히 여기던 꿈을 실현하지 못했다면, 그는 그 실패와 타협하기 시작해야 하며, 자신의 인생을 새롭게 구축할 새로운 선택들을 직면해야 한다. 만약에 그가 화려하게 성공했다면, 그는 그 성공의 의미와 가치를 생각해야 한다. 그는 현재의 인생이 대단히 만족스럽고 미래의 풍요로운 인생을 보장해준다고 느낄 수도 있다. 그러나 드물긴 하지만, 이런 행운아에게까지도 전환점은 오게 마련이다. 물론 그의 새로운 인생은 성인 초기 인생의 연속일 수도 있으나, 그럼에도 불구하고 어떤 결정적인 면에서는 변화하게 된다. 가끔 자신의 인생 목표를 달성한 사람들이 덫에 걸린 듯한 느낌에 빠져 있을 수 있다 — 자신의 성공이 무의미하게 느껴지고, 이제 모든 것이 무의미하게 보이는 상황 속에서 허우적거릴 수 있다. 많은 남성들이 자신의 삶이 어떤 면에서는 만족스러우나, 다른 면에서는 상대적으로 실망스럽거나 파괴적이라는 것을 발견한다. 그가 처한 삶의 상황이 어떻든지, 40대 초반에 있는 모든 남성들은 사리를 분별해서 자신의 한계와 타협하고, 인생 여행의 다음 단계를 숙고해볼 필요가 있다.

남성이 40세경에 이르면, 그는 마치 인생의 전환점인 정점에 도달한 경험을 한다. 가끔 어떤 특별한 사건이 지금 자신이 어디에 서 있고, 앞으로 얼마나 더 멀리 갈 수 있는지를 가리키는 지표로 작용한다. 이 **절정 사건** culminating event은 인생행로에서 성공과 실패를 상징하기도 하고, 전진과 후퇴를 표시하기도 한다. 인생에서 매우 중대한 몇몇 사건들이 30대 후반에서 40대 초반 사이에 일어날 수 있다: 직업상의 승진 또는 실패, 가족 생활에서의 심각한 갈등 또는 만족감, 자신의 질환, 사랑하는 사람의 질환이나 죽음, 자신이 속한 세계에서의 인정 또는 평가절하. 이러한 절정 사건은 개인에게 어떤 특별한 의미를 갖고 있다. 즉 그의 마음속에서, 절정 사건은 젊은 시절 고투의 결과를 상징한다. 또 그것은 인생의 이 단계에서 그가 받을 최고의 인정을 상징하기도 한다. 그리고 그는 미래에 자신의 목적을 실현시킬 수 있는 기회를 점검해보는 데 이 절정 사건을 활용하기도 한다.

위대한 철학자 버트런드 러셀(Bertrand Rusell, 1872~1970)은 하나의 좋은 예를 보여주고 있다. 그는 자신의 『자서전』 2권에서 다음과 같이 시작한다.

> 1910년에서 1914년까지의 기간은 전환기였다. 1910년 이전의 나의 생애와 1914년 이후의 나의 생애는 메피스토펠레스를 만나기 전과 후의 파우스트의 인생처럼 예리하게 분리되었다. 나는 회춘回春 과정을 겪고 있었으며, 그것은 오톨린 모렐에 의해 시작되었고, 전쟁으로 인해 지속되었다. 전쟁이 어떤 사람을 회춘하게 만든다는 것이 이상하게 들릴지 모른다. 그러나 사실 전쟁은 나를 편견에서 벗어나도록 충격을 주었고, 수많은 근본적인 의문들에 대해 새롭게 생각하도록 만들었다. 또한 전쟁은 나에게 새로운 종류의 활동을 하도록 했고, 그 활동 때문에 나는 수학적 논리로 돌아가려고 노력할 때면 언제나 나를 괴롭히던 진부함을 느끼지 않을 수 있었다. 그래서 나는 나 자신을, 메피스토펠레스가 전쟁으로 대치

된, 신통력 없는 파우스트로 생각하는 습관이 생겼다.[6]

러셀이 뚜렷하게 중년의 전환기를 경험한 것은, 그의 나이가 38~44세 무렵인, 제1차 세계대전이 시작된 첫 이삼 년의 와중이었음이 분명하다. 러셀의 성인 초기의 절정 사건은 38세에 『수학 원리*Principia Mathematica*』를 완성한 것이었다. 이 기념비적인 작업은 그의 명성을 확고히 해주었고, 몇 년 후에 그에게 노벨문학상을 안겨주었다.

그것은 그의 동료이자 스승이며, 그보다 열한 살 위인 알프레드 화이트헤드Alfred North Whitehead와 함께 했던 9년 동안의 노고의 결실이었다. 이 기간 동안 내내 러셀은 정서적으로는 냉담하고 성적으로는 독신주의적인 결혼 생활을 하고 있었는데, 이것이 오히려 그가 화이트헤드와 함께 열정적인 지적 작업에 자유스럽게 몰입할 수 있었던 이유가 되기도 했었다. 책이 완성된 후 몇 달 동안, 그는 자신이 철학자로서는 위대한 성공을 했으나 인간으로서는 실패자라는 것을 깨달았다. 그의 삶에는 대부분의 기쁨과 인간적인 느낌이 결여되어 있었다. 사실 수학은 "그것이 인간이 아니었기 때문에" 그를 확실하게 매혹시켰다.

39세에 러셀은 오톨린 모렐Ottoline Morrell이라는 연인을 만났다. 그는 그녀와 열렬한 사랑에 빠졌다. 그녀는 그에게 새로운 세계를 열어주었다—더욱 큰 성적인 자유의 세계, 그리고 무엇보다 중요한 것은 더욱 심오한 감정과 심미적인 감수성, 그리고 사회적 세계에 대한 관심. 3년 후, 제1차 세계대전의 발발로 인해, 그는 평화주의와 명성과 권력에 대한 관심이 새삼 커지기 시작했다. 오틀린 모렐에 대한 그의 사랑과 전쟁에 대한 그의 혐오는 이 과정에서 기본적인 역할을 했다. 그러나 그 변화는 단순히 이러한 외적인 사건들에 대한 반작용만은 아니었다. 그 사건들은 발달 과정—중년의 전환기—을 이루고 있는 성분들이었다. 그것을 통해서 그는 젊음을 되찾았으며 그의 인생은 극적으로 변화되었다. 마흔 살 중반까지 그 변형은 명확한 형상을 갖추어나갔다: 그는 좋은 이념을 산출해내고, 나쁜 이념들(그리고 그 신봉자들)을 파괴함으로써 만족감을 얻는 '논리적 기계'가 되지 않기 위해 처절하게 싸웠다. 그리고 그는 좀 더 풍만한, 좀 더 다양한 인생을 살려고 노력했다.

이러한 싸움은 98년이라는 그의 남은 여생 동안 계속되었다. 러셀은 그의 직업을 '순수한' 학문적 철학자에서 고도로 복합적이고 혼합적인 것으로 변화시켰다: 철학자-정치가-대중작가-도덕주의자 등등. 말과 행동으로, 그는 성적 자유주의의 신봉자가 되었다. 그는 결코 인생 초기의 어떤 성향들—지성과 감정의 분리, 자기중심적 완고함, 엘리트 의식과 인도주의의 불안정한 교착, 자기 자신보다 타인들에게 더 파괴적인 성향—로부터 완전히 벗어나지는 못했다. 그러나 그는 자신의 창조적 작업과 개인적 인생에서 끊임없는 발전을 보여주었다. 이러한 발전은, 어떤 특별한 결정적인 상태에 도달한 것이 아닌, 인간 발달의 정수精髓이다.

절정 사건은 빈번히 중년의 전환기를 부추기는 데 중요한 역할을 한다. 그러나 똑같은 사건이 인생의 다른 시기에 일어났다면 아마 다른 의미와 결과를 가져왔을 것이다. 마흔 살 주변에 있는 사람들은 외적인 상황에 단순하게 반작용하지 않는다. 그는 자신의 인생을 재평가하고 있다—자신이 선택한 인생의 방향, 자신이 젊은 시절에 품은 꿈들의 숙명, 그리고 더 나은(더 나쁜) 미래의 인생에 대해 다시 생각해보려고 노력한다. 그는 절정 사건과 그 상황 속에 있는 다른 사람들을 해석해본다. 우리는 그의 성인기 최초의 야망은 무엇이었으며, 그리고 직업, 가족, 정치, 종교, 여가, 우정 등에 그가 어떻게 개입해왔는지—그에게 의미를 가진 인생의 모든 분절들, 그리고 수년 동안에 걸쳐 이들이 발전되어온 모습들을 분석에 고려해야 한다.

중년의 전환기에 대한 개념은 융에 의해 처음으로 공식화되었다. 그는 인생의 전반부와 후반부를 구분하고, 그리고 그 분수령을 마흔 살 주변에 두었다. 그는 비록 시대를 확인하지는 않았지만 성인 초기와 중년기 사이를 구분한 것이 분명하다. 융은 '개별화'의 재출현은 그가 '인생의 정오正午'라고 부른 마흔 살 무렵에 시작되어서 인생의 오후와 밤을 통해서 계속될 수 있다고 했다.[7]

융이 그 용어를 마음속에 품고 있었듯이, 그리고 심리학자들이 통상 그렇게 사용해온 것처럼 **개별화**individuation란 한 사람이 점점 더 독특하게 한 개인이 되어가는 발달 과정을 의미한다. 즉 그 자신에 대한 보다 분명하고 완전한 정체감을 획득함으로써, 그는 자신의 내적 자원을 좀 더 유용하게 쓸 수 있고, 자신의 목적을 좀 더 잘 추구할 수 있게 된다. 그는 새로운 수준에서 인식하고, 새로운 수준에서 의미를 부여하고 이해할 수 있다. 개별화는 아동기와 청소년기에도 발달의 결정적인 측면으로 알려져 있다. 그러나 개별화 과정이 중년기와 그 이후에도 일어나며, 또 인간의 발달 과정에서 매우 필요하고 유용한 것이라고 최초로 인정한 사람은 융이다.[8]

융은 말하기를, 30세 후반까지는 남성의 인생은 균형이 잡혀 있다기보다는 한쪽에 치우쳐 있거나 불균형적인 것이 오히려 당연하다고 한다. 자아의 소중한 측면들이 소홀히 되었거나 억압되어온 것이다. 즉 네 가지의 심리적 기능—사고, 감정, 직관, 감각—중에서, 이 모든 성격의 차원이 고루 발달되어야 함에도 불구하고, 단지 하나 또는 두 가지 차원만이 월등하게 발달한 경향이 있다. 비록 누구라도 이 네 가지 기능 모두를 똑같은 수준으로 발달시키지는 못할지라도, 중년기가 되면, 이전에 미약하게 발달된 기능을 더욱 강화해서 좀 더 균형 잡힌 삶으로 이끌어갈 수 있다.

중년의 개별화 과정을 통해서, 사회가 부과한, 그리고 우리 자신이 억압한 본능적인 무의식의 요구들이 우리에게 준 양면적인 횡포를 감소시킬 수 있다. 우리는 융이 **원형적 무의식**archetypal unconscious이라고 부른 것—자기정의와 자기만족의 내적 근원— 에 더 많은 관심을 기울일 수 있다. 원형들은 곧 자신 안에 있는 씨앗의 보고寶庫이다. 그들 중 대부분은 성인 초기에는 수면 상태로 남아 있다. 중년기의 개별화 과정을 통해서, 원형의 형상들에 자양분을 주고, 그들을 인생의 소중한 위치에 배치함으로써, 우리는 가까스로 젊은 시절에 꿈꾸었던 방식대로 우리의 인생을 발전시키고 풍요롭게 할 수 있다. 개별화는 고통스런 전환기와 되풀이되는 좌절 없이는 이루어질 수 없다. 그러나 그것은 끊임없는 자기 쇄신을 가능케 하며, 자신과 타인들의 생활에 창조적으로 개입할 수 있게 해준다. 이 주제에 대해서는 중년의 전환기에 대한 장에서 다시 이야기하기로 하자.

성인 후기

앞서 언급한 바와 같이, 우리 연구는 10대 후반에서 40대 후반까지의 기간을 다루고 있다. 발달적 용어로 말하면, 성인 초기 전환기부터 중년기까지를 다루고 있다. 그래서 나는 중년 시대의 마지막 부분과 뒤따라오는 시대의 본질을 토론하는 데는 오히려 추론적인 입장에 있다. 그럼에도 불구하고, 인생 주기의 전반에 대한 고찰을 완료하기 위해, **성인 후기**late adulthood에 대해 다음과 같은 잠정적인 관점을 제시하고자 한다.

60대 초반에는 정상적으로 중년기가 끝나고 성인 후기가 시작된다. 수많은 생물학적, 심리적, 사회적인 변화의 결과로 삶의 특성이 기본적인 면에서 변화한다. 이 시대는 인생에서 특별한, 그리고 충만한 계절로 인정될 필요가 있다. 이 시대는 약 60세에서 85세까지 지속되는 것으로 생각된다.

성인 중기와 성인 후기도, 다른 시대처럼, 하나의 단순한 보편적 사건에 의해 구분되지는 않는다. 다양한 **이정표적 사건**들, 즉 질병 또는 은퇴와 같은 사건들이 중년기 끝자락의 하이라이트를 장식하고 전환기적 과정을 형성할 수 있다. **성인 후기 전환기**는 대략 60~65세경까지 지속된다. 성인후기 전환기는, 비록 세세한 내용은 다를지라도, 중년의 전환기와 유사한 이유 때문에 존재한다.

60세 무렵에는, 다시 신체적 감퇴를 현실적으로 경험하게 된다. 내가 언급한 바와 같이, 통계적으로 약 30세경부터 서서히 시작된 감퇴의 과정은 남은 여생에 걸쳐 가차 없이 진행된다. 우리는 쉰 살, 예순 살 또는 여든 살에 갑자기 '늙은이'가 되는 것은 아니다. 하지만 50대와 60대에는 수많은 정신적, 신체적 변화가 자신의 노화와 죽음을 더욱 절실하게 인식하도록 한다. 이러한 변화를 통해, 우리는 자신이 중년에서 말년 세대—우리 문화가 단지 '노년老年'이라는 소름끼치는 단어만을 소유하고 있는—로 이동하고 있음을 상기하게 된다. 이러한 모든 변화가 모든 남성들에게 일률적으로 일어나는 것은 아니다. 그렇지만 대부분의 남성들이 최소한도 서너 개의 변화는 경험하게 되며, 이러한 변화들에 의해 크게 영향을 받을 가능성이 있다.

이제 사랑하는 사람, 친구들, 동료들의 죽음과 질병이 점점 잦아진다. 비록 그가 건강하고 신체적으로 활력이 있다하더라도, 수많은 것들이 자신이 점점 기력과 역량이 감소하고 있음을 상기시켜 준다. 별다른 이상이 없을지라도 통증과 고통이 더 잦아진다. 그러나 그는 역시 적어도 한 가지 정도의 주된 질병 또는 손상을 갖고 있는 경우가 십상이다—그것은 심장병, 암, 내분비선의 역기능, 시각 또는 청각 결함, 우울증 또는 다른 정서적 고통일 수도 있다. 그는 어떤 예방조치를 따라야 한다거나, 심각한 치명적인 또는 불구가 될 위험이 있다는 의학적 경고를 받을 수도 있다. 자신의 신체에서 오는 내적인 메시지 역시 그에게 삶의 방식을 조절하거나 주요한 변화를 일으켜야 된다고 말한다. 물론 예순 살 무렵에 이른 남성들은 개인차가 더 크다. 어떤 사람들은 성인 후기에 심각한 질병이나 손상에 직면해 있는 반면에, 다른 사람들은 활동적이고 정력적인 삶을 이끌기도 한다. 그러나 성인후기 전환기에 있는 남성들은 누구나 중년기보다 기력이 감퇴하거나 상실되어가고 있는 현실을 감수하지 않으면 안 된다.

더욱이 60대에는 문화적으로 정의된 세대의 변화가 있다. 만약에 '중년'이라는 말만 듣고도 넋 나간 사람처럼 멍해지고 놀란다면, 뒤이어 오는 시대를 위해서는 우리는 무슨 용어(그리고 심상)를 사용해야 할지? 통상 사용되는 '노인', '황금 세대', '연장자'와 같은 말은 노화에 대한 개인적인, 문화적인 불안을 반영하는 부정적 의미를 함축하고 있다. 20대에 있는 사람에게는, 서른 살을 지난다는 것은 '언덕을 넘는 것'처럼 보일 것이다. 30대에는, 마흔 살이 되는 것이 강력한 위협으로 보일 수 있다. 인생의 모든 시점에서, 다음에 올 시대의 문지방을 넘어선다는 것은 젊음과 생기와 삶 그 자체를 송두리째 상실해버리는 것으로 예기된다.

그러면 60세에 접어들어, 모든 형태의 젊음—중년기에 남아 있는 마지막 흔적처럼 보이는 것들까지도—이 사라지려 하고, 단지 '노년'만이 남아 있도록 느끼는 것은 무엇을 의미하는가? 중요한 발달 과제는 젊음과 늙음 사이의 분열을 극복하고, 각 계절마다 이 둘 사이의 적절한 균형을 취하는 것이다. 성인 후기에는 노년의 원형적 현상들이 지배한다. 그러나 한 남성이 젊음의 활력을 유지하고 있고, 자신과 세계 속에서 성장의 힘을 계속 보유하고 있는 한, 그는 창조적이고 현명한 노인이 지닌 다양한 면모를 간직할 수 있다. 성인후기 전환기 동안, 어떤 남성은 자신 안에 있는 젊음이 사라져가고, 단지 늙은 남자—공허하고, 정력과 흥미와 내적 자원이 고갈된 뼈만 앙상하게 남은—만이 이제 얼마 남지 않은 어리석은 노년을 살아가게 될 것이라는 두려움에 떤다. 그의 과제는 성인 후기에 적절한 새로운 형태로 자신의 젊음을 유지하는 것이다. 그는 이전의 인생 구조를 마무리 짓고 수정해야 된다.

다시 한번, 한 시대를 끝내기 위해서 처절하게 발버둥쳐야 된다. 성인 후기에는 그는 이제 더 이상 자신이 속한 세계의 중심부를 점령할 수 없다. 그는 점점 더 자신에게 부탁한다. 이제 중년의 막중한 책임들을 줄이고 사회와 자신과의 관계가 변화된 상황 아래서 살기를… 중심부에서 밀려나는 것은 충격적일 수 있다. 그는 이제 인정을 덜 받고, 그리고 권위와 힘이 감소하게 된다. 그의 세대는 이제 더 이상 주역이 아니다. 가족 내에서는 '조부모' 세대의 일부분으로서, 기껏해야 그는 자신의 장성한 자녀에게 적절한 도움을 주고, 손자들에게는 관대함과 도덕적 지지의 원천이 될 수 있다. 그러나 자녀들은 이제 중년기로 접어듦에 따라, 가족 내에서 주요한 책임과 권위를 떠맡는 시기에 있다. 만약에 그가 자신의 권위를 포기하지 않는다면, 그는 전제적인 통치자가 될 가능성이 있다—전제적인, 현명하지 못한, 사랑받지 못하고, 사랑할 줄 모르는. 그리고 그의 성인 자녀들은 부모를 또는 자기 자신을 사랑할 수 없는 미숙한 성인들이 될 것이다.

직업 생활에서도 역시, 어떤 남성이 65세 혹은 70세 넘어서까지 공식적인 권좌를 고수한다면, 거기에는 심각한 문제가 있을 것이다. 만약에 그런 사람이 있다면, 그는 자기 자신의 세대에서 벗어난 사람이며, 그는 좀 더 막중한 책임을 떠맡을 필요가 있는 중년 세대와 갈등 속에 처할 수 있다. 가끔 일흔 살 혹은 그보다 더 나이든 사람이 정부, 종교, 기업이나 다른 기관에서 두드러진 위치를 고수하고 있는 경우가 있다. 쉽게 떠올릴 수 있는 사람들을 보면 마오쩌둥毛澤東, 저우언라이周恩來, 처칠Winston Churchill, 벤구리온David Ben-Gurion, 간디Mohandas K. Gandhi, 드골Charles de Gaulle 그리고 록펠러John D. Rockefeller 등이다. 그러나 어떤 남성이 고도의 정력과 기술을 소유하고 있을 때일지라도, 성인 후기까지 권력을 꼭 붙들고 있어야 된다고 충고하는 것은 큰 잘못이다. 그는 자신을 따르는 추종자나 측근이 없는 고립된 지도자가 되기 쉬우며, 또 이들에게 지나치게 이상화되거나 미움을 받는 경향이 있다. 이럴 경우, 세대 간의 연결감이 무너져버린다. 즉 중년 세대는 무력함과 순응주의로 고통을 받으며, 반면에 성인 초기 세대는 바로 윗세대로부터 받아야 하는 혁신적인 새 기틀과 도덕적 지원, 그리고 자신들을 후견해주는 힘이 부족해서 고통을 받는다.

어떤 사람들은 50세와 같은 이른 나이에, 또 어떤 사람들은 70세와 같은 늦은 나이에도, 위엄과 안전감을 가지고 은퇴할 수 있다. 이 범위 안에서, 한 남성이 공식적인 위치, 특히 다른 사람들에게 직접적 권위를 행사하는 위치에서 은퇴하는 나이는 당연히 그 자신의 욕구와 역량, 생활 환경을 반영하고 있다. 이 특별한 의미에서 '은퇴'를 한 이후에, 그는 가치 있는 일에 종사할 수 있다. 그러나 이제 그러한 일을 하려는 의욕은 외적인 압력이나 재정적인 필요에서라기보다 그 자신의 창조적인 열정에서 솟아난다. 사회에 대한 책임을 완수한 후, 그는 자신이 가장 소중히 여기는 일을 할 수 있는, 그리고 할 권리를 얻은 것이다. 그는 일과 놀이를 구분하는 차원을 초월한다. 그는 자신의 가장 깊은 곳에서 직접 흘러나오는 관심사들에 즐겨 자신을 바칠 수 있다. 그는 아직 자신의 내면에 남아 있는 젊음을 활용함으로써, 이 계절의 창조적인 가능성을 즐길 수 있다. 재정적, 사회적으로 안전한 경우, 이러한 선택의 자유를 누릴 수 있는 외적인 조건이 갖추어진 것이다. 더 많은 사람들이 말년에 의미 있는 일과 놀이를 즐기기 위한 내적 자원을 소유할 수 있도록, 어떻게 성인 초기와 중년기 발달을 촉진하는 환경을 조성할지, 우리는 이제 막 그 방법을 배우기 시작하고 있다.[9]

성인 후기의 일차적 발달 과제는 사회와 자아에 대한 개입의 정도를 적절하게 조절해나가는 것이다. 이 세대에 있는 사람은 죽음의 과정을 더욱 확실하게 경험하고 있다. 그래서 그는 당연히 자신의 삶의 방식을 좀 더 자유스럽게 선택할 수 있어야 한다. 인류와 자신의 종족과 자신에 대한 사랑을 잃지 않고, 그는 인생에 대한 조망을 한층 광범위하게 형성할 수 있으며, 인간적인 모순과 창조성, 그리고 파괴성을 좀 더 심오하게 인정할 수 있다. 자아에 관심을 더 집중함으로써만이 외부 세계에 대한 더욱 큰 지혜를 얻을 수 있다. 이것은 이기적이고 자만심이 강해진다는 것을 의미하는 것이 아니다. 바로 그 정반대이다. 그것은 사회로부터 주어진 보상에 대한 흥미보다는 자신의 내적 자원을 활용하는 데 더욱 흥미를 느낀다는 것을 의미한다. 즉 자신의 내면에서 외치는 소리들을 더욱 잘 들을 수 있고, 그 소리들에 더욱 주의를 기울일 가치가 있다는 것을 알게 된다. 그는 외부 세계의 목소리와 현실에 적극적으로 개입하지만, 그러나 그는 자아가 좀 더 큰 우선권을 갖도록 균형을 새롭게 잡는다(중년기의 이 문제에 대한 논의를 위해선, 15장을 보시오).

만약 어떤 사람이 새로운 모습으로 자신의 내적 세계를 창조하려 한다면, 다른 계절과 마찬가지로 성인 후기도 충만하고 풍요로운 계절이 될 수 있다. 몇 개의 가장 지적이고 예술적인 작품들은 작가의 60대, 70대 심지어는 80대에 창조되었다. 예를 들자면 풍부하다: 피카소Pablo Picasso, 예이츠William B. Yeats, 베르디Giuseppe Verdi, 라이트Frank Lloyd Wright, 프로이트, 융, 소포클레스Sophocles, 미켈란젤로Buonarroti Michelangelo, 톨스토이Leo Tolstoy.[10] 이 이외에도 다른 수많은 사람들이 가족과 공동 사회에서 상담, 교육 등 도움을 주는 다양한 역할에 연장자로서 자신의 지혜를 기여해왔다.

프로이트의 성인 후기에는, 열정적인 생명력과 병적인 염세주의가 끊임없이 투쟁하고 있었다. 어니스트 존스Ernest Jones는, 그의 대자서전에서, 프로이트의 일생을 여기서 제시한 시대들과 일치하는 세 분절로 나누고 있다:[11] 제1권 『형성의 세월과 위대한 발견들*The Formative Years and the Great Discoveries: 1856~1900*』: 중년의 전환기 입문과 신경학에서 정신 분석학으로의 전환. 제2권 『성숙의 세월*Years of Maturity: 1901~1919*』: 44~63세까지의 중년기. 이 시기에 프로이트는 임상적인 새로운 고안품이자 과학적 이론이며, 학문적·정신 치료적 세계에 강력한 영향을 미친 정신 분석학의 체계를 확립하고자 했다. 그는 이 작업에 완전히 몰입했다.

제3권 『마지막 단계*The Last Phase: 1919~1939*』: 그의 성인 후기를 기술하

고 있다. 이 시대 동안 프로이트의 창조성은 새로운 형태를 취한다. 1916년에 그는 예순 살이 되었다. 그리고 제1차 세계대전은 그의 성인 후기 전환기의 본질적인 부분을 차지하고 있었다. 또다시 우리는 사회적 역사와 개인의 발달이 한 곳에 수렴하는 것을 볼 수 있다. 프로이트가 중년의 절정기를 지나고 있을 때, 서양에서는 무려 200년 동안이나 지속되어온 시대가 전환기(이성, 과학, 더 나은 사회를 향한 점진적이고 꾸준한 발전이라는 심상이 팽배한)를 맞고 있었다. 그는 자신이 그렇게도 양면 감정을 갖고 개입해온 문화가 쇠퇴하고 있을 뿐만 아니라 자신이 감퇴해가고 있는 현실을 감수해야 했다. 그가 이전에 꾸준히 보이던 과학적·임상적 흥미는 철학적·종교적 문제와 인류 문명의 기원과 운명에 대한 그의 관심이 증폭됨에 따라 빛을 잃게 되었다.

성인 후기는 발달의 기회일 뿐만 아니라 감퇴의 시대이다. 에릭슨의 마지막 자아 단계는 이 시대에 해당된다. 이 단계는 대략 60세경에 시작되는데, 이 단계에서 통합해야 할 핵심적인 양극성은 통합 대 절망이다. 남성이 성인 후기로 들어갈 때, 그는 자신의 생애 과업 중 주요한 부분—아마도 거의 전부인—을 완성했다고 느낀다. 그의 사회에 대한 공헌과 그 자신의 불멸immortality에 대한 공헌은 대체로 완료된다. 그는 자신이 살아온 생을 어느 정도는 인정해야 한다. 이 시대의 발달 과제는 인생에 대한 통합감을 얻는 것이다—단순히 미덕이나 성취가 아닌 인생 전체로서의 통합감. 만약에 그가 이 점에서 성공한다면, 그는 성인 후기 동안 쓸쓸함이나 절망감 없이 살 수 있다. 비록 완전하지는 않지만, 그는 인생에서 의미와 가치를 발견함으로써 죽음과 타협할 수 있다.

진정한 통합감을 얻기 위해서는, 자신의 인생이 통합감이 결여되어 있다는 사실에 직면해야 한다. 성인 후기 전환기 동안에는, 누구나 가끔은 처절한 절망감을 경험한다. 이것은 항상 비합리적인 자기비난이기도 하지만 현실에 어느 정도 근거를 두고 있다. 그는 자신의 인생이 자신뿐만 아니라 타인들에게 아무런 가치가 없다고 느낀다. 그는 자신의 좋은 자질들이 반복되는 파괴성과 어리석음 때문에, 그리고 자신이 가장 소중하게 여기는 가치들이 배신당해서 지나치게 억눌려왔다고 느낀다. 무엇보다 가장 나쁜 것은, 이미 손상은 되어버렸고 균형을 잡을 기회가 더 이상 없다는 것이다.

우리의 가치가 무엇이든지 우리는 완벽하게 거기에 따라서 살 수는 없다. 결국, 우리는 인생의 결함이나 부패의 근원들과 타협해야만 된다. 그 근원들은 다양하다. 그들은 우리 자신 안에 있을 수 있고, 우리의 적들 속에, 사랑하는 사람의 안에, 그리고 우리 모두가 통합된 생을 구축하려고 버둥거리는 불완전한 세계 속에 존재할 수 있다. 자아와 외부 세계 속에 있는 모든 적들과 화평을 누리는 것은 이 과업의 한 중요한 부분이다. 이 내적 의미에서 평화를 찾는 것은 자신의 신념을 위해 투쟁하지 못하게 하는 것이 아니라, 그로 하여금 좀 더 적은 원한, 좀 더 적은 환상, 그리고 좀 더 넓은 조망을 갖고 투쟁할 수 있게 한다.

노년 후기

이제 예전보다 훨씬 더 많은 사람들이 80대까지, 아니 그 이상을 살고 있다. 그러나 이 시절의 발달에 대해서는 거의 알려진 것이 없다. 60세 또는 65세 이후의 전 기간을 하나의 단일한 시대로 간주하는 것은 분명히 지나치게 단순화한 것일 것이다. 연구 자료가 부족한 점을 감안할 때, 우리는 인생 주기의 이 마지막 부분에 대해서는 단지 추론할 수밖에 없다. 다음에 제시된 가정은 주로 이 문제에 대한 앞으로의 연구를 촉진하기 위한 출발점으로 삼고자 한다. 우리는 또 하나의 새로운 시대인 **노년 후기**late late adulthood가 80세 무렵에 시작된다는 것을 제안한다.[12]

80대까지 생존해 있는 사람들은 대부분이 여러 가지 허약함으로 고통을 당하거나 적어도 한 가지 이상의 만성적인 질병을 앓고 있다. 노화老化 과정은 성장 과정보다 훨씬 더 뚜렷하다. 이 시대의 인생 구조는 일반적으로 매우 좁은 영역에만 한정되어 있는데, 즉 두세 개의 의미 있는 관계에만 관심이 있고 일시적인 신체적 욕구와 개인적 안위安危가 주요 관심사이다. 심각한 개인적 감퇴와 사회적 박탈 상황아래선, 이 시대의 삶은 모든 의미를 잃어버릴 수 있다. 하지만 더 좋은 조건에서는, 노화와 함께 심리·

사회적 발달이 일어날 수 있다.

인생 주기의 맨 마지막 부분인 이 시대에, 발달이란 무엇을 의미하는가? 그것은 개인이 죽음의 과정과 타협하고 자신의 죽음을 준비하는 것을 의미한다. 이전의 모든 시대의 끝자락에서는, 발달 작업의 역할이 새로운 시대를 시작해서, 새로운 삶의 근거를 마련하는 것이었다. 80대에 있는 사람들은 자신의 죽음이 임박해있다는 것을 안다. 그것은 이삼 개월 내에, 혹은 20년 안에 올 수도 있다. 그러나 그는 죽음의 그림자 안에서 살며, 그 부름에 응한다. 자신을 삶 속에 개입시킬 수 있으려면 그는 죽음을 평안하게 생각해야 한다. 만약에 그가 영혼불멸설을 믿는다면, 그는 어떤 형태로든 내세를 위한 준비를 해야 한다. 그렇지 않다면, 그는 아직도 인류 진화의 일부로서 인류의 운명과 그 자신의 불멸에 관계하고 있을 수 있다. 발달은 그가 보편적인 삶과 죽음에, 그리고 특별히 자기 자신의 삶과 죽음에 새로운 의미를 부여하는 정도로 일어나고 있다. 만약에 그가 자신의 활력을 아직 유지하고 있다면, 그는 계속해서 사회생활에 종사할 수 있다. 그는 타인들에게 지혜와 개인적 고상함에 대한 하나의 예를 보여 줄 수 있다.

무엇보다도, 그는 이제 자아自我에 완전히 몰입한 경지에 이르러 있다. 지금 그에게 가장 중요한 것은 인생이란 무엇인가에 대한 마지막 느낌이다—인생 주기의 맨 끝자락에 있는 "다리에 서서 바라보는 그의 관점." 결국 그는 자아와 자신을 존재하게 한 중요한 내적 형상들만을 소유하고 있을 뿐이다. 그는 결국 자신의 자아—자신을 잘 알고, 자신을 매우 사랑하고, 그리고 자신을 포기할 준비가 된—와 타협해야만 한다.

3장

발달 시기

인생 구조의 진화 과정

앞장에서 기술한 시대들의 계열은 인생 주기의 거대한 뼈대를 형성한다. 이러한 골격 안에서 우리는 그동안 의문을 가져왔던 점에 대해 질문을 던져볼 수 있다: '성인 초기와 중년기에도 정상적인 발달 과정이 존재하는가?' 연구가 진행됨에 따라, 우리들의 발견을 통해 우리는 "발달이란 안정되고 연속적인 과정이다"는 생각에서 "발달 과정에는 질적으로 다른 **시기**periods들이 존재 한다"는 생각으로 관점이 바뀌게 되었다. 우리는, 청소년기 말에서 40대 중반까지, 우리 피험자들 모두가 통과한, 일련의 발달 시기들이 존재한다는 것을 확인하기 시작했다.

시기들의 특성에 대한 어떤 단서들이, **시대들**eras에 대해 논의할 때, 이미 주목을 끌어왔다. 앞서 언급한 것처럼, 한 시대에서 다음 시대로 전환하는 것은 주요한 발달적 변화이다. 그것은 쉽사리 또는 신속하게 일어나지 않는다. 오히려, 보통 4~5년 지속되는 발달 시기인, **시대를 교차시키는 전환기**cross-era transition가 그 사이에 있다. 성인 초기 전환기The Early Adult Transition(17~22세)에 우리는 성인 이전기를 마무리 짓고 성인 초기로 들어가기 시작한다. 중년의 전환기The Mid-life Transition(40~45세)는 성인 초기를 끝내고 중년기를 시작하는 데 교량 역할을 한다. 이 전환기들을 발견함으로써, 우리는 각 시대 안에 부수적인 발달 시기들이 존재하지 않나 하는 의문을 갖게 되었다.

우리는 삶의 전반적인 특성에서의 변화가 시대를 구분 짓고 있는 사실 역시 발견했다. 대부분의 연구가들이 한 것처럼, 우리가 삶의 한 단면에 초점을 맞출 때, 시대들은 그 자체의 면모를 온전히 보여주지는 않았다. 성인 발달의 본질을 파악하기 위해 우리는 어떤 주어진 시점에 나타난 개인의 삶과 함께 시작해서, 여러 해 동안에 걸쳐 그것이 진화되어온 과정을 추적해야 했다. 이런 유리한 입장에서 각 남성들의 인생을 바라보았을 때, 우리는 먼저 시대와 시대를 교차시키는 전환기에 대한 광범위한 윤곽을 알게 되었다. 그러고 나서, 더욱 밀도 있게 인생 과정을 고찰해봄으로써, 우리는 그 기본적 특성들이 시대를 교차시키는 전환기와 유사한, 일련의 발달 시기들이 각 시대 안에 있다는 것을 발견했다.

삶의 특수한 측면들을 연구하기 위해서 많은 개념들과 기교들이 이용되고 있다. 그러나 남성의 인생에 대한 특성과 수년에 걸친 진화 과정을 어떻게 연구할 수 있겠는가? 많은 사람들이 이것은 너무 어려운 일이라고, 그리고 '너무 많은 변인'들이 개입되어 있어서 단일한 학문의 한계를 벗어난 것이라고 말할 것이다. 나의 대답도 마찬가지이다: 개인의 인생에 대한 연구는 어떤 단일한 학문의 범위를 넘어선다. 그리고 그것을 잘한다는 것은 매우 어려운 일이다. 그러나 우리는 그것을 해낼 수 있다! 이 연구에서 우리는 의미 있는 출발을 했다고 믿는다. 비록 그것은 단지 출발에 불과하고 앞으로 해야 할 일이 많이 남아 있지만 말이다.

이 목적을 위해 우리가 만들어낸 개념—우리의 전 연구에서 핵심적인—은 개인의 인생 구조이다. **인생 구조**life structure란, 어느 일정한 시기에 있어서 개인의 기본적 인생 모형 또는 설계를 의미한다. 여기에서 우리는 남성의 삶을 연구하고 있다. 남성의 인생은 많은 구성 요소들로 이루어져 있다: 직업, 사랑 관계, 결혼과 가족, 자신과의 관계, 고독의 활용법, 다양한 사회적 맥락에서의 자신의 역할—그에게 중요한 개인과 집단과 기관들과의 모든 관계로 남성의 인생은 이루어져 있다. 그가 이러한 일들에 개입함으로써 그의 성격은 영향을 받기도 하고 또 영향을 주기도 한다. 그러나 우리는 전반적인 인생 구조와 함께 시작해야 한다. 일단 개인의 삶의 특성이 확인되면, 우리는 성격, 결혼과 직업적 이력, 그리고 인생의 다른 구성 요소들 안에서 일어나는 변화들을 좀 더 세부적으로 연구할 수 있다.

수년에 걸쳐서, 인생 구조는 발달 시기들의 기본 계열을 따라 진화된다는 사실을 우리는 발견했다. 이처럼 발달 시기들은 인생 구조가 진화되는 과정에 줄지어 있는 시기들이다. 나는 이 점을 강조하고 또 강조하고자 한다. 왜냐하면 그것은 흔히 잘못 이해되고 있기 때문이다. 나는 자아 발달이나 직업 발달, 또는 삶의 어떤 단일한 면의 발달에서 말하는 단계를 의미하는 것이 아니다. 나는 '개인의 인생 구조가 진화하는 과정에 있는 시기들'에 대해서 말하고 있다. 시기들, 그리고 이 시기들로 이루어진 시대는 인생 주기 안에서 질서의 근본 원천을 형성한다. 질서는 기본적인 수준에서 존재한다. 구체적인 행동, 사건들과 경험이 일어나는 보다 당면한 일상의 수준에서, 우리들의 삶은 가끔 급속도로 변화하기도 하고 산산조각이 나기도 한다.

우리는 이제, 아동기에서와 마찬가지로, 성인기에서도 모든 사람들이 동일한 발달 시기를 거쳐나간다는 생각을 고수하려고 한다. 비록 사람마다 이 시기들을 통과하는 방식이 근본적으로 다르지만 말이다. 개인마다 삶의 특성이 매우 독특하다. 가장 타당성이 있는 발달 이론이란 누구나 거쳐야 하는 유일한 '정상적' 발달 과정을 자세히 적은 틀이나 청사진이 아니다. 그 대신 연이은 발달 시기들 속에서 개인이 수행해야 하는 발달 과제들을 알려주고, 그리고 다양한 상황 속에서 살고 있는 사람들이 취할 수 있는 무수한 발달 형태를 제시해주는 것이 그 기능일 것이다. 이와 같은 이론은 인간의 잠재력과 개개인의 삶의 다양성에 대한 감각을 증진시킨다. 즉 타당한 발달 이론은 "정상적인 발달 과정은 이렇다" 하는 발달의 준거 conformity가 될 만한 틀을 제시하지는 않는다.

개인의 인생 구조

인생 구조에 대한 개념—일정한 시기에 한 개인의 삶의 기본적 형태 또는 모형—은 개인이 사회 속에서 어떻게 개입하고 있는가를 보는 방법을 알려준다. 그것을 통해서 우리는 **자아**self와 **세계**world를 동시에 생각해볼 수 있으며, 그리고 그 둘 사이의 관계를 알 수 있다. 우리의 연구는 성인기 동안 인생 구조가 발달해나가는 과정을 보여주었다. 그것이 우리 분석의 일차적 초점이었다. 내가 성인 발달이라고 말할 때, 그것은 성인기 동안에 일어나는 인생 구조의 진화 과정을 의미한다.

인생 구조의 개념은 때론 **개인의 삶의 짜임새**라고 불리는 것을 분석하기 위한 도구가 된다. 그것을 통해서 우리는 자아와 세계 사이의 상호 관계를 검토해볼 수 있다. 자아가 세계 속에 어떤 영향을 미치며, 그리고 세계가 자아에 어떤 영향을 미치는지를 알 수 있다. 하나의 외적인 사건이 개인에게 결정적인 영향을 미칠 때, 우리는 그 사건을 초래하는 데 자아 과정이 어떻게 기여했고, 또 그 효과를 어떻게 중재했는지를 고려한다. 또한 어떤 내적인 갈등으로 인해 극적인 행동이 유발되었을 때, 우리는 그 갈등을 촉발시키는 데 외적인 영향력이 어떻게 작용했으며, 그리고 그것이 어떻게 행동으로 표출될 것인지를 고려한다. 우리는 자아와 세계의 다양한 면들이 인생 구조를 형성하는 데 어떻게 영향을 미치고, 시간의 흐름에 따라 그 변화 과정을 어떻게 형성하는지를 규명하고자 한다.

인생 구조는 다음과 같은 세 가지 조망에서 생각해볼 수 있다.

(1) 개인에게 의미와 중요성을 부여하는 **사회·문화적 세계**이다. 즉 한 남성의 인생을 이해하기 위해서는 그가 살고 있는 사회를 고려해보아야 한다. 다양한 사회적 맥락—계급, 종교, 민족, 가족, 정치적 체계, 직업적 구조—속에 그를 배치시켜 보아야 하며, 그가 이러한 사회적 맥락들과 어떤 관련을 맺고 있는가를 이해해야 한다. 그의 인생은 그를 둘러싸고 있는 문화, 사회운동, 사회제도, 그리고 경제적, 정치적 풍토 속에서 일어나는 변화에 의해 변경되고 수정된다. 그의 인생은 전쟁, 대공황과 같은 엄청난 사건에 의해서, 그리고 자신의 직업, 가족 및 공동체 생활 속의 좀 더 특수한 상황에 의해 영향을 받는다.

(2) 자아의 어떤 면들은 실현되나, 억제되거나 소홀히 된 **자아의 측면들**

이 있다. 자아는 복잡한 형태의 소망, 갈등, 불안을 품고 있으며, 이들을 해결하고 통제하는 방법 역시 내포하고 있다. 거기에는 환상, 도덕적 가치와 이상, 재능과 기술, 성격 특질, 감정 양식, 사고와 행동이 포함된다. 자아의 어떤 부분은 의식적이나, 대부분이 무의식적이다. 그리고 우리는 이 양 측면을 모두 고려해보아야 한다. 성인 이전 시대에 맨 처음 형성된 자아의 중요한 면들은 성인기 동안 꾸준히 한 남성의 인생에 영향을 미친다. 우리는 개인이 일상생활에 자아를 어떻게 끌어들이거나 무시하는지를 알아야 한다. 자아는 인생 구조의 본질적인 요소이지 분리된 실체는 아니다.

(3) 우리는 개인이 **세계 속에 어떻게 참여하고 있는지**를 검토해볼 필요가 있다. 외적인 세계 속에는 한 남성이 자신의 인생을 빚어내는 데 기여한 다양한 자원들과 제약들, 중요한 인물들, 그리고 전반적인 풍경이 있다. 시민, 애인, 노동자, 상관, 친구, 남편, 아버지, 다양한 그룹과 기업의 멤버로서 역할과 관계를 발전시킴으로서, 남성은 선택적으로 세계를 활용하고, 세계에 의해서 사용되기도 한다. 세상에 참여하는 것은 자아와 세계 사이의 거래去來이다. 그 거래는 분명한 형태를 취하고 있으나, 그들 안에서 중요한 역할을 하는 것은 미묘한 의미나 감정이다.

인생 구조의 진화를 연구할 때, 가장 기본적 의미에서 우리는 **전기적**biographical **접근**을 하고 있다. 우리는 여러 해에 걸쳐 전개되어온 구체적인 인생 과정과 함께 시작했다. 전기 작가가 해야 할 일은 주인공의 인생에 대한 완성된 그림을 그리는 것이다. 작가는 주인공의 인생 특성과 발달 계열에 '의미를 부여해주는' 사실적이고 설명력 있는 구도에 도달하려고 애쓴다. 그는 주인공을 그가 살아온 사회·역사적 맥락 속에 배치시키며, 그리고 동시에 그의 가장 사적인 측면인 야심, 성격적 특징, 고민과 성취를 파악하기 위해 그의 자아를 탐색한다. 그는 주인공이 어떻게 자신의 사회를 반영하고 있으며, 또 크든 작든 그가 속한 세계의 연속성과 변화에 특별한 공헌을 한 창조적인 인물인지를 보여주려고 노력한다. 이와 같이 **전기**biography란 용어는 과제, 일하는 방법, 이론적 개념, 작품 등을 포함한 복합적인 기획을 의미한다. 말하자면, 전기 작가는 일종의 팔방미인이다. 그는 역사가·심리학자·사회학자 겸 저술가이다. 다양한 이론적 접근과 정보 자료를 통합하는 과정에서, 그는 주인공의 유일하고, 독특한 인생에 대해 꾸준하고 성실한 관심을 보여야 한다. 우리는 이 연구에서 하나의 전기 형식을 사용하려고 한다.

우리는 인생 구조를 어떻게 기술하고 분석해야 할까? 가장 유용한 출발점은 개인이 자신이 한 선택과 그 선택 결과를 어떻게 다루어나가는지를 심사숙고해보는 것이라고 나는 믿는다. 성인기에 우리가 한 중요한 선택들은 일, 가족, 우정이나 다양한 사랑 관계, 그리고 어디에서 살 것인가, 여가는 어떻게 즐길 것인가와 관련되어 있다. 또한 종교적, 정치적, 지역사회 활동에 대한 개입 여부, 그리고 일시적 혹은 장기적 목표에 개입 여부와도 관련이 있다.

인생에서 중요한 선택을 하는 일은 결코 단순한 일이 아니다. 직업을 선택하는 것은 후식이나 특정 상표의 비누를 선택하는 것과는 다르다(비록 많은 의사결정의 모델이 동일한 것처럼 취급되지만). 결혼하겠다는 결단은 혼전 관계에서 싹트게 되고, 결혼 관계가 발전해나가는 데 출발점이 된다. 한 남성의 자아와 외적인 세계는 첫 이성 관계의 성격, 결혼에 대한 결정, 그리고 앞으로 결혼 생활의 우여곡절 속에 강렬하게 개입되어 있다.

그래서 어떤 주어진 시점에서 한 남성의 인생에서 중요한 선택들을 기술할 때는'선택'자체만을 다루는 것으론 불충분하다. 바꿔 말하면, 단순히 그가 어떤 특별한 여인과 결혼했다고, 그가 X라는 직장의 직원이라고, Y라는 노동현장에 고용되었다고 말하거나, A라는 종교에, B라는 정당에, C라는 공제조합에 소속되어 있다는 것만을 기술하는 것은 부족하다. 단순한 항목들의 목록을 열거하는 것 이상으로 살펴볼 필요가 있다. 우리는 개인의 인생 구조 안에서 그가 행한 선택의 의미와 그 기능을 신중히 숙고해보아야 한다. 모든 선택은 개인의 인생 구조를 구성하고 있는 구성 요소로서, 물에 젖은 솜처럼 자아와 외부 세계 속에 흠뻑 젖어 있다. 어떤 것을 선택한다는 것은 그것과 관계를 갖는 것이다. 그 관계는 자아의 어떤 면들을 실현시키기 위한, 또 세상에 어떤 양식으로 참여하기 위한 수단이다.

이러한 의미에서, 인생 구조의 일차적 구성 요소들은 개인이 행한 선택들이다. 그 구성 요소들은 동기나 능력과 같은 자아의 모습도 아니고, 기관이나 집단, 대상과 같은 외부 세계의 모습도 아니다. 그러나 각각의 선택이 어떤 특성을 갖고 있는가를 살펴보려면, 그 남성이 그러한 선택과 어떠한 관계를 맺고 있는가 하는 '관계의 본질'을 이해해야 하며, 그의 인생 구조 안에 그것을 배치시켜서, 그것이 자아와 외부 세계의 양쪽에 어떤 관련을 갖고 있는지를 반드시 살펴볼 필요가 있다.

인생 구조의 **구성 요소**들은 물에 씻긴 해변의 조약돌처럼 아무렇게나 섞인 항목들이 아니다. 차라리, 그들은 비단 속의 실오라기처럼 통합된 도안 속에 짜여 져 있다. 여러 장면에서 재현되는 주제들은 비단의 전반적인 모양을 만드는 데 도움이 된다. 개인의 삶은 구성 요소들의 특성과 형태에 따라 폭넓게 달라진다.

하나 또는 두 개의 구성 요소들이(혹은 세 개) 인생 구조의 중심부를 차지하고 있다. 다른 것들은, 비록 중요할지라도, 좀 더 주변에, 아주 가장자리에, 중심부로부터 멀리 떨어져 있다. 중심부를 구성하고 있는 요소들은 자아와 전개되는 인생 과정에 가장 큰 의미를 갖고 있다. 그들은 개인의 시간과 정력의 가장 큰 몫을 할당받으며, 또 인생의 다른 측면에서의 선택에 강한 영향을 미친다. 주변의 구성 요소들은 떼어내 버리거나 변화시키기가 쉽다. 그들은 자아의 투자를 덜 요구하며, 개인의 인생 구조에 덜 중요하다.

인생 구조는 여러 가지 방향으로 변화할 수 있다. 마치 일에 전적으로 전념했던 한 남성이 직업 세계에서 벗어나 가족 생활에 더 몰입하는 것처럼, 한 구성 요소는 중심부에서 주변으로 또는 그 반대로 전환될 수 있다. 이전에 중요시되었던 구성 요소가 모두 제거될 수도 있다. 주어진 구성 요소 안에서 관계의 성격이 온건하게 또는 극적으로 변화할 수도 있다. 예를 들면, 한 남성은 현재의 결혼 생활을 유지하면서 두 사람의 결혼 관계를 좀 더 풍요롭고 깊게 할 수 있다. 그는 직업 전환을 하지 않으면서, 일의 본질과 의미를 수정할 수 있다. 또는 새로운 아내를 맞이하거나 새로운 직업을 선택함으로써, 자신의 인생에 질적인 변화를 초래하는 새로운 선택을 할 수도 있다.

남성의 인생에서 가장 핵심적인 위치를 차지할 수 있는 구성 요소들은 직업, 결혼과 가족, 우정과 동료 관계, 민족과 종교이다. 여가는 그것이 자아를 위해 중요한 기능을 하고 일시적인 활동 이상일 때, 역시 중심부를 차지한다. 업무 후에 운동을 한다거나 텔레비전을 통해 운동 경기를 시청하는 것 또한 많은 남성들에게 중요한 일이다. 비록 상대적인 비중과 다른 구성 요소들의 중요성에 따라 상당한 편차가 있지만, 직업은 물론 결혼과 가족 관계는 일반적으로 가장 핵심적인 요소임을 발견할 수 있다. 일과 가족은 인간 생활의 보편적인 모습이다. 이 구성 요소들에 대해 더 밀도 있게 살펴보자.

직업: 모든 사회에서, 일은 개인의 인생과 사회 구조의 주요한 부분을 차지한다. 모든 남성들은 종족에 유용하다고 생각되는 어떤 형태의 일에 자신의 노동력을 바쳐야 한다. 남성의 직업이란 그의 수입, 특권, 사회적 위치를 결정하는 일차적 요인 중의 하나이다. 일반적으로, 일이란 가치와 보상이 다르게 사회적으로 정의된 수많은 직업들로 조직되어 있으며, 단순하거나 복잡한 경제 구조 속에 통합되어 있다.

세월이 흐름에 따라, 남성들은 하나의 직업을 선택해서 이력을 발달시킨다. 모든 남성들은 동일한 직업 내에서, 또는 한 직업에서 다른 직업으로 한두 번의 변화를 겪는다. 이러한 변화 중 어떤 것은 상당히 두드러진 변화이기도 하다. 직업은 남성을 특별한 사회·경제적 수준에, 그리고 특별한 일의 세계 안에 앉혀 준다. 직업은 그가 선택할 수 있는 대안들, 또 그러한 대안들 중에서 그가 어떤 선택을 할지에 영향을 미치며, 그의 발전 가능성과 만족감에 큰 영향을 미친다. 또한 남성의 일의 세계는 그가 인생의 다른 장면에서 어떤 선택을 할 때에도 역시 영향을 미친다.

자아 안에는 직업을 위한 주요한 자원이 있고, 또 직업 역시 자아에 중요한 영향을 미친다. 직업은 가끔 젊은 남성이 미래에 대한 꿈을 정의하는 일차적인 매개물이며, 그가 이러한 꿈을 실현시키기 위해 사용하는 수단이 되기도 한다. 최선의 경우, 직업을 통하여 남성은 기본적 가치와 인생의 목표를 성취할 수 있다. 그러나 최악의 경우에는, 수년에 걸친 직업 생활이 그를 압박하고 타락하게 하며, 자아와 일과 사회로부터 그를 점점 소외시킨다. 남성의 인생을 연구할 때, 우리는 일의 의미를 이해해야 하며, 일을 통해 개인이 자아를 성취하기도 하고 또 가까스로 자아를 지탱하거나 파괴해버린 다양한 과정들을 이해할 필요가 있다.

결혼과 가족: 어느 사회에서나, 남성은 결혼해서 가족체계 내에서 어떤 책임을 떠맡도록 기대된다. 물론 문화와 사회에 따라, 남편과 아버지의 역할 및 가족 구조에 대한 정의는 매우 다양하다. 일반적으로 남성들은 결혼해서 자신의 가족을 인생 구조의 중심 요소로 삼기를 원한다.

결혼이란 통상 젊은 남성에게 새로운 가정적 근거지를 마련해준다. 그것은 그가 지역 사회 안에서 위치를 확보하고, 친구, 부모, 확대된 가족과 새로운 관계를 설정하는 중심부가 된다. 또한 결혼은 성인 초기의 특별한 여정을 여행하는 수단이 된다. 그의 결혼 선택에는 최근에 출현한 가치들이 일부 반영되지만, 다른 것들은 훼손되기도 한다. 결혼으로 인해 그는 어떤 사회적 맥락에 새롭게 연결되는 반면에, 이전에 관계를 맺어왔던 다른 사람들과 멀어지기도 한다.

만약에 그가 '이웃집 소녀'와 결혼한다면, 그 결혼은 그의 인생에 안정감과 연속성을 줄 수 있다. 이런 경우, 그는 동일한 이웃들 속에서 살 가능성이 높고 부모의 가치와 일치한 직업과 삶의 양식을 갖기 쉬우며, 조상의 민족적, 종교적 양식 안에서 자신의 삶을 통합할 가능성이 높다. 반면에 배경과 야망이 다른 여인과의 결혼은 그의 인생에서 주요한 전환의 일환이 될 수 있다. 결혼의 의미와 기능 중 많은 부분이 암묵적이고, 심지어는 무의식적이다: 시간이 지남에 따라 결혼으로 인해 생긴 변화는 가끔 예기치 않은 모습으로 드러나기도 한다.

남성의 가족 생활은 보통 그의 일상에 전반적으로 주요한 영향을 미친다. 그의 현재 가족은 그를 본가, 민족, 직업과 같은 다양한 다른 구성 요소들과 연결 지어 놓는다. 가족 생활은 그를 좀 더 큰 세계 안에서 살게 하며, 어떤 인생여행을 하는 데는 잘 설계된 운송수단이 되지만, 다른 데는 빈약한 운송수단이 된다. 그것은 자아의 어떤 면들은 실현시키지만, 다른 면들은 수면 상태에 있거나 억압된 채로 남겨둘 수 있다.

다양한 전문 분야와 과학적 학문분야에서, 연구자들은 가끔 인생의 한 구성 요소에 초점을 맞추고 상대적으로 다른 요인들은 제외시킨다. 예를 들면, 우리는 직업적 이력을 연구하고 상담하는 데에 엄청난 노력을 바쳐 왔다. 연구자들은 남성들의 직업적 이력이 다른 요인들, 즉 성격, 가족 생활, 민족적 배경 등에 의해 영향을 받고 있다는 것을 깨닫고 있다. 하지만 대체로 그들은 비직업적 요소들은 무시하거나, 대충 보아 넘기는 경향이 있다. 그들은 다양한 구성 요소들을 서로 연관지을 만한 아무런 이론적 틀도 가지고 있지 않았다. 마찬가지로, 결혼과 가족 관계에 대해서도 엄청난 양의 연구와 상담이 이루어져 왔다. 하지만 성인 생활을 이해하기 위해 가족과 직업이 함께 고려된 적은 지극히 드물다.

성격 연구와 임상치료 장면에서, 연구자나 치료자들은 보통 일차적 초점을 자아에 두었으며, 남성의 인생에서 직업, 결혼, 인종, 사회적 계층 등이 얼마나 중요한지는 소홀히 해왔다. 연구자들이 성인 자아가 사회적 제도와 맞물려 있고, 성인 생활의 소재인 분열과 파괴성, 창조적 가능성에 관여하고 있는 점을 좀 더 고려한다면, 성격 이론과 심리 치료는 더욱 강화될 것이다.

자아는 세계 속에, 세계는 자아 속에

인간성에 대한 과학적 연구들을 보면, 각 학문마다 인생의 두세 측면에 초점을 맞추고 다른 면들에는 소홀한 경향이 있다. 그 일차적 구분 중 하나는 개인과 사회 사이의 구분이다. 심리학과 심리 치료는 주로 개인에 초점을 맞추고 있는 데 비해, 사회학, 사회 인류학, 정치학과 같은 사회과학은 일차적으로 사회와 집단 생활에 초점을 맞추고 있다. 그들은 개인을 완전히 무시하거나 단순히 사회적 형성력의 산물로 간주하는 경향이 있다. 비록 개인의 인생 주기가 사회과학에서 탐색해볼 만한 적절한 연구 분야라고 생각되지만, 사실상 그것은 아직 손대지 않은 채 고스란히 남겨져 있다.

성인 발달을 연구하려 할 때, 우리는 좀 더 광범위한 접근을 할 필요가 있다. 어떤 것은 일차적인 것으로, 다른 것은 이차적이거나 파생된 것으로 여기지 말고, 자아와 세계 양쪽을 다 섭렵할 필요가 있다. 우리는 성인 발달에 대한 생각—인생 주기에는 어떤 기본적 순서가 있다—과 성인기의 사회화 과정에 대한 생각—자아는 세계 속에 존재하며 자아의 발달은 그 세계와 밀접한 관련이 있다—을 수용할 필요가 있다. 인생 구조에 대한 개념은 이러한 접근을 위한 출발점이 되고 있다.

개인의 인생 구조는 자아와 세계로 이루어져 있다. 그러나 자아와 세계는 두 개의 분리된 실체가 아니다. 그들은 서로 충돌하여 서로의 진로에 영향을 미치나 서로의 본질에는 영향을 미치지 않는 당구공과는 다르다. 인생의 본질적인 모습은 자아와 세계가 함께 침투되어 있는 것이다. 각각은 다른 쪽 속에 내재한다. 우리가 한쪽에 대해 생각할 때 다른 한쪽을 고려하지 않을 수 없다.

자아와 세계가 상호 침투되어 있는 모습은 아더 밀러Arthur Miller의 희곡과 수필에 아름답게 그려져 있다. 드라마에 대한 그의 사회·심리학적 관점은 성인 발달에 대한 우리의 관점과 매우 유사하다:

> …사회는 인간 속에 존재하며 인간은 사회 속에 존재한다. 당신이 그의 사회적 관계와 현재의 그가 되도록 만든, 그리고 현재의 그가 아닌 어떤 존재가 되지 못하게 방해한 사회적 힘을 이해하기 전에는, 당신은 무대 위에 진실로 그려진 심리적 실체를 창조할 수는 없다. 물고기는 물속에 있으며, 물은 물고기 속에 있다.[1]

밀러는 1930년대에 미국 연극계에 만연된 '사회적 현실주의'를 비평했다. 이 시기의 연극들은 사회 속의 갈등과 모순을 묘사하고 있었으나 그들의 배역들은 개성이 없었다. 그는 역시 1950년대의 많은 연극들을 비평했는데, 이때의 연극들은 청소년들의 주관적 경험을 묘사하긴 했으나, 복잡한 사회 속에서 삶에 대한 책임과 잠재력을 다루는 성인 자아adult self에 대해서는 거의 언급이 없었다. 밀러는 다음과 같이 말하고 있다.

> 내 생각에는, 만약에 우리들의 무대가 세상의 평가를 뼈저리게 느끼지 않는다면, 우리는 좀 더 수준 낮은, 비전문적인 정신 의학과 교제하게 될 것이다. 우리는 악역이 없는 '오이디푸스'만을 쓰게 될 것이다. 그의 재앙은 사적이어서 국민의 생존과는 관계가 없는 '오이디푸스', 그 자신을 심판할 수 있는 표준이 없기 때문에 눈을 찢을 수도 없는 '오이디푸스'; 한마디로, 자신의 근친결혼을 알고 눈을 찢는 대신에, 단순히 자신의 외로움을 알리기 위해 눈물을 훔치는 '오이디푸스'.[2]

밀러의 말을 빌리면, 우리가 좀 더 진실한 성인 연극을 원한다면—그리고 내 말을 빌리면, 성인 발달을 연구하기 위한 좀 더 적절한 근거를 원한다면—우리는 자아와 세계가 이처럼 상호 침투되어 있다는 사실을 인정해야 한다. 자아는 외부 세계의 본질적인 부분이다. 우리는 한 사람의 세계가 자신의 자아와 타인들의 자아에 의해 어떻게 채색되고 형성되는지를 알지 못하고는, 그 사람이 속한 세계의 본질을 정확히 파악할 수 없다. 또한 외부 세계는 자아의 본질적인 부분이다. 우리는 세계의 다양한 면들이 어떻게 자아 안에 반영되고 포함되는지를 알지 못하고는, 자아의 본질을 완전히 파악할 수 없다.

사회의 구조는 자아와 인생 구조에 반영되어 있다. 모든 사람의 인생은 그가 속한 사회가 갖고 있는 갈등, 억압과 파괴성뿐 아니라 지혜와 통합감에 대한 증거이다. 사회는 그 구성원들이 개인이나 집단과 관련을 맺고, 물질적 자원이나 직업을 얻는 데, 그리고 사회적 개입을 하고 자아 성취를 할 수 있는 데, 한정된 범위만을 허용하고 있다. 이러한 제약은 개인이 이러한 대안들 중에서 어떤 것을 선택해야 할 때 영향을 미치게 되는데, 즉 그에게 어떤 것은 다른 것보다 더 매력적이고 높은 보상을 받을 것처럼 보이기도 한다. 사회의 구조는 개인이 어떤 것을 선택하는 기본 형태를 만들어낸다. 어떤 특별한 선택을 함으로써 개인은 주어진 세계 속으로 떠밀려 들어가거나, 또는 그 세계에서의 자신의 위치가 강화된다. 그리고 동시에 그가 중요하게 생각해온 다른 세계로부터 그는 밀려나게 된다.

외부 세계는 한 남성의 애착 관계, 야망, 불안, 동일시, 창조적 생산이 변화해가는 실질적인 바탕이다. 모든 조직체와 사회적 세계는 나름대로의 문화·사회적 구조와 물질적 조건들을 소유하고 있는데, 이것들은 그 구성원들이 갖고 있는 모든 관계의 성격에 영향을 미친다. 한 남성의 특별한 외적 세계는 그가 주로 어떤 의미나 감정, 정체감, 신화 등을 선택해서 사용하고 내면화하고 있는가를 보여준다. 또한 그 세계 속에서 그는 영웅적 행위를 하고 고난을 겪기도 하며, 공허한 순응을 하고, 씁쓸하거나 열정에 넘치는 투쟁을 하게 된다. 그것은 자아의 어떤 부분의 발달은 고무시키나 다른 부분의 발달은 방해하기도 한다.

비록 모든 사람의 인생 구조가 사회 구조를 반영하고 있지만, 역시 어떤 면에서는 개인마다 인생 구조가 독특하다. 개인의 특별한 자아와 환경이 반영되어 있기 때문이다. 사람들은 자신의 환경 속에 주어진 가능성과 제약들로부터, 그 자신의 선택을 하고, 자신의 세계를 구축한다. 자아는 각 개인의 세계를 형성하고 변형시키는 데 결정적인 요소이다.

진정으로 자신의 세계에 몰입하기 위해서는, 세계 안에 자아의 주요한 부분을 투자해야 하고, 동시에 자아 속에 세계를 끌어들여야 한다. 그로 인해 우리는 풍요로워지기도 하고, 고갈되기도 하며, 타락하기도 함에는 틀림없다. 헤아릴 수 없이 수많은 방도로, 우리는 자아를 세계 속에, 그리고 세계를 자아 안에 끌어들인다. 성인 발달은 자아와 세계가 상호 침투해서 발전해나가는 과정에 대한 이야기이다. 만약에 우리가 그 과정을 이해하려고 한다면, 우리는 밀러의 생생한 상상 속에서 어떻게 물고기가 물속에, 그리고 물이 물고기 속에 있는지를 배워야 한다.

인생 구조의 진화 과정에서 과제와 시기

우리 연구에 참여한 40명의 남성들에 대한 전기를 쓰면서 인생 구조의 개념을 적용했을 때, 우리는 하나의 뚜렷한 점을 발견했다: 인생 구조는 성인기 동안 상당히 질서정연한 계열을 통해 전개되고 있다. 그 계열의 핵심적인 특성은 연구에 참여한 모든 남성들은 물론, 그들의 전기를 연구한 다른 남성들에게서도 똑같이 나타났다. 이 계열은 안정기(구조 형성)와 전환기(구조 변화)가 교차되는 일련의 시기들로 이루어져 있다. 이 시기들은 성인기의 심리·사회적 발달 과정을 형성하고 있다.

모든 **안정기**stable period의 일차적 과제는 인생 구조를 형성하는 것이다: 남성들은 어떤 주요한 선택들을 해야 하며, 그들 주위에 하나의 구조를 형성하고, 그 구조 안에서 자신의 인생 목표와 가치를 추구해야 한다. 이런 의미에서 어떤 시기가 안정적이라고 말하는 것은 그것이 꼭 평온하고 어려움이 없다는 것을 말하는 것은 아니다. 인생에서 중요한 선택을 하고 인생 구조를 형성하는 과제는 실로 긴장감이 돌고 수많은 변화를 수반할 수도 있다.

각 안정기마다 독특한 부수적인 과제들이 있는데, 이 과제들은 인생 주기에서 그 시기의 위치를 반영해주며, 그 시기를 다른 안정기들과 구별해준다. 인생 주기 상에 있는 어떤 시기도 서로 동일하지 않다. 그들은 어떤 공통적 요소를 가질 수 있으나 주요한 면에서는 역시 차이가 난다. 노년은 어떤 측면에서는 아동기와 닮았을지라도, '단순히' 제2의 아동기가 아니다. 비록 청소년기(다른 시기들)의 발달적 문제들이 중년의 전환기에 재현된다고 할지라도, 중년의 전환기는 '단순히' 제2의 청소년기가 아니다. 안정기는 보통 6~7년, 길면10년 정도 지속된다. 그러나 내적·외적인 다양한 이유 때문에, 우리는 안정을 위한 기반이 되었던 인생 구조에 회의가 느껴지고 수정할 필요성을 느끼게 된다.

잘 아는 바와 같이, **전환기**transitional period는 현존하는 인생 구조를 마무리 짓고 새로운 인생 구조를 구축하기 위한 가능성을 탐색하는 시기이다. 모든 전환기의 일차적 과제는 현존하는 구조에 의문을 던져 보고 재평가를 해보며, 자아와 세계 안에서 다양한 변화 가능성을 모색해보는 것이다. 그리고 다음에 오는 안정기에서 새로운 인생 구조의 기반이 될 주요한 선택을 하기 시작한다. 각 전환기 역시 인생 주기에서 그 자체의 위치를 반영해주는 그 나름대로의 독특한 과제가 있다. 이 시기들은 보통 4~5년 지속된다.

이와 같이 전환기는 발달 과정에서 중요한 역할을 하기 때문에, 이들의 특성에 대해 좀 더 충분히 설명하고자 한다. 전환기란 좀 더 안정된 두 상태 사이의 다리 또는 경계 지역boundary zone이다. 그것은 한 구조에서 다른 구조로 전환해가는 변화 과정을 수반한다.

예를 들면, **중년의 전환기**는 인생 주기에서 두 개의 큰 시대 사이의 경계 지역이다. 중년의 전환기가 시작될 때 개인은 성인 초기에 있으나, 끝날 무렵에는 중년기 깊숙이 들어가 있다. 그러나 중년의 전환기 동안 그는 실로 '경계 지역'에 와 있다. 즉 그는 성인 초기에도 중년기에도 있지 않다. 이 전환기는 두 시대를 분리해서 한 시대가 끝나고 다음 시대가 시작될 수 있게 한다. 또한 그것은 두 시대를 연결시키고 교류시켜서, 과거를 현재에 끌어들이고 미래를 형성하는 데 과거를 선택적으로 활용할 수 있게 한다. 그것은 두 시대의 고유한 부분이며, 단지 양 시대를 조합한 조망에서만 이해될 수 있다. 이와 유사하게, **30대 전환기**The Age Thirty Transition는, 성인기의 첫 인생 구조를 마무리 짓고 성인 초기의 마지막 부분을 장식하기 위한 새로운 구조를 구축하기 위해 탐색하는 시기이다.

마무리 짓는다는 것은 끝내는 것, 분리의 과정, 혹은 상실을 의미한다. 어떤 경우에 분리는 완전히 끝내는 것을 뜻한다. 즉 나는 일시적 인간관계, 직업, 집단 또는 지역사회 안에서의 회원권, 집과 책에 대한 소유권을 종결한다—그리고 이런 것들은 내 인생에서 완전히 사라져버린다. 나는 이런 것들과 더 접촉하지 않으며, 이들에 대해 좀처럼 생각하지도 않는다. 그리고 이들 존재의 가장 한정된 잔여분만이 내 안에 남아 있다.

어떤 대상(사람, 집단, 상황, 사물, 상징)과의 관계가 나에게 큰 의미가 있을 때, 마무리 짓는다는 것은 그 관계를 완전히 끝내는 것을 의미하진 않는다. 그 관계는 지속되면서 변화된, 혹은 변하고 있는 형태로 지속된다. 이런 종류의 가장 명확한, 극적인 결별은 어떤 중요한 대상을 완전히 잃어버리는 경우이다: 내가 사랑하는 사람이 죽은 경우, 다툼으로 인해 친구나 스승과 영원히 결별한 경우, 나는 새로운 장소로 이동해가며 하나의 세상을 뒤에 남겨 놓게 된다. 나는 깊은 상실감을 경험하며, 자포자기, 슬픔, 분노와 같은 고통스런 감정과 타협해야 한다. 시간이 흐름에 따라 잃어버린 대상은 더욱 충만하게 내면화되고, 그 관계는 내 자아와 나의 삶 속에서 계속 전개된다. 그 관계의 중요한 면은 끝이 났으나, 다른 면들은 계속되고 새로운 면들이 창조된다. 나는 외적인 대상을 잃어버렸다. 그러나 이제 내적인 대상과 관계를 유지하고 있다.

결별은 가끔 전체적이라기보다 부분적일 경우가 있다. 나는 계속해서 그 사람 또는 그 집단과 어떤 접촉을 가질 수 있다. 그러나 그 관계의 성격에 중요한 변화가 일어난다. 즉 낭만적인 사랑 관계가 온건한 우정이 될 수도 있다. 강한 사제 관계가 좀 더 일시적인 직업상의 제휴가 되기도 한다. 결혼이 이혼으로 끝나고 그 관계는, 우호적인 공동 부모 혹은 적개심이나 맞비난이 계속되는, 새로운 형태로 지속된다. 그 관계는 전환점이 오고, 만약에 그 관계가 지속되려면 수정되거나 변형되어야만 한다. 전환기에는 과거를 종료하고 미래를 시작해야만 한다.

하나의 좋은 예로, 부모에게서 독립해가는 과정에 있는 젊은 성인을 들 수 있다. 그의 발달 과제는 그 관계를 모두 끝내는 것이 아니다. 차라리, 그는 어떤 측면(예를 들면, 전적으로 통제적인 부모에 대해 복종적이거나 도전적인 어린이였던 측면들)은 거부하고, 어떤 측면들은 유지해야 하며, 그리고 흥미를 공유하고 있을 뿐 아니라 서로 다른 독특한 개인들 사이에서 상호존중과 같은 새로운 자질을 형성해야 한다. 이런 일은 부모나 젊은이 모두에게 결코 쉬운 일이 아니다.

아동 발달 학도들이 보여준 바와 같이, 분리와 개별화 과정은 밀접하게 연결되어 있다. 극적인 변화나 상실은 치명적일 수 있다. 그러나 상당히 지지적인 조건 속에서는 분리의 과정이 풍요로움과 분화, 그리고 자아의 발달을 유도할 수 있다. 이것은 아동기에서처럼 성인기에서도 마찬가지로 틀림없이 일어나는 현상이다.

발달적 전환기의 과제는 인생에서 한 시기를 끝내는 것이다: 끝냄으로써 남겨진 상실감을 받아들이고, 과거를 재음미하고 재평가해보며, 과거의 어떤 면을 유지하고 어떤 면을 거부할 것인지를 결정하며, 그리고 미래에 대한 자신의 소망과 가능성을 생각해본다. 우리는 과거와 미래 사이에 멈

춰 서서, 그들 사이에 벌어진 틈을 극복하려고 씨름해본다. 과거로부터 많은 것을 포기해야 한다—우리 삶으로부터 분리해내고, 잘라 버려야 하며, 분노 속에서 거부하고, 슬픔과 비통 속에서 포기해야 한다. 또한 거기에는 미래를 위한 기반으로 사용될 수 있는 많은 것들이 있다. 변화는 자아와 세계 양쪽에서 시도되어야 한다.

이러한 과제들은 모든 전환기에 공통된 특징이다. 전환기는 흔히 위기의 시기—심각한 내적 갈등의 시기, 우리 연구 참여자 중 한 사람이 '인사불성의 상태'에 있는 느낌이라고 한—이다. 중년의 전환기에 대한 이야기를 들은 후에, 한 젊은 남자가 나에게 물었다. "서른한 살인 내가 당신이 마흔한 살에 일어날 것이라고 말한 것과 같은 많은 것을 경험하고 있으니, 중년의 전환기가 일찍 온 게 아닙니까?" 그 대답은 물론 "아니요"였다. 그는 인생 주기에서 그의 나이에 따르는 또 다른 전환기를 겪고 있었다. 그러나 그 전환기 역시 중년의 전환기나 사춘기, 또는 다른 전환기에서 공통적으로 나타나는 많은 특징들을 내포하고 있다.

어떤 공통된 모습을 보이면서도, 전환기마다 발달 과제와 삶의 문제들이 특이해서 시기마다 독특한 특성이 있다. 예를 들면, 30대 전환기는 안정하고자 하는 절박감과 젊은 시절의 꿈과 가치를 실현할 수 있는 인생 구조를 형성하려는 욕구로 짙게 채색되어 있다. 중년의 전환기에는 젊음에 대한 상실감, 사회에서 연장자의 위치에 있다는 생각, 그리고 내적인 양극성을 재통합하려는 데에 새로운 관심이 미친다. 죽음에 대한 어떤 선입견—죽음을 두려워하는, 죽음에 말려 들어가고 있는 듯한, 죽음을 초월하려고 하는—은 모든 전환기에 공통된 것이다. 왜냐하면, 종료-시작의 과정은 죽음과 재탄생의 심상을 불러일으키기 때문이다. 그러나 죽음의 의미와 수행해야 할 발달 과제의 유형이 전환기마다 다르다.

하나의 전환기가 끝나면, 이제 결정적인 선택을 해야 하고, 그 선택들에 의미를 부여하고 개입해야 하는, 그리고 그들 주위에 새로운 인생 구조를 구축해야 하는 시기가 온다. 그 선택들은 다음 시기의 시작을 알린다. 어떤 의미에서 그들은 전환기의 주요한 산물이다. 지난 5~6년 동안의 모든 노력—직업과 결혼 생활을 개선하기 위한, 삶의 다른 가능성들을 탐색해보기 위한, 자아와 더욱 타협해가려는 노력—이 끝나면, 그는 스스로 인생의 선택을 해야 하고, 그 선택에 승패를 걸어야 한다. 그는 "이것이 내가 정착할 곳이다"라고 결정하고, 여행의 다음 단계에서 운송 수단이 될 인생 구조를 구축하기 시작해야 한다.

혹자는 현재의 생활을 계속 유지하기로 새로 다짐할 수도 있다. 그는 잘 해보려는 의도로 결혼 생활을 지속하기로 결심하고, 심각한 혼외정사를 포기한다. 또는 결혼과 가족 생활을 지속하면서 자신의 인생을 풍요롭게 할 희망으로 이와 같은 관계를 시작하기도 한다. 마찬가지로, 그는 큰 위험과 단절을 수반하는 좀 더 극적인 변화를 만들기보다는 차라리 현재의 직업에 남아 있기를 선택할 수도 있다. 만약에 이것이 능동적인 재결단이라면, 동일한 직업에 남아 있을지라도 일의 성격상 그는 의미심장한 진보를 하게 될 것이다.

지금 상태에 계속 머물기로 결정했다고 해서, 그것이 재개입을 다짐한 것이라고는 볼 수 없다. 그것은 오히려 포기, 타성, 수동적인 묵인, 또는 통제된 절망—극심한 외적인 제약이 있는 상황에서 일종의 자기 구속인—에서 올 수 있다. 이런 종류의 표면적인 안정은, 만약에 새로운 요인이 개입해서 그가 좀 더 만족스러운 인생 구조를 형성하지 않는 한(아마도 다음 전환기에), 장기적 감퇴의 시작을 알리는 것이다.

전환기에 취해진 선택으로 인해, 인생 구조는 온건하게 또는 극적으로 변화하게 된다. 남성은 이혼, 재혼, 직업이나 업무의 전환, 또는 이사 등을 할 수 있으며, 자신의 삶을 수정하고 풍요롭게 할 새로운 부업을 시작할 수도 있다. 가끔은 2~3일 또는 2~3주 걸리는 사건이 하나의 선택을 표시할 수 있다. 그러나 그 사건은, 통상 5~6년 동안 지속되는 변화 과정 속에 숨겨져 있다. 이와 같이 수많은 변화를 수반하는 복잡한 전환기에 가장 두드러진 사건은 이혼이나 직업 전환이다. 전환기에는 현재의 삶의 양식을 해체해야 하며, 수많은 기본적 발달 과제를 수행하고, 또한 새로운 인생을 재구축해야 한다.

하나의 전환기는 어떤 특별한 사건이 발생하거나 또는 삶의 한쪽에서 하나의 계열이 완료되었을 때 끝나지 않는다. 그것은 의문을 갖고 탐색하던 과제가 긴박감을 잃었을 때, 그리고 한 남성이 전념해서, 새로운 인생 구조를 구축하고, 그 안에서 살며, 그것을 향상시키는 과제를 시작할 준비가 되었을 때 끝나게 된다.

우리는 발달 시기들이 연령과 관련된 계열에 따라 전개된다는 기존의 가설에 근거해서 이 연구를 시작한 것은 아니다. 다른 사람들과 마찬가지로 우리 역시 이러한 새로운 발견에 깜짝 놀랐다. 연령과 관련된 발견은 다음과 같이 간략하게 요약될 수 있다: 각 시기가 시작되는 유일한, 가장 보편적인 연령이 있다. 거기에는 변산 범위가 있는데, 일반적으로 평균 연령을 전후로 약 2년이다. 즉, 30대 전환기는 대개 28세에 시작되며, 그 범위는 26세에서 29세까지이다. 다음 시기인 안정기는 보통 33세에 시작된다—우리 표본에서는 33세 이전이나 34세 이후에는 결코 시작되지 않았다. 우리 연구의 네 직업군에서는 각 시기가 시작하고 끝나는 연령이 사소한 차이만 났다. 연령에 관한 좀 더 자세한 자료는 다음 시기들을 설명한 장에서 제시하고자 한다.

발달 과제들은 시기들의 진화 과정에 결정적인 역할을 한다. 한 시기의 독특한 특성은 그 시기 발달 과제의 특성에서 유래한다. 어느 한 시기는 개인 인생에서 그 시기의 주요 발달 과제가 가장 필요해질 때 시작된다. 또한 한 시기는 그 시기의 발달 과제가 우선권을 잃고, 새로운 시기에 대비하기 위한 과제가 출현할 때 끝난다. 발달 과제들이 정기적으로 변화함으로써 시기들이 일정한 순서에 따라 진행된다. 안정기의 가장 기본적 과제는 확실한 선택을 하고, 인생 구조를 재구축하며 그 안에서 자신의 삶의 질을 높이는 것이다. 전환기의 가장 기본적 과제는 현재의 인생 구조를 의문시하고 재평가하며, 자아와 세계 안에서 새로운 가능성을 찾는 것이다. 그리고 새로운 인생 구조가 형성될 수 있도록 현재의 구조를 충분히 수정하는 것이다.

발달 과제의 개념 속에는 그것이 잘 수행될 수도 있고, 보잘것없이 수행될 수도 있다는 생각이 암시되어 있다. 하나의 과제가 특별하고 구체적일 때, 그것이 잘 수행되었는지를 평가하기란 어렵지 않다. 그러나 발달 과제의 수행 여부를 평가하는 것은 훨씬 어렵다. 어떤 경우에는, 한 시기의 발달 과제가 매우 빈약하게 또는 양호하게 수행되었는지가 명확하게 보인다. 그러나 대부분의 경우 그 실상이 혼합되어 있다. 두세 개의 준거에만 근거해서 평가할 수는 없다. 발달 과제와 발달 과정은 복합적으로 이해하는 것이 중요하며, 그리고 중요한 것은 그 과제들이 어떻게 다루어졌는지를 너무 조급하게 또는 너무 지나치게 단순화해서 평가하는 것은 피해야 한다는 것이다.

하지만 이제 우리는 평가에 대한 문제를 다루기 위해서 조그만 출발을 했다. 발달 과제들은 인생 구조를 형성하고 수정해서 재형성하는 것과 매우 밀접한 관련이 있기 때문에, 하나의 인생 구조에 대한 '만족스러움'을 정의하고 평가하는 것이 중요해졌다. 안정기 동안에는, 남성은 어떤 의미에서 자신에게 만족스러운 구조를 구축하려고 노력한다. 전환기 동안에는, 그는 현재의 구조를 재평가하고 새로운 좀 더 만족스러운 구조를 향해 움직여 간다. '만족'이 그에게 갖는 의미는 무엇이며, 그리고 우리 자신들의 목적을 위해 우리는 이 용어를 어떻게 사용해야 할까?

다시 말해서, 어떤 인생 구조가 사회에서 실현 가능하고, 자아에 어울린다면, 그것은 만족스럽다고 할 수 있다. 여기에서 우리는 개인의 인생 구조를 사회와 자아의 양 측면에서 볼 필요가 있다. 어떤 구조가 세계 속에서 작동하고 있는 한, 그것은 살아남을 수 있다. 그 안에서 개인은 적응할 수 있고, 자신의 다양한 역할을 유지할 수 있으며, 그리고 충분한 보상을 받을 수 있다. 만약에 어떤 구조가 결정적으로 중요한 자아의 면들을 실현시키지 못한다면, 그 구조는 외적으로는 버틸 수 있으나 내적으로는 적합하지 않다. 반면에, 어떤 구조는 내적인 꿈과 가치라는 면에서는 적절하지만 세계 속에서 실현가능성이 없는 경우가 있다. 가끔 남성의 인생 구조가 '상당히 만족스러울' 경우가 있다. 비록 그가 원했던 모든 보상을 받지 못했을지라도, 인생 구조가 세계 속에서 꽤 잘 운영되고 있으며, 그리고 비록 그의 중요한 소망과 가치들이 실현되지 않았을지라도, 인생 구조가 그런대로 자아에 어울릴 수도 있다.

모든 인생 구조는 그 자신과 타인들, 그리고 사회에 다양한 혜택과 대가를 제공한다. 개인의 인생 구조에서 큰 힘이 되고 있는 요소들이 역시 나약함의 원천이 되기도 하며 그들에게 희생을 요구하기도 한다. 인생 구조란 결코 하나의 조각이 아니다. 그것은 질서와 무질서, 단일성과 다양성, 통합과 분열의 혼합물이다. 그것은 항상 어떤 면에서는 결함이 있다. 그 결함은 구조 자체가 근본적으로 변화함으로써만이 수정될 수 있는 모순과 틈을 내포하고 있다. 모순은 또한 고통스런 결과를 초래한다. 그러나 그들은 삶의 과정을 풍요롭게 할 수도 있으며, 변화와 발달을 위한 본질적인 근거가 되기도 한다.

하나의 구조가 아무리 만족스럽다고 할지라도, 조만간에 그것의 유용성은 감소하게 되며, 그것의 결함은 구조의 수정이나 변형으로 이끄는 갈등을 생성해낸다. 그것은 마르크스Karl Marx가 말한 바와 같다. 즉 모든 조직은 그 자체 안에 자신을 파괴할 씨앗을 내포하고 있다. 한때 안정적이던 구조는 새로운 전환기로 빠져든다. 계절들은 변화한다. 발달 과제들은 새로워지고, 그리고 성장을 위한 교훈들이 모여서 다가오는 새로운 시기를 대비해서 비축된다. 성인 발달의 패턴은 계속된다.

한 시기는 발달 과제들에 의해서 정의된다. 그것은 결혼이나 은퇴와 같은 구체적 사건에 의해서 정의되지 않는다. 많은 연구가들이 발달 시기의 지표가 될 만한 의미 있는 사건을 탐색해왔다. 이러한 탐색은, 비록 성인기에 발생하는 문제들을 연구하는 데는 공헌했지만, 발달 이론을 만들어내는 데에는 성과가 없었다. 나는 인생 구조가 전개되는 과정 속의 발달 과제들과 시기들을 고찰함으로써 성인 발달 과정을 이해하는 것이 더 성과가 있으리라 믿는다. 그러고 나서 우리는 특별한 사건의 의미를 이해하는 데 이 발달적 조망을 활용할 수 있다.

우리들의 삶은 결혼, 이혼, 질병, 사랑하는 사람의 탄생 또는 죽음, 예기치 않은 충격 또는 행운, 직장에서의 승진 또는 실패, 은퇴, 전쟁, 경기가 좋은 시기와 '최악rock bottom의 시기'와 같은 사건에 의해 주춤한다. 우리는 이런 때를 확인하기 위해 '이정표적 사건marker event'이라는 용어를 사용하는데, 이러한 이정표적 사건들은 개인의 인생에 눈에 띄는 충격을 준다. 이정표적 사건들은 보통 이러한 사건들이 요구하는 적응이라는 관점에서 고찰된다. 그들은 개인의 삶의 상황을 변화시키며, 그는 어떤 방법으로든 이러한 사건에 대처해야 한다. 그의 인간관계, 역할, 성격에 오는 변화는 그가 앞으로 새로운 상황에 어떻게 적응해나갈 것인지 그 일면을 보여준다.

이제 우리는 발달이라는 관점에서 이정표적인 사건을 주시해볼 필요가 있다. 그들은 다양한 연령에서 일어날 수 있으며, 그 자체가 한 시기를 시작하고 끝내는 원인이 되지는 않는다. 그러나 어떤 사건이 일어나는 연령이 중요하다. 이정표적인 사건이 개인에게 갖는 의미는 발달 시기들의 계열 속에서 그 사건이 어느 시점에 일어났는가에 달려 있다.

예를 들면, 결혼을 한다는 것은, 어떤 연령에서 또는 어떤 상황에서 결혼하든지, 개인의 인생에서 지표가 되는 사건이다. 그러나 발달 시기들의 진화 과정에서, 그 사건이 언제 일어났느냐에 따라 큰 차이가 있다. 만약에 한 남성이 성인 초기 전환기가 시작할 무렵이나, 18세나 19세에 결혼했다면, 결혼하려는 결정과 결혼 관계의 특성은 그의 현재의 발달 과제로 크게 채색될 것이다. 그는 부모로부터 독립해서 최초의 성인 정체감을 형성하는 데 몰두해 있다. 그는 좀 더 독립적이 되고 '성인'이 되기를 원한다. 그러나 그는 역시 자신이 아직 성인 생활에 대해 준비되어 있지 않다고 느끼며, 부모 이외의 보호적이고-보살피는-통제적인 인물과 의존적 관계를 추구하는 경향이 있다. 이러한 발달 시점에서 위험을 무릅쓰고 결혼할 경우, 결혼 관계 자체가 부모와의 갈등을 영속화시킬 위험이 뒤따른다. 그 결과, 가끔 그는 의식적으로는 거부하지만, 실제로는 어린애 같은 정체감을 지니고 있으며 좀 더 참다운 성인 정체감을 성취하지 못하게 된다. 이러한 발달 시점에서는 이와 유사한 위험이 여성에게도 일어날 수 있으며, 각 배우자는 상대방의 발달적 갈등에 함께 휘말리게 된다.

마찬가지로, **성인 입문기**Entering the Adult World 초, 말하자면 23세 혹은 24세에 형성된 결혼 관계 속에는 그 시기의 발달 과제—즉 성인 세계의 가능성을 탐색하고 잠정적인 인생 구조를 형성하기 위한—가 반영되어 있을 것이다. 배우자의 선택은 그 구조의 전반적인 특성에 영향을 주기도 받기도 한다. 어떤 남성은 자신의 특별한 꿈이나 비전을 추구할 수 있는 인생 구조를 형성하려고 애쓴다. 그는 그러한 꿈을 공유하며, 그 꿈을 실현시키기 위한 여행에 동참하기를 원하는 여성과 결혼한다. 또 어떤 남성은 자신의 꿈을 저버린다. 부모에게 더욱 수용될 수 있는 혹은 어떤 내적 의미에서 '보다 안전한' 인생 구조를 형성하길 추구하면서, 그는 이런 보수주의를 소중히 여기고 지지하는 여인과 결혼한다. 얼마 후에 그는, 다소간 합리화를 꾀하면서, 자신을 꿈으로부터 멀어지게 한 그녀의 몫을 비난할 수도 있다. 결혼 관계의 의미와 앞으로의 우여곡절은 이 두 경우에 현저하게 차이가 날 것이다. 그 편차는 끝이 없다.

만약에 어떤 결혼이 이제 막 발달이 진행되고 있는 한 시기의 시작 시점에 일어난다면, 결혼 관계의 초기 특징은 새로운 시대로 들어가기 위한 몸부림과 밀접한 관련이 있을 것이다. 반대로, 한 시기가 끝나갈 무렵에 한 결혼은 그 시기의 발달적 노력의 정점이거나 결과일 듯 하며 새로운 시대가 출현하고 있다는 지표일 수 있다.

대부분의 경우, 이정표적 사건은 개인의 자발적 노력이나 선택의 결과가 아니라, 그의 통제를 넘어선 환경(전쟁, 경제 불황, 질병 또는 타인들의 죽음)의 결과이다. 그의 현재 발달 시기는 이런 사건이 발생하는 시점에 영향을 미치진 않으나, 그런 사건에 그가 적응해가는 모습을 형성하며, 그 적응 모습은 뒤이어 오는 삶에 영향을 미친다.

성인기 발달 시기들에 대한 고찰

시기들의 계열은 **성인 초기 전환기**(17~22세)와 함께 시작하는데, 이 시기는 청소년기와 성인 초기를 연결한다. 그 뒤를 이어 인생 구조 형성기인 **성인 입문기**가 이어지는데, 이 시기는 22세에서 28세까지 지속된다. 이 시기의 일차적 과제는 첫 번째 성인 인생 구조를 창출하는 것이며, 이 구조는 **30대 전환기**에 다시 수정된다. 뒤이어 오는 **안정기**(33~40세)동안, 남성은 두 번째 인생 구조를 형성하고, 성인 초기의 정점에 도달한다. 대략 40세에서 45세 사이에 오는 **중년의 전환기**는 성인 초기와 중년기를 연결한다. 뒤이어 40대 중반과 후반 동안, 좀 더 안정된 시기가 오는데, 이 시기에 남성은 중년기의 첫 인생 구조를 형성한다.

시기들의 계열은 그림 2에 제시되어 있다. 다음 장에서 각 시기들이 세부적으로 설명될 것이다. 여기에서는 시기들을 간략히 예시하고 각 시기들의 발달 과제와 발달 계열에 대한 윤곽만을 제시하겠다.

성인 초기 전환기: 성인 이전기에서 성인 초기로 이동

성인 초기 전환기는 17세 시작해서 22세에 끝이 나는데, 앞뒤로 2년 정도의 편차가 있다. 이 시기의 두 가지 발달 과제는 성인 이전기를 종료하고 성인 초기를 시작하는 것이다. 첫 번째 과제는 성인 이전기를 벗어나기 시작하는 것이다: 성인 이전 세계의 본질에 대해, 그리고 그 안에서의 자기의 위치에 대해 의문을 던져 본다. 중요한 사람들, 집단들, 기관들과 맺

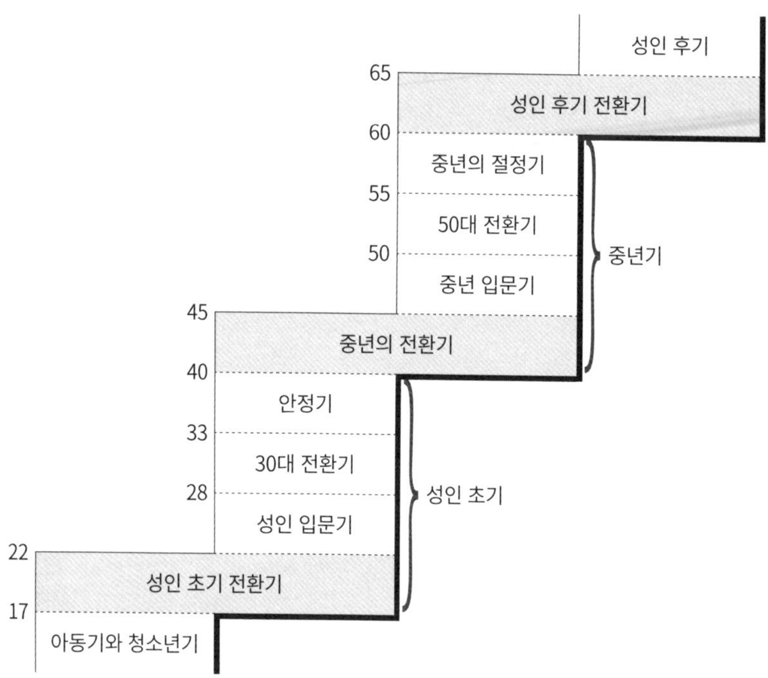

그림 2. 성인 초기와 중년기의 발달 시기들

어온 관계를 수정하거나 끝맺는다. 그리고 그 안에서 형성된 자아를 재평가하고 수정한다. 개인이 인생의 한 계절을 마감할 때는 다양한 종류의 결별이나 끝맺음, 그리고 변형이 수반되게 마련이다.

두 번째 과제는 성인 세계 속으로 첫발을 내딛는 것이다: 성인 세계 안에서 자신의 가능성을 탐색해보고, 그 안에서 참여자로서 자신을 상상해본다. 최초의 성인 정체감을 공고히 다지며, 그리고 성인기의 인생을 위한 몇 가지 예비적인 선택과 그 선택들을 시험해본다. 이 시기의 젊은이는 청소년기와 성인기의 경계 지역에 있다. 전환기는 그가 그 경계 지역을 벗어나 성인 세계 안에 하나의 인생을 창조하기 시작할 때 끝난다.

첫 번째 성인 인생 구조: 성인 세계로 들어가기

이 시기는 약 22세에서 28세까지 펼쳐져 있다. 이 시기의 주된 발달 과제는 자신의 소중한 자아와 성인 사회를 연결해줄 수 있는 잠정적인 구조를 형성하는 것이다. 젊은 남성은 자신의 삶의 중심을 전환시켜야 한다. 그는 이제 더 이상 가족(부모 형제와 함께 한 가족) 내에서의 어린애가 아니다. 그는 자신의 가정(결혼으로 생긴 가족)을 기반으로 한 풋내기 성인이 되어야 한다. 그는 처음으로 직업, 사랑 관계(보통 결혼과 가족), 동료 관계, 가치들, 삶의 양식 등에 대해 여러 가지 선택을 하고 또 그 선택들을 시험해본다.

이 시기의 젊은 남성은 두 개의 상반된 발달 과제를 가지고 있다. 첫째, 그는 성인기 삶에 대한 가능성을 탐색할 필요가 있다: 선택의 문을 열어놓고, 어느 한 가지에 너무 깊숙이 개입하는 것을 피하며, 대안들을 최대화시킨다. 이러한 과제는 자신이 들어가고 있는 새로운 세계에 있는 모든 귀중한 것들을 찾아내려고 하는 모험과 방황, 그리고 소망 속에 반영되어 있다. 둘째, 대조적인 과제는 안정된 인생 구조를 창조하는 것이다: 더욱 책임감을 가지고, "자신의 인생을 더 의미 있는 것으로 만들고자 한다." 이러한 과제를 수행하도록 지지해주는 힘과 자원은 외적인 세계와 자아의 양쪽에 있다.

이 두 발달 과제 사이의 균형을 찾는 것은 쉬운 일이 아니다. 만약에 첫 번째 과제가 우세하면, 인생은 극도로 일시적이고 뿌리 없이 흔들릴 가능성이 있다. 만약에 두 번째 과제가 우세하면, 대안들에 대해 충분히 탐색해보지 않고 너무 조급하게 하나의 구조에 자신을 개입시켜버릴 위험이 있다. 새로운 성인 세계를 탐색해보고, 동시에 그 안에 안정된 삶을 구축하려고 애쓰는 것은 흥분되기도 하고, 가끔은 혼란스럽고 고통스럽기도 한 과정이다. 한 남성이 성장해온 성인 이전기와 그가 첫 인생 구조를 형성한 성인 세계 사이에는 흔히 약간의 상당한 불연속성discontinuity이 있게 마련이다.

30대 전환기: 첫 인생 구조의 수정

대략 28세에서 33세 무렵까지 진행되는 이 전환기는 첫 번째 성인 인생 구조에 있는 결함과 한계를 수정할 기회이다. 또한 이 시기는 성인 초기 시대를 완료하는 데 필요한 좀 더 만족스런 인생 구조를 구축하기 위한 기반을 마련하는 시기이다. 28세쯤에는 20대의 잠정적이던 특성들이 사라지고 인생은 좀 더 심각하고 '현실적'이 된다. 자신 안에서 외치는 목소리가 있다: "만약에 내 인생을 변화시키려 한다면—만약에 그 안에 내가 수정하기를 원하는, 버리기를 원하는 것들이 있다면, 또는 내가 원했던 것을 놓쳐버린 것이 있다면—나는 지금 출발해야 한다. 왜냐하면 조만간에 너무 늦어져버릴 테니까."

사람에 따라 변화의 정도와 종류가 다양하다. 그러나 인생 구조는 30대 전환기가 끝날 무렵에는 그것이 처음 시작되었을 때와는 항상 다르다. 어떤 사람들은, 지나친 붕괴나 위기감이 없는, 차라리 평온하다고 할 수 있는 전환기를 보낸다. 그들은 어떤 면에서 자신들의 인생을 수정하긴 하지만 과거를 바탕으로 한 수정이며, 기본적인 변화는 일으키지 않는다. 그것은 개혁의 시기이지 혁명의 시기는 아니다.

그러나 우리 연구에 나타난 바와 같이, 대부분의 사람들에게 이 전환기는 좀 더 긴장감이 도는 30대의 위기이다. 발달적 위기란 개인이 한 시기의 발달 과제를 해결하는 데 큰 어려움을 가질 때 생긴다. 즉 그에겐 현재의 인생 구조가 참을 수 없고, 아직 더 나은 구조를 형성할 수도 없는 것처럼 보인다. 심각한 위기인 경우에는, 그는 인생 자체가 위협으로 느껴지며, 혼란과 해체에 대한 위험, 미래에 대한 절망감을 경험한다. 중간 정도의 또는 심각한 위기 경험은 이 시기의 공통된 현상이다.

이 첫 번째 세 시기—**성인 초기 전환기, 성인 입문기, 30대 전환기**—는 보통 17세 내지 18세부터 32세 내지 33세까지, 약 15년 동안 지속된다. 이들은 성인 초기의 준비 단계인 '초심자 단계novice phase'를 함께 구성하고 있다.

30대 전환기의 끝에서 다음 시기로의 전환은 성인 발달에서 하나의 결정적인 일보를 내딛는 것이다. 이 시기에는 개인은 중요한 새로운 선택들을 하거나, 또는 이전에 했던 선택들을 재확인할 수가 있다. 만약에 이러한 선택들이 자신의 꿈과 재능, 그리고 외적인 가능성과 조화를 이루고 있다면, 그들은 비교적 만족스러운 인생 구조의 기반이 된다. 그러나 만약에 그 선택들이 잘못된 것들이고, 새로운 구조가 심각하게 결함을 갖고 있다면, 그는 다음 시기에 그 대가를 톡톡히 치러야 한다. 최선의 구조일지라도 모순은 있기 마련이고, 조만간에 변화를 치러야 한다.

두 번째 성인 인생 구조: 안정기

두 번째 인생 구조는 30대 전환기 말에 모양새를 갖추어서 40세경까지 지속된다. 이 구조는 성인 초기의 절정에 이르는 수단이 된다. 남성들은 이 구조를 구성하고 있는 주요한 요소들—일, 가족, 우정, 여가, 공동체 등 그에게 가장 중요한 것은 무엇이든지—에 자기 자신을 아낌없이 투자한다. 그리고 자신의 젊은 시절의 야망과 목표를 실현하기 위해 노력한다.

이 시기에 남성들이 해결해야 할 발달 과제는 두 가지가 있다. 첫째, 그는 사회에서 자신이 일할 적재적소에 자리 잡기 위해 노력한다. 그리고 거기에 자신의 인생을 좀 더 든든하게 정박시키고, 자신이 선택한 직무에서 유능감을 발달시키며, 가치 있는 세계의 소중한 일원이 되기 위해 노력한다. 둘째, 그는 성공하기 위해 열심히 노력한다. 그는 인생의 시간표에 맞

취서 승진하고 발전하기 위해 고투한다. 나는 '성공하려는 노력making it'이라는 용어를 자신을 위한 더 나은 인생을 구축하고 타인들에 의해 인정받기 위한 모든 노력을 함축하는 의미에서 광범위하게 사용하고 있다.

30대 초반까지, 젊은 남성은 '풋내기' 성인에 불과하다. 그는 성인 생활을 형성하고 성인 사회에서 더욱 안정된 자리를 잡기 위해 노력해왔다. 안정기에 그의 발달 과제는 자신의 세계 안에서 완전히 깃털이 난 성숙한 성인이 되는 것이다. 그는 개인적인 기획enterprise을 정하고, 투쟁할 방향과 미래에 대한 감각, 즉 사르트르Jean-Paul Sartre가 말한 '운영계획project'[3]을 명확히 한다. 그 일은 처음부터 정교하게 정의될 수도 있고, 또는 이 시기가 진행되는 과정에서 서서히 모양을 갖출 수도 있다.

안정기의 기획은 바로 사다리를 떠올리게 한다. 그것은 이 시기에 그렇게도 중요한 승진과 인정에 대한 관심을 반영하고 있다. '사다리'란 승진과 관련된 모든 차원—사회적 계급, 수입, 권력, 명성, 창조성, 가족 생활의 질, 사회적 공헌에서의 상승—을 말한다. 이러한 것들은 개인과 그의 세계에 모두 중요한 것들이기 때문이다. 사다리는 객관적인 측면과 주관적인 측면의 양면을 가지고 있다. 즉 그것은 외적인 사회의 현실을 반영하나, 자신이 의미를 부여하고 자신이 한 투쟁이라는 점에서 볼 때는 개인적으로 정의되기도 한다.

이 시기가 시작될 무렵, 남성들은 사다리의 맨 밑바닥에 있으며, 자신이 맨 하급자의 위치에 있는 세계 속으로 들어가고 있다. 그의 목적은 자신의 기획 내에서 전진해서 사다리를 올라가 그 세계의 상급자가 되는 것이다. 이 시기 동안 그의 안녕감은 자신과 타인들이 이러한 목적을 향한 자신의 행보를 어떻게 평가하느냐에 크게 의존하고 있다.

이 시기가 끝나갈 무렵인, 약 36세에서 40세 사이에, 우리가 **자기 자신이 되어가는 단계**Becoming One's Own Man라고 부르는 특별한 단계가 있다. 이 단계의 주요한 발달 과제는 안정기 기획의 목표를 성취하는 것이며, 그 세계의 상급자가 되어서, 좀 더 힘차게 자신의 목소리로 말하며, 좀 더 큰 권위를 갖는 것이다.

이 단계는 남성의 인생에서 운명적인 때이다. 상급자의 위치에 도달하는 것, 사다리의 맨 꼭대기에 접근하는 것은 그가 원숙한 인간(한 사람이 아닌, 한 원숙한 남성)이 되어가고 있다는 것을 그에게 암시해준다. 비록 그의 발전이 새로운 보상을 가져다줄지라도, 그것은 좀 더 무거운 책임감과 압박감을 그에게 짐 지운다. 그것은 자신 안에 있는 소년다운 것들—결코 완전히 벗어날 수 없는, 그리고 확실히 성인 초기에는 벗어날 수 없는 내적 형상들—을 더욱 많이 포기해야 된다는 것을 의미한다.

중년의 전환기: 성인 초기에서 중년기로 이동

30대 후반은 성인 초기의 절정을 표시한다. 대략 40세에서 45세까지 지속되는, 중년의 전환기는 성인 초기에서 중년기로 가는 교량 역할을 한다. 그것은 새로운 묶음의 발달 과제들을 가지고 온다. 인생 구조는 다시금 회의懷疑 속에 빠지게 된다. 다음과 같은 물음들이 중요해진다. "내 인생에서 나는 무엇을 했는가? 나는 내 아내, 내 아이들, 친구, 직장, 공동체, 그리고 나 자신으로부터 진실로 무엇을 얻었으며, 그리고 그들에게 무엇을 주었는가? 내가 나 자신과 타인들에게 진실로 원하는 것은 무엇인가?" 남성들은 그의 참다운 욕망과 가치, 그리고 재능과 야망이 표현될 수 있는 삶을 갈망한다.

어떤 남성들은 **중년의 전환기** 동안에 자신의 삶에 대한 회의를 갖거나 탐색하는 일이 거의 없다. 그들은 분명히 자신의 삶의 의미와 가치, 방향에 관한 어려운 질문들로 고통당하고 있지 않다. 또 어떤 남성들은 자신의 삶의 특성이 변하고 있다는 것을 깨달으나, 그 과정이 고통스럽지는 않다. 그들은 위기가 없는 비교적 순조로운 전환기를 보내고 있다. 그러나 대다수의 남성들에게 이 시기는 자아 안에서, 그리고 외부 세계와 엄청난 고투를 하는 시기이다. 이들의 중년의 전환기는 중간 정도의 또는 심각한 위기의 시기이다. 그들은 자신의 삶의 거의 모든 측면에 의문을 제기하며, 예전처럼 살아갈 수 없음을 느낀다. 그들이 새로운 인생행로를 형성하고 옛것을 수정하는 데 적어도 5~6년이 필요하게 될 것이다.

우리가 성인기에 발달적 전환기를 필요로 하는 이유는 부분적으론 어떤 인생 구조에서도 자아의 모든 면을 살릴 수는 없기 때문이다. 하나의 인생 구조를 창조하기 위해선 나는 선택을 해야 하고, 우선순위를 설정해야 한다. 내가 한 모든 선택은 내가 선택하지 않은 다른 많은 가능성을 거부하도록 만든다. 하나의 구조에 나 자신을 개입시킴으로써, 나는 그 안에서 나의 인생을 고양시키고, 가능성을 실현하며, 책임을 짊어지고, 그리고 그것이 필연적으로 수반하는 대가를 참아내기 위해서 긴 세월을 노력한다. 전환기 동안에는—그리고 특히 중년의 전환기에는—그동안 소홀히 했던 자아의 부분들이 더욱 절박하게 표현되며 현존하는 구조를 수정하도록 자극한다.

중년 입문기: 새로운 인생 구조 형성하기

중년의 전환기의 발달 과제들은 적어도 45세까지는 마무리되어야 한다. 남성은 자신의 선택들을 재평가하고, 탐색하고, 시험해보면서, 새로운 인생의 토대를 만들기 위해 할당된 시간을 가졌다. 묻고, 탐색할 기회는 중년기 내내 그리고 그 이후에도 주어지나, 그러나 이 시점에서는 새로운 과제가 더 우위를 차지한다. 이제 그는 자신의 선택을 해야 하고 새로운 인생 구조를 구축하기 시작해야 한다.

한 시기에서 다른 시기로 가는 모든 전환에서처럼, 중년의 전환기의 끝자락에는 하나의 극적인 사건보다는 일련의 변화들이 두드러지게 나타난다. 그러한 변화들은, 남성이 실제로 자신이 한 선택에 개입해서 새로운 인생 구조의 틀을 잡은, 이삼 년 후에 뒤를 돌아볼 때에야 분명해질 수 있다.

어떤 인생에서는 결정적인 이정표적 사건—직업 또는 직무에서의 극적인 변화, 이혼 또는 연애사건, 심각한 질병, 사랑하는 사람의 죽음, 새로운 곳으로의 이사—이 이러한 전환의 계기가 된다. 또 어떤 인생에서는 아무런 두드러진 변화가 나타나지 않는 경우도 있다. 마흔다섯 살의 인생이 서른아홉 살의 인생과 마찬가지로 보인다. 하지만 만약에 우리가 좀 더 가까이 다가가 보면, 소소하게 보이지만 실제로 상당한 차이를 만들어낸 변화들을 발견할 수 있다. 남성은 여전히 동일한 여성과 결혼 생활을 유지하고 있으나, 그의 가족 관계의 특성은 좋든 나쁘든 상당히 변화되어 있을 수 있다. 또는 그의 직업 생활의 본질이 달라졌다. 그는 조용히 은퇴까지의 시간을 세고 있다. 그의 업무는 압박감을 주고 굴욕감을 느끼게 한다. 혹은 그의 일하는 방식에서의 조그맣게 보이는 변화가 직업 생활을 좀 더 만족스럽고 창조적으로 만들었다. 남성의 인생 구조는 중년의 전환기 과정에서 어떤 결정적인 면에서 반드시 변화한다는 사실을 우리는 발견했다.

40대 중반에 출현하는 인생 구조는 그 만족스러움, 즉 자아에 대한 적합성과 세계 속에서 실현 가능성이라는 차원에서 볼 때 매우 다양하다. 어떤 사람들은 아동기와 성인 초기의 돌이킬 수 없는 실패로 고통을 당하고 있으며, 중년의 전환기의 발달 과제에 대해서는 별로 할 수 있는 것이 없었다. 그래서 그들에게는 최소한도의 인생 구조를 형성할 내적·외적인 자원마저 부족하다. 그들은 죄어드는 느낌과 감퇴로 점철된 중년기를 맞이한다. 또 어떤 사람들은 세상에서 매우 실현 가능하나 자아와는 빈약하게 연관된 인생 구조를 형성한다. 비록 그들은 자신과 타인들을 위해 자신의 본분을 다하지만, 그들의 삶은 내적인 흥분과 의미가 결핍되어 있다. 그런데도 아직 자신의 특별한 만족감과 성취감을 만끽할 중년기를 시작하는 사람들이 있다. 이들에겐, 중년기는 가끔 인생 주기에서 가장 풍요롭고 창조적인 계절이다. 그들은 야망, 열정, 그리고 젊은 시절의 환상에 의해 괴롭힘을 덜 당한다. 그들은 타인들에게 더 깊이 애착을 형성하나 더욱 독립적일 수 있으며, 자신 속에 더욱 중심을 둘 수 있다. 그들에게는, 이 계절은 가장 화려하고 만족스러운 리듬으로 지나간다.

중년기의 다음 시기들

40대 후반까지, 남성은 중년기를 위한 첫 인생 구조를 형성한다. 여기에서 그는 어디로 갈까? 비록 우리는 이 나이 이상의 남성들에 대해서 연구하지는 않았지만, 전 인생 주기에 걸쳐 안정과 전환의 시기들이 계속해서 뒤따른다는 점은 분명하다. 즉 성장과 감퇴, 변화의 발달 과정은 계속된다. 중년기 이후의 시기들에 대한 잠정적인 관점을 여기 제시해본다.

보통 약 50세에서 55세까지 지속되는 **50대 전환기**Age Fifty Transition가 있다. 중년기에서 이 시기의 기능은 성인 초기의 30대 전환기의 기능과 유사하다. 그 안에서 남성들은 중년의 전환기의 발달 과제들과 더 씨름해볼 수 있으며, 40대 중반에 형성된 인생 구조를 수정할 수도 있다. 중년의 전환기에 너무 변화가 미미해서, 만족스럽지 못한 인생 구조를 형성한 남성들에겐 이때에 위기가 올 수 있다. 우리들이 생각하기엔, 중년의 전환기나 50대 전환기 어느 한 시기에, 적어도 중간 정도의 위기를 경험하지 않고는 중년기를 통과하기란 불가능하다.

대략 55세에서 60세까지 지속되는 **안정기**에는 제2의 중년 인생 구조를 형성하는 데 전념하게 되는데, 이 인생 구조는 중년기를 마무리 짓는 운송수단이 된다. 자신을 회춘시킬 수 있고 자신의 삶을 풍요롭게 할 수 있는 사람들에겐, 50대의 10년 동안이 커다란 성취의 시기가 될 수 있다. 이 시기는 성인 초기의 안정기와 유사하다. 마지막으로 대략 60세에서 65세까지의 **성인 후기 전환기**Late Adult Transition는 중년기를 끝내고 성인 후기를 위한 기초를 마련한다. 이 전환기의 과제는 중년기의 노력을 마무리하고, 오는 시대를 위해 자신을 준비하는 것이다. 그것은 의미 있는 발달의 시기이며, 인생 주기에서 주요한 전환점을 표시한다.

시대를 교차시키는 전환기마다 새로운 계절이 시작되어서 그 첫 형태를 갖추기 시작한다. 이 전환기들은 앞으로 올 미래에 큰 영향을 미치지만, 결코 인생 전부를 이야기하고 있지는 않다. 각 새로운 시기는 인생 과정에서 그 나름대로의 주요한 공헌을 하고 있다. 각 시기마다 우리는 이전 시기에서 완료하지 못한 발달 과제 때문에 고통을 당한다. 왜냐하면 결국 자업자득이기 때문이다. 그러나 우리는 발달적 노력을 더함으로써 자신에게 더욱 적합한 인생을 창조할 기회를 갖게 된다.

4장 네 명의 남자

방금 보고 경험한 바와 같이, 모든 인생은 각기 특이한 개성을 가지고 있고 무질서하며, 형형색색으로 물들여져 다채롭다. 유사성보다는 차이점이 훨씬 더 두드러진다. 그럼에도 불구하고 이 책의 기본 명제는 가장 공통점이 없는 삶까지도 동일한 기본 질서—시대와 발달 시기들의 계열—에 의해 지배된다는 것이다. 이러한 질서는 가끔 직접적으로 눈에 보이지는 않는다. 그것은 전기적 자료를 얼기설기 엮어 정렬해봄으로써 추론된 것임에 틀림없다. 그러나 성인기에 대한 우리의 발달 이론이 어떤 타당성을 가지고 있다면—나는 그러리라고 확신한다—그것은 우리들로 하여금 어떤 개인의 인생 과정에서도 형태와 의미를 발견할 수 있게 할 것이다. 그리고 이러한 일은 원 자료—단일한 인간존재마다 놀랄 만큼 다양한 세목들—를 단순한 한 세트의 범주나 정상normality을 위한 처방전으로 축소해버리지 않고도 해낼 수 있을 것이다.

이 연구는 이론적 접근, 연구 방법, 피험자subject 문세에시 볼 때 전기적 연구이다. 우리는 무엇보다 수년 동안 살아온 개인의 인생에 대해 관심이 있다. 그래서 우리의 발견들을 보고하는 데 실제 전기들biographies을 사용하는 것이 적절할 것이다. 이 전기들은 우리가 거기서 새로운 착상을 이끌어내서 이 아이디어를 광범위한 인물들과 사회적 조건에 기발하게 적용할 수 있는 그런 종류의 재료들을 예시해준다. 앞으로, 우리는 40명의 연구 대상자들에 대해 많은 것을 이야기할 것이다. 그러나 네 남자의 인생은 꽤 자세히 취급될 것이다. 그들의 전기는 긴 삽화와 단편 사이의 어디쯤에 위치한다.

이 책의 전반적인 흐름과 마찬가지로, 이들의 전기에서도 우리는 일차적으로 인생 주기의 성인 부분에 초점을 맞추었다. 우리는 남성들의 내적·심리적 과정, 그리고 외적 환경과 사회적 세계에 대해 충분히 이야기함으로써, 전개되는 인생의 피륙 속에 이 모든 것들이 어떻게 섞여 짜이는지를 보여주고자 한다. 우리는 전기적 스케치가 우리 연구 대상자들의 초상을 완벽하게 그리고 있다고는 주장하지 않는다. 실은 그들은 성인 발달 연구에서는 두 가지 방법이 다 필요하다는 것을 말해주고 있다. 즉 더욱 광범위한 전기를 쓰거나, 아니면 성인 발달의 특별한 단면들을 연구하는 데에는 짤막한 전기를 쓰는 것이 더 유용하다는 것을 시사하고 있다. 네 사람은 우리들 연구에서 네 가지 직업군—기업체 간부, 노동자, 생물학자, 소설가—을 대표하고 있다. 이상하게 들릴지 모르지만, 우리는 어떤 특별한 의미에서 그들을 그들 직업의 '대표'로 간주하는 것은 아니라는 점을 강조하고 싶다. 어느 누구도 다른 사람들의 인생에 있는 풍부한 다양성을 충분히 예시할 수는 없다. 비록 동일한 일을 함께 하고 있는 사람일지라도 말이다. 이 네 사람 각각은 어떤 면에서는 '특별'하다. 그러나 마흔 명의 남성 모두가 그 자신만의 특별함을 지니고 있다.

여기서 자세히 논의될 네 사람을 선정하는 데, 우리는 몇 가지의 기준을 사용했다. 첫째, 그가 보고하는 삶의 내용이 우리 연구에서 다루고자 하는 대부분의 연령 기간을 포괄할 수 있도록, 면담 당시 42세를 넘은 사람이어야 했다. 둘째, 그 당시 이 연구 기획에 참여하고 있는 현역 연구팀 중 적어도 네 사람의 연구자에 의해 인터뷰된 사람이어야 했다(연구자들 중에는 도중에 어딘가로 옮겨간 사람들이 있었다). 이 두 가지 기준 때문에 전집the pool은 약 열두 명으로 축소되었다. 이 전집에서 또 다시 네 사람을 선택할 때—기업체 간부, 노동자, 생물학자, 소설가가 한 사람씩 필요한 점을 감안하여—사회적 기원과 인생 과정이라는 측면에서 집단의 다양성을 최대화하려고 노력했다. 우리는 어떤 사람이 흥미진진하거나 또는 우둔해서, 신경질적이거나 또는 잘 적응해서, 성공적이거나 또는 실패해서, 그리고 말이 많거나 또는 과묵해서 다른 사람을 제치고 그 사람을 선택하지 않았다. 선택된 사람들은 이런 면에서는 전체 표본에 있는 다른 사람들과 똑같이 다양했다.

이러한 선택 과정에서 발견된 네 사람은 서로가 뚜렷하게 달랐다. 그들을 따로따로 생각해볼 때, 그들의 인생사에서 어떤 공통적인 발달 형태를 찾는다는 것은 처음에는 어려운 일이었다. 그들은 성격, 현재의 심리 상태, 외적인 환경, 그리고 자신들의 삶 속에서 줄곧 경험해온 사건들이 폭넓게 차이가 났다. 우리는 이제 그들을 출연 순서대로 여러분에게 소개한다.

우리들의 첫 번째 남자는 기업체 중역인 짐 트레이시(Jim Tracy: 우리 연구의 다른 모든 사람들처럼 이 이름은 가명이다)이다. 에드워드 클라인이 1968년 가을과 1969년 봄 동안, 그리고 1971년의 후속 면담까지 대략 12시간 동안 그와 인터뷰했다. 1969년에 트레이시는 44세였으며, 에이잭스사의 소화기 사업부 관리자이자 부회장이었다. 그는 하트포드와 두 개의 중서부 공장에 있는 5~6천 명의 피고용인들을 관리하고 있었다.

트레이시는 흰 바탕에 검은 머리가 드문드문 보이는 짧게 깎은 반백의 머리에 강하고 깔끔한 인상을 주는 남자였다. 그는 세상에서 많은 것을 성취했고, 그리고 그것을 자랑스럽게 생각하는 사람으로 자신을 면담자에게 소개했다. 그는 평생에 걸쳐 하나의 중심적인 자아상을 유지했다. 남성들의 책임감 있는 지도자, 군산軍産 업계에서 전형적인 영웅. 짐 트레이시, 그는 자신의 해군 장교와 기업가로서의 경력에 만족감을 갖고 뒤돌아볼 수 있는, 대단히 일 지향적인 탁월한 활동가였다. 그럼에도 불구하고 트레이시는 인터뷰 당시, 주요한, 그리고 힘든 재평가 과정을 겪고 있었다. 그의 기업체에서의 경력은 절정에 이른 것처럼 보였다. 이삼 년 전에 그는 길고 불행했던 첫 번째 결혼을 끝냈다. 처음에는 행복하게 시작된 두 번째 결혼도 문제를 갖고 있는 것처럼 보였다.

다음 장들에서는, '발달적인 영향력'—시대와 시기들의 계열—이 어떻게 그러한 인생을 형성하도록 도왔는지를 살피면서, 트레이시의 인생을 한 단계 한 단계 검토해나갈 것이다. 7장에서는 30대 전환기의 끝자락인 34세까지, 성인 초기의 첫 세 시기를 통과하는 그를 살펴볼 것이다. 11장에서는 34세에서 41세까지의 안정기를 다룰 것이다. 그리고 19장에서는 중년의 전환기와 중년기로의 입문 과정에 집중해서 볼 것이다. 그와의 이야기를 통해서 볼 때, 중년의 이 두 시기는 그가 살아온 인생에서 가장 어려운 시기였다.

윌리엄 폴슨William Paulsen은, 매키가 1969년에 처음 면담했을 때 44세였고, 유나이티드 일렉트로닉스사의 시간제 노동자였다. 매키는 같은 해에, 폴슨의 아내인 루스와도 단독 면담을 했었다. 매키가 이들과 함께 보낸 시간은 모두 여덟 시간 정도였다. 2년 후 매키와 폴슨은 다시 만나서, 그 후 몇 년 동안에 대해 짤막하게 이야기했다.

폴슨은 브루클린에 있는 노동자 계층의 가정에서 태어나서 성장했다. 그는 여위고 동작이 빠른 깐깐한 남자였으며, 외모는 조촐하고, 거동이 조심스러운 40대 남자였다. 그의 머리는 짧게 깎았고 얼굴은 깊게 주름져 있었으며, 표정은 변화무쌍하고 표현이 풍부했다. 매키의 말을 빌리면, 그는 약간 건방진듯한 억지웃음을 가끔 웃었다. 그러나 이러한 그의 태도는 그의 슬픈듯한 눈과 그의 인생사를 들으면 위장된 것임이 분명했다. 매키에겐, 폴슨은 번번이 다른 사람을 감동시키고 자신의 약간 불안정한 자존심을 지탱하기 위한 의도로 이야기하고 있는 것처럼 느껴졌다. 한 가지 주제가 특별히 강하게 드러났다. 그는 스스로를 위안하기 위해서 주어진 실제 상황과 자신의 위치에 대해 끊임없이 자신을 속이고 있었다. 성인기 내내 되풀이해서, 그는 자신이 할 수 있는 것 이상을 맡아 왔다.

이전 5년 동안, 폴슨은 몇 번의 직업 전환을 하면서 실패와 새 출발을 반복해왔다. 새로운 직업은 매번 승진해서 중견 관리인이 되리라는 희망을 불타오르게 했다. 이제, 43세와 44세에, 그는 자신의 환상에 직면하기 시작했고, 현실에 대한 자신의 한계를 깨닫기 시작했다. 그는 안전과 적당한 수입은 제공해주나, 도저히 만족할 방도가 없고 승진 가망이 없는 자신의 직업적 전망을 감수하기 시작하고 있었다. 그러나 폴슨은 이 제한된 목표에도 도달하지 못할 것 같았다. 더욱이 그의 생애 전체를 통해서 볼 때, 지금 그가 처해 있는 곤경은, 그의 특별한 발달 단계에서의 어떤 결함과 실패들—이러한 어려움들은 자신과 그의 환경 양쪽에 그 원천이 있었다—이 원인이 되었음이 분명했다. 자신의 어려운 입지와 싸우는 것은 발달적 문제를 이해하고 다루는 또 하나의 문제였다.

제8장에서 우리는 폴슨의 인생을 32세까지—30대 전환기의 끝자락과 성인 초기의 초심자 단계—자세히 검토해볼 것이다. 그리고 18장에서는 40대 후반까지, 그의 인생사를 마무리 지을 것이다.

글을 쓴다는 것은 폴 냄슨Paul Namson에겐 가장 소중한 꿈이었다. 하지만 그는 글 쓰는 일 이외의 다른 직업을 선택하는 문제와 사회적 요구들로 인해 주기적으로 갈등 속에 빠져들곤 했다. 이런 점에서는 그는 우리 표본의 다른 소설가들과 흡사했다. 그러나 그는 대부분의 소설가들과는 다른 어떤 특별한 면이 있었다. 20대에 그는 성공적인 자본가가 되었으며, 30대에는 실로 백만장자가 되었다. 폴 냄슨은 만족과 실망이 뒤섞인, 복잡하고 자극적이고 힘든 인생을 살았다.

1969년 샬롯 다로가 그를 면담할 당시, 43세인 냄슨은 6년 동안 몸담았던 가족 소유의 중개업 회사를 떠나, 소설가가 되려는 꿈을 이루려 노력하고 있었으며, '중년의 위기'를 겪고 있었다. 소설가로서 분에 넘치지 않은 결정적인 성공에도 불구하고, 그는 앞으로 더욱 발전해가는 데 어려움을 겪고 있었다. 15개월 후, 그가 44세 되던 해에 취해진 후속 면담에서, 우리는 그가 자신의 인생 속의 칸막이를 헐어버리고 작가, 남편, 아버지로서 새롭게 헌신하고 있는 것을 발견했다. 이때에는 그의 아내 사라와도 역시 면담을 했다.

냄슨은 내성적인 태도와 지적인 냄새를 강하게 풍기는, 키가 크고 훤칠한 열정적인 신사였다. 아마도 감정과 동기들을 허구적인 용어로 분석하려 애쓰는 그 자신의 경험 때문인지, 그는 자신의 인생을 기술할 때 분석적으로 이야기하는 경향이 있었다. 우리는 냄슨의 40년 중 마지막 12년(30대 전환기, 안정기, 자기 자신이 되는 단계)에 초점을 두고 이야기하겠다. 40대의 그의 인생은 18장에서 기술될 것이다.

우리들의 네 번째 남자인 존 반즈John Barnes는 컬럼비아대학교의 생물학 교수이자 국제적 명성을 얻은 사람이었다. 그는 박력 있고 똑똑했으며, 유능한 선생이자 행정가로 알려져 있었다. 내가 처음 그를 면담했을 때, 그는 이제 막 44세를 넘어서고 있었다. 나는 그의 아내인 앤과도 역시 이야기를 했다. 후속 면담은 그가 46세일 때와 50세 때에 이루어졌으며, 그의 전반적인 인생에 대한 분석은 마리아 레빈슨이 했다.

반즈는 단정한 외모와 운동선수와 같은 체격을 가진 조용한 남자였다. 그의 태도는 강하고, 의지력이 있고, 어떤 것을 해내려는 열망 같은 것을 풍기고 있었다. 그의 어조는 현학적이라고 할 수 있으나 평이하고 무뚝뚝했다. 반즈는 침착함과 긍지를 갖고 있었으며, 자제력과 사적인 것에 대한 배려, 그리고 귀족적인 뉴잉글랜드 배경에 어울리는 사회적 책임감이 강한 엘리트적 태도를 지니고 있었다. 아마 신중한 태도로 나무를 자르고 목수일을 하는 뉴잉글랜드 농부를 상상하면, 바로 그와 흡사할 것이다. 구체적 문제를 합리적으로 분석하는 데 종사하던 그의 전성기에, 그는 정서와 대인 관계를 다루는 데 많은 어려움을 느꼈다. 그럼에도, 극심한 중년기 위기 동안, 그는 대단히 신랄하고 풍부하게 자신의 경험을 전달했다.

우리가 처음 그를 면담할 때에, 반즈는 상당한 성취와 공적인 성공에도 불구하고, 심각한 곤경에 빠져 있었다. 이제 그는 더 이상 '장래가 촉망되는 젊은이'가 아니었으며, 그는 자신의 미래에 대해 완전히 새롭게 생각해야 될 필요성이 있음을 절실히 깨닫고 있었다. 그는 자신의 남은 직업 생활을 바칠 수 있는 의미 있는 역할을 찾기를 갈망했다. 그러나 이것이 이루어질 수 있을지는 매우 불확실했다.

존 반즈의 인생에 획을 긋는 대표적인 사건들—첫 번째 결혼과 가족, 과학적 성취, 이혼과 재혼, 학문적 위계를 통한 승진—은 순전히 외면적인 현상으로 보일 수 있다. 그러나 그들의 의미와 발생 시기는 대단히 중요하며, 보다 심층적인 패턴으로 특징지어서 볼 수 있다. 17장에서는 우리가 '중년의 전환기'라고 부르는 가장 극적인 부분에 특히 주의를 기울이면서, 그의 인생을 좀 더 자세히 검토해볼 것이다.

다음 장들에서는 발달 시기들의 계열에 대해 자세히 설명하고자 한다.

첫째, 성인 초기 전환기, 성인 입문기, 30대 전환기, 이들은 성인 초기의 **초심자 단계**를 구성하고 있다(5~8장). 둘째, 안정기와 자기 자신이 되는 단계, 여기에서 남성은 성인 초기의 절정에 도달한다(9~12장). 마지막으로 중년의 전환기와 중년 입문기, 여기에선 그는 젊은이에서 중년으로 전환한다(13~19장).

THE SEASONS OF A MAN'S LIFE

2부

성인 초기의 초심자 단계

5장 초심자 단계

성인 초기 전환기, 성인 입문기, 30대 전환기

성인기로 들어가는 과정은 보통 우리들이 상상한 것보다 더 길고 복잡하다. 그것은 17세쯤에 시작해서 33세까지 지속된다(±2년). 젊은 남성들은 약 15년에 걸친 청소년기를 거쳐, 이제 성인 사회에서 자신의 위치를 찾아 좀 더 안정된 삶 속에 전념하게 된다. 이 시기는 성인기의 고유한 한 부분이다. 비록 이 시기가 가장 혼돈스럽고 미숙한 양상을 나타낼 때일지라도, 그것은 결코 '청소년기가 지연된 것'은 아니다. 해결되지 않은 청소년기의 문제들이 이 시기를 살아나가는 데 걸림돌이 되기는 하나, 이 시기에 당면한 일차적 발달 과제는 역시 성인기의 문제들이다.

우리가 **초심자 단계**라고 특별히 이름을 붙인 발달적 계열이 매우 중요하다. 이 단계는 독특한 세 시기로 구성되어 있다: **성인 초기 전환기, 성인 입문기, 30대 전환기**. 이 각각의 시기들은 그 나름대로 독특한 발달 과제들을 갖고 있다. 이 시기들은 함께, 개인이 성인기로 들어가는 데 결정적 발달 기능을 하는 하나의 단계phase—성인기로 입문하는 과정—를 형성하고 있다.

초심자 단계는 성인 초기 전환기(대략 17~22세)와 함께 시작된다. 젊은 남성은 이제 성인 이전기와 성인 초기의 경계 지역에 있다. 그는 아직 완전히 성인 세계로 들어가지 않은 상태에서 성인 생활을 위한 기초를 닦고 있다. 두 번째 시기인 성인 입문기는 대략 22세에서 28세까지 지속된다. 이 시기에는 처음으로 인생에서 중요한 여러 가지 선택을 하고, 최초로 잠정적인 성인 인생 구조를 형성해서 성인 세계의 가능성을 탐색해본다. 세 번째 시기인, 30대 전환기는 첫 인생 구조를 개선해서 두 번째 구조로 이동해가는 기회이다.

30대 전환기는 모호한 불안감—즉 자기 인생에서 무엇인가를 놓쳐버린 듯한, 또는 뭔가가 잘못된 듯한, 그리고 가치 있는 미래를 위해서는 어떤 변화가 필요하다는 느낌 같은—과 함께 시작된다. 맨 먼저 던져진 주된 질문은 자신이 설계한 인생에 대한 것이다. 즉 어떤 부분을 포기하고 어떤 부분을 적절히 변화시켜야 할 것인지? 인생에서 놓쳐버린 것이 무엇인지? 30대 전환기의 마지막 무렵엔, 남성의 관심은 미래로 향한다. 새로운 인생의 방향을 발견하고, 새로운 선택을 하고, 또는 이미 선택한 것들에 대한 개입을 강화시키기도 한다.

30대 전환기가 끝나면서(약 33세에), 준비 단계 역시 종료되어야 한다. 남성은 이제 완전히 깃털을 단 성숙한 성인이다. 그는 새로운 인생 구조에 자신을 맡기며 그것을 통해 성인 초기의 절정에 도달할 것이다. 새로운 구조는 안정기인 다음 시기에 형성되나, 우리는 그것을 초심자 단계의 결과이자 주요한 산물로 보아야 한다. 이때 형성된 인생 구조는 30대 동안에 그의 젊은 시절 꿈꾸던 야망을 성취하기 위한 작업대 역할을 한다.

이와 같이 초심자 단계는 성인 초기 전환기에서 30대 전환기까지 펼쳐진다. 대체로 우리 표본에서는, 초심자 단계가 시작되는 평균 연령은 17.4세, 끝나는 연령이 32.7세였다.[1] 초심자 단계의 평균 지속기간은 15.3년이었으며, 그 범위는 13~18년이었다. 그러나 직업군들 간에 약간의 편차가 있다. 평균적으로 볼 때, 노동자들은 32.1세에, 기업체 간부들은 32.4세에, 소설가들은 32.8세에, 그리고 생물학자들은 33.6세에 30대 전환기가 끝났다.

초심자 단계의 가장 우선적인 과제는 성인 세계에서 자신의 위치를 확보하는 것이며, 세계 속에서 실현 가능하고 자아에 적합한 인생 구조를 창출해내는 것이다. 남성들은 가끔 자신이 첫 성인 구조를 형성하는 20대 초반에 이 일을 하고 있다고 가정한다. 그러나 흔히 첫 인생 구조가 심각한 결함과 한계를 갖고 있는 것은 불가피한 사실이다. 30대 전환기는 초기 선택들을 재고해보고, 자신이 처한 상황과 자아 안에서, 크건 작건, 변화를 시도해볼 기회가 된다. 30대 전환기가 끝날 무렵, 남성은 두 번째 성인 인생 구조를 형성하기 시작해야 하며, 세상에서의 적재적소, 특히 직업 또는 결혼과 가족에 관련된 적절한 근거지를 형성해야 한다. 이 구조는, 비록 그 안에서는 중요한 변화가 일어날지라도, 대체로 나머지 30대 동안 안정되게 남아 있다. 어떤 남성들은 30대 후반에 잘못된 안정기의 인생 구조를 수정하려고 시도한다. 그러나 짐 트레이시와 폴 냄슨의 경우에서 보겠지만, 이것은 항상 고통스럽고 장기간을 요하는 과정이다. 초심자 단계의 마지막에 나타나기 시작한 구조는 미래의 인생과 발달에 매우 중요성을 갖는다.

초심자 단계에 대한 전반적인 고찰과 함께, 이제 그 세 시기들—성인 초기 전환기, 성인 입문기, 30대 전환기—을 살펴보자. 각 시기는 그 자체의 독특한 발달 과제, 발달 과정 및 발달 결과를 갖고 있을 뿐만 아니라, 초심자 단계 전반에 걸쳐 공통된 모습도 가지고 있다.

성인 초기 전환기

성인 초기 전환기는 성인 이전기와 성인 초기 사이의 교량 역할을 하는 시기이다. 아동과 청소년 자아를 내포하고 있으면서도 어느 정도는 변형된, 성인 초기 자아가 모양새를 갖추어가고 있다. 즉 '애어른'은, 원래의 가족에 구심점을 둔 아동기 시대와 새로운 책임과 역할을 떠맡고 인생의 중요한 선택을 하는 성인 초기 시대 사이의 경계 지역에 있다. 그는 양쪽 세계에 반씩 걸쳐 있다. 그는 아직 많은 점이 청소년기에 있는 것 같지만, 그럼에도 그는 마음이 끌리는—또 가까이 가기가 무섭기도 한—성인 세계를 향하여 뻗어 나아가고 있다.

우리 표본에서는, 성인 초기 전환기는 전형적으로 17세 내지 18세에 시작해서 5년간 지속되었으며, 22세 내지 23세에 끝이 났다. 어떤 경우에도 그것은 16세보다 빨리 또는 18세보다 늦게 시작되지는 않았으며, 4년 이하 또는 7년 이상 지속되지는 않았다. 이 시기가 시작되는 연령은 네 가지의 직업군 모두에서 거의 동일했으며, 지속 기간은 평균적으로 소설가들은 5.2년, 생물학자들은 5.0년, 노동자들과 기업체 간부들은 4.7년이었다.

성인 초기 전환기에는 두 개의 주요한 과제가 있다. 그 하나는 청소년기의 인생 구조를 마무리 짓고 '성인 이전기를 떠나는 것'이다. 젊은 남성은 그 세계의 본질과 그 안에서 자신의 위치에 대해 의문을 던져보아야 한다. 중요한 사람들이나 기관들과 맺고 있는 관계를 수정하고, 성인 이전기에 형성된 자아를 수정할 필요가 있다. 수많은 결별, 상실, 그리고 변형이 불가피하다. 다른 하나는 '성인 세계로 예비적인 발걸음을 내딛는 것'이다. 즉 성인 세계에서의 가능성을 탐색해보고, 그 안에서 참여자로서 자신을 상상해보고, 그 속에 완전히 들어가기 전에 몇 가지 잠정적인 선택들을 해서 시험해본다. 첫 번째 과제는 끝맺는 과정을, 두 번째 과제는 시작하는 과정을 수반하게 된다. 두 가지 다 전환기에는 주요한 과정이다.

성인 이전기를 떠남: 이 과제의 주요한 구성 요소는 본가에서 분리되는 것이다. 그 분리 과정은 여러 갈래로 진행된다. 외적인 측면에서는, 가족적 근거지를 떠나서 경제적으로 덜 의존적이 되고, 좀 더 자율적이고 책임감 있는 새로운 역할과 삶이 준비되어 있는 생활 속으로 들어가는 것이다. 내적인 면에서는, 자신과 부모 사이가 더욱 크게 구별되고, 본가 가족들과 심리적 거리가 멀어지며, 부모의 지원과 권위에 대한 정서적 의존성이 감소한다.

남성들의 가족 환경은 10대에는 폭넓게 차이가 날 수 있다. 극단적인 경우, 부모의 죽음이나 버림을 받고 가출해서, 또는 감화원이나 사립학교로 가기 위해 아동기나 청소년 초기에 부모의 슬하를 떠날 수도 있다. 그의 새로운 생활 환경은 준準가정quasi-home이라 할 수 있는데, 거기에서 그는 대리 부모와 관련을 맺고 부분적으로는 어린이로 행세한다. 그리고 그는 성인 이전기를 종료하고 성인 초기 전환기가 시작될 때까지 기다릴 수 있는 기회를 갖게 된다. 그렇지 않으면, 이 소년은 어린이로서의 위치와 부모와의 관계를 포기하고 조숙해야 될지도 모른다(즉 12세 내지 14세에). 이것은 성인 초기 전환기의 발달 과제를 너무 빨리 수행하는 것이다. 외적으로 너무 일찍 가족과 분리되면, 성인이 되어서도 내적으로 가족과 얽매어 있는 채 남아 있게 된다. 그는 부모의 보살핌을 그리워하며, 잃어버린 가족을 슬퍼하고, 소중한 성인 자아의 출현을 계속해서 방해하는 유사성인pseudo-adult이 될 수도 있다.

반면에, 어떤 사람은 20대 초반이나 그 후까지 부모의 집에서 계속해서 살 수 있다. 이러한 외적 환경에서는, 그는 여전히 성인 초기 전환기의 발달 과제를 수행할 수 있는데, 즉 내적으로는 부모로부터 좀 더 분화되고, 외적으로는 주거 장소와 관련된 것 이외에는 자급자족할 수 있게 된다. 중요한 것은 다음 시대의 성인으로서 좀 더 참다운 삶의 토대를 형성할 수 있도록 충분히 독립하는 것이다.

우리 연구에 참여한 마흔 명의 남성들은 초심자 단계에 부모와의 관계가 폭넓게 차이가 났다. 단지 일곱 명(18%)만이 20대에 인간적으로, 지리적으로 부모와 가깝게 지내고 있었다. 이들은 세 명의 노동자, 세 명의 기업체 간부, 그리고 한 명의 생물학자였다. 다른 극단에는, 여덟 명(20%)이 부모—주로 아버지—와 심각한 갈등을 빚고 있었다. 그리고 그러한 갈등은 몇 년 동안 계속되었으며 몇몇 경우에는 영구적으로 계속되었다. 이들 중 여섯 명은 소설가, 두 명은 노동자였다.

이들 양 극단 사이에는, 심각한 갈등이 없이, 어떤 경우에는 갈등을 피하기 위하여 부모의 세계로부터 지리적 또는 사회적으로 멀리 떨어져나간 스물다섯 명의 남자들이 있었다(62%). 이들 중 몇 사람은 부모와 밀접한 유대 관계를 유지하면서 부모와 '뜻이 통하는' 인생 구조를 형성하고 있었다. 그러나 그들 중 대부분은 20대 동안 부모와의 유대 관계가 서서히 부식腐蝕되었다. 이러한 부식은 강한 정서적 측면—증폭되는 무관심 또는 따돌림—을 갖고 있었다. 그러나 전반적인 부식 과정은 **심리·사회적**이었다. 젊은이들은 부모들이 낯설어하고 어리둥절해하는, 그리고 그들의 눈이 미치지 않은 세계로 들어가고 있었다. '심각한 갈등'을 경험한 사람들과 '멀리 떠나간' 사람들의 두 집단을 합하면, 전체 표본의 82%에 해당한다.

부모로부터의 분리 과정은 전 인생 과정에 걸쳐 계속된다. 그것은 결코 완료되지 않는다. 명확히 말하자면, 매 주요한 시기마다 애착의 정도와 유형이 변화할 뿐, 완전히 분리되는 것은 아니다. 인생의 첫 이삼 년 동안에, 어린이는 자아와 비자아 사이를 구별한다. 비록 그는 어머니에게 아직 강하게 애착되어 있고 어머니는 삶의 중심이지만, 이러한 구별은 그가 어머니로부터 최초로 분리되는 것을 의미한다. 대여섯 살에는, 아동 초기에서 중기로 전환됨에 따라, 어린이의 삶의 한계는 가정 밖을 넘어서 새로운 인간관계와 사회기관으로 확장된다. 청소년의 세계는 더욱 복잡하나, 아직 가족과 동료집단이 삶의 중심에 있는 성인 이전기를 벗어나지 못하고 있다. 성인들은 권위자, 선생, 도움을 주는 사람, 또한 적으로 등장하나, 동료로는 나타나지 않는다. 소년은 간혹 성인 세계로 들어갈 수는 있어도, 아직 그 세계에 소속된 사람은 아니다.

성인 초기 전환기 동안 그는 새로운 방식으로 가족으로부터 분리되어야 한다. 그는 인생의 중심부에서 본 가족을 밀어내고, 성인 세계에서 젊은 성인으로 살아갈 새로운 **본거지**로 이끌 변화 과정을 시작해야 한다. 물론 이것은 양면 가치가 있는 가족에 대한 애착이 완전히 끝난 것은 아니다. 한 개인은 일생을 통하여, 아들이고 딸이며, 형제 또는 자매이다. 변화한 것은 단지 **관계**relationship의 특성일 뿐이다.

성인 초기 전환기 동안 일어나는 분리의 과정은 본 가족으로부터 분리 이상의 것을 수반한다. 젊은 남성은 중요한 사람이나 집단과의 관계, 성인 이전기의 자아의 부분들, 사회에서 통용되는 청소년다운 것들, 즉 성인 이전 세계 전체와의 관계를 수정하거나 포기해야 한다. 모든 끝맺음에는 포기하는 데서 오는 상실감이나 슬픔, 그리고 미래의 삶이 과거처럼 만족스럽지는 않을 것이라는 두려움이 찾아오지만, 과거보다 더 밝은 미래가 오리라는 희망과 기대 역시 있다. 성인 초기 전환기에는 성인 이전기의 자아와 세계에 대한 어떤 면들은 포기하는 반면에, 성인 발달을 위한 기초 작업으로 다른 면들을 내면화하기 시작해야 한다.

성인 초기의 시작: 성인 초기 전환기의 두 번째 주요 과제는 완전히 성인 세계의 일원이 되기 전에 성인 생활을 위한 기반을 닦는 것이다. 이 시기가 시작될 무렵, 젊은이들이 갖고 있는 성인 생활의 특수한 면에 대한 지식, 가치, 야망들은 상당히 모호하고, 사적인 환상으로 채색되어 있다. 그는 자신과 세상에 대해 더 많이 배우고, 훈련을 쌓을 필요가 있다. 점차로 그는 성인 생활에 필요한 선택들을 분명히 정의함으로써, 자신의 초기 환상과 희망들을 그 속에서 좀 더 명료화할 수 있다. 전환기가 끝나면 그는 보다 확고한 선택을 하고, 좀 더 구체적인 목표를 정의하고, 그리고 좀 더 높은 수준에서 성인으로서의 자신을 정의할 수 있을 것이다.

우리 연구에 참여한 대부분의 남성들은 제2차 세계대전과 한국전쟁에서 군대 생활을 경험했는데, 이러한 군대 생활을 통해 그들은 성인 이전기에서 분리되어 성인 초기로 들어가게 되었다. 성인 초기 전환기에 국방 임무에 종사하고 있었던 사람은 스물여섯 명이었다(65%). 두 명은 이 시기를 군대에서 보냈고, 다섯 명은 군대와 직장 양쪽에서, 그리고 열아홉 명은 군대와 대학의 양쪽에서 이 시기를 보냈다.

대학 생활은 많은 젊은이들이 가족으로부터 분리되어 성인 초기 전환기의 발달 과제를 수행하기 시작하는 또 하나의 제도적 장치이다. 우리들 남성의 스물여덟 명(70%)이 대학을 졸업했는데, 이들 중에는 열 명의 생물학자, 아홉 명의 소설가, 아홉 명의 기업체 간부가 포함되어 있었다. 노동자들 중 두 명은 약간의 대학 경험을 갖고 있었다. 대학 교육은 가끔 젊은이들의 시야를 확장하고 인생의 방향을 재조정하는 효과가 있었다. 평범한 가족적 배경에서 온 사람들은 시야를 높여 사회적 지위가 더 높은 사업이나 전문적 이력을 추구했다. 그리고 좀 더 부유한 사업체나 전문직에 종사하는 가계에서 온 사람들은 기존의 권위 체제로부터 멀리 떨어져 자신들이 좀 더 보람 있고 사회적으로 가치 있다고 생각하는 직업이나 삶의 양식을 추구했다. 회사 고문 변호사의 아들인 한 생물학자는, 자신이 오랫동안 지녀온 자연과 동물에 대한 흥미가 생물학자라는 직업으로 변형될 수 있다는 것을 대학에서 발견하고 깜짝 놀랐다. 그래서 그는 법률가가 되려는 운명에서 벗어날 수 있었다.

군대, 대학, 그리고 다른 변화들이 일어나는 성인 초기 전환기에, 대부분의 남성들은 부모의 집을 떠났다. 하지만 열일곱 명(42%)은 성인 초기 전환기 동안 부모나 가까운 친척집에서 기거하고 있었다는 사실을 주목해야 한다. 일곱 명의 노동자와 여섯 명의 기업체 간부들(대부분이 노동자 계층 출신임)이 이런 경우였다. 노동자 계층의 젊은 남성들은 부유하고 교육받은 집단보다 일찍 노동 현장에 들어간다. 그러나 그들은 역시 오랫동안 가족과 직접적인 유대 관계를 유지했다.

성인 이전기에서 성인 초기로 전환하는 과정에서의 연속성과 불연속성: 개인이 성인 이전기에서 성인 초기의 세계로 옮아갈 때, 인생 과정의 연속성 수준에는 폭넓은 차이가 있다. 비교적 안정되고 미분화된 사회에서는 젊은이들의 선택 범위는 상당히 제한되어 있다. 그의 성인기의 역할과 환경은 성인 이전기에 미리 예시되어 있다. 미국처럼 기계 공학적으로 진보되고 분화된, 변화하는 사회에서는, 젊은이들은 선택의 범위가 넓은 데서 오는 이점과 부담을 동시에 안고 있다. 그의 환경 내에는 보다 많은 선택적 대안들이 유용하도록 널려져 있다. 그는 문자 그대로 자신의 아버지의 발자취를 따라가기보다는 오히려 자신의 길을 추구하도록 고무되고 있다. 결과적으로, 그의 성인 초기 세계는 성인 이전기와 중요한 면에서 다를 수 있다. 그러나 전통 사회와 현대 사회의 차이는 절대적인 것은 아니다. 가장 안정된 사회에서도 개인의 인생 과정에서 변화와 선택의 가능성은 있다. 그리고 가장 유동적인 사회에서도 개인의 선택 범위를 제한하는 거대한 조형력造形力이 있다.

우리는 우리 연구의 남성들이 자신들이 태어나 성장한 세계와 유대 관계를 유지하는 방법과, 또 그들이 변화하는 방법들을 고찰해보았다. 전반적인 결과를 간략하게 요약해보자. '마흔 명의 남성 중에서 대부분이 성인 초기에 부모의 인생과는 다른 인생을 형성했다.' 그 전환은 보통 성인 초기 전환기에 시작되었고, 성인기를 통하여 서서히 또는 주기적인 도약에 의해 확장되었다. 40세 무렵에는 이들 가운데 극소수만이 어릴 적 세계와 많은 공통점을 가진 세계 속에서 살고 있었다.

대부분의 기업체 간부들과 몇 명의 노동자들은 자기 부모들의 사회적 계층과 수입 수준을 능가할 만큼 발전했다. 생물학자와 소설가들 대부분이 사업이나 전문적 직업 세계의 부유한 집안 출신이었는데, 그들 부모의 세계와는 매우 다른 학문적, 예술적 세계로 이동해갔다. 그들은 수입이나 사회적 계층 수준에서는 자신들의 부모와 크게 차이나지 않았다. 큰 차이는 가치와 삶의 양식에 있었으며, 대부분의 경우, 성인 이전 세계와 성인 초기 세계 사이의 불연속성은 엄청났다.

소수의 남성들이 자신의 전통적 기원을 완강하게 거부했으나, 그러나 대다수가 가족의 언어나 습관, 종교적 전통과는 단지 빈약한 유대 관계만을 갖고 있었다. 많은 사람들이 자신의 종교를 바꾸었거나 다른 종교를 가진 여성과 결혼했다. 즉 40명 가운데 18명(45%)이 종교 또는 언어나 습관이 다른 여성과 결혼했다. 노동자들 중 두 명이, 그리고 다른 직업에서는 대여섯 명이 인종적 배경이 다른 사람과 결혼을 했다. 16명(40%)의 경우, 결혼 선택은 사회·경제적 신분 상승으로 가는 더 넓은 패턴의 일환이었다. 즉 아내를 단순히 그녀의 돈이나 사회적 배경 때문에 선택한 것이 아니고, 그가 성인 이전기를 떠나서 자신의 야망, 가치, 흥미와 좀 더 조화를 이루는 다른 세계로 이동해가는 과정의 일부분으로 선택했다. 대조적으로, 14명(35%)의 결혼은 성인 이전 세계와의 연결고리를 활발하게 유지하고 있었다.

한 사람을 제외하고는 모두가 초심자 단계 동안에 결혼했다: 20명(50%)은 성인 초기 전환기에, 11명(28%)은 성인 입문기에, 8명(20%)은 30대 전환기에, 그리고 1명은 안정기에 결혼했다. 초혼 평균연령은 24.6세였으며, 범위는 17~35세까지였다. 노동자들의 결혼 평균연령(22.9세)은 기업체 간부(23.2세)나 소설가들(24.3세)과 유사했다. 이들 각 집단에서 60%가 성인 초기 전환기 동안에 결혼했다. 생물학자들은 뚜렷하게 늦게 결혼을 했다: 그들의 결혼 평균연령은 28.1세였으며, 단지 한 사람만이 성인 초기 전환기에 결혼했다. 그들은 일반적으로 성적인 욕구나 여성들과의 관계에서, 네 직업군 가운데 가장 절제하고 있었다.

우리 표본의 반이 성인 초기 전환기에 결혼했다. 이러한 이른 결혼은 부모와 성인 이전기의 삶으로부터 분리되는 과정의 일부분이었다. 이 과정은 부모와의 관계, 그리고 성인 이전기 자아의 측면들과의 관계를 끝맺고자 하는, 동시에 유지하고자 하는, 젊은 남성의 힘겨운 싸움으로 짙게 채색되어 있었다. 이러한 자신과의 싸움은 가끔 가족을 떠나서 성인이 되고자 하는 의식적인 노력에서 비롯되기도 하지만, 자신의 의존성을 영속시키고, 미성숙한 아이–어머니 관계 속에 그대로 머물고자 하는 무의식적인 욕구를 충족시켜주기도 했다(조혼 대 만혼에 대한 그 이상의 토론을 원하면 6장을 보시오).

성인 초기 전환기가 시작되면서, 그리고 초심자 단계 내내, 젊은 남성은 성인 초기에 자신의 삶의 특성을 뚜렷하게 나타낼 선택들을 하고 관계들을 확립하고 있다. 가끔 젊은 남성의 성인 초기 삶이 부모의 삶이나 성인 이전기 세계와 일치하는 경우가 있다. 그는 대체로 동일한 지역사회 내에서 살 수 있으며, 동일한 민족적·종교적 유대 관계를 가질 수 있다. 그리고 이런 세계에 적절한 직업이나 결혼 생활로 들어가, 부모나 어린 시절 친구들이 그에게 기대했던 그런 유형의 사람이 될 수도 있다. 물론 그의 성인 생활의 세부적인 면모는 부모들의 것과 다를 수 있다. 그러나 삶의 기본 방향이나 사회에서의 위치는 그들과 거의 동일하다. 이런 경우에는 성인 이전기와 성인 초기 시대 사이에 높은 연속성이 있게 된다.

이와 반대로, 인생의 궤도에서 현저한 변화가 일어났을 때, 즉 20대 후반에 있는 한 남성의 인생이 그가 10대로 들어갈 즈음에 보였던 인생과 판이하게 다를 때, 거기에는 **불연속성**이 있다. 불연속성은 여러 가지 형태로 일어날 수 있다: 민족적 애착과 생활 양식의 변화, 종교적 제휴 또는 정체감의 변화, 사회적 배경이 다른 여성과의 결혼(비록 그 차이는 가족 생활이 발전됨에 따라 조절될 수도 있지만), 가치나 인생관이 자기 부모들과는 매우 다른 계층이나 하위문화 속으로의 이동.

이러한 변화에 대한 대략적인 윤곽을 얻기 위하여, 우리는 40명의 남성들에 대해 '성인 이전기와 성인 초기 사이의 불연속성 정도'를 평가해보았다. 이 평가를 할 때, 우리는 10대 후반과 20대 후반의 삶의 특성을 비교했다. 불연속성은 표본의 40%는 '높다', 42%는 '보통', 그리고 18%는 '낮다'

로 평가되었다. 직업군들 가운데에는, 소설가들이 가장 불연속성이 높았으며, 생물학자들이 바로 그다음이었다. 노동자들과 기업체 간부들은 불연속성이 약간 더 적었으나, '낮다'는 평가는 단지 네 명의 노동자와 두 명의 기업체 간부들만 받았다.

젊은 남성의 인생에서 불연속성 정도가 어느 정도이든지, 성인 초기 전환기는 자아와 세계 안에서 심각한 변화의 시기이다. 그는 여러 가지 측면에서 아직 청소년이나, 그렇지만 역시 풋내기 성인이기도 하다. 그는 아직 부모와 다른 가족들, 청소년기의 활동 무대와 기관들, 그리고 동갑내기 그룹과 친구들과의 관계를 수정하거나 마무리 짓는 중이다. 그는 자신의 첫 성인 인생 구조의 기반이 될 선택들을 하기 위해 노력하고 있다.

성인 입문기: 첫 인생 구조의 형성

모든 발달적 전환기처럼, 성인 초기 전환기 뒤에도 새로운 인생 구조를 구축해야 하는 안정된 시기가 뒤따른다. 우리는 이 새로운 시기를 **성인 입문기**라 부른다. 이 시기는 수많은 기본적 과정을 수반한다: 자아와 세계를 탐색하고, 잠정적인 선택을 해서 그 선택들을 시험해보며(조심스럽게, 혹은 잠재적 자질을 가려버리는 대단한 열정으로), 대안을 모색하고, 차츰 더 전념해서 보다 통합된 인생 구조를 구성한다.

이 시기는 보통 22세(±2년)에 시작해서 약 6년 동안 지속되며, 28세나 29세에 끝난다. 우리 표본에서는 결코 8년 이상 또는 4년 이하 지속되진 않았다. 이 시기가 시작되는 연령은 네 직업군들 간에 별 차이가 없었다. 그 지속 기간은 노동자와 기업체 간부들보다 생물학자와 소설가들이 약간 더 길었다: 전자는 6년 이하, 후자는 6년 이상. 이와 같이 우리는 다양한 직업에서 공통된 계열과 시기를 발견했으며, 또한 표준연령 주변의 개인적인 변산 범위도 발견했다.

성인 입문기에서, 젊은이는 소중한 자아와 성인 세계 사이를 연결해줄 수 있는 첫 인생 구조의 모양새를 갖추어서 그것을 시험해보아야 한다. 그는 이제 자신의 삶의 중심을 본가의 어린애 위치에서 정말로 자신에게 더 맞는 새로운 본거지를 가진 풋내기 성인의 위치로 전환해야 한다. 이제 성인 세계로 완전히 들어갈 때이다. 이것은 다양한 노력을 필요로 한다: 유용한 가능성을 찾아내고, 성인으로서의 자신을 구체적으로 정의하며(결코 마지막 정의는 아닐지라도), 그리고 직업, 사랑 관계, 삶의 양식, 가치들에 관한 첫 선택을 하고 또 그것들과 더불어 살아가기 위한 노력을 한다. 그는 두 가지 주요한 과제에 직면한다.

탐색하기: 젊은 남성은 대안들을 발견하고 생성해내야 한다. 탐색하는 입장에 있는 그는 대안들에 대해 개방적이고, 강한 개입은 피하면서, '느슨해야' 한다. 이 과제는 세계 속에, 그리고 자아 안에 그 자원을 가지고 있다. 다양한 수준에서, 외적 세계는 여러 가지 가능성을 제공하고, 좀 더 확고하게 개입하기 전에 젊은이로 하여금 다른 선택들을 해보도록 한다. 역시 그의 젊은 혈기는 모험심과 경이감을 불러일으키고, 그리고 자신이 들어가려는 새로운 세계의 모든 보물들을 탐색해서 발견해내려는 소망을 생성해낸다. 비록 그가 결혼과 직업에 관한 첫 선택들을 비교적 굳히고 있을 때라도, 그들은 아직 일시적인 성질이 있다. 만약에 그들이 실행에 옮기지 않으면, 변화는 아직 가능하다.

안정적 구조 창출하기: 어느 시기에서나 대조적이거나 상반된 몇 개의 발달 과제들이 있다. 젊은이가 한 시대를 끝내고 다음 시대를 시작해야 하는 성인 초기 전환기와 마찬가지로, 성인 입문기에도 젊은이는 자유스럽게 탐색하고, 동시에 확고한 선택을 해야 한다. 그는 성인의 책임을 떠맡아야 하고 '그의 인생을 의미 있는 것'으로 만들어야 한다. 이 과제 역시 외적 환경과 자아 안에 그 자원을 갖고 있다. 외적으로는, '성장해서', 결혼하고, 직업 세계에 들어가 자신의 목표를 정하고, 그리고 좀 더 조직된 인생을 이끌어가라는 압력을 받는다. 자아 안에는 안정감과 질서를 갖고자 하는 욕망, 종족 안에서 뿌리를 내리고, 그 일원이 되고자 하는 욕망, 유대 관계를 지속하면서, 핵심 가치들을 수행하려는 욕망이 있다.

이 발달 시기의 독특한 특성은 두 개의 발달 과제가 공존하고 있는 데 있다: 그 하나는 자신의 사고나 지식, 경험, 관심의 범위를 탐색하고 확장하며, 좀 더 분명한 선택을 할 때까지 확고한 개입을 연기하는 것이다. 다른 하나는 최초의 인생 구조를 창출하고 뿌리를 내리며 안정감과 연속성을 갖는 것이다. 한 가지 과제를 수행하는 힘이 우세할 수 있다. 그러나 다른 과제를 수행하는 힘이 전혀 없는 것은 아니다. 두 힘 사이의 균형을 취하는 정도는 굉장히 다양하다.

한쪽 극단에는, 탐색 과제를 수행하는 데에만 자신을 바치는 사람들이 있다. 그들은 지속적인 개입이나 목표가 없이 지극히 일시적으로 뿌리를 내리면서 이 시기를 다 보내게 된다. 이들 중 어떤 사람은 직업이나 주거지, 개인적 관계를 번번이 바꾸면서 덧없는 인생을 산다. 그들은 불안정하고 쉽사리 동요하는 헐거운 인생 구조를 만들어낸다. 그들은 자아의 많은 부분을 세계 속에 투자하지도, 또 세계의 많은 부분을 자아 속으로 끌어들이지도 않는다. 또 다른 사람들은 좀 더 안정되게 살고는 있으나, 이들 역시 자신이 한 선택에 마음을 붙이지 못하고 단지 제한된 애착만을 갖고 있다. 그러나 성인 입문기가 끝나가는 20대 후반에 이르면, 이러한 일시적인 인생 구조가 갖고 있는 한계가 더욱 분명해진다. 남성들은, 다른 과제를 수행하고, 자신들의 삶 속에 더욱 질서와 목적을 부여하고, 애착을 갖도록 내적인 요구와 외적 압력이 증가하고 있음을 실감한다.

또 다른 극단에는, 이 시기 초에 자신들이 안정적으로 지속되기를 바라는 인생 구조에 강하게 개입해서, 이를 구축하기 시작하는 남자들이 있다. 이런 사람들은 대체로 성인 초기 전환기에 주요한 선택, 특히 배우자와 직업에 대한 선택을 하고, 성인 이전 세계와 큰 연속성을 유지하려고 노력한다. 그들은 대안적인 가능성을 탐색해보거나 또는 자신들이 구축한 인생 구조에 대해 의문을 던지지 않는다. 그러나 이런 사람들까지도 첫 인생 구조를 잠정적인 것으로 간주하며, 변경할 수 없는 마지막 선택으로 보지 않는다. 그것은 성인 세계로 들어가는 수단이나 반드시 영구적인 것은 아니다. 이 시기가 끝날 무렵이 되면, 이런 사람들까지도 물어본다: 내가 너무 일찍 개입했나? 내 시야가 너무 좁은가? 나는 이러한 삶의 방식을 영원히 지속시키기를 원하는가? 또는 내가 추구해야 할 더 바람직한 가능성들이 있는가?

대부분의 남성들은 이 두 극단의 사이에 떨어진다. 탐색과 안정된 구조 사이의 균형을 취하려는 여러 가지 방법들이 있다. 젊은 남성들은 인생의 한편에는 안정성을, 그리고 다른 한편에는 일시적인 것을 선택할 수 있다. 그는 안정된 결혼 생활을 형성하나 직업적으로는 방황하고 있을 수 있다. 또는 그는 안정된 직업적 꿈에 열정적으로 자신을 헌신하는 반면에, 여성들과의 관계에서는 강렬하지만 복잡한 애정 관계를 맺고, 일시적인 난잡한 성행위를 한다거나 혹은 친밀한 접근을 모조리 회피해버릴 수 있다. 또다시 그는, 아마도 25세나 26세까지 최소한의 개입을 하면서 방황하는 인생을 살 수 있으며, 그러고 나서야 좀 더 안정된 구조를 형성하기 시작할 수 있다.

20대의 인생 과정에 상관없이, 남성은 성인 초기 전환기나 또는 성인 입문기에, 10대 후반과 20대 후반 사이의 어디쯤에서, 적어도 중간 정도의 위기 경험을 하는 듯하다. 우리 연구에 참여한 남성들 가운데 70%가 이 시기 동안에 중간 정도 또는 심한 위기를 경험하고 있었다. 단지 마흔 명 중 다섯 명만이 인생이 꽤 순조롭게 지나갔음이 분명했다(일곱 명의 경우엔 문제의 심각성을 확실히 판단할 수가 없었다). 위기 경험은 네 직업군들 간에 다양했는데, 일곱 명의 소설가, 여덟 명의 노동자, 그리고 일곱 명의 생물학자들이 위기 경험을 했었다. 기업체 간부들 중에는 단지 네 명만이 분명한 위기의 증거를 보였으며 다른 네 명은 모호했다.

기대한 바와 같이, **소설가들**이 글 쓰는 일을 직업으로 삼는 데에는 문제가 꽤 많았다. 그들은 소설을 써서 생계를 이어갈 수 없었다. 그러나 정규 직업을 잡는 것은 그들에게 글 쓸 시간을 빼앗아갔다. 더군다나, 대부분의 경우, 그들의 부모들은 완강하게 소설 쓰는 일을 직업으로 인정하지 않았다. 그들은 문학적 꿈을 추구하기 위하여, 부모와 성인 이전 세계와의 관계를 단호하게 단절해야 했다. 새삼스럽게 놀랄 일은 아니지만, 다른 사람들보다 소설가들이 여성들과 강렬하고 친밀한, 그리고 격정적인 관계를 많이 갖고 있었다. 그들의 인생에서 사랑과 결혼, 가족적인 측면은 약간 문제가 있었다.

성인 입문기에는 **시간제 노동자들**도 마찬가지로 문제가 있었다. 통상 노동자 계층의 젊은 남성들은 20대 중반까지는 제한적이긴 하지만 상당히 안정된 삶에 확고히 자리를 잡는다고 가정된다. 사실상, 열 명의 노동자 중 여덟 명이 20대에 '위기'정도의 어려움을 겪었었다. 그들 중 다섯 명은 이 시기가 인생에서 '최악의 시기'였다. 많은 노동자들이 결혼해서 안정된 가정을 갖거나, 또는 흥미 있고 승진할 전망이 상당히 있는 안정된 일자리를 찾을 수 있을 것 같지 않는 시기를 적어도 한 번은 겪었었다.

기업체 간부의 반 이상이 서른 살이 넘도록 관리 계열에 들어가지 못했다. 그 전에 그들은 엔지니어, 회계사, 외판원, 군인 장교, 기술자 등의 직종을 두루 거쳤다. 앞서 본 바와 같이, 그들 중 상당수가 노동자 계층이나 낮은 중류 계층 출신이었다. 20대의 거의 대부분을, 그들은 직업적인 이동뿐 아니라, 사회적 계층, 교육·문화적 환경(가끔은 종교적), 가족 생활, 주거 지역, 그리고 삶의 양식에서의 변화를 겪으며 살아왔다. '상승'을 위한 도전과 흥분감은 통상 스트레스를 압도했다. 그러나 스트레스는 대체로 무척 컸고 때로는 거의 감당하기 힘들 정도였다.

겉으로 보기엔 **생물학자들**에겐 상황이 달랐다. 그들은 보통 대학원에서 박사학위를 취득하고, 그리고 박사 후 과정이나 하급 교수요원으로 부가적인 1~2년을 지내면서 성인 입문기를 보냈다. 직업적으로, 그들은 어려운 일이 요구되지만 잘하면 큰 보상이 약속되는 특권층에 속한다. 그러나 이 집단 역시 스트레스는 있게 마련이다: 박사학위를 취득하고, 학문체계 내의 고도로 경쟁적인 고투를 다루면서(산업체 못지않게 경쟁적인), '장래가 촉망되는 과학자'로서 자신의 입지를 세우고, 그리고 자신의 연구와 경력을 촉진시킬 일류 대학에서 교수직을 얻어야 했다. 또한 앞서 언급한 바와 같이, 생물학자들은 보통 여성들과의 관계가 오히려 억제되어 있는 편이었다. 그들은 늦게 결혼해서 결혼과 가족 생활을 이루는 데 어려움이 있는 경향이 있었다.

이러한 발견은, 젊은 남성들은 정상적으로 20대 초반까지 청소년기의 불확실성과 탐색을 끝내고, 그 후 하나의 통로를 선택해서 비교적 지속적이고 안정된 길을 따라 이동한다는, 만연된 관점에 회의를 느끼게 한다. 상당한 어려움과 때때로 오는 위기 경험 없이 첫 인생 구조를 형성한 젊은이는 거의 없다. 더군다나, 성인 입문기를 순조롭게 보내고 있다고 해서 반드시 그가 만족스러운 인생 구조를 형성하고 있다고 보장할 수는 없다.

이 시기 동안 남성들이 겪는 어려움은 가끔 자신이 처한 특수한 상황—경제적 침체, 차별, 치열한 승부 세계의 경쟁자들—때문에 가중된다. 또한 직업에 전념하고, 이성 교제를 하며, 부모로부터 독립하는 데서 오는 정서적 문제들이 그의 어려움을 가중시키기도 한다. 이러한 특수한 장애물들과 더불어 좀 더 본질적이고 기본적인 문제가 있다. 성인 입문기의 발달 과제들 자체가 원래 어렵고 모순적이다. 아무도 이런 과제들을 완벽하게 수행할 수는 없다. 단번에 이상적이고 만족스러운 인생 구조를 형성한다는 것은 거의 불가능한 일이다. 이 시기의 과제들은 본질적으로 상반되어 있고, 그리고 이러한 모순을 해결하기에 우리는 아직 너무 어리고 경험이 없으며, 잘못하면 우리 자신의 소망을 망쳐버리게 된다. 꽤 만족스러운 구조를 창조하기 위해, 그리고 다음 시기의 좀 더 충만하고 균형 잡힌 인생을 위한 토대를 마련하기 위해, 우리는 최소한도의 위기 경험을 할 필요가 있다.

20대 말 무렵에, 성인 입문기는 막을 내린다. 대개 28세에서 29세까지, 남성들은 성인 생활의 가능성들을 탐색해서 첫 잠정적인 인생 구조를 형성해야 한다. 이 구조는 다양한 측면들을 가지고 있다: 보통 결혼과 가족 관계로 이어지는 여성과의 관계 패턴, 직업 형성으로 이어지는 일에의 개입, 총각이나 기혼자로서의 본거지, 특별한 유형의 주거, 이웃이나 더 큰 공동체, 부모와 본 가족들과의 관계 패턴, 종교적 · 정치적 · 오락적인 다른 집단의 대소사에 개입 등. 인생 구조의 이런 측면들 속에서 다양한 자아의 부분들이 발현되는 정도는 차이가 난다. 하지만 자아의 어떤 중요한 부분들은 소홀히 되거나, 단지 일부만 표현된 채로 남아 있어야 한다.

이 첫 인생 구조는, 두세 개의 구성 요소를 중앙에, 다른 요소들은 그 주변에 배치하여 상호 지원하는 방식으로 전체로 통합될 수 있다. 직업과 결혼–가족은 가장 핵심적인 중요한 구성 요소이다. 하나의 과제는 자아의 중요한 부분을 실행할 수 있는 직업적 방향을 선택해서 그것을 따르는 것이다. 또 하나의 관련된 과제는 그의 야망을 북돋아주고 그의 여행을 준비해서 함께 동참할 수 있는 여성과 결혼 관계를 형성하는 것이다. 만약에 이 두 가지의 선택이 현명하게 치러졌고 삶의 중심에 나란히 공존할 수 있다면, 그들은 만족스럽고 잘 통합된 인생 구조의 바탕이 될 것이다.

하지만 아무도 이러한 과제들을 수행하는 데 완벽하게 성공할 수는 없다. 대부분의 남성들에게 20대 후반의 인생 구조는 불안정하고 미완성된 것이다. 해야 할 주요한 선택들이 아직 남겨져 있고, 인생의 방향은 불확실하거나 만족스럽지 못하다. 여기에 대한 좀 더 명확한 실상을 얻기 위하여, 우리는 성인 입문기 말의 **인생 구조의 만족도**에 대한 평가를 했다. 우리 표본의 57%가 자신의 삶이 불안전하고, 압박감을 주며, 어디로도 가고 있지 않거나 잘못된 방향으로 가고 있는 것 같은 경험을 했다는 것을 우리는 발견했다. 특히 여덟 명의 소설가, 여섯 명의 노동자, 다섯 명의 기업체 간부, 그리고 네 명의 생물학자들에게는, 인생 구조의 중요한 측면이 불만족스러웠다.

이 시기에 젊은 남성들이 겪는 어려움은 여러 가지 형태로 나타날 수 있다. 즉 어떤 사람은 비교적 안정된 인생을 성취했으나, 아직 자아의 중요한 부분이 그 안에 안주할 자리를 마련하지 못하고 있다. 이런 경우, 남성은 자신의 인생이 부모나 사회의 지시에 따른 거짓된 어쩔 수 없는 순종이었고, 자신이 가장 아끼고 사랑하는 것에 대한 일종의 배반이었다고 느낀다. 그는 다른 직업적 방향으로 이어지는 몇 개의 흥밋거리에 심취해 있거나, 선택과 갈등으로 괴로워할 수도 있다. 또한 그는 자신이 좋아하는 여성과 결혼했을 수 있다. 그러나 아직도 자신이 그녀를 사랑하고 있는지, 지금 그녀의 감정은 어떤지, 그리고 그 관계를 지속시킬 것인지에 대해서 의문을 던져 볼 수 있으며, 또는 결혼-가족-일을 통합할 수 있는 가능성을 타진해볼 수도 있다.

대부분의 남성들에게 20대 후반의 인생 구조는 불안정하고, 미완성이며, 단편적인 것이다. 그는 여러 일자리를 전전했으나 아직 확실한 직장을 붙들지 못하고 뚜렷한 직업적 방향이 서지 않을 수도 있다. 비록 무거운 책임이 없이 방황하는 인생이 잠시 동안은 그에게 어울릴지 몰라도, 이러한 삶의 불안정감과 방황은 그에게 부담을 주기 시작한다. 만약에 그가 아직 결혼하지 않았다면, 결혼에 대한 의구심은 점점 긴박해진다. 그래서 그는 자신의 평상시 여성 관계의 형태를 면밀히 검토해보기 시작한다.— 진실한 교제를 못하고 수줍어서 회피하는, 난잡한 성행위, 성적 관계가 없는 꾸준한 우정 관계, 열렬하나 이루어지지 않은 연애 사건과 같은. 그는 이제 자신의 인생 구조에 있는 결함과 한계를 더 이상 참을 수 없게 된다. 만약에 어떤 남성이 직업이나 아내나 가정을 아직 갖고 있지 않다면, 이제 이러한 현실은 그를 더 고통스럽게 한다. 그는 자신의 삶이 중심이 없고, 통합할 수 없는 파편들로 분열되어 있음을 더욱 깨닫게 된다. 또한 그는 인생에서 주요한 선택을 하는 데 너무 인색하게 자신을 개입시키고 투자했다는 것을 깨닫게 된다. 그는 변화의 필요성을 절실히 느낀다.

그의 인생이 아무리 만족스럽다고 해도, 현재의 구조가 아무리 잘 통합된 것이거나 혹은 단편적인 것이라고 해도, 20대 후반에는 새로운 발달 과제들이 물밀듯이 밀려온다. 이제 성인 입문기는 끝나고, 새로운 시대가 시작되고 있다.

30대 전환기

30대 전환기는 분명히 놀랄만한 선물이기도 하지만, 한편으로는 짐이 되기도 하다. 그것은 이전 시기에 형성된 인생 구조의 결함들을 수정하고, 다음 시기에 형성될 보다 만족스러운 인생 구조의 토대를 만드는 기회이다.

우리가 보아온 것처럼, 성인 입문기의 주요 과제는 성인 세계를 탐색하고 첫 잠정적 인생 구조를 형성하는 것이었다. 이러한 작업은 보통 28세 내지 29세까지 완료되었다. 만약 성인기 삶이 더욱 정체된다면, 다음 발걸음은 단순히 이 구조를 정착시켜서 그 안에서 좀 더 높은 목표를 추구해 나갈 것이다. 만약 성인기의 삶이 전형적으로 단순하고 연속된 과정 속에서 전개된다면, 첫 인생 구조는 비교적 안정적일 것이다. 그것은 서서히 여러 해에 걸쳐 조금씩 변화할 것이다. 하지만 인생 구조는 질적으로 독특한 시기들의 계열을 통해서 진화한다는 것을 우리는 발견했다. **안정기**는 보통 32세 또는 33세에 시작된다. 그 시점에서 인생은 차츰 안정적이 되어간다. 남성들은 더 깊이 개입해야 하고, 더 뿌리를 깊게 내려야 하며, 그리고 기쁨과 무관심과 체념이 뒤범벅된 채, 성인 초기의 나머지 삶을 장식할 새로운 인생 구조를 정착시켜야 한다.

두 개의 구조 형성 시기—20대 성인 입문기와 30대 안정기—를 연결하는 것은 **30대 전환기**이다. 모든 전환기처럼 이 시기 역시 한 구조를 끝내고 다른 구조를 시작하는 데 공헌한다. 남성들은 과거를 재평가하고 미래를 생각해볼 5~6년의 기간을 가질 수 있다. 그는 물어본다: 내 인생에서 내가 한 것은 무엇인가? 내가 하고자 원했던 것은 무엇인가? 나는 앞으로 어떤 새로운 방향을 선택할 것인가?

대체로 우리 표본에서는 30대 전환기는 전형적으로 28세에 시작되었으며, 그 범위는 26~29세였다. 그리고 32세에서 34세 사이에, 주로 33세에 이 시기는 끝이 났다. 지속기간은 보통 5년이었다. 시작과 끝나는 연령은 네 직업군들 간에 별 차이가 없었다. 30대 전환기가 시작되는 평균연령은 노동자들은 27.6세, 다른 집단은 28.2~28.4세였다. 또한 지속 기간은 생물학자가 가장 길었고(5.1년), 기업체 간부들이 가장 짧았다(4.1년). 이와 같이 30대 전환기가 오는 연령은 표준 시간표를 제시할 수 있을 정도로 그 차이가 미미했지만, 그러나 개인과 집단 간 차이는 우리들의 흥미를 자극하기에 충분했다.

30대 전환기에는, 20대의 일시적이고 탐색적인 자질은 사라지고, 남성들은 이제 더욱 긴박감을 갖게 된다. 그의 인생은 더욱 심각해지고 제약이 많으며, 더욱 '실제적'이 된다. 그는 다음과 같은 감정들을 갖게 된다: "내가 내 인생을 변화시키려 한다면—만약에 그 안에 내가 싫어하는 것이 있거나 내가 갖고 싶었던 것을 놓쳐버린 것이 있다면—지금이 바로 시작할 때다. 왜냐하면 곧 늦을 테니까." 30대 전환기는 성인 초기 내에서 좀 더 만족스러운 인생 구조를 만들어내기 위한 '두 번째 기회'이다.

모든 남성들은 이 시기 동안 약간의 변화를 경험한다. 그래서 그 끝에서는, 좋든 싫든 인생 구조가 처음 시작할 때와는 반드시 다르다. 모든 전환기에서와 마찬가지로, 이 시기의 시작과 그 진행 과정 및 결과에는 정교한 개인차가 있다. 우리는 몇 개의 큰 계열을 구별해보는 것이 유용하다는 것을 발견했다.

순조로운 변화 과정: 어떤 남성들에게는 30대 전환기는 지나친 혼란이나 위기감이 없이 순조롭고 연속적인 모습으로 진행된다. 서른 살이 되었을 때, 이들은 자신들의 인생이 상당히 완성되었고 만족스럽다는 것을 발견한다. 이들은 가족과 친구들과도 만족스런 관계를 갖고 있다. 이들은 자신들에게 매우 적절한 직업 통로를 따라가고 있으며 바라던 보상을 받고 있다. 즉 이들은 자신의 시간표에 맞추어 인생을 진행해가고 있다. 20대에 형성한 잠정적 인생 구조는 두 번째 구조가 형성될 수 있는 바탕을 제공하게 된다.

이러한 조건 아래에서, 남성들은 30대 전환기를 자신의 삶을 수정하고 풍요롭게 하는 데 사용한다. 전환기는 거의 눈에 띄지 않을 정도로 순조롭게 진행될 수 있다. 그러나 전환기는 일어나고 있으며, 그 결과는 바로 이전의 것에 근거하고 있으나 그것과는 매우 다른 인생 구조이다. 극적인 변화나 혼돈이 없는 순조로운 전환기는 우선 한 남성의 인생이 잘 진행되고 있으며 단지 사소한 적응만이 필요하기 때문에 생길 수 있다. 혹은 인생 구조가 심각하게 잘못되어 있으나, 그가 그 결함을 깨닫지 못하고(다양한 내적 · 외적인 이유 때문에)그들을 변화시킬 수 없을 수도 있다. 환상과 깨닫지 못한 어려움들은 가끔 이후에 수면 위로 나타난다. 그땐 그들은 비싼 대가를 치러야 한다.

30대 전환기는 기업체 간부인 레오 하인즈Leo Heinz에게는 비교적 순조롭게 지나갔다. 23세에 대학을 마치고, 그는 결혼해서 큰 회사에 회계사로 취직했다. 그와 그의 아내는 똑같은 야망을 가지고 있었다: 밀착된 대가족과 종교적 가치와 교회 소속에 기반을 둔 중류 생활. 그는 직장에서 승진하기를 원하긴 했으나 뚜렷하게 야망적이거나 특정 업무에 헌신적이지는 않았다. 그들 부부는 아내의 동네로 이사해서, 그녀의 확대 가족과 종교적·관습적 유대 관계를 맺었다. 그리고 그들의 여섯 아이 중 첫애를 낳았다.

27세에 하인즈는 비교적 통합된 인생 구조를 갖게 되었다. 그것의 중심 요소는 가족과, 종교적·관습적 공동 사회, 그리고 회계사 사무실에서의 안정적이나 제한된 직업이었다. 그 후 그는 큰 회사의 사무실에서 중견 관리직을 얻었다. 이것은 30대 전환기의 시작을 의미했다. 5년 후, 32세에 그는 장래가 촉망되는 젊은 중견 관리인으로서 자신의 위치를 확립했다. 이 5년 동안의 전환기에 그의 인생은 뚜렷하게 변화했다: 그는 도시에서 교외로 이동했으며, 안정된 낮은 중류 계층에서 상승하고 있는 중류 계층으로, 종교적·관습적 고립 지역에서 다양한 세속화된 공동사회로, 확대가족 망에서 고립된 핵가족으로 이동했다. 간단히 말해서, 온건하고 안전하고 질서 있는 세계에서 풍요롭고 경쟁적이고 요구가 많은 거친 세계로 이동했다. 그는 직업적 야망을, 그리고 그것과 함께 하는 모든 것을, 인생의 좀 더 중심부에 갖다 놓았다. 하인즈의 새로운 인생 구조는 옛 구조에서 나왔지만, 그것과는 질적으로 달랐다. 변화를 통해서 그가 얻은 것이 무엇이며, 잃은 것이 무엇인가를 이해하기까지는 그에게 또다시 10년이 걸렸다.

고통스런 전환기: 30대 위기. 대부분의 남성들에게, 30대 전환기는 더욱 가혹하고 심한 정신적 긴장감이 도는 양상을 띤다. 우리는 이런 경우를 **30대 위기**라고 말한다. 남성들은 이 시기의 발달 과제를 해결하는 데 많은 어려움에 봉착한다. 어려움은 너무 벅차서 때론 더 이상 견딜 수 없다고 느껴질 때도 있다. 그것은 마치 더 이상 살 근거가 없는 것처럼 느껴지기도 한다.

우리는 발달적 위기를 '한 남성이 과거의 섬에서 미래의 섬으로 헤엄쳐 가기 위해 버둥거리며 물 위에 홀로 떠 있는 것'에 비유해볼 수 있다. 그는 미래에 도달하지 못할까봐 두려워하고 있다. 그는 앞으로도 뒤로도 움직일 수 없으며, 익사 직전에 놓인 것처럼 느낀다. 남성들은 자신이 홀로 수영하고 있는, 물이 새는 배에서 노를 젓고 있는, 화려하나 폭풍우에 휘말린 불안전한 배의 선장이 된 것처럼 느낄 수 있다. 운송 수단의 특성, 위협의 근원, 그리고 과거와 미래의 본질은 매우 다양하다. 중요한 것은 이 모든 것에 심각한 회의를 느끼게 된다는 것이다: 그는 절박하게 혼돈과 해체의 위험과 미래에 대한 상실감을 경험한다.

발달적 위기는 그것이 청소년기에 일어나든, 30세에, 40세에, 또는 언제 일어나든 어떤 공통적인 특성을 지닌다. 그러나 모든 위기의 특성은 그 시기의 발달적 문제들에 의해 구체화된다. 그러므로 30세경에 일어나는 특별한 고난의 시기는 30대 전환기의 맥락에서 보아야 한다. 30대 전환기는 비록 청소년기에 해결되지 않은 갈등들이 재현되고, 아마 그 안에서 좀 더 완전하게 해결된다고 할지라도, 단순히 청소년기의 위기가 '지체된 것'은 아니다. 또한 비록 도저히 견디어내기 힘든 인생 구조 속에 사로잡혀 있는 것처럼 느끼는 40세 남성의 전환기적 문제와 공통된 점이 많다고 할지라도, 그것은 결코 중년의 위기가 '미리 온 것'은 아니다.

심각한 30대 전환기는 우리 연구에서는 예외라기보다는 보편적 현상이었다. 남성들의 스물다섯 명(62%)이 중간 또는 심한 위기를 경험했다. 단지 일곱 명(18%)만이 비교적 순조로운 전환기를 보냈으며, 그리고 여덟 명(20%)은 그 양상이 혼합되고 모호했다. 아홉 명의 소설가와 여덟 명의 노동자들도 위기 경험을 했다. 생물학자들 중에는 다섯 명에게 위기에 대한 분명한 증거가 있었으며, 다른 네 명에서 그 양상이 혼합되어 있었고, 단지 한 사람만이 분명하게 위기의 흔적이 없었다. 기업체 간부들 중에는 세 명이 심각한 위기 경험을 했으며, 세 명은 비교적 순조로운 전환기를 보냈고, 그리고 네 명은 불분명했다.

30대 위기가, 다른 세대보다 1924~1934년에 태어난 세대에서 더 자주 일어난다고 말할 확실한 근거는 없다. 30대 전환기는 1940~1949년 사이에 태어난 세대에게도 역시 어려운 시기이다. 이 세대는 1960년대의 '저항기' 동안에 성인기에 들어갔으며 1970년대에는 서른 살이 되었다. 서른 살을 지날 때면, 어느 시대든, 많은 젊은이들이 사회의 가치와 생존력, 그리고 가치 있는 인생 구조를 형성할 수 있는 가능성에 대해 심각하게 따져본다. 아마도 모든 세대가 자기 세대의 인생 문제는 그 특성과 심각성 정도에서 유일한 것이라고 느낄 것이다—그리고 아마 그들 모두가 옳을지도 모른다. 우리는 인생의 복잡성에 대해 충분히 이해하면서 심도 있게 성인들의 삶의 과정을 연구하는 방법을 배우지 않고서는 이것을 알지 못할 것이다.

네 개의 직업군들 중에서, 소설가들이 30대 전환기에 가장 어려운 시간들을 보냈으며, 또 그러한 어려움을 자신들의 삶을 개선하는 데 가장 적극적으로 활용했다. 열 명의 소설가 중 아홉 명이 30대 위기를 경험했으며, 그중 다섯 명은 이때에 심리 치료나 정신 분석을 받았다(이에 비해 생물학자들은 네 명이 심리 치료를 받았으며, 많은 기업체 간부들이 위기 경험을 했지만, 노동자와 기업체 간부들은 아무도 심리 치료를 받지 않았다).

소설가들의 위기는, 부분적으로 창조적이고 자기 요구적인 사람에게서 전형적으로 나타나는 신경증적 문제를 반영했다. 그러나 그들을 이해하기 위해서, 우리는 초심자 단계 동안 이들 삶의 광범위한 윤곽을 자세히 들여다보아야 했다. 이 사람들은 많은 세월을 소설가가 되기 위해서 노력하면서 보냈고, 가장 어려운 상황 속에서, 이 직업을 인생 구조의 중심에 갖다 놓으려고 애썼다. 그들 중 대부분이, 소설 쓰는 것을 비난하거나 냉담하게 대하던 세계 속에서 어린 시절을 성장해왔다. 그들은 부모나 성인 이전기의 다른 중요한 부분들로부터 거리가 멀어지고 완전히 소외당하게 되었다. 20대 동안, 이들은 성인 세계로 들어가서 어린 시절과는 전혀 다른 인생을 창조해보려고 애썼다.

20대 초반에 글 쓰는 데에만 전념할 수 있는 입장에 있었던 사람은 열 명의 소설가 중 단 한 사람인 알렌 페리Allen Perry뿐이었다. 그는 처음엔 약간의 허용과 눈가림 속에서 대부분 글을 썼다. 그러나 26세에 쓴 첫 소설이 성공하자 그 수입으로 글 쓰는 데 전념할 수 있었다. 여전히, 그는 20대의 결함이 있는 인생 구조를 끌고 나가는 데 많은 어려움을 겪었다. 내적 혼란과 글 길이 막히는 것으로 특징지어진 '30대 위기'를 보낸 이후, 30대 초반에는, 그는 글 쓰는 일과 결혼 생활을 삶의 중심부에 둔, 좀 더 만족스런 인생 구조를 구축할 수 있었다.

우리 작가들의 대부분이 20대에는 다른 수단에 의해서 자신들의 생계를 유지했다. 그들은 소설가뿐 아니라 신문 기자, 선생, 사업가 등 여러 가지 직업을 가지고 있었다. 여러 해 동안(30대, 40대까지도), 이들은 소설 쓰는 것이 자신들의 일차적 직업이 될 수 있을지, 아니면 자신들의 삶 속에서 전혀 버티어나가지 못할지 명확하게 알 수가 없었다. 20대 후반인 성인 입문기 말에는, 그들은 글 쓰는 것을 일차적 직업으로 삼을 수 없었으며, 그것을 포함할 수 있는 인생 구조를 형성할 수도 없었다. 그래서 많은 사람들에게 30대 전환기가 주요한 변화의 시기가 되었다. 비록 문제가 없는 경우는 드물었지만, 33세 내지 34세까지, 그들의 인생은 글 쓰는 일이 중요한 입지를 가진 삶으로 정착되고 있었다.

리처드 테일러Richard Taylor는 우리 연구 두 명의 흑인 소설가 중 한 사람이다. 제2차 세계대전에서 장기간의 국방 의무를 마친 후, 그는 21세에 대학 생활을 시작했다. 그리고 1년 후 결혼해서 즉시 가족 생활을 시작했다. 아내는 제대 군인 원호처GI에서 나오는 그의 수입을 보충하기 위해 비서로 계속 근무했다. 그녀의 야망은 흑인 중류 사회에서 안정된 생활을 누리는 것이었다. 그러나 그는 이미 시와 소설을 쓰고 있었으며, 그의 문화적 흥미는 그녀가 공유할 수 없는 세계로 그를 끌고 갔다. 그의 꿈은 그녀의 꿈과 거리가 멀었다. 그리고 그는 그녀가 인생에서 그렇게도 소망했던 안정된 생활을 유지할 수가 없었다. 대학 졸업 후 3년 동안, 그는 생계를 꾸리고, 글을 쓸 공간을 마련하고자 고정된 직업을 유지하려고 애썼다. 그러나 그것은 뜻대로 잘 되지 않았다.

28세에, 그는 자신의 야망과 아내를 동시에 포용할 수 있는 인생을 꾸릴 수 없다는 것을 깨달았다. 그들이 갖고 있는 인생은 자신들과 아이들에게 적합하지 않았다. 그는 투쟁을 포기하고 이혼하여 부서질 듯 하는 구조를 분해해버렸다. 가족을 해체하는 것—아내와 자식을 버린 흑인 아버지의 구태의연한 주제를 재상연하면서—은 그에게 깊은 상처를 주었으며 그것을 치료하는 데는 수년이 걸렸다. 파경 후, 그는 정상 가족에서 대부분의 아버지들이 하는 것 이상으로 아버지로서의 임무를 열심히 했다.

28세에서 33세까지, 테일러의 30대 전환기는 지옥의 변방을 방불케 했다: 이리저리 배회하며, 가끔 하루살이 같은 생활을 하면서, 온갖 직업을 전전했으며, 최악의 생활을 하면서 거의 자신을 죽일 것 같은 지경에 다다랐다. 심리 치료를 받고, 심각한 사랑 관계를 시작했다—그리고 그 모든 것을 통해서 소설을 쓸 시간을 찾았다. 34세 무렵에, 그의 인생은 질서를 찾고 안정감을 얻었으며, 새로운 구조가 출현했다. 이 구조의 중심 요소는 소설을 쓰는 것과 지속적인 사랑 관계였다. 이 구조는 직업과 연결되어 경제적으로도 생계를 유지할 수 있게 되었다. 그는 주로 신문 기고가 또는 대중적인 사건들에 대한 글을 쓰는 작가로서 돈을 벌었다. 이와 같이 그에게 30대 전환기의 결과로 생긴 것은 소설을 쓸 수 있는 인생 구조였다. 그러나 그것은 가까스로 형성된 것이었다. 이 구조가 안정되고, 글 쓰는 일이 인생 구조의 중심부로 이동하기까지는 몇 년이 더 걸렸다.

30대 전환기에 테일러가 경험한 위기는 많은 백인 작가들이 경험한 위기와 그 정도가 유사했다. 그러나 인종적인 면이 거기에 특별한 고통과 통렬함을 더해주었다. 그의 꿈을 소중히 간직하고 실현하기 위한 투쟁은 이 사회에서는 흑인들에게 결코 쉬운 일이 아니다. 그리고 영웅적인 야망—문학적, 정치적, 과학적 또는 무엇이든지—을 가진 흑인은 개인적, 제도적 인종 차별의 모든 파괴적인 힘이 점점 맹렬하게 자신을 짓누르도록 자초한다. 흑인의 성인 발달을 이해하기 위해서는 이러한 힘들을 이해해야만 할 것이다.

6장 초심자 단계의 주요한 발달 과제

우리는 초심자 단계에 있는 발달 시기들의 계열을 살펴보았다. 이 시기들은 성인 초기 전환기와 함께 시작되는데, 이 시기는 젊은이들이 성인 이전기를 끝내고 성인 초기로 완전히 입문하기 위한 기반을 형성하는 과도기적 시기이다. 이 시기들은 성인 입문기로 이어지는데, 이 시기의 일차적 과제는 성인 세계의 가능성을 탐색하고 첫 잠정적 인생 구조를 형성하는 것이다. 그리고 이 계열은 30대 전환기로 마무리를 짓게 된다. 이 시기는 첫 성인 인생 구조를 재평가하고, 그것이 자아에 얼마나 적합한지를 숙고해보며, 그리고 그것을 수정하거나 극적으로 재구성하는 방도를 찾는 기회이다.

초심자 단계의 각 시기들은 그 자체의 독특한 발달 과제들을 가지고 있는데, 이 과제들은 인생 구조를 형성하거나 수정하는 것과 관련되어 있다. 즉, 세 시기는 성인기로 들어가는 과정에 필수적인 공통과제들을 가지고 있으며, 대체로 이 공통과제들이 초심자 단계의 특징을 이룬다. 과제의 수행 정도는 한 시기에서 다음 시기로 가면서 변화하지만, 과제들 자체는 전 단계를 걸쳐 가장 중요하다. 과제를 수행하는 작업은 꾸준하고 점진적이라기보다, 기복이 되풀이되면서 변화무쌍하게 진행된다. 이 과제들 중 아무것도 이 단계가 끝나기 전에는 완결될 수 없다. 사실, 30대 초반까지 이 모든 과제들에서 중간 정도의 진전을 보이기만 해도 하나의 발달적 성취라고 할 수 있다.

초심자 단계의 네 가지 중요한 과제들

1. **꿈**을 형성하고, 인생 구조 안에 그 꿈을 배치하기
2. **스승 관계**를 맺기
3. **직업**을 선택해서 이력을 쌓아나가기
4. **사랑 관계**를 맺어 결혼하고, 가족을 이루기

이외에도 다음과 같은 다른 과제들이 있다: 권위자들과 관계를 맺고 자신이 더 큰 권위를 얻는 것, 남성 또는 여성과 동료 관계를 맺는 것, 다른 연령층에 있는 사람들과 성인다운 관계를 갖는 것, 종교, 정치, 인종, 공동체에 대하여 성인다운 조망과 가치를 형성하는 것. 우리가 면담 중에 논의한 것들은 바로 이러한 문제들이었다. 그러나 우리가 남성들의 삶을 고찰하는 과정에서, 가장 두드러지게 돋보인 것은 위에 제시한 네 가지 과제들이었기에, 여기에 우리는 특별한 주의를 기울일 필요가 있었다. 이러한 과제들이 초심자 단계의 모습과 내용을 이루고 있었다. 이 과제들은 인생 구조의 아주 중요한 측면들을 형성하는 데 말려들어 있었다.

꿈을 형성하고 실현시켜 나가기

성인 초기의 초심자 단계 동안, 남성은 성인 세계를 탐색하고, 성인의 흥미와 가치를 발달시키며, 일, 결혼, 가족과 관련된 중요한 선택들을 하며, 성인으로서의 정체감을 형성한다. 탐색과 선택의 과정은 가족, 사회계층, 하위문화, 사회적 기관들의 영향력에 의해 튼튼하게 모양을 갖추게 된다. 또한 그것은 자신의 적극적인 노력, 능력, 대안들을 합리적으로 고려해보는 태도에 영향을 받는다. 그리고 그것은 개인의 다양한 성격적인 측면—동기, 가치, 재능, 불안, 인생의 목적—에 의해서 촉진되기도 하고 방해

받기도 한다. 그러나 우리는 연구 과정에서 성인 초기에 강력하고 광범위한 역할을 하는 다른 요인을 발견했다. 이 요인은 가끔 신화나 문학 속에서 묘사되지만, 학문적 연구에서는 좀처럼 고려되지 않고 있다. 우리는 그것을 **꿈**Dream이라고 부르겠다(우리가 이 낱말을 특별한 의미에서 사용하고 있다는 것을 확인하고 강조하기 위해 첫 자를 대문자로 사용한다).

일상의 말 가운데에서, 우리는 어떤 사람이 "야망을 이루었다"거나 또는 그는 "결코 이룰 수 없는 세계를 꿈꾸었다"고 말한다. 이것은 결코 우리가 밤에 꾸는 꿈이나 우연한 백일몽을 말하는 것은 아니다. 이런 종류의 꿈은 순수한 환상보다는 더 형식이 갖추어져 있으나, 철저한 계획보다는 더 모호하다. 이것은 마틴 루터 킹Martin Luther King 목사의 역사적인 연설, "나는 꿈을 가지고 있다I have a dream" 속의 핵심적인 주제이다. 그리고 델모어 쉬바르츠Delmore Schwartz가 그의 소설 「꿈속에 책임이」[1]라는 제목에 담았던 의미와 같다. 많은 젊은이들은 성인으로서 자신들이 영위하고자 하는 인생에 대한 꿈을 가지고 있다. 그 꿈의 영고성쇠榮枯盛衰와 운명은 성인 발달에 중요한 의미가 있다.

원초적인 형태로 보면, 꿈은 성인 세계 속의 막연한 자아감이다. 그것은 흥분과 생동감을 자아내는 비전, 상상된 가능성과 같은 자질을 가지고 있다. 비록 그것은 노벨상을 수상한다거나, 올스타팀을 만드는 것과 같은 구체적인 심상을 내포할 수도 있으나, 처음에는 불분명하고 단지 빈약하게 현실과 연결되어 있다. 그것은 영웅의 신화에서처럼 극적인 형태를 취할 수도 있다: 위대한 예술가, 실업계의 거물, 굉장한 묘기를 연출하거나 특별한 영예를 수상한 체육계 또는 지적인 슈퍼스타. 또한 그것은 인정과 지지를 받는 세속적인 형태를 취할 수 있다: 뛰어난 기술자, 어떤 가족에서의 남편-아버지, 지역 사회에서 매우 존경받는 사람.

그의 꿈의 성격이 어떻든지, 젊은 남성은 그 꿈에 좀 더 큰 의미를 부여하고 그것을 실현할 방도를 찾아야 할 과제에 당면해 있다. 최초의 인생 구조가 꿈과 조화를 이루고 꿈에 의해서 고무되는지 또는 꿈에 위배되는지에 따라 개인의 성장은 큰 차이가 난다. 만약에 그의 꿈이 인생과 무관한 채 버려져 있다면, 그 꿈은 단순히 시들어버릴 것이고, 그와 동시에 삶의 생동감이나 목적의식도 사라질 것이다.

많은 젊은 남성들은 꿈을 실현할 수 있는 방향으로 인생을 살아갈 것인가 또는 그것과는 전혀 다른 방향으로 인생을 살아갈 것인가의 갈림길에서 고민한다. 어떤 남성은 부모에 의해서, 또는 돈이나 기회의 결핍과 같은 다양한 외적 제약에 의해서, 그리고 죄책감, 수동성, 경쟁심, 특별한 재능과 같은 자기 성격의 다양한 측면에 의해서 후자의 방향으로 밀쳐질 수 있다. 그는 전혀 흥미 없는 직업을 물려받을 수도 있다. 그 갈등은 여러 가지 형태로 전개되면서 수년 동안 지속될 수 있다. 20대에 꿈을 저버린 사람들은 후에 그 대가를 치러야 할 것이다. 비록 그 꿈을 실현하기 위해 수년 동안의 힘겨운 싸움이 필요했을지라도, 성인 초기에 꿈과 연관된 인생구조를 형성한 사람들은 개인적 성취를 위한 좋은 기회를 갖게 된다. 중년의 전환기 동안에 그들은 꿈의 신비적인 면을 재평가하고, 자신들의 중년기 삶에서 그 꿈의 위치를 재수정하게 될 것이다.

성인 발달에서 전환기에 대한 우리의 개념은, 특히 성인 초기의 꿈에 대한 개념은, 아동 초기의 **전환기적 현상**에 관한 도널드 위니코트Donald W. Winnicott의 관점에 의해 강하게 영향을 받아왔다.[2] 위니코트는 말하기를, 전환기에는 어린이는 미래 속에서의 자신과 세계에 대해 다양한 가능성을 상상해본다. 그는 이러한 상상을 백일몽이나 놀이, 그리고 다른 '꾸며낸' 탐험 속에 연출해낸다. 어린이들은 자기가 진실로 자신이 놀이 속에서 창조한 사람이라고 믿는가? 위니코트의 대답은 "예"와 "아니요"이다. 이 대답의 핵심은 모호함이다. 어린이의 놀이는 현실과 환상 사이, 명확하게 '나'와 '내가 아닌 것' 사이, 그리고 '현재'와 '앞으로 일어날 수 있는 것' 사이의 경계선에서 일어난다. 놀이의 세계는 구체적이고 객관적인 외적 현실과 완전히 주관적이고 내적인 상상 또는 희망 사이의 경계 지역이다. 놀이 속에서 어린이들은 환상을 실제 일어나고 있는 것처럼 만드는 어려운 작업을 준비할 때에, 앞으로 일어날지도 모른다고 상상한 것을 마치 현재 일어나고 있는 것처럼 환상으로 변형시킬 수 있다. 그는 이제 막 형태를 갖추기 시작하는, 세계 속의 새로운 자아를 창조하고, 실험해보며, 그리고 서서히 그것을 실현해낼 수 있다.

위니코트에 의하면, 어머니로서 하나의 중요한 역할은 어린이들의 놀이를 위해 지지적인 상황을 마련해주는 것이다. 위니코트는 **훌륭한** 어머니—폭군 같은 이상형이 아닌, 어머니로서의 복합적인 목적에 적합한—에 대한 하나의 개념을 제시하고 있다. 훌륭한 어머니는 자신과 어린이 사이에 어린이가 창조적으로 놀 수 있는—즉 현실과 환상 사이를 구별하는 데 걱정 없이 놀 수 있는—공간을 창조하도록 돕는다. 우리는 이와 같이 외적·내적인 위험으로부터 안전하게 느끼는, **어린이와 어머니 사이의 경계 지역**에 대해서 말할 수 있다. 이 공간 안에서 그는 새롭게 출현하는 자아를 서서히 정의하고 시험해볼 수 있으며, 어머니는 그가 되고 싶어 하는 것을 축복해줄 수 있다. 훌륭한 어머니는 그들에게 '내 것' 또는 '내 것이 아닌 것'을 구별하도록 요구하지 않고, 어린이들이 장난기 어린 진지한 창조물을 만들어내도록 허용한다. 그녀는 어린이의 장난기 어린 환상에 대해 따지거나 폄하하지 않는다.

이러한 관계는 어머니와 어린이 양쪽에 의해 만들어지고 유지된다. 그 관계를 통해, 그리고 그 안에서 일어날 수 있는 놀이를 통해, 어린이는 "나는 누구이다"라는 감정, "나는 세상에 존재한다"라는 느낌을 얻을 수 있다. 이러한 감정은 그가 가끔 세상을 탐색하고 거기에 자신의 자리를 만들기 위해 힘겨운 노력을 하는 기저가 된다. 그것은 희망과 자존심, 그리고 거대한 통합감의 원천을 제공해준다. 발달적으로 볼 때, 전환기적 현상은 이후에 사회 속에서 좀 더 현실적이고 적응적인 노력을 하려는 전조이다. 위니코트는 '훌륭한' 어머니와 '훌륭한' 치료자—환자가 창조적으로 일하고 놀 수 있는 공간을 창조하도록 돕는—사이를 동등하게 보고 있다. 그는 진정한 예술적, 종교적인 체험을 성인기 삶의 전환기적(또한 변형적인) 현상이라고 지적하고 있다.

이와 유사하게, 성인기의 꿈 역시 '성인 초기 전환기'와 '성인 입문기'의 전환기적 현상으로 생긴다. 한 '애-어른'이 성인기로 들어가기 시작할 때에, 그는 자신의 성인 생활에 대한 짜릿한 가능성들을 상상해보고, 그가 자신과 세상에 대해 꿈꾸어온 "나는 누구이다"라는 자아감에 도달하기 위해 씨름한다. 성인기 그의 꿈은 작은 어린이의 꿈처럼 처음에는 부서지기 쉽다. 비록 그것은 아동기와 청소년기에서 유래했지만, 그 꿈은 분명히 성인기적 현상이다: 그것은 성인 초기 전환기에 형태를 갖추어 성인 초기 과정 전반에 걸쳐서 서서히 성인 인생 구조 안에 통합된다(아니면, 많은 경우에 배제된다). 초심자 단계는 개인의 인생에서 꿈을 형성하는 결정적인 시기이다.

풋내기 성인이 그의 가족과 성인 이전 세계로부터 독립해서 성인 세계로 들어가려고 노력할 때, 그는 자신의 꿈을 실현하도록 촉진시켜 줄 다른 성인들과 의미 있는 관계를 형성해야 한다. 이 드라마에서 가장 중요한 인물은 **스승**mentor과 **특별한 여성**special woman이다. 나는 그들에 대해 간략하게 논의하고자 한다.

그러나 먼저 나는 우리 표본의 몇몇 직업군에서 초심자 단계 동안에 꿈이 형성되었거나 또는 소홀히 되었던 과정을 살펴보고자 한다.

생물학자들

생물학자들의 약 반수에게는, 이 직업 세계에 들어가는 것이 강력한, 흥미진진한 꿈을 실현하는 것이었다. 자연과 과학에 대한 그들의 흥미는 아동기에 시작되었다. 그들은 고등학교 시절에 생물학을 직업으로 삼는 것을 심각하게 생각해보았으며, 그 결정은 대학에 와서 했다. 그들은 초심자 단계 동안 대단한 열정과 노력을 보이며 자신들의 직업에 몰입했다.

하지만, 생물학자가 되려는 선택이 그의 꿈을 반영한 것이었을 때에도, 가끔은 내적인 갈등과 외적인 어려움이 있었다. 어떤 경우에는 아버지가 자기 아들이 사업이나 법률과 같은 다른 직업에 들어가기를 강력하게 원했다. 아버지들은, 보통 직관적으로, 아들의 직업 선택이 부분적으론 자신의 가치와 개인적 자질을 거부하는 데 근거하고 있다고 느꼈다. 자기 아버지를 사랑하고 이러한 비평에 취약한 아들은 갈등 속에 사로잡히고, 진심으로 자기가 하고 싶은 일에 자신을 헌신할 수 없었다. 이런 사람들 중의 한 사람은 자기 아버지가 죽은 후인, 30대 초반에야 비로소 자신의 연구생활이 훨씬 더 창조적이고 자유스러워질 수 있었다.

몇 명의 생물학자들은 꿈이 모호하거나 또는 엉성하게 형성되었다. 대학 졸업 후, 여러 가지 직업적 대안들을 고려해본 후에 그들은 생물학으로 결정을 했다. 그 이유는 생물학이 그들의 흥미를 끌었고 또 교수님들이 고무했기 때문이지만, 그러나 생물학이 그들에게 특별히 적합하다는 느낌은 없었다. 생물학 연구에 대한 그들의 흥미 부족, 그리고 일에 대한 한정된 자아의 투자는 계속해서 이력의 문제로 이어졌다.

소설가

몇 명의 소설가들은 젊은 시절에 작가가 되려는 꿈을 갖고 있었다. 그리고 그들에게도 역시 꿈은 다양한 운명을 가지고 있었다. 네 명의 소설가들은 고등학교 시절 또는 그보다 더 일찍 글을 쓰기 시작했으며, 대학에 와서 글 쓰는 것을 직업으로 삼기로 결정했고, 그리고 초심자 단계 동안 내내 유능한 작가가 되기 위해 노력했다. 초심자 단계 동안에, 그들 모두가 기교를 익히고, 항상 자신들을 기다리고 있는 우회와 함정을 피하기 위해, 그리고 예술적 영감 속에 진실하게 남아 있기 위해, 쓰라린 투쟁을 계속해 나갔다. 안정기가 시작될 때까지, 이들 중 세 사람은 진지한, 장래가 촉망되는 소설가로 자신들의 자리를 굳혔다. 몇 편의 소설과 몇 편의 기록물을 쓴 네 번째 사람은 이 시점에서 소설을 포기하기로 작정했다. 그는 기록물을 쓰는 데에 자신의 운을 걸었고, 그것이 그의 재능과 성격에 더욱 적합했다. 이러한 선택을 함으로써, 그는 원래의 꿈과 소설가가 되고자 했던 첫 번째 직업에서 다소 빗나가긴 했으나, 하지만 그는 자신의 창조성을 일급 논픽션 저자가 되는 데서 계속 발휘했다.

다른 여섯 명의 소설가들에게는, 꿈을 살리려는 노력을 복잡하게 만든 훨씬 더 큰 장애물들이 그들 자신과 생활 환경 속에 있었다. 어떤 경우에는, 소설을 쓰려는 꿈이 다른 욕망들이나 강력한 외적 영향력과 갈등을 일으키고 있었다. 예를 들면, 폴 냄슨은 설득력이 강한 아저씨에 의해, 그리고 부분적으론 성공적인 사업가가 되고자 하는 자신의 욕망에 의해, 집안의 주식 중개업 속으로 빠져들어가고 있었다(12장). 비록 20대에 몇 편의 소설을 쓰긴 했지만, 그가 자신의 삶에서 글 쓰는 일을 적당한 위치에 둘 수 있기 전인 30대 전환기에 심각한 위기를 겪어야 했다.

일부 소설가들에게는, 꿈이 위축된 채로 남아 있다. 칼 버그Carl Berg는 대학 시절에 문학에 약간의 흥미를 갖게 되었으나 아버지의 사업을 맡기로 결정되어 있었다. 하지만 그는 아버지와의 갈등이 매우 심각해지자, 곧바로 집을 떠나 작가가 되기로 결심했다. 그는 20대 동안에 두 편의 소설을 출판했으나 글 쓰는 데에만 전념하는 일에 대해 매우 망설였다. 그는 아버지와 굉장한 갈등 관계에 휘말리게 되었는데, 아버지가 생각하기엔 소설 쓰는 것을 직업으로 삼겠다는 생각은 두말할 여지없이 어리석은 짓이었다. 어머니는 그가 글을 쓰는 의미도 이해할 수 없었을 뿐만 아니라, 정서적으로도 그와 완전히 거리가 멀었다. 그의 반-지적反-知的인 성인-이전 세계와 그가 들어가려고 애쓰는 작가의 세계 사이에는 커다란 괴리가 있었다. 이러한 상황 속에서 작가가 되려는 꿈은 키워질 수가 없었다. 30대 초반이 되어서야 비로소 그는 내적 갈등을 조금씩 해결해나갔고, 사랑하는 여인과 결혼을 했다. 그리고 그는 좀 더 홀가분한 마음으로 글 쓰는 데 자신을 바칠 수 있었다. 그러나 이때는, 그의 재능을 발달시키기에 너무 늦은 듯했다. 존경받는 소설가가 되려는 최초의 꿈을 실현시키기에는 거리가 너무 먼 것처럼 보였다. 아마도 놀랄 만한 것은 꿈이 조금이라도 살아 있었다는 것과, 그리고 영양분을 받지 못한 묘목이 조그만 나무로나마 자랐다는 것이다.

기업체 간부

많은 생물학자와 소설가들에겐 직업을 선택하는 데 젊은 시절의 꿈이 중요한 역할을 했다. 그러나 열 명의 기업체 간부들 가운데 단지 두세 명만이 젊은 시절의 꿈에 따라 인생이 진행되고 있었다. 하나의 예는 프랭크 라도비치Frank Radovich이다. 대학시절에 그는 낮은 중류계층의 기반을 떠나서 큰 주식회사의 사장이 되려는 꿈을 형성했다. 32세까지, 그는 대회사의 법인구조 속에서 부사장이 되었으며, 백만 달러가 넘는 개인 재산을 축적했다. 그러나 이것은 단순히 그의 초심자 단계의 끝이었다: 그는 이제 새로운 세계에서 자신의 명성을 쌓기 위해 준비하고 있었다. 30대 전환기가 끝났을 때, 그는 자신의 조그만 회사를 창설했다. 그는 자신의 회사를 일류 기업으로 만들고, 그리고 자신도 국제적인 무대에서 지도적인 인물이 되기를 갈망했다.

네 명의 간부 사원들은 일에 강렬하게 개입했으나 특별한 직업적 꿈이 없었다. 그들의 꿈은 일종의 가족과 지역사회 생활의 일부도 포함하고 있었다. 그들은 훌륭한 노동에 대한 보상으로 승진하기를 추구했다. 그러나 그들은 야망의 요구와 연계된 가족과 지역사회를 희생시킬 준비는 되어 있지 않았다. 그들 모두는 초심자 단계를 첫 직업(기술자 또는 회계사와 같은)에서 보냈으며, 30대 초반에 중견 관리직에 들어갔다. 그들은 낮은 중류계층 출신이었으며, 성인-이전기를 보낸 종족 세계와 강한 유대 관계를 유지하고 있었다. 그들 중 세 명은 40대에, 자신들이 태어난 도시 안이나 또는 그 가까이에서 살고 있었으며 어딘가로 옮아갈 기회를 접어두었다. 네 번째 사람은 두 차례 중요한 지리적 이동을 했으나, 40대에는 안정된 가족과 지역사회 생활을 위해서 자신의 직업적 야망을 제한하고 있었다. 그들 모두가 직업적 승진과 가족·지역 사회의 안정성이라는 갈등적인 요구를 조화시키기 위해 열심히 일했다. 그 투쟁은 결코 쉬운 것이 아니었으며 대부분의 경우 상당한 대가를 치러야 했다.

대부분의 기업체 간부들이, 관리자로서 장기적인 성취와 만족감을 위한 튼튼한 기반이 없이, 30대 전환기에 관리 지위에 올랐다. 그들의 일차적인 관심, 기술, 그리고 야망은 간부 사원으로서의 기능에 있는 것이 아니라, 그들의 원래의 일(기술자 또는 회계사와 같은)과 그리고 가족, 자연, 또는 공동체에 개입하는 비非직업적인 활동에 있었다. 그들 중 많은 사람들이 주로 회사가 다수의 중견 관리인을 필요로 했기 때문에 관리자가 되었다. 회사는 앞으로의 승진에 대한 그들의 희망과 환상을 자극했다. 그러나 30대 후반이나 40대 초반까지 대부분의 관리자들은 승진의 절정에 도달했다. 그들이 붙들고 있는 위치는 가끔 그들의 능력이나 만족감 이상이었다. 자신들이 원래 선호했던 업무에도, 그리고 자신의 중요한 측면을 살릴 수 있는 관리 역할에도, 어느 곳에도 그들은 안주하지 못하고 있었다.

노동자

초심자 단계 동안 꿈을 펼쳐나가는 것은 노동자들에게도 역시 어려웠다. 그들 중 아무도 앞에 언급한 사람들과 비교될 만한 직업적 꿈을 형성하지도, 살리지도 못했다. 단지 한 사람 랠프 오치스Ralph Ochs만이 초심자 단계 동안에 안정된 직업을 형성하고, 결혼해서 가족 생활을 시작한, 비교적 단순한 계열을 통과했다. 고등학교 졸업 후, 그는 한 제조 공장에서 아버지 밑에 견습공이 되었다. 다음 15년에 걸쳐 그는 숙련공이 되었으며, 가족 생활을 시작하고, 아버지 슬하를 떠나서, 노동조합을 창설하는 데 적극적으로 참여했다. 30대 초반까지 그는 자신의 업무와 직장, 그리고 가족과 지역사회 내에서 확실하게 정착했다. 그는 자신의 일에 자부심을 가지고 있었다. 그러나 그의 행복한 삶은 일, 가족, 지역사회의 전반적인 생활양식 속에 있었다. 그의 성인 세계는 그가 어린 시절 성장한 성인-이전기와 큰 연관성을 가지고 있었으나, 이 세계 안에서 그는 자신의 특별한 소망, 야망과 가치들이 반영된 인생을 구축하고 있다.

다른 모든 노동자들은 초심자 단계 동안, 되풀이되는 어려움을 뚫고 좀 더 복잡한 계열을 통과해 갔다. 그들 중 대부분은 직업과 관련된 꿈을 가지고 있었으나, 그것을 살릴 수는 없었다. 두 사람의 경우, 그 꿈이 직업적 운동선수가 되는 것이었다. 앨비 러셀Alby Russell은 고등학교에서 뛰어난 운동선수였으며, 직업적 운동선수가 되기를 원했다. 고등학교 졸업 후 입대했으며 거기에서 거의 20년 동안 남아 있었다. 19세에 그는 결혼해서 곧 가족 생활을 시작했다. 군 복무 기간에 주로 축구, 야구, 농구 팀에서 주역을 맡는 데 자신을 헌신했다. 그가 주요 리그의 운동선수가 되려는 환상—아마 실제로 자기가 운동선수인 것과 같은 환상—을 포기한 것은 겨우 30대 전환기에 들어와서 이다. 30대 초반에는, 그는 진지하게 가족 생활에 전념했다. 그는 리틀 리그(Little League: 열두 살 미만)의 코치가 되었으며, 젊은 용병들의 선생이자 스승이 되었다. 풍부한 여가 시간에, 그는 텔레비전을 통해 운동선수들을 주시하고, 그들에 대해 열심히 파악하고, 그리고 소유자, 매니저, 그들 각각을 캐스팅하는 모집자 기능을 상상하면서, 대여섯 개의 경기에서 팀의 운세를 따라다녔다. 이 분야에서의 그의 박식함은 놀랄만했다. 그는 이와 같이 전일제 부업이나 다름없는 특별한 방법으로 꿈을 살려나가는 일을 계속했다. 그러나 그는 그것을 진정한 직업으로 삼을 수는 없었다.

대부분의 노동자들은 다양한 직업을 가지고 있으나 초심자 단계 동안에 발달된 직업은 아니다. 그들 중 다섯 사람은 여기저기를 방황한 뒤에, 30대 전환기 말에야 처음으로 안정된 직업을 갖게 되었다. 다른 두 사람은 아직 겨우 생계를 유지할만한 노동 기술을 갖고 있으나 확실한 직업은 없다. 극소수의 노동자만이 초심자 단계 동안 직업적 꿈을 형성하는 전 과정—꿈을 정의하고, 필요한 지원과 훈련을 받으며, 그것을 자신들의 삶 속에 안주시키는—을 통과하고 있다. 어떤 사람들에겐, 행복한 인생에 대한 비전은 일과 가족과 공동체가 함께 개입된 혼합물이다. 또 다른 사람들에겐 꿈은 미완성된 채로 남아 있다. 그러나 아직 어떤 사람들은, 아마 대다수의 사람들이, 일과 성취에 대한 환상을 가지고 '성인 초기 전환기'를 시작한다. 그러나 초기의 꿈은 명료화될 수도 탐색된 수도 없다. 그것은 좀 더 임박한 생존 문제로 인해 서서히 덮여 버린다.

스승 관계

스승 관계는 남성이 성인 초기에 가질 수 있는 가장 복잡하면서도 중요한 것 중의 하나이다. 스승은 보통 5~6년 나이가 더 많고, 좀 더 많은 경험을 갖고 있으며, 젊은이들이 입문하는 세계에서 손위인 사람이다. 현재 사용되고 있는 어떤 낱말도 여기에서 우리가 마음에 품고 있는 관계의 본질을 전달하기에는 적합하지 않다. '상담자counselor' 또는 '도사導師, guru'와 같은 용어는 좀 더 미묘한 의미를 제시하고 있으나 잘못 오도할 언외言外의 뜻을 내포하고 있다. '스승mentor'이라는 용어는 일반적으로 선생님, 조언자, 또는 후원자를 의미하는, 훨씬 더 좁은 의미에서 사용되고 있다. 우리가 이 용어를 사용할 때는 이 모든 것을, 그리고 그 이상을 의미하고 있다.

스승 관계는 가끔 업무환경에서 생기는데, 스승으로서의 기능은 선생님, 상사, 편집자 또는 상급 동료들이 떠맡게 된다. 스승이 친구, 이웃 또는 친척일 경우에, 그것은 비공식적으로도 발전할 수 있다. 스승 역할은 공식적인 역할로 정의되는 것이 아니라 관계의 특성과 그것이 제공하는 기능으로 정의된다. 어떤 학생은 자신의 선생-조언자로부터는 거의 아무런 조언과 지원mentoring을 받지 못하지만, 옛 친구나 친척에게서 매우 중요한 조언과 지원을 받을 수도 있다. 스승 관계가 제공하는 도움의 양과 종류를 파악하기 위해서 우리는 이 관계를 좀 더 자세히 검토해보아야 한다.

남성 스승들에 대해서 이야기해보자. 이것은 지금의 현실을 반영하고 있다: 우리 연구의 남성들은 거의 예외 없이 남성 스승을 갖고 있었다. 실제로 그들은 여성 친구들을 가지고 있는 경우가 아주 드물었다. 이것은 우리 사회에 있는 성차별을 더욱 입증해주고 있다. 원칙적으로, 스승은 동성이 될 수도, 이성이 될 수도 있다. 나 자신이 경험한 바에 의하면, 여성 스승과의 관계는 젊은 남성에겐 이루 말할 수 없이 가치 있는 경험일 수 있다.[3] 현재 남성 전유의 직업에 여성들이 증가하고 있는 현상은 여성뿐 아니라 남성의 발달에도 유익한 효과가 있을 것이다.

여성들은, 남성이든 여성이든, 스승 관계를 맺고 있는 경우가 남자보다 훨씬 더 드물다는 증거가 있다. 여성들에 대한 큰 문제 중 하나는, 특히 직업 세계에서 여성 스승이 드물다는 것이다. 스승으로서 봉사할 수 있는 극소수의 여성들은 가끔 너무 남성 지배의 직업 세계에서 살아남기 위한 긴장감으로 온통 에워싸여 있어서, 젊은 여성들을 위해 훌륭한 스승 노릇을 해줄 수가 없다. 어떤 젊은 여성들은 남자 선생이나 상사와 스승 관계를 맺고 있다. 이와 같이 성이 다른 스승 관계는 대단한 가치를 지닐 수 있다. 그것의 실질적인 가치는 그들 상호 간에 빈번히 작용하는 경향성—그녀가 실제 가지고 있는 것보다 그녀를 더 가치 절하하는 경향성—때문에 가끔 제한된다. 그녀를 매력적이나 재능 없는 여성으로, 그녀의 성적 매력이 일과 우정을 방해하는 재능 있는 여성으로, 지적이나 인간미 없는 유사 남성으로, 혹은 진지하게 다룰 수 없는 귀여운 작은 소녀로 간주하는 경향이 있다.

스승의 다양한 기능들은 무엇인가? 그는 젊은 남성의 기술과 지적 발달을 고양시키는 **선생**으로서 활동할 수 있다. **후원자**로 봉사하면서, 그는 젊은 남성의 취업이나 승진을 촉진하기 위해 자신의 영향력을 발휘할 수 있다. 그는 젊은이들이 새로운 직업 세계나 사회적 세계로 들어가는 것을 환영하고, 그 사회의 가치, 관습, 자원, 인물들을 친히 알도록 도와주는 안내자나 주인이 될 수 있다. 그 자신의 미덕과 성취와 사는 방법을 통해, 스승은 그의 부하가 존경하고 모방하고 싶은 본보기가 될 수 있다. 부하가 스트레스를 받을 때에는 그는 상담과 도덕적 지지를 제공해줄 수 있다.

스승은 또 다른 역할을 할 수 있는데, 이것은 발달적으로 가장 중요한 것이다: '꿈을 실현시키도록 지지하고 촉진시키는 것'이다. 여기에서 의도하는 진정한 스승은 자식이 어렸을 때와 마찬가지로 어른이 되었을 때도 '훌륭한' 부모 역할을 하는 부모와 유사하다. 그는 젊은이를 믿고, 젊은 꿈을 공유하며 그 꿈을 축복하고, 그리고 젊은이가 새로 발견한 세계 속에서 새롭게 출현하는 자아를 정의하는 데 도움을 준다. 또한 꿈을 함축하고 있는 비교적 만족스러운 인생 구조 위에서 일할 수 있는 공간을 만들어 줌으로써 젊은 성인의 발달을 촉진시켜 준다.

스승은 부모 혹은 남몰래 숨겨진 비밀 부모가 아니다. 그의 일차적인 기능은 전환기적인 인물이 되는 것이다. 성인 초기에, 젊은 남성은 성인들과 부모-자녀 관계에 있었던 어린이로부터 동료 관계에 있는 성인으로 탈바꿈해야 한다. 스승은 부모와 동료의 혼합물이다. 그는 둘 다도 아니고 순수하게 어느 한쪽도 아니다. 만약에 완전히 동료라면, 그는 젊은이가 추구하는 좀 더 발전된 수준을 제시할 수가 없다. 만약에 그가 바로 부모라면, 세대 차이를 극복하고, 그 관계의 궁극적인 목표인(비록 완전히 깨닫지는 못할지라도), 동료 관계를 향해 가기란 그들 두 사람 모두에게 어려운 일이다. 실제의 부모들은 어떤 스승의 기능을 할 수는 있다. 그러나 그들은 일차적인 스승의 모습을 갖추기에는, 너무 밀착되게 자식의 성인 이전기의 발달에 얽매어 있다(그와 그들 양쪽의 마음속에).

이러한 전환기적 기능을 하는 스승은 보통 그의 제자보다 반-세대, 대략 8~15년 정도 더 나이가 많다. 그는 믿을 수 있고, 존경스러운 손위형님처럼 느껴진다. 나이 차이가 이보다 크거나 적은 경우는 흔하지 않으며, 그런 경우는 특별한 문제가 있다. 스승이 완전히 한 세대 더 나이가 많으면, 즉 20년 또는 그 이상이면, 그 관계는 부모-자녀 관계로 상징될 위험이 크다. 이것은 나이든 쪽에서는 지나친 모성이나 부성과 같은 감정을, 그리고 젊은이 쪽에서는 의존성이나 **오이디푸스 갈등**oedipal conflicts과 같은 강력한 감정을 유발하는 경향이 있으며, 그것은 스승의 기능을 방해하게 된다. 또한 나이 차이가 6~8년보다 적으면 두 사람은 서로 동료로 느껴질 가능성이 있다. 그들은 절친한 친구와 협력해서 일을 함께 하는 동료일 수 있으나, 스승과 같은 측면은 최소화되는 경향이 있다.

그러나 스무 살 혹은 쉰 살 정도까지 더 나이든 사람도, 만약에 그가 자신과 타인의 젊은 시절 꿈을 잘 다루고 있다면, 그는 의미 있는 스승 상으로서 기능을 하고 있는 것이다. 그리고 동년배이거나 더 젊은 사람이라 할지라도, 만약에 그가 비범한 전문 지식과 이해력을 소유하고 있으며, 두 사람이 서로 스승으로서의 미덕을 잘 활용할 수만 있다면, 중요한 멘토링 자질을 갖출 수 있다.

일반적으로, 젊은 남성은 처음에는 초심자나 견습생에서 좀 더 발전된, 전문적인, 권위 있는 성인이 되어간다는 것을 스스로 체험하게 된다. 스승과의 관계가 진전됨에 따라, 그는 자신의 권위와 자율성, 책임감 있는 행동에 대해 좀 더 풍부한 감각을 얻게 된다. 또한 두 사람 사이에 주고받는 것 사이의 균형이 더욱 균등하게 된다. 젊은이는 “나는 이제 성인이다”라는 체험을 더 하게 되며, 양방의 관계는 더욱 상호적이 된다. 이러한 변화가 젊은 남성이 발달해나가는 데 중요한 역할을 한다. 이런 과정을 통해서 그는 어린 시절에 **아버지-아들, 남자-소년**으로 구분되었던 것을 초월해 간다. 비록 그는 공식적으로 18세 또는 21세에 성인으로 인정되고, 또 자신이 간절히 성인이 되기를 바라고 있지만, '진정한' 성인에 비해 '아들' 또는 '소년'이라는 느낌을 극복하는 데는 여러 해가 걸린다. 이 과정은 성인 초기의 초심자 단계 전반에 걸쳐 확장되며, 30대 후반에 다시 문젯거리가 된다(9장을 보시오). 이와 같이 스승 역할은 성인 초기를 거치는 동안 매우 중요하다.

나는 가장 발달되고 건설적인 형태의 스승 관계를 기술해 왔다. 물론 스승 관계는 개입된 정도와 형태에서 엄청나게 다양하다. 그것은 단순히, 전부全部가 아니면 전무全無냐의 문제가 아니다. 어떤 관계는 젊은 사람에게 뚜렷하게 이로울 수가 있으나, 하지만 심각한 결함을 갖고 있을 수도 있다. 예를 들면, 한 선생이나 상사가 부하 직원을 보호하고 후원해주나, 명성을 잃을까 두려워서 결정적인 순간에 파괴적으로 행동할 수도 있다. 또 어떤 관계는 매우 제한적이긴 하나 어떤 특별한 면에서는 큰 가치를 지니고 있는 경우도 있다. 어떤 사람들은 자기들이 한 번도 만나지 못한 순전히 상징적인 스승을 가지고 있는 경우도 있다. 즉, 한 야망을 가진 젊은 소설가는 나이든 작가를 존경하고, 그의 책을 탐독하며, 그의 인생에 대해 많은 것을 배우고, 그리고 그를 자신과 복잡한 관계를 가진 이상적인 내적 인물로 만들어버릴 수가 있다.[4]

훌륭한 스승 관계에서, 젊은이는 스승을 찬양하고 존경하며, 그의 진가를 인정하고, 감사하며 사랑한다. 이러한 점들이 더 비중을 차지하고 있으나 그렇다고 반대 감정이 전혀 없는 것은 아니다: 분개, 열등감, 질투, 위협감. 둘 사이에는 공명共鳴이 있다. 나이든 사람은 젊은이가 감탄하고 그 자신의 한 부분으로 만들기를 원하는 인격과 전문성, 그리고 이해심과 같은 자질을 가지고 있다. 젊은이는 스승의 기대에 공감해줌으로써 자극되고 고무된다. 그러나 아직 그는 자기 의심으로 가득 차 있다. 자신이 과연 그들 두 사람이 다 원하는 모든 것을 갖춘 그런 사람이 될 수 있을까? 시시때때로—또는 한순간에도—그는 자신을 터무니없는 초심자, 부정한 사기꾼으로, 또는 동등한 동료이자 언젠가는 스승의 현 위치보다 훨씬 더 높이 솟아오를 별이 될 것처럼 느낀다.

스승 관계는 사랑 관계의 형태로서 가장 잘 이해된다. 사리에 맞는 정중한 태도로 두 사람의 관계를 끝맺기는 어렵다. 다른 면에서와 마찬가지로, 이런 측면에서, 그것은 부모와 성장하는 자식 사이, 또는 성적으로 사랑하는 사람들이나 배우자들 사이의 격렬한 관계와 흡사하다.

스승 관계는 대개 평균 2~3년, 길면 8~10년 정도 지속된다. 그것은 한 사람이 이동하거나 직업을 바꾸거나 또는 죽는 경우 끝날 수 있다. 가끔 그 관계는 자연스럽게 끝나는데, 냉담 시기 이후에 양방이 따뜻하나 온건한 우정 관계를 형성하기도 한다. 또 서서히 개입이 줄면서 전반적으로 끝날 수가 있다. 그러나 흔히, 강렬한 스승 관계는 양쪽에서 강한 갈등과 나쁜 감정을 갖고 끝난다. 젊은이는 씁쓸함과 분노, 슬픔, 버려진 느낌, 해방된 기분, 회춘과 같은 강한 느낌을 가질 수 있다. 공명감은 사라져버린다. 그가 이전에 사랑하고 존경했던 스승은 이제 파괴적으로 비평적이고 요구만 하는, 혹은 제자의 개성이나 독립성을 촉진한다기보다는 자기 자신의 이미지대로 제자를 만들어버리려고 하는 사람처럼 느껴진다. 예전에는 무엇인가를 할 수 있게 하는 선생이자 친구처럼 생각되었던 스승이 이제는 단지 포악한 아버지나 숨 막히게 하는 어머니가 되어버린다. 또 스승 편에서는, 젊은이가 이루 말할 수 없이 다루기 힘들고, 가장 좋은 권고나 조언까지도 받아들이지 않으며, 비이성적으로 반항적이고 감사할 줄 모른다고 생각한다. 그들이 이런 씨름을 계속하고 있을 때까지는, 상대방에 대한 양방의 비평에는 일반적으로 어떤 타당성이 있다.

그리고 그것 역시 끝난다. 끝난 후에는—일반적으로 사랑 관계에서처럼—그 가치들의 많은 부분은 깨달을 수 있다. 주요한 국면을 끝맺는 것이 곧 그 관계에 종지부를 찍는 것을 의미하는 것은 아니다. 결별한 후, 젊은이는 스승의 존경스러운 자질을 좀 더 풍성하게 그 자신 속으로 받아들일 수 있다. 그는 이제 자신으로부터 더 잘 배울 수 있고, 그 안에서 나오는 목소리에 더 귀를 기울일 수 있다. 그의 인격은 스승을 자신의 본질적인 일부분으로 받아들임으로써 풍요로워질 수 있다. 중요한 인물에 대한 **내면화** internalization[5]는 성인기에 발달의 주요한 원천이다.

직업 형성

남성들은 정상적으로 20대 후반까지는 확실한 직업 선택을 해야 하고,

잘 정의된 직업 노선을 따라 출발해야 한다고 가끔 가정되고 있다. 이 가정은 잘못된 것이다. 그것은 발달이 청소년 말기까지 완료된다는 만연된 관점을 반영하고 있다.

우리는 그 계열이 위에서 제시한 것보다 더 길고 어렵다는 것을 발견했다. 직업을 결정하는 데 대한 심상은 너무 좁고 피상적이다. 그것은 초심자 단계 전 과정을 거쳐, 가끔 그 이상까지 확장되는 복잡한 사회·심리적 과정인, 직업 형성에 대해 말하는 것이 훨씬 더 유용할 것이다.

최초의 진지한 선택은 보통 성인 초기 전환기나 성인 입문기에, 때론 17세에서 19세 사이에 행해진다. 첫 번째 선택이 매우 확정적으로 보일 때에도, 그것은 보통 흥미와 가치에 대한 예비적인 정의를 표시하는 것으로 드러난다. '흥미를 직업으로 변형하는 것'은 좀처럼 단순하거나 직행하는 과정이 아니다. 젊은 남성은 자신의 다양한 흥미들을 선별해서, 만약에 있다면, 어떤 직업이 자신의 흥미를 살리면서 특별한 업무 라인에 전념하게 할 수단이 될지를 찾아내기 위해서 수년 동안 치열하게 고심한다. 가끔 그는 둘 또는 그 이상의 진로를 진지하게 고려해본다. 그 생생한 예를 소설가 폴 냄슨의 인생에서 볼 수 있다(12장 참조).

외적 대안들과 내적 선호도에 대해 충분히 탐색하지 않은 채, 20대 초반에 강한 직업적 개입을 한 젊은 남성은 가끔 나중에 그것을 후회하곤 한다. 반면에, 30대까지 개입을 하지 않거나 또는 결코 직업을 가져본 적이 없는 사람들은, 자신을 위해 적합하고 사회를 위해 가치 있는 일에 꾸준히 종사하는 데서 오는 만족감을 느낄 줄 모른다. 인간 발달에서 가장 역설적인 것 중의 하나는 현명하게 선택할 수 있도록, 지식과 판단과 자기 이해력을 갖기 전에 결정적인 선택을 해야 한다는 사실이다. 만약에, 우리가 진실로 준비되었다고 느낄 때까지 이 선택들을 연기한다면, 그러한 지체로 말미암아 우리는 다른 대가를 치러야 할 것이다. 이 점은 성인 초기의 두 가지 큰 선택—직업과 결혼—에서 특히 두드러지게 나타난다.

일단 최초의 직업을 선택하면, 남성들은 기술과 가치를 익히고 신임을 얻어야 한다. 그는 좀 더 뚜렷한 **직업적 정체감**occupational identity을 발달시키고 그 직업 세계 안에서 그 자신을 확립해야 한다. 그 과정 중에, 어떤 사람은 실패하기도 하고 혹은 중도에 이탈해서 새로운 길을 다시 시작할 수도 있다. 그는 하나의 트랙 안에서 좁게 머무를 수도 있고 또는 한 가지 직업에 좀 더 확실하게 정착하기 전에 몇 가지 방향으로 노력해볼 수도 있다.

그 계열은 몇 해 동안 지속된다. 과학자나 전문가(생물학자 같은)는 대학에서 학생으로 여러 해를 보낸다. 소설가들은 그 자신의 상상을 글로 쓰는 외로운 작업에 자신을 훈련시켜야 한다. 기업체 간부들은 보통 기술직이나 판매, 또는 낮은 수준의 관리 업무에 자신들의 20대를 보낸다. 산업체의 시간제 노동자들은 일의 세계를 탐색하는 데 몇 년이 필요하며, 약간의 훈련과 경험을 습득하고, 특별한 산업체나 노동조합과 잘 알게 되면서, 견습생 지위를 넘어 좀 더 안정된 직업적 적재적소를 발견하게 된다. 그 계열은 다양하나, 모든 직업에서 그 과정이 초심자 단계의 전반에 걸쳐 있다. 30대 전환기가 끝날 때까지, 남성이 직업적 수련기간을 끝내고 직업 세계에서 완전한 성인의 지위를 맡게 되는 것은 아니다.

33세 혹은 34세까지 남성들이 도달하는 수준은 매우 다양하다. 생물학자들은 국가적인 명성을 가진 부교수일 수도 있고, 또는 이제 막 독립적으로 연구하기 시작한 조교수일 수도 있다. 소설가들은 저명한 장래가 촉망되는 젊은 작가일 수도 있고, 또는 무명작가일 수도 있다. 기업체 간부들은 맨 첫 번째 관리직에 있을 수도 있고 또는 꼭대기 가까이에 가 있을 수도 있다. 노동자들은 고도로 숙련된 기술자나 상점 지배인 또는 안정된 직업이 없는 미숙한 노동자일 수도 있다.

직업을 형성하는 계열은 어떤 경우에는 비교적 직접적이고 단순하며, 큰 갈등이나 방향전환 없이 직선적으로 진행되고 있다. 어떤 남성은 하나의 과정에 마음을 결정하고, 자신이 그 직업 안에서 충분히 자리를 잡고 정착할 준비가 될 때까지, 그 여세를 유지해나간다. 이러한 계열은 우리 연구의 대여섯 명의 생물학자들(전부는 아니지만)에 의해 잘 예시되고 있다. 그들은 대학에서 학문하는 생물학자가 되기로 결정한다. 이러한 선택은 야외활동, 하이킹, 재생산적 현상, 기초 화학실험, 손으로 고치는 것과 같은, 인생 초기의 강한 흥미들과 일치한다. 그들은 기계나 공학과 같은 다른 직업적 선택을 고려해볼 수 있다. 그러나 대학 생활이 끝날 때까지, 다른 대안들은 옆으로 제쳐놓는다. 아마도 다음 시기에 다시 그들을 꺼내올지 모른다. 대학원에서 4~5년을 보낸 후에 그들은 가끔 1~2년의 박사 후 과정을 수료하고 조교수로서 대학에 자리를 잡는다. 어떤 사람은 이때 30대 전환기를 끝내기도 하고, 다른 사람은 이삼 년 동안 교수요원을 거친 후에 30대 전환기를 마무리 짓는다. 그러나 단지 30대 전환기가 끝날 무렵에야 직업 발달의 예비 단계를 완료한 사람도 있다. 17장에서 보게 되겠지만, 존 반즈가 이러한 계열의 좋은 예이다.

통상 남성들은 정상적으로 이러한 안정되고 단일한 방식으로 직업을 형성한다고 가정되고 있다. 그러나 이러한 계열은 우리들 직업군의 어디에서도 표본적인 것은 아니었다. 이 계열이 반드시 다른 것보다 '정상적'이고 건강한 것은 아니다. 대학의 훈련 체계가 그들에게 강력한 사회화의 영향력을 발휘하는 생물학자들 가운데에도, 다른 계열을 거쳐 가는 사람들이 이런 경우보다 더 많거나 같았다.

예를 들면, 우리 연구에서 가장 창조적인 생물학자 중 한 사람인 배리 모건Barry Morgan은 자기 부모의 소망에 반하여 16세에 고등학교를 중퇴했다. 그는 군대에서 3년을 보낸 후 집에 돌아와서 24세가 되어서야 대학을 마쳤다. 그러나 그는 아직 자신의 힘으로 바깥 세상에 나갈 준비가 되어 있지 않아, 2년 동안 대학원에 머물러 있게 되었다. 이때에 그는 독립적으로 우수한 연구를 해냈는데, 이것이 그가 일류급의 생물학과에서 대학원 공부를 할 수 있도록 전환시킨 계기가 되었다. 거기서 그는 31세에 박사학위를 취득했다.

모건이 생물학을 선택한 것은 성인 초기 전환기인 대학 시절이었다. 그것은 인생 초기의 흥미와 성인 생활에 대한 꿈과 조화를 이루었다. 그러나 아직도 그는 이 선택에 대해 자주 회의를 느끼곤 했는데, 그래서 그는 박사 학위를 마치기 전 3년 내내 공부에 전념하지 못하는 '전념의 위기crisis of commitment'를 겪었다. 그가 초심자 단계를 끝내고 좀 더 책임감 있고 자율적인 이력을 시작한 것은, 박사 후 과정을 마치고 일류 대학에서 1년 동안 강의 경력을 쌓은 후인, 33세가 되어서야 비로소 가능했다. 이 무렵에,

그는 드디어 결혼도 할 수 있었다.

소설가들은 이 형성 단계 동안 또 다른 혼란을 겪었다. 그들은 일반적으로 성인 이전기부터 글 쓰는 데에 강한 흥미를 가지고 있었다. 대부분의 경우, 성인 초기 전환기에, 풋내기 소설가들은 글 쓰는 데에 적극적으로 개입했으며 작가가 되려는 꿈을 형성했었다. 다음 15년 동안에 걸친 그 꿈의 영고성쇠는 작가마다 상당히 달랐다. 어떤 경우에도 그 과정은 단순하거나 단조롭지는 않았다. 우리들 작가 중의 한 사람인 캐빈 타이런Kevin Tyrone은 대학을 마치기 전인 23세에 결혼하고 자신의 첫 번째 소설을 완성했다. 그는 다음 4년 동안, 결혼 생활과 글 쓰는 일이 중심이 된 매우 단순한 인생 구조 안에서 살았다. 일과 결혼 생활이 그의 꿈을 유지시키고 그의 문학적 노력을 지지하는 아내의 역할로 인해 짜임새 있게 연결되어 있었다. 아내의 노동과 자신의 시간제 직업은 흡족하지는 않지만 수입을 충당해주었다. 28세까지, 그는 세 권의 책을 출판했고 창조적인 소설가로서 명성을 확고히 했다(상업적으로 성공적인 것은 아니지만). 이제 그는 천재적인 작가가 될 수 있다고 확신할 수 있었다.

28세에 타이런은 열성적이고 진지한 작가였으나, 그의 글 쓰는 작업은 돈을 버는 직업이 되진 못했다. 그의 인생은 일직선이라기보다는 갈 지之 자가 되어야 했다. 그는 헌신적인 스승의 축복과 후원으로 유명 대학에서 시간제 문학 강사가 되었다. 다음 4년 동안, 30대 전환기를 거치면서, 그는 다른 대학에서 영어 교수가 되었다. 작품 활동도 계속하면서, 그래서 약 10년 동안 그렇게도 잘 돌아가던 스승 관계를 포기하게 되었다.

많은 다른 사람들처럼, 그리고 사실상 모든 소설가들과 마찬가지로, 타이런도 이중 직업을 형성했다. 그의 경우는 작가 겸 교수였다. 성인 입문기에는 그는 소설가로서의 정체감과 이력을 위한 토대를 쌓았다. 또한 그는 소설을 쓰는 것으로 생계를 유지할 수 없다는 것을 깨달았다. 그래서 그는 30대 전환기를 새로운 학문적 직업을 형성하는 데 활용했다. 30대 초반에, 그는 양면이 있는 직업과 가족 주변에 지어진 인생 구조로 '안정기'를 시작하게 되었다.

성인 초기에 노동자 계층 남성들의 인생 과정은 단순하고 정체된 것으로 가끔 가정되고 있다. 그들은 대부분 고등학교를 졸업하고, 일자리를 얻어, 결혼해서 가족 생활을 시작하며, 그리고 20대 중반까지는, 여러 해 동안 별다른 변화 없이 지속될—행운이나 불행과 같은 뜻밖의 사건이 없다면—인생행로 위에 있게 된다는 가정이다. 그러나 우리의 발견은 이러한 관점과는 상반된다. 노동자 계층의 남성들도 다른 계층이나 직업군에 있는 사람들과 동일한 발달적 시기들을 거쳐 가고 있다. 비록 그들은 성인 세계로 들어가서 그 안에 자신들이 안주할 자리를 잡는 데에 그들 자신의 계층과 관련된 문제들을 갖고 있긴 하지만 말이다. 우리 표본에서는 열 명 중 여덟 명이 성인 입문기에 만족스런 직업을 형성하는 데 큰 어려움을 겪었으며, 30대 전환기에는 중간 정도 또는 심각한 위기를 경험했다.

우리 표본에 있는 세 명의 흑인 노동자 가운데 한 사람인 플로이드 토머스Floyd Thomas가 그 한 예이다. 어린 시절에 토머스는, 어머니 쪽을 닮은 좀 더 학구적이고 부지런한 '착한' 형제들에 비해 자기 아버지(가족을 버린)를 닮은 '몹쓸' 아들로 따돌림을 받았다. 토머스는 고등학교 2학년 때에 학업을 그만두고 공장에서 일했다. 그리고 18세에는 한국전쟁 중에 군에 입대했다. 기본 훈련을 받고 있는 동안에 그는 대학에 다니는 여성과 결혼하여 좀 더 안정된 중류 계층의 생활로 들어갔다. 그는 한국전에서 대형 폭탄 파괴 기술자로 활약한 결과 상사로 승진했다. 그러나 그는 그 후 무단 이탈로 인해 제대해야 했다.

22세에 민간인이 된 토머스는 아내의 고향에 가서 그녀와 결합했다. 막일을 하면서 그의 아내와 그녀의 가족과 틀에 박힌 생활을 이삼 개월 한 후에, 그는 아내를 버리고 자신의 고향으로 돌아왔다. 다음 4년 동안 그는 길거리에서 차라리 무질서하다고 할 만한 생활을 했다. 그는 대개는 노름판이나 도박판에서, 그리고 너무 답답해지면 가끔은 좀 더 괜찮은 일거리를 붙들기도 하면서 매일 매일을 소일했다. 이 시절 그의 꿈은 권투 선수가 되는 것이었다. 권투를 그의 일차적 직업으로 삼는 것은 불가능했지만, 그는 매니저(부분적이나 중요한 스승인)를 가지고 있었고, 지역적으로는 명성을 얻고 있었다. 그는 아내와 두 번째 재결합을 했는데, 그녀는 그가 자기 어머니로부터 독립하는 데 좀 더 도움이 되었다. 26세가 될 때까지 그는 혼란스런 생활로 인해 점점 고통스러워졌고, 그리고 권투 선수가 되려는 꿈은 결코 실현될 수 없다는 것을 깨닫게 되었다.

토머스의 30대 전환기(27~31세)는 자신과의 힘겨운 싸움의 시기이자 위기가 재현되는 시기였다. 그는 30대 전환기를 산만한 인생 구조를 마무리 짓고 새로운 삶을 위한 기초를 마련하는 데 활용했다. 매니저와 아내의 도움으로, 그는 실패로 끝난 권투 선수의 이력을 포기하고, 대신에 지역사회 센터에서 소년들에게 권투를 가르쳤다. 그는 혼외정사를 제한하고 결혼 생활에 더욱 충실해졌다. 그는 28세에 교회에 다시 나가서 교회와 온건한 유대 관계를 유지했다. 또한 그는 지방에 있는 공장에서 기계 기사로 일자리를 얻어 기술자가 되었으며 몇 번의 승진도 하게 되었다.

31세까지 토머스는 새로운 인생 구조를 확립했다. 그와 아내는 둘 다 일을 했기 때문에, 두 대의 차를 굴리며 정기적으로 휴가를 즐길 여유가 있었으며, 점점 중류층의 생활 양식을 따라갈 수 있었다. 결혼 생활에서의 긴장은 꽤 완화되었으나 주기적으로 날카로워지곤 했다. 그의 사회생활은 주로 '건달패들과 어울리는' 시간이 많았다. 골프를 친다거나 그 정도가 경미해지긴 했으나 도박이나 음주, 무절제한 성행위에 몰입했다. 그의 세계와 아내의 세계는 크게 분리된 채 남겨졌다. 둘 사이는 아직도 갈등이 있었다: 그는 그녀가 도덕적이고 금욕적이며, 자신의 태평스럽고 호색적인 면을 참을 수 없어 하는 것을 발견했다. 그러나 그녀는 그가 필요로 하고 다른 방도로는 도저히 얻을 수 없는 안식처를 제공해주고 있었다. 그의 초심자 단계의 마지막에는, 그는 자신의 이 모순된 면들을 포함하고 표현할 수 있는 인생 구조를 형성하고 있었다. 그러나 그들은 완전히 통합된 상태가 아닌, 불안한 휴전 상태 속에서 공존하고 있었다. 이 구조를 통합하고, 수정하거나 또는 극적으로 변화시키는 것은 다음 발달 시기의 과제일 것이다.

모든 직업군에 대해서, 우리가 일반적으로 발견한 것은 다음과 같다: 직업을 형성하는 과정은 성인 초기의 초심자 단계 전반에 걸쳐 있다. 이 과정은, 초기에 하나의 직업에 강한 개입을 한 사람들도, 또는 결정을 하지 못하고 남아 있는 사람들도, 그리고 20대에 주요한 직업적 전환을 한 사람들도 거쳐 간다. 30대 전환기의 마지막에는 좀 더 개방적인 형성단계가 종료된다. 남성들은 이제 좀 더 영구적인 선택을 해야 하고 그 시점에서 확립된 토대 위에 이력을 쌓아올려야 한다. 직업 형성 과정은 성인 초기 동안 계속되지만, 보통 30대 초반에 확립된 모형 안에서 계속된다.

결혼과 가족 형성

결혼과 첫아이의 출생은 가족사에서 중요한 이정표가 되는 사건이나, 결혼과 가족의 형성 과정은 이정표적 사건이 일어나기 훨씬 전에 시작되어서 그 후 오랫동안 계속된다. 직업의 경우에서처럼, 결혼과 가족 생활도 초심자 단계를 통해, 때로는 훨씬 오랜 기간의 형성 과정을 거쳐나간다.

그 과정은 남성들의 성인 초기 전환기에 시작되어 연이은 시기에 계속된다. 그의 첫 번째 발달 과제는 **여성과 교우 관계를 맺는** 능력을 발달시키는 것이다. 이 관계는 여러 가지 구성 요소들로 다양하게 조합되어 있을 수 있다: 애정, 성적인 욕망, 정서적 친밀감, 의존성, 양육 동기, 낭만적인 사랑, 우정, 협력, 존경심, 찬양, 지속적인 개입. 한 젊은 남성이 여성과 관련된 자신의 내적 자원과 취약성에 대해서, 그리고 그들이 무엇을 주고, 요구하며, 자신에게서 무엇을 억제하는지에 대해 아는 데에는 시간이 걸린다. 그는 자신의 마음을 끄는 여성의 특성에 대해서, 그리고 자신의 어떤 점에 대해서 여성들이 매력을 느끼는지에 대해 배울 것이 많다. 그는 성인 이전기에 이러한 발달 과제들을 해결하도록 어느 정도 준비를 해 왔으나, 결코 충분하지는 않다. 그러나 그는 역시 성인 이전기를 통해 죄의식, 불안, 신비화와 같은 유산을 물려받았다. 이러한 유산은 그가 여성들을 이해하고, 그녀들을 진지하게 다루며, 그리고 결혼과 가족을 형성하기 위한 장기간의 기획에 한 여성과 합류하려고 노력할 때 그를 혼란스럽게 만든다. 이러한 어려움에 비추어보면, 남성들이 30대 초반까지 이러한 과제에 대해서 아직 신출내기로 남아 있으며, 그리고 타인이나 자신 안에 있는 여성과 관계를 맺는 일이 일생을 통한 발달 과제이어야 함은 크게 놀랄 일이 아니다.

그리고 아직 준비가 되었든 되지 않았든, 헤아릴 수 없이 수많은 세대를 통하여, 모든 문화권에 있는 젊은 남성들은 초심자 단계에 결혼을 하고 가족을 형성하기 시작했다. 아마도 초혼 평균 연령이 25세 이상인 사회는 결코 없었을 것이다(중국은 엄격한 정부 정책에 의해 현대판 예외가 될 것이다. 그러나 이것은 관망해볼 일이다). 물론 이보다 더 늦게 결혼하거나 아예 결혼을 하지 않은 개인이나 하위 집단들이 있긴 하다. 아마도 우리로 하여금 어떤 형태의 결혼이나 가족 관계를 형성하도록 다그치는 강력한 힘이 개인의 생물학적 · 심리적 체질 속이나 인류 사회의 본질 속에 잠재해 있는 듯싶다. 문제는 하나의 사회 제도로서 가족을 갖느냐 갖지 않느냐가 중요한 것이 아니고, 어떤 형태의 가족 제도가 특별한 사회적 조건 속에서 어린이와 부모의 발달을 촉진하는 데 가장 적합한지가 중요하다.

성인 초기에 있는 남성들은 남성들뿐만 아니라 여성들과도 비교적 지속적인 관계를 형성할 필요가 있다. 그는 역시 부모로서의 책임과 즐거움을 수용하고, 어느 정도는 자아의 '남성적인' 면과 '여성적인' 면을 살릴 필요가 있다. 비교적 좋은 조건에서는 남편이나 아버지가 된다는 것이 자신의 발달에 도움이 된다. 젊은 남성이 가족 내에서의 기능을 적절히 수행할 수 없을 때, 그것은 부분적으로 발달적 실패이다. 이러한 것이 대규모로 발생하면, 그것은 역시 사회의 실패를 반영하며 사회에 파괴적인 결과를 가져온다.

남녀 관계, 결혼과 가족 관계를 포함한 이러한 발달 과제들이 얼마나 잘 충족되는가 하는 것은 개인과 사회, 그리고 종족의 안녕을 위해서 중요하다. 이러한 과제들의 근본적인 중요성을 고려할 때, 자연의 법칙에 의한 시기가 매우 좋지 않다는 것이 놀랄 만하다. 우리는 우리가 하고 있는 일이 무엇인지, 또는 그것을 어떻게 하면 잘할 수 있는지 완전히 알기 전에, 배우자를 선택해야 하고 가족 생활을 시작해야 한다. 이것은 인간 발달에서 통상적으로 볼 수 있는 자수성가自手成家의 한 예이며, 또한 인간의 복잡성과 성장, 그리고 불합리성의 또 다른 측면을 보여주는 것이다.

결혼하기로 결정할 때, 젊은 남성들은 보통 장기간의 관계를 유지하며,

가족을 이루어서 양육할 것을 맹세한다. 그러나 이러한 의무를 떠맡는다는 사실이 그가 그것을 위한 준비가 되어 있다는 것을 반드시 의미하는 것은 아니다. 20대에 있는 대부분의 남성들은 아내와 가족에게 지속적인 내적 개입을 할 준비가 되어 있지 않으며, 또한 그들은 기품 있게 사랑하고, 성적으로 자유스러우며, 정서적으로 친밀한 관계를 유지할 능력이 없다.

우리 표본의 반수가 그러했듯이, 만약에 한 남성이 성인 초기 전환기(17~22세)에 결혼한다면, 그는 성인이 된 여성들과 교우 관계를 형성한 경험이 별로 없다. 구혼과 배우자 선택은 성인 초기의 과제, 특히 부모로부터 독립하고자 하는 노력과 깊은 관계가 있는 것 같다. 그는 부모에게서 벗어나고 싶기도 하지만, 부모나 다른 사람들과 성인 이전기의 유대 관계를 유지하고 싶기도 하다. 그는 청소년기를 넘어서 한 발자국도 나가지 못하고 있으며, 이때에는 성sex이 흔히 놀랄 만큼 신비스럽거나 호기심을 당기는 행위이기도 하다. 성인 초기 전환기에는, 친밀한 결혼 관계를 확립하고자 하는 한 젊은 남성의 노력이 강력한 모성상과 관련된 **조그만 사내아이**라는 자아감이 지속됨에 따라 혼란스러워진다. 그는 이 모성상에 대한 각양각색의 환상들—탐욕스런 여자 마법사, 젖먹이는 가슴, 성적인 유혹자, 굴욕적인 거절자, 자발적인 하인과 요구하는 주인—을 표현함과 동시에 통제하려고 악전고투한다. 그의 아내는 부분적으로는 그가 내면에 갖고 있는 모성상 중에서 항상 두려워하고 분개하는 그런 측면의 성질을 소유하지 않은 것처럼 보이기 때문에 그의 마음을 끈다. 그러나 그들의 관계는 실제로 어머니-아들 상호 관계의 이모저모를 내포하고 있을 수 있는데(그녀가 그를 흠뻑 만족시켜 준다거나 그를 찬양하는 것과 같은), 그것은 조만간에 더 많은 문젯거리가 될 가능성이 있다.

우리 연구의 남성들 중 약 30%가 성인 입문기(대략 22~28세)에 결혼했다. 이 결혼들은 이 시기의 과제에 의해 채색되어 있으며 성인 초기 전환기의 발달적 과제가 수행됨에 따라 풍요로워진다. 이제 남성은 좀 더 완전하게 성인 이전기를 마무리 짓고, 적극적으로 첫 번째 인생 구조를 구축하고 있다. 그는 피어오르는 야망을 바로 인식하고 계획된 인생을 자신과 함께 공유하기를 원하는 여성을 찾는다. 이 시기의 결혼은 그가 들어가려고 하는 성인 세계와 그가 정착하려고 하는 인생의 목표 안에서 일어나며, 또 그것들과 조화를 이룬다.

그러나 이러한 결혼에도 마찬가지로 수많은 어려움의 원천이 있다. 흔히 이 시기에 결혼한 부부들은 성인 초기 전환기나 그 이전부터 서로 알아온 사이이다. 그러나 이전에 형성된 관계는 이후의 시기에는 덜 적합하곤 한다. 이것은 왜 10대에 형성된 낭만적 사랑이 몇 년 동안 좀처럼 헤어질 수 없는 것처럼 보이다가 보통 파경에 이르게 되는지 그 이유 중 하나이다. 만약에 부부가 결혼한다면, 거기에는 번번이 한쪽 또는 양쪽에 어떤 심각한 불안감이 함께 하고 있다—파트너 또는 가족과 사회적 연결망에 대한 의무감에 짓눌린 불안감.

만약에 20대 후반에 있는 한 남성이 아직도 총각이라면, 그는 30대 전환기에는 결혼하는 것에 대해서 좀 더 신중해질 가능성이 있다. 그는 부모, 친구, 직업적 연결망에 의해, 그리고 자신 내면의 목소리에 의해 결혼하라고 고무되거나 압박을 받는다. 그의 총각 시절이 이전에는 즐거움이었을지도 모른다: 탐색할 기회, 성적인 무절제, 두세 개의 심각한(결함이 있지만) 애정 사건, 혹은 '문젯거리'가 생기는 데 지나치게 걱정하지 않고도 여성과 정서적 거리를 둔 채 남아 있을 수 있는 즐거움. 하지만 30대 전환기까지 미혼 상태로 남아 있는 것은 일반적으로 그의 삶 속의 공백 혹은 인생 구조 안의 빈틈으로 느껴진다. 우리 표본의 20%가 그러했듯이, 이 시기에 결혼 생활을 시작한 남성들은 그 자신뿐 아니라 여성 관계에 대해서도 더욱 해박하며, 과거로부터 따라온 몇 가지 갈등을 좀 더 완전하게 해결해버린 것과 같은 상당한 이점을 가지고 있다. 그는 역시 압력에 못 이겨 결혼해버린 것 같은 불리한 점도 어지간히 가지고 있다. 이것이 마지막 기회라고 느꼈기 때문에, 깊은 사랑 관계를 성취한다기보다는 그의 인생을 '정상화'시키려는 노력에서 그는 선택을 했을 수도 있다.

결혼한 시기가 언제이든지, 모든 결혼 관계는 몇 개의 추진력과 문제들이 조합되어서 시작된다. 두 사람이 아무리 오랫동안 서로 깊이 알아왔다고 해도, 부부는 결혼에 대해서 완벽하게 준비되어 있지는 않다. 매우 제한된 관계 속에서 일찍 정착한 부부는 잠시 동안은 만족할지 모르나, 조만간에 불만들이 거대한 갈등이 되어 분출하거나 또는 침체된 결혼 생활로 이끌어가게 될 것이다. 만약에 결혼 관계가 상호 간에 만족스런 방향으로 전개된다면, 연이은 인생 과정에서 개인과 부부가 함께 발달적 과업을 계속해서 수행해갈 필요가 있다. 하나의 제도로서 결혼의 안정성은 문화, 종교, 확대 가족과 법률이 한데 뭉친 힘에 의해서—그리고 때때로, 은밀한 혼외관계를 암암리에 수용함으로써, 전통적으로 유지되어왔다. 현대에는 권위의 합법성과 사회적 통합의 기반이 약화됨에 따라, 결혼의 안정성은 제도적인 지지를 덜 받게 되었으며 배우자 자신들의 노력에 훨씬 더 의존하게 되었다.

남성의 여성들과의 사랑 관계는 다양한 형태를 띨 수 있으며, 또 여러 가지 기능을 할 수 있다. 나는 이런 관계 속에서 한 남성이 한 여성을 **특별한**(사랑받고 사랑하는) 여성으로 경험한 한 유형을 기술하고자 한다(그녀 역시 그를 특별한 남성으로 경험했을 수 있다). 이것은 통상 사랑하는, 낭만적인, 부드러운, 성적인 감정들을 내포하고 있으나, 그 이상의 것을 함축하고 있는 독특한 관계이다. **특별한 여성**special women은 진정한 스승과 같다: 그녀의 특별한 자질은 그녀가 그의 꿈과 관련을 맺고 있는 데 있다. 그녀는 꿈을 포함하고 있는 그의 자아의 부분에 생명을 불어넣도록 돕는다. 그녀는 그가 성인 세계로 들어가서 자신의 꿈을 추구하도록 촉진시킨다. 부분적으로는 그녀는 선생, 안내자, 주인, 비평가, 후원자로서 실질적인 노력을 통하여 이 일을 해낸다. 좀 더 깊은 심리적 수준에서는, 그녀는 그의 영웅적 고투苦鬪를 생성해내고 지지해주는 그의 내적 여인상—융이 **아니마**Anima라고 묘사한—을 그녀에게 투사할 수 있도록 해준다. 특별한 여성은 그로 하여금 꿈을 형성하고 그 꿈을 실현하도록 돕는다: 그녀는 그의 꿈을 공유하며, 그를 영웅으로 믿고, 그의 꿈을 축복하며, 그리고 그와 여행을 함께 해서 그가 야망을 펼치고 희망을 북돋을 수 있는 '경계 공간boundary space'을 창조한다.

스승처럼, 특별한 여성은 전환기적 인물이다. 성인 초기 동안에, 남성은 자신 안에 있는 '조그만 사내아이'로부터 벗어나서 좀 더 자율적인 성인이 되기 위해 씨름한다. 특별한 여성은 그의 의존성과 미숙함을 수용하고, 그녀를 그녀 실체 이상(또는 그보다 못한)의 어떤 것으로 만들려는 그의 욕구를 포용하는 동안, 그의 성인다운 야망을 촉진시킬 수 있다. 후에 중년의 전환기에는, 그는 좀 더 개성적인 사람이 되어 있을 것이다. 그 이후의 발달과 함께, 그는 스스로 더욱 완숙해질 것이며, 특별한 여성의 실제적인, 환상적인 공헌을 덜 필요로 하게 될 것이다.

부부는, 만약 두 사람의 관계가 여성의 발달도 촉진시킬 수 있는 경우라면, 남성의 발달을 한층 촉진시킬 수 있는 지속적인 관계를 형성할 수 있다. 만약에 그가 그녀를 특별한 여성으로 간주하고 있는 느낌이 주로 자신의 소망을 투사한 데서 온 것이지, 그녀 자신의 욕망이나 노력에서 온 것이 전혀 아니라면, 조만간에 거품은 부글부글 끓어올라 폭발해서 두 사람은 속았다고 느끼게 될 것이다. 만약에 그의 꿈을 지지하는 동안에 그녀 자신의 꿈을 잃어버렸다면, 그때는 그 여자의 발달은 고통을 당할 것이고 두 사람은 후에 그 대가를 치러야 할 것이다. 이런 종류의 불균형은 가끔 30대 전환기나 중년의 전환기와 같은 전환기에 표면화된다.

남성들의 아내는 내가 방금 기술한 의미에서 특별한 여성이 될 수가 있다. 반면에, 그들은 사랑하고 지지하기는 하나 그의 꿈과는 거의 상관이 없는 관계를 가질 수도 있다. 실로, 그의 아내는 어떤 결정적인 면에서 그의 꿈에 상반될 수 있다. 아내가 남편에게서 사랑하는 것, 그리고 자신들의 삶 속에 꾸리고자 하는 것이, 남편이 꿈을 추구하는 데에는 방해되거나 장애가 될 수도 있다. 그녀와 결혼하기로 작정한 것은 사실상 자신의 꿈으로부터 멀리 도망가는 방향을 선택한 거나 다를 바 없었다. 만약에 그녀의 꿈이 그의 꿈과 다르거나 두 사람의 꿈이 양립할 수 없는 것이라면, 그들의 결혼 생활은 조만간에 대가를 치러야 할 모순을 안고 시작하게 된다. 이런 종류의 불균형은 몇 년 동안의 결혼 생활을 겪은 후에야 비로소 나타나게 되며, 가끔 심한 불만과 갈등을 유발한다.

이것은 **전통적인 여성 삶**과 **자유로운 여성 삶**에 대해 현재 논쟁점이 되고 있는 일면을 보여주고 있다. 전통적인 여성에겐 아내와 어머니로서의 역할이 일차적이다. 그녀의 꿈은 어떤 종류의 가족과 공동체 삶을 갖는 것이다. 그 여자의 정체감은 대개 남편의 정체감 위에 형성되며 거기에 덧붙여진다. 그녀는 남편이 꿈에 너무 사로잡혀 있거나 꿈을 실현하기 위해 가족과 결혼 생활에서 멀어지지 않는 한, 남편이 꿈을 실현하도록 돕는다. 이와 같이 그의 꿈은 그녀의 흥미를 정의하고 추구하는 수단이 된다. 그녀에 대한 큰 도전은 30대와 40대에 온다: 그녀의 남편과 아이들은 그녀를 덜 필요로 하며 그녀에게 주는 것도 줄어든다. 그래서 그녀는 그 자신의 좀 더 뚜렷한 정체감을 형성해야 된다.

자유로운 여성은 그 자신의 독특한 꿈을 형성하려고 한다. 만약에 그녀가 어떤 직업에 진지하게 개입하고 있다면 그녀와 그녀의 남편은 상호 간의 조화와 개인적 발달을 위해 엄청난 노력을 해야 한다. 자신들 꿈 사이의 불균형을 깨닫고 다루는 것은 사랑하는 사이나 부부 관계에서 중요한 문제이다. 한 사람의 꿈 주위에 하나의 인생 구조를 형성하는 것도 충분히 어려운 일이다. 그런데 두 사람의 꿈을 포함할 수 있는 인생 구조를 구축하는 것은 실로 초인적인 과제이며, 그리고 인류의 진화와 역사가 그것에 대비해 아직 우리를 제대로 준비시키지 못한 그런 과제이다.

나는 이 문제를 주로 남성들이 유리한 입장에서 논의해 왔다. 궁극적으로, 물론 그것은 남성, 여성, 결혼, 가족, 사회의 다각적인 조망에서 검토되어야 한다.

초심자 단계의 끝자락

30대 전환기가 끝날 무렵에 우리 남성들은 자신의 인생 구조에 얼마나 만족감을 느꼈는가? 이 질문에 답변하기 위해서, 우리는 표본을 세 집단으로 나누었다: 인생 구조가 (a) 매우 긍정적이다, (b) 긍정적, 부정적인 것이 혼합되었거나 모호하다, (C) 매우 부정적이다. (a)범주에는 15명이, (b)에는 20명이, (c)에는 5명이 있었다. “매우 긍정적이다” 범주에는 세 명의 노동자와 다른 집단에서 각각 네 명씩이 포함되어 있었다. “매우 부정적이다” 범주에 있는 다섯 명은 세 명의 생물학자, 한 명의 기업체 간부, 그리고 한 명의 소설가였다.

어떤 인생 구조는 다른 것보다 더 만족스럽기는 했으나, 어떤 구조도 결함과 모순이 없는 것은 없었다. 심지어 가장 좋은 구조라도 그 한계가 있었고 조만간에 변화되어야 했다. 모든 안정기는 특별한 인생 구조를 구축해서, 그 안에서 살며, 그 구조를 강화시키는 데 활용되고 있다. 뒤따라오는 전환기는 그 구조를 수정하거나 파괴하고, 새로운 구조의 기반을 만드는 데 바쳐지는데, 이 역시 영구히 안정적인 것은 결코 아니다.

초심자 단계 동안 일어나는 발달적 변화에 대한 감각을 얻기 위해서, 17세 때와 33세 때의 인생을 비교한 것이 유익한 정보를 주고 있다. 두 시기의 차이는 주목할 만하다. 질적으로 새로운 구조가 출현하고 있다. 그것은 항상 과거로부터 어떤 요소들을 내포하고 있으나, 그들의 의미는 새로운 인생 맥락 속에서 변화되어 있다. 성인 초기 전환기에 남성의 인생은 아직 가족적 기원과 성인 이전기에 강하게 뿌리를 내리고 있다. 분리의 과정이 바로 진행 중에 있다. 그는 미완성이거나 분화된 꿈을 갖고 있으며, 다양한 희망과 두려움, 환상들, 그리고 미래에 대한 계획을 가지고 있다.

15년 후, 30대 초반에는, 그의 청소년기는 현재의 세계로부터 훨씬 멀어진, 먼 과거의 일부분처럼 보인다. 비록 그가 동일한 공동체와 동일한 사회적 맥락 속에서 계속 산다고 할지라도, 변화하는 시간들은 그의 인생의 피륙 속에 변화를 초래했다. 그러나 대개, 그는 새로운 지역, 새로운 사회·문화적 세계에서 살고 있다. 이때까지 그는 거의 확실히 아내와 가족이 있다—아마 이혼이나 재혼까지도 한다. 그리고 남편과 아버지가 되는 것이 무엇을 의미하는지에 대한 그의 감각도 극적으로 변화되었다. 아들인 것에 대한 의미도 역시 마찬가지다: 부모 중의 한 분이나 두 분이 다 돌아가셨을 수도 있고, 또 만약에 살아 계신다면, 그 관계는 그가 부모역할을 하는 쪽으로 전환되었거나 그들과의 접촉을 잃었을 가능성이 있다. 그의 직업생활의 특성도 새로운 형태를 취하고 있다. 비록 그의 현재 직업이 그가 바라던 것 중의 하나라고 할지라도, 그것은 성인 초기 전환기에 그가 상상하지 못했던 가능성과 한계를 내포하고 있다. 대부분의 경우에, 직업은 초기의 기대와는 결정적인 면에서 차이가 난다.

30대 전환기가 끝날 때, 남성들은 주요한 새로운 선택을 하거나 현존하는 선택들에 자신을 재개입시킨다. 많은 것들이 이 선택들에 달려 있다. 만약에 선택이 잘 되면—개인의 꿈, 가치, 재능, 가능성이라는 관점에서—그러한 선택들은 비교적 만족스러운 인생 구조를 위한 중심부가 된다. 만약에 준비 작업이 보잘 것 없어서 새로운 구조에 결함이 있다면, 안정기의 인생은 점점 고통스러워지고, 좀 더 만족스러운 구조를 창조하기 위해서는 더욱 힘들고 비싼 대가를 치러야 할 것이다.

7장 제임스 트레이시의 인생

기업체 간부(1)

제임스 브래퍼드 트레이시James Bradford Tracy는 1924년에 뉴햄프셔주의 엑스터에서 태어났다. 이때 그의 양친은 27세쯤이었다. 1929년에 그들은 뉴욕의 조그만 도시인 하버스트로우로 이사를 갔는데, 짐의 유일한 형제인 조지George는 그해에 태어났다. 가족들은 짐의 어머니 주위에서 맴돌았다.

> 어머니와 나는 서로가 완전히 지칠 때까지 싸웠죠. 우리는 둘 다 고집이 셌는데, 항상 내가 어머니 앞에서 냉정을 잃거나 어머니가 나에게 냉정을 잃기 일쑤였습니다. 어머니는 내가 냉정을 잃어서는 안 된다고 나에게 주지시켰죠. 어머니는 매우 강하고 지적인 사람이었으며, 강한 통치자였고, 분명히 모든 것을 좌지우지하는 사람이었습니다.

그의 어머니는 버지니아에 있는 스위트브라이어대학교를 졸업했으며, 파이 베타 카파* 클럽의 회원이었다. 그녀는 야심만만했고, 고집이 세고,

* Phi Beta Kappa: 1776년 미국에 설립된, 성적이 우수한 대학생과 졸업생으로 조직된 클럽—역주

총명하고, 거만했다.

우리들의 성격은 상당히 닮았습니다. 어머니는 모든 일을 좌지우지했으며, 거기에 대해서 말할 사람은 아무도 없었고, 아직도 여전하지요. 어머니는 항상 마을에서 매우 활동적이었습니다. 가든 클럽의 회장이었으며, 읍내에서는 큰 기구인 지방 복지회의 회장이었습니다. 우리 어머니와 아버지는 꽤 잘 지냈으며, 지금도 여전합니다. 그분들은 거의 50년 동안 결혼 생활을 해오고 있죠. 그분들은 75세쯤 되셨습니다. 뭐니 뭐니 해도 나의 성장 과정은 비교적 정상적이었습니다. 나는 친구가 있었고, 야구와 축구를 즐겨 했죠. 나는 항상 운동 경기에 매우 흥미를 느꼈습니다.

인생 초기에 대한 짐의 회상은 그의 어머니에 초점을 맞추고 있었다. 아버지에 대해서는 이야기할 만한 것이 훨씬 적었다.

아버지는 메인 주에 있는 매우 가난한 가정에서 출생했죠. 할아버지는 아버지가 세 살 되던 해에 돌아가셨고, 아버지는 할머니가 기르셨는데 어린 시절부터 쭉 일을 했답니다. 아버지는 조그만 마을의 일곱 어린이들 중 가장 어렸대요. 아버지는 고등학교에 다니면서 메인대학교에 갈 수 있는 장학금을 받았습니다. 아버지는 메인대학교에서 3년을 지낸 후 전쟁에 휘말리면서 제1차 세계대전에 참전했습니다. 아버지는 조종사가 되었고, 결국 대학을 졸업하지 못했습니다. 그때는 제대 군인 원호법 같은 것은 전혀 없었으니까요. 아버지는 총명했습니다. 그렇다고 그분이 평균 이상의 지능을 가졌다고 말하는 것은 아니에요. 그러나 그는 멋있는 사람이었고 오웬스 코닝사에서 매우 좋은 보직을 가지고 있었죠. 아버지는 수석 산업기사였는데, 그것은 매우 책임 있는 직책이었습니다. 대공황 동안 사람들이 유복하지 못하던 시절에도, 우리는 확실히 음식과 옷을 가지고 있었고, 많은 사람들보다 훨씬 더 상황이 나았었죠. 나는 결코 부족한 게 없었으니까요.

그의 어머니의 가문은 창조적이고 성취적인, 분명히 더 우수한 계층이었다. 유복한 청교도 가문 출신으로 교육 수준이 높은 상류 사회의 젊은 숙녀인 그녀는 신분 상승을 하고 있는 가톨릭 계통 뉴잉글랜드의 대학을 중퇴한, 낮은 계층의 남자와 결혼했다. 남편이 비록 안정되고 경제 능력이 훌륭한 사람이었을지라도, 그 결혼은 자신의 아버지 로버트 브래드퍼드에 대한 거역이었을 것이다. 그녀의 아버지는 남편보다 훨씬 강력하고 카리스마적인 사람이었다. 브래드퍼드는 메이플라워호를 타고 건너와서 보스턴에 정착했었다. 어린 짐에겐, 그런 그의 외할아버지는 영웅적인 인물이었다.

외할아버지는 공예 전문학교인 렌시래어에 다녔습니다. 그분은 4년의 전기공학 과정을 3년에 마치고, 개교 이래 가장 높은 점수를 기록했답니다. 그분은 전기 분야에서의 발명가로 입신했죠. 외할아버지는 6피트 4인치의 거구였는데, 불같은 성미를 가지고 있었죠. 많은 사람들이 외할아버지를 두려워했으나 나와는 꽤 잘 지냈습니다. 나는 아주 조그만 어린애였으니까요. 그건 그렇고, 어느 날 자동차 전기 시동기 발명가인 케터링이 와서 어렵게 교섭하여 디트로이트로 외할아버지를 데리고 갔었죠. 외할아버지는 항상 자기가 케터링을 통째로 상점 밖으로 던져버린 사실을 매우 자랑했습니다. 그분은 께름칙한 아첨꾼이 되는 것을 원하지 않았죠. 외할아버지는 내가 그 값어치가 얼마나 되는지도 모르는 기본 특허권들을 갖고 있었는데, 그것을 제너럴 일렉트릭사에 팔아 넘겼습니다.

34세 되던 해에, 그분은 사고로 한쪽 눈을 잃었는데, 다른 한쪽마저 점점 시력이 약해졌죠. 외할아버지는 이제 볼 수가 없었기 때문에 발명하는 일을 그만둘 수밖에 없었습니다. 그래서 나머지 인생을 특허권 사용료로 살았죠. 외할아버지는 매우 유복하게 사셨어요. 캐딜락을 가지고 있었고, 코네티컷의 다린에 저택을 소유하고 있었죠. 또한 다린의 중부에 있는 요지에 약 4에이커의 땅을 가지고 있었습니다—나무들, 정원, 그리고 과수원. 나는 매일 아침 정원에서 늘 해야 하는 허드렛일과 노동을 하곤 했으며, 그러고 나서 오후에는 놀 수가 있었죠.

외할아버지는 최초의 이주자들Pilgrims에 대한 역사책을 쓰기 시작했습니다. 외할아버지가 유언장에서 나에게 준, 이주자들에 대한 전설적인 이야기를 담은 책들이었어요. 말년에는 성미 고약한 늙은이였으나, 매우 총명한 사람이었습니다. 나는 그 누구보다 외할아버지와 가까웠다고 생각합니다. 그건 참 이상해요. 왜냐하면 사촌들은 외할아버지와 함께 살았기 때문이죠. 그러나 이주자들에 대한 책은 내가 가졌고, 그것은 외할아버지가 가장 아끼는 소유물이었습니다.

외할아버지는 내 생각으로는 상당히 중요한 것을 세상에 선사했습니다. 외할아버지는 스팀이 아니라 전기로 작동되는 인쇄기를 만든 최초의 사람이었습니다. 그리고 다른 산업 분야를 위해서도 똑같은 일을 했습니다.

짐의 어머니는 외할아버지의 모습과 재능을 물려주었다. 어머니는 외할아버지의 기질을 지니고 있었고, 짐도 그러했다. 어머니는 그의 야망과 지성과 의지를 가지고 있었다. 그녀는 짐을 특별한, 인기 있는 사람으로 느끼도록 만들었다. 어머니는 그를 인도했고 때로는 밀어붙였다. 외할아버지가 모델이었다면, 어머니는 짐이 남성들의 지도자가 되도록 꿈을 키우고 유지시킨 사람이었다.

나는 어머니가 갖고 있는 것과 똑같은 동인動因, drive을 가지고 있습니다. 나는 상당히 지적이고, 내가 생각하기에 그 점에서 더 어머니를 닮은 것 같아요. 내 성격은 더 어머니를 닮았죠. 나는 아버지보다 더 급한 성미이고, 아버지는 느리고 차분한 성격이죠. 어머니는 매우 성미가 급합니다.

아버지는 대조적으로 활기가 없었다. "아버지는 항상 일종의 그림자였다."고 짐은 말했다. "아버지는 전혀 나에게 영향을 준 것이 없습니다. 그는 거기에 있었고 나는 아버지를 좋아합니다. 그러나 아버지는 실로 나에게 많은 영향을 미치지는 않았어요." 아버지는 항상 질주하는 어머니와 천재적인 외할아버지의 그늘에 가려 뒷전에 남아 있었죠. 어머니와 외할아버지는 개인적인 진취성, 성취 그리고 성공을 표상했다. 아버지는 안정성을 표상했으나 그 안정성은 세속적인 안정성이었다.

그의 동생 조지는 아버지를 훨씬 더 빼닮았다—그늘진, 수동적인, 뒷전에 물러서 있는 인물. 조지는 학문적으로나 스포츠에서나 빼어나지 못한, 평가절하된 인물이었다. 그는 크고, 잘 생겼고 좀 더 외향적이었으나, 그의 형을 따라잡을 수는 없었다.

짐 트레이시는 수줍고 내성적이었다. 그는 어머니로부터의 메시지를 통하여 자제력을 연마하고 자신이 훌륭하게 돋보이는 상황에만 개입하도록 배웠다. 44세 되던 해에 우리가 그를 면담했을 때에 그는 이렇게 말했다. "나는 어리석게 보이고 싶지 않습니다. 나는 그런 점에서 상당히 벗어났지만, 그러나 아직도, 꼭 내 아들이 그러는 것처럼, 어리석게 보이는 것을 싫어합니다. 나는 내가 잘 할 것 같지 않은 어떤 것에 개입하기를 꺼려하죠. 나는, 내 신용을 떨어뜨리거나 누군가에게 어리석게 보이는, 그런 일을 하기는 매우 싫습니다."

하버스트로우에 있을 때, 이웃에 딸만 가진 퇴역 해군 대위가 살았는데, 어머니의 권유에 따라, 그는 짐을 아들처럼 대하기 시작했다. 짐은 열 살 때, 이웃과 함께 아나폴리스의 축구 시합에 가기 시작했다. 사람들은 곧 그가 결국 해군사관학교에 다니게 될 것이라고 믿었다.

짐은 소년으로서 운동 경기를 좋아했다. 그는 경쟁심과 결단력으로, 자신의 평범한 능력만으로도 뛰어날 수가 있었다. 그는 뛰어난 수련자에게 상을 주는 YMCA 여름 캠프에 갔었다. "그 상을 받은 사람은 누구든지 자동적으로 이듬해에 상담자가 되었지요. 좋아요, 나는 그 힘든 것을 이겨 냈지요! 그것은 내가 받은 최초의 상이었어요. 두말할 필요 없이, 매우 기뻤죠. 그래서 나는 2년 이상을 상담자 역할을 했지요. 그게 내가 여름을 보낸 방식이었습니다." 열두 살에 그 경쟁에서 이긴 것은 상징적인 사건이었다. 그는 그의 동료들과 경쟁해서 이겼다. 부모의 영향력을 벗어나 집으로부터 수백 마일 떨어진 곳에서 일어난, 그의 승리는 그 자신의 성취였다.

지방 고등학교가 자신의 아들에게 적합하지 않다고 느낀 어머니는 그를 일류급 사립 고등학교(대학 진학 지도를 하는 기숙학교)에 보내기로 결정했다. 아버지는 이것이 모험이라고 생각했다. 짐은 고등학교 과정을 1년 더 반복할지도 몰랐다. 아버지는 극구 말렸으나 항상 그랬듯 어머니가 이겼다. 친정 친구의 힘을 빌려서, 그녀는 자기 아들을 선발된 남성들만 다니는 엑스터 아카데미Exeter Academy에 넣었다. 그는 17세에 2학년과 3학년 중간 과정으로 들어갔다. "나는 그 해에 과외 과정을 수강해야 했고 서머스쿨을 다녀야 했습니다. 나는 2년 대신에 1년밖에 잃지 않았어요. 내가 고등학교를 졸업하는 데는 5년이 걸렸습니다."

사회적으로, 엑스터는 평범한 하버스트로우의 공립학교와 비교해볼 때 뚜렷한 변화를 의미했다.

> 고등학교에서의 마지막 2년 동안에, 나는 오랫동안 한 소녀와 사귀었죠. 그러고 나서 사립 고등학교에 와서 그녀와 헤어졌습니다. 고등학교에서 내가 함께 몰려다니던 녀석들은 운동 경기에 대단한 흥미가 있었습니다. 우리는 대부분의 시간을 계절 스포츠를 하는 데 보냈죠. 나는 트랙에 나가서 멀리뛰기 선수가 되는 것에 관심을 집중했어요. 우리는 낮에는 운동을 하고 금요일과 토요일 밤에는 영화 관람을 하면서 데이트를 즐겼죠.
>
> 엑스터는 사립 고등학교가 할 수 있는 한도 내에서는 꽤 자유스러웠죠. 그들은 한 달에 한 번씩 주말 휴가를 주곤 했는데, 거기서 등급이 오른 사람은 보스턴에 가서 파티에서 야단법석을 떨 수도 있었어요. 우리는 그 지방의 여학생들과 어울리곤 했죠. 그런데 공교롭게도, 대학 시절 어머니와 한 방을 쓰던 부인이 지방 여학교를 경영하고 있었어요. 그것은 내 생각으론 여학생들과 외출하는 데 대해서만은 큰 '뒷배경'이 될 것 같았습니다. 나는 한 번 시도해보았죠. 그러나 그 부인은 학교에서 제일 덩치 큰 못생긴 여자를 나에게 소개해주었습니다. 그래서 나는 두 번 다시 돌아가지 않았죠. 엑스터는 학문적으로 매우 엄격한 학교였어요. 나는 지옥처럼 공부만 해야 했습니다. 공부하고 운동하는 것 이외에는 아무것도 할 시간이 없었으니까요.

졸업이 가까워지자, 이웃인 해군 대위가 짐을 아나폴리스*로 추천하기 위해 국회의원과 교섭했다. 그는 그 해 여름에 경쟁시험을 치렀으며, 거기서 2등을 했다.

> 당신은 맹목적인 행운에 대해서 말하고 있습니다. 내가 엑스터에서 여름에 수강해야 했던 두 과정은 대수학과 기하학이었습니다. 그때 나는 사관학교에 들어가기 위해서 일곱 시간의 시험을 치렀는데, 그것은 대수학과 기하학에 대한 것이었어요. 나는 2백 명 중 2등 안에 들었었죠. 그때, 친구인 앤더슨 대위가 행동을 개시했죠. 그는 지방의회 의원에게 갔었는데, 그 지방 의원은 해군사관학교Annapolis 대신에 육군사관학교West Point를 권했습니다. 결국 각각 한 명씩 보내는 대신에 해군사관학교에 두 사람이 가게 되었죠.

짐은 어머니가 가장 존경하는 그런 종류의 남성이 되도록 어머니에 의해서 단련을 받았다. 교육 계획을 짜고, 엑스터에 사는 어머니의 친구들, 앤더슨 대위, 뉴욕의 주의원의 개입을 통해 일어난 모든 일을 꾸민 사람은 그의 어머니였다. 자기 아들이 지도자가 될 것이라는 어머니의 꿈은 이제 곧 그 자신의 꿈이었다. 그녀의 가족은 플리머스록**에 상륙했었다. 이러한 전통은 미국의 창의성과 산업 기술의 영웅적인 면을 상징하는, 외할아버지에 의해 전승된 것이었다. 외할아버지는 마음속에 소중히 간직한 책을 선물로 주는 호의를 보이면서, 이러한 유산을 짐에게 건네주었다. 어머니 역시 자신의 첫아들에게 높은 성취동기와 지도력 같은 것들을 넘겨주었다. 아버지는 이러한 방침을 거부하지 않았다. 그러나 그는 그런 입장을 어머니나 그녀의 가족이 했던 방식으로 표시하거나 전달하지는 않았다.

---

* 미 해군사관학교의 소재지-역주

** Plymouth Rock: 이주자 조상들이 상륙했다고 하는 사적—역주

성인 초기 전환기

19세가 되던 해인 1943년에, 짐은 아나폴리스 생활을 시작했다. 그는 성인 초기로 이동해 가고 있는 전환기를 맞고 있었다. 전쟁으로 인해 학교는 수업 기간을 3년으로 단축했다. 입학 첫해에 짐은 탁월하게 공부를 잘했고, 반에서 거의 1등에 올랐다. 그는 우정과 학문에 대해 엄격히 통제하면서, 그 자신을 주의 깊게 주시했다.

> 그곳은 대단히 엄격했습니다. 거기에서 보낸 첫 3주를 기억하려고 노력해왔으나, 내 기억은 완전히 텅 비어 있어요. 나는 첫해에는 매우 잘 했죠. 주로 고통에서 벗어나기를 원했기 때문에… 엑스터는 학문적으로 매우 훌륭한 학교이며, 실로 나를 바로 세운 학교이지요. 나는 좋은 등급을 받았어요. 전쟁 동안에 그들은 4년 과정을 3년 동안에 주입식으로 가르쳤고, 나는 '핵심적이지 않은' 과목은 모두 잊어버렸습니다. 철학처럼, 내가 수강하기를 좋아했을 많은 과정들을 결코 배울 수 없었지요. 우리는 역사, 수학, 과학, 전술 등 많은 것을 단번에 해치웠습니다.

권위, 지도력과 협력을 강조하는 해군사관학교는 짐의 꿈을 지지해주는 환경이었다. 그 집안의 전통적인 가치는 사관학교 생활에서 표현되고 있었다. 그는 아나폴리스의 일요 학교에서 가르쳤다. 그의 등급은 2학년 동안에 떨어지기 시작했으며, 결국 반에서 중간 수준으로 졸업했다. 그리고 그는 미 해군에 자원했다.

해군사관학교 시절, 짐은 여자관계에서 주도권을 잡지 못했다. 그는 아나폴리스의 방 친구인 영웅적인 운동선수에 대해 흥분해서 이야기하면서, 탐욕스런 여인에 대한 주제를 중심으로 한 몇 가지 이야기를 했다.

> 그는 퇴학당할 때까지, 여섯 달 동안 내 방 친구였죠. 그는 매우 멋진 녀석이었습니다. 그는 할리우드 스타와 결혼했는데, 아니 차라리 그 여자가 그와 결혼한 셈이죠. 그녀는 그를 꼭 붙들었어요. 뛰어나게 멋진 운동

선수… 그러나 그는 완전히 순진무구 그대로였어요. 그래서 사람들은 끊임없이 그를 이용하곤 했지요. 왜냐하면 그는 너무 순박했기 때문이죠. 그 순진한 사내를, 그 여자도 결국은 이용했죠. 그는 진짜로 빈털터리가 되어버렸어요.

짐은 그처럼 허술한 남자는 아니었다. 사실 그는 마지막 해에 빅토리아를 만나기까지 진지하게 데이트를 해본 적이 없었다. 그녀는 가톨릭 신자였고, 제2차 세계대전 중 전사한 해군제독의 외동딸이었다. 짐은 다른 해군 사관생도가 댄스 파트너로 그녀를 아나폴리스로 데리고 온 어느 주말에 그녀를 만났다. 1년 동안의 구혼 기간이 시작된 것이다. 먼저 편지를 통하여 교제했다: "그녀는 다른 많은 사관생도들에게도 매우 인기가 있었죠. 많은 사람들이 그녀를 비교적 호의적으로 대했습니다. 나는 그녀와 데이트를 많이 했고, 우리는 매우 잘 지냈어요. 그녀는 특히 춤을 잘 추었죠."

빅토리아는 처녀였지만, 짐은 이전에 약간의 성경험을 가지고 있었다. 그의 다른 여자관계에서처럼, 빅토리아와의 길고 먼 관계는 깊이와 성숙성이 결여되어 있었다.

다음 시기에 형성될 새로운 인생 구조에 필요한 예비적인 선택들을 해야 하는 '성인 초기 전환기'를, 짐은 이때에 마무리 짓고 있었다. 짐 트레이시는 해군 장교로서의 빛나는 경력에 대한 희망에 부푼 채로 해군사관학교를 졸업했다. 그는 그의 어머니와 다른 사람들에 의해 놓여진 전통적인 통로를 착실하게 따라갔다. 그러나 그는 개인적인 관계, 특히 여성 관계에 소비할 시간과 정력은 거의 없었다. 그의 성인 초기 전환기는 그의 개인적 삶을 희생하여 얻어진 경력에 초점을 맞추고 있었다. 이러한 선택은 짐의 이후의 발달에 중요한 영향을 미쳤다.

성인 입문기

22세에 사관학교를 졸업한 후, 짐 트레이시는 버지니아에 있는 해군 기지에 배치되었다. 그는 외로웠다. 두 달 후에 빅토리아에게 청혼을 했다. 그리고 그들은 결혼했다. "졸업 후에 버지니아로 갔지요. 나는 견디기 힘들 만큼 외로웠어요."라고 그는 털어놓았다. "어떤 녀석들은 결혼을 했는데, 그들은 꽤 즐기고 있는 것처럼 보였지요. 나는 그게 기발한 착상이라고 생각했지요… 난 3년 동안 우리 속에 갇혀 있었으니까요. 그것은 어리석은 짓이었지만, 난 그렇게 했지요."

'해군의 자식새끼'인 빅토리아는 군대 서열에서 부상하기를 희망하는 사람들에겐 당연한 선택인 것처럼 보였다. 그러나 거기엔 처음부터 문제가 있었다. 그 한 가지는 빅토리아의 종교였다.

> 나는 가톨릭 교리에 넌덜머리가 났어요. 그들은 나에게 1,500페이지나 되는 교리책을 읽게 했지요. 상당히 멋있는 사내인 수석 사제가 그걸 나에게 주었는데, 난 그걸 처음부터 끝까지 읽었지요. 공부하면 할수록 나는 점점 더 결코 가톨릭 신자가 될 수 없다는 것을 깨달았지요. 나는 그걸 믿을 수가 없었어요. 그러고 나서 빅토리아와 결혼했지요. 그 여자는 성당엘 다녔어요. 나도 잠시 동안은 그녀와 함께 성당엘 다녔는데, 곧 그만두었지요. 나는 그 후 다시는 성당에 다니지 않았는데, 그것이 잠시 동안은 시시때때로 나에게 죄책감을 느끼게 했어요.

빅토리아는 상당히 불성실했다. 그녀는 대부분의 시간을 다른 장교 부인들과 골프나 볼링, 테니스를 즐기며 시간을 보냈다. 그녀는 "일종의 냉담하고, 성적性的으로는 반쯤 불감증인, 그리고 게으르고 형편없는 주부였다." 그러나 이때가 "내 결혼 생활 중 가장 행복한 시절이었다."

> 그녀는 성적으로 잘 반응하지 못했지요. 그녀는 육체적 행위 그 자체를 좋아하지 않았습니다. 오히려 전희前戲에 매우 흥미를 느끼곤 했어요. 나는 육체적 행위가 그녀에게 혐오감을 주었다고 생각하진 않습니다. 그 여자는 바로 지독하게도 거기에서 큰 만족을 얻지 못했던 겁니다… 우리는 꽤 행복했어요. 그녀는 아직 침대 속에서는 만족을 못 느꼈지만, 처음

> 1년 반 동안, 또는 적어도 거기에 있는 동안은 꽤 좋은 결혼 생활이었다고 말할 수 있습니다. 우리는 상당히 즐거웠어요. 그녀는 좋은 동료였지요.

계획하지 않았던 첫 아이, 린다는 결혼 후 2년 만에 태어났다. 그 후 곧 트레이시는 영국으로 건너갔는데, 거기서 짐은 이름을 밝히지 않은 여성들과 한바탕 애정 행각을 벌이기 시작했다. 어떤 여자는 기혼자고, 어떤 여자는 독신이었으며, 한 사람을 제외하고는 모두가 그보다 젊었다. 그가 한 아이리시 여성과 열렬한 애정 행각을 벌이고 있는 동안에, 빅토리아는 다시 임신하게 되었다. 그들이 미국으로 돌아온 후에 아들 로버트가 태어났다. 그때 트레이시의 나이는 27세였다. 린다는 "눈에 넣어도 아프지 않을 만큼 소중한 아이가 되었고… 나는 린다에게 내 사랑을 쏟아 부었죠. 왜냐하면 나는 빅토리아에겐 사랑을 쏟을 의욕이 없었기 때문입니다. 그게 항상 내가 나의 결혼 생활을 보는 방법이죠. 나 자신에 대해 어떤 변명도 하지 않습니다."

그의 로버트에 대한 관심은 미미했다.

> 그 애는 린다와 똑같이 취급되었지요. 내 생각에는, 그 애는 내가 린다에게 갖고 있는 것과 똑같은 사랑을 자기에겐 가지고 있지 않다고 감지하고 있었음에 틀림없어요. 그것은 어떤 분명하게 밝혀질 일이 아니었지요. 내가 그 애를 싫어하고 린다를 좋아하는 그런 건 아니었어요. 만약에 어떤 사람을 더 사랑할 수 있다면, 내가 린다를 더 사랑한, 바로 그거지요.

그의 자기 어린애들에 대한 감정은 차갑고, 거리감을 느끼게 하는 여자 관계와는 뚜렷이 대조가 되었다. 여성들은 이름이 밝혀지지 않았다. 그들은 문자 그대로 성적인 대상일 뿐이었다:

> 전적으로 우발적이었던 다른 것들에 비해 첫 번째 정사는 실로 홀딱 빠진 거였지요. 내가 그 여자를 사랑했다고 말할 수는 없습니다. 나는 그

것이 그렇게 강렬했다고는 생각지 않습니다. 그러나 나는 그녀에 대해 대단한 욕망을 느꼈지요. 나는 그녀와 함께 자는 것을 좋아했고, 그리고 그것은 온몸을 태우는 듯한 욕망이었습니다. 여자들은 앞뒤 가리지 않은 우발적인 타입과 그렇지 않은 타입의 혼합물이었지요. 그들은 해변의 조약돌이나 다를 바가 없었어요.

짐의 이상적이나 실행에 옮겨보지 못한 훌륭한 결혼 생활에 대한 소망은 산산이 무너졌다. 다른 여성들과의 관계는 그로 하여금 남편과 아버지로서 실패감을 맛보게 했다.

나는 빅토리아에 대해서는 전혀 죄책감을 느끼지 않았지요. 나는 가족이라는 상황에 관한 한 죄책감을 느꼈습니다. 왜냐하면, 그때까지 내가 진실로 좋아하는 린다에 대해 어떤 충실감을 가지고 있었기 때문입니다. 가족 속에서 나를 지켜 준 진실한 것은 내 딸이었다고 생각합니다.

이 6년 동안, 해군으로서 짐 트레이시는 매우 우수했다. 승진과 미래에 대한 서광이 비쳤다. 나이든 분들이 항상 짐 위의 권위 있는 자리에 있었다. 영국에서는 한 해군 장군이 짐을 인상 깊게 보고, 그에게 자신의 부관이 되기를 요청했다. 짐은 1년 동안 그 자리에서 봉사했는데, 그 시절에 그는 전시 대학에 장군과 동행했다. "나는 다양한 계통의 사람들을 만났고, 온갖 이야기를 다 들었지요. 그리고 많은 해군 고위층에 알려졌습니다. 그들 대부분은 이제 제독이거나 은퇴했지요."

이 힘 있는 사람들은 수많은 기회와 책임들을 제공해주었다. 트레이시는 진급했고, 중대 장교에서 대규모 병력을 계획하는 G-3 대대로 영전했다. 그는 대여섯 군데의 군사 학교를 다녔고, 낙하산 부대로 자원했으며, 비행하는 법을 배웠고, 그리고 장군의 부관이 되었다. 이때 그는 한 장교의 신분으로, 유명한 제독의 교관이 되었다.

대략 24세에서 27세까지, 짐 트레이시는 많은 여성들을 사귀었다. 그들 중 단 한 사람만이 그에게 어떤 의미를 가지고 있었는데—빅토리아처럼,

그녀는 해군 제독의 딸이었다. 그들은 짐이 전시 대학에 머무를 때 만났다.

> 내가 진실로 미치도록 좋아했던 사람은 제독의 딸이었습니다. 나는 제독 밑에서 일하고 있었는데, 그녀는 다른 장교와 약혼을 한 상태였기 때문에 일종의 정치적 스캔들이 될 뻔했지요. 우리는 마지막 2~3개월 동안 뜨거워졌고 관계가 깊어졌는데, 그러고 나서 그녀는 결혼을 해버렸습니다. 나는 우습게도, 그 결혼식에 안내인을 했지요. 내가 살아 있는 한 결코 잊을 수 없을 것입니다. 그때 내가 어떻게 웃을 수 있었겠어요! 그리고 그녀는 그 사람과 함께 가버렸어요. 우리는 4~5개월 동안 편지를 왕래하다가 그러고 나서 일종의 파경에 이르렀지요… 꽤 지저분하게 소리를 내면서, 내가 추측하기엔 그렇습니다.

제독의 딸과 애정 관계를 나눔으로써, 트레이시는 위험을 감수하고 있었다. "뒤돌아보면서는 웃을 수 있지요. 그러나 당신도 아시다시피, 해군 지역이란 좁은 사회지요. 이런 기회는 다시는 얻을 수 없을 겁니다."

그의 성생활에는 미친 듯한 '배회徘徊'와 같은 성질이 있었다.

> 나는 그것에 대해서 매우 좋지 않게 느꼈습니다. 나는 그것에 대해 상당히 생각했지요. 그 모든 사람들의 아내와 싸돌아다니면서, 세상에 얼마나 개자식이었습니까! 빌어먹을 짓이었지요. 그러나 그렇게 했어요. 나는 그 여자들에게 굉장한 성적 매력을 느꼈었지요. 나는 나를 밀어붙이는 어떤 만족할 줄 모르는 탐욕스러운 욕정을 지니고 있었습니다. 나는 끊임없이 배회 했지요… 끊임없이.

배회 후에, 거기에는 희미한 그리움이 있었다.

> 나는 실패감을 느꼈습니다. 나는 바로 사람들을 뒤쫓아 다니려는 대단한, 강한 충동을 가지고 있었죠. 그건 빅토리아에 대한 죄책감이 아니라, 원칙에 대한 죄책감이었습니다. 나에겐 뭔가 잘못된 게 있었지요. 나

는 누군가를 사랑하기를 진실로 원했고, 철저하게 그들에게 충실하기를 원했다고 항상 느꼈습니다. 그것이 내가 가진 진정한 야망이었죠. 이렇게 된 것은 빅토리아와 결혼한 후이고 그리고 나는 아마 모든 것을 합리화하고 있었습니다. 나는 내가 미친놈처럼 싸돌아다니면서 내내 누군가에게 충실하기를 바랐습니다. 무엇보다 더, 그 안에서 나를 지켜 준 것은 누구에게도 그렇게 강한 감정을 가지고 있진 않았었다는 것입니다. 누군가와 미친 듯이 사랑에 빠졌으나, 그러나 진짜로 이혼을 해서, 가족을 해체하고 내 자식들을 떠나야 할 시점에 왔을 때는, 나는 뒤로 물러서곤 했지요.

20대 초반에, 트레이시의 인생 구조는 두 개의 근본적인 요소를 가지고 있다. 군인 장교로서의 갓 싹트기 시작한 이력과 새로운 결혼이다. 그는 그가 거의 잘 알지 못하는 여성과 결혼했다. 그 여자는 이 직업 세계에서 필요한 많은 자질들이 결여되어 있었다. 그녀는 그의 영웅적인 꿈을 지지해 줄 수 없었다. 결혼 생활은 곧 산산조각이 나기 시작했고, 그는 그것을 수습하려고 노력한다기보다는 뒷전으로 물러서버렸다.

28세까지, 그의 인생 구조 안에는 세 개의 요소가 있었다; 직업, 가족, 그리고 '다른 여성'. 비록 짐은 군대 생활에 자신이 적합한지에 대해 심각하게 회의를 느끼고 있었으나, 직업은 중심적인 요소였다. 가족도 중요했다. 그러나 빅토리아와의 관계는 그들 두 사람에게 모두 점점 더 파괴적으로 진전되어가고 있었다. 그는 빅토리아와의 관계가 변화하고 있는 것에 무관심하지는 않았다. 그는 더 많은 것을 원했으나, 상황은 점점 더 나빠졌다. 그는 결혼 생활을 개선시키기 위한 애정과 노력을 소홀히 했다.

'다른 여성'도 중요한 역할을 했다. 그녀는 짐으로 하여금 마치 펜싱 연습을 하는 것처럼, 다른 두 여인을 가짐으로써 긴장을 해소할 수 있게 했다. 여러 여성들과의 일시적인 애정 행각은 그가 27세일 때에 제독의 딸과 열렬한 관계에 있을 때 절정에 이르렀다. 생전 처음으로 그는 여자에게 거절당했다.

30대 전환기

28세가 되던 1952년까지, 짐 트레이시는 6년 동안의 결혼 생활과 해군 생활을 했었다. 이 시점에서 그는 자기 자신에게 물어보기 시작했다: 해군 생활의 적체된 승진 행보, 무덤덤한 결혼 생활, 그리고 성적으로는 자극적이나 공허한 여인들과의 만남, 그 이상의 어떤 것이 인생에 또 있을까? 늙은 사람들이 조금씩 나누어준 보상은 그가 신속하게 승진하지 못한 점과 개인적인 생활의 실패를 보상해주기에는 적절치 못하다는 것이 판명되었다. 그는 자신의 꿈을 지탱해주고 발현시키도록 도와줄 수 있는 특별한 여성이나 스승을 갖지 못했다. 그 자신의 힘으로, 서투르게, 그는 새로운 길을 찾아 나섰다.

비록 그는 자신의 가족을 떠날 수는 없었지만, 그는 해군에 남아 있는 것을 심각하게 고려해보기 시작했다. 그는 몇 차례 승진을 했었다. 그러나 그는 장성이 될 기회는 전무하다는 것을 알았다. 그보다 더한 것은 그의 군인 생활에 대한 욕망 역시 똑같이 낮았다. 몇 개월 동안 고민한 후에, 트레이시는 한국 전쟁에 자원했다. "나는 결코 총을 쏴 본 적이 없었고, 그리고 나는 독특한 철학을 가지고 있었죠. 진부하게 들릴지 모르지만 그게 사실입니다. 나는 국가가 나를 교육시켰고, 그래서 나는 국가에 무언가 은혜를 갚아야 한다고 느꼈죠. 제2차 세계대전을 놓쳤기 때문에, 나는 한국 전쟁에 자원했습니다."

전투에 자원한 것은 결정적인 사건이었다. 그것은 그의 군인 경력에 종지부를 찍을 결심을 표시했다. 전쟁터의 호된 시련을 체험하면서, 그는 사회와 가족, 그리고 군대에 진 빚을 갚을 수 있었고, 위엄 있게 군대를 떠날 수 있었다. 전투에 자원한 것은 삶의 새로운 길을 모색해보려는 욕망을 반영했다. 드디어 그것은 그의 어머니와 그에 대한 그녀의 야망으로부터 그 자신이 만든 미지의 세계를 향해 돌아서는 전환점이 되었다.

전투를 자원한 지 약 일 년 후인 1953년에, 트레이시는 한국에 갔다. 그것은 괄목할 만한 경험이었다.

군단 사령관이라는 사람이 말했죠. "난 자네를 사단에서 제일 나쁜 중대일 뿐만 아니라, 한국에서 가장 나쁜 중대에 배치했네. 자네의 임무는 그걸 바로잡는 것일세." 그것이 나에 대한 면담이었습니다. 나는 "예, 각하."라고 말하고는 지프에 올라타서 그 중대에 도착했죠. 나는 내 인생이 더 추락하고 있다고는 결코 느끼지 않았습니다. 그 중대는 믿을 수 없는 바로 그런 것이었습니다. 그들은 그날 밤 상사의 인도 하에 밖에 나가 정찰할 임무를 가지고 있었죠. 나는 대리 중대장에게 물어보았죠. "정찰 나가는 동안에 전 어디에 가 있을까요?" 그는 말하기를 " 당신은 망루에 앉아서 라디오를 들어도 되오."라고 했습니다. 정찰대는 추측대로 복병을 세웠죠. 그러나 그들은 오히려 적의 복병에게 당해버렸습니다. 한 녀석은 죽고 네 사람은 자정 전에 부상을 당했습니다. 우리는 한 녀석을 대대 병원까지 끌어올려 힐문했지요. 그 녀석은 자기 총을 오발한 겁니다. 그것은 항상 나의 큰 두려움이었어요. 전투에서 총을 오발하는 것. 나는 새벽 세 시경에 중대에 돌아왔죠. 그 날은 꽤 벅찬 하루였습니다.

나는 그들이 최전선에 배치된 보병 대대의 일을 하면서 하루걸러 정찰을 하고 있었던 것을 발견했죠. 그들은 사상자를 치러야 했고 아무런 인정도 받지 못하고 있었는데 그것이 전적으로 풍기를 문란하게 하고 있었습니다. 다음날 아침, 나는 G-3에 가서 말했죠. "연대장님, 내 중대를 전투 의무에서 모두 끌어내고 싶습니다. 저에게 그들을 강화시킬 수 있도록 일주일만 주십시오. 그리고 저희들은 다시 갈 준비를 하겠습니다." 그는 쾌히 승낙했습니다. 나는 중대에 돌아가서, 모든 사람에게 훈련이 어떠리라는 것을 말하고, 곧 훈련을 시작했습니다. 우리는 꽤 좋은 중대로 바로 세워지게 되었죠.

사병들은 그러한 변화에 긍정적으로 반응했다. 짐은 그것이 자기 중대라고 느끼기 시작했고, 그리고 그것과 함께 대단한 성취감을 느꼈다. 그러나 그는 '행운의 여신'은 분명히 지나가 버렸다고 느꼈다.

아시다시피, 행운이라는 것은 이상야릇한 겁니다. 거기에 온 지 사흘

> 째 되는 날, 우리는 겨울 길을 질주하고 있었는데, 나는 내 파카 밑에 45구경 권총을 가지고 있었죠. 갑자기 한국산 꿩 두 마리가 눈에 띄었습니다. 나는 운전수에게 멈추라고 하고 지프에서 뛰어내리기 시작했죠. 바로 이때, 첫 번째 꿩은 날아가 버리고, 나는 권총집 뚜껑을 열려고 애썼습니다. 대략 내가 총을 쏜 순간, 두 번째 꿩이 날아갔습니다. 나는 총을 한바탕 쐈는데, 그건 마치 기관포 소리처럼 쾅쾅거렸죠. 그리곤 거기엔 온갖 종류의 꿩들이 돌아다녔습니다. 우리는 걸음으로 거리를 쟀죠. 내가 쏜 곳에서 48보 되는 거리였는데 그것은 권총으로는 장거리 사격일 겁니다. 그것은 완전히 행운의 사격이었다고 생각합니다. 우리는 나가서 꿩을 집어 들고, 중대 지역으로 가지고 왔죠. 지프 운전수는 온통 돌아다니면서 장교님이 45구경 권총으로 일격을 가했다고 모든 사람에게 말했죠. 내가 가는 곳마다 들리는 이야기는 내 45구경 권총에 관한 것이었습니다. 그처럼 조그만 일이 그렇게도 대단한 중요한 일이 될 수 있고, 바로 봉사 문고리 잡는 듯한 행운의 사격이 될 수도 있더군요. 나는 내가 어떻게 그걸 쏘았는지 모르겠어요. 아마 결코 모를 겁니다.

그의 이야기는 겸손한 어조였으나 자신의 성공을 분명히 알리고 있었다. 그는 적절한 때에 적절한 장소에 있게 되었다는 것을 꾸준히 알리고 있었다. 그는 항상 겸손하고 주제넘지 않은 영웅이었으나, 결코 실수를 허용하지는 않았다. 그는 영웅적인 자질을 소유한 채 남아 있었다.

짐은 그 부대를 '관할 지역에서 최우수 부대'로 전환시킴으로써 상부에 있는 사람들에게 다시 한번 그 자신을 증명해보였다. 다섯 달 동안의 전투 후에, 장군이 헬리콥터를 타고 트레이시의 영내에 들어와서 그에게 말했다. "자네는 최선을 다했네. 이제 나는 자네가 지휘 본부에 와 있기를 바라네." 그의 군대 생활에서 처음으로, 그는 여자들과 아무 관계를 가지지 않았으며 젊은이들에 대한 지배권을 얻게 되었다. 그는 굉장한 성취감을 체험했다: 그는 사회에 대한 빚을 갚았고 그의 지도력은 인정을 받았다.

병역 의무를 위한 짧은 여행 후에 본국에 돌아온 1954년에, 짐은 자기 인생을 재평가했다. 전쟁은 끝나고 있었고, 그는 8년 동안 복무한 서른 살의 장교였다. 그는 '아나폴리스로부터 온 800명 중 단지 세 명만이 제독이나 해군 장교가 될 수 있다'는 것을 알았다. 이제 결정을 할 때였다: "나는 해군에 남으려고 하는가, 아니면 다른 어떤 것을 하려고 하는가?" 그는 떠날 준비를 했다.

> 그것은 바로 해군의 속도에 맞추어서 나아가는 것이 아니라, 나 자신의 속도에 맞추어 나아가, 과연 내가 해낼 수 있는가를 보려고 하는 것 같은 느낌이었습니다. 떠날 계획에 기여한 사소한 것들이 한 뭉치나 있었으나, 그것이 가장 지배적인 것이었다고 생각합니다. 나는 장군이 되기를 무척 원했었습니다.

그는 군대 생활만이 아니라 자신의 전 인생 구조에 대해 의문을 던지고 있었다. 비록 그의 결혼과 군대 경력 둘 다 지키기가 어려웠으나, 그는 해군을 떠남으로써 오는 불안정성을 대체하기 위해 가족의 안정은 유지하기로 결심했다.

트레이시는 산업 세계에서 직업을 찾아보기 시작했다. 그의 아버지가 무기 제조 회사인 에이잭스사를 추천했다. 아버지는 처음으로 그를 도와주고자 제의했고, 짐은 그가 그렇게 하도록 허용했다. 객관적으로, 아버지는 자신의 역할을 잘할 수 있었다. 왜냐하면, 그는 산업 세계에 대해 잘 아는 기술자이자 회사 지배인이었기 때문이다. 아버지의 도움을 받아들이려는 짐의 의도는 늙은 부모들의 불균형을 바로잡기 위한 노력일 수도 있다. 어느 정도는, 이제 그는 공격적인 어머니와 자신을 군대 영웅으로 만들려는 어머니의 꿈을 거부하고, 도움이 되는 아버지와 산업 세계의 지도자가 되려는 자신의 소망을 따르고 있었다. 비록 세부적인 모습은 아직 제대로 정의되지 않았으나, 그것은 하나의 새로운 인생을 예고하고 있었다.

브루클린의 해군 조선 창에 머무르는 동안, 그는 민간인 복장으로 면담을 하기 위해 동쪽 강을 건넜다. '소매를 걷어 올린 몸집이 큰 사람이 나에게 이야기하기 시작할 때'까지 처음 면담은 지루했다.

> 나는 안내원에게 가서 말했죠. "그는 무얼 하는 사람입니까?" 그녀가 말하더군요. "그는 이 기업의 부회장이고 네 개의 사업부를 거느리고 있지요." 그의 이름은 알버트 휴고Albert Hugo였습니다. 나는 집에 와서 에이잭스사에 관한 『포춘*Fortune*』 기사를 훑어보았죠. 나는 곧 탄성을 질렀습니다. "아아, 멋진 남자군." 그는 다음 날 아침 열 시에 나를 불러서 제안을 했습니다. 그것은 내가 해군 장교로서 벌어들이고 있었던 것과 정확하게 똑같은 액수인 연봉 6천 달러였습니다. 나는 그걸 수락했지요. 이때가 6월 중순쯤이었습니다. 그리고 난 그에게 말했죠. "자, 그럼 이제 전 무엇을 할까요?" 그는 말했습니다. "언제 일하러 올 수 있습니까?" 나는 말했죠. "8월 23일입니다." 그날은 내 동생의 생일이었습니다. 그는 말했죠. "좋아요." 나는 군대에서 종이 한 조각이나 그 어떤 것도 결코 가지고 나오지 않았습니다. 나는 해군을 떠나서 민간인 복장을 하고 기차를 탔지요. 나는 8월 23일에 시작해서 4월까지 그를 위해 일했지요. 그는 내가 만난 사람 가운데 가장 환상적인 사람이었습니다. 그는 우드로우 윌슨(Woodrow Wilson-미국 제28대 대통령) 장학생이자 물리학 박사, 매사추세츠의 복식 테니스 챔피언이었으며, 약 6피트 5인치의 거구였죠. 그는 모든 것을 자신에게 유리하게 만들었습니다. 그는 엄청나게 멋있고 총명한 사람이었습니다. 그런 사람은 드물지요. 나는 그를 사랑합니다.

뉴욕에서 에이잭스사와 함께 시작한 지 6개월이 지났을 때, 짐은 알 휴고로부터 시카고에 있는 에이잭스 지사인 허큘리즈Hercules가 어려움에 처해 있다는 소식을 들었다. 트레이시는 임시로 허큘리즈에 일하러 갔다. 6개월 내에 그는 회사를 정상화시켰고 최고 경영자가 되었다.

트레이시는 일에 대해서는 알 휴고의 철학을 존경했다.

> 정말로 책임지기를 원하는 사람은 거의 없다고 알은 나에게 말했죠. 그가 나에게서 본 것은 책임지기를 원할 뿐 아니라 책임을 받아들일 진정한 욕망을 갖고 있는 것이라고 그는 말했죠. 대부분의 사람들은 본능적으로 책임을 떠맡기를 싫어하는데 나는 바로 그것을 열망하고 있다고 그

> 는 말하더군요. 나는 거기에 내 목을 걸고, 바로 내가 그걸 해낼 수 있다는 것을 증명하길 원했죠.

다시 한번, 트레이시는 그를 키워주고 이끌어줄 권위 층에 있는 연장자를 발견했다. 그는 해군 제독이나 장교들과 가졌던 친밀감 이상으로 알 휴고와 친밀했다. 그러나 거기에는 또 다른 크고 총명한 사람—그의 외할아버지—을 향한 그의 태도에서 맨 처음 분명히 표현된 성질, 그와 똑같은 영웅숭배의 성질이 있었다. 알은 책임 있는 지도자가 되고자 하는 짐의 욕망을 인정하고, 군대에서의 경영과 민간인 회사에서의 경영 사이에 있는 틈을 연결하도록 그를 도왔다.

33세인 짐 트레이시에게 가장 중요한 의문은 그가 민간인 기업을 경영하는 역할을 잘 해낼 수 있는가 하는 점이었다. 시카고에서 성공한 후에 하트포드의 경영직으로 승진했다. 그는 이삼백 명의 노동자들을 거느리고 있는 하부 조직체에서, 에이잭스사의 화기 사업부인 '본사'로 이동했다. 다음 단계는 뉴욕에 있는 법인 조직 이었다! 화기 사업부는 잘 돌아가고 있었으나, 그 운영은 일종의 전환기 단계를 맞고 있었다. 이러한 변화는 그에게 도전감과 불안감을 증폭시켰다.

하트포드에서의 처음 한 달 동안, 짐은 조안Joan이라는 비서를 고용했는데, 그녀는 결혼했고, 그보다 열 살 아래였다. 그들은 곧 애정 행각을 벌였고, 이것은 그의 지금까지의 많은 여자관계와는 전혀 다른 것처럼 보였다. 그러나 뭔가가 변했다. 이삼 개월 후, 상호 동의하에, 그는 그녀를 상공회의소에 직장을 얻어주고, 그들의 관계를 계속했다. 짐은 자신이 그 어느 여성에게 했던 것보다 더 많이 조안에게 자신을 투자하고 있는 것을 발견했다. 그녀에게 직업을 얻어준 것은 그들의 관계가 더 친밀해지고 지속될 수 있기를 바라는 그의 소망—최초의 개입—을 상징하고 있었다. 후에 그는 그녀를 다음과 같이 기술하고 있다.

> 나는 그 여자가 나와 똑같다고 생각합니다. 그녀는 매우 지적이고, 아름다운 모습을 가지고 있었죠. 그리고 모든 사회적 우아함을 소유하고 있

었고, 매우 훌륭하게 영어를 구사하고 있었습니다. 조안은 어떤 면에서 이 모든 것을 독학했죠. 그녀는 대단히 총명했으나 잘 읽지를 못했어요. 그래서 그녀는 어떻게 그걸 해낼 수 있는가에 대해 걱정하곤 했죠. 그녀는 항상 외로운 사람이었습니다. 나는 그녀가 마음의 문을 연 첫 번째 사람이 바로 나라고 생각합니다. 그녀는 일생 동안 모든 것을 그녀 자신 속에 간직하고 있었습니다. 그녀는 한 가난한 대가족에서 출생했죠. 그녀는 다른 가족들과는 완전히 달랐어요. 나는 그들이 그녀를 이해하지 못한다고 생각합니다… 그녀의 결혼에 대해 말하자면, 그녀는 나를 만나기 전에 심각하게 이혼을 고려하고 있었으나, 그걸 늦추고 있었죠. 내 추측으로는 그녀는 결혼 후 자신이 남편과 결코 함께 지낼 수 없다는 것을 발견한 것 같아요. 갑자기 집에서 혼자 남편과 얼굴을 맞대고 있는 것이 실로 몸서리가 쳐졌고, 그녀는 그의 어느 부분도 원하지 않았습니다.

조안과의 관계는 성숙되어갔고, 그는 다른 여자들을 쳐다보는 것을 멈추게 되었다. 짐 내부에서 몰아치는 공격적인 소리는 잠잠해졌다. 그는 좀 더 염려해주고 사랑해주는 사람이 되었다. 그는 자신의 가족과 함께 남아 있으면서, 조안은 주변에 두고 있었으나, 처음으로 그는 여성과 진지한 관계를 가졌다.

짐은 이와 같이 자신의 꿈과 애정 생활을 모두 수정했다. 한국 전쟁에서의 경험은 그로 하여금 군복무를 떠나서 그의 초기의 열망을 실현에 옮길 수 있게 했다. 장군이 되는 대신에 그는 법인체의 지도자가 되고자 했다. 민간인 생활로의 이동은 이전에 그가 폄하했던 아버지에 대한 존경심을 일깨워주었다. 직업에서의 전환과 함께, 그는 천천히 자신의 개인적인 생활을 변화시키기 시작했다. 그가 직접적인 행동을 취하는 데 느린 것은 성숙한 여인들과 친밀한 관계를 형성하는 데 어려움을 느끼는 것과 관련이 있다. 그는 다른 여성들과 좀 더 성숙한 관계를 갖기 전에, 자신의 인생에서 자기 어머니와 자신에 대한 어머니의 꿈을 제거하는 것이 더 필요할지 모른다.

악화되고 있는 결혼에 대한 책임감은 양분된다. 빅토리아에 대한 짐의 지나치게 부정적인 시각은, 인생의 이 계절에, 실패한 남편으로서 그 자신의 역할에 대해 아직 말할 준비가 되어 있지 않다는 것을 암시하고 있다. 그렇게 하는 것은 그 관계에 대한 좀 더 균형 잡힌 시각과, 그리고 그 안에서 자신의 몫을 들여다볼 능력을 요구하게 될 것이다. 이것은 그의 특성인 목표 지향적인 태도로부터의 극적인 전환을 의미하며, 과거를 돌아보고 묻고, 새로운 삶의 방식을 모색하기 위한 준비를 의미할 것이다. 그는 아직 이것에 대한 준비가 되어 있지 않다.

28세에, 트레이시는 그의 첫 번째 성인 인생 구조에 의문을 던지기 시작했고, 그리고 나를 위해 어떤 인생이 준비되어 있을까를 물어보았다. 34세에, 그는 이 물음에 대답했다. 그는 새로운 인생 구조의 근간이 되는 세 개의 결정적인 선택을 했다. 그들은 30대 전환기의 종료와 안정기의 시작을 표시하고 있었다.

첫째, 그는 빅토리아와 자식들과의 관계를 지속시키기로 결정했다. 아버지로서의 역할은 그에게 중요하게 남아 있었다. 비록 가족과의 삶을 계속한다는 것이 고통스러웠을지라도, 그는 전통적인 양육에 충실했다.

둘째, 그는 기업체 중역이 되고자 하는 자신의 초기의 잠정적인 결정을 확고히 했다. 트레이시는 에이잭스사 조직체 안에 자신의 자리를 마련하고, 법인 조직의 꼭대기까지 승진하고자 하는 높은 야망을 가졌다.

셋째, 그는 한 여성과 좀 더 친밀하고, 지속적인 관계를 갖기로 결심했다. 결혼에 대한 의문은 아직 나타나지 않았으나, 그녀가 자신에게 특별한 여성이 될 것이라는 희망을 갖기 시작했다. 11장에서, 우리는 그가 이러한 선택의 주위에 어떤 종류의 인생 구조를 형성했으며, 그의 인생이 안정기 동안 어떻게 전개되었는지를 발견하게 될 것이다.

8장 윌리엄 폴슨의 인생
노동자

윌리엄 폴슨William Paulsen은 1925년에 태어나 브루클린의 베이리지 지역에 있는 스칸디나비아인과 아일랜드인의 지역사회에서 성장했다. 그의 어린 시절 가장 영향력 있는 인물이었던 그의 할머니는 어린 아이일 때 노르웨이에서 미국으로 건너왔다. 가족들은 주로 그녀의 주위에서 맴돌았다. 지배적인 할머니와 딸 사이에는 끊임없는 알력이 있었다. 빌Bill이 만약 한 지붕 아래 두 여자가 살면 고통을 자초한다고 믿게 된 것은 바로 이런 이유 때문이었다.

여름이면 빌의 할머니는 브루클린을 떠나 뉴욕 북부로 향했다. 거기서 그녀는 스물여덟 개의 방이 있는 하숙집을 경영했다. 빌은 어머니와 누이들과 함께 여름을 보내려고 할머니와 동행했다. 그는 하숙집과 농장 주위의 허드렛일을 책임지고 맡아 했다: 병아리 돌보기, 소젖 짜기, 건초 말리기. 그것은 힘들지만 보람 있는 생활이었다. 그는 아침 다섯 시 반부터 밤 일곱 시까지 일했으며 자신을 '브루클린의 농부'라고 불렀다.

빌은 일찍이 할머니가 가족을 지배하고 있다는 것을 알았다. 할머니는 '빈틈없는 장사꾼, 돈에 인색한 스칸디나비아 사람'이었는데, 빌은 그녀의 강인함을 존경했다. 그녀는 열심히 일했고, 대단한 재주를 가지고 모든 것을 좌지우지했으며, 모든 것이 그녀 방식대로 되어가는 것을 보았다. "그녀는 자신이 원하는 것이 무엇인지를 잘 알았고, 만약에 그녀가 그것을 얻지 못할 때면 모든 사람이 그녀의 눈치를 봐야 했지요."라고 빌은 말했다. 빌의 인생에서 그녀는 삶의 골격과 훈육을 제공한 사람이었다.

빌의 어머니는 매우 달랐다. 그녀는 자기 어머니의 그림자에 가려서 살았다. 그녀는 신경이 매우 곤두서 있고 신경질적인 골치 아픈 여자였는데, 스스로도 그걸 다스리기가 어렵다는 것을 알고 있었다. 그녀는 자신의 어머니에게 매우 의존적이었으나, 아직도 어머니가 자신을 통제하고 있는 데 대해 분개하고 있었다. 그 점은 그녀가 어머니의 하숙집에서 웨이트리스로 일하고 있는 점에 분명히 나타나 있었다. 어머니는 빌에 대해서는 완전히 보호적이고 관대했다. 만약에 그가 어떤 것을 원하면, 다른 가족의 것을 빼앗아서라도 그것을 빌에게 주곤 했다. 빌에게 관대히 대함으로써, 그녀는 빌이 자활하도록 한다기보다는 차라리 그녀에게 기대고, 자신이 빌을 위해 무언가를 해주기를 원했다. 그녀는 은연중에 빌이 자기 자신처럼 되기를 바랐던 사람이었던 것 같다.

빌의 아버지는 큰 야망이 없이, 인생에서 적절한 위치에 정착한 것을 만족해하는 좋은 사람이었다. 38년 동안 그는 월스트리트의 주식 중개 회사에서 한결같이 서기 일을 해왔다. 그는 일주일에 10달러 이상은 벌지 못했다. 그것이 빌을 괴롭혔다. 그러나 그는 대공황 동안에 일자리가 있다는 것만으로도 행운이라고 여기고 있었다. 그는 상식이 풍부했고, 타인에 대한 배려와 충고를 아끼지 않았으며 또한 관대했다. 문제가 있을 때, 그와 빌은 앉아서 이야기하곤 했다. 그는 '아버지라기보다는 단짝이었다.' 빌이 한 말 속에 은연중에 담겨 있는 것을 보면, 그의 아버지는 빌이 원하는 것을 성취하지 못한 사람이었으나, 빌의 가장 좋은 친구이기도 했다.

빌의 가족이 그의 후기 성장과 발달에 필요한 자원과 모델을 제공하는 데는 한계가 있었다. 그는 할머니의 야망, 열심히 일하는 것, 강인함, 그리고 공정성에 대한 관심을 존경했다. 그녀처럼, 빌도 자신을 위한 좀 더 나은 인생을 만들기 위해 노력했다. 그의 부모에게서는 다른 속성들을 물려받았다. 그의 어머니처럼, 빌은 자신이 무엇인가를 원할 때, 자기가 원하는 것을 얻으려는 소망과 포기하려는 소망에 부딪쳐 끊임없이 갈등했으며, 그리고 후에 뒤를 돌아보곤 했다. 그의 아버지처럼 빌은 세상과 평화스럽게 지내려고, 그 안에서 적절한 장소에 정착하려고 노력하곤 했다. 아버지처럼, 그는 자신의 여가 시간을 즐기게 되었고, 그것을 성인 생활에서의 기쁨과 만족의 주요한 원천으로 보게 되었다.

빌의 성인 이전기의 이러한 다양한 측면들이 그의 성인 생활의 중심부를 흐르는 정신적인 긴장 상태를 자아냈다: 투쟁과 포기 사이의 긴장, 따라잡을 것인가 또는 주어지도록 기다릴 것인가 사이의 긴장, 야망을 좇을 것인가 아니면 적당한 생활에 정착할 것인가 사이의 긴장. 어느 누구도 그가 영감을 얻을 수 있는 성인 생활에 대한 본보기를 제공해주지 못했다. 그는 할머니의 삶의 방식을 존경했으나, 그녀처럼 살기를 바라지는 않았다. 그는 어머니에 대해 매우 비평적이었으며, 그녀의 삶의 방식을 거부하려고 애썼다. 그는 아버지를 사랑하고 존경했으나, 그렇게 보잘것없이 정착하는 데는 역시 비판적이었다. 빌이 그의 인생을 걸고 겨루고 싶을 만한 선생이나 친척, 또는 친구도 없었다. 대체로, 그의 세계는 본보기나 기회라는 면에서는 그에게 준 게 별로 없었다. 이런 현실이 빌에게 끼친 영향은 그가 열여덟 살 때의 자신을 기술한 데에 명확하게 나타나 있다: "…영락없이 어수룩한 조그만 사내아이, 결코 집에서 멀리 떨어져 가 본 적이 없고, 나 자신의 문제뿐만 아니라 다른 무슨 일에서건 항상 어머니와 아버지의 뒤꽁무니를 좇아다녔고, 나 자신의 옷이나 어떤 것에 대해서도 결코 관심을 쓸 필요가 없었죠." 그는 자신이 아무런 독특한 능력이나 흥미를 가지고 있지 않다고 느끼면서 청소년기를 마치게 되었다. 그는 인생에서 자기가 하고 싶은 것이 무엇인지를 알지 못했다.

성인 초기 전환기

18세에, 이 '풋내기 소년'은 하고 싶은 것이 아무것도 없었고, 또 그가 할 수 있다고 느낀 것도 아무것도 없었다. 그러나 1943년, 제2차 세계대전의 현실이 그를 휘몰아쳤다. 그는 열여덟 번째의 생일을 맞은 후 얼마 안

되어 징집되었다.

그는 포병 부대의 전방 정찰자로 훈련을 받고 공격개시 후 사흘 만에 유럽에 도착했다. 그는 전쟁터에서 일 년 동안 위험하고 자극적인 일을 했다. 그는 적의 포가 있는 장소를 알아내는 전방 정찰대의 위치까지 배치되었다. 조지 패튼George Patton 장군의 제3군 소속인 빌은 프랑스를 통해 독일로 돌진해가는 작전에 휘말려들었다. 가끔 겁이 났지만, 그는 그 경험이 가치 있는 것이라고 느꼈다: "그 경험은 우리들을 작은 소년에서 남자로 만들었죠."

군대 경험은 폴슨이 자신에 대해서, 그리고 좀 더 큰 기업에서 자신의 위치에 대해 책임지는 것을 배우는 데 도움이 되었다. 그는 스스로 자신의 인생을 다룰 수 있고, 효과적으로 일할 수 있다는 것을 발견했다. 그러나 이것은 일반적으로 그에게 무엇이 기대되고 있는 줄을 아는 구조화된 조직체 내에서 이루어졌다. 군대는 그가 자활할 수 있도록 돕지는 않았으며, 자신의 목표를 결정하고 자신의 길을 가도록 요구하진 않았다. 군복무를 마쳤을 때, 빌은 어린 시절에 끝내지 못한 발달 과제로 되돌아가야 했다. 그는 자신에 대한 좀 더 명확한 느낌, 좀 더 완전한 개인적 정체감을 형성해야만 했다. 그는 성인 세계에서 자신을 인도할 비전이 필요했고, 하나의 인생을 설계하는 데 방향 제시를 해줄 꿈이 필요했다.

빌은 1945년에 군대를 떠났다. 다시 시민 생활로 돌아가는 것은 그에게 어려운 일이었다. 그는 자신이 무엇을 원하는지를 몰랐고, 그리고 자신의 인생 과정을 결정하는 데 그렇게도 중요한 결정적인 선택들을 할 수가 없었다. 거기에는 목적 없이 성인 생활을 시작한 듯한, 발달이 뒤처진 듯한 느낌이 있었다. 그는 중요한 결정들을 거의 우연히 했다.

> 다른 귀향한 모든 퇴역 군인들과 마찬가지로, 우리는 어슬렁거리고 걸어 다니며 떠들어 댔고, 그리고 물론 우리가 가고 싶은 인생의 방향도 전혀 없었죠. 나는 결혼하지 않았고 특별히 사귀는 여자도 없었어요. 이런 생활이 약 3개월에서 4개월 정도 지속됐죠. 나는 일하러 가지 않았어요. 내가 무얼 하길 원하는지 알지 못했으니까요. 그때에는 아무런 능력도 가

진 게 없었어요. 어느 날 오후, 내 가장 친한 친구 에드워드와 그의 형과 함께 앉아 있다가, 에드워드를 돌아보며 말했죠. "헤이, 우리 2년제 대학에 가자고?" 그래서 에드워드와 나는 기술학교에 가기로 결정했죠. 우리는 최근 기술과를 신설한 뉴욕의 주립 농업 대학을 발견했어요. 우리는 첫 번째로 기술과에 들어갈 수 있는 행운을 얻었죠. 그리고 우리는 무엇을 전공할 것인가를 결정했죠. 그는 나를 보고 말했어요. "네가 알다시피, 너와 난 모두가 변압기나 전등, 우리 집 지하실 배선공사 따위를 하면서 빈둥거려왔고, 그리고 그걸 얼마간 즐기고 있었잖아. 이제 전기를 공부해 보자고." 그래서 우리는 시작했죠… 우리가 졸업했을 때, 나는 꼭대기에서 20등이나 25등쯤 했지요. 우리는 우수한 등급들을 받았어요. 그것은 그와 나, 그리고 그것을 알게 된 우리 부모들을 놀라게 했지요. 아—우리는 브루클린의 세 명의 골칫덩어리로 알려져 있었고, 그래서 아무것도 이루지 못할 것이라고 생각했기 때문이죠. 그러나 내가 추측하기엔, 우리를 잘못 보신 것 같아요.

폴슨은 일자리와 생계를 유지해줄 수 있는 기술을 획득했다. 그러나 그 일은 인생의 계획을 실현시키는 것도 아니었고, 그리고 주요한 가치들, 인생의 목표, 또는 자아의 주요한 면들에 관해서는 큰 의미를 가지고 있지 않았다.

대학 마지막 해에, 빌은 2년 연상인 루스Ruth를 만났다. 그는 자기들이 많은 공통점을 가지고 있다고 느꼈고, 그녀와 함께 있는 것을 즐겼다. 그러나 빌의 어머니는 그 선택을 반대했다. 빌에 의하면, 그의 어머니는, 루스가 빌을 그녀로부터 멀리 데리고 가는 것처럼 느꼈고, 그를 꼭 붙들어 두고 싶어 했다. 그의 어머니 역시 빌과 루스 두 사람이 이야기한 바 있는, 즉 빌이 결혼할 정도로 충분히 '성숙'하지 않았다는 느낌을 가졌던 것 같다.

문제는 빌의 '성숙성'에 대한 의문이 아니라 루스의 종교 문제였다. 빌은 신교도였고 루스는 가톨릭 신자였다. 그녀는 빌이 개종하기를 바랐다. 그의 어머니는 개종하는 것과 결혼하는 것 모두를 반대했다. 빌은 어머니에게 반항했다. 그는 가톨릭교회에서 교리 공부를 하고, 개종했으며, 1949

년 초에 루스와 결혼했다. 이때 그의 나이는 23세였다.

빌에겐 브루클린을 떠나서 가족과 떨어진 곳에서 루스와 산다는 것이 중요했다. 그들은 그들 부모로부터 65마일 떨어진 롱아일랜드에 '케이프 코드형*의 정식 주택'을 샀다. 처음으로 빌은 가족으로부터 떨어져나갈 준비가 되어 있음을, 그리고 어머니의 저항을 무릅쓰고 그가 원하는 것을 위해 투쟁할 의지가 있음을 겉으로 드러내고 있었다.

그가 결혼했을 때, 빌은 IBM사에서 일하면서 뉴욕으로 통근하고 있었다. 그는 아침 여섯 시에 집을 떠나 저녁 여덟 시나 아홉 시에 저녁을 먹으러 집으로 돌아왔다. 그는 직장에서 요구하는 것이 너무 많고 아내와 함께 있을 시간적 여유를 충분히 가질 수 없다고 느꼈다. 비록 그는 IBM사를 좋아했지만, 일 년 후에 그만두었다. 23세에 그는 롱아일랜드의 조명회사에 취직했으며, 거기서 6년 동안 근무했다. 이 결정을 할 때, 빌은 각각의 회사가 미래의 직업적 승진과 만족이라는 점에서 그에게 무엇을 제공해줄 수 있는지에 대해선 아무런 생각도 하지 않았다. 그는 우선 그 당시의 삶의 질에 관심이 있었지, 자신이 선택한 장기적인 결과에 대해서는 관심이 없었다.

성인 초기 전환기는 18세에서 23세까지 지속되었다. 이 시기 동안에 그는 청소년 후기의 특성을 띤 인생 구조로부터 성인 초기의 특성을 띤 인생 구조로 이동했다. 18세에 그는 가족과 밀접하게 묶여 있는, 자신의 인생을 만들어가기 위해 자신이 무엇을 원하는지도 모르는, 자신이 '능력이 없다'는 느낌을 가진, '풋내기 사내아이'였다. 그의 인생은 베이 리지에 살고 있는 가족과 친구들 주위에 형성되어 있었다. 다음 5년 동안에, 그는 이 구조에 급속한 변화를 가져왔다. 그는 직업 세계에서 자신의 방식으로 돈을 벌기 시작했고, 결혼했으며, 부모로부터 떨어져 자기 자신의 집에서 살았다. 그는 자신이 성장한 곳과 매우 다른 지역사회에서 살았다. 그는 인생 초기에 그렇게도 생생한 부분이었던 인종적 공동체와의 유대 관계를 단절했으며, 종교적, 정치적 결연 관계를 변화시켰다. 이러한 변화는 그가 이 시기

---

* 중앙에 굴뚝이 있는 단층집—역주

의 발달 과제를 수행하는 데 반영되어 있다.

그러나 폴슨이 다른 중요한 발달 과제를 해결하지 못함에 따라, 새로운 구조는 금이 갔다. 그는 아직 한 개인으로서 자기 자신에 대한 명확한 느낌이 없었다. 또한 그는 꿈을 발달시키지도 않았다. 이런 면에서 그는 성인 초기 전환기의 발달 과제를 수행하는 데 실패했다. 그는 우선 과거로부터 벗어나고자 하는 소망에서 이 시기의 중요한 선택들을 했다. 그는 현재에 집착했고, 미래에 대한 감각이 전혀 없었다. 빌과 루스는 둘 다 이 점을 지적했다. 빌은 자신의 미성숙성에 대해서 말했다. 루스는 빌이 결혼할 준비가 되어 있지 않은 듯했던 자신의 느낌에 대해 이야기했다.

> 결혼하기 전에 그는 말하곤 했지요. "적어도 일주일에 세 번은 영화관에 가겠어." 그래서 나는 말했죠. "만약에 우리가 돈이 있으면 영화관에 가겠지만, 돈이 없으면 가지 않을 거야." 그는 자신이 뭔가 하고 싶을 때면 그런 식으로 일처리를 하곤 했죠.

성인 입문기

결혼과 새로운 직업과 함께, 23세에 시작된 인생 구조는 다음 6년 동안 비교적 안정되게 남아 있었다. 롱아일랜드 조명 회사에서 폴슨은 긴급 서비스부에 근무했다. 그는 교환기를 통해 긴급 전화를 받고 현장에서 수선공을 지휘하는, '영광스런 전화 교환수'로 시작했다. 그는 교대 근무를 하는 '특별 서비스 기사'까지 올라갔다. 이것에 대해 빌은 말했다: "나는 빈둥거리면서 시간을 낭비하는 그런 종류의 일에서는 아무런 만족감도 얻지 못했습니다. 나는 내가 무엇을 하길 원하는지 몰랐고, 어떤 능력도 가지고 있지 않았습니다."

그 직업은 안전했고 보수도 괜찮아서, 일시적인 욕구에는 잘 들어맞았다. 그러나 그가 알다시피 그것은 전망이 없었다. 그 직업은 전자 공학에서의 교육과 IBM사에서의 훈련을 활용할 수도 없었을 뿐만 아니라, 롱아일랜드 조명 회사에서 다른 직위로 승진하는 데 보탬이 되지도 않았다. 그 일 가지고는 경력을 쌓을 게 거의 없었다.

그때에는 이런 것들이 폴슨에게 별로 중요하지 않았다. 그는 생계를 유지할 안전한 직업을 가졌고, 루스는 회계원으로 일했다. 그것은 그 당시 그들이 원하는 그런 종류의 삶이었다. 그들은 자신들의 가정을 꾸미기 위해 가구를 샀으며, 빌은 지하층에 공예 상점을 차렸다(그의 아버지처럼). 그리고 그들은 소규모로 은행 거래를 시작했다. 그는 옛 친구들과 맥주를 마시며 즐겼고, 아버지와 테니스를 하고, 그리고 지하실에서 목 공예품을 만들며 즐겼다.

일상생활의 실질적인 관심사 이상의 어떤 개인적인 문제를 의논한다는 것은 빌에게나 루스에게나 쉬운 일이 아니었다. 이런 점은, 어떤 심각한 의견 충돌이 있을 때면, 완고한 분노 속으로 철수해버리는 두 사람의 성미와 더불어, 둘 사이의 틈을 해결해나가기 어렵게 만들었다.

그들은 모두 어린애를 원했다. 그러나 "바로 그때 주님은 우리들에게 아이 하나를 주는 게 적절하다고 보지 않았죠." 의사들은 불임에 대한 신체적인 결함을 발견할 수 없었다. 그것은 근심과 실망의 원천이었다. 그들은 한 사람이나 또는 그들 둘 다 뭔가 잘못되었다고 걱정했다. 그것에 대해선 거의 아무런 토론도 없이, 이러한 긴장은 그들 결혼 생활의 첫 10년 동안 계속되었다.

이 시기에 루스의 어머니가 그들과 함께 산 것은 빌에게 굉장히 의미가 있었다. 그녀는 '딸의 어머니라기보다 나의 어머니' 같은 훌륭한 사람이었다. 그는 장모를 매우 좋아했다. 그것은 마치 새로운, 자식을 끔찍이 사랑하는 어머니를 가진 것과 같았다.

> 장모님은 자신의 딸보다는 나를 더 옹호했죠. 나는 그 집에서 아무런 잘못도 할 수 없었습니다. 나는 내가 원할 때는 언제나 장모님과 이야기를 나눌 수 있었죠. 만약에 내가 직업상에 어떤 문제를 가지고 있거나, 또는 우리가 이것을 해야 할 것인가 저것을 해야 할 것인가 할 때면, 장모님은 조언을 해주시곤 하셨죠.

빌은 아버지와도 가까이 지내면서, 여러 가지 결정을 할 때면, 아버지와 상담했다. 그는 자신을 '쉬 할 요강이 없는' 어린애라고 느꼈다. 그는 뭔가 확실하지 않다고 느낄 때면 언제나—그의 집을 살 때처럼—아버지를 찾아가곤 했으며, 이때 아버지는 항상 조언을 해주는 것을 행복해 했다.

폴슨은 성인 입문기를 상당히 탄탄하게 보이는 기반에서 시작했다. 그러나 그의 첫 번째 인생 구조는 허술한 기반 위에 세워 졌었다. 그 허술함은 세 가지 주된 근원에서 유래했다. 첫째, 그는 청소년 후기에 안정된 개인적 정체감을 확립하는 데 실패했다. 인생의 모든 어려운 일에는 타인들의 도움을 받을 수 있는 소년으로 남아 있기를 그렇게도 간절히 바라고 있는 때에, 성인이 된다는 것은 어려운 일이었다. 둘째, 그는 끊임없는 꿈의 결핍 상태에 있었다. 즉, 자신과 자신의 가족을 위해 창출하고 싶은 그런 종류의 인생에 대한 비전이 없었다. 셋째, 그가 성인 세계로 입문하는 것을 촉진시키고, 거기에서 제자리를 잡도록 도울 수 있는 스승을 발견하지 못했다.

롱아일랜드 조명 회사에서의 근무는 6년 동안을 그 안에서 어기적거리며 걸어 다닌 직업적 퇴보였다—흥미의 범위를 좁히고, 새로운 기술을 얻은 것이 거의 없는, 그리고 경력 발달을 시킬 능력도 배운 것이 전혀 없는. 그는 가능한 한 자신을 즐기면서, 미래에 대해선 생각해보지도 않고, 성인 세계에서의 가능성을 탐색해볼 노력도 거의 하지 않으면서 20대를 보냈다. 장모와 아버지, 그리고 아내로부터 약간의 도움을 받으며, 그는 이 정체된 고인 물속에 남아 있었다.

29세에, 빌 폴슨은 자신을 한 사람의 책임질 수 있는 성인으로 세상에 내놓았으나, 그동안에도 그는 여러 면에서 가족에 묶인 소년처럼 계속해서 행동하고 있었다. 자기 기만에 대한 상당한 재능을 가지고, 그는 이제 성인이고 자신의 인생을 준비하고 다스릴 수 있다고 자신에게 말했다. 사실 그는 그렇지 못했다. 이것은 다음 2~3년 동안 가장 고통스러운 방법으로 그에게 절실히 느껴졌다.

30대 전환기

폴슨이 29세 되던 해에, 일련의 사건들이 그가 추스를 수 없는 상실감과 책임감과 함께 그에게 몰아닥쳤다. 이것은 이전 6년 동안 그가 유지해온 인생 구조의 붕괴를 재촉했다.

아버지는 6~8개월 동안의 병고 끝에, 53세의 나이로 돌아가셨다. 빌은 말했다. "그 죽음은 나를 사정없이 후려쳤죠. 나는 아버지의 죽음 후에 바로 쓰레기더미 밑에 있었고…쓰레기더미 밑에 말이에요. 그때 1~2년 동안은 모두들 나를 신경질적인 폐인이라고 불렀죠."

폴슨의 어머니는 거의 완전히 남편에게 의존해 있었다. 할머니가 돌아가신 후, 그때 폴슨의 나이는 23세였는데, 어머니는 그녀 자신을 돌볼 수 없게 되었다. 아버지가 돌아가시자 어머니는 빌에게 마음을 돌렸다. 온 가족이 그가 어머니를 받아들이고, 아버지가 했던 것처럼 어머니를 돌볼 것이라고 기대했다.

> 책임감이 갑자기 나에게 몰아 닥쳤죠… 그때에는 난 그것에 대처할 수가 없었습니다. 모르겠어요… 나는 바로 나의 어머니에 대한 이 모든 중요한 결정들을 할 수가 없었습니다. 나는 내가 그것에 대해 준비되어 있다고 생각하진 않았습니다. 아마도 나는 충분히 성숙하지 않았을 것입니다. 이건 가능하지요… 가능하다기보다는 있음직한 일이지요.

빌은 어머니를 받아들였으나, 상황은 급속히 악화되었다. 루스는 결혼한 지 6년 만에 생긴 첫아이의 산달이 거의 가까워 오고 있었다. 그녀는 태아를 염려했고 시어머니와 함께 사는 것을 불안해했다. 그들은 결코 서로 잘 지내지 못했으며, 그들과 함께 어머니를 모신다는 것이 참을 수 없는 것으로 드러났다. 어머니는 전혀 자력으로는 살 수 없었으며 많은 보살핌을 요구했다—빌과 루스가 제공해줄 수 있는 것보다 훨씬 더 많이. 빌은 어머니가 요양원에서 살 것을 제안했다. 그녀는 이것에 반대했으며, 그리고 나머지 가족들도 그것을 제안한 빌에게 화를 냈다. 어머니는 그들과 함께 남아 있었으며, 그리고 상황은 더 악화되었다: "아내가 신경질적인 폐인이 되어가는 지점에까지 다다랐어요. 어머니는 별 것도 아닌 일에 입을 꾹 다물고, 전혀 말을 하지 않곤 했지요. 나는 아주 미칠 것 같았죠."

루스는 완전히 혼란 상태에 빠져들었다. 그녀는 말했다. "도저히 견딜 수 없어서 자살하려고 했지요." 임신 아홉 달째에 루스의 아이는 유산되었다. 고통과 분노 속에서, 빌과 루스는 어머니가 누이와 함께 살기를 주장했다. 그러나 어머니는 가려고 하지 않았다. 고부간의 싸움은 더욱 악화되었다. "어머니는 내가 당신을 사랑하지 않고, 바로 없애 버리려고 한다고 말했습니다. 그것이 바로 내 신경을 곤두서게 한 것이었어요. 나는 짜증이 났고 지나치게 마시게 됐지요."

그들과 함께 산 지 3개월 만에, 빌의 어머니는 누이와 함께 살기 위해 떠났다. 그래서 폴슨의 집은 약간 안정되었다. 그러나 그는 아버지의 계승자로서의 책임을 지는 데 실패했다고 느꼈다. 이 수치심과 죄책감은 다른 가족 때문에 한층 더 격화되었다.

> 늙은 부모의 아들이 되는 것과 가족의 가장이 되는 것, 그것은 나의 책임이라고 그때는 생각했죠. 그러나 그걸 바로 할 수가 없었습니다. 나는 결국 가족의 골칫덩어리로 판명이 났죠. 그들은 내 말을 들으려고 하지 않았습니다. 그것이 세상에서 제일 비참한 것이었어요. 거의 10년 동안 아무도 나에게 말하려 들지 않았습니다. 그들은 그것이 가장으로서 내 책임이라고 생각했습니다… 어머니가 와서 여생을 나와 함께 사는 것 말이에요.

이 혼란기 동안에, 폴슨 가족은 또 다른 재앙에 직면했다. 빌의 어머니가 그들과 함께 살고 있는 동안에, 루스의 어머니가 병이 들었다. 그녀는 '폐 장애와 동맥 경화'로 발전되어서 일 년 동안 누워 있다가 죽었다. 그의 아버지처럼, 장모도 빌이 무척이나 좋아한 사람이었으며, 그는 장모에 대한 상실감으로 가슴이 찢어지는 듯했다.

단 일 년 동안에, 29세에서 30세까지, 빌은 아버지와 장모를 둘 다 잃었다. 이들은 그의 20대 동안에, 그에게 안락감을 주고 지지해준 중요한 원천이었다. 그는 '신경질적인 폐인'이 되었고 무섭게 술을 마시기 시작했으며, 이것이 이번에는 그의 업무에 지장을 초래했다. 그는 직업을 잃을까 걱정했다. "그것은 구명대 없이 넓은 바다의 한복판에 떠 있는 것과 같았죠." 하고 그는 말했다. "나는 어디로 가야 할지를 몰랐어요."

이 시기에 루스의 오빠가 빌에게 도움이 되었다. 그는 자신의 어머니가 아플 때, 오리건에서 롱아일랜드로 왔었다. 그는 아내와 헤어져 있는 몇 개월 동안 폴슨 가족과 함께 살았다. 그는 재혼해서 플로리다로 이사를 갔는데, 거기에서 자신이 좋아하는 직업을 발견했다. 일단 정착하자, 그는 빌과 루스에게 자기와 함께 합류하기를 권했다. 그들은 이사하기로 결정했다.

31세에 빌은 변화할 준비를 했다. 롱아일랜드에서는 인생이 자신에게 유리하게 진행되지 않았다는 느낌에 가득 차, 그는 어딘가로 가서 다시 시작하기를 바랐다. 플로리다는 어느 곳보다 좋은 곳처럼 보였다. 모든 것이 더 이상 나빠질 수는 없었다. 그러나 다시 폴슨은 자신이 어디로 가고 있는지에 대한 감각이 거의 없었다. 그는 어디에 들어가, 어떤 종류의 사람들과 만나고, 어떤 직업이 유용할 것인지를 몰랐다. 단 하나 중요한 것은 멀리 떠나는 것이었다. 그는 대단히 긴박감을 느꼈고 그것에 직접적으로 반응했다.

빌과 루스는 플로리다에서 모든 걸 다시 시작하는 어려운 시기를 보냈다. 첫 6개월 동안 빌은 주당 62달러를 받으면서, 전기냉장고 판매상의 서비스 직원으로 일했다. 그러고 나서 건축 회사에서 8개월 동안 일했으나, 아직도 '최저 임금'을 받고 있었다. 그들의 조그만 보금자리의 꿈은 사라져 버렸다.

플로리다에 온 지 일 년 만에 빌은 낙담했다. 그는 어디에서도 잡부노릇이라도 할 만한 일자리를 얻지 못했다. 새로운 노력을 통해, 그는 더 나은 방도를 찾아보기로 결심했다. 바로 이때 컴퓨터 회사인 보울 앤드 화이트Bowles & White사가 포트로더데일Fort Lauderdale에 새로운 공장을 세우고 문을 열었는데, 그는 거기에 지원했다. 그의 전자 공학에 대한 지식과 IBM사에서의 훈련이 도움이 되었다. 그들은 그를 고용해서 보스턴에 보냈는데, 거기에서 그는 새로운 컴퓨터 작동법을 배웠다. 다시 돌아왔을 때, 그는 보울 앤드 화이트사의 플로리다 연구발전센터에서 첫 IBM 컴퓨터 기사가 되었다. 그의 초봉은 주당 75달러였으며, 그리고 그는 용기가 솟아오름을 느꼈다.

32세에, 폴슨은 플로리다에서 자리를 잡기 시작했다. 그는 승진 기회를 제공해줄 수 있는 조직체 내에서, 자신이 연마한 교육과 기술을 활용할 수 있는 일자리를 얻었다. 그는 미래를 바라보고 계획하고 있었다. 장기적으로 가족을 위해 더 나은 삶을 제공할 수 있는 만족스러운 직업을 가졌다. 새로운 직업은 그의 인생에서 위기와 혼돈의 3년을 마감하는 이정표가 되었다.

29세에서 30세 사이의 전환기에, 그의 첫 번째 인생 구조는 해체되었다. 혼란의 시기가 잇따라 일어났는데, 새로운 구조가 형태를 갖추기 시작했다. 가족 내에서의 중요한 변화는 그의 발달적 과업을 시작하게 했다. 아버지의 죽음은 그를 가장으로 만들었고, 장모의 죽음은 그에게서 '어머니'를 박탈해갔다. 이 두 죽음은 그를 더욱 성인이 되게 했으며, 그 자신의 인생에 대해 더 많은 책임감을 떠맡게 했다. 그와 루스는 드디어 자신들 스스로 가족을 정착시킬 수 있었다. 더 이상 루스의 어머니와 빌의 아버지가 이러한 기획을 인도하거나 영향을 미치지는 않았다. 그들 자신의 힘으로 인생을 구축하는 것은 어려웠지만, 처음으로 그들은 자유스럽게 노력했고, 자유스럽게 자신들에 대한 책임을 맡았다.

폴슨은 그가 플로리다로 이사 왔을 때 이러한 개인적인 일로 여념이 없었다. 거기에서 그의 첫 번째 직업은 그가 발달적 과제를 수행할 수 있는 정도의 경제적 안정성을 제공해주었다. 가족 내에서 가장으로서 좀 더 안전하게 자신을 확립한 후에, 그는 직업적인 문제를 해결해볼 수 있었다. 처음으로, 그는 자신의 재능과 교육을 활용할 일자리를 찾았다. 보울 앤드 화이트사에서 일자리를 찾으려고 한 그의 결정은 매우 중요한 변화를 알리고 있었다. 더 이상 '육체노동자의 임금'을 받고 일하지 않기로 마음먹고, 그는 승진의 가능성이 있는 일자리를 찾기로 결심했다.

이러한 변화는 그의 발달에서 실질적인 진전을 상징했다. 폴슨은 이제 태평한 어린애처럼 행동하지 않게 되었고, 세상에서 제자리를 만들려고 하는 성인 남자처럼 의젓하게 행동하게 되었으며, 그리고 이런 일을 위해 책임을 맡을 준비가 되었다. 그러나 그는 아직 꿈을 형성하지 않았으며, 성인 세계에서 자신이 발돋움하도록 도울 수 있는 스승을 발견하지 못했다. 성인 초기와 중년기로 들어가는 남은 시기를 계속 따라가면서, 우리는 18장에서 폴슨의 인생에 대한 이야기를 끝맺을 것이다.

THE SEASONS OF A MAN'S LIFE

3부

안정기

9장 안정기

제2의 성인 인생 구조 형성

30대 전환기를 끝내는 것은 성인 초기의 준비 단계를 마감하는 것이다. 남성은 성인 세계에서 탐색하고 자리를 잡기 위해 할당된 시간을 다 쓴 것이다. 이제는 안정기로 들어갈 때이다. 안정기는 성인 초기의 절정을 표시하며, 이 시대의 마지막 결실과 면류관을 만들어낸다. 30대 전환기에서 안정기로의 전환은 성인 발달에서 하나의 결정적인 일보이다.

기본 과제는 두서너 개의 핵심 선택들을 '정착'시키고, 그들 주위에 더욱 확장된 구조를 창출하며, 이 구조의 다양한 구성 요소들(직업, 가족, 지역사회, 유일한 흥미, 우정)에 가능한 한 자신을 완전히 투자하고, 그 안에서 장기적인 계획과 목표를 추구하는 것이다. 남성은 '진지해지기 위해', 책임지기 위해, 무엇이 진실로 중요한지를 결정해서 거기에 따라 자신의 인생을 조형하기 위해, 더욱 강한 긴박감을 갖게 된다.

내가 5장에서 언급한 바와 같이, 우리 표본에서는, 안정기는 보통 32세 내지 33세에 시작해서 40세 혹은 41세에 끝났다—39세보다 더 빠르지도, 42세보다 더 늦지도 않았다. 그 지속기간은 보통 6~9년 사이였다(평균 7.8년): 즉 소설가들은 7.7년, 생물학자들은 단지 6.8년인데 비해, 노동자(8.3년)와 기업체 간부들(8.4년)에겐 가장 길게 지속되었다. 그 차이는 다른 집단에 비해 생물학자나 소설가들은 안정기가 더 늦게 시작되었기 때문이다. 안정기가 끝나고 중년의 전환기가 시작되는 연령은 직업들 간에 미미한 차이만 있었다.

안정기의 인생 구조에서는 어떤 인간관계, 야망, 자아의 측면들은 자기 삶의 가장 중요한 위치에 놓는 반면에, 다른 것들은 이차적인 위치에 놓거나 제쳐 놓는다. 그것은 자아의 많은 면들을, 혹은 극히 일부만을 표현하도록 허용할 수가 있다. 비교적 통합된 인생 구조는 전체 구조의 초점 역할을 하는 두서너 개의 중심요소와, 그 구조를 풍요롭게 하고 확장하는 다른 주변요소들을 가지고 있다. 그러나 아무리 넓고 복잡한 구조라고 해도 자아의 모든 면들을 살릴 수는 없다. 언젠가 알게 되겠지만, 제외되었던 자아의 면들은 다음 시기에 당연히 대가를 치러야 할 것으로 되돌아온다. 최초의 안정기 구조가 세계 속에서 실현될 수 있고 자아를 위해 적절하다면, 그것은 비교적 안정된 만족스러운 인생을 사는 데 도움이 된다. 새로운 발달 과제로 안내하는 다음 중년의 전환기까지, 그것은 쉽게 변화할 성 싶지 않다. 만약에 최초의 구조가 심각하게 결함이 있다면, 그것은 변화를 향한 긴장과 압박감을 생성해낼 것이다. 그러나 우리의 연구는 이 시기 동안에 인생 구조를 변화시킨다는 것이 어렵다는 것을 보여주고 있다.

안정기는 두 개의 주요한 과제를 제시하고 있다. 개인에 따라서 이들 과제에 두는 비중과 또 그들을 수행하는 방법이 상당히 다르다.

과제 1. 사회에서 개인의 적재적소를 확립하기: 열심히 일해서 보금자리를 마련하고, 정해진 양식 안에서 자신의 흥미를 추구하기. 이것은 안정기에서의 최초의 일보이다. 남성은 충분히 정돈된 안정된 삶이 필요하다. 이때에는 자신의 뿌리를 더 깊이 내리고, 가족, 직장, 지역사회에서 좀 더 든든하게 인생의 닻을 내리고 정박할 때이다. 그는 자신이 누구인지를 알고, 그 자신의 본거지를 가지고 있으며, 선택한 기능 안에서 능숙함을 발달시키며, 가치 있는 집합체에 소속되어 있고, 그 집단의 소중한 일원이라는 점에서 더욱 큰 긍지를 가지고 있다.

과제 2. 발전을 위한 노력: 성공을 위해 계획하고 힘쓰기, 앞으로-위로 이동하기, 시간표에 따라 전진하기. 첫째 과제는 정의된 구조에 안정성과 질서를 주는 데 공헌하는 반면에, 둘째 과제는 그 구조 안에서 발전을 수반한다. 나는 **발전**advancement이라는 용어를 광범위한 의미에서 사용하고 있다: 좀 더 좋은 인생을 가꾸어나가는 것, 자신의 기술을 향상시키고 활용하는 것, 좀 더 창조적이 되는 것, 사회에 공헌하고 인정받는 것, 자신의 가치를 따르는 것. 목표는 부, 권력, 특권, 인정, 과학적 또는 예술적 성취, 그리고 특별한 형태의 가족과 공동체 생활일 수가 있다. 안정기는 남성이 자신의 '꿈'을 성취하고, 야망을 추구하며, 성인 초기의 시나리오 속에서 영웅이 되는 시기이다. 출발 시에는, 그는 꼭대기까지 오를 준비를 하면서, '사다리'의 맨 밑에 앉아 있는 느낌이었다. 사다리에 대한 심상을 그려보는 것은 이 시기의 삶에서 하나의 중요한 부분이다.

과제 1과 과제 2는 어느 정도 상반되는 과제들이다. 일반적으로 가족과 지역사회는 안정감을 만들어내는 중요한 힘이며, 직업은 움직임과 변화를 위한 중요한 원천이다. 개인이 질서와 안정을 원하는 한, 그는 배를 좌초시켜 인생의 안정감을 위협할지도 모를, 상승을 향한 투쟁을 완화시킬 준비를 해야 한다. 반대로, 어떤 사람이 자신이 세상에 온 표적을 만들고, 권력, 부 또는 성취의 최고봉에 도달하기를 간절히 바란다면—카이사르Caesar, 셰익스피어의 작품에 나온 왕들, 아브라함Abraham, 파우스트Faust와 고갱Gauguin이 떠오른다—그는 안정에 큰 가치를 둔 특별한 사람이나 장소에 강한 개입을 할 수가 없다. 두 과제 중 하나가 지나치게 우세하거나 다른 것이 지나치게 소홀히 될 경우, 항상 어려움이 뒤따른다. 둘째 과제는, 30대 후반에 특히 우세해지는 경향이 있는데, 이때는 남성이 **자기 자신이 되어가는**becoming one's own man 성인 초기의 절정 단계이다.

두 과제는 안정기의 일차적인 특성을 반영하고 있다. 이 시기는 그가 받아들일 수 있는 조건에서 완전한 성인으로 종족에 합류하는 시기이다: 자신의 적재적소를 발견하고 좀 더 큰 개입과 책임감을 가지고 사회 속에 뛰어들며, 가족을 부양하고 직무를 수행하며, 그리고 종족의 생존과 복리를 위해 자신의 본분을 다하는 시기. 현대의 복잡한 사회에서, '종족tribe'의 의미는 매우 다양하다. 그것은 지역 공동체, 종교적·민족적 집단, 크게는 직업, 국가 또는 인류를 포함할 수 있다—종種, species의 어느 부분이든 그에게 가장 의미 있는 것을 말한다. 그러나 안정기에 있는 사람들은 모두 자신이 소속된 사회의 일부분과 밀접하게 연관되어 있으며, 그것의 요구에 반응하고 그것이 제공하는 인정과 보상을 추구한다.

우리는 안정기 안에서 각각 3년 내지 4년씩 지속되는 두 개의 뚜렷한 단계를 발견했다. 우리는 첫 번째 단계를 '안정기 초기'라고 부르고, 보통 36세 내지 37세에 시작되는 두 번째 단계는 '자기 자신이 되어가는 단계'라고 부른다.

안정기 초기

20대 동안 남성은 '초심자' 또는 '견습생'인 성인이다. 안정기를 출발할 때의 과제는 견습생 신분을 넘어 완전히 깃털을 단 성인이 되는 것이다. 이 시기의 처음 인생 구조는 개인이 미래를 위한 계획을 세우고, 장기간의 목표를 확인할 수 있는 기초를 제공하는 것이다. 그 정의가 명확하든 모호하든, 나는 **개인적 기획**personal enterprise이라는 용어를, 개인 인생 구조의 핵심적 특징과 그것을 통해 그가 성취하고자 하는 것—인생의 방향, 폭넓은 야망과 특수한 목표들—을 함축하는 의미에서 사용하고자 한다. 남성의 안정기 기획은 젊은 시절의 야망과 목표를 실현하기 위한 주요한 수단이다.

이러한 기획은 어떤 면에서는 **사다리**의 심상을 내포하고 있다. 남성들은 30대 초반까지 성공의 사다리를 세울 수 있는 기초를 닦기 위해 자신을 헌신해왔다. 그가 성취하면 성취한 만큼, 앞으로의 발전 기획을 시작하는 사다리의 수준은 더 높다. 어떤 남성은 이 시기를 중견 관리직에서 시작해서 자기 부서의 꼭대기에 도달하기를 희망한다. 또 어떤 사람들은 한 부서의 꼭대기에 이미 도달해 있으며, 그 분야에서 일인자가 되려는 목적으로 자신의 조그만 회사를 만들면서 안정기를 시작한다. 두 사람이 안정기를 출발하는 장소는 사다리의 맨 밑을 나타낸다. 그들 마음속에서는 꼭대기

단이 분명할 수도 또는 모호할 수도 있다. 그러나 둘 다 출발점에 있는 듯한, 높이 오르기를 열망하는, 강한 느낌을 가지고 있다. 만약에 어떤 남성이 이내 목표를 향한 전진이 불가능하거나, 거기에 별로 만족하지 못한다는 걸 발견하면, 그는 '안정기'의 마지막 단계에서 더욱 어려운 때를 맞게 될 것이다.

조직적 계급으로 표현되진 않았지만, 소설가들 역시 사다리 위에 있다. 33세에, 한 소설가는 세 편의 소설을 썼고, '장래가 촉망되는 젊은 작가'로 간주되고 있다. 그러나 그는 아직 자신이 가장 원하는 수준의 최우수 작품을 써 낼 수 있는 재능이 있다는 것을 증명해야 한다. 또 다른 사람은 잘 팔리는 단 한 편의 소설을 썼으나 그다지 좋은 평을 받지 못했다. 그는 이제 자신의 일차적 직업으로 글 쓰는 일에 몰두할 준비를 하고 있으나 가능성은 아직 시험되지 않은 상태이다. 세 번째 사람은, 대여섯 개의 출판되지 않은 소설을 썼으나, 사업을 일차적 직업으로 삼고, 소설 쓰는 일은 안정기 구조의 변두리에 두고 있다. 하지만 그는 차후에 사업 세계에서 벗어나 글 쓰는 일을 삶의 중심요소로 만들기를 희망하고 있다(폴 냄슨의 경우이다. 그의 인생은 12장에서 소개될 것이다).

다른 사람들은 '발전 기획'을 직업적 용어가 아니라, 가족이나 공동체와 관련된 의미에서, 또는 다른 비직업적 상황과 관련지어 정의하고 있다. 그러나 어떤 특별한 삶의 환경에 관계없이, 거의 모든 사람들이 안정기를 발전에 대한 약간의 희망을 가지고 출발하고 있다.

사다리는 많은 계단을 가질 수도 있고 혹은 계단이 거의 없을 수도 있다. 야망은 거대하고 강렬할 수도, 겸허하고 현실적일 수도 있다. 사다리는 꿈을 실현하는 쪽으로 이끌 수도 혹은 다른 방향으로 이끌 수도 있다. 그것은 외적·내적인 양면을 갖고 있으며, 그것을 따라가는 개인의 인생 과정은 외적·내적인 두 힘에 의해 조형된다. 외적으로, 사다리는 조직체 위계 내에서의 지위(노동 등급, 관리직급, 학문적 서열), 또는 지역사회나 직장에서의 평판 같은 것을 수반할 수 있다. 직업은 보통 다양한 발전 수준에 도달하는 대략적인 시간표를 제공해준다. 만약에 한 남성이 시간표보다 뒤떨어지면, 그는 더 이상의 발전이 있을 성 싶지 않고 전반적인 기획이 곤경에 빠질 것 같은 두려움에 휩싸인다. 내적으로, 사다리의 의미는 명성, 창조적 성취, 권력, 인류의 복지, 사회적 계층 또는 혈통, 종파의 우수성과 열등성, 그리고 오래 전부터 내려온 가훈家訓에 대한 한 남성의 관심사에 의해 채색되어 있다. 이런저런 내적 힘들은 사다리를 정의하고, 성공과 실패의 의미를 형성하도록 돕는다.

안정기 초기에는, 남성은 자신의 사회 · 심리적 사다리의 맨 밑에서 새로운 개인적 기획을 시작한다. 그는 자신이 아직 '하급 멤버'인 세계에 들어가서, 기획 내에서 발전을 추구하며, 사다리를 올라 그 세계에서 '상급 멤버'가 되고자 한다. 다음 몇 년에 걸쳐, 한 개인으로서의 안녕감은 그가 얼마나 멀리, 그리고 얼마나 빨리 이 목표를 향해 이동하고 있는가에 대한 그 자신의 평가에 달려 있다. **상급자가 되는 것**은 안정기의 두 번째 단계에서 매우 중요한 일이다.

안정기의 시작은 남성의 결혼과 가족에 대한 개입에도 변화를 초래한다. 만약에 한 남성이 결혼하지 않았다면, 그는 결혼하라는 강한 압력을 느낄 수도 있으며, 또는 어떤 형태의 독신 생활에 자신을 정식으로 개입시킬 수도 있다. 결혼하려는 결정은 온건한 애정이나 열렬한 사랑에서라기보다는, 결혼과 가족이 중심요소가 되는 좀 더 안정된 균형 잡힌 삶에 대한 필요성에서 비롯된다.

대부분의 남성들은 20대 후반까지는 가족을 가지게 된다. 내가 언급한 바와 같이, 결혼은 30대 전환기 동안에 부부 양쪽에 의해 의문시되고 재평가될 수 있다. 이것은 안정기가 시작될 때, 결혼 생활의 유대 관계를 더욱 강화시키고 그 관계에 풍요로움과 성숙성을 더해줄 수 있다. 만약에 부부가 만족스러운 사랑 관계를 맺고 있고, 아내가 남편의 안정기 기획에 가치를 두고 어느 정도 참여한다면, 그리고 남편도 그녀와 똑같이 할 수 있다면, 그들의 전반적 인생 구조는 중심부에서 강화될 수 있다(물론, 이후에 그는 이 구조가 온통 잘못된 것이라고 느낄 수도 있고, 자신을 그 안에 몰아넣었거나, 그 안에 머무르게 한 아내를 질책할 수도 있다.).

남성은 안정기로 들어감에 따라, 하나의 안정된 구조를 유지하려는 강한 욕망을 갖게 된다. 그는 주요한 구조적 변화를 시도하기보다는 차라리 현존하는 틀 속에서 조화함으로써 문제를 해결하기를 더 좋아한다. 비록 결혼 관계, 가족 생활, 혹은 가족이 핵심 요소인 보다 넓은 인생 구조 안에 심각한 문제가 있을 때일지라도, 결혼 생활 속에 남아 있기로 결정할 수가 있다. 문제가 있는 결혼 생활 속에 그대로 머물기로 결정한 것은 아내를 향한 사랑이나 의무감뿐 아니라 가족과 이를 포함한 인생 구조에 대한 개입을 반영한 것이다. 그는 다른 여성과 관계를 형성할 수도 있으며, 이 관계를 결혼을 위협하지 않도록 인생 구조의 한정된 요소로 만들 수도 있다—짐 트레이시가 알게 된 것처럼, 비록 이런 방법으로 장기간 가기는 어려울지라도 말이다(11장 참조). 우리의 네 명의 전기주인공들biographees은 30대 전환기와 안정기의 결혼과 가족 생활에 대한 네 폭의 대조적인 그림을 보여주고 있다.

어느 경우에도, 안정기 초기 단계는 처음에 한 선택들 주위에 하나의 삶을 구축하는 데 바쳐지고 있다. 이 단계는 사회에서 자신의 적재적소를 마련하며, 기획을 정의하고, 일과 함께 살아가며, '일을 다룰 줄 아는' 시기이다. 3년 내지 4년 후에 새로운 단계가 시작된다. 이 단계 역시 안정기의 일부분이다. 이 시기는 이전에 시작된 기획의 결과를 포함하고 있으나, 이전 시기와는 질적으로 다른 특징을 가지고 있다.

안정기 후기: 자기 자신이 되어가는 단계

좀 더 완벽하게 자기 자신이 되려는 노력—좀 더 독립적이고 자급자족하며, 타인의 통제를 덜 받는—은 여러 연령대에서 발견된다. 각 연령대에서 보이는 그 모습은 그 발달 시기의 특성을 반영하고 있다. 예를 들면, 두 살짜리 어린애가 고집스럽게 자기 권리를 주장하며, 영원히 자신을 제약할 것 같은 세상에서 자신의 주도성을 유지하기 위해 노력하는 모습에서 우리는 그것을 볼 수 있다. 성인 초기 전환기에는, 성인이-되어가는-청소년은 부모로부터, 그리고 아직도 강하게 묶여 있는 성인-이전 자아로부터 완전히 멀리 떨어져 나오기 위해 몸부림치면서, 그 자신의 독립에 대해 특별한 관심을 쏟는다.

이 문제는 안정기의 마지막 단계에서 새로운 양상으로, 중심부를 차지한다. 이 단계는 매우 뚜렷해서 우리는 거기에 **자기 자신이 되어가는 단계**라는 이름을 붙였다. 이 단계는 보통 36세 내지 37세에 시작되어 40세 혹은 41세까지 뻗쳐 있다. 그것은 안정기의 절정을, 보다 넓게는, 성인 초기의 정점을 표시하며, 그리고 저 너머 놓여 있는 것에 첫 시동을 거는 것을 의미한다.

자기 자신이 되어가는 단계에서 남성의 일차적 발달 과제는 안정기의 목표를 성취하는 것, 그의 사다리 위에서 충분히 전진하는 것, 자신의 기획에서 연장자가 되는 것이다. 또한 자신의 목소리로 좀 더 분명하게 말하는 것, 좀 더 큰 권위를 갖는 것, 그리고 자신의 삶 속에 있는 사람들이나 기관들에 예전보다 덜 의존적이 되는 것이다(내적, 외적으로).

여기에는 내장된 딜레마가 있다. 한편으론, 남성은 더욱 **독립적**이고, 자신에게 진실하며, 타인들로부터 오는 압력이나 감언이설에 좀 더 초연해지기를 원한다. 다른 한편으론, 그는 사회에서 **인정**받기를 추구한다. 설령 아무도 들어주지 않더라도, 자기 자신의 목소리로 말하는 것은 중요하다—그러나 그는 특별히 누군가가 들어주고, 인정해주고, 존경해주며, 자신이 마땅히 받아야 할 보상이 주어지길 원한다. 독립하고자 하는 소망으로 인해, 그는 가장 중요한 일을 결과는 아랑곳하지 않고 혼자서 생각하고 행동을 하게 된다. 그러나 인정받고자 하는 소망 때문에 그는 역시 타인들의 반응에 민감하고, 그들의 영향력에 취약성을 보인다.

왜 이러한 양면성이 있는 과제를 지닌 발달 단계가 이 시점에서 일어나야 하는지 그 이유는 분명하지 않다. 우리가 연구를 시작할 때에, 이런 현상이 있으리라고는 기대하지 않았다. 오히려, 그것은 우리의 연구 과정에서 발견된 것이다. 다른 시기에서처럼, 그 시작은 단순한 하나의 극적인 사건이나 상황과 연관된 것은 아니다. 그것은 개인의 생물학적, 심리적 또는 사회·문화적 진화 과정 속에 어떤 단일한, 특별한 원천을 갖고 있는 것은 아니다. 근본적인 원천은 이 모든 것들 속에 놓여 있으며, 그리고 많은 특수 요인들이 개인과 사회에 따라 다양하게 작용한다. 30대 후반에 남성은 이제 막 성인기로 진입하는 사람들보다 더 나이든 원숙한 세대가 되어 가고 있다. 그는 좀 더 연장자가 되어야 하고, 더욱 안정되어가야 한다. 그는 자신의 성인 초기 발전의 정상에 혹은 그 가까이에 와 있으며, 지금 무엇이 일어나고 있는가에 따라 미래 삶에 대한 가능성이 심하게 영향을 받는다. 많은 사람들에게, 신체적 감퇴감은 더욱 많은 노력을 하도록 하는 자극제가 된다. 감퇴와 죽음에 대한 관심은 점점 더 강해지며, 다음 시기에는 부가적인 의미를 띠게 된다.

자기 자신이 되어가는 단계의 발달 과제들—안정기의 기획을 완수하는 것, 더욱더 상급자가 되고 전문가가 되는 것, 사회에서 인정받는 것—은 30대 후반에 일차적인 중요성을 지니게 된다. 남성은 환경 속에 혹은 자신 안에, 이러한 목적을 방해하는 어떤 것들에 대해 더욱 민감하고 과민해지기 쉽다. 이 시기의 성공 결과는 아직 확실하지 않기 때문에, 그는 가끔 자신이 충분히 성취하지 못한 것 같은, 그리고 충분히 자기 자신이 되지 못한 것 같은 느낌을 갖는다. 그는 가끔 뒷덜미를 붙들린 것 같은 느낌—다른 사람들에 의해 짓눌리는 것 같은, 그 자신의 갈등과 억제로 인해 제약을 받는—을 가질 수도 있다.

이러한 염려는 외적 현실과 내적 과정을 반영하고 있는데, 이 단계를 이해하기 위해서는 이 양쪽을 모두 고려해야 한다. 이 기간 동안 외적인 상황은 흔히 제약이 많고 자존심을 손상시킨다. 조직체는 가끔 매우 경직되거나 부패되어서, 개인이 너무 솔직하거나 진취적이면 그의 경력이 위협을 받게 된다. 일반적으로 논쟁을 피하고 '팀'의 성실한 일원이 되는 것이—그리고 그 자신의 목소리로 너무 크게 말하지 않는 것이—안전하다. 한 남성이 승진하게 되면, 그는 자신들의 영역을 유지하고 수호하려는 상급자들과 좀 더 긴밀한 접촉을 갖게 된다. 그에 대한 그들의 관심에는 가끔 지지와 위협이 미묘하게 혼합되어 있다. 그는 다음과 같은 이중 메시지를 받는다: "착하게 굴어봐. 그러면 멀리 갈 거야." 또는 "분쟁을 일으켜봐. 당신이 전적으로 옳아."

이 시기의 어려움은 중요한 내적 근원 역시 가지고 있다. 인정받고 승진하고자 하는 소망은 특별히 그를 사회적 압력에 취약하게 만든다. 그 자신이 자율적으로 행동할 능력이 있다고 자만해 온 사람은 이제 그가 자신이 생각했던 만큼 독립적이지 않다는 것을 깨닫는다. 결정적인 상황에서, 그는 지나치게 남을 기분 좋게 하려고 하고, 지나치게 비평에 민감하며, 그 자신의 확신에 근거해서 행동하고 말하기에는 너무 순응적이다. 그는 자기 자신이 되기를 원하지만, 그러나 역시 타인들에 의해 이해되고, 바르게 평가되고, 자신의 재능을 확인받으며, 자신의 기획에서 성공하기를 간절히 바란다.

그러나 어려움은 이보다 더 심각하다. 자기 자신이 된다는 것은 성인 초기의 야망이 정상에 다다른 것을 의미한다. 남성은 '연장자'가 되기를 원하며, 과거 15년 또는 20년 동안 노력한 결실을 얻기를 바라며, 또한 앞으로 자기 인생의 터전이 될 목표를 성취하기를 원한다. 예컨대, 그는 이전 어느 때보다 더 완벽한 의미에서 남성다워지기를 바란다. 그러나 남성다워지려는 절박한 욕망은 성인 속에 있는 **조그만 사내아이**를 부활시키게 된다.

많은 소년다운 자질들이 우세해지는 것이 반드시 성인 초기의 병리적이거나 손상된 발달을 표시하는 것은 아니다. 20대에 형태를 갖춘 자아는 청소년기 이후에는 별로 발달하지 못하고, 보통 아동기와 청소년 자아의 많은 면들을 내포하고 있다. 소년다운 자질들은 지속적으로 남아서, 젊은 남성의 취약성뿐 아니라 힘의 원천이 되기도 한다. 다행히도, 남성은 어린애 같은 자질과 젊음을 전 인생 주기 동안 변형된 형태로 유지할 것이다.

30대 후반에 소년다운 자아가 활성화되는 것은 정상적인 심리·사회적 발달의 일면이다. 자기 자신이 되고자 하는 노력은, 소년다운 소망이나 불안을 포함한, 해결되지 않은 성인 이전기의 갈등을 활성화시킨다. 실로 '애-어른'의 갈등이 한 걸음 더 그 강도를 더해간다. 그것은 그 갈등을 더 높은 수준에서 해결할 가능성을 창조하고 있다.

그러나 이 시기 동안에는, 그 강화된 갈등은 내적 어려움의 원천이 된다. 성인 자아는 어떤 가치들—사회의 생산적인 일원이 되고자 하는, 사회가 요구하는 책임을 최대한으로 짊어질 수 있는—을 실현하기를 갈망한다. 이러한 노력을 위해 소년다운 자아는 상상, 힘과 이상주의, 모험심과 경이감과 같은 다양한 방법을 총동원한다. 그러나 소년다운 자아는 역시 저항과 불만의 원천이기도 하다. 그는 이마에 땀을 흘려서라기보다 신비적인 전능한 힘에 의해 높은 수준에 도달하기를 바란다. 그는 타인들의 상반된 욕구나 요구를 고려하지 않고, 일이 저절로 자신이 원하는 대로 되기를 바란다. 충분한 인정을 받지 못하면, '사내아이'는 완전히 박탈감을 느끼거나 굴욕감을 느낀다. 상관이나 다른 권위자가 뭔가를 제한하거나 강요하면, 이 사내아이는 완전히 무기력해지거나 겁을 먹는다. 소년다운 자아는 알랑거리는 아첨꾼이나, 예전에 보기 드문 '멋있는 녀석'이 되거나, 또는 충동적이고 자기 파괴적인 반항아가 되기도 한다—그러나 꾸준한 일꾼 또는 자신의 권위를 건설적이고 인간적인 목적을 위해 사용하는 지도자가 되지는 않는다. 그가 함께 하고 있는 보통 사람들—상관, 아내, 스승, 동료—을 폭군, 부패시키는 사람, 악랄한 경쟁자, 유혹하는 사람, 그리고 마귀할멈으로 변형시키는 것은 남성 안에 있는 이 '사내아이'이다.

이러한 경험들 속에는 항상 현실과 왜곡이 혼합되어 있다. 남자의 인생에서 사람들과 제도들은 어느 정도는 폭군적이고, 부패하고, 착취적이다. 그는 가끔 사리를 분별하기가 어렵다는 것을 발견한다. 이런 때에는 가끔 그는 우울증적인 자기 질책(자신이 완전히 부적절하고, 무력하고 내적 자원이 부족하다고 느낄 때)과 편집증적인 분노(자신의 엄청난 재능과 미덕을 억압하거나 무시하는 사악하고 무심한 세상을 비난할 때)의 양 극단 사이에서 동요한다. 이러한 내적인 갈등과 외적인 스트레스가 최고조에 달할 때 개인이 옳은 판단과 진취성을 유지하기란 실로 어렵다.

자기 자신이 되는 시기 동안에, **스승 관계**가 특별히 감정이 악화되고 취약해지기가 쉽다. 스승과의 긴밀한 유대 관계가 끝나는 과정은 가끔 상호간에 고통스럽고 뒤틀린 감정을 수반한다. 30대 후반의 남성은 현재의 스승 관계를 포기할 뿐만 아니라, 기꺼이 어떤 연장자의 부하 위치에서 벗어나고 있다. 그가 스승 관계를 거절해야 하는 이유는 그것이 본질적으로 해롭기 때문이 아니라, 그것이 그 자체의 목적을 다했기 때문이다. 그 관계는 그가 기본적인 발달적 진전을 하도록 도왔었다.

성인 이전기에 그는 아버지의 사내-아들이었지만, 성인 초기에는 찬양하는 스승의 젊은-남자-견습생이었다. 이제 스승은 그를 완전히 성숙했으나 젊은 손아래 성인으로 간주한다. 30대 후반에는 새로운 과제가 부상 한다: 남성은 손윗 어른이 되어서 이전의 스승, 선생, 상관들과 완전한 동료가 되어가야 한다. 그는 자신이 스승이 되어야 하고, 건설적인 권위자, 아버지, 그리고 다른 성인들의 친구가 되어야 한다. 이러한 발달적 성취는 성인기의 진수眞髓이다. 만약에 한 남성이 중년기 동안에 타인들과 그 자신에 대해 책임을 지려고 한다면, 그는 **연장자로서의 경지**seniority에 도달해야 한다. 이 과정에서 형성적 발걸음은 자기 자신이 되어가는 단계와 중년의 전환기에 취해진다.

남성의 스승과의 갈등, 그리고 부하라는 입장에서 오는 고초는 자기 자신이 되어가는 단계 동안에 그 자신 속에 있는 '사내아이'와의 갈등이 재개되면서 더욱 심화된다. 사내아이는 스승이 가장 어린애다운 감각에서 '좋은 아버지'—자신을 특별한 사람으로 만들고, 자신에게 신비적인 힘을 부여하고, 그리고 자신에게 경쟁자와 겨루거나 자신을 입증하도록 요구하지 않은 아버지—가 되기를 처절하게 갈망한다. 불안감으로 스승을 나쁜 아버지—진실한 사랑이 없고 단순히 자신의 필요에 따라 사람을 이용하는 착취적이고 독재적인 권위자—로 만든 사람도 역시 이 작은 사내아이이다. 스승과의 관계는 좋은 아버지에 대한 갈망, 나쁜 아버지에 대한 불안, 그리고 이 두 개의 내적 형상들을 스승에게 투사함으로써 무너지게 되고, 스승은 이제 곤경에 처하게 된다.

성인 이전 자아의 중심적 특성—의존심, 성욕, 권위 등과의 근원적인 갈등을 수반한—은 가끔 자기 자신이 되어가는 단계 동안에 특히 강렬하게 부각된다. 이 시기에 심각한 갈등과 어려움이 일어난다면, 그들은 성인 이전기에 해결되지 못한 문제가 새롭게 부활된 것이거나, 더욱 완전한 성인이 되기 위한 발달적 노력을 반영한 것으로 보아야 할 것이다. 스승과의 결별은 사내아이다운 **오이디푸스적 반항***이 비합리적으로 재현된 것은 아니다. 그 이상으로, 그것은 젊은 남성이 성인이 되고 스승이 되는 발달 과정의 일부분이다. 이 과정은 순수하게 합리적인 선을 따라 전개될 수만은

* Oedipal revolt: 이성 부모를 사랑하는 데서 오는 동성 부모에 대한 반항—역주

없다. 성인 초기에 있는 많은 사람들이 훌륭한 선생과 조언자가 되기 위한 능력을 가지고 있다. 그러나 자기 자신이 되어가는 발달적 작업은 더욱 발전해서 현명한 스승이 되기 위한 성숙성을 얻는 데 필수적이다.

소설가 중의 한 사람인 알렌 페리는, 의미 있는 스승 관계에 대한 생생한 예를 보여주고 있다. 44세에 그는 그 이야기를 마치 어제 일어난 것처럼 회상하고 있다. 대학과 군복무를 마친 후인, 20대 초반에, 페리는 작가가 되려는 일념으로 뉴욕으로 갔다. 그는 캘빈 랜달Calvin Randall이 강의하는 공개강좌를 수강했는데, 랜달은 그때 일류 출판사의 편집인이었다. 그들은 즉시 가까운 유대 관계를 형성했다.

> 랜달은 엄청난 지원과 용기를 나에게 주었죠. 나는 그와 매우 가까워졌습니다—사실, 그에게 굉장히 깊게 몰두했지요. 그는 훌륭한 자질을 가지고 있었습니다. 그러나 나는 후에 이러한 자질은 단지 우리가 젊었을 때만 좋아 보이고, 일단 우리가 자기 자신이 되고 나면 그런 것들은 거의 경쟁 대상이 되어버린다는 사실을 깨달았죠. 나는 우리들의 관계를 깨야 했고 그 과정은 너무 좋지 않았는데, 그 이유는 그 편에서 통찰력이 없었기 때문이라 생각합니다.

그러나 파경은 몇 년 후에 일어났다. 둘 사이의 관계는 페리가 자신의 첫 번째 소설을 써서 출판한 20대 중반에 꽃을 피웠다. 그 책은 상업적, 비평적 성공을 거두었고, 그를 장래가 촉망되는 작가로 자리 잡게 했다. 그는 다음 몇 년 동안 많은 여행을 했고, 두세 편의 단편을 썼으나, 그러나 마음속에 있는 소설을 완성할 수가 없었다. 비록 랜달과의 관계는 계속되었으나, 그들은 긴밀하게 교제하지는 않았다.

다음은 페리가 35세일 때 시작된 일이다. 그는 두 번째 소설을 완성해서 스승에게 가지고 갔다. 이때에 랜달은 편집장이었고, 국내에 알려진 인물이었는데, 이러한 명성은 "부분적으로는 나의 작품과 관련되어 있지요"라고 페리는 말했다. 그가 원고를 훑어보는 데는 두 주일이 걸렸다. 그리고 마지막으로 그들이 만났을 때, 거기엔 굉장한 실망이 있었다.

나는 그가 내 작품에는 자기 자신의 이력만큼 흥미가 없다는 것을 깨달았죠. 만약에 오만의 죄를 지은 슬픈 결과를 입증하는 사람이 있었다면, 그것은 바로 그일 것입니다. 그는 실로 나를 포함한 제자들과의 접촉 기회를 잃어버렸죠. 나는 원고에 대해 토의하려고 왔는데 그는 자기의 위대한 출판 계획을 기술하는 데 두세 시간을 보냈습니다. 그는 다른 회사로 옮기면서, 나와 함께 가기를 청했죠. 만약에 우리들 관계가 예전대로였다면, 나는 주저하지 않았을 것입니다. 대신에 나는 그를 포기하기로 결심했죠. 나는 아직 거의 10년 전에 그에게 쓴 편지를 뚜렷이 기억하고 있습니다. 이건 그때의 실제 말과 거의 가깝습니다: "내가 당신을 매우 존경한다고 할지라도, 지금 당신과 같이 가는 것은 당신이 나의 발달에 절대적으로 필요하다는 것을 인정하는 것일 것입니다. 사실 당신이 이것이 진실이 아님을 깨닫게 될 때, 그것은 당신을, 당신의 신뢰도나 당신의 재능을 모욕하는 것이 아니라, 작가로서의 절개를 떨어뜨리는 것이기 때문입니다."

나는 후에 거기에 있었던 어떤 사람에게서 그가 내 편지를 읽으며 눈물을 흘렸다는 사실을 알았습니다. 그는 오랫동안 상처를 받았고, 내가 그를 배반했다고 느꼈죠. 그러나 나에겐 그것은 해방의 몸짓이었습니다. 일을 함께 할 수 있는 마음이 통하는 사람을 갖는다는 것은 멋진 일이지요. 그러나 언젠가는 이러한 인물에게 더 이상 의존하지 않는 시점이 오게 됩니다. 나는 이제 서른다섯 살이라는 나이가 실로 매우 취약한 시기라고 깨달았습니다. 20대일 때, 내가 서른다섯 살이 되면, 세상에서 내가 가장 명랑하고, 정중하고, 자유스러운 인물이 되어 있으리라고 생각했던 것이 기억납니다. 그러나 사실 난 전혀 그렇지 않았습니다. 랜달과의 결별은 어떤 의미에선 바로 독립하는 과정의 시작이었습니다.

알렌 페리의 이런 쓰라린 심정에도 불구하고, 랜달에 대한 애착이 완전히 사라져버린 것은 아니었다. 파경 시기에 태어난 그의 아들은 스승의 이름을 따라 지어졌다. 둘 사이의 관계는 이제 우호적이나 유보되어 있다— 아마 가능한 한 좋은 상태로.

> 나는 지금 이 시점에서 우리가 그 모든 것을 다 수습한 것을 고맙게 생각합니다. 당신이 알다시피, 나는 이제 성숙한 남자이고, 그의 소년은 아닙니다. 나는 이제 한 사람의 훌륭한 편집인을 가지고 있습니다. 우리는 친구간이지 예전에 그와 가졌던 그런 종류의 정열적인 관계는 아닙니다. 나는 다시는 그런 관계는 갖게 되지 않을 것이고, 또한 그런 걸 원하지도 않을 것이라 생각됩니다. 이제는 내가 다른 사람들에게 도움을 줄 차례입니다. 비록 나는 그런 도움을 주는 데는 캘빈과 같은 흥미와 기술을 결코 갖게 되지 못할지라도 말입니다.

40세경 이후에 남성들이 스승을 갖는 경우는 매우 드물다. 남성들은 가족, 친구, 상담자, 그리고 동료들과의 관계에 가치를 둘지 모르지만, 어떤 발전된 형태로 스승 관계를 갖기란 드문 일이다. 그것은, 다른 것들과 함께, 자기 자신이 되어가는 과정의 일부분으로 양도된다. 그 결과, 그는 이제 다른 사람의 스승이 되는 데에 더욱 큰 능력과 흥미를 갖게 된다.

10장

안정기의 다섯 가지 발달 계열

안정기는 성인 초기의 절정이자, 남성이 젊은 시절의 소망을 실현하는 시기이다. 남성들이 이 시기를 통과하는 다양한 방법들은 어떤 것이며, 그리고 그 결과는 무엇인가? 우리는 두 번째 성인 인생 구조를 구축하고 자기 자신이 되어가는 다섯 개의 발달 과정을 구별해볼 필요가 있었다. 이 다섯 개의 범주가 꼭 절대적인 것은 아니다. 그들은 단순히 다양성을 설명하기 위한 편리한 수단일 뿐이다. 그러나 우리 연구의 40명의 남성 모두가—그리고 우리가 다른 방법으로 연구한 사람들도—이러한 계열 중의 하나를 통과해갔다.

A. 안정된 인생 구조 안에서 발전
B. 안정된 인생 구조 안에서 심각한 실패 또는 감퇴
C. 벗어나기 : 새로운 인생 구조를 위한 노력
D. 발전, 그 자체가 인생 구조 안에서 변화를 산출
E. 불안정한 인생 구조

계열 A에서는, 인생은 적어도 꽤 잘 진행되며, 남성은 자신의 주요한 목표를 향해 전진한다. 계열 B에선 남성은 상당한 실패 또는 좌절을 경험한다. 두 경우 모두 인생 구조는 비교적 안정적이다. 계열 C와 계열 D에서는 이 시기의 처음에는 안정된 구조를 형성하나, 다양한 내적·외적인 힘들이 변화를 유도한다. 계열 C에서는, 안정기 초기 단계(33~36세)에 설정된 구조가 더 이상 참을 수 없는 것으로 드러난다. 자기 자신이 되어가는 단계(36~40세)동안 남성은 탈출을 시도하며, 그의 기존 삶을 해체해서 새로운 인생 구조를 창출한다. 계열 D에서는, 30대 후반에 수입과 지위가 향상되면서, 이것이 가끔 예기치 않게 그를 새로운 세계로 몰아넣는다.

계열 E는 전혀 안정된 구조가 형성되어 있지 않다는 점이 다른 계열들과 다르다. 대신에 끝까지 추구할 수 없는 매우 막연한 선택들과 함께 안정기가 시작되어서, 안정기 내내 인생 구조는 유동적으로 남아 있다.

계열 A: 안정된 구조 안에서 발전

여기에서 인생은 다소 예기한대로 진행된다. 안정기의 초기 단계 동안, 남성은 자신의 일차적 임무를 수행하며, 기획을 정의하고, 처음의 인생 구조를 점차 풍요롭게, 정교하게 다듬는다. 자기 자신이 되어가는 단계에서는, 내면에선 야망이 고조되며, 밖에서는 발전에 대한 압력이 강화된다. 그는 안정기의 마지막 남은 두서너 개의 사다리 계단을 좀 더 치밀하게 정의하고, 꼭대기에 도달하기 위하여 온힘을 기울이게 되는데, 그는 거의 이 목적을 달성한다. 그 과정에서 그는 상당한 어려움과 고통을 경험할 수 있으나, 그 스트레스는 견딜만한 것이며 오히려 만족감이 그런 어려움을 압도한다.

우리 연구에서는 남성들의 55%가 뚜렷이 계열 A유형을 거쳐 가고 있었는데, 대여섯 명의 삶에서는 이 유형의 핵심적인 측면들을 볼 수 있었다(표 1). 나머지 45%는 이 시기 동안에 큰 어려움을 겪었는데, 그 결과가 별로 만족스럽지 못했다. 노동자나 기업체 간부보다 소설가나 생물학자들이 계열 A유형으로 발전한 경우가 많았으나, 그 차이는 극적이지 않았다. 우리의 표본sample이 전체 전집population 보다 좀 더 중류 계층인 편이어서, 아마도 직업이나 결혼-가족 관계에서 더욱 안정되었을 수 있기 때문에,

이러한 결과는 남성들이 30대에 경험하는 어려움의 정도를 과소평가하고 있는 것인지도 모른다.

표 1. 안정기의 발달 계열

계열	기업체 간부	노동자	소설가	생물학자	총인원
A. 안정된 구조 속 발전					
1. 긍정적 결과	F. 라도비치* M. 코왈스키	N. 드 아미코 R. 오치스	B. 래브* K. 타이런 D. 맥린*	B. 에드워즈 B. 모건*	9
2. 혼합된 결과	R. 와이즈* D. 자페	V. 미넬리 L. 스트로드 F. 토머스*	L. 뉴먼 G. 버그* A. 페리 R. 테일러	J. 반즈 G. 매러비안 W. 미드 E. 노스럽	13
B. 감퇴-실패	O. 암스트롬 M. 갤러거 L. 하인즈	W. 폴슨 L. 다비		S. 브래너* N. 크로머*	7
C. 변화/벗어나기	P. 맬로니 J. 트레이시	A. 러셀 P. 애버트*	P. 냄슨		5
D. 변화/발전	R. 몬		H. 파커	A. 트랠로어*	3
E. 불안정한 구조		H. 맥클라우드*	D. 오스본*	C. 러거*	3

* 안정기가 아직 끝난 것은 아니나, 기본적인 계열이 분명하게 보이는 경우

계열 A에서, 발전의 최종 목표는 가끔 자신이 마음속으로 진정한 성공이라고 생각한 주요한 사건에 의해 구체화된다. 이 사건은 사회가 그를 인정한다는 궁극적인 메시지를 그에게 전달해준다. 젊은 작가는 당장 또 다른 책을 쓰기보다는, 작가 세계에서 어느 정도 도약을 하길 원한다. 그는 무엇보다도 특정 분야에서 독특한 자질을 가진 중견작가로 인정받기를 소망한다. 학문을 하는 생물학자들은 정교수가 되기를 열망하며, 대학과 학계에서 연장자의 위치에 도달하기를, 눈부신 연구 업적을 세우기를, 또는 솔직히 말한다면 노벨상을 수상하기를 열망한다. 기업체 간부들은 35세가 되면 적어도 40세까지는 어느 수준에 도달해야 된다는 것을 알게 된다. 그

렇지 않으면, 그는 더 이상 발전할 수 없게 될 것이다. 그는 한 자리에 붙들려 있게 되거나, 실패를 의미하는 **측면 승진**lateral promotion을 하게 되거나, 또는 지금 한참 올라오고 있는 젊은이들을 위해 자리를 내놓게 될 것이다. 노동자들 역시 좀 더 높은 직급이나 감독직을 얻으려고 애쓴다. 그는 노조 대표와 같은 조합의 지위를 얻을 수도 있으며, 그것은 다른 형태의 연장자의 위치를 의미한다. 그렇지 않으면, 그는 직업보다는 가족, 여가, 공동체와 관련지어 인생의 목표를 정의할 수도 있다.

그들의 목표가 무엇이든지, 계열 A에 있는 남성들은 안정기 초기에 인생 구조를 형성해서 그것을 계속 유지시켜 나간다. 중요한 변화들이 일어날 수도 있다: 주거지와 주거유형, 직업, 수입, 삶의 양식, 가족 형태에서의 변화. 그러나 이러한 것들은 인생 구조 내에서의 향상이나 풍요로움 또는 어려움을 나타낸다. 이 발달 계열을 통과하는 과정에도 큰 역경이 있을 수 있다: 승진이 심각하게 의문시될 때, 결혼과 가족 생활의 문제, 중병 또는 사랑하는 사람의 죽음, 잦은 이사, 그리고 긴장감을 주는 잡다한 생활 조건들. 그러나 이러한 역경들은 참을 만한 것들이고, 안정기 동안에는 대체로 비교적 일관성 있는 기획 내에서 주로 발전해나가는 것이 특징이다.

40세 무렵에는, 이제 안정기 사다리의 맨 꼭대기에 올라 수년 동안 다져온 고투의 절정을 상징하는 목표에 도달하게 된다. 여기에 도달한 것이 이야기의 끝이 아니다. 또 올라가야 할 새로운 고지들이 있다—그러나 다음 단계는 단순히 동일한 사다리의 다음 단이 아니다. 첫 사다리의 꼭대기는 새로운 사다리의 맨 밑단으로 전환된다. 이 시기의 성공은 한 남성을 새로운 다른 세계 속으로 데려다준다.

그는 이제 **상급**senior 세계로 새로 들어온 초임자이다. 자기 자신을 확립하는 과정에서 그는 기성사회와 제휴해왔다. 이제 그는 많은 사람들에 대한 책임을 지고 있다—산업체, 대학, 출판사, 노동조합 또는 확대 가족 등 어디에서든. 그는 이 세계 안에서 새롭게 출발한다. 그러나 만약에 그가 그 안에서 주저앉는다면, 그의 인생 구조는 중년기를 지나는 동안에 예기치 않은 방향으로 전개될 것이다. 그는 안정기의 인생 구조에서 곧바로 새로운 인생 구조를 창출하는 시기로 이동하지 않는다. 그 사이에는 결정적인 변화들이 일어날 수 있는, 두 시기를 매개하는 발달 시기—중년의 전환기—가 있다. 이 시기의 변화들은 다음에 오는 삶의 모습에 강력한 영향을 미친다.

안정기 동안에 상당한 발전을 한다면, 계열 A유형을 거쳐 가는 남성들은 대체로 높은 자존심을 갖게 되며, 자신을 입증하려는, 그리고 자신이 진실로 원하는 것을 쟁취하려는 강한 의욕을 보이는데, 이것은 놀란 만한 일이 아니다. 여기에는 항상 현실과 환상이 약간 혼합되어 있다. 남성들의 만족감과 안녕감은 안정기의 기획이 자신의 꿈과 얼마나 조화를 이루고 있으며, 자신의 자아의 중요한 면들을 얼마나 실현시켰으며, 그리고 그의 성취와 공헌감이 자신이 수행한 실제의 가치들과 얼마나 일치하는가 하는 정도에 달려 있다. 분명히 이것은 정도의 문제이다.

발전과 성공에 대한 경험은 어느 정도는 환상에 근거하고 있다. 한 남성이 외적인 의미에서는 성공했을 때에도, 그 성공이 그 자신에게는 별 의미나 가치가 없는 것으로 드러날 보상일 수 있다. 자신의 인생에 진정한 만족감을 느끼지만 굉장한 내적인 대가를 치러야 할 때도 있다. 그 자신을 어떤 목표에 헌신하기 위해서, 그는 자신의 중요한 부분을 소홀히 하거나 억압해야 될 수도 있다. 결국 한 남성의 발전을 위한 투쟁은 동화 속에 나오는 신비로운 성질을 지닌 환상에 의해 가끔 자극 받는다: "만약에 내가 사다리의 꼭대기에 오른다면, 나는 내가 진실로 원하는 모든 것을 갖게 될 것이고 그 이후에는 행복하게 살게 될 것이다." 이 가공할 힘을 가진 환상은—비록 그것이 다른 사람들에게는 가끔 분명히 보일지라도—'자기 자신이 되어가는 단계' 동안 본인에게는 좀처럼 의식되지 않는다. 그 자신은 중년의 전환기에 와서야 그것을 깨달을 수 있게 된다. 이때에 그는 자신의 인생을 재평가해보고 자신의 환상을 이해해보려고 한다. 우리가 17장에서 보게 되듯이, 생물학자 존 반즈는 이 계열의 좋은 예이다.

우리는 흔히 계열 A유형의 삶을 살아온 사람들을 이상화하거나 혹은 폄하하는 경향이 있다. 무비판적으로 호의적인 시각을 가진 사람들은, 꾸준한 발전 또는 유성처럼 빠른 성공에 대해 깊은 감명을 받고, 이와 같이 인정과 보상을 받고 있는 사람들의 인생은 틀림없이 훌륭할 것이라고 가정할지도 모른다. 좀 더 비판적인 태도를 취하는 다른 사람들은 성공의 한계와 그것을 추구하는 데 따르는 엄청난 대가를 강조할 수도 있다. 둘 중 어느 태도도 한 개인의 인생을 적절하게 평가하진 못하고 있다. 문제는 훨씬 복잡하다. 어떤 개인의 인생은 득과 실의 거대한 덩어리이다.

계열 A는 안정기를 통과해가는 하나의 방도이다. 이 유형에서, 한 남성의 발전은 그 자신의 시간표와 보조를 같이 한다. 그리고 스트레스는 다룰 수 있는 정도이고, 득이 자신과의 힘겨운 싸움에서 오는 대가를 압도하며, 내적인 성공감이 실패감을 능가한다. 40세쯤에 시작되는 다음 발달 시기에서는, 30대의 인생 과정과 결과에 대해 재평가하는 과제를 수행하게 될 것이다. 그때 그는 자신의 목표를 재평가하고, 새로운 방향을 추구할 필요가 있다는 것을 처절하게 느낄 것이다.

계열 B: 안정된 인생 구조 안에서 심각한 실패 또는 감퇴

우리 연구에 참여한 남성들의 약 20%가 이 계열의 좋은 예를 보여주고 있다. 그들 중 몇 명에게는 안정기가 대체로 분명한 실패의 시기였다. 나머지 사람들은 외적으로는 상당한 성공을 거두었으나, 자신들에겐 모든 기획을 무의미하게 만들어버릴 정도로 어떤 중요한 면에서 실패한 것처럼 느껴졌다. 두 명의 노동자, 세 명의 기업체 간부, 그리고 두 명의 생물학자가 이 유형에 속했다(표 1).

시간제 노동자들 가운데 아무도 30대 후반에 직업상 의미 있는 승진을 할 가능성을 발견하지 못했다. 두세 명은 이러한 운명을 감수하고 발전감과 연장자가 된 느낌을 얻기 위한 다른 방도를 찾았다—자신들의 노동조합, 가족 또는 공동체 생활을 통하여. 그러나 열 명의 노동자 중 두 명은 미래에 대한 보장이 거의 없는 죄는 듯한, 답답한 인생의 덫에 갇혀 있었다.

흑인인 다비Luke Doby는 줄곧 건설 노동자로 고용되어왔었다. 그러나 39세에, 그는 계속되는 질병과 수술로 인하여 중노동을 포기하고 경비원이 되었는데, 그는 그것이 강등된 것임을 알게 되었다. 수입이 빈곤 수준 이하로 떨어지자, 복지 기금에 의해서 충당되었다. 이러한 상황은 이번에는 가족 내에서 그의 위치를 위태롭게 만들었는데, 그때까지만 해도 그의 가족은 비교적 원만하고 안정된 가정이었다. 그는 점점 가족과 사회, 그리고 자기 자신에 대해 무관심해지기 시작했다. 우리가 43세에 그를 보았을 때, 그 감퇴 과정은 매우 뚜렷해졌다: 그는 정신적으로 신체적으로 죽어가고 있었다(그의 39세 이후의 인생은 18장에 기술되어 있다).[1] 좀 더 심각성이 덜한 실패의 예로 윌리엄 폴슨을 들 수 있는데, 그가 초심자 단계를 통과한 삶이 8장에 기술되어 있다. 18장에서 그에 대한 이야기를 계속할 것이다.

우리는 안정기에 일어난 똑같은 유형의 실패를 열 명의 기업체 간부 중 세 명에게서 발견했다. 세 명 모두가 굉장한 노력으로 30대 중반까지 중견 관리인의 위치에 오르게 되었다. 그들은 승진에 대한 큰 희망을 안고 '자기 자신이 되어가는 단계'를 시작했다. 마이크 갤러거Mike Gallagher는 카네기 공과대학 출신의 기술자였다. 그는 34세에 주무부서의 장이 되었으며 진실로 유망한 사람으로 간주되었다. 그러나 37세에, 그는 회사 안에서 추방을 의미하는 '측면 승진'을 했고, 그래서 그의 이력은 쓸모없게 되었다. 우리가 39세에 그를 보았을 때, 그는 발전할 수도 없고 또 어딘가로 옮겨 갈 준비도 하지 않은 조용한 절망상태에 빠져 있었다.

다른 중견 관리자들은 간헐적으로 승진을 했으며, 지나친 굴욕감 없이 회사에 남아 있을 수 있었다. 하지만 30대 후반까지 그들은 자신들의 천장에 도달해버렸다: 그들은 자신의 목표에 도달하지 못했을 뿐 아니라, 미래에 대한 방향 감각을 잃었고, 장래에 대한 가능성을 위협받고 있었다. 산업체에서의 경영 구조는 피라미드식이어서, 15명 내지 20명의 중견 관리직에 대해 최고 관리직은 단지 한 자리뿐이다. 경영 문화에서는 위쪽으로 이동하는 데 큰 가치를 두기 때문에, 대부분의 중견 관리자들은, 중간정도에서 황폐화되는 지경에 이르기까지, 개인적인 실패감을 맛보도록 운명지어져 있다.

그와 유사한 피라미드가 우리들 대학에도 존재한다—비록 그 특성은 다르지만. 경쟁의 결과는 산업체에서와 마찬가지로 파괴적일 수 있다. 열 명의 생물학자 가운데 두 명이 계열 B를 통과해 갔는데, 실패 경험은 이 시기에 있는 다른 대여섯 명의 삶 속에도 강하게 부각되어 있었다. 그들 중의 몇 명은 일류 대학의 교수진이었는데, 30대 후반에 그들은 종신 교수직으로 승진하지 못할 것이며, 다음해에는 떠나야 될 것이라고 했다. 이런 대학에서는 이것은 예외라기보다 규칙이다. 젊은 교수 요원의 대다수가—산업체에서 중견 관리인들과 마찬가지로—상급직을 얻지 못한다. 그들의 대부분은 학문적 수준과 봉급이 다양한 다른 대학으로 옮겨 간다. 각 경우마다 그 변화는 발전과 일종의 강등 양쪽을 나타낸다. 이와 같은 변화는 가장 이율배반적인 자기 평가와 감정을 수반하게 된다.

어느덧 39세가 되어버린 생물학자 노먼 크로머Norman Kromer는 과학자로서, 그리고 한 개인으로서, 자신에 대해 강한 실패감을 맛보고 있었다. 그는 자기 자신의 목소리로 말할 수 있었던 적이 없었고, 그래서 저명한 생물학자로 인정받을 수 없었다고 느끼고 있었다. 그는 다음에 옮겨갈 자리를 생각해보면서, "어디에서 일자리를 얻을 수 있을까?" 하는 물음으로 시작할 수가 없었다. 그는 좀 더 본질적인 질문들을 갖고 시작해야 했다: "과학자로서 공헌할만한 중요한 것을 나는 가지고 있는가? 나의 제한된 성공에도 불구하고, 계속해서 이론과 연구에 우선적으로 전념할 것인가? 또는 비록 내가 (나의 학문이) 별로 가치를 두고 있지 않을지라도, 주로 가르치는 일과 행정을 수반하는 자리에 정착할 것인가? 그렇지 않으면, 대학을 완전히 벗어나 수년 동안 소홀히 해왔던 다른 관심사들을 추구해야 할 것인가?

다른 생물학자인, 스티븐 브레너Steven Brenner는 매우 다른 상황에 처해 있었다. 37세에 그는 국내적인 명성을 얻었고 종신 부교수가 되었다. 승진은 그의 과거의 업적에 대한 보상으로, 그리고 더욱더, 그의 미래의 공헌을 기대하면서 주어졌다. 승진을 받아들이면서, 사실상 그는 단기간에 거래해야 할 상품에 대한 약속 어음을 받고 있는 것과 같은 기분이었다. 그래서 그는 다른 대학에 있는 동료와 공동 연구를 시작하고 있었다. 브레너가 39세가 되었을 때, 그 연구는 완료되었고 대단한 갈채를 받았다. 그러나 그의 동료의 실험실에서 연구의 대부분이 수행되었고 그래서 일차적인 신임이 거기에 주어졌다. 비록 브레너는 연구의 주요 공헌자로 인정을 받았지만, 다른 동료가 실제로 눈부신 발전에 대한 진정한 주역으로 알려졌다. 브레너가 어느 정도 자기 자신의 패배에 결탁했는지, 그리고 어느 정도까지 부정이 행해졌는지는 분명하지 않았다. 상당한 성공에도 불구하고, 39세에 그는 자신과 인생을 근본적으로 실패한 것으로 간주하고 있었다.

계열 C: 벗어나기 — 새로운 인생 구조를 위한 노력

계열 C에서는, 30대 후반에 남성은 안정기를 시작할 때 형성한 인생 구조의 결함을 새롭게 인식하고 더욱 큰 긴박감을 느낀다. 그는 이전부터 이 구조에 대해서 약간의 불만을 갖고 있긴 했으나, 이제 36세 혹은 37세가 되어서, 자신의 인생을 더 이상 참을 수 없게 된다. 그는 직업이나 결혼과 같은 한 영역에만 온통 마음을 쏟아버리거나, 또는 자신의 세계 전체로부터 완전히 소원해진 것처럼 느낄 수 있다. 그는 질식할 것 같고 답답하며, 그 자신만을 위한 공간, 그리고 가장 중요한 일을 할 공간이 없는 것처럼 느껴진다. 그는 예전처럼 살아갈 수가 없다.

이런 종류의 인생 경험은 어느 연령에서나 일어날 수 있다. 그것은 어떤 주어진 시기에 특별하게 나타나는 것은 결코 아니다. 여기에서 분명한 것은 세계 속 자아의 전반적 패턴이며, 그것이 일어나는 발달적 맥락이다. 바로 2~3년 전에, 남성은 어떤 선택들에 전념해왔으며, 얼마 동안 자신과 가족들에게 봉사하길 바라는 인생 구조를 구축하기 시작했었다. 대부분 이런 경우에, 안정기 구조에는 20대 동안에 취한 선택들(특히 직업과 결혼)을 재확인하는 과정이 필연적으로 수반되었다. 그와 그의 가족이 그렇게도 많은 시간과 노력을 거기에 투자해온 후에, 이제 와서 이 구조가 점점 참을 수 없이 답답해지고, 벗어나지 않으면 안 될 것처럼 느껴진다는 것은 역설적이다.

계열 C는 아마도 30대 후반의 위기를 보여주는 가장 극적인 예일 것이다. 자기 자신이 되고자, 성인으로서 야망을 성취하고자 간절히 열망하는 바로 그때에, 그는 무엇인가 근본적으로 잘못 되었다는 것을 느낀다. 그는 누울 자리를 만들어놓은 후에(결혼, 직업 또는 그의 무엇이든지), 거기에 더 이상 계속해서 누워 있을 수가 없다. 그러나 변화를 시키는 것은 인생의 피륙을 찢는 것이며, 지난 10~15년간에 걸쳐 이루어온 많은 것들을 파괴하는 것이다. 그가 운명적인 결정—벗어날 것인가 또는 머무를 것인가—을 하기 위해 몸부림칠 때, 그는 침울하고, 말이 없거나, 다른 사람들에게 분개하고 자신을 질책하기 쉽다.

어려움은 어느 정도 그의 삶의 현실 속에 놓여 있다. 이 남성의 인생 구조는 실로 잘못되어 있다. 그것은 그의 자아의 가장 중요한 부분들을 실현하도록 용납하지 않고 있으며, 그가 더 이상 수용할 수 없는 어떤 사람이 되라고 요구하고 있다. 그러나 그 결함은 이미 존재 했었고, 그리고 얼마 동안은 묵인되었다. 그러나 이제 더 이상 참을 수 없게 되었다. 왜냐하면 '자기 자신이 되어가는' 발달 과제가 매우 긴박해졌기 때문이다: 꿈을 추구하고, 독립적이고 통합된 사람이 되는 것, 더욱 완전히 남자가 되는 것, 그리고 필사적으로 보살핌을 필요로 하고, 힘 있고 착취적인 성인과의 내적 유대 관계에 희생된, 자신 안에 있는 '조그만 사내아이'의 노예가 덜 되는 것이 이 과제의 핵심이다.

벗어나기의 과정은 결혼이나 여성들과의 다른 관계에서도 계속될 수 있다. 남성이 자신 안에 있는 '조그만 사내아이'와 고투하고 있을 때, 마찬가지로 자신과 그의 아내 안에 있는 '모성 형상'과도 씨름한다. 그는 아내를 대개 모성적인 의미로 경험하고 있다: 최선의 경우, 자애롭게 그녀의 양떼를 양육하고 가족 생활을 관리하는 훌륭한 어머니, 최악의 경우, 그를 선 안에 가두어 두기 위해, 그리고 그가 진실로 원하는 것을 하지 못하게 하려고, 그녀의 힘과 나약함을 모두 사용하는 파괴적인 마녀 또는 이기적이고 심술궂은 여자.

그가 보기에, 아내는 그가 그녀에게 말하려고 애쓰는 것을 듣지 못할 뿐 아니라, 그가 얼마나 자율성을 갈망하고 친밀감을 나누고 싶어 하는지를 알아차리지 못한다. 그녀가 보기엔, 그는 말할 수 없이 혼란스럽고, 꾹 참고 있지만 강한 불평불만으로 가득 차 있고, 갑자기 그녀에 대해, 그리고 자기들이 그렇게도 오랫동안 힘들여 가꾸어온 인생에 대해 비난하며, 그런데도 그는 지금 자신이 무엇을 원하는지 그녀에게 말할 수가 없다. 이런 상황에서 이러저러한 요인들을 골라낸다는 것은 어려운 일이다: 그녀의 실제 모습은 어떠한가, 그가 그녀에게 투사하고 있는 것은 무엇인가, 서로에게 상처를 주고받는 관계를 만들어내고 유지하는 데에 그들 양쪽이 어떻게 참여하고 있는가, 그들 각자가 애착과 분리의 새로운 균형을 이룬 보다 성숙한 어른스런 관계를 형성할 준비가 어느 정도 되어 있는가. 두 사람 모두 그 관계를 만드는 데 관여해왔고, 그 결과를 결정하는 데도 양쪽이 한몫을 하리라는 것을 나는 강조하지 않을 수 없다.

그 결과는 별거나 이혼일 수 있으나, 마찬가지로 다른 결과도 있을 수 있다. 노골적인 교전 상태나 조용한 갈등의 시기가, 외적·내적인 제약 때문에 부실한 결혼 생활을 참아내는, 일종의 '냉전'상태의 휴전으로 끝날 수 있다. 어떤 경우에는, 부부가 자신과 자신들의 삶을 변화시켜서, 결혼 생활을 이전보다 더욱 만족스럽게 만들 수도 있다.

우리 연구에 참여한 40명 중에 다섯 명(13%)은 뚜렷하게 계열 C에 속했다(표 1). 여기에는 노동자 두 명, 기업체 간부 두 명, 그리고 한 명의 소설가가 포함되었다. 몇 명의 생물학자들을 포함한 대여섯 개의 다른 경우에는, '벗어나기'가 다른 양상으로 일어나거나 다음 발달 시기에 일어났다. 계열 C유형은 아마도 우리 연구의 표본보다 일반적인 전집에서 더 보편적일 것이다. 왜냐 하면 우리 연구에서는 40세에서 45세 사이에 있는 기업체 간부, 소설가, 생물학자와 같은 남성들이, 벗어나지 않고 몇 년 동안 현재의 직업 노선을 추구해온 경향이 있었기 때문이다.

이 계열은 안정기 초기에 매우 결함이 있는 인생 구조를 형성한 대가로 치러야 하는 어려움이 가장 극심한 유형이다. '자기 자신이 되어가는 단계'를 시작할 즈음에는, 그 결함은 점점 참을 수 없게 되어서 그는 엄청난 딜레마에 직면하게 된다. 만약에 그가 이 구조 안에 안주해버린다면, 자기 자신이 될 수 없는 위험이 도사리고 있다. 반면에, 그는 이미 안정기 초기의 구조 안에 주요한 헌신을 했고, 그리고 그들을 변화시킨다는 것은 그에게 의존하고 있는 가족, 동료, 그리고 다른 사람들에게 상처를 줄 수 있다. 현재의 구조를 탈출한다는 것은 실로 힘든 작업이다.

만약에 한 남성이 자신의 직업 또는 결혼 생활을 끝내려 한다면, 분리 과정을 통과하는 데 5~6년이 걸릴 것이다. 첫 번째 결혼과 가족 관계는 이제 인생 구조 안에서 예전과는 다른 새로운 의미와 위치를 차지하게 될지라도, 여전히 그의 인생에서 중요한 의미를 갖게 될 것이다. '벗어나기'는 집을 나가 버린다거나 직업을 그만둔다거나 또는 다른 지방으로 가는 것과 같은 하나의 결정적인 행동이나 뚜렷한 사건에 의해 극적으로 일어날 수 있다. 그러나 벗어나는 과정은 이런 사건이 일어나기 훨씬 전부터 시작되어서 우리가 알고 있는 것보다 훨씬 오래 계속될 것이다. 새롭게 시작하는 과정—새로운 선택을 하고 새로운 인생을 구축하는 것—역시 시간을 소모하는 과정이다. 어떤 남성은 조강지처와 헤어진 후 곧 재혼할 수도 있다. 그러나 새로운 결혼 관계(가끔은 새로운 가족)를 확립하는 데는 몇 년이 걸릴 것이다. 만약에 그가 직업 전환을 한다면, 그는 하나의 직업 세계를 떠나서 서서히 다음 직업 세계로 들어가는 전환기를 통과하게 될 것이다.

결국, 이것은 모든 것에 대한 가장 심한 타격이다. 37세에 이전의 인생 구조를 탈출하게 되면, 그는 성인 초기의 야망을 실현하기 위한 새로운 인생 구조를 창출하기 전에 40세 또는 41세에 중년의 전환기로 들어가게 된다. 이제 그의 모든 야망과 환상은 의문에 빠지게 된다. 우리는 30대 후반에 '자기 자신이 되어가는' 과정의 일환으로 주요한 인생의 변화를 시도했던 모든 사람들에게 상당히 불안정하고 유동적인 기간이 8~10년 동안 지속되는 것을 보았다. 중년의 전환기가 끝나고 40대 중반에 새로운 안정기인 중년 입문기가 시작될 때까지는, 새로운 구조를 확립하기는 매우 어렵다(18장 참조).

계열 C의 대가는 얻은 것보다 잃어버린 게 더 많은가? 지나치게 흠이 있는 안정기의 구조는 해체되어야 하는가, 아니면 주저앉아 그것을 개선하고 지탱하기 위해 노력해야 하는가? 여기에는 유일한 정답은 없다. 문제는 안정기 초기에 인생 구조를 형성할 때 취한 주요한 선택들은 수정하기가 매우 어렵다는 것이다. 매우 결함이 있는 인생 구조는, 거기에 안주하든 또는 그 구조에서 탈출하든, 어느 경우든지 엄청난 대가를 치러야 할 것이다. 어려운 점 중의 하나는 이런 곤경에 처한 사람이 어떤 행동을 취했을 경우의 득과 실을 예견할 수가 없다는 것이다. 만약에 그가 어느 한쪽을 선택함으로써 올 수 있는 부정적인 생각들로 짓눌려 있다면, 그것은 크게 의야 해 할 일이 못 된다. 거기에 그대로 안주하는 것은 일종의 죽음(또는 자살)과 같은 삶으로 이끌 수도 있는 반면에, 기존의 구조에서 탈출하는 것은 사랑하는 사람들에게 파괴적일 수 있고, 그가 갈망하는 더 좋은 인생을 가져다주지 못할 수도 있다.

물론 현재의 인생 구조 속에 꼼짝달싹 못하고 수동적으로 남아 있는 것과 그 자신과 가족들에게 엄청난 희생을 치르게 하면서 극적인 변화를 하는 것 사이의 중간 정도 되는 선택이 있다. 인생 구조 안에서 좀 더 온건한 조절을 하는 것이 더욱 현명하고 '합리적인' 과정일 것이다. 그러나 발달적 위기에 수반되는 높은 투기심과 강한 열정 때문에 중도적인 선택이란 그리 흔하지 않다. 현실적인 선택을 하기 전에, 반드시 그 문제를 더 넓은 조망 속에서 생각해볼 필요가 있다. 30대 후반에 결혼 갈등이나 직업 불만족 같은 문제는 흔히 인생 구조 안에서의 심각한 결함을 반영한다. 개선을 위한 노력은 이 구조를 이해하는 데, 그리고 자신과 세계 속에 있는 문제의 근원을 이해하는 데에 기초해야 할 것이다.

중년의 위기에 대한 다양한 논쟁들은 주로 중년기 안에서 큰 어려움을 겪는 시기가 언제이냐에 관한 것인데, 그 시기는 35세에서 65세까지의 기간 중 어느 부분을 차지하고 있다. 이 기간 내에서 위기를 경험하는 연령과 양상은 대체로 매우 다양하다. 그러나 위기의 본질과 근원, 그리고 결과는 발달 시기에 따라 다르다. 30대 후반에 일어나는 위기는 자기 자신이 되어가는 단계의 발달적 맥락에 의해서 형성될 것이다. 마찬가지로, 40대 초반에 일어나는 위기는 중년의 전환기의 발달적 문제들을 반영할 것이다. 우리는 '중년의 위기'라는 용어를 단지 중년의 전환기 내에서 일어나는 위기를 위해서만 사용하고 싶다. 그리고 다른 위기들은 그들이 일어나는 시기의 명칭에 따라 확인하고자 한다. 예를 들면, 자크E. Jaques는 많은 예술가들이 30대 후반(37세가 절정임)에 위기를 경험했던 것을 보여주고 있다. 우리의 관점에서 보면, 비록 이 위기가 보통 중년의 전환기까지 확장된다고 할지라도, 이것은 **자기 자신이 되어가는** 과정의 위기이다.

우리 연구의 네 명의 생물학자 가운데 두 명의 인생에서 안정기 동안에 기존의 삶의 구조를 깨고 벗어나는 유형의 좋은 예를 볼 수 있다. 11장에서는, 자신의 첫 번째 결혼 생활을 파기하고 벗어난, 기업체 간부 제임스 트레이시의 안정기에 대해 기술할 것이다. 12장에서는 자신의 첫 번째 직업을 탈출한 소설가 폴 냄슨의 안정기에 대해 기술할 것이다.

간단한 예로, 전자 산업체의 기술자인 필립 애버트Philip Abbott에 대해 생각해보자. 그는 일 년 만에 대학을 중퇴하고, 19세에 결혼해서, 귀향하기 전에 군대에서 약간의 기술 훈련을 받았다. 다음 10년에 걸쳐 대학의 특수 과정에 다녔으며, 인문 심리학적 문헌뿐 아니라 공학적인 문헌에 대해서도 광범위하게 읽었다. 그리고 '기술 개발'이라는 측면에서, 또는 생산 관리자로서 점점 좋은 직책을 붙들게 되었다. 30대 초반에 그는 조그만 공장의 관리인이 되었으며 이 수준에서 머물러 있을 수 있었다. 그러나 그는 곧 그만두었다. 그는 관리인이라는 위치는 다른 관리인들과 냉혹한 경쟁을 해야 되고, 인간적인 가치보다는 회사의 이익을 우위에 두어야 한다는 것을 알았다. 그리고 그는 그렇게 할 준비가 되어 있지 않다고 결론을 내렸다.

34세에, 애버트는 다른 회사에서 시간제 노동자로 현장 감독직을 얻었다. 그는 이제 노동자와 관리인 사이에서 떠도는 자신을 발견했다. 그는 자신의 경영자로서의 조망을 가지고, 허술한 경영이 어떻게 생산과 인간관계에 대한 문제를 일으키고 있는가를 이해했다. 아직 노동자로서 그는 이것에 대해 어떤 일을 할 입장에 놓여 있지 않았다. 유해한 조직의 일부가 되고, 또 그것을 변화시키기 위해서 아무것도 할 수 없다는 것은 고통스러운 일이었다. 비록 노동 현장에서 멀어지려고 애썼지만, 그는 계속해서 소외와 무기력한 분노를 경험했다. 37세에 그는 아내와 다른 가능성에 대해서 이야기하기 시작했다. 그녀 역시 자신의 삶의 영역을 확장해서 두 사람 모두를 위해 더 좋은 삶을 원했다. 38세에 그들은 좀 더 자연 속에서 살 생각으로, 그리고 산업사회 밖에서 직업을 개발할 생각으로 서부로 이사했다. 그 움직임은 자기 자신이 되는 맥락 속에서 일어났다. 우리는 그 결과가 어떻게 되었는지는 모른다.

계열 D: 발전, 그 자체가 인생 구조 안에서 변화를 산출

계열 A에선, 우리가 본 것처럼, 남성은 안정된 인생 구조 안에서 발전한다. 직업, 수입, 가족, 사회적 유대 관계, 삶의 양식 등에서 변화가 있을 수 있다. 그러나 인생 구조의 기본적 특성은 비교적 변하지 않은 채 남아 있다. 그러나 계열 D에서는 발전 그 자체가 인생 구조 내에서 중요한 변화를 가져온다.

기본적인 양상은 다음과 같다: 어떤 남성은 승진을 하거나 수입이 극적으로 증가한다. 첫눈에 그 증가는 대단한 호황boom으로 보이며, 좀 더 잘 살 수 있는 기회이자 오랫동안 하고 싶었던 것을 할 수 있는 기회로 보인다. 그러나 이러한 혜택은 그를 새로운 세계로 몰고 가며, 그 안에서 그는 새로운 역할을 맡고 새로운 유대 관계를 맺게 된다. 그것은 자아의 새로운 면들을 활성화시키는 반면에, 이전에 중요했던 자아의 다른 면들을 표현할 여지를 거의 주지 않는다. 예컨대, 그것은 그의 인생 구조에 변화를 초래한다. 그 발전은 좋은 것과 나쁜 것이 뒤섞인 축복인 동시에, 하나의 재앙이 되어버릴 수도 있다.

우리 연구에 참여한 40명의 남성들 중 세 명—생물학자, 기업체 간부, 소설가—이 계열 D에 대한 좋은 예를 보여주고 있다(표 1). 또 다른 세 명은 혼합된 유형이다: 그들은 30대 후반에 인생 구조에서 변화를 겪어나갔는데, 그 변화는 부분적으론 발전의 결과로 일어났으나, 다른 요인들(기존 인생 구조에서 탈출)이 좀 더 중요한 역할을 했다.

이 계열은 기업체 고급 간부인 로저 몬Roger Mohn에 의해 잘 묘사되고 있다. 그는 공학기사 학위를 받은 뒤, 고향으로 돌아와서 큰 제조 회사에 취업한 후 거기서 계속 일을 해왔다. 24세에, 그는 결혼해서 30대 중반까지는 매우 안정적인 생활을 했다. 이 시기에 그는 특별한 제품을 만드는 공장에서 일했다. 그는 그 일이 흥미롭긴 했으나, 승진에 대한 욕망은 별로 없었다. 30대 초반에 몬은 공장장이 되었고, 새로운 상품을 개발해서 시험해보면서 전국을 돌아다녔다. 그와 그의 아내는 평범한 중류 계층의 이웃들 속에 가정을 꾸미고 있었다. 그들의 두 아이는 그가 31세에서 35세 사이일 때 태어났다. 이때가—안정기 초기—그의 성인 인생의 정점이었다. 그는 일을 사랑했고 장시간을 거기에 바쳤다. 그는 자신에게 아주 알맞은 책임을 떠맡고 있었다: "나는 금속 공장의 예수 그리스도였죠." 그는 가족을 정착시키고 자신이 태어나서 성장한 지역사회에서 처신을 잘 하고 있었다.

몬이 37세일 때, 회사는 구매 관리자인 중견 관리직으로 그에게 보상을 주었다. 이러한 승진을 거절할 수 없어, 그는 새로운 업무와 새로운 세계로 들어갔다. 승진은 그의 인생 구조를 변화시킨 첫걸음이었다. 그는 자신이 사랑하는 조그만 생산 중심 세계의 지도자로서의 임무를 포기하고, 인생 초기에는 그의 눈이 미치지 않았던 비인간적이고 경쟁적인 세계에서 관리 기능을 맡았다. 비록 그는 그것을 별로 즐기지는 않았으나, 도전감에 자극되어서 그 직무를 잘 수행해 나갔다. 40세가 되었을 때, 그는 400명을 책임지는 제조 관리자로서의 고위 직책을 부여받았다.

37세에서 40세까지 로저 몬은 직업적으로는, 자신의 대단히 엉뚱한 꿈 이상으로 성공을 했다. 그러나 그 발전은 그의 인생의 성격을 변화시켰다. 그것은 그의 초기 인생 구조에서 중심 요소였던 것들을 제거했다—금속제품 공장과 그 안에서 그의 괄목할 만한 역할. 그리고 그 성공은 그의 인생 구조에 주요한 새로운 요소들을 들여왔다: 그가 경험과 동기가 부족하고, 그리고 그것에 대해 최소한의 훈련만을 받은 고급 관리 직책. 새로운 직업은 그의 수입을 세 배로 올렸고, 사회적 계층이 그보다 뚜렷이 높은 직장 동료들 가운데 그를 앉혀 놓았다. 그리고 그것은 그의 가문이 굳게 뿌리를 내리고 있고, 그 자신이 깊이 개입되었던 낮은 중류 계층으로부터 그가 벗어나도록, 아니 벗어나지 않으면 안 되도록 만들었다. 예컨대, 37세에서 40세까지, '자기 자신이 되어가는 단계' 동안에 일어난 로저 몬의 승진은 초기에 선택했던 사다리에서 그를 끌어내렸다. 새로운 사다리는 훨씬 큰 외적인 성공을 거두게 했으나 그것은 처음의 야망을 넘어선 것이었고, 그리고 그의 본래의 문화 세계와 어울리지 않은 것이었다. 그는 지나치게 뻗어 몸의 균형을 잃었다. 41세에서 44세까지는 그의 인생에서 최악의 시기였다(13장과 18장 참조).

생물학자 아더 트렐로어Arthur Treloar는 안정기의 발전을 통해 생긴 변화의 다른 예를 보여주고 있다. 생화학 분야에서 훈련을 받은 후, 32세에 명문 대학에서 조교수이자 '장래가 촉망되는 젊은 연구가'로 학문적 이력을 쌓기 시작했다. 다음 이삼년 동안 그는 자신이 가르치는 일을 굉장히 즐기고 있음을 발견했다. 그러나 그는 자신이 연구에서는 재능이 모자라고 흥미는 더더욱 없다는 것을 깨달았다. 그는 우리에게 "나는 결코 노벨상을 받지 못할 거요."라고 말했다. 38세에 그는 종신 교수직으로 승진했으며, 이와 동시에 떠날 수 있는 자유가 왔다. 다음해에 그는 서부에 있는 혁신적이나 명성이 덜한 대학에서 제의한 교수직을 받아들였다. 새로운 학과에서 그의 주요한 기능, 그리고 그에게 가장 흥미를 느끼게 한 일은 자기가 가르칠 과정을 새롭게 개발하고 학부 전공생들을 위한 새로운 교과 과정을 계획하는 것이었다. 그의 연구 실적은 여기에선 중요하지 않았다.

직업에서의 변화는 **발전**(계열 D)과 **벗어나기**(계열 C)의 양쪽을 다 나타내고 있었다. 발전은 학문적 지위와 권위에서 있었다. 과학적 사회의 관점에서 보면, 이러한 발전은 대학에서의 특권이나 연구자로서의 명성이 떨어짐으로써 난 상처 자국을 상쇄할 수 있는 것 이상이었다. 트렐로어 자신의 관점에서 보면, 그 발전은 어마어마한 것이었으나, 그것은 새로운 사다리였다. 안정기 초기에는, 연구와 가르치는 일이 그의 인생 구조 안에서 중심 요소로 불안하게 공존하고 있었다. 비록 아직 학문을 하는 생물학자로 남아 있을지라도, 이제 그는 주요한 경력의 변화를 만들었다: 과학자에서 교육자로.

트렐로어가 변화를 만들 수 있었던 것은 자기 자신이 되어가는 단계에 와서야 비로소 가능했으며, 그 차이는 중요했다. 연구는 새로운 인생 구조의 말초적인 요소였으며, 그리고 가르치는 일은 중심적인 요소였다. 그는 교육 행정가가 되어가고 있었다. 조만간에 그는 학과장이나 대학 행정가로 발전할 전망이 있었다.

이와 같이 서부로의 이동은 노벨상으로 상징된 연구 사다리 주위에 형성한 최초의 경력으로부터 변화를 표현하고 있었다. 그것은 다른 측면에서의 변화도 마찬가지로 수반했다. 그는 새로운 세계에서 새로운 생활을 꿈꾸었다. 새로운 대학은 자애롭고 인간적이고 교육적인 이상에 헌신하고자 했다. 그는 그의 가족과 여가 활동—스키, 등산, 자연의 아름다움을 즐기는 일—에 더 많은 시간을 바치곤 했다. 트렐로어는 자기 자신이 되어가는 단계의 정점에서 더욱 큰 자율성과 성취감을 갖고 살기 위해 이러한 변화를 꾀했다. 새로운 삶의 현장을 선택하는 데는 많은 자기 분석과 계획, 그리고 탐색이 있었다. 그의 나약한 뿌리를 뽑고 이것을 새로운 방향으로 가지고 간 데는 이유가 있었다. 동시에, 그는 큰 투기를 하고 있었다. 새로운 세계는 그의 기대에 미치지 못할지도 모른다. 그리고 그는 새로운 기획에서 성공하는 데 필요한 재능이나 특성을 소유하고 있지 않은지도 모른다. 그의 미래에 대한 기대는 조심스럽게 희망적이었다—그리고 지나치게 낙천적이었다. 그의 계획은 현실적이었고—그리고 환상으로 가득 채워져 있었다.

우리들의 이야기는 여기에서 끝난다. 우리는 아더 트렐로어가 새로운 인생을 시작하는, 40세일 때 그를 떠났다. 그가 막 중년의 전환기로 들어갈 무렵이었다. 이때는 현존하는 구조가 의문시되고, 환상들이 직면되며, 자아의 새로운 면들이 표현되기를 요구하며, 새로운 인생행로가 형성되어야 할 때이다. 그의 삶의 특성들이 변화하게 될 것이다. 그 이유는 부분적으로는 새로운 상황이 새로운 기회와 요구를 초래하기 때문이기도 하겠지만, 그보다 더한 것은, 그가 자신을 예기치 않은 방향으로 이끌고 갈 내적 성장의 과정에 있기 때문이다.

계열 E: 불안정한 인생 구조

이전의 모든 계열에서는, 안정기 초에 비교적 안정된 인생 구조가 형성된다. 계열 A와 계열 B에서는 이 구조가 안정기의 마지막까지 유지되나, 계열 C와 계열 D에서는 자기 자신이 되어가는 단계에 이르러 주요한 변화가 일어난다.

계열 E에서는, 안정기 내내 인생 구조가 비교적 불안정하고 유동적으로 남아 있다. 이 계열의 남성들 중 아무도 끊임없이 변화가 되풀이 되는 덧없는 인생을 적극적으로 추구하거나 환영한 사람은 없다. 그들 모두가 안정기의 과제를 수행하기 위해 노력했다. 각 경우마다, 다양한 외적 환경과 내적 어려움들이 그가 자신의 목적을 성취하는 걸 방해하기 위해 공모했다. 30대 동안 인생 구조가 빈번히 변화 했던 사람들 아무에게도 이 10년이 개인적 성취나 상당히 행복한, 자유로운 선택을 할 수 있었던 그런 시절은 아니었다. 물론 이 여러 해 동안 이런 방식으로 행복하게 사는 사람들도 있겠지만, 아마도 그런 사람들은 드물 것이라고 우리는 믿는다. 30대에 계열 E에 있었던 사람들에게 뒤따르는 심리적, 사회적 대가는 다음에 오는 세월 속에서 더욱 심각해질 것 같다.

우리 연구의 40명의 남성들 중 세 명이 이 계열로 분류되었다: 노동자, 생물학자, 소설가 각각 한 명씩(표 1). 생물학자 한 사람과 기업체 간부 두 사람은 인생 구조가 위태로운 편이었으나 다른 계열 중의 하나에 포함시킬 만큼 충분히 안정적이었다. 아마도 우리의 표집방식이 보다 안정된 삶을 과잉대표하게 한 것 같다.

노동자, 핸크 맥클라우드Hank McCloud는 E 계열을 살아 왔다. 그는 서부 버지니아 산악 지방의 빈곤과 고립 속에서 성장했다. 17세에 그는 군대에 자원해서, 최소한의 교육과 직업 기술을 가진, 외로운 사람으로 2년을 보냈다. 그리고 그는 부상을 당하는 행운—좋은 건지 혹은 나쁜 건지?—을 얻게 되어, 군병원에서 3년을 보냈다. 이때가 그의 인생의 황금기였다. 처음으로 그는 흥미진진한 인생으로 이끌 여가와 사회적 지지와 자원을 갖게 되었다. 공식적으로 교육받은 것도 없이, 그는 라디오 기술자가 되어서 병원 라디오 방송국을 설립하고, 직원들을 선발해서 관리했으며, 라디오나 텔레비전에 나오는 인물이 되려는 꿈을 형성했다.

22세에, 맥클라우드는 '둥지로부터 첫 비행을 하는 독수리처럼' 군대를 떠났다. 불행하게도, 군대 병원은 날아오르려는 그의 희망을 키워주긴 했으나, 교육, 직업적 기술, 또는 시민 생활에 대한 준비 같은 방면으로는 별로 해준 게 없었다. 라디오 아나운서로서 훈련을 받은 후에 그는 시골 주변에서 일련의 직업을 얻었다. 그는 매력적이고 분명한 젊은이였으며, '십대들에 비해 매우 조숙했다.' 그는 여자들과 일시적인 관계를 많이 가졌으나 강한 애착이나 몰두는 하지 않았다. 얼마 지나지 않아 그는 정서적 공허함과 이러한 생활의 무의미함을 더욱 절실하게 경험했다. 정기적으로 그는 서부 버지니아에 있는 아버지에게 돌아가서, 자신들의 관계를 안정시키고 거기에서 한 삶을 시작하려는 희망에 매달렸다. 그러나 그러한 관계는 불가능하고 그 상황이 참을 수 없다는 것을 배우고 또 배웠다.

27세에서 29세까지의 시기가 맥클라우드에게는 최악의 시기였다. 그는 자신의 방랑 생활을 혐오했으며, 그래서 동부에서 좀 더 안정된 목적 있는 삶을 추구하기 시작했다. 29세에 그는 군대에서 앓았던 질환이 재발해서 몇 개월을 요양소에서 보냈다. 이 시기 동안 그의 자연에 대한 예전의 흥미가 되살아나 그는 풍경화를 그리기 시작했다. 다음 이삼년에 걸쳐, 그는 외판원, 구매 요원, 그리고 소년원의 상담자로 일했으나 분명한 직업적 방향을 설정한다거나 안정된 이력을 형성할 수가 없었다.

33세에, 그는 자신보다 아홉 살이나 젊은 여성과 결혼했다. 그녀는 온화하나 그와 자연에 대한 사랑을 공유한 강한 여성이었다. 그의 마음에는, 그녀는 거의 진정한 '특별한 여성'일 정도로 너무 좋았다. 그는 품위 있는 도시 사회에서 성공하려고 애쓰는 아직 길 잃은 시골 소년이었다. 그녀는 바로 그런 세계의 사람이었으며, 안정된 낮은 중류 계층 가문에서 자란, 그녀의 부모가 눈에 넣어도 아프지 않을 애지중지하는 외동딸이었다. 그는 그녀를 자신이 그렇게도 간절하게 소망했던 인생의 중심부로 보았다. 결혼은 그가 안정기의 과정을 시작하는 데 도움이 되었으나, 좀 더 안정된 직업적 기반을 형성하려는 그의 희망은 실현되지 않았다. 다음 4년 동안에 그는 세 개의 다른 회사에서 사무직에 종사했다. 각 경우마다, 그는 자신이 그만두거나 아니면 상사와 갈등 끝에 해고당했다. 우리들의 면담이 시작된 바로 직후인, 37세에는, 그는 현재의 직업에 관심을 두고 있었다.

37세에, 당시, 맥클라우드의 인생은 매우 혼합된 모습을 보였다. 그는 결혼한 지 4년이 되었고, 조그만 집을 소유하고 있었으며 첫아이가 있었다. 그의 가족은 그의 인생의 중심 초점이었으며 강한 지지 기반이었다. 다른 점에서는, 그러나 그는 아직도 완전히 유동상태에 있었다. 20대 동안 그는 자신의 서부 버지니아의 성인 이전 세계와 모든 연결 관계를 잃어버렸다. 그러나 37세에, 아내의 고향인 뉴잉글랜드 세계에서 연약한 뿌리를 이제 막 내리기 시작하고 있었다. 그는 사업 세계에서 직업을 형성하기 위해 계속 노력할 것인지, 그렇지 않으면, 비록 중류층보다는 수준이 낮지만, 자신의 초기 정체감과 기술로부터 직접 유래한 일을 할 것인지를 조만간에 결정해야 했다.

핸크 맥클라우드는 이러한 선택하는 일로 고민한다는 것이 너무 늦었다는 사실을 알았다—직업 세계의 시간표에서 늦었으며, 그 자신의 목표와 가족의 요구에 부응한다는 점에서 늦었다. 그것은 안정기와 자기 자신이 되는 단계의 발달 과제를 수행하는 점에서도 역시 늦었다. 현재의 직업에서 실패한 후의 전망에 대해 말할 때, 그는 "만약에 그렇게 되면, 나는 언제나 목수일이나 가스 넣는 일을 할 수 있어요." 하고 말했다. 그는 이 말이 함축하고 있는 가혹한 암시를 충분히 깨달으면서, 이 가능성을 수용하려고 애쓰고 있었다. 그것은 발전이 가장 중요한 바로 그 시기에, 좀 더 풍요로운 삶을 위한 야망을 줄여야 한다는 것을 의미했다. 그의 아내는 간호사로 일을 다시 해야 하고, 그녀의 부모님에게 아이를 돌보도록 해야 할지도 모른다. 그리고 그것은 그녀의 부모님이 그에 대해 가졌던 당신들의 예언이 실현되고 있다는 것을 스스로 수긍해야 된다는 것을 의미했다. 그는 자신이 자기 배의 주인이 아니며, 그 배는 폭풍우 치는 바다 속에 있다는 사실에 직면해야 했다.

이런 것들이 안정기의 가능성들—그리고 비극들—이다. 이 시기의 기본적 특성은 모든 남성들에게 동일하다. 그것은 우리 모두가 직면하는 주요한 발달 과제들과 문제들에서 비롯된다. 동시에, 남성들은 이 과제들을 무수히 많은 다양한 방법으로 수행하며, 개인의 인생 과정에는 무한한 다양성이 있다. 그 과정과 결과가 무엇이든지, 이 시기는 새로운 발달 과제들이 우선권을 얻고 새로운 시기가 시작되는 마흔 살 무렵 끝나게 된다.

11장 제임스 트레이시의 인생(2)

우리는 7장에서 30대 전환기를 통과하고 있는 제임스 트레이시의 인생을 따라가 보았다. 우리가 34세인 그를 만났을 때, 그는 이제 막 군인 생활에서 시민 생활로 전환한 직후였다. 그는 세 개의 주요한 요소들 주위에 새로운 인생 구조를 확립해가고 있었다: 에이잭스사와 함께 하트포드에서의 새로운 유력 인사의 위치, 아내와 아이들과의 지속적인 가족 생활, 그리고 부서질듯하나 점점 성숙해가는 조안과의 사랑 관계. 이 인생 구조는 모순과 긴장을 내포하고 있었다. 그러나 그것은 그가 '안정기'를 출발하기 위해 창조해낼 수 있는 최선의 기반이었다.

모든 일들이 안정되어가고 있을 무렵, 트레이시의 스승인 알 휴고가 에이잭스사를 떠났다.

> 나는 알 휴고를 굉장히 존경했습니다. 문자 그대로 그를 사랑했지요. 그는 나를 고용해 첫 임무를 맡겨 파견한 사람이었습니다. 그리고 그는 에이잭스 사의 사장과 싸우게 되었습니다. 그들은 목표가 서로 엇갈려 알이 사임했지요. 그가 해고를 당했는지 아닌지는 알 수 없습니다. 나는 그것을 미심쩍게 여기고 있습니다. 아무도 그를 해고하지는 못할 것입니다. 사장은 일종의 얼간이예요, 그래서 그가 해고했을지도 모르지요. 나는 그

이후 가끔 알을 만났습니다. 그는 이제 더 조그만 회사의 수석 부사장으로 일하고 있습니다.

트레이시 역시 에이잭스사를 떠날 생각이었다. 그 당시 회사에 대해서 그가 말하는 것을 보면, 회사의 파벌과 사회적 압력에 대한 비평으로 가득 차 있다. 그는 거기에 순종할 생각이 없었기 때문에 취약함을 느꼈다. 직장에서의 파벌에 참여하기 위해서는, 그는 자신의 아내까지도 합류시켜야 했다. 그러나 그는 자신들의 관계가 산산이 부서지고 있으며, 자신과 빅토리아는 사회적 유대 관계 속에 합류할 수 없다는 것을 알았다.

알 휴고가 떠나자, 회사 일은 짐에게 아무런 의미도 주지 못했다. 스승이 없이, 그는 단지 하나의 직업을 가지고 있을 뿐이었다. 상황이 호전되면 다시 꺼내 쓸 준비를 하면서, 그는 자신의 야망을 정리해서 보존했다. 전환기에 처한 에이잭스사와 함께, 그리고 휴고는 떠나고, 그는 자신의 직업을 지탱해나갈 수 있을까? 아버지로서의 임무 때문에, 그는 자신의 결혼 생활을 개선시킬 수 있을까? 만약에 그가 한 여성과 좀 더 친밀한 관계를 갖기를 원한다면, 그가 필요한 노력을 계속할 수 있을까?

34세에서 37세까지, 이러한 물음과 긴장은 점점 더 커졌다. 짐 트레이시의 입장은 점점 어렵고 곤란해졌다. 그는 조안을 좀 더 자기 인생의 중심부에 두기를 원했으며, 빅토리아는 거기서 밀어내고자 했다. 그는 끊임없이 조안에 대해서 생각했으며, 미래에 그들이 함께 할 가능성에 대해서 생각했다. 그는 현재의 상황을 벗어나, 새로운 인생을 구축하기를 원했다. 조안이 그 가능성을 제공했으나 그는 자신의 마음을 결정할 수가 없었다. 자신의 결혼이 완전히 실패했음을 인정하고, 사랑을 주는 것처럼 보이는 다른 여성과의 기회를 잡는 것은 어려운 일이었다. 그는 항상 의무감 있는 아버지로서의 그 자신을 자랑했었다. 이제 그는 자신의 아이들에 대한 책임과 그 자신에 대한 책임 사이에서 갈등에 직면해 있었다.

청소년기와 성인 초기에는 그렇게도 중요하게 보였던 세속적인 성취는 더 이상 꿈 전체를 상징하고 있지는 않았다. 세 가지 주요한 요소들—일, 결혼, 그리고 '다른 여성'—이 그 어느 때보다 더 갈등을 일으켰다. 그는 그들을 수정해야 했고, 그리고 깨뜨려진 인생의 구조를 통합하지 않으면 안 되었다.

자기 자신이 되어가는 단계

짐 트레이시가 결정적인 일보를 내디딜 수 있었던 것은 37세가 되어서였다. 이 시점에 와서 그는 자신이 자신과 조안에게 얼마나 불공평했는가를 깨달았다: "아이들이 더 나이 들면, 우리가 함께 살 수 있을 것이라고 말하면서, 그녀를 계속해서 기다리게 했지요." 조안은 결혼 생활에서 지독하게 불행했으며 짐과 결혼하기를 열망했다. 그는 자신들의 관계가 이중성이 있음을 깨달았고 드디어 행동에 옮기지 않으면 안 되었다.

> 나는 아이들 곁에서 떠나기를 원하지 않았기 때문에, 나를 그들로부터 끌어내기 위해서는 꽤 강한 어떤 것이 필요했죠. 결국, 조안은 그럴 만큼 충분히 강했거나, 그렇지 않으면 내가 그녀를 충분히 그럴 가치가 있는 사람이라고 강하게 느낀 거죠… 나는 바로 그 사건을 기억합니다. 나는 로스앤젤레스에 있는 호텔방에 우연히 묵게 되었는데, 그 일에 대해서 생각하고 있었죠. 그리고 아시다시피, 나 자신이 지독하게 어리석은 사람이란 걸 알았죠. 나는 그녀를 불러서 말했죠. "이제 끝장이야. 이제 막 마음을 결정했어." 나는 집에 도착한 순간, 빅토리아에게 말하고 있었습니다. 그리고 결정했죠.

짐과 조안은 그들 둘을 모두 자신들의 현재의 결혼에서 끌어낼 수 있는 복잡한 결말에 동의했다. 짐은 빅토리아에게 더 이상 그녀와 살 수 없다고, 그리고 나가겠다고 말했다.

> 나는 수년 동안 그녀를 사랑하지 않았고 그녀는 나를 애타게 하고 있었습니다. 나는 그녀에게 이제 끝장이라고 말했죠. 그녀는 그 일이 일어

> 나지 않도록 굉장히 애를 썼지요. 드디어, 그녀는 내가 잠시 동안 혼자서 살기 위해 나가야 한다는 데에 동의했죠. 그녀의 희망은 내가 바로 되어 돌아오는 것이었습니다. 그녀는 그 일을 일 년 동안 질질 끌다가 결국 매우 자연스러운 결정과 함께 나와 이혼하는 데 동의했습니다. 그녀는 며칠 동안 가끔 히스테릭하게 울었죠. 그리고 나는 냉혹하게 대했습니다.

이때에 짐은 빅토리아에 대해 동정하고 싶은 마음이 거의 없었다. 그는 새로운 인생을 구축하는 일을 계속하고 싶어서 조바심이 났다. 그녀에게 많은 동정을 보이는 것은 자신의 결정을 위협하는 것이었다. 거기에는 자기-의심을 하거나, 방향을 바꾸거나 되돌아볼 여지가 없었다.

14개월이라는 기간에 걸쳐서, 짐과 조안은 이혼을 성사시켰고 그리고 재혼했다.

그는 38세였고, 그리고 조안은 28세였으며, 세 살배기 아들이 있었다. 짐은 이혼하고 재혼한 이 시기를, 자신의 전투 경험 못지않은, 열정과 흥분과 성취감을 가지고 회상했다.

> 이혼했을 때, 나는 실로 빈털터리였습니다. 은행 잔고는 75.60달러로 내려갔죠. 나는 1957년형 컨버터블 자동차와 등짝에 붙은 옷 몇 벌을 가지고 있었습니다. 나는 급여 수표와 게다가 적잖은 이혼 수당을 가지고 있었으나, 거의 무일푼으로 시작했습니다. 조안은 아무런 돈도 가지고 있지 않았어요. 나는 모든 청구서를 일시에 지불했습니다. 첫해에 우리는 글래스턴버리Glastonbury에 집을 세냈죠. 그러고 나서 조안이 돌아다닌 끝에 이 장소를 발견했죠. 그것은 매우 멋있는, 그러나 적고, 방이 네 개인 큰 거실이 있는 집이었습니다. 우리는 그것을 사서 거기에다 두 배를 더 들여서 꾸미고, 그리고 약간의 부수적인 가구들을 샀지요. 뒤뜰로부터 멋있는 강이 흘러내리고 있었는데 풍경에 관한 한 엄청나게 황폐되어 있었지요. 나는 곤경에서 벗어난 것이 미치게 행복해서 잠시 동안은 앞으로 얼마나 힘들어지리라는 것을 깨닫지 못했습니다. 그러나 결국은 그렇게 됐지요.

짐의 열정은 그가 이혼과 재혼으로부터 파생되는 문제들을 부정하도록 도왔다. 그는 이혼과 재혼으로 인해 발생한 정서적, 경제적 대가를 최소화했다. 빅토리아와 그들의 두 자녀를 부양하느라, 그와 조안과 그녀의 아들은 조그만 전셋집에서 살고 있었다.

행동파 남성에게는, 불확실한 국면에 들어가는 것은 혼란스러운 일이었다. 그는 의심과 공포를 억누르고, 목적이 뚜렷한 행동을 추구했다. 그의 계획과 전략은 그의 내부에 있는 혼돈을 가려주었다. 트레이시는 모든 내적인 의심들에 대해서 그 자신을 강하게 방어했다. 그 아래에는, 전통적인 행동 양식을 위배한 데 대한 응징의 두려움이 있을 수 있었다.

트레이시는 그의 새로운 가족을 인생의 좀 더 중심부에 두기 시작했다. 그는 그들과 시간을 보냈고, 땅을 샀고, 새로운 집을 샀다. 사실 거기에는 경제적, 정서적인 긴장이 있었다. 그러나 그는 변화를 초래했고, 그리고 그 변화는 미래에 대한 신나는 가능성을 안고 있었다. 그는 과거의 생활 양식에서 벗어나, 새로운 생활이 좀 더 큰 안정감과 친밀감과 사랑을 줄 것이라고 희망할 수 있었다.

짐이 빅토리아를 떠난 지 얼마 안 되어서, 에이잭스사에서는 주요한 조직 개편이 있었다. 도널드 본드Donald Bond와 월터 존슨Walter Johnson이 '에이잭스사를 정상화하기 위해서' 시카고에서 왔다. 트레이시보다 여덟 살 위인 본드는 추진력이 강한 사람이었다. 그가 선동한 숙청에서 트레이시는 살아남은 유일한 그 지역 간부였다. 그것은 매우 자극적인 시기였다. 트레이시는 본드에 대해 굉장한 존경심을 가졌는데 본드는 그를 신임했으며, 그가 회사에 대해 깊이 알도록 도와주었고 그리고 가장 중요한 것은 회사의 최고 경영진에 대한 인물들을 알려준 것이다.

> 돈은 에이잭스사를 문자 그대로 정상화시킨 매우 강인한 성격의 경영인이었습니다. 총기 공장에서 막대한 자금을 잃은 후에, 우리는 이제 투자에 대한 10%의 수익을 얻고 있었죠. 그는 그가 무엇을 하고 있는지를 알고 있고, 굉장한 의지를 가진 사람들 중의 한 사람이었습니다. 본드를 위해서 일하는 것은 일주일 내내 매일 학교에 다니는 것과 같았죠. 나는

> 그를 위해 일주일 내내 일하는 것을 소중히 받아들였죠. 그리고 그의 일거수일투족을 주시했죠. 나는 그와 긴밀한 업무 관계를 유지하고 있었습니다. 우리는 바로 함께 지내고 있는 거나 다름이 없었어요. 3년 동안 직접 이 사람을 위해 일했으니…, 나에게 일어난 일 중에서 가장 큰 일이었죠. 그는 훌륭한 관리인이었고 사람들에 대한 통찰력이 뛰어났어요. 그는 나를 위해 대단히 많은 일을 했고, 나를 성장하도록 했으며, 많은 것을 나에게 가르쳐 주었습니다. 돈은 그가 세상의 어느 누구에게도, 아내에게조차도 결코 말하지 않은, 그리고 내가 알 권리가 없는 뉴욕에 있는 사람들과의 관계에 대해서도 나에게 말하곤 했습니다. 그는 그것에 대해 나에게 묻고 또 답해주곤 했지요—일종의 공명판처럼.

트레이시와 나이가 가까운, 돈 본드Don Bond는 분명한 스승 상으로 출현했다. 그는 이전에 그의 경력을 도왔던 강력한 힘을 가진 다른 어떤 연장자보다 트레이시의 인생에 훨씬 친밀하게 개입했다—조안과의 결혼식에 참석하기까지 할 정도로. 그리고 트레이시는 이런 종류의 진지한 인간관계에 대해 이전에 그가 했던 것보다 상당히 더 수용적이었다.

30대 후반에, 트레이시는 직업에서 눈에 띄게 성공했다. 어머니에게 물려받은 이전의 강력한 측면은 사라져버렸다. 그의 아버지의 좀 더 긍정적인 부분들이 통합되고 있었다. 그는 남성과 여성 양쪽 모두에 더 가까워지고 있었다. 조안에 대한 새로운 개입은 그를 개방시켰고 마찬가지로 남성들과도 더욱 친밀한 관계를 가질 수 있도록 했다. 그 장면에 돈이 도착해서 스승 관계를 발전시킨 것은 그의 성장과 자존감을 촉진시켰다. 38세에서 40세까지의 이 시기는 흥분과 성취와 미래의 가능성에 의해 특징지어져 있다. 그는 자기 자신이 되어가고 있었다.

트레이시 부부는 글래스턴에 조그만 땅을 사서 그들의 '꿈 같은 집'을 짓기 시작했다. 처음에 이것은 네 개의 침실이 있는 조그만 구조였으나 점차로 확장되었다. 건축자의 계획은 '꼭 알맞게' 만들기 위해 끊임없이 수정되었다. 짐이 40세가 되었을 때, 아들 토미가 태어났다. 그는 조안을, 이전의 불안과 광적인 탐색을 대치시켜 줄, 그리고 새로운 인생의 발달을 촉진시켜 줄 '반려자'로 보았다. 그녀는 짐이 자신의 인생을 통합해서 풍요롭게 하고 희망과 꿈을 표현하도록 도와줄 특별한 여성이었다.

그때 갑자기, 돈 본드가 더 조그만 회사의 최고 경영인이 되어 에이잭스 사를 떠났다. 월터 존슨이 본드의 자리로 승진했으며 하트포드 경영진의 일인자가 되었다. 트레이시는 화기 사업부의 부사장으로 제2인자였으나 수습 조건이었다. 그는 아직 자신을 이 수준에서 입증해야만 했다. 40세에, 트레이시는 스승이 자신을 버리고, 조직의 음모에 노출시켜 놓은 채 떠나 버렸다고 느꼈다. 그는 '닥치는 대로' 다른 직업을 찾기 시작했다. 그는 40세에서 41세 사이를 시험을 치르는 시기로 체험했다.

게다가, 트레이시는 이제 자신의 노화에 대해 관심을 가지고 있었다.

> 내가 마흔을 넘어설 때, 그것은 충격적인 경험이었죠. 내가 30대에 있는 동안은 나는 나 자신을 젊은이로 떠올렸죠. 내가 마흔 살이 되었을 때, 실로 그걸 느꼈지요. 나는 항상 나 자신을 꽤 잘하고 있는 젊은이, 상승하고 있는 젊은이로 보았죠. 그렇지만 갑자기, 나는 이제 더 이상 젊은이가 아니잖아요. 나는 한때 했던 일들을 할 수 없어요. 그것은 좀 무서운 일이죠.

41세에 짐은 회사에서 가장 크고 가장 이윤이 많은 부서 중의 하나인 화기 사업부의 총지배인이자 부사장으로 확실한 승진을 했다. 그는 이제 하트포드와 두 개의 중서부 공장에 있는 수천 명의 피고용인들에 대한 권한을 가지고 있었다. 이것은 그의 성인 초기의 **절정 사건**이었다. 그는 안정기 사다리의 맨 꼭대기에 도달해 있었다. 이러한 전환점이 가지고 있는 충분한 의미는 단지 다음 이삼년 안에 분명해졌다. 그것은 그를 새로운 세계로 들어가게 했다—그의 중년의 전환기로. 우리는 19장에서 그의 이야기를 계속할 것이다.

12장 폴 냄슨의 인생

소설가

폴 냄슨Paul Namson은 1926년 여름에 태어났다. 2년 후에 그의 유일한 형제인 조엘Joel이 태어났다. 이들이 태어난 곳은 맨해튼Manhattan의 웨스트 엔드 애비뉴West End Avenue였다—정돈되어 있고, 아늑한 유태인 세계. 그의 집안은 사업가 가문이었다. 양가 할아버지가 1900년대 초에 뉴욕에서 성공한 사업가들이었다. 그의 할아버지는 부다페스트에서 화장품 사업을 했으며, 1880년대에 미국에 왔다. 폴의 아버지 역시 화장품 사업에서 상당히 성공을 거두었다. 그는 매력적이고 호감이 가는 사람이긴 했으나, 그럼에도 가끔 자신과 자기 아이들에게 정직하지 못한 '허풍쟁이'였다.

반면에 그의 어머니는 '완전히 곧은' 사람이었다. 수줍은 여성인, 그녀는 대중 서적들을 읽으며 어린 시절과 예비신부학교 시절부터 사귄 옛 친구들과 음악회나 극장에 가는 것을 즐겼다. 그녀는 남편이 애착을 느끼는 사회생활—클럽에 참여하거나 카드놀이를 하는 것—에는 별 흥미가 없었다. 폴이 자랄 때 냄슨 가家의 온 집안사람들을 지배한 것은 외가인 애시 가문이었다. 폴이 가장 존경했던 두 남자는 외삼촌(폴의 대부)인 시릴 애시Cyril Asch와, 폴의 어머니가 가장 좋아하는 사촌인 노아 핸들러Noah Hanlder였다. 시릴은 폴의 인생에서 핵심적인 역할을 했다. 총명하고 정력적인 사업가인 그는 30세가 되기까지 대여섯 번에 걸쳐 백만장자가 되었으며, 교양 있는 맨해튼의 경영인이자 본받을 만한 모범적인 사람이었다. 훌륭한 시인이 된 노아는, 비록 그의 동성애와 예술적 자질, 그리고 사업 세계에 대한 거부 때문에 가문 내의 남성들에게 무시당하긴 했지만, 예술 세계에서는 그의 탁월함으로 칭송을 받았다.

폴에게 그의 어머니는 매우 '아련한' 존재였다. "인생 초기에서 어머니는 사라져버렸어요. 어머니는 결코 거기에 있는 것 같지 않았거든요." 그는 이러한 어머니의 부재를 동생의 탄생과 관련짓고 있었는데, 그때 그의 어머니는 동생을 수월하게 기르기 위해 폴을 '어떤 아주머니에게 맡겨버렸다.' 폴은 처음부터 어머니와의 친밀한 관계를 잃어버렸고, 결코 그것을 얻지 못했다고 느끼고 있었다. 그는 자신의 아버지와 훨씬 더 정서적으로 얽혀 있었다. 반면에, 그의 동생은 어머니와 더 가까웠는데, 그녀는 동생을 '애지중지하며 응석받이'로 키웠다.

폴의 동생 조엘은 매우 이른 나이에 자신이 예술 세계 속에서 살기를 원한다는 것을 알았다. 그는 배우나 작가, 연극 감독이 되고자 했다. "여덟 살인가 아홉 살쯤 되었을 때, 조엘은 그가 원하는 것을 정확히 알았고 그것으로부터 단 일분 동안도 방황하지 않았죠." 조엘은 어머니와의 친밀한 관계로부터, 좀 더 편안하게 예술 세계로 옮아갈 수 있었고, 후에는 동성애 생활 속으로도 들어갈 수 있었다.

아버지에게 더 밀착되어 있는 폴에게는, 예술 세계란 용납될 수 있는 선택이 아니었다. 그것은 남성들의 세계가 아니었다. 그렇다면 그는 어디로 가야 했던가? 아주 어렸을 때, 폴은 아버지를 이어 화장품 사업계로는 들어가지 않겠다고 결심했다. 아버지는 인기가 있었고 누구에게나 무엇이든지 팔 수 있었으나, 처가妻家에서는 경멸당하는 카드놀이 사기꾼이었다. 폴은 아버지의 이러한 자질을 존경하지 않았다. 그는 어딘가에서 본받을 만한 남성을 찾아야 했다.

아버지는 비교적 교육받지 못한 '단순한 남성'이었지만, 사회적으로 야망이 있었고 가족들을 잘 돌보았다. 대공황에도 불구하고, 그는 자신의 노력을 통해 세계 속에서 상승해갔다. 대공황 시절에는, 그가 열망했던 중산층 독일계 유태인 세계에서 헝가리계 유태인들을 배척했던 장벽이 갑자기 낮아졌다. 1937년 그들이 새집으로 이사 갔을 때, 폴은 공립학교를 떠나서 소년들을 위한 사립학교에 들어갈 수 있었다. 그는 학우들과 친구들에게 받아들여졌는데, 그들 대부분이 상류층 독일계 유태인 자녀들이었다. 이 학교에서 보낸 시절은 행복한 세월이었다. 그들에 대한 이야기는 그와 연관되어 있다고 느끼는 명칭들과 장면들, 사람들로 가득 차 있다.

사립학교에서 그는 성인으로서 자신이 무엇을 해야 할 것인가에 대한 감각이 발달하기 시작했다.

> 비록 나는 내가 무엇을 하길 원하는지에 대해 매우 혼란스러웠지만, 정신과 의사가 되고 싶은 막연한 생각을 가지고 있었습니다. 나는 정신병 치료에 관한 서적을 많이 읽었고, 고등학교에서 과학 과목들을 매우 잘했죠. 나는 의사의 딸인 소녀와 사랑하고 있었죠. 그래서 나에겐 의학이 좋은 이력이 될 것처럼 보였습니다.

16세가 되기 직전, 그가 졸업했을 때, 졸업 앨범은 그를 '멋쟁이 동아리 일원'으로 기술했다.

그는 브라운대학교를 다니기로 했는데 주된 이유는 뉴욕을 떠나기를, 그리고 그의 가족을 떠나기를 원했기 때문이었다. 폴은 이제 부모의 꿈을 이루고 있었다. 그는 독일계 유태인 주위에 자신을 위한 자리를 만들고 있었으며, 그가 이 세계에서 꼭대기까지 올라갈 것이라는 아버지의 희망을 실현시킬 것을 약속했다. 폴의 다음 단계는 좋은 대학을 졸업해서, 사업 또는 직업 세계에 들어가, 이 세계에 몸담는 것이었다.

16세에 폴은 아버지와 밀착되어 있음을 느꼈다—'아름다운 냄슨 가'의 한 사람으로. 그러나 그는 아직도 아버지가 상징하는 많은 것들을 거부했다. 그는 어머니와의 관계에서도 유사하게 사이가 갈라졌다. 그는 어머니의 자질을 물려받았고 어머니 가계의 사업적, 예술적 가치들을 물려받았다. 동시에 그는 외가 쪽의 예술에 대한 태도가 짐스러워 힘겨워했다. 그는 예술에 흥미는 느껴야 했지만, 남자는 예술가가 되어서는 안 된다는 것도 이해해야 했다. 그의 인생 초기에 가족 내에서 유래한, 이 내적 갈등은 폴의 성인기 인생에서 지속적인 역할을 했다. 그는 시릴처럼 사업가가 되고 싶기도 했겠지만, 그렇다고 아버지와 같은 '뻥치는 허풍쟁이'가 되고 싶지는 않았을 것이다. 그는 노아와 같은 예술가가 되기를 원했을 수도 있다. 그러나 예술가가 되는 것은 여성적인, 동성애의 세계로 들어가는 것이었다. 그것은 남성을 위한 자리가 아니었다.

성인 초기 전환기

그 해 가을 캠퍼스에 도착했을 때, 폴은 아직도 상당 부분 부모의 세계 속에서 살고 있었다. 그러므로 '거의 이질 분자가 없이 독일계 유태인'으로만 구성된 '매우 멋진' 유태인 동아리에 가입하는 것은 자연스러운 것처럼 보였다. 그러나 이름을 부를 수 있는 친구들과 긴밀한 친교 관계로 가득 찬 고등학교 시절에 대한 이야기와 비교할 때, 대학시절에 대한 이야기는 비교적 특성이 없는 젊은 남성들의 집단을 포함하고 있었는데, '모두가 가족적 사업에 관심이 있었다.'

첫 2년 동안의 대학시절에 대한 냄슨의 이야기 속에는 세 가지 사건이 두드러졌다: 동아리에 가입하는 것, 의과대학에 가지 않기로 결정한 것, 그리고 '나의 문학에 대한 발견'이다. 그의 흥미는 재빨리 정신의학과 과학에서 문학으로 전환되었다. 그는 많은 분량의 책을 읽었고 남몰래 쓰기 시작했다. 그는 새로운 생동감을 느끼기 시작했다.

1944년 6월에, 그가 브라운대학교에서 세 번째 학기를 마치고 있었던 바로 그 무렵, 연합군이 유럽을 공격했으며 그는 해군에 자원했다. "그것은 내 인생에서 가장 폭넓은 경험이었죠." 그는 반反유태 풍에 대해서는 경험해본 적이 없었다. 이제 그는 백인 남부 사람들 집단과 함께 상륙 함정 LST에 배치되었다. "배 위에서 나는 '단 한 사람의 유태인 녀석'이었죠. 나는 재빨리 그것을 알아차렸어요. 그 배에 타고 있는 동안 줄곧 나는 그것을 의식하고 있었습니다. 해군은 저항하는 것을 배우는 경험이었죠. 그것은 역시 '내 모든 가치를 뒤흔들어버리는' 경험이기도 했습니다." 그는 자신이 '거만한 자기만족적인 분위기' 속에서 성장했다는 것을 깨달았다. "해군은 나를 거칠게 넓은 세계로 던져버렸죠. 그러나 그것은 나를 좀 더 인정 있는 사람으로 만들었습니다."

20세가 된 직후, 1946년 여름에 그는 해군에서 제대했다. 그는 뉴욕에 잠깐 머물렀다가 브라운으로 돌아왔다. 이제 그는 의사가 되기를 원하지 않는다는 것이 확실해졌기 때문에, 전공을 의예과에서 영문학으로 바꾸었으며 부전공은 경제학으로 했다. 그는 집필 과정을 수강했으며 대학 유머 잡지에 글을 써 냈다. 그는 가족들도 모르게 자신의 해군 경험에 대해서, 그리고 자기 가족의 가치기준과 그 '넓은 세계' 속에서 자신이 부딪친 가치기준 사이의 갈등에 대해서 진지한 소설을 썼다. 그는 이 작품에 대한 지지를 받기 시작했다. 어떤 선배가 그를 집필 세계로 초대했다: "나는 수많은 창작 과정을 수강했습니다. 그들 중 몇 개는 오스틴 개리슨Austin Garrison과 함께 들었죠. 그는 문학잡지를 시작했는데 3학년 때에 내가 쓴 소설을 출판했습니다."

동시에 그는 사업에도 흥미를 갖게 되었다. 어느 해 여름에 그는 신설 해상보험 회사인 애시 앤드 컴퍼니에서 일했는데, 그 회사는 시릴 애시가 막 시작한 것이었다. 폴은 자신의 영웅의 사업 세계가 어떤지를 보는 데에 저절로 흥미를 느꼈다.

이 시기 동안에, 역시 그는 대조적인 성향과 가치를 가진 두 여성과 진지한 관계에 휘말리게 되었다. 노라Nora는 그의 집필 세계에 끼어들었다. 그녀는 그의 글을 깊이 이해하고 그녀 자신이 작가가 되기를 원했다. 폴에게 그녀는 "크고, 성숙하고, 진지한 우물 속의 레베카*와 같았다." 그녀는 그가 자신이 쓴 진지한 소설을 보여주는 그런 사람이었다. 소설을 읽은 후에 "그녀는 와서 나를 발견하곤 매우 수줍게 나에게 키스하면서 말했죠. '당신은 정말로 그걸 훌륭히 해냈어요. 폴.'"

이 시기에 폴의 인생에서 또 하나의 여성은 사라Sarah였는데, 그녀는 댄스파티에서 만났다. "그녀는 매우 관능적이었죠." 사라와 노라는 폴이 갖

---

* 창세기에 나오는 이삭의 아내—역주

고 있는 두 개의 다른 면을 제각기 가지고 있었다. 노라는 진지하고 지적인 작가였다. 사라는 활발하고, 독립적인 '그 세대의 일류급 사교 댄서 중 하나였으며', 부상하고 있는 젊은 실업가를 위한 완전한 반려자였다. 그가 사랑에 빠져서 결혼하기로 결정한 것은 사라였다. 노라는 이 사실을 알고는 눈물을 흘리며 그에게 말했다. "그 사교적 바람둥이와 행복해지길 바라요."라고.

대학을 졸업하기 직전인, 21세에 그는 사라와 결혼했다. 몇 년 후에 그는 이런 말들로 그의 인생 이야기를 우리들에게 들려주기 시작했다. "20년 전 대학 시절에 아내와 사귀게 되면서 모든 것이 시작되었죠." 그는 가족 세계, 유태인 세계, 사업 세계를 동시에 대표해줄 뿐만 아니라, 그 세계와의 관계를 지지해주는 여성과 결혼했다. 동시에 그 결혼은 부분적으로는 부모에 대한 거역이었으며, 부모에게서 떨어져 나오는 결정적인 사건이었다.

그 두 사람은 갑작스럽게 비밀리에 결혼했다. 결혼식이 끝난 후에 그들은 뉴욕에 돌아와 가족들에게 말했다. 폴의 아버지는 격노했다. 그의 장황한 열변의 요지는 폴이 자신보다 수준이 낮은 여성과 결혼했다는 것이었다. "아버지와 어머니가 나에게 베풀어준 모든 가능성을 가지고 내가 한 것이 무엇인지 보세요. 부모님은 내가 좀 더 사회적으로 받아들여질 수 있는 여성과 결혼할 수 있었다는 뜻으로 말했죠." 냄슨은 계속해서 말했다.

> 나는 집에 돌아가지 않는 수단으로 결혼했죠. 나는 스물두 살이 다 되었고 열여섯 살 이후부터 집에서 떨어져 나와 있었어요. 졸업했을 때 나를 가장 놀라게 한 것은 집에 돌아가야 한다는 생각이었습니다. 모든 문제들에 대해 번득이는 비합리적인 해결책을 생각해냈죠. 나는 여자와 눈이 맞아서 도망가려고 했습니다. 나는 그 후에는 어떤 일이 벌어질지 생각하지 않았죠.

폴은 미래에 대한 계획을 가지고 있지 않았다. 그와 사라는 멕시코로 갈 생각을 했다. "그리고 난 글을 쓰겠어." 그들은 자신들이 받은 20,000달러의 유산으로부터 나온 수입으로 살려고 했다. 그들의 결혼은 폴의 가족에게 엄청난 혼란과 고통을 주었으나, 그러나 본인들은 그렇지 않았다. 죄책감 속에서 그는 뉴욕에 남아 있기로 작정했다. 약간의 시간제 여름철 일을 한 후에, 가을에는 그는 직업을 잃었다.

폴은 16세에서 22세까지, 부모에게서 떨어져 나오기 위해 어려운 작업을 시작했다. 그는 역시 꿈을 형성하는 일도 시작했다. 즉 창조적인 작가로서의 비전을 형성하기 시작했다. 그는 이런 일에서는 오스틴 개리슨과 노라의 도움을 받았는데, 그들은 폴이 자신에 대해 가지고 있는 이런 시각을 인정했다. 동시에 그는 마치 경제학을 부전공으로 한 것처럼, 부수적인 꿈을 갖고 있었다—시릴과 같이 교양 있는 사업가로서의 비전을 가지고 있었다. 시릴과 함께 일하면서, 그는 사업 세계로 잠정적인 접근을 하고 있었다. 사라와 결혼함으로써, 그는 이 세계와 이 세계의 가치를 향해 또 다른 발걸음을 내디뎠다. 그는 이와 같이 집필과 사업의 두 방향으로 동시에 나아가고 있었다. 집필과 사업 사이의 긴장은 성인 초기 동안 계속 그의 인생을 지배할 것 같았다.

성인 입문기

1948년 가을, 냄슨이 22세가 되었을 때, 시릴 애시는 사업과 집필을 조화시킨 계획을 제안했다. 그는 폴에게 성공적인 작가가 될 기회는 성공적인 사업가가 될 기회보다 훨씬 더 적다는 것을 설득했다. 최소한, 폴은 한 번은 사업을 해봐야 했다. 그는 부업으로 글을 쓸 수도 있었다. 시릴은 바로 아파트 건물을 샀다. 그는 폴이 빌딩을 관리하고 부엌을 현대화하는 것을 감독해줄 것을 제안했다. 그는 폴에게 빌딩 안의 아파트와 주당 50달러를 주겠다고 제안했다.

폴은 그러한 제안을 받아들여 잠정적으로 사업가 겸 작가가 되었다.

> 나는 베스트셀러를 쓸 정도로 충분히 오랫동안 머물다가 떠날 작정이었죠. 적어도 처음에는, 나의 기본 생각은 밤과 주말에 글을 쓸 예정이었

> 습니다. 처음으로 나는 많은 여유 시간을 가졌고 이 사무실에 앉아서 글을 썼지요. 나는 짤막한 형식—단편 소설, 시, 산문, 짧은 수필—에 마음이 끌렸습니다. 왜냐하면 글 쓰는 것을 지속하기가 매우 어려웠기 때문입니다. 어떤 집은 수도꼭지가 세고 또 어떤 집은 변기가 고장 나는 경우가 다반사였죠.

그 첫해에 그는 많은 글을 썼다. 그러나 "원고 불채택 통고 쪽지가 너무 빨리 돌아와 충격적이었다." 그것은 맥 빠지는 체험이었다. 그러나 아파트에서의 일은 잘 되어갔다. 첫해의 마지막 무렵에, 시릴은 주식과 채권 판매원으로서 다른 중개소에 견습생으로 나갈 것을 제안했다. 폴은 다시 그의 제안을 받아들였다.

그는 정평이 있는 회사를 위해 일하러 갔으며 고도의 재정財政 세계에 개입되었다. 그는 약간의 실질적인 거래를 할 수 있었고 막대한 수수료를 벌었는데, 그것은 그 자신이 번 최초의 돈이었다. 자유 계약에 의한 판매원으로서 그는 많은 자유 시간을 가지게 되었다. 그는 그림과 예술 세계에 강렬하게 흥미를 느꼈다. "나는 수많은 예술 화랑들을 돌아다니기 시작했죠. 그림은 나에게 매우 진실한 의미 있는 세계처럼 보였습니다." 예술 화랑들은 주식을 팔기 위해 '기계적으로 매력적이고 진지해져야 하는' 데에서 오는 긴장을 완화시키는 데 도움이 되었다.

그 해가 저물어갈 무렵, 폴이 24세가 되었을 때, 시릴은 그에게 애시 앤드 컴퍼니사에 입사할 것을 요청했다. 일반적으로, 시릴이 옳았던 것으로 판명되었다. 즉 냄슨은 작가로서는 실패하고 사업가로서는 성공하고 있었다. 그는 사업 세계에서 주어진 기회에 매료되었다. 세 번째로 그는 시릴의 충고를 받아들였고, 그의 가족 사업에 합류했다.

그래서 20대 중반에, 폴과 사라 냄슨은 젊은 맨해튼 사람, 읍내의 멋쟁이 부부가 되었다.

> 이 읍내의 집집마다에서 열광적인 인기를 얻었고, 또 그것은 우리가 바라는 바이기도 했으며, 점점 높은 상류 생활에 끌려들기 시작했지요.

우리는 세련된 파티와 흥미로운 골프 로프트 게임에 가기를 원했죠. 우리는 둘 다 거기에 흥미를 느꼈습니다. 그리고 나는 우리들 관계는 어떤 점에서 약간 스코트Scott와 젤다 피츠제럴드Zelda Fitzgerald와 같았다고 생각합니다. 내가 그의 재능을 가졌다거나 또는 그와 같은 성공을 이룰 것이라고 말하는 것은 아닙니다.

시릴 애시와의 일은 그에게 '상류 생활'로 들어가는 근거를 제공해주었다. 투자 사무실은 작았으나 번창하고 있었으며, 그와 애시는 서로에게 중요한 존재가 되었다.

나는 시릴의 오른팔과 같은 그런 사람이었습니다. 내가 추측하기엔, 그는 상당 기간 동안 본받는다는 점에서는 매우 자극적인 본보기였죠. 나는 투자 사업에 깊이 개입하면 할수록 책임감은 더 많아졌습니다. 나는 돈을 버는 역동성에 흥미를 느꼈고, 그것이 점점 더 매혹적이라는 것을 발견했죠. 매우 좋은 직업을 가지고 있었죠.

사업가로 일하고 있는 동안에도, 폴은 집필을 계속해 나갔다. 그는 20대 동안 다섯 편의 소설을 썼다. 이 책들은 그에게 좋은 책이란 생각이 별로 들지 않았고 그래서 그는 그들을 출판할 수가 없었다. 이러한 실망은 '참기 어려웠고', 그래서 이런 것들이 그가 1950년대의 미술 잡지에 비평을 쓰기로 결심하게 된 계기가 되었다.

처음에는, 거의 혼자서 독학으로 시작했죠. 나는 토요일 아침에 문을 여는 화랑에 가서 요점을 적어오곤 했습니다. 일요일에는 밤중까지 써서 준비를 하곤 했죠. 나는 내 소설을 출판하는 것보다 이 미술 평론들을 출판하는 것이 훨씬 더 쉽다는 것을 깨달았습니다.

28세까지, 냄슨은 미술 잡지에 글을 쓰는 한편 유명한 추상파 그림을 사들이고 있었다. 1950년대 초반은 이 세계에서 고무적인 해였다. 그는 그 일과 함께 성장했고, 감식가, 수집가, 시각 예술에 대한 비평가로 발전했다. 미술품 수집은 아마도 이 시기에 그의 창조적 욕망의 중요한 배출구였다. 미술 비평은 친구의 작품을 추켜세워 주는 단순한 '광고 복사물'처럼 보였다. 이러한 집필은 진정한 작가로서 작품 활동의 일부분이라기보다는 사업가로서 그의 생활의 일부분이었다.

그림들은 그 자체로서 중요하기도 했지만 그를 복잡하고 흥미진진한 세계로 끌어들였다. 사업은 그에게 이 세계에 참여할 수 있는 재정적인 수단을 제공해주었다. 그러나 사업은 역시 그를 활동과 힘의 세계로 끌어들였으며, 그리고 냄슨은 이를 즐겼다. 더욱이 그것은 그의 가족이 그에게 원하는 것이었다. 일단 그들이 그가 사업에서 자리를 잡았다고 인정해주자, 예술에 대한 그의 말초적인 흥미는 이미 혼란스러운 것이 아니었다. 20대 후반까지는, 소설을 쓰겠다는 초기의 꿈은 비교적 휴면 상태에 있었다. 미술 비평을 통해서, 그는 작가의 세계와 가까스로 연결되고 있었다. 자신을 창조적인 작가로 보던 시각은 사라져버렸고, 집필은 삶의 휴식일 뿐이었다.

20대에 그가 첫 번째 성인 인생 구조를 설계할 때에, 폴은 시릴과 그의 세계로 이동해갔다. 그와 사라는 맨해튼의 '상류 생활', 스코트와 젤다 피츠제럴드의 세계와 같은 낭만적인 세계로 끌려들어갔다. 미술은 그 화려한 생활의 부속물이 되었다. 그의 순수 창작활동은 시들어갔다. 그의 아버지와 같은, 그리고 시릴처럼 되기를 열망했던, 폴의 측면이 우세했다. 그는 교양 있는 사업가의 인생을 향해 가고 있었으며, 이런 점에서는 그는 가족이 원했던 그런 사람이 되어가고 있었다. 이것은 사라가 원하고 지지할 수 있었던 삶이었다. 그들 부부는 앞으로 오는 세월 가운데 그 어느 때보다 이 시기에 서로 친밀했다.

30대 전환기

28세에 냄슨은 조각가이자 미술 세계의 핵심 인물인 셰리던 피셔

Sheridan Fisher와 돈독한 스승 관계를 맺게 되었다. 피셔는 집필을 우선하고 사업 세계를 거부하는 것을 상징했다. 그들의 관계를 통해, 냄슨의 이 두 측면 사이의 긴장이 그의 인생에서 핵심 문제로 재출현했다.

냄슨이 28세가 된 직후인, 1954년 가을에, 그는 셰리던 피셔의 조각품을 샀다. 그는 피셔의 작품에 대한 비평도 썼으며 그에게 흥미를 가진 사람들의 조그만 서클에 들었다. 피셔의 작품 가운데 극소수가 수집가들에게 팔렸으며, 그래서 양쪽을 다 아는 한 친구가 냄슨을 만나도록 피셔를 설득했다. 그들의 우정은 첫 만남으로 시작되었다. 냄슨은 피셔에게 마음이 끌렸으며, 피셔 역시 마찬가지로 그에게 마음이 끌리고 있음을 느꼈다. 그 해 봄 그들은 일주일에 두 번씩이나 자주 저녁식사를 함께 하고 있는 자신들을 발견했다. 피셔는 정신분석을 받고 있는 중이었고, 시골집에서 뉴욕으로 차를 몰고 가곤 했다. 그는 이삼일 동안 도시에 머무르면서 냄슨과 저녁 한때를 보내곤 했다. 두 사람의 우정은 점점 친밀해졌다.

> 근본적으로 나는 예술 세계에 온통 빠져 들어가서 어떻게든 살아남은 한 남자의 생각에 매료되었지요. 나에 대한 그의 감정이 무엇이었는지는 단지 추측할 수 있을 뿐이죠. 아마도 내가 그에 대해 어떤 감정을 느꼈는지에 대해 말하는 것이 더 쉬울 것입니다. 말하자면, 그는 예술계 영웅이라는 의미에서 나에겐 영웅적 인물로 보였습니다. 예술은 자취를 남기지 않은 낭비죠. 거기에는 규칙도 없으며, 피셔와 같은 예술가들을 위해서는 어떤 흔적도 없어요. 그는 역시 나 자신이 그러리라고 생각했던 것보다 더 거칠고 더 미국적 배경의 환상을 표현했습니다. 확실히 내 입장에서는 그와 낭만적인 일체감이 있었죠.
>
> 그는 극단적으로 직선적이었습니다. 차라리 말주변이 없는 편이었죠. 그러나 그는 사람은 그 자신의 감정을 이야기하는 거라고 고집했지요. 내가 미술 이론 쪽으로 빗나가거나 현재 나 자신보다 훨씬 더 지적인 경향이 있을 때면, 그는 나를 그러지 못하게 하곤 했습니다. 그는 이렇게 말하곤 했죠. "그러나 그게 당신에게 무슨 의미가 있죠, 폴? 왜 그게 당신에게 흥미가 있죠? 무엇에 전념하고 있는 거예요? 당신이 몰입된 게 무엇이지

요?" 이런 것들이 그가 좋아하는 말들이었죠. '전념' '몰입' 등등. "어떻게 말려들었어요?"

피셔는 냄슨의 이중생활을 꿰뚫어보고 그에게 곤란한 질문을 하며 압력을 넣었다. 어떻게 한 번에 두 가지 일에 개입할 수 있을까? 어떻게 '정신분열적인 생활'을 이끌 수 있을까? 폴은 '뉴욕 금융시장의 유혹과 전문작가로서 집필 생활을 하고 싶은 두 가지 욕망'이 자신 안에서 점점 더 커가고 있는 것을 알고 갈등을 느꼈다. 창조적인 예술가로서 그가 제휴하기를 원했던 스승을 발견함과 동시에, 글 쓰는 일에 몰입하고자 하는 욕망이 다시 뿌리내리기 시작했다.

그는 나보다 열네 살이나 위였죠, 그리고 그를 향한 나의 감정은 꿈에 본 아버지나 형, 뭐 그런 것과 비슷했어요. 확실히 '영웅'이라는 낱말은 과장된 말이 아닙니다. 나에겐 그는 영웅이었죠. 낭만적이고 영웅적인 인물이었으니까요. 판에 박힌 듯, 우리는 미술에 대해서만 이야기하지는 않았어요. 우리는 함께 술을 마시고, 해변을 따라 함께 거닐었고, 함께 수영했습니다. 나는 크로케 게임을 기억합니다. 야단법석을 떨며 장난을 친 일들, 펀치를 주고받기, 그런 종류의 놀이와 우애. 그러나 거기에는 매우 사랑스럽고 부드러운 측면이 있었습니다. 그것은 내 기억에 타인과 가져본 가장 자유스러운 관계 중의 하나였습니다. 그리고 쿡쿡 찌르기, 강한 포옹, 굉장한 감탄, 대단한 호의, 이런 것들이 건전한 동성연애로 오인되는 것은 원하지 않았지만, 나는 거기에는 애정과 같은 무엇인가가 있었다고 생각합니다.

다음해 여름, 폴의 서른 번째 생일이 지난 후 2주일째 되는 날, 피셔는 갑자기 심장 마비로 죽었다. 그것은 폴에겐 '무서운 충격'이었다. 장례식은 피셔가 그에게 얼마나 중요한 사람이었는가를 더욱 강렬하게 깨닫게 해주었다.

> 나는 운다는 것이 얼마나 좋은지를 느꼈던 충격을 기억합니다. 그것은 나에게 놀라운 경험이었습니다. 나는 내가 어린애였을 때 이후로 실로 울어본 적이 없었습니다. 그 시점까지의 내 전 인생이 눈앞을 스쳐 지나갔습니다. 그래서 '사랑'이라는 말이 그다지 이상하지 않을 것입니다. 그 사람과 그 사람이 표상하고 있는 것 둘 다 강렬한 매력이 있었습니다.

피셔가 죽은 후, 냄슨은 미술 세계에 대해 썼던 소설을 근본적으로 다시 고쳐 쓰기 시작했다. 그것은 『중개인*The Dealer*』이라고 제목을 붙였다. 나이 든 미술상—그가 한때 소속해 있던 세상이 거의 사라져버렸기 때문에 그 자신을 서서히 파괴하고 있는 고상하고 취미를 이해할 줄 아는 한 남자—이 기운이 넘쳐흐르는 듯한, 거만한 젊은 화가와 갈등에 휘말리게 된다. 그들 사이에는 아름다운 젊은 여인이 있는데, 그녀는 미술상에게는 여주인이며 화가와는 반쯤 사랑에 빠져 있다. 마지막에 그녀는 그들과 그들이 표상하는 미술 세계를 모두 떠나, 자신의 인생에서 중심을 찾으려고 노력한다.

냄슨은 이 모든 인물들이 그 자신의 부분들, 그가 선별해내려고 애쓰는 부분들을 나타내고 있다는 것을 인정했다. 그 여인은 미술상과 화가의 양쪽에 관계를 가지고 있으나, 자신의 직업적 정체감을 갖고 있지는 않다. 그녀의 이야기는 폴의 이야기와 매우 흡사하며 그 자신의 탐색을 반영하고 있다. 그 여자처럼, 폴은 셰리던과의 경험 후에 자신이 살아 있고 다시 성장하고 있음을 느꼈다. 이러한 감정과 함께 경이감과 행복감이 찾아왔다. 그리고 그것이 어느 정도까지 전개될지 아직 모호했다.

피셔가 그들의 '상류 생활'에 끼어든 2년 동안, 폴과 사라가 20대 동안에 유지해온 낭만적인 관계는 무너졌다. 동시에, 사라는 다른 방면으로 그 생활을 변화시키려고 애썼다. 그는 어린애를 갖기를 원했으나, 폴은 그렇지 않았다. 사업과 글 쓰는 일이 그가 가까스로 해낼 수 있을 정도로 많았다. 그의 인생에 어린애를 더 보태는 것은 그를 늪 속에 빠뜨리는 것이나 다를 바 없었다. 그들이 서른 살이 가까워지자, 사라의 욕구는 더욱 커져서 마침내 그는 어린애를 갖기로 동의했다. 임신이 되지 않자, 그는 다시 그녀의 뜻에 동의해서 어린애를 입양하기로 작정했다.

32세에 그가 소설을 다시 쓰고 있을 때, 그들은 어린 남자 아이를 입양해서 셰리던 냄슨Sheridan Namson이라고 이름 지었다. "셰리던이 도착했을 때, 우리는 적어도 아이를 하나 더 갖기로 거의 마음을 굳혔고, 그래서 공간이 더 필요할 것처럼 보였죠." 그들은 정원과 동쪽 강이 보이는 열두 개의 방이 있는 우아한 갈색 석조 건물을 샀다. 그리고 그 집을 한 가족이 거주할 수 있도록 꾸미기 시작했다. 사라는 가정부이자 요리사인 여자 한 명과 셰리던을 도와줄 한 명의 오페어 걸*을 두었다. 폴은 서재를 갖게 되었는데, 거기에서 그는 '텅 빈 방 안에서 고독한 인물'로, 그 자신을 고립시킬 수 있었다.

30대 전환기 동안에, 냄슨은 이전에 자신이 만든 잠정적인 인생 구조를 실질적으로 변화시킨 두 가지 유형의 발달을 했다. 그의 스승 셰리던 피셔와의 관계는 그로 하여금 창조적 집필 생활을 인생의 좀 더 전면으로 가져오게 했다. 그는 '텅 빈 방'에서 그 고독한 작업에 자신을 몰입시키기로 결심하게 되었다. 어린 셰리던을 입양하고 새로운 집을 산 것은 사라에겐 삶의 구심점을 만들어주었다. 폴과 사라에게 각각 결정적으로 중요한 이 두 가지의 변화는 그들을 갈라놓은 듯했다. 그것은 마치 사라가 새로 온 어린 애와 가정일로 분주해진 동안에, 폴은 그 자신을 자신의 서재 속에 고립시키고 있는 것과 같았다.

이러한 생활의 바탕은 사업과 예술 세계 사이의 경계선에서 살고 있는 교양 있는 사업가의 역할에 있었다. 냄슨은 낮에는 사업가였으며, 밤과 주말에는 작가였다. 이러한 이중생활을 추구하는 데서 오는 갈등적인 요구들은 그를 기진맥진하게 만들었다. 자신을 인생의 이 두 부분에 헌신함으로써, 그는 사라와 새로 온 아이에게 줄 여유가 거의 없었다. 그의 남은 시간과 정력은 그들의 '상류 생활'을 하는 데 소모되었다. 이 구조 속에서의 긴장은 엄청났다. "고생도 팔자더라고요." 그럼에도 이것은 그가 '안정기'를 시작한 인생 구조였다.

---

* 숙식을 제공받는 조건으로 가사를 돕는 외국 여자—역주

안정기

1959년까지, 시릴 애시는 일 년 중 몇 달은 플로리다에서 보내고 있었다. 그래서 33세에, 폴은 회사의 부사장이자 지배인이 되었다.

> 나는 점점 더 높은 지위에서 사업에 깊이 개입하게 되었죠(연중 상당 기간을 시릴이 없는 상태에서). 나는 거의 회사를 경영하다시피 하고 있었습니다. 투자를 결정하고 그들의 적절한 진전 상태를 관망해보는 데에는 어떤 다른 사람보다 내 책임이 컸습니다.

1959년까지도 애시 앤드 컴퍼니사는 아직 가족이 운영하는 회사였다. 그러나 그들은 공적으로 운영되는 법인체로 만들 계획을 세우고 있었다. 그때는 굉장한 시기였다. "돈은 점점 불어나고 있었죠." 대략 10년 안에 회사는 직원이 7~8명에서 140명으로 성장했고, 그리고 순자산이 20만 달러에서 1억 달러로 성장했다. 중역의 한 사람으로, 폴은 주식을 배당받았고 자신이 배당받은 만큼 더 많은 주식을 사들이기 위해 안간힘을 쓰기 시작했다.

> 그것은 마치 미친 짓처럼 보였습니다. 나는 이 주식을 사들이기 위해 돈을 빌리고 있었죠. 이제 나는 11년째 일하고 있었으며, 그리고 약 60만 달러의 빚을 지고 있었고 은행에 약 1천 달러를 가지고 있었습니다. 그러나 이 엄청난 가능성…, 서른세 살에 나는 이 주식의 일부를 현금화하기를 간절히 열망하고 있었죠. 그러나 나는 아직 백만장자가 되기 위해 몇 발짝밖에 내딛지 않았고, 그리고 아직 월스트리트의 흥분의 도가니 속에 완전히 사로잡혀 있었습니다.

이즈음에 그는 시각 예술에도 관여하고 있었는데, 그는 이 세계에서 새로운 정상의 자리에 도달하게 되었다. 그는 현대 예술 박물관을 새로 짓기 위해 구성된 위원회의 회장이 되었다. 그는 그의 가족이 그렇게도 찬양하던 뉴욕사람들 가운데에 자신의 자리를 마련하고 있었다. 그는 뉴욕의 문화생활에 전념하고 있는, 사업계에서는 보기 드문 남자였다. 폴과 사라가 예술계 주변에 형성한 사교 생활은 이 여러 해 동안 그들의 인생 구조를 함께 묶어서 지탱하는 데 도움이 되었다. 그들은 예술가들이나 다른 사람들과 새벽까지 춤을 추고 친목을 다져 나갈 수 있는 미술 개관식과 파티로 이루어진 '광범위한 사교적 연결망'을 가지고 있었다. 이 사교망은 여름에는 사우샘프턴과 파리와 런던의 국제적인 무대를 포함할 정도로 확대되었다. 그들의 '상류 생활'은 폭이 점점 더 넓어지고 있었다.

이 모든 활동의 와중에서, 폴은 침실 밖의 조그만 방에 갇혀서 집필 생활을 지탱하기 위해 안간힘을 썼다. 여기서 그는 그의 '정제된 환상들 distilled fantasies'에 형태를 부여하는 작업을 했다. 그는 과거보다 더 사라로부터 자신을 멀리하면서 이 작업을 했다. '첫 10년 동안'의 낭만적인 결혼 생활은 사라져버렸다.

> 우리는 따로 떨어져 떠내려가고 있는 것처럼 보였죠. 사업에서 내가 처한 상황은 점점 더 내 시간을 뺏어가고 있었습니다. 그리고 글 쓰는 데 대한 흥미는 점점 더 진지해져 가고 있었지요. 나는 낮에도 그녀를 보지 않았을 뿐 아니라, 밤에도 대개 쓰고 싶어서 조바심이 났습니다. 나는 읽고 쓸 시간이 필요했지요.

34세에, 그는 가장 서정적인 서두 부분인 『커런트*Currents*』의 첫 부분을 썼다. 그는 다음 6년 동안에 걸쳐 이 소설을 완성했는데, 이따금씩 그것은 부분별로 출판되었다. 일종의 일기인 이 소설은 34세에서 42세 사이 그의 인생의 피륙을 마치 밝은 색 실처럼 구불구불 휘감아 나아갔다. 이 시기에 그가 쓴 다른 주요한 작품들에 비해서, 『커런트』라는 일기는 인생에 대한 그의 즐거운, 찬양하는 감정들을 담고 있었다.

『커런트』의 첫 번째 이야기가 대성공을 거둔 것은, 그가 드디어 자신의 내적 경험에서 나온 상상력으로 소설을 쓰고 있다는 것을 의미했다. 그것은 순수하고, 현장감이 있고, 생생하다. 독자는 맨해튼의 고층 빌딩과 증권 거래소의 고위층 세계에 대해, 식당과 극장에 대해, 그리고 그가 세세하게 잘 아는 방탕과 쾌락에 대해 냄슨이 쓴 것에 완전히 사로잡혀 있다. "그렇게도 조심스럽게 내 목 주위를 감고 돌던 꿈"을 가진 사업가이자 시인인, 그의 주인공이 이 세계 속을 누비며 춤을 추고 있다. 그 이야기에는 이상하게도 씁쓸한 감이 있다. 비록 그가 솔직하게 그것들 모두를 사랑한다 할지라도, 그 주인공은 다분히 내성적이고 거기에서 동떨어진 감이 있다. 그리고 그의 찬양 뒤에 숨겨져 있는 것은 그것에 대한 근본적인 비평과 그것을 등지고 떠나려는 소망이 잠재해 있다. 그것은 뚜렷한 자기 초상화이자, 그 자신과 그가 이끌어온 인생을 그려낸 것이다. "즉시 웨이터에게 말하시오. 조용히, 당신이 더 원한다고."라고 그는 썼다.

냄슨이 34세가 되었을 때, 다른 아이 하나를 더 원했던 그들의 요청이 허용될 것이라는 전갈이 입양소에서 왔다. 이 소식을 들은 직후 크게 놀랄 만한 일이 벌어졌다. 사라가 임신한 것이다. 그들은 두 번째 입양을 취소하고 간절히 아이의 탄생을 기다렸다. 이것은 의미심장한 한 해의 시작을 의미했다. 『커런트』의 첫 번째 이야기는 조그만 잡지에 게재되었다. 이것은 그의 작가 생활에서 절정 사건이었다. 또한 그들의 귀여운 딸아이가 탄생했으며, 그는 백만장자가 되었다. 그것은 마치 화해가 이루어지기 시작한 것처럼, 그리고 그가 모든 것을 가질 수 있는 것처럼 보였다. 아마도 그는 정말로 화합하는 인생 구조 속에 집필, 사업, 가족과 사교 생활을 한데 묶을 수 있을 것 같았다.

35세에, 하지만 이러한 생활은 숨 막힐 듯해졌다. 굉장한 통합을 이룬 것처럼 보였던 것이 심드렁해졌다. "표면적으로 난 성공적이었죠. 그러나 내 마음 속은 그렇지 못했습니다." 그는 '엄청난 위경련'으로 고통을 당했기 때문에, 이러한 고통에서 벗어나려고 지나치게 술을 마시고 마리화나를 피웠다. 더욱이 꿈을 실현하기 위한 그의 욕망은 점점 더 강렬해져 갔다.

냄슨은 필사적으로 애시 앤드 컴퍼니를 떠나 완전히 집필 생활만 하길 원했다. 그는 작가로서 가질 수 있는 자율성을 갈망했으나, 시릴을 위해 일하는 한 결코 그것을 얻을 수 없었다.

> 50년대 말이나 60년대 초 언젠가 나는 내가 떠나길 원한다는 것을 완전히 확신했었죠. 그런 확신이 생긴 건 내가 인생에서 진정으로 하고 싶은 것은 글 쓰는 일이라고 드디어 결심했기 때문이기도 하지만, 또 내가 필요한 돈을 모두 마련했기 때문이기도 했습니다.

그는 사업에서 성공해서 백만장자가 될 필요가 있었다. 이 일을 해낸 후, 냄슨은 더 자유스럽게 사업계를 떠날 수 있었고, 글 쓰는 일을 인생의 좀 더 중심부에 둘 수 있었다. 그는 작가로서 새롭게 인정받은 것이 버팀목으로 받쳐주고 있는 듯 느끼면서, 새로운 방식으로 글 쓰는 일에 전념했다. 1961년에 그의 소설이 출판되면서, "나는 한 사람의 작가로서 약간의 주목을 받았죠." 문학잡지를 탐방하는 어떤 진지한 비평가가 "상당히 큰 덩어리 중의 하나… 부드럽게 지글지글 끓는 초상화"라고 평하면서 그의 소설을 추천했다.

동시에, 그는 자신이 작가가 되기 위해 전념하는 것은 자신의 부모나 아저씨가 이해할 수 있는 차원을 넘어선 것이라는 것을 알았다. 그가 글을 쓰기 위해 사업계를 떠나는 것이 시릴이나 다른 사람에겐 하나의 반역으로 보였을 것이다—개인적으로는 그들에 대한, 그리고 그들의 가치에 대한 반역으로. 애시 앤드 컴퍼니로부터 떨어져 나오는 것은 원만할 리가 없었다. 시릴의 마음에는, 글 쓰는 일이란 폴이 여유시간에나 할 수 있는 그런 일이었다. 그는 폴을 옆에 두기를 원했으며, 믿을 만한 조카, 그리고 가족 사업을 유지하고 상속받을 '왕관을 쓴 왕자'이기를 원했다. "시릴도 프루스트*를 읽을 수 있었고 그를 이해할 수 있었죠. 그러나 그는 어떻게 자기 자신의 가족 속에 있는 젊은 남자가 소설을 쓰는 데 시간을 보내기 위해 그 세계를 떠날 수 있는지를 이해할 수가 없었죠."

'살을 도려내는 듯한 갈등' 속에서 고민하면서, 폴은 예기치 않았던 곳에서 돌파구를 찾았다. 그는 티모시 리어리Timothy Leary가 환각제를 연구하고 있는 보스턴에 초대되었다. 폴은 피험자로 자원했다. 놀랍게도 그 경험

* 프랑스의 소설가. 대표작은 『잃어버린 시간을 찾아서』이다—역주

은 아주 도움이 되었다. 그 경험으로 인해 그는 자신의 갈등을 조금 떨어져서 볼 수 있게 되었다. 그는 자신의 가치와 시릴의 가치 사이의 근본적인 차이를 좀 더 분명하게 볼 수 있었다. 35세에, 그는 애시를 대면하기로 결심하게 되었다.

> 나는 1962년에 그 이야기를 꺼냈죠. 나는 처음부터 그것에 대해 줄곧 생각해왔습니다. 그러나 그전 여러 달 동안, 나는 아침에 일어나 돌아다니면서 사라에게 말하곤 했죠. "난 이 문제를 시릴과 의논하려고 해. 난 내게 주어진 어떤 임무도 완수하겠어. 그리고 우리는—난—떠나겠어. 우리는 어떤 다른 인생을 살아가는 거야."

그는 시릴에게 자신에게 주어진 현재의 임무를 모두 완수하겠다고 말했다. 그러나 "시릴은 계속해서 임무를 더 맡겼죠." 이 때문에 냄슨은 애시 앤드 컴퍼니에 거의 2년 동안이나 더 머물렀다. "나는 거기에 있는 동안 내내 결코 더 기민하고 효율적이지 못했지요." 그는 정규적으로 약을 복용하고 있었으며, 그리고 그가 잠을 못 이루는 정도는 거의 불면증에 가까웠다. 시릴과 헤어지는 데 대한 죄책감, 그에게 자신이 얼마나 중요한 존재인가를 알고 있는 데서 오는 죄책감은 그가 거의 감당해낼 수 없을 정도였다.

그의 고통은 그의 소설 속에 반영되어 있다. 거기에서, 항상 그는 자기 자신의 내면에 있는 혼란에 사로잡혀 몸부림치고 있었다. 그는 사업 세계에 관한 그의 어둡고 절망적인 감정에 대해서 소설을 쓰기 시작했다. 이 소설 『브리지 게임*The Bridge Game*』은 최고 수준의 장편을 쓰기 위한 그의 '첫 번째 진지한 시도'였다. 『브리지 게임』은 냄슨과 같은 주인공이 게임으로서는 존경하나 하나의 인생으로서는 전혀 존경하지 않는 재벌의 고도의 '돈놀이'를 상징하고 있었다. 주인공은 최강의 브리지 경기, 약물 복용 경험, 그리고 패거리들이 들끓는 불모지 같은 세계에서 살고 있는 직업적인 놀이꾼이다. 그는 공허하고 냉소적인 삶을 살다가, 스물아홉 살에 어이없는 사고로 죽는다.

34세에서 36세까지, 폴은 꾸준히 『커런트』와 『브리지 게임』을 써나갔다. 전자는 주로 사업 세계에 대한 그의 사랑을 반영하고 있으며, 후자는 그것에 대한 그의 절망을 반영하고 있다. 이 작품들은 이 세계와 그의 양면적인 관계에서 나오게 되었으며, 궁극적으로는 그를 거기서 떠나도록 도왔다.

서른일곱 번째 생일 바로 직전에, 폴은 자신을 다시 가다듬고 시릴과 마지막 결별을 했다. "그것은 내가 한 일 중에서 가장 어려운 선택이었죠."

> 우리가 드디어 그 일을 해냈을 때, 그것은 시릴의 가치에 대한 완전한 거역이었습니다. 그것은 가족 밖으로 걸어나가고 있는 것과 같았죠. 시릴은 지난 12년의 과정 속에서 내가 그들의 삶의 방식과 가치체계에 전념할 수 있게 되었다고 느꼈습니다. 그리고 잠시 동안은 나도 그랬지요. 내가 글 쓰는 일에 얼마나 심각하게 휘말려들었는지를 그가 깨달았다고 생각진 않습니다.

그들은 죄책감과 통렬함이 절정에 달한 분위기 속에서 헤어졌다. 시릴은 폴을 더 이상 붙잡아둘 수 없다는 것을 깨달았을 때, 분노를 삼키며 돌아섰다. 그들은 그 이후 거의 교제가 없었다.

1963년 6월에 냄슨은 애시 앤드 컴퍼니를 떠났다. 냄슨은 그 해 여름을 케이프 코드Cape Cod에서 보냈다. 셰리던은 여섯 살이고 루시는 두 살이었다. 그는 자신이 지난 2년 동안 써 온 소설인 『브리지 게임』을 탈고하기를 원했다. 이 책은 그가 사업과 약물, 그리고 그 자신으로부터 깨어나서 셰리던 피셔에게로 돌아가는 것을 반영해주고 있다. 거기에는 피셔가 자신의 인생 끝자락에서 경험한 씁쓸한 권태가, 시릴과의 마지막 이삼 년 동안에 폴도 함께 경험했던 씁쓸한 권태가, 냄슨이 이해한대로 담겨져 있었다. 소설 속에서 주인공은 권태와 절망에도 불구하고 계속해서 상금을 좇기 위해 약물을 복용한다. 그는 경쟁적인 세계를 떠날 수 없지만, 그렇다고 남아 있는 것도 견디기 어렵다는 걸 발견한다. 폴은 그 해 여름에 그 소설을 끝마쳤다. "나는 그 절반을 2년이라는 기간에 썼는데, 나머지 반은 3개월 만에 썼지요."

그 해 겨울 그들이 뉴욕으로 돌아왔을 때, 『브리지 게임』은 출판이 결정되었고, 냄슨은 『마커즈*Markers*』라는 다른 소설을 쓰기 시작했다. 그것은 사업 세계에서의 그의 인생사의 발자취를 더듬어 올라가는 것이었다. 그 때에는 모든 것이 잘 되어가는 것처럼 보였다. 애시 앤드 컴퍼니를 떠나자 곧 그의 '위경련'은 씻은 듯이 나았다. 그는 300페이지에 달하는 새로운 원고를 쓸 정도로 원기가 충전함을 느꼈다. 그는 큰 어려움 없이 작가로서의 자리를 굳힐 수 있을 것처럼 보였다.

그러나 그 해 가을, 그는 전환기가 자신이 상상한 것보다 더 많은 시간과 노력을 소모하게 하리라는 걸 깨닫기 시작했다. 예를 들면, 그는 사업 세계에서 벗어나는 것이 그렇게 쉽고 신속하게 이루어질 수는 없다는 것을 알았다. 비록 냄슨은 더 이상 애시 앤드 컴퍼니에서 일하고 있지 않았지만, 아직도 사업적인 일에 휘말려들어 있었다. "나는 어린이들을 위한 신탁을 발의했었고 꽤 많은 돈이 나갔죠. 그것은 시간이 걸렸습니다. 나는 대부분의 작가들이 소유하고 있지 않은, 말하자면 재산과 같은 많은 다른 것들을 소유하고 있었고, 그리고 나를 부르는 은행이나 주식 중개인들이 있었죠." 약 500만 달러에 달하는 그의 재산은 그가 기대했던 만큼 그를 자유스럽게 놓아두지 않았다. 그것은 그를 엄청난 재정과 자선사업의 세계 속에 머물도록 했다. 그는 자신이 후원자가 된 고든 아카이브Gordon Archives를 포함한 다양한 기관에 돈을 주었다.

전업 작가가 되기 위해 노력하던 첫 이삼 년 동안, 그의 인생 구조는 변하기도 했고 남아 있는 부분도 있었다. 냄슨은 글 쓰는 일을 그의 인생 구조의 좀 더 중심부에 갖다놓는 일에 성공했다. 그는 사업적인 관여에서 손을 떼려고 비서를 고용했다. "나는 사라의 의상실을 인수해서 비서실로 개조했죠. 나에 대한, 내 시간에 대한 요구 때문에, 비서 없이는 아무 일도 해낼 수 없다는 것을 나는 발견했습니다." 이와 같은 노력은 자신의 재정적 활동을 좀 더 제한하는 데는 도움이 되었으나 그와 사라가 살아온 '상류 생활'의 요구를 감소시키는 데는 별 소용이 없었다.

그는 아직 애착을 갖고 있는 자신들의 예전 생활과 글 쓰는 일을 접목시키기 위해 노력하고 있었다. 그러나 집필과, 사업과, '상류 생활' 사이의 옛 갈등은 다른 형태로 남아 있었다. 더욱이 그는 사업 세계에서 자신의 자리를 잃어버린 고통과, 그리고 작가의 세계에서 발돋움하기 위한 어려움으로 힘겨워하고 있었다.

> 그것은 의미심장한 변화일 뿐만 아니라 심각한 충격이었죠. 그 심오한 변화는 나의 아침 정력을, 나의 최상의 정력을, 내가 원했던 바로 그 일을 하는 데 쓰고 있었다는 것입니다. 가장 큰 충격은 내가 하고 있는 일이 사회의 관점에서는 별 쓸모가 없다는 것을 깨달은 것입니다.
>
> 내가 전에 했던 일은, 비록 투자 사업에 존재하는 양면성을 고려한다 할지라도, 매우 중요하게 여겨졌었죠. 나는 날마다 나에게 무엇인가를 원하는 사람들이 줄지어 서 있는 입장에 있었고, 또 나는 그것을 줄 힘을 가지고 있었습니다. 나는 엄청난 영향력과 대단한 보상을 주는 입장에 있었죠.
>
> 비록 세속적인 관점에서 볼 때 논쟁의 여지가 있었지만, 이제 나는 갑자기 더 열심히 일하고 있었죠. 그러나 글 쓰는 데 집중한 아침 네 시간은 사업하면서 보낸 여덟 시간보다 훨씬 더 힘들죠. 그것은 당신자신으로부터 소재를 끌어내고, 그리고 밖에서는 아무 도움도 없는 매우 격렬한 종류의 활동이지요. 말하자면, 편지나 전화를 통해서는 아무것도 당신에게 오지 않지요—그것은 모두 당신의 과거와 무의식과, 그리고 이와 유사한 것들로부터 나오는 것이 전부지요.

글을 쓰는 일은 '훨씬 고독한 종류의 성취'였으며, 그리고 그는 자신이 '완벽하게 혼자서 그 일을 해낼 수 있다'는 것을 자기 자신에게 입증하고 싶었다. 그는 사업 세계에서 받은 인정을 잃어버렸다. 그는 작가로서도 유사한 경험을 하길 원했다. 그는 들어오는 뉴스를 기다렸으며, 그가 작가라고 누군가가 그에게 말해주기를 기다렸다.

> 나는 여기에서, 이렇게 이 책들을 계속해서 쓰고 있습니다. 갑자기 나는 이것이 세상이 인정하는 활동이 아니라는 것을, 그리고 수백만 달러

의 돈뭉치가 아니라는 것을 깨닫게 되지요. 미국 사회에 의해 정의된 바와 같이 그것은 쓸모없는 일이고 그것에 대해서는 보상이 없었습니다. 쓸모없다는 느낌은 돈의 수준보다 훨씬 더 심각했지요. 갑자기 나의 활동이 세상에서 중요하게 여겨지지 않고 있고, 그리고 별안간에 나는 더 이상 존재하고 있지 않지요. 책이 출판될 때까지 나는 일종의 공허 속에서 살고 있었지요.

그러나 거기에는 아직 또 다른 번민이 있었는데, 그것은 책이 출판된 후에 일어났다. 그는 세상이 그 책을 읽을 때에만 인증될 것이고, 그것이 가치 있는 노력이었음을 발견하게 될 것이다. 그러고 나서야 작품은 존재하게 될 것이고, 그도 존재할 것이며, 그리고 그 '고독한 성취'가 이루어질 것이다. 그리고 만약에 그렇게 되지 않는다면, 어떻게 될 것인가?

『브리지 게임』은, 폴이 38세가 된 직후인 1964년 가을에 출간되었다. 이때는 그가 가장 인정을 필요로 하던 시기였다. 그 인정은 기껏해야 분수에 넘치지 않을 정도였다. 그 목소리는 그의 과거로부터 나지막이 들려왔다: "『브리지 게임』은 『토요 문학 비평*Saturday Review Literature*』과 『뉴욕 타임스』지에 비평 기사가 실렸죠. 그러나 가장 좋은 비평은 나의 옛 선생님 오스틴 개리슨에 의해 씌어졌으며, 그의 조그만 잡지에 출판되었지요." 실로 그 비평들은 지독하게 실망스러운 것이었다.

그의 두 번째 출판된 소설, 그리고 지금까지 그의 가장 야망에 찬 노력은 이처럼 그에게 별로 준 게 없었다. 그는 쓸모없는 듯한, 존재하지 않는 듯한 참혹한 느낌과 함께 남겨졌다. 1963년 6월에 원대한 희망과 진지한 의도를 갖고 시작했던 것은 이처럼 18개월 후에 잘 되어가고 있지 않았다. 이 시점에는 일 년 동안 『마커즈』를 계속 써나가기가 어려웠으나, 그러고 나서 비로소 집필이 순조롭게 진행되었다. 그는 『브리지 게임』으로 성공하지 못했음에도 불구하고, 『마커즈』와 함께 성공할 수 있으리라는 희망을 계속 간직할 수 있었다. 그는 실망했으나 좌절하지는 않았다.

냄슨은 자신에게 유용감을 주고, 동시에 『마커즈』의 집필을 촉진시킬 일을 찾아보기 시작했다. 그는 뉴욕을 떠나기로 결정했다. '상류 생활'을 떠나는 것이 그에게 좀 더 생산적인 글을 쓸 수 있게 할지도 몰랐다.

> 뉴욕에서는 압박감이 점점 높아지고 있었으며 정신은 점점 산란해졌지요. 이런 증상은 내가 미술 비평을 쓰는 데에 한참 몰입해 있던 시절에 최고조에 달했는데, 미술 비평은 사업을 하면서 할 수 있는 나에게는 쉬운 일이었죠. 미술 비평을 쓰던 시절에 뉴욕에서는 실로 소모적인 예술·사교 생활이 점점 많아졌지요. 그리고 우리는 너무 많은 정력을 파티에 낭비하고 있는 것처럼 보였습니다. 사실상 만약에 당신이 매일 밤 나가서 술을 진창 마신다든가 한다면, 아침에 글을 쓰는 일이 쉽지가 않다는 것을 말하는 겁니다. 술이 덜 깬 상태로 사업을 할 수는 있지만, 글을 쓸 수는 없어요.

그는 하나의 가능성으로 가르치는 일을 생각해보았다. 뚜렷이 유용한 일로 보이는 것에 자신을 몰입함으로써 뉴욕을 떠날 수 있을 것 같았다. 그의 직업 탐색은 그를 브라운대학교와 오스틴 개리슨에게로 돌아가게 했는데, 그들은 그에게 창작과의 조교수로 일 년 동안 계약할 것을 제의했다.

> 그것은 우리가 원했던 바로 그것처럼 보였죠. 거기에는 마음을 끄는 어떤 것, 향수어린 가치가 있었죠. 나는 창작을 하는 학생들에게 무엇이 유용한지에 대해 매우 명확한 생각을 가지고 있었죠. 나는 학문적으로 보여줄 만한 것을 약간은 가지고 있다고 느꼈죠.

폴은 『브리지 게임』의 출판에 뒤이어 1965년 1월에 교수 자리를 찾기 시작했다. 그는 1966년 가을에 브라운대학교에서 가르치기 시작해서 그 후 1년 반 동안 가르쳤다. 그동안에도, 그는 『마커즈』에 대한 작업을 계속했다. 이것은 그의 '주된 노력'—그가 여태껏 어떤 것보다 더 걸작을 쓰려는 시도—이었으며, 그리고 그의 이전의 실패가 극복될 수 있다는 것을 그 자신과 세상에 시위하는 것이었다. 그는 마흔 살이 되기 석 달 전인 1966

년 봄에 그것을 탈고했다.

『마커즈』는 출판업자들에 의해 즉시 받아들여졌지요. 그러나 그들은 내가 모욕적이라고 느낄 정도의 선금을 제의했습니다. 나는 『브리지 게임』에 대한 선금으로 2,500달러를 받았었죠. 그런데 이 책은 나에겐 진일보한 것이고 좀 더 야심만만한 책으로 보였습니다. 그것은 또한 내가 쓴 책 중에서 가장 자서전적이었죠. 나는 어떤 면에서는 나 자신을 너무 싸게 팔아넘기도록 요구받고 있는 것처럼 느꼈습니다. 나는 그런 의미에서 그들이 나를 사고 있다고 느꼈고, 그래서 나는 그대로 내버려 둘 수는 없었죠.

출판업자는 그를 맥 빠지게 했다. 그는 진정한 작가로 대우받기를 원했다. 그들은 그를 격려하려하지 않은 건 아니었으나 그들은 격려에 매우 인색했다. 필사적으로 인정받기를 원하는 폴에게, 그것은 충분하지 않았다. 그는 '분개했고 메스꺼울 정도로 혐오감'을 느꼈다. "나는 나의 대리인에게 그걸 철회하도록 요구하고, 그리고 다시는 그 소설을 제출하지 않았습니다."

이것은 그의 두 번째 주요한 패배였으며, 우리의 관점에서 볼 때 그의 성인 초기 '절정 사건'이었다. 그는 그 해 여름 케이프에 갔다. 그의 마흔 번째 생일날, 그는 실의에 빠져 있었고 혼자 있고 싶어 했다. 그는 진정한 소설작가로서 자신의 위상을 세우기 위해 심혈을 기울였으나 인정받지를 못했다. 실로 그가 자신의 꿈을 추구하고자 사업 세계를 탈출한 후 불과 3년 만에 집필 생활이 온통 심각한 회의에 휩싸이게 되었다.

32세에서 37세까지, '안정기'의 첫 5년 동안 냄슨의 인생 구조는 비교적 안정적이었다. 글 쓰는 일은, 교양 있는 맨해튼의 사업가로서 그의 인생엔 부속물인, 조그만 구성 요소였다. 그러나 우리가 본 바와 같이, 이 구조는 조화할 수 없는 갈등들로 줄곧 점철되어 있었다. 그는 시릴과 사업 세계로부터 벗어나야 한다는 것을 깨달았다. 부득이 그는 가족의 가치가 아닌 자신의 가치 주변에 자기 인생을 건설할 필요가 있었다. 즉 시릴이 그를 위해 마련한 꿈이 아닌 자신의 꿈을 추구하고, 그 자신의 목소리로 분명하게 말할 필요가 있었다.

37세에, 그는 아저씨이자 아버지이며, 스승이자 상관이었던 남자와 결별을 하고, 완전히 글 쓰는 일에 뛰어들었다. 그는 사업을 자신의 인생 구조의 변두리에, 그리고 집필을 중심부에 옮겨 놓으려고 노력했다. 이런 과정에서 그는 자신이 작가가 될 수 있을 것이며, 그리고 사업 세계에서 그랬던 것처럼, 세상이 그가 쓴 작품을 인정할 것이라고 생각하고 있었다. 그는 자기 자신이 되기 위해 노력하고 있었다.

그의 마흔 번째 생일날까지, 그는 두 편의 소설을 완성했다. 두 책 중 아무것도 그에게 그렇게도 소중했던 인정과 유용성의 느낌을 가져다주지 못했다. 이런 의미에서 그의 투기는 실패한 것이었다. 이제 그가 합리적으로 자신에게 기대할 수 있는 것은 무엇이겠는가? 그의 꿈을 어떻게 수정하는 것이 그의 재능과 좀 더 조화를 이룰 수 있겠는가?

'꿈'에 충실하기 위해서, 냄슨은 집필 생활을 좀 더 강력하게 지지해줄 인생 구조를 창조해야 했다. 그는 이 문제를 브라운대학교에 있을 계획을 하면서 말했다. 그의 현재의 인생 구조는 사업적인 관여와 '상류 생활'에 너무 많은 공간을 할애하고 있었다. 즉 그것은 그의 집필에 적절한 공간을 제공할 수가 없었다. 신속한 변화가 취해질 필요가 있었다.

동시에, 냄슨은 사업 세계가 자신에게 가치 있는 기능을 했었다는 것을 깨닫기 시작했다. 그는 인생에서 그 일부분을 유지하거나 또는 그것과 동등한 어떤 것을 가질 필요가 있었다. 그는 거기에서 자신을 흥분시켰던 많은 것들을 그리워했다. 그가 집필실 바깥 세상에 어느 정도 개입하는 것은 그의 집필에 자양분을 채워주고 집필 생활을 지탱해가는 데 필수적이었다. 비록 그는 글을 쓸 '빈 방'이 필요했지만, 그가 소설을 쓰는 데 필요한 경험을 얻을 '복잡한 방'도 역시 필요했다. 초기에는, 사업은 지나치게 정신을 혼란시키는 것처럼 보였다. 이제 그는 그것 또한 자신의 예술을 풍요롭게 해주는 주요한 원천임을 알 수 있었다. 그것은 그가 『브리지 게임』과 『마커즈』를 창조해낸 연결고리였다. 그들을 완성한 후에, "나는 내가 할 수 있는 만큼 많은 주관적 환상을 다 해버렸다고 느꼈습니다." 이제 어디에서 그 자료를 가지고 올 것인가? 이런 문제들을 깨닫게 되면서 그는 학문적인 자리를 찾아보려는 결심을 하게 되었다. 만약에 학문 세계가 사업 세계가 했던 것처럼 그를 자극한다면, 그것은 그의 소설에 새로운 자료를 제공할 수 있을 것이다.

그리하여 40세에, 폴 냄슨은 인생의 새로운 시기로 접어들었다. 그는 자신의 인생 구조를 재평가하고 수정하는, 그리고 성인 초기에서 중년기로 이동해가는 과제에 직면하게 되었다. 18장에서 우리는 중년의 전환기와 그 이후를 통한 그의 인생을 따라가 볼 것이다. 그러나 먼저 우리는 하나의 발달 시기로서 중년의 전환기의 특성을 자세히 살펴보아야 한다.

THE SEASONS OF A MAN'S LIFE

4부

중년의 전환기와 중년 입문기

13장 중년의 전환기

30대 후반은 성인 초기의 절정을 상징한다. 마흔 살 무렵에 남성은 '자기 자신이 되고자' 하는 기획에서 자신이 설정한 목표를 얼마나 성공적으로 달성했는지 또는 실패했는지를 상대적으로 평가해볼 수 있다. 여기서 성공은 그 기획이 번창했다는 것을 의미한다. 그는 자신이 구상한 **사다리** 위에서 소망하던 지점에 도달했다. 그는 자신의 직업적, 사회적 세계에서 인정을 받았으며, 연장자라는 위치에 부여된 모든 보상, 책임과 함께 그 세계의 연장자가 되어가고 있다.

가끔 남성은 그의 마음속에 사회에서 인정받고 있다는 궁극적 메시지를 전달해줄 결정적 사건을 학수고대한다. 이 **절정 사건**은 그의 사적인 환상 속에서 신비적인 성질을 지니고 한다. 만약에 일이 순조롭게 진행되면, 그는 자신이 정말로 성공했고 행복한 미래를 확신하고 있다는 것을 알 것이다. 반면에 보잘 것 없는 결과는, 그는 진정한 의미에서 실패했으며, 일뿐 아니라 개인으로서도 부족하고 가치 없는 존재로 판명되었다는 것을 의미할 것이다.

어떤 남성이 30대 후반에 발달적 위기를 경험한다면, 그것은 자기 자신이 되어가는 단계의 발달 과제들을 완수할 수 없다는 압박감에서 비롯된다. 그는 자신이 선택한 사다리 위를 충분히 전진해나갈 수가 없다. 그가 바라던 인정과 독립, 연장자 위치를 얻을 수가 없다. 그는 현재의 인생 구조에서 정의된 용어로는 그 자신일 수가 없다. 그의 성공이나 실패의 정도가 어떻든지—그가 눈부시게 발전하고 있든 혹은 위기의 심연에서 허우적대든 간에—한 남성이 우선 이러한 질문들 속에 휘말려 있는 한, 그는 아직 자기 자신이 되어가는 단계로부터 빠져나오지 못하고 있다.

40세 무렵엔, 새로운 시기가 진행된다. **중년의 전환기**는 보통 40세 내지 41세에 시작해서 약 5년 동안 지속된다. 우리 연구에서 이 시기를 끝낸 열다섯 사람의 경우를 볼 때, 이 시기가 끝나는 평균 연령은 45.5세, 연령 범위는 44세에서 47세까지였다. 진정한 중년기 위기가 38세 이전이나 43세 이후에 시작될 수 있는지는 의문이다.

중년의 전환기는 성인 초기와 중년기 사이의 교량 역할을 한다. 모든 전환기에서처럼, 남성은 과거와 타협하고 미래를 준비해야 한다. 세 개의 주요한 과제가 수행되어야 한다.

- **첫 번째 과제**는 성인 초기 시대를 끝내는 것이다. 그는 이 시대에서 자신의 삶을 검토해보고, 그것과 함께 자신이 무엇을 했는지를 재평가해보아야 한다.
- **두 번째 과제**는 중년기 시작을 향해 자신의 첫걸음을 내딛는 것이다. 비록 그가 아직 새로운 인생 구조를 짓기 시작할 준비가 되어 있지 않더라도, 현 구조의 부정적인 요소들을 수정하고 새로운 선택을 시험해보는 작업을 시작할 수 있다.
- **세 번째 과제**는 자신의 인생 속에서 깊은 분열의 원천이 되고 있는 양극성들polarities을 다루는 것이다. 이 세 가지 과제들을 차례로 숙고해보자.

과거에 대한 재평가

중년의 전환기에서 첫 초점은 과거에 있다. 주요 과제는 안정기의 인생 구조를 재평가해보는 것인데, 성인 초기 전반에 대한, 성인 이전기까지도 포함한 보다 폭넓은 조망에서 보는 것이다. 한 남성의 과거를 되새겨보는 것은 미래의 그림자 속에서 진행된다. 과거를 재조명해보고 싶은 욕구는 부분적으론 자신의 **죽음의 필연성**mortality에 대한 고조된 각성과 남은 여생을 좀 더 현명하게 보내고자 하는 욕망에서 비롯된다. 과거와 미래는 현재 속에 공존하고 있으나, 그러나 과연 그들이 합류할 수 있을까 하는 가슴조이는 의구심으로 그는 고통을 받는다.

이제 지금까지 살아온 인생 구조 자체에 회의가 생기고, 당연한 것으로 생각될 수 없다. 다음과 같은 질문들이 심장부를 찌른다: 내 인생에서 나는 무엇을 했는가? 아내, 아이들, 친구들, 직장, 지역사회, 그리고 나 자신에게서 내가 진정으로 얻은 것은 무엇이고 또 그들에게 내가 준 것은 무엇인가? 나 자신과 다른 사람들을 위하여 내가 진정으로 원하는 것은 무엇인가? 나에게 소중한 가치들은 무엇이며 그들은 내 인생에 어떻게 반영되고 있는가? 나의 가장 훌륭한 재능들은 무엇이며, 나는 그들을 어떻게 활용(또는 낭비)하고 있는가? 인생 초기의 꿈은 어느 정도 실현되었으며, 이제 나는 그 꿈과 함께 무엇을 해야 하는가? 과연 현재의 욕망, 가치와 재능들을 조합해서 살아갈 수 있을까? 현재의 인생 구조는 얼마나 만족스러운가?—자아를 위해 얼마나 적합하며, 세상에서 얼마나 실현 가능한가—그리고 더 나은 미래를 위해 나는 그것을 어떻게 변화시킬 것인가?

그는 과거를 재평가해보면서, 그것이 얼마나 환상에 근거해왔는지를 발견하고, 그 **환상에서 벗어나는**de-illusionment 과제에 직면하게 된다. 이러한 표현은 환상을 감소시키고, 자아와 세계에 대한 오랫동안 지녀온 가정과 믿음이 진실이 아니라는 것을 인정하는 것을 의미한다. 환상은 전 인생 주기에 걸쳐 우리의 삶에서 매우 생생한 역할을 하기 때문에, 이 과정은 특별히 주목할 만하다.

환상을 향한 인간의 심오한 양면감정은 우리의 일상 언어 속에 반영되어 있다. 한편으론, 환상은 부정적인 의미를 내포하고 있다. 그것은 마법, 요술, 매혹하는 것, 지각이나 믿음의 오류와 결부되어 있다. 과학이나 기계공학, 그리고 합리성에 고도로 의존하고 있는 문화에서는, 환상은 일반적으로 부적합하거나 위험하기까지 한 것으로 간주되고 있다. 그 낱말 자체는 라틴어의 'Ludere', 즉 '노는 것'에서 유래했다. 유희적 환상은 어린 시절 상상의 세계 일부분으로 받아들여질 수 있는 반면에, 어른은 좀 더 현실적이고 실제적이며 완전하도록 기대된다. 이와 같이 환상을 상실하는 것은 바람직한 것이며 정상적인 성숙의 결과이다.

반면에, 우리 문화는 환상이 성인 생활에서도 나름대로 가치가 있으며 환상을 포기하는 것은 가끔 고통스럽다는 것을 인정한다. 한 개인이 그가 가장 소중히 여겨온 믿음과 가치들로부터 벗어나는 고통스러운 과정을 일컬을 때, 우리는 **환멸**disillusionment이라는 용어를 사용한다. 환멸을 느낀다는 것은 단순히 자신의 환상을 잃어버렸다는 것만을 의미하는 것은 아니다. 그것은 냉소적이고, 세상으로부터 소원해지며 '어떤 것도 믿을 수 없게' 되는 것이다. 물론 환상에서 벗어났을 때도 이런 결과가 나타날 수 있으나, 그게 다가 아니다.

중년의 전환기에서 매우 중요한 더 광범위한 과정을 확인하기 위해, 나는 **환상에서 벗어난다**de-illusionment는 용어를 사용한다. 환상을 잃어버리거나 감소시키는 과정은 다양한 감정들—실망, 기쁨, 안심, 쓸쓸함, 슬픔, 경이, 자유—을 수반하며, 또한 그 결과도 다양하다. 어떤 남성은 모든 것을 앗아가 버린듯한 느낌, 돌이킬 수 없는 상실감으로 고통을 당할 수도 있다. 또한 그는 해방된 느낌이 들 수도 있으며, 더욱 융통성 있는 가치를 발달시키고, 좀 더 진정한, 덜 이상화된 방식으로 타인들을 찬양할 수 있는 자유를 느낄 수도 있다.

환상들은 엄청나게 해로울 수 있다. 그러나 그들은 역시 대단히 고상하고 큰 성과를 거둘 작업들을 고무할 수도 있다. 성인 초기 동안, 그들은 대부분의 삶에서 결정적인, 도움이 되는, 그리고 상처를 주는 역할을 한다. 환상을 어느 정도 감소시키는 것은 이제 적절하고 이로운 일이나, 중년의 전환기 동안 혹은 중년기가 끝날 때까지 모든 환상에서 완전히 벗어나는 것은 가능하지도 바람직하지도 않다. 환상은 전 인생 주기 내내 한 자리를 점유하고 있다. 이것은 뒤섞인 축복이거나, 혹은 뒤섞인 저주이다. 환상을 피하는 최선의 방법은 어떤 것을 너무 지나치게 원하지 않는 것이다. 하지만 그것은 풍요로운 인생을 위한 처방전이 되기는 어렵다.

성인 초기는 환상을 위한 비옥한 토양을 제공해준다. 개인적인 능력과 욕구는 절정에 달해 있다. 남성은 그 자신을 '믿어야 한다'. 만약에 필요하다면, 현실에 직면해서까지도. 그리고 중요한 사람들과 집단들, 이데올로기도 믿어야 한다. 그렇게 함으로써 자신의 견지에 따라 자신과 타인들을 위한 더 좋은 인생 과정을 만들어갈 수 있다. 성인 초기의 '훌륭한 발달'이란 야망을 갖고, 사람들과 인생 기획에 헌신하며, 가치 있는 목표를 향해 약간의 열정과 단련으로 분투 노력하는 것을 의미한다.

인생 구조의 수정

중년의 전환기가 진행됨에 따라, 강조점이 서서히 과거에서 미래로 전환된다. 남성은 기존 인생 구조를 수정하고 새로운 구조의 중심요소가 될 선택들을 해야 한다. 그는 다음 단계를 위한 계획을 시작해야 한다. 그가 이러한 선택들에 전념해서 새로운 존재양식에 착수할 때, 전환기는 지나가고 새로운 시기—**중년 입문기**—가 시작된다.

어떤 남성들은 중년의 전환기 동안 인생 구조의 외적인 측면에서 중요한 변화를 만든다. 좀 더 극적인 변화는 이혼, 재혼, 직업이나 생활 양식에서 중요한 전환, 기능 수준에서 현저한 감퇴, 그리고 창조성이나 사회적 상승에서 괄목할만한 진전을 하는 경우이다.

다른 남성들은 더 미미한 눈에 띄지 않는 외적 변화들을 일으킨다. 그들은 중년의 전환기 동안 '그대로 안주해 있는' 경향이 있다. 즉 동일한 결혼 생활과 가족 속에, 동일한 환경, 직업, 그리고 직장까지도 동일한 곳에 남아 있다. 그러나 우리가 좀 더 자세히 들여다보면, 비록 뚜렷하진 않지만 중요한 변화가 일어났음을 발견할 수 있다. 한 남성의 결혼 관계는 좋건 나쁘건 달라져 있다. 그의 아이들은 성장하고 있으며 가족 생활은 새로운 형태를 취하고 있다. 그의 부모들은 죽었거나 더욱 의존적이 되었으며, 그리고 이것은 아들과 가족원으로서 그의 역할에 상당한 영향을 미치고 있다. 비록 그가 동일한 직장에 남아 있다 하더라도, 과학기술, 조직의 구조, 또는 자신 안에서의 변화로 인해 일의 성격이 변경되어 있다. 조그맣게 보이는 승진이나 강등이 그의 직업 활동, 직업 세계에서 그의 위치, 그리고 일에 대한 개인적 의미에 크게 영향을 주었다. 마지막으로, 그는 전쟁, 대공황, 그리고 모든 종류의 사회적 운동과 같은 국내외의 변화에 의해서 영향을 받아 왔다. 이러한 변화들은 어떤 방법으로든 모든 사람에게 영향을 준다. 그러나 그 효과는 개인의 연령과 발달 시기에 따라 달라진다.

중년의 전환기는 인생 구조의 내적 측면에도 역시 중요한 변화를 가져온다. 그는 중년기에 특별히 긴박해진 다양한 발달적 문제들을 해결한다. 그는 사회적 관점에, 개인적 가치에, 세상에 주고 싶은 것에, 그리고 자신이 되고 싶은 것에 변화를 가져올 수 있다. 내적 변화는 고도로 의식적이고 개방적으로 표현될 수 있으며, 또는 포착하기 어렵거나 감추어져 있을 수도 있다. 그들은 극적인 외적 변화 속에서 나타날 수도 있다. 비록 그 변화들이 그의 인생을 크게 변경시키지 않고 단지 인생의 피륙을 채색하기만 한다 할지라도, 그들은 그의 인생에 실질적으로 다른 의미를 주고 있다.

중년의 전환기의 일차적 과제는 30대의 인생 구조를 수정해서 중년기에 적합한 새로운 구조를 만들기 위해 준비하는 것이다. 모든 전환기에서처럼, 이 시기에 수행한 발달적 노력에 대한 마지막 평가는 새로 출현한 인생 구조가 얼마나 만족스러운지에 달려 있다. 어떤 발달 과업을 수행했든지, 그리고 구조적 변화가 미약하게 또는 심각하게 일어났든지, 40대 중반의 인생은 30대 후반의 인생과는 결정적인 면에서 다를 것이다. 16장에서 우리는 인생 구조의 다양한 요소들 가운데서 일어나는 변화를 좀 더 자세히 검토해보고자 한다.

개별화 과정

전 인생 주기를 통하여, 특히 유아기, 사춘기, 중년의 전환기와 같은 주요한 전환기에 **개별화 과정**individuation process이 진행된다. 이 용어는 한 개인이 자신과 외적 세계와의 관계 속에서 경험하는 변화들을 언급하고 있다. 어머니의 자궁을 떠난 유아는 자신이 분리된 존재라는 생각을 다소나마 할 수 있어야 한다. 그는 자신이 어디에서 멈추고 세상이 어디에서 시작하는지를 결정해야 한다. 그는 자신을 어머니로부터 분리시켜야 하나, 아직은 그녀와의 유대 관계를 유지해야 한다. 그는 자신을 둘러싸고 있는 것들이 반드시 그에게 종속된 것이 아닌 독립된 존재라는 사실을 수용하는 '현실' 감각을 익혀야 한다. 어린이의 세계는 서서히 확장되어서 가족, 이웃, 친구들을 포함하게 된다. 그리고 그의 자아는 다른 사람들이나 사회기관들과의 관계를 통해 더욱 복잡하게 된다.

이러한 변화는 개별화 과정의 일부분이다. 그 다음 발달 시기에서도, 이러한 과정이 진행됨에 따라, 개인은 자아와 세계 사이를 더욱 분명하게 구분한다. 그는 자신이 누구이며 무엇을 원하는지에 대한 좀 더 확실한 감각을 형성하며, 세상에 대한 좀 더 현실적인 세련된 관점을 형성한다: 세상이 어떻게 생겼고, 세상이 그에게 준 것은 무엇이며, 그로부터 요구하는 것은 무엇인지. 개별화 과정이 좀 더 풍성하게 이루어지면, 그는 세상으로부터 더욱 분리되고, 독립적이고, 자생적自生的이 될 수 있다. 또한 그는 세상에 대한 신뢰감과 이해력을 갖게 됨으로써, 세계 속에 더욱 강한 애착을 갖게 되고, 더욱 충만하게 자신을 그것의 일부분으로 느낀다.

내가 언급해온 바와 같이, 모든 발달적 전환기는 반드시 끝내는 일과 시작하는 일을 포함하고 있다. 현재의 인생 구조를 끝내고 새로운 구조를 시작하는 것이다. 이 일을 완성하기 위해 개인은 현재의 구조를 재평가하고 수정해야 한다. 이것은 도전적인 어려운 작업이다. 만약에 이때에 개별화 과정이 병행되지 않는다면 아마도 그 작업은 불가능할 것이다. 전환기에서, 개별화 과정은 끝내는 일과 시작하는 일 사이를 연결하는 바탕이 된다. 그 과정을 통해 우리는 과거로부터 포기할 것은 포기하고 새로운 미래를 시작할 수 있도록 내적인 토대를 다진다.

성인 초기 전환기에는, 아직 소년티를 벗지 못한 '애-어른'은 성인 세계에서 초심자 과정을 시작함과 동시에 개별화 과정을 향해 중요한 일보를 내딛게 된다. 그는 성인 이전 세계 및 성인 이전 자아와 맺어온 유대 관계를 느슨하게 해야 한다. 대개 이 시기에 개별화 과정이 얼마나 잘 진행되었느냐에 따라, 그는 가치 있는 성인 정체감을 형성하고, 상당한 자율성을 가지고 살아갈 수 있게 된다. 그는 자신과 타인들에 대해 더욱 막중한 책임감을 느끼며 다양한 사회적 역할에서 유능감을 얻을 수 있다.

그러나 20대 중반에 있는 남성은 기껏해야 청소년기를 넘어서 단지 첫걸음을 내딛고 있는 것이다. 부모와 성인 이전 세계와 결속되어 있는 성인 이전 자아는 성인 초기 동안에 큰 힘으로 작용한다. 비록 30대 전환기에 어떤 발달적 성과를 이루었다고 할지라도, 스물다섯 살 때에 비해 30대 후반에 유별나게 개별화되어 있지는 않을 것이다. 성인 초기 전환기 이후로, 개별화 과정을 위한 발달적 노력이 가장 크게 일어나는 때는 중년의 전환기이다. 이 시기에, 남성은 성인 초기의 자아(사실상, 아동기와 청소년기부터 해결되지 못한 문제 덩어리들을 포함하고 있는)와 30대 후반의 인생 구조를 수정해야 한다. 만약에 그가 중년기를 위해 좀 더 적절한 인생 구조를 형성하려 한다면, 개별화 과정이 더욱 풍성하게 이루어질 필요가 있다.

중년기의 개별화 과정에서 이루어질 수 있는 가장 의미 있는 변화는 무엇인가? 대부분의 연구자들은 그 과정의 단일한 면을 강조한다. 에릭슨은 중년기의 자아 발달 단계로서 **생성감** 대 **침체감**을 가장 강조하고 있다.[1] 자크에 따르면, 중년기의 중심 문제는 자신의 죽음의 필연성과 타협하는 것이다. 개인은 이제 자신의 죽음이 불가피하며 자신과 타인들이 엄청나게 파괴적일 수 있다는 것을 예전보다 더 깊이 이해해야 한다.[2] 고야Francisco José de Goya의 전기를 연구한 마르타 울펜스타인Martha Wolfenstein은, 고야가 40대에 탁월한 궁중 화가에서 인간 비극의 실체를 다룰 수 있는 예술가로 변신하는 과정에서 파괴성에 대한 재작업을 한 것은 기본적인 절차였다고 주장하고 있다.[3] 뉴가르튼Bernice Neugarten은 중년기에는 기본적으로 **내향성**interiority[4]이 증가하는 변화가 일어난다고 주장한다. 즉 자아의 내면 쪽으로 돌아서며, 자기주장과 환경을 지배하고자 했던 성향이 감소하고, 특별한 목표에 도달하는 것보다는 삶의 과정을 즐기는 경향이 있다.

융Carl G. Jung은 처음으로 마흔 살 무렵을 자오선으로 해서 인생의 전반부와 후반부를 구분했다. 그는 개별화를 위한 노력이 중년기에 시작되어서 남은 여생 동안 지속된다고 보았다. 그는 개별화 과정의 많은 국면들을 구별했는데, 그 이후의 학자들은 그의 용어는 채택하고 있으나 그 의미를 그처럼 복잡하게 이해하고 있지는 않다.

몇몇 연구자들이 강조한 단일한 요인과 융의 엄청나게 복잡한 접근을 절충하여, 우리는 중년기 개별화에 대해 네 가지 과제를 논의하고자 한다. 어떤 사람에게는 이 네 가지 과제 중 어느 하나가 다른 것보다 더 유별나게 문제시될 수 있으나, 성인 발달을 보편적으로 이해하기 위해서는 네 가지 과제가 다 고려되어야 되기 때문에 이들 모두를 소개한다. 각 과제는 정반대의 상반된 경향성—마치 한 개인이 하나 아니면 다른 것이어야 하고 양쪽이 다 될 수 없는 것처럼, 상반된 양극으로 경험되는 한 쌍의 경향성 또는 상태—을 직면하고 통합하도록 요구한다. 한 남성이 중년기에 더욱 개별화될 때, 그는 어느 한쪽으로 치우친 일방적인 경향성을 어느 정도 극복하고 양극성을 통합하게 된다.

중년기 개별화의 네 가지 과제

중년기 개별화의 기본적 과제는 이 네 가지 양극적인 경향성을 통합하는 것인데, 네 개의 양극들은 다음과 같다: (1) **젊음/늙음**young/old, (2) **파괴성/창조성**destruction/creation, (3) **남성성/여성성**masculine/feminine, (4) **애착/분리**attachment/separateness.

이 각각의 쌍들은 두 용어가 상반된 경향성이나 조건들을 표상한다는 의미에서 양극을 형성한다. 피상적으로는, 한 개인은 하나 또는 다른 것이어야 하며 양쪽이 다 될 수는 없는 것처럼 보이곤 한다. 그러나 사실상 두 경향성은 상호 배타적인 것은 아니다. 모든 사람들의 자아 속에는 각 극의 양면이 모두 공존한다. 중년기의 남성은 여러 가지 면에서 자신이 젊다고 느끼지만, 역시 늙었다는 느낌도 가지고 있다. 그는 젊다기보다는 오히려 늙었다고 느끼는 편이나, 아직 '중년'이라고 정의된 세대에 가입할 마음의 준비는 되어 있지 않다. 그는 번갈아 젊다고 또는 늙었다고 느끼며, 그 사이에 있다고도 느낀다. 그의 발달 과제는 이 '사이'라는 조건에 의미를 부여해서, 성인 초기와는 다른 새로운 방법으로 **젊음/늙음**을 인식하는 것이다.

파괴성/창조성의 양극 역시 갈등과 재통합의 문제를 제시하고 있다. 중년의 전환기는 죽음과 파괴에 대한 인간의 관심을 불러일으킨다. 그는 자신이 언젠가는 죽는다는 사실을 깨달으며, 타인들이 실제로 죽거나 또는 죽음이 임박해 있음을 더욱 절실하게 경험한다. 그는 다른 사람들이, 그가 사랑하는 사람까지도, 그에게 온갖 방법으로 행한 파괴적인 행동들을 새삼스럽게 깨닫게 된다(악의를 가지고, 가끔은 좋은 의도로). 더 나쁜 것은, 자신도 부모, 사랑하는 사람, 아내, 아이들, 친구, 경쟁자들에게 돌이킬 수 없이 상처를 주면서 살아온 것을 깨닫게 된다(역시, 좋은 의도를 가지고 그렇게 했을 수도 있고, 나쁜 의도를 가지고 그렇게 했을 수도 있다). 동시에 그는 좀 더 창조적이 되려는 강한 욕망을 가지고 있다. 즉, 자신과 타인들에게 가치 있는 생산품을 창조하려는, 인류의 복리를 증진시키는 집합적인 기획에 참여하려는, 사회에서 다음 세대를 위해 힘껏 공헌하려는 욕망을 가지고 있다. 중년 남성은, 이전 그 어느 때보다 더 파괴성과 창조성의 강력한 힘이 인간의 영혼 속에 — 나의 영혼 속에! — 공존하고 있음을 깨닫게 되며, 새로운 방법으로 그들을 통합할 수 있게 된다.

마찬가지로 모든 중년 남성은 자아 속에 남성성과 여성성이 공존하고 있다는 사실을 좀 더 너그럽게 받아들여야 한다. 그리고 그는 타인에 대한 강한 애착 욕구와는 정반대이나 똑같이 중요한 분리의 욕구를 통합해야 한다.

이 모든 상반된 양극적 성향은 전 인생 주기 동안 존재한다. 하지만 이 양극들은 결코 완전하게 해결되거나 초월될 수는 없다. 비록 몇몇 이상주의 사상가들이 이럴 가망성을 보였고, 그리고 몇몇 위대한 종교적 예언가들이 그러했던 것처럼 타인들에겐 보였을지라도(비록 자신이 그렇게 보기는 드물지라도) 말이다. 양극성은 중년의 전환기에만 특별한 것은 아니나, 여기에선 특별한 힘으로 작용한다.

모든 발달적 전환기가 이 양극을 새롭게 통합해나갈 기회와 필요성을 제공하고 있다. 남성이 이 일에 성공하는 한, 그는 다음 단계의 삶을 위해 좀 더 든든한 기반을 만들게 된다. 그가 실패하는 한, 그는 다음 인생 구조의 결함 속에 반영될 내적 모순을 형성한다. 이러한 과제에서 성공하는 것도 실패하는 것도 모두 인간이다. 우리가 해묵은 갈등을 해결하고 새로운 통합에 이르렀을 때까지도, 우리는 또다시 조만간에 그 이상의 변화와 발달을 자극할 모순들을 만들어 낸다.

개별화 과정과 양극성을 통합하는 과정은 궁극적으로 내적이며 개인 안에서 수행되고 있음에 틀림이 없다. 하지만 나는 양극성은 전적으로 내적인 일만은 아니라는 것을 강조하고 싶다. 그것은 개인의 삶의 일부분이다. 상반된 성향은 자아의 내부와 외부 세계 안에 모두 존재한다. 개별화가 진행됨으로써, 개인은 내적으로 더욱 분화되고 복잡해질 뿐 아니라, 그를 외적 세계와 연결해주고, 좀 더 풍부하게 그것과 교류할 수 있는 효율적인 영역을 발달시킨다. 더욱이, 그가 양극성을 어떻게 처리하는지에 영향을 미치는 요인들도 내적일 뿐 아니라 외적인 것이다. 젊음과 늙음 또는 남성성과 여성성의 분리는 각 개인의 성격 안에서 뿐만 아니라 우리의 문화와 사회제도 안에서도 일어나고 있다. 우리는 이러한 힘겨운 싸움을 삶의 맥락 안에 배치해서 자아와 세계 양쪽을 모두 고려해볼 때, 양극을 재통합하려는 개인의 몸부림을 이해할 수 있다. 우리는 14장과 15장에서 이 네 가지 상반된 양극들을 통합해나가는 과정을 더 논의하려고 한다.

중년의 전환기: 발달적 위기

어떤 사람들은 중년의 전환기 동안에 삶에 대한 의문이나 탐색을 거의 하지 않는다. 이 시기에 그들의 삶은 상당히 안정성과 연속성을 보여준다. 그들은 분명히 삶의 의미와 가치, 방향에 대해 의문과 회의를 느끼거나 고통받고 있지는 않다. 그러나 그들은 이러한 의문들에 대해 무의식적으로 반응하고 있을지도 모르며, 그 결과는 아마 다음 시기에 분명해질 것이다. 만약에 그렇지 않다면, 그는 다음 발달적 위기에서, 혹은 점점 시들어가는 자아 안에서, 그 자아와 최소한도로 연결되어 있는 인생 구조 속에서 그 대가를 치르게 될 것이다.

40대 초반에 있는 다른 사람들은 자신이 중요한 변화 속을 통과하고 있다는 것을 깨닫고, 자신들의 삶의 특성이 다소 달라질 것이라는 걸 안다. 그들은 이러한 변화의 본질을 이해하고 슬픔과 상실감과 타협하려 하며, 성장과 삶을 풍요롭게 할 가능성을 활용하려고 한다. 하지만 그들에겐 이 과정이 극도로 고통스럽지는 않다. 그들은 위기 속에 있다기보다 차라리 다룰 수 있는 전환기 속에 있다.

그러나 대다수의 남성들에겐 — 우리 피험자들의 약 80% — 이 시기는 자아 안에서, 그리고 외적 세계와 격렬한 갈등을 일으키는 시기이다. 이들의 중년의 전환기는 중간 정도 또는 아주 심한 위기의 시기이다. 이들은 삶의 많은 부분에 회의를 느끼고, 실체를 드러낸 많은 것들로 인해 충격에 휩싸여 있다. 이들은 자기 자신과 타인들에 대한 맞 비난으로 가득 차 있다. 이들은 이제 예전처럼 살 수 없으며, 새로운 삶의 방향을 선택하고 옛것을 수정할 시간이 필요하다.

이러한 위기에 처해 있는 사람은 가끔은 비이성적이기 때문에, 다른 사람들은 그를 '혼란 상태'에 있다거나 또는 '병이 든 것'으로 간주할 수도 있다. 그러나 대부분의 경우 그렇지는 않다. 그 사람 자신과 그를 걱정하는 사람들은 그가 정상적인 발달 시기에 놓여 있으며 발달 과제들을 정상적으로 수행하고 있다는 것을 인정해야 한다. 그가 삶에 대해 의문을 제기하고 수정하려는 욕망을 갖는 것은 자아의 가장 건강한 측면에서 유래한 것이다. 회의를 느끼고 탐색하는 것은 이 시기에 적절한 현상이다. 즉 진정한 문제는 이러한 의문과 회의를 어떻게 하면 가장 잘 활용할 수 있는가이다. 이러한 재평가 과정은 흔히 무의식적인 갈등들을 불러일으킨다는 사실이 복잡한 문제이다. 무의식의 덩어리는 과거의 어려운 시절로부터 넘겨져서 변화하려는 노력을 방해하곤 한다. 병적인 증상은 자신의 삶을 개선하려는 욕망에 있는 것이 아니라 이러한 욕구가 없는 데 있다. 중년기에 개인이 자신의 문제를 솔직하게 들여다보고 개선하는 데 방해가 되는 것은 병적인 불안과 죄책감, 의존성, 적개심, 그리고 인생 초기의 자만심들이다. 이들은 그가 압박감을 느끼는 인생 구조를 수정하기 어렵게 만든다.

이와 같은 심오한 재평가 과정은 냉정하고, 지적인 과정일 수는 없다. 거기에는 정서적인 혼란과 절망, 그리고 어디로 전환해야 할지 모르는, 또는 완전히 침체되어서 전혀 움직일 수도 없을 것 같은 느낌이 수반된다. 이러한 상태에 있는 사람은 가끔 잘못된 출발을 하는 경우도 있다. 그는 일시적으로 이것저것 새로운 선택들을 시험해보는데, 이는 혼란이나 충동에서라기보다는 무엇이 가능한지를 탐색하고 알아보려는 욕구에서, 그리고 특별한 사랑 관계에, 직업 또는 고독한 일에 관여하는 느낌이 어떠한 것인지를 발견하려는 욕구에서이다. 모든 진정한 재평가는 고통스러울 수밖에 없다. 왜냐하면 그것은 현재의 인생 구조가 뿌리를 내리고 있는 환상과 기득권에 도전하기 때문이다.

30대의 인생 구조는 개인과 그의 환경 안에 있는 강력한 힘에 의해서 시작되었고 안정되었다. 이러한 힘들은 계속해서 현 상태를 유지하도록 요구한다. 40세에 자신의 인생에 대해 철저한 비평을 해보려는 남성은 현재의 구조에 강력한 투자를 한 자아의 부분들을 직면하게 될 것이다. 그는 가끔 질서를 유지하고 변화를 막으려는 타인들과 제도들 — 아내, 자녀들, 상사, 부모, 동료들, 그가 종사하는 직업체계, 사회적 동조의 암묵적 그물망 — 의 저항에 부딪칠 것이다. 운이 좋다면, 그는 역시 자신과 타인들로부터 그의 인생을 검토해보고 개선하려는 노력에 대해 지지도 받을 것이다.

왜 우리는 이러한 고통스러운 과정을 겪어야 하는가? 왜 중년기에는 위기가 그렇게도 자주 우리들의 몫이어야 하는가? 제2장에서 나는 성인 초기와 중년기 사이의 시대 교차에서 오는 어려움의 근원들을 몇 가지 지적했었다. 무엇보다 우리가 성인기에 발달적 전환기를 필요로 하는 이유는, 부분적으로는 어떤 인생 구조도 자아의 모든 면을 살리도록 허용될 수는 없기 때문이다. 하나의 인생 구조를 창출하기 위해선 나는 선택을 해야 하고 우선순위를 정해야 한다. 선택을 할 때엔 하나를 선택하면 다른 많은 것들은 거부해야 한다. 하나의 구조에 헌신하면서, 나는 그 안에서 나의 삶을 고양시키고, 그 역량을 실현하기 위해, 책임을 떠맡기 위해, 그리고 그것이 수반하는 대가를 견뎌내기 위해서 상당 기간에 걸쳐 애를 쓴다.

모든 인생 구조는 반드시 자아의 어떤 면들에는 높은 우선권을 부여하나 다른 면들은 소홀히 하거나 최소화한다. 이것은 다른 모든 시기에서처럼 30대의 안정기 구조에서도 마찬가지이다. 중년의 전환기에는 이 소홀히 된 자아의 부분들이 긴박하게 표현되려고 한다. 남성은 그들을 "다른 방에 있는 다른 사람의 목소리"로 경험한다(트루먼 캐포트Truman Capote의 영혼을 불러일으키는 구절에서). 수년 동안 침묵을 지켜 온 내면의 목소리들이 이제 귀에 들릴 정도로 아우성친다. 어떤 때는 희미한 속삭임으로, 혹은 내용은 분명하지 않지만 잃어버린 기회를 슬퍼하는 목소리로, 그리고 타인들에 의해 배신당한 것에 대한 분노로, 또는 자신의 배신에 대한 죄책감으로 들린다.

또 어떤 때에는 모든 내용이 너무 분명하게 이름과 때와 장소를 말하며, 어떤 것의 균형을 바로 잡도록 요구하는 우레와 같은 고함소리로 터져 나온다: 어떤 남성은 너무 이른 나이에 거부되어 버린 정체감의 목소리를 듣는다. 잃어버렸거나 추구되지 않는 사랑에 대한, 부모나 다른 권위에 순종해서 포기한 소중한 흥미나 관계들에 대한, 체육선수나 방랑자 또는 예술가가 되길 원했던 내적 형상에 대한, 사랑하는 사람과 결혼하거나 총각으로 남아 있으려 했던, 부자가 되거나 사제가 되려 했던, 또는 감각적이고 근심 없는 인생을 살고자 했던 목소리들—현재의 그가 되기 위해 일찌감치 제쳐 놓았던 가능성들. 중년의 전환기 동안에는 좀 더 주의 깊게 이러한 목소리들을 경청하는 법을 배워야 하며, 인생의 어느 만큼을 거기에 투자할 것인지를 의식적으로 결정해야 한다.

중년의 전환기의 발달 계열

제10장에서 우리는 안정기를 거쳐 가는 몇 개의 발달 계열들을 구분해 냈다: (A) 안정된 인생 구조 안에서 발전, (B) 안정된 인생 구조 안에서 심각한 실패 또는 감퇴, (C) 벗어나기—새로운 인생 구조를 위한 노력, (D) 발전, 그 자체가 인생 구조 안에서 변화를 산출, (E) 불안정한 인생 구조.

남성의 안정기 발달 계열은 그가 중년의 전환기를 시작하고 그 과제를 수행하는 방식에 영향을 미친다. 다양한 유형의 인생 과정에 대한 개요를 얻기 위하여, 다섯 가지 계열 각각에 있는 남성들이 안정기로부터 중년의 전환기로 이동해가는 방식을 잠시 살펴보자.

계열 A : 안정된 인생 구조 안에서 발전

22명의 남성들이 이 계열의 좋은 예를 보여주고 있는데, 이들은 자신들의 특별한 기획에 따라 안정기 말에는 중간 정도 또는 괄목할 만한 성공을 했다(표 1). 그들은 30대 동안 '긴 여정을 걸어왔으며', 자신들의 세계 안에서 연소자에서 연장자의 위치로 이동했다. 아직, 자기 자신이 되어가는 단계를 마감함으로써 그 갈등이 가끔 격심해진다. 남성은 자신이 안정기 동안에 해온 노력의 결과를 상징해줄 절정 사건을 기다리고 있다.

절정 사건은 자기 자신이 되어가는 단계를 마감하고 중년의 전환기를 시작하는 이정표가 된다. 하지만 그 의미를 이해하기 위해선, 우리는 그 사건을 현재 진행되고 있는 발달 과정 안에 놓고 보아야 한다. 17장에 기술된 생물학자 존 반즈의 중년의 전환기처럼, 어떤 경우에는 이 사건은 중년의 전환기를 촉발시키는 데 대단히 큰 힘으로 작용했다. 다른 경우에는, 짐 트레이시처럼(19장 참조), 이 사건이 중년의 전환기가 형태를 갖추기 시작한 후에 일어났다. 절정 사건에 대한 남성의 반응은 그 사건이 전환의 과정에서 언제쯤 일어났는지에 강하게 영향을 받는다.

때때로 절정 사건은 외적으로나 남성의 사적 경험 양쪽에서 대단한 성공으로 보인다. 이런 경우는 우리 표본에선 극히 드물었다. 대다수의 남성들이 이 사건을 실패 또는 결함이 있는 성공으로 체험했다. 그 결과는 완전히 재앙으로 생각될 수는 없을 만큼 대체로 충분히 좋았으며, 다른 사람들이 보기엔 가끔 상당히 좋아보였다. 그러나 어떤 결정적인 면에서, 그것은 손상되었고, 그가 마음에 품었던 모든 특별한 소망들을 지탱해주지 못했다.

우리는 네 직업군을 차례로 고찰해봄으로써 중년의 전환기로 들어가는 양식에서의 다양성과 주요 주제들을 더욱 잘 밝힐 수 있을 것이다.

• **소설가**: 30대에 진정한 소설가로서 자신의 위치를 확보한 사람은 단순히 또 하나의 소설을 쓰는 데 만족하지 않는다. 그는 자기 자신이 되어가는 단계를 끝내고 나면, 다음 소설은 어떤 특별한 사람이 되기 위해서 쓰기를 원한다: 퓰리처상을 받기 위해, 평론가나 일반 대중의 갈채를 받기 위해, 자신의 분야(고전 소설, 신화, 코미디 또는 그 외의 무엇이든지)에서 당대의 최우수 작가로, 그리고 이전의 대 작가의 적합한 계승자로 표시되기 위해. 그러나 좀처럼 이런 식으로 일이 이루어지지는 않는다. 그 결과는 보통 그 사람이 가장 좋아하는 소망 이하이다. 비록 그의 소설이 좋은 평을 받는다 할지라도, 그는 '좋은 작가'로 인정될지언정 '위대한 작가'로 간주되지는 않으며, 아직 그의 초기 약속을 이행하지 않은 것으로 간주된다. 그는 기존 작가의 서열 내에 자신의 위치를 확보할 수는 있으나, 그러나 아직 독보적인 존재는 아니다.

이 시기의 제한된 성공은 주관적으론 큰 실패보다 훨씬 더 나을 게 없다. 그것은 당사자에게는 최악의 두려움을 불러일으킬 수 있다: 자신의 가능성을 결코 실현시키지 못할 것이라는, 또는—무엇보다 가장 끔찍한 생각—실제로 가능성이 전혀 없다 두려움. 하여튼 그는 상업적, 비평적 무대에서 잘 나간 책들의 유능한 작가로서 자신을 입증해왔다. 그것만으로는 충분하지 않다. 그의 원래의 '꿈'은 그보다 훨씬 더 큰 것이었다. 그는 자손을 위해 무엇을 남겨줄 것인가? 소설사小說史에서 그는 어떤 위치를 차지하게 될 것인가? 그의 초기의 주요한 목적은 소설가로서 자신의 입지를 세우는 것이었던 반면에, 이제 그는 좀 더 정돈된 정체감을 가지고 있으며, 대체로 자신의 '작품 전체'에 대한 가치에 더 관심이 있다.

• **기업체 간부**: 소설가와 마찬가지로, 계열 A를 거쳐 가는 기업체 간부들은 30대 동안 그에게 특별한 의미가 있는 획을 긋는 사건을 향해 전진해 간다—중요한 승진, 새로운 회사에서 더 좋은 직책, 또는 그가 '해냈다'는 것을 가리키는 어떤 다른 변화를 향해 나아간다. 이 절정 사건이 기분 좋

게 성취되는 한, 기업체 간부는 안정기의 사다리 오르기를 끝내고 새로운 직업적, 사회적 세계로 나아가게 된다.

몇 명의 기업체 간부들에게는 이 사건이 상당히 좋은 결과로 나타났으나, 대부분에게 그것은 실패나 결함이 있는 성공이었다. 40세 무렵에 자신이 추구해온 상賞과 인정을 받은 기업체 간부 한 사람당 거의 또는 아무것도 얻지 못한 사람들이 아마 스무 명씩은 될 것이다(그 실패는 어느 정도 개인의 무능력에서, 또는 조직체의 권력 투쟁에서, 그리고 주로 피라미드식 경영 구조에서 유래한다).

만약에 한 남성이 성공을 하면, 그는 성공의 씁쓸하고 달콤한 결과들을 처리해야 한다. 그가 들어간 세계는 기대했던 것과는 엄청나게 다를 수 있으며, 자신과 인생에 대해 근본적인 질문들을 불러일으킬 수 있다. 만약에 그가 어떤 결정적인 면에서 실패하면, 그는 실패의 의미와 타협하지 않으면 안 된다. 이 시점에서 멈추거나 속도가 늦추어진 사람은 더 이상 발전할 희망이 거의 없다. 성가신 질문들이 출현한다: 나는 어느 정도 실패했는가? 실패는 무엇을 의미하는가? 개인으로서 나에 대하여, 그리고 내가 그렇게도 몰입해온 직업적·사회적 세계에 대하여 그것은 무엇을 말하고 있는가? 내 흥미를 끄는 대안적 선택들은 무엇이며, 얼마나 실행 가능성이 있는가?

많은 기업체 간부들은 몇 년 동안 고통스러운 직업 상황에서 헤어나지 못하고 그대로 남아 있다—굴욕감을 느끼며, 거기에는 미래가 없다는 것을 알면서도, 그들 자신이나 회사에 아무런 중요성도 없는 일을 하면서. 내적 준비도 있지만 외적인 압박이 합해져서, 드디어 그들이 떠날 수 있을 때까지. 짐 트레이시가 바로 이런 경우이다(19장 참조). 좀 더 빨리 떠난 사람들은, 다음 시기에 새로운 구조를 구축해서 자신들의 삶을 다시 안정시킬 수 있기 전에, 다양한 가능성들을 탐색해보고 중년의 전환기의 발달 과제들을 수행하면서 아마 몇 년을 보내게 될 것이다.

• **생물학자**: 우리가 연구한 사람들은 일류 대학에서 교수직에 있었는데, 이들은 30대 초반까지는 장래가 촉망되는 과학자로 인정받았었다. 열

명 중 다섯 명은 꾸준히 자신들의 경력을 발전시킨 계열 A의 좋은 예를 보여주고 있다. 40세까지, 그들은 학자로서 국가적 인정을 받을 정도로 성취했으며, 자신들의 전공 분야에 있는 과학기관의 회원이었다. 그런데도 39세에서 41세에 중년의 전환기에 들어선 다섯 명 모두에게서, 당연히 느껴야 할 성공감뿐 아니라 심한 실망감과 어떤 경우는 절망감까지 나타났다.

그들은 실로 안정기 사다리의 맨 꼭대기 단에 도달했다. 이제 그들의 질문은 "여기서부터 나는 어디로 가야 하는가?"였다. 이제 잘 정돈된 사다리를 처신을 잘 하면서 올라가는 것이 중요한 문제가 아니었다. 규율은 점점 더 복잡해지고 내기에 거는 돈은 더욱 커졌다. 이제 이들은 자신의 진정한 창조성을 보여주어야 하고, 전공 분야의 최전선에서 중요한 개념들을 발달시켜야 했다. 그리고 이전 어느 때보다 그의 이전 작업의 한계가 더욱 명확하게 보이고, 창조의 샘이 고갈되어가고 있는 것을 가장 두려워하고 있는 바로 이때, '재고 조사의 시기'에 그는 이러한 일들을 해야 했다. 이 남성들 모두가 다음 몇 년 동안 꾸준히 생산적으로 일했으나, 중년의 전환기 발달 과제를 수행하는 데 상당한 시간과 노력을 투자했다. 그리고 이 시기가 끝나자, 그들의 이력과 삶은 중요한 방향으로 변화했다. 생물학자 존 반즈는 외적인 성공을 했으나 내적으론 절망을 느낀 전형적인 예이다. 우리는 이를 17장에서 보게 될 것이다.

• **노동자**: 노동자들은 40세 이후까지 꾸준히 직업적 발전을 할 수 있는 가능성이 가장 제한되어 있다. 이들의 직업 형태는 일반적으로 30대 중반까지는 거의 확립되어 버린다. 그 후에는 연장자의 위치나 조그만 혜택을 얻을 수는 있으나, 중요한 발전을 한다거나 창조적 성취를 할 전망은 거의 없다. 동시에, 이들의 이력과 인생 과정에는 우리가 산업 노동자들에 대해 가지고 있는 전반적인 이미지 이상의 더 많은 다양성이 있다.

우리가 연구한 열 명의 노동자 가운데 다섯 명이 안정기 동안에 비교적 정돈된 인생 구조 속에서 어느 정도의 발전을 하고 있었다. 두 사람은 중년의 전환기가 시작되었을 무렵에, 자신들이 보기에는 상당히 성공하고 있는 것처럼 보였다. 닉 드 아미코Nick D'Amico는 기계공에서 자유제도공을 거쳐 일급 설계사직(시간제 노동자의 최상급 수준)으로 옮겨갔다. 그는 교외에 새로운 집을 짓고 있었으며 관리직의 맨 밑단으로 승진할 가능성이 있었다. 랠프 오치스Ralph Ochs는 18세 이후 줄곧 회사의 배관 부서에서 일했으며 그 이상의 승진을 추구하지 않았다. 그는 40대에는 상점 지배인, 적극적인 조합원, 그리고 젊은 노동자들에게 연장자 역할을 하면서 직업 생활을 풍요롭게 했다. 또한 그는 가족 속에서 중요한 만족감을 발견하고 있었다.

세 명의 다른 노동자들은 약간의 발전을 보이고 있긴 했으나, 이들의 삶은 오히려 문제점이 더 많았다. 40세에 빈센트 미넬리Vincent Minelli는 흑인 노동세력이 점점 증가하고 있는 한 회사의 보급 부서에서 일하고 있었다. 그는 숙련되지 못한 백인 노동자로서 안정감은 있었으나 아무런 만족감도 느끼고 있지 않았다. 그는 주로 야간에 하는 부업, 그의 자녀들, 그리고 혈연으로 맺어진 확대가족 내에서의 연장자 위치에서 만족감을 느꼈다. 그는 오스트레일리아로 이주하려는 환상을 가지고 있었다. 숙련된 흑인 노동자인 래리 스트로드Larry Stroud는 공장 관리인과 임시 십장 역할을 하면서 15년 동안 연장자의 위치에 있었는데, 요즈음 공장 상황 때문에 점점 더 압박감을 느끼고 있었다. 그는 수년 간 야간 부업으로 이발사를 해오다가 드디어 자신의 이발소를 개업하게 되었는데, 이것은 그에게는 절정 사건이었다. 또한 그는 고등학교 과정도 수료했다. 41세에, 그는 이삼년 이내에 공장을 떠나서 자신과 공동 사회에 큰 가치가 있는 직업 속으로 뛰어들 계획을 세웠는데, 드디어 45세에 정신 건강사가 되었다(18장 참조).

계열 B : 안정된 인생 구조 안에서 심각한 실패 또는 감퇴

이 그룹에는 두 명의 노동자, 세 명의 기업체 간부와 두 명의 생물학자, 모두 일곱 명이 포함되어 있다 (표 1). 안정기가 끝나기 전에 이들은 직장 일이 잘 풀리지 않고 있으며 별로 전망이 없다는 것을 알았다. 그러나 중년의 전환기가 시작되어서야 이들은 냉혹한 현실을 솔직하게 직면하고, 대안적인 가능성을 생각해보기 시작했다. 사람들은 한 남성이 일단 자신이 처한 상황의 심각성을 깨닫게 되면, 이삼 주 혹은 몇 개월 안에 새로운 적응을 할 수 있을 것이라고 추측할지 모른다. 실제로 그 조절 과정은 보통 수년이 걸린다는 것을 우리는 발견했다. 중년의 전환기 동안에, 이들은 자신의 초기 목표가 능력 이상이었다는 사실을 수용할 기회를 갖게 되며, 자존심에 미치는 충격을 완화할 수 있게 된다. 그러나 이 시기가 끝나갈 무렵에야 비로소 그는 새로운 삶의 구조를 구축할 확실한 선택을 할 수 있다.

중년의 전환기가 시작될 무렵에는, 계열 A를 거쳐 가는 사람들은 자신이 선택한 세계에서 연장자의 위치를 확보하고 있었으며, 이제 그에게 매우 특별한 의미가 있는 그 이상의 것을 추구하기 위해 노력하고 있었다. 반면에, 계열 B를 거쳐 가는 사람들은 자신의 꿈을 실현하기 위한 기획에서 연장자로서의 자격을 획득하지 못하고 있었다. 중년의 전환기의 시작과 함께, 그는 이제 십장이 될 수 없으며, 위대한 소설가, 법인 조직의 간부, 어떤 위치의 과학자, 그리고 지역사회에서 존경받는 일원이 될 수 없다는 것을 알게 된다. 이제 그는 인생에서 무엇을 해야 할지를 결정해야 한다. 어떤 남성들은 자기 자신이 되어가는 단계에서 겪은 재기 불능의 참패에서 헤어나지 못하고 있다. 그들은 외적·내적인 이유 때문에, 도망갈 가능성이 없는 막다른 길목에서 서서히 감퇴해간다. 10장에서 기술된 흑인 노동자, 루크 다비Luke Doby가 그 한 예이다. 47세에 그는 이혼하고 혼자되었으며, 실직해서 점점 무능력해지고 서서히 죽어가고 있었다. 또 하나의 예는 기업체 간부인 마이크 갤러거Mike Gallagher이다. 안정기 동안 내내 그는 알코올 중독자였는데 이혼을 했고, 회사에서는 문자 그대로 '아무 할 일이 없는 자리'로 이동했다. 39세에, 우리가 그를 면담했을 때, 그는 아무데도 갈 곳이 없었다. 40세에 그는 암으로 죽었다.

어떤 경우에는, 자기 자신이 되어가는 단계에서 한 노력의 성과를 거두지 못한 남성은 가끔 중년의 전환기를 새로운 삶의 기반을 닦는 데 사용하는 경우가 있다. 그의 실패는 어떤 의미에서는 고마운 것이다. 그것은 그를 송두리째 흔들어놓았기 때문이다. 그는 중년의 전환기에는 안정기에 개입했던 비현실적인 일에 강제로 붙들려 있지 않고 자유스러워질 수 있다. 그는 새로운 목표와 새로운 만족감, 그리고 자아의 새로운 면들을 발견해서 발달시키고 즐긴다. 그렇다고 그가 발전하려는 흥미를 완전히 포기한 것은 아니며, 그 사다리를 좀 더 광범위하게 정의할 수 있게 된 것이다. 이제 외적인 성공과 실패는 내적인 행복을 위한 준거로 그 중요성이 덜해지며, 어떤 단일한 차원에서의 양적인 성공보다는 전반적인 인생의 질적인 측면이 더 큰 의미를 갖게 된다.

그 한 예를 들면, 레오 하인즈Leo Heinz이다(5장 참조). 그는 39세에 실패자로 간주되어서 할 일이 없는 자리로 전환된 중견 관리자이다. 그는 5년이라는 세월을 이 직업에서 속을 태우며 보내다가, 드디어 44세에 그 회사를 떠나 경영 컨설턴트가 되었다. 그는 이제 자신의 공학기술을 활용할 수 있었으며, 관리 당국이나 경쟁자들 때문에 받는 스트레스에서 벗어날 수 있었다. 또 다른 예는 8장에서 그의 초심자 단계의 인생이 기술된 노동자 윌리엄 폴슨이다. 18장에서는 다음 시기를 통과하는 그의 발자취를 거슬러 올라갈 것이다.

계열 C : 벗어나기—새로운 인생 구조를 위한 노력

이 계열에서, 남성은 안정기 초기에 인생 구조를 확립해서 3~4년 동안 그 안에서 살다가, 자기 자신이 되어가는 단계 초기(36세 혹은 37세)에 그 구조가 견딜 수 없다는 것을 발견하고 '벗어난다.' 그 탈출은 아내를 떠난다거나 직업을 그만둔다거나 또는 다른 지역으로 이동하는 것과 같은 독특한 이정표적 사건들로 나타난다. 다음 이삼년 동안 그는 자신의 가치나 야망과 일치한 새로운 구조를 구축하기 위해 혼신의 힘을 기울인다. 불행하게도, 이 시기에는 인생을 근본적으로 변화시키기가 지극히 어렵다. 그래서 새로운 구조는 절충적이기 쉽다. 40세에 자신의 상황에 중요한 변화를 만들 수 있긴 했으나, 그는 결정적인 일보를 내디뎠을 때 포기한 것처럼 보였던 관계 속에 아직도 휘말려 있으며, 그래서 새로운 활동이나 선택에 자신을 충분히 헌신할 수 없다.

중년의 전환기가 시작될 무렵에, 이 남성은 곤경에 처해 있는 자신을 발견한다. 한편으론, 그는 최근에 전념한 목표를 성취하기 위해 아직 애쓰고 있다. 아직 자기 자신이 되고자 적극적으로 노력하고 있다. 반면에, 새로운 형태의 삶에 의문을 던지며 그 안에서 환상과 모순을 보기 시작하고 있다. 중년의 전환기에는 그는 자신이 진정으로 원하는 것이 무엇인지를 또 다시 물어보아야 한다. 단지 3~4년 전에 큰 변화를 시도한 후에, 그는 지금 이 새로운 과정이 세상에서 실행 가능성이 없거나 자아에도 적합하지 않을 수 있다는 현실에 직면하고 있다. 그는 자기 자신이 되어가는 단계보다 더 길고 심오한 전환기로 들어가고 있다.

이러한 인생계열을 따라가는 사람들은 보통 12~13년 또는 그 이상의 장기간에 걸친 고통스런 변화 과정을 겪어나가고 있었다: 그는 33세에 부실한 안정기 인생 구조를 형성해서, 37세에 그것을 벗어나며, 41세에 현재의 구조 역시 결정적인 결함을 가지고 있음을 발견한다. 그리고 중년의 전환기를 그것을 수정하는 데 사용한다. 만약에 46세에, 그가 중년의 전환기 발달 과업을 충분히 수행했다면, 중년 입문기에는 좀 더 만족스러운 삶의 구조를 형성하기 시작할 것이다.

방황과 혼란 속에서 중년의 전환기를 보낸 후, 몇 사람은 인생이 오히려 더 실망스러워 보였으나, 다른 사람들에겐 고통의 세월이 결국 더욱 풍요로운 인생—이전에 누리고 있던 것보다 더 풍요로운, 그리고 자신의 운명을 개척하기 위해 노력을 덜한 사람들이 이룬 것보다 더 풍요로운 인생—을 창조해낸 것 같았다. 우리의 전기주인공 중 두 사람이 후자의 계열에 대한 좋은 본보기를 보여주고 있다. 한 사람은 소설가 냄슨이다. 12장에서 우리는 안정기를 거쳐 가는 그의 인생을 추적했었다. 우리는 그의 이야기를 18장에서 마무리 지을 것이다. 다른 한 사람은 기업체 고급 간부인 제임스 트레이시이다. 그의 중년의 전환기와 그 발달결과가 19장에서 기술될 것이다.

계열 D : 발전, 그 자체가 인생 구조 안에서 변화를 생성

이 계열에서는 30대 후반의 발전으로 인해 안정기의 인생 구조가 수정되게 된다. 남성은 동일한 구조 내에서 한 걸음 더 나아가는 것이 아닌 상승을 향한 일보를 내딛는다. 그것은 그의 인생에 질적인 변화를 만들어내며, 그는 자신이 기대했던 것 이상으로 많은 것을 얻게 된다. 이러한 변화는 중년의 전환기의 시작과 과정에 중요한 영향을 미친다. 우리 표본에선 세 명의 남성이 이 범주에 속해 있다(표 1).

기업체 고급 간부 로저 몬Roger Mohn이 그 한 예이다(10장 참조). 30대 초반에 그는 자신이 애착을 느끼는 직업에서 상당한 책임감을 가진 시간제 노동자였으며, 37세에는 공장 구매부서의 관리인이 되었다. 이러한 발전은 그의 업무 세계를 변화시켰으며 그를 새로운 이웃과 새로운 생활 양식으로 인도했다. 40세에 절정 사건이 일어났다. 그는 9백만 달러의 예산과 400명의 피고용인을 가진, 제조 회사의 사장으로 승진했다. 이러한 위대한 성공은 그에겐 일종의 몰락이기도 했다. 그가 상점을 경영하던 33세에서 36세의 절정기와는 대조적으로, 41세에서 44세까지의 세월은 그의 인생에서 최악의 시기였다. 그는 중년의 전환기 동안에 예후가 확실치 않은 중병에 걸렸는데, 이로 인해 그는 죽음과 삶의 의미에 대해 더욱 심각하게 관심을 기울이게 되었다. 그는 이 시기를 가족에 대한 애착과 점점 독립적이 되어가는 아내의 힘에 의지해서 견디어나갔다. 그가 44세일 때 회사의 조직 개편으로 인해 많은 동료들이 떠났으며 그는 책임감이 덜한 직위로 밀려났다. 그는 중년의 전환기의 진통 속에서, 자신이 지금까지 일해 온 유일한 회사에서 안정감은 있으나 굴욕적인 자리에 그대로 머물러 있을 것인가, 아니면 좀 더 나은 어떤 것을 시도해볼 것인가를 망설이면서 고민하고 있었다(18장 참조).

계열 E : 불안정한 인생 구조

우리 연구에 참여한 남성 중 단지 세 명만이—노동자, 생물학자, 소설가, 각 1명씩—이 범주에 속한다. 우리가 이들을 연구하고 있을 때 이들은 채 40세가 되지 않았다. 이들 중 아무도 안정기에 인생 구조를 안정시킬 수가 없었으며, 30대 후반의 이들의 삶은 마치 사상누각沙上樓閣처럼 보였다. 이들 중 누군가가 과연 진정한 의미에서 연장자의 위치에 도달할 수 있을지, 또는 성인 생활에서의 모순들을 해결할 수 있을지는 알 수가 없었다.

노동자, 핸크 맥클라우드Hank McCloud는 37세에 아직 구체적인 직업을 갖고 있지 않았으며 일자리를 구할 수 있을 것처럼 보이지도 않았다. 그의 힘의 주 원천은 최근에 한 결혼과 가족에 있었다. 커트 러거Curt Ruger는 30대 후반에 연구 생활에서 가르치고 행정 업무를 보는 쪽으로 옮아가고 있었다. 39세에, 그는 완전한 학구적인 생물학자도 아니었으며 그렇다고 완전한 교육행정가도 아니었다. 그는 일, 결혼, 그리고 인생의 다른 면들에서 일련의 절충적인 선택을 했으며, 그 위에 미래를 위한 집을 지을 빈약한 토대를 마련했다. 36세에, 대릴 오스본Darryl Osborn은 혼잡한 생활을 하고 있었다—때때로 소설을 쓰고, 할리우드에서 약간의 영화 스크립트를 쓰며, 가끔 약물을 복용하며 전국을 누비고 다니기도 하고, 결혼도 하지 않고 안정된 관계도 없이. 그는 그 안에서 자기 자신이 되어가는 작업을 할 아무런 인생 구조도 가지고 있지 않았다.

안정기의 마지막 무렵에, 계열 C, D, E를 거쳐 가는 남성들은 '꿈'이나 다른 중요한 야망들을 적절히 배치한 안정되고 통합된 인생 구조를 형성하고 있지 않았다. 계열 E에 속한 사람들은 이 시기 동안 줄곧 불안정한 구조 속에서 살아왔으며 불안정의 대가는 점점 더 무거워졌다. 계열 C와 D에 있는 사람들은 안정기 초에 통합된 인생 구조를 형성하고 나서 30대 후반에는 그것을 변화시키려고 발버둥쳤다(벗어나기, 또는 발전을 통해). 불행하게도, 이 시기에 새로운 구조를 창조해낸다는 것은 매우 어려운 일이다. 대단한 의욕과 과감한 노력에도 불구하고, 자기 자신이 되어가는 단계에서 애써 창조한 구조는 심각한 결함을 내포한다. 그것은 압박감을 주는 초기 구조와 열렬히 갈망하던 새로운 것 사이의 절충안이며, 그 안에는 양쪽의 요소들이 불안정하게 공존해 있다. 그는 아무리 견디기 어려울지라도, 과거의 오랜 부정적인 요소들을 쉽사리 제거할 수가 없다. 마찬가지로, 그는 새로운 요소들을 신속하게 합병하거나 이전에 부수적 요소였던 것들을 구조의 중심부에 배치할 수가 없다.

계열 C, D 또는 E에 속한 남성들은 안정기 동안 인생 구조를 변화시키도록 그를 다그친 모순들에 에워싸인, 아주 취약한 인생 구조와 함께 중년의 전환기를 시작한다. 그는 역시 자신의 사다리 꼭대기에 도달하지 못한 채 중년의 전환기를 시작해야 한다. 중년의 전환기 동안, 어떤 강한 힘이 양방향으로 그를 몰아붙인다—자기 자신이 되어가는 단계의 목표를 추구하라고, 또 거기에 의문을 던져 보라고. 30대 후반에 시작된 발달 과정의 결과는 40대 중반에 전환기가 끝나야지만 식별할 수 있을 것이다.

이와 같이, 36세에 제임스 트레이시는 조강지처와 이혼하고 재혼을 했으나, 46세가 될 때까지 인생 구조 안에 양 가족을 포함할 수 없었으며, 두 번째 아내와의 관계를 안정시킬 수가 없었다(19장 참조). 폴 냄슨은 37세에 가족회사의 고급간부 자리를 그만두고, 전업 소설가가 되기를 열망했다. 그러나 그는 46세가 될 때까지 소설 쓰는 일을 인생 구조의 중심부에 둘 수가 없었다(18장 참조). 30대 중반에 윌리엄 폴슨은 노동 계층의 직업에서 벗어나려고 발버둥쳤다—발전과 벗어나기의 혼합물. 그리고 겨우 40대 중반이 되어서야 자신의 노력이 이루어질 수 없다는 것을 인정하고 자신과 타협하기 시작했다(18장 참조).

14장 중년의 개별화

젊음/늙음, 주요한 양극성

앞 장에서 언급한 바와 같이, **개별화**individuation는 모든 발달 전환기에 있는 과정이다. 중년의 전환기에 일어나는 개별화 과정은 성인 초기를 마무리 짓고 중년기를 시작하는 연결고리와 같은 역할을 한다. 그것은 안정기의 인생 구조가 수정되고 새로운 인생 구조가 창출되는 토대를 제공해 준다. 16장에서 나는 중년의 전환기 동안 인생 구조에 생긴 특별한 변화들 중 몇 가지를 논의할 것이다. 이 장과 다음 장에서, 나는 개별화의 더 근본적 과정에 초점을 맞추고 싶다.

우리는 개별화 과정에 있는 네 가지 주요 과제들을 확인했었다. 각 과제는 삶의 특성 속에 있는 근본적인 양극성을 재통합하는 작업이다. 상반된 양극적 성향들은 자아 안에, 사회 속에 그 원천이 있다. 이미 간략히 기술된 네 개의 양극적 성향은 **젊음**Young/**늙음**Old, **파괴성**Destruction/**창조성**Creation, **남성성**Masculine/**여성성**Feminine, **애착**Attachment/**분리**Separateness이다. 모든 발달적 변화에서 가장 핵심적인 것은 젊음/늙음의 양극성이다. 이 장에서는 이것에 대해 논의하고자 하며, 다음 장에서는 나머지 세 개의 양극성을 다룰 것이다.

일상의 언어 속에서는 아이는 젊고, 노인은 늙고, 그리고 그 나머지는 그 사이에 있다. 그러나 우리들의 언어는 매우 애매모호하다. '늙음'이란 용어는 흔히 연령 범주를 말하고 있다. 즉 상당히 나이가 든 사람이나 또는 늙은 사람을 일컬을 때 사용된다. 그러나 때로는 노화 과정이나 감퇴 과정을 의미하기도 한다. 즉 마흔 살인 사람이 "난 이런 종류의 일을 하기엔 너무 늙었어."라고 말하거나, "당신이 느끼고 있는 만큼밖에 늙지 않았어."라는 말을 들을 때이다.

가장 완전한 의미에서, **젊음**과 **늙음**이란 용어는 어느 특별한 연령 수준에 매어 있지는 않다. 그들은 모든 연령에서 인간 생활의 기본적인 심리적, 생물학적, 그리고 사회적 질을 의미하는 상징이다. 우리는 태어날 때부터 늙어가기 시작하며, 마찬가지로 노년에도 어떤 면에서는 우리는 여전히 젊다.

궁극적으로, 젊음이란 여러 가지 의미를 가지고 있는 원형적인 상징이다. 그것은 탄생, 성장, 가능성, 시발, 개방성, 힘, 잠재력을 상징하고 있다. 우리는 거기에 많은 구체적인 심상들을 부여함으로써 그것의 의미를 채색한다—즉 유아, 새벽, 새해, 씨앗, 꽃과 봄의 의식, 새로운 사람, 약속, 앞으로의 비전vision. 이러한 심상들이 함께 어우러져 우리의 심리적, 생물학적, 사회적 기능을 채색하고 있는 한, 우리는 어느 연령에서도 젊다.

반대로, 늙음은 종말, 결실, 안정, 뼈대, 완성, 죽음을 나타내는 상징이다. 그것의 심상은 조상祖上, 사신死神, 영원한 반석, 지혜로운 노인, 노망한 사람, 겨울, 한밤중 등을 함축하고 있다. 나이라는 움직일 수 없는 대상은 젊음이라는 불가항력의 힘에 대면하게 된다. 나는 젊음과 늙음이라는 용어를 이러한 상징적인 의미에서 사용하며, 특별한 연령 수준이나 노화 과정을 언급할 때는 다른 용어들을 사용한다.

'늙었다'는 것과 마찬가지로 '젊다'는 것도 유리한 점과 불리한 점, 강점과 한계를 가지고 있다. 각 상태에는 부정적인 의미뿐 아니라 긍정적인 의미도 부여될 수 있다. 젊다는 것은 활기차고, 성장하고 있는, 모험적인, 그리고 가능성으로 가득 찬 것이다. 그러나 그것은 역시 부서질 듯하고, 미숙하며, 충동적이며, 경험이 부족하고 건실하지 못한 것이다. 마찬가지로, 늙은 사람은(나이가 몇 살이든지) 현명하고, 강인함이 있으며, 성취된, '천명을 들을 수 있는 사람'(공자)으로 보일 수도 있다. 그러나 역시 노망한, 전제적인, 무기력한 주위의 삶과 단절된 사람으로도 보일 수 있다.

젊음과 늙음의 양극성—젊음과 늙음의 분열, 그리고 그들을 재통합하려는 노력—은 인간 발달에서 두 가지 상반된 성향이다. 그것은 모든 발달 전환기에 일어나는 기본적인 양극성이다. 늙음과 젊음의 상징은—죽음과 재탄생, 파괴와 재구성, 죽음의 필연성과 영생—발달 전환기의 본질 속에 선천적으로 내재해 있다. 현재 살고 있는 단계가 끝나가고 있음을 인정해야 할 때 우리는 늙는다고 느낀다. 그렇지만 새로운 시기에 대한 가능성은 회춘과 성장의 자질을 수반하고 있기 때문에, 우리는 역시 젊다고 느낀다.

중년의 전환기의 주요 발달 과제는 자기 자신 안에서 젊음과 늙음을 대면하고 젊음과 늙음을 새로운 방식으로 추구하는 것이다. 남성은 이전의 젊은 자질들 중 어떤 것은 포기해야 되는 반면에—어떤 것은 후회하면서, 어떤 것은 안도 혹은 만족감으로—새로운 삶 속에 통합할 수 있는 다른 자질들은 보유하거나 변형시켜야 한다. 그리고 그는 '늙었다는' 것에 대해 긍정적인 의미를 찾아야 한다.

융에 의하면, **원형**archetype은 인류의 진화 과정에서 수천 세대를 거쳐 형성되어온 기본적인 심상이다. 그것은 모든 인간의 마음속에 존재해왔다. 우리가 정신적인 또는 본능적인 에너지를 어떻게 사용하고 있는가를 생각해보면, 그 기능을 이해할 수 있다. 우리는 발달 과정에서 공격성, 성적인 행동, 의존성, 힘, 창조성 등과 같은 특별한 동인drives이나 충동impulses으로 다양하게 변형되어 표출되는 에너지의 원천을 갖고 태어났다. 복잡한 동기와 감정을 느낄 가능성은 처음부터 거기에 있었다. 그것이 어떻게 발달되고, 개인의 인생에서 어떤 형태를 취하는가는 특별한 환경과 경험에 의존한다.

이와 유사하게, 원형은 앞으로 더욱 발달될 **가능성**을 내포하고 있다. 그것은 개인의 정신 속에서 최초의 미분화된 심상에서 점점 더 복잡한 **내적 형상**internal figure으로 진화한다. 그것은 마치 우리가 외적 세계에서 어떤 사람과 관계를 맺고 있는 것처럼, 우리의 정신 속에서 지속적인 관계—사랑하고, 싸우고, 찬양하고, 헐뜯는—를 맺고 있는 존재이다. 우리는 나쁜 자아와 좋은 자아, 어머니(나의 실제의 어머니가 아니라, 수많은 방법으로 나를 도와주기도 하고 위협하기도 하는 어머니상), 신, 악마, 권위자, 치료자, 시신詩神에 대한 원형을 가지고 있다. 원형들은 인생 과정에서 우리의 경험을 형성하고 또 경험에 의해 형성되기도 하면서 우리 내부에 존재한다. 개인의 내부에서, 어떤 것들은 높은 수준까지 발달하고, 다른 것들은 휴면 상태로 남아 있다.

융의 이론에서, **퓨어**puer[1]는 젊음—어린이, 젊은이, 어느 연령이든 이제 막 발달 과정을 시작하는 사람—의 원형이다. 어린 시절에, 이 원형은 어린이가 자신의 성장을 경험하고, 계획과 가능성을 실현시키며, 동물, 꽃, 계획, 인간관계가 성장하는 것을 관찰함으로써 진화한다. '충분한' 발달과 함께(위니코트의 의미에서), 어린이는 자신의 내적 형상을 퓨어—기회와 위험으로 가득 찬 세상에서 뚜렷한 가능성을 지닌 갓 피어나는 사람—로 형성한다.

융의 이론에서 **시넥스**Senex는 늙음—나이가 지긋한, 늙은, 어느 연령이든 발달 과정이 끝나가는 사람—의 원형이다. 아동기를 시작하면서, 우리는 나이 든다는 것, 감퇴해가는 것, 이전의 힘을 잃고 고통받는 것, 죽어가는 것이 무엇을 의미하는지에 대한 어렴풋한 감각을 형성하게 된다. 많은 경험들이 이 과정에 공헌한다. 어린이들 주위에 있는 사람들이 아프고, 허약해지고, 늙어가며, 죽게 된다. 애완동물들과 식물들, 그리고 다른 살아 있는 것들도 마찬가지이다. 장난감들과 다른 사물들이 파괴되어 더 이상 존재하지 않는다. 어린이 자신도 아프거나 상처를 입어서 다른 사람들의 걱정을 불러일으키는 수가 있다. 그러나 아직 늙어가는 것과 죽음의 본질에 대해 잘 모르기 때문에, 그는 원시적인 환상을 발달시켜 이러한 것들에 의미를 부여한다. 그는 '살아 있는 것'과 '죽어 있는 것', 그리고 생물과 무생물 사이를 구별하려고 애쓴다.

상황이 좋으면, 노년에도 계속 젊음을 체험할 수 있는 것처럼, 아동기에도 늙어가는 것을 체험하기 시작한다. 어린이들은 자기 자신과 타인들이 늙어가는 모습을 보면서 자신의 내적 형상을 시넥스—감퇴하고 있는 사람, 더 이상 가능성이 없고 퓨어의 가장 핵심적인 힘들을 포기한 사람—로 형성해간다.

전 인생 주기를 통해 모든 전환기에서, 젊음과 늙음의 내적 형상들—융이 퓨어와 시넥스라고 부른—은 수정되어 새로운 균형을 잡게 된다. 한 시기의 끝자락은 늙음의 생각과 느낌—타성에 빠져 있는 듯한, 썩어가고 있는 듯한, 죽음의 문전에 와 있는 듯한—을 자극한다. 새로운 시기의 시작은 젊음의 생각과 느낌—다시 태어난 듯한, 상쾌한 출발을 하는 듯한, 자아 안에서 신선한 가능성을, 그리고 세계 속에서 새로운 전망을 발견한 듯한—을 자극한다. 모든 전환기의 발달 과제는 인생의 그 시기에 적절하게 젊음/늙음의 상반된 성향을 새롭게 통합하는 것이다. 특히 시대가 교차함에 따라, 성숙성, 판단력, 자기인식, 도량, 통합된 구조, 조망의 폭과 같은 늙음의 자질이 증가하는 것은 정상적인 현상이다. 그러나 이러한 자질들은 에너지, 상상, 경이, 어리석음과 공상의 능력 등 젊음의 자질에 의해 꾸준히 활성화될 때에만 가치가 있다. 젊음/늙음의 연결은 계속해서 유지되어야 한다.[2]

그 균형을 유지한다는 것은 쉬운 일이 아니다. 어느 나이든 어떤 사람은 너무 빨리 늙어서 젊음의 자질들이 결핍될 수가 있다. 여섯 살짜리 어린이가 너무 박탈당해서, 신나게 놀고, 미래를 기대하는, 모든 감각을 상실해버릴 수가 있다. 그는 마치 공허함과 노쇠에 대항해 부질없는 투쟁을 하는 정서적으로 시들어가는 늙은이와 다를 바 없다. 어떤 청소년은 가족들의 심한 도덕적 제약으로 인해, 혹은 무거운 성인의 책임을 너무 일찍 짊어짐으로 인해 그 중압감에 억눌려서, 그의 젊음의 열정은 억눌려 있고, 그는 성인 초기의 토대가 될 꿈들을 지탱할 수가 없을 수 있다. 마흔이나 쉰 살에 이른 어떤 남성은 늙었다는 생각에 지나치게 사로잡혀 침체되어 있고, 정서가 메말라 자신을 둘러싸고 있는 세계와 자신 안에 있는 모든 가치 있는 것들과 관계를 다 끊어버린 채, 남에게 주지도 받지도 않으면서 살아갈 수 있다. 이런 경우는 마치 젊음이 완전히 사라져버린 거나 다를 바가 없다.

다른 극단적인 경우에는, 늙어가는 것과 죽어가는 것에 대해 너무 걱정을 한 나머지 이런 것들에 대한 관심을 모조리 부정하고 영원히 젊게 남아 있으려는 시도를 하게 될 수도 있다. 가족에 묶여 있거나 진지한 애착이나 책임감 없이 덧없는 인생을 살고 있는 스물다섯 명의 남성들에게서, 우리는 이런 경우를 보았다. 말하자면, 그는 소년 시절과 성인 초기 사이에 엉거주춤하고 있으면서, 성인 초기 전환기를 마무리 지을 수도 없고, 첫 성인 인생 구조의 토대를 만들기 위한 어딘가에 전념할 수도 없다. 그는 성인이 된다는 생각에 겁을 먹고 있으나, 그렇다고 더 이상 어린애로 남아 있을 수도 없다. 일종의 망각 상태에서 살아가면서, 그는 마치 '청소년'처럼 행동을 하나, 무언가를 잃어버린 듯한, 그리고 어디에도 정을 붙이지 못한 것처럼 느낀다.

또한 우리는 40에서 50세에 이른 남성에게서도 이런 젊음에 대한 집착을 보았다. 이들은 마치 성인 초기에 있는 듯이 젊게 남아 있기를 고집하면서 이전에 놓쳐 버린 시간들을 즐기려고 애쓴다. 문제는 그가 젊어지기를 원한다는 것이 아니고, '젊음과 늙음'에 대한 성인 초기의 개념에 고착되어 있다는 것이다. 그가 해결해야 할 발달적 과제는 지금까지의 그—즉 중년—보다 더 늙어지는 것이다. 이 일을 하기 위해서는, 그는 젊음의 자질들을 나이에 적합하게 표현할 방도를 강구해가면서 이전보다 늙음의 자질들을 더 많이 사용해야 한다.

전 인생 주기를 통하여, 젊음과 늙음의 원형은 우리들 안에 공존한다. 내적 젊음은 여러 방면으로 더 발전해나가기 위한 엄청난 에너지와 역량을 소유하고 있다. 내적 늙음은 구조의 최고 수준에 도달해 있으며, 자신의 가능성을 실현할 수 있는 만큼 다 살렸으며, 그리고 이제는 더 이상 발전할 수가 없다. 모든 시대는 젊음과 늙음 사이의 균형을 이루는 데 그 나름대로의 특징을 가지고 있다. 성인 이전기에는 일반적으로 젊음이 우세하며 늙음은 이제 그 형태를 갖추기 시작하고 있다. 성인 초기에는 그 균형이 좀 더 균등해지나 보통 젊음이 더 우세하다. 중년기는 젊음과 늙음의 균형이 가장 최적으로 이루어져야 하는 시기이다. 사람들은 이제 더욱 튼튼한 구조를 가지고 변화를 위해서 상당한 에너지와 상상력과 역량을 사용할 수 있다. 중년기는 이런 의미에서 전 인생 주기의 중심부이다. 성인 후기에는, 비록 활기에 찬 활동과 발달의 가능성이 계속되기는 하지만, 인생 구조는 더 생기 없어지며 내적 자원은 더욱 한계에 부딪치게 된다.

죽음의 필연성에 대한 인식과 영원불멸에 대한 소망

중년의 전환기에는 젊음과 늙음의 상반된 성향이 특히 강하게 체험된다. 성인 초기가 끝날 때, '젊음을 상실했다'는 새로운 두려움이 사람들을 엄습한다. 그는 젊음—자신 안에서 어린이, 청소년, 청장년으로 다양하게 표상되는—이 죽어가고 있다고 느낀다. 노년과 죽음에 대한 심상들이 장막처럼 그를 뒤덮는다.

40세 무렵에 주변에서 흔히 일어나는 수많은 변화들이 늙어가고 있다는 느낌을 부추긴다. 어떤 사람은 이러한 변화들을 대수롭지 않게 체험하고 수월하게 뛰어넘는다. 그러나 또 어떤 사람들은 큰 충격을 받고 늙어가고 있는 데 대해 심한 불안을 일으키며, 자신의 죽음의 필연성을 대면하게 된다.

우리가 보아온 바와 같이, 중요한 변화 중의 하나는 신체적, 심리적 힘이 감퇴하는 것이다. 일반적으로 30대 후반과 40대 초반에는 기능 수준이 절정 수준 이하로 떨어진다. 그는 이전처럼 빨리 달릴 수도, 많은 것을 들어 올릴 수도, 며칠 밤씩 새우면서 무슨 일을 할 수도 없다. 그의 시력과 청력은 더 무디어지고 기억력이 없어지며 다량의 전문적인 정보를 배우기가 더 어렵다는 것을 알게 된다. 그는 육체적인 아픔과 고통을 받기가 일쑤이며, 영구적인 손상이나 죽음까지도 초래할 위험이 있는 중병을 앓을 수가 있다. 이러한 변화들이 개인의 인생에 미치는 심각도와 영향은 매우 다양하다. 힘과 민첩함이 감퇴되는 것은 회계사보다는 전문 운동선수(지역 순위에서 떨어지는 것을 참을 수 없는 테니스계의 맹렬한 경쟁자)에게 더욱 고통스러울 수 있다.

이러한 감퇴는 그다지 심하지 않게 일어나기 때문에 중년을 살아가는 데 필요한 중요한 능력들은 남아 있게 된다. 그러나 어떤 사람은 인생을 가치 있게 해주는 젊음의 모든 자질들을 머지않아 모조리 잃게 될 것이라는 두려움에 휩싸인다. 젊음이 송두리째 상실될 때, 남아 있는 것은 오로지 늙음뿐이다. 원형 수준에서 보면, 젊음이란 영원히 살아 있는 것이고, 늙음이란 죽음의 가장자리에 와 있는 것을 의미한다.

자신이 언젠가는 죽을 운명mortality이라는 생각을 하게 되는 것은 질병이 더 잦아지고 주위에서 다른 사람들의 죽음과 상실이 빈번하게 일어나기 때문이기도 하다. 우리는 어떤 연령에서나 고통스런 상실을 당할 수 있다. 그러나 이러한 고통스런 상실이 개인에게 주는 의미는 그가 어떤 발달 시기에 와 있느냐에 따라 상당히 달라질 것이다. 30대 후반이나 40대 초반에는 이러한 상실의 가능성이 상당히 증가한다. 60대, 70대에 있는 부모님들이 돌아가시거나 은퇴 또는 질병으로 고통을 받고, 의존성을 보일 가능성이 더 높아진다. 주변에서 더욱 많은 사람들이 죽어가고 중병에 걸리고 있는 것처럼 보인다. 사고, 심장 질환, 이혼, 우울증, 알코올 중독, 실직, 부모-자녀 간의 갈등 등과 같은 수많은 종류의 고통들이 더욱 증가한다.

자신이 중년의 전환기로 들어감에 따라 타인들의 불행과 고통이 점점 증가하고 있는 것에 대해 더욱 민감해진다. 그는 타인들에게서 일어나는 이런 문제들에 더욱 관심을 기울이게 되고 좀 더 진심으로 그들과 공명하게 되는데, 그 이유는 일부분 그가 자신의 죽음의 필연성과 타협하기 시작하고 있기 때문이다.

늙어가고 있다는, 언젠가는 죽을 운명이라는 느낌은, 40세 무렵에 세대generation의 위상이 변화함에 따라 더욱 강해진다. 오르데가 이 가세트의 말을 빌리면(2장 참조), 대개 30세에서 45세 사이에 있는 사람은 '착수 세대'의 일부이다. 그는 사회에서 자신의 적재적소를 확립하고 젊음의 야망을 추구하고 있다. 40세에서 45세까지 중년의 전환기 동안, 그는 '지배 세대' 안에서 기반을 잡기 시작한다. 40대 중반에는 분명히 30대보다는 연장자의 세대에 있다. 중요한 문제는 그가 새로운 세대로 들어갈 것인지 아닌지가 아니라, 어떤 여건에서—즉 어느 정도의 만족감, 존경심, 유능감을 가지고, 그리고 어떤 위상에서—새로운 세대로 들어갈 것인가이다.

드디어 안정기에 기획했던 일이 성취의 절정에 도달함에 따라, 그는 죽음의 필연성에 대해 더욱 절실하게 느끼기 시작한다. 40세 무렵이 되면 남성은 전환점에 도달하게 되고, 그는 이제 성인 초기와는 질적으로 다른 기획을 세워야 한다. 그가 30대의 야망을 성취했든 못했든, 중년의 전환기에는 감퇴를 경험할 가능성이 있다. 그가 굉장한 성취를 했고 더 큰 성취의 길목에 와 있을 때일지라도, 일반적으로 이때는 성공과 실패를 향한 기본적인 방향이 바뀌기 시작한다. 이제는 동일한 사다리를 하나 더 올라가는 것—다른 책을 쓰고, 또 하나의 승진을 하고, 과거에는 그렇게도 많은 것을 의미했던 보상을 더 얻는 것—이 더 이상 중요하지 않다.

특히 그가 초기의 목표를 달성하지 못했다면, 성공에 대한 집념을 포기하기란 대단히 어렵다. 그는 우선 타인들을 향한 쓰라림, 자신을 향한 모멸감, 그리고 만약에 자신이 황금 반지를 붙잡을 수만 있었다면 지금의 인생이 얼마나 황홀할 것인가 하는 환상들을 먼저 처리해야 한다. 사람들은 성공을 한 번 맛본 다음에는, 성공의 진실한 가치를 묻는 데 자유스러워질 수 있다. 그러나 젊은 날의 목표에 힘겹게 도달한 사람은 가끔 성공의 흥분 속에 사로잡혀 있는 수가 있다. 그가 그 성공이 자신에게 갖는 의미가 얼마나 미미한지를 발견하는 데는 적어도 이삼년은 걸릴 것이다.

중년의 전환기에 있는 모든 남성들은 동화 속에 나오는 영웅(주인공)이 단지 영원하고 행복하기만 한 인생을 살지는 않는다는 것을 깨닫게 된다. 실제로 그러한 영웅은 성인 초기가 끝나면 죽거나 변형되어야 하는 젊음이라는 것을 그는 안다. 남성은 자신 안에 있는 젊은 영웅의 상징적인 죽음을 깊이 슬퍼하고 수용하기 시작해야 한다. 그는 자신이 계속 지니고 살아갈 영웅적인 자질들은 어떤 것이며, 또 앞으로 개발해서 발달시킬 수 있는 새로운 자질들은 어떤 것이며, 그리고 중년기라는 여건에서 자신이 어떤 영웅이 될 수 있는지를 서서히 발견하게 될 것이다. 인류는 아직 '중년 남성으로서 영웅의 초상'[3]을 고안해낼 지혜를 거의 갖고 있지 않으며, 그러한 원형은 아직 빈약하게 진화되고 있다.

이런저런 이유 때문에, 40세경에 이르면 남성들은 이전 어느 때보다 더 심오하게 자신이 죽음을 향해 가고 있다는 것을 알고 있다. 그는 꿈속에서, 존재의 중심부에서 이것을 뼈저리게 느끼고 있다. 자신의 죽음은 이제 단순히 추상적이고 가상적인 사건이 아니다. 예기치 않은 사고나 질병이 내일 그의 생명을 앗아갈 수도 있다. 앞으로 남은 30년이라는 세월이 그다지 길어 보이지도 않는다. 이제 더 많은 세월이 앞보다는 뒤에 놓여 있다.

우리가 생명의 유한성을 깨닫는 것이 왜 이렇게 고통스러워야 하는가?

왜 우리는 아동기나 청소년기 중 어느 한 시기에 그것을 단번에 깨닫고 수용할 수 없는가? 왜 그것은 모든 발달의 전환기마다 나타나서, 일부분은 해결되고 일부분은 거부되어서, 다음 전환기에 우리는 또다시 그것을 대면할 수밖에 없는가?

일차적인 이유는 **영원불멸**immortality**에 대한 소망**[4]이라고 나는 믿는다. 이것은 인간의 동기 중 가장 강하고 가장 순응성이 적은 것 가운데 하나이다. 그것은 젊음 원형의 한 측면으로 성인 초기에 강력하게 작용한다. 젊은이는 영원히 살려는, 어떤 영원한 드라마 속에서 역할을 맡으려는, 그리고 하늘에서 또는 역사 속에 영원히 남도록 보장받으려는 강한 욕망을 가지고 있다. 다른 기본적인 욕구들처럼, 이 욕구 역시 수많은 환상과 자기기만의 원천이다. 그러나 그것은 생에 대한 사랑, 자아감, 영원히 가치 있는 생산품을 창조하려는 충동, 그리고 세계 속에 들어가 그것이 주는 모든 것을 풍부하게 경험하려는 소망의 원천이기도 하다. 또한 이것은 우리가 덧없는 실존임을 깨닫게 되는 정신적인 충격을 받을 때마다 거기에 모습을 나타내기도 한다. 비록 우리가 더욱 개별화된 성인이 되어서 영원불멸의 환상에서 깨어나 그것에 대한 이해가 변화한다 할지라도, 우리는 결코 완전히 그것을 포기할 수는 없다.

중년기에는, 죽음의 필연성에 대한 인식이 점점 증가해서 영원불멸에 대한 강력한 소망과 그러한 생각을 지탱하도록 돕는 수많은 환상들과 충돌하게 된다. 영원히 살지 못할 것이라는 두려움은 신체적 감퇴나 죽음이 임박해 있다는 생각에 사로잡혀 있게 한다. 가장 밑바닥에서 생존을 위해 처절하게 투쟁하고 있는 것처럼 느낀다. 그는 죽는다는 생각과 특별한 사람으로 더 이상 존재하지 않을 거라는 생각에 겁을 먹고 있다. 옛 노래의 가사 속에 이런 구절이 있다. "누구나 하늘나라에 가기를 원한다. 그러나 아무도 죽기를 원하지는 않는다."

개인적 생존에 대한 관심 이상으로, 거기에는 삶의 의미에 대한 관심이 있다. 그것은 내 인생이 곧 끝나버릴 것이라고 느낄 정도로 심각하다. 더욱 심각한 것은 내 인생은 나 자신과 세상을 위해 아무런 가치가 없다고—그리고 결코 없을 것이라고—느끼는 것이다. 영원불멸에 대한 소망은 40세 무렵, 남성이 인생을 재평가할 때 강력한 역할을 한다. 그는 가끔 지금까지의 인생이 낭비되었다고 느낀다. 좀 더 냉정한 순간에, 어떤 결함을 보완해주는 자질들을 발견한 때에도, 그는 자연히 생기는 가치를 충분히 갖고 있지 않다고 느끼는 경향이 있다. 그는 그 자신을 충분히 성취하지 못했고 세상에 충분히 공헌하지 못했다. 그가 지금까지 살아온 것과 생산한 것이 별로 성과가 없다. 남은 여생 동안 그는 더 많은 일을 하고, 더 많은 것이 되고, 그가 죽은 후에도 살아남을 수 있는 의미를 자신의 삶에 부여하기를 원한다.

40세경에 이른 어떤 남성은 숨막힐 듯한 환경에 지쳐 있거나, 생존을 위한 투쟁 속에서 완전히 고갈되어서, 자신의 인생에 새로운 의미를 부여할 발달적 노력을 할 수 없는 경우가 있다. 내면의 열정이 소멸되어 더 이상 잠재력이 되살아날 수 없다. 그는 아무런 희망도 가치감도 없이 살고 있다. 이런 남성들은 가끔 40대나 50대에 죽는다. 사망의 직접적인 원인은 질병, 사고 또는 알코올 중독일 수 있으나, 근본적인 원인은 자신이나 사회가 아무도 그가 살아갈 공간을 마련할 수 없는 것이며, 그래서 그는 곧바로 시들어버린다. 그의 생명을 유지하기에 유용한 외적·내적 자원이 너무 적다. 유일한 방법은, 만약에 그가 보호적인 환경을 발견하고 제한된 인생을 수용한다면, 그는 길고 보잘것없는 생존을 유지해나갈 수가 있다.

중년기에 일어나는 이와 같은 몰락의 극적인 예는 하워드 휴즈Howard Hughes이다. 이 시대 동안에 그는 조그만 행운을 환상적인 제국으로 전환시켰다. 마지막에, 그는 자신의 모든 재력과 함께 굶주림과 질병과 정서적 고립으로 죽어갔다. 그는 자신의 돈을 막대한 이윤을 남기면서 투자할 수 있었으나, 그의 자신을 어떤 기업 속에 투자하거나, 그것으로부터 정신적인 소득을 얻을 수는 없었다. 결국 그는 자신 주위에 스스로 지은 누에고치 속에 갇혀 질식해버렸다.

중년의 패배는 수많은 소설과 희곡 속에서 극적으로 표현되어오고 있다. 이 주제는 체호프Anton Pavlovich Chekhov, 입센Henrik Johan Ibsen과 스트린드베리August Strindberg의 작품 속에서 되풀이되어 다루어지고 있다(특히 40세 이후 그들이 쓴 작품 속에서). 유진 오닐Eugene O'Neill은 『빙인氷人 오다

The Iceman Cometh』*에서, 해리 호프의 술집과 하숙집의 조그만 세계를 묘사하고 있다. 배역들의 대부분은 자신들의 젊은 날의 환상은 유지하고 있으나 모든 진실한 희망을 잃어버린 중년 남성들이다. 40세쯤 된 외판원인 주인공 히키는 그들의 꿈을 북돋고 구세주와 산타클로스의 역할에 몰입하기 위해 매년 정기적으로 여기를 방문한다. 마지막에, 히키는 타인들을 구제하려는 환상을 포기하고, 자기 안에 있는 환상과 '죽음의 원형적 형상'(빙인으로 상징된)과 싸우고 있는 자신을 인정하며, 그리고 자기 아내를 죽인 후유증 속에 있는 감정들을 수용한다. 오닐은 자신이 매사에 무기력해지던 중년기 위기를 겪고 난 후에, 그 후유증 속에서 이 작품을 썼다.

릴리안 헬먼Lillian Hellman의 희곡 『가을 동산*The Autumn Garden*』은 유사한 주제들을 좀 더 우아한 남부 풍으로 다루고 있다. 이 희곡의 저자 후기에서 헬먼은 말했다: "내가 생각하고 있는 요점은 이렇다. 당신이 살아온 과거가 앞으로 당신이 살아갈 미래를 형성하려고 할 때 당신은 인생에서 제자리에 와 있다. 만약에 당신이 당신 안에 가지고 있는 것을 너무 낭비해 버렸다면, 그것에 대해 많은 일을 하기엔 너무 늦었다. 만약에 당신이 인생에 당신 자신을 투자했다면, 당신은 확실히 보상받을 것이다. 만약에 당신이 남모르게 진지한 사람이었다면, 중년기에는 소기의 성과가 나타날 것이다."[5] 개인이 자신을 얼마나 낭비했고, 또 인생에 얼마나 자신을 투자했으며, 그리고 중년기 동안에 어떤 종류의 보상을 더 돌려받게 될지, 중년의 전환기 동안에는 알기 어렵다. 이것은 분명히, 40대 중반에 헬먼이 이 작품을 쓸 때에, 그녀 자신에게 던진 질문이었을 것이다.

만약에 그의 발달이 너무 손상되어 버리지 않았다면, 중년의 전환기에 있는 남성은 자신의 죽음의 필연성을 수용하고 영원불멸에 대한 가장 웅장한 환상을 포기하기 시작한다. 그러나 이것은 영원불멸에 대한 소망이 완전히 사라진다는 것을 의미하지는 않는다. 반면에, 정상적인 발달과 함께 이러한 소망은 좀 더 의식적이 되고 더욱 내성적인 사고에 맡겨지게 되며, 그 목적이 좀 더 온건하고 현실적이 된다. 인생의 실질적인 가치를 증

* 제2차 세계대전 후 46세에 쓴 작품—역주

가시키려고 노력하면서, 그는 더욱 더 열렬하게 영원불멸을 열망한다. 그의 종교적 관점이나 세속적 인생철학이 어떤 것이든, 이러한 요구는 그 자신의 자아-성취와 사회적 공헌에 크게 의존한다고 그는 믿는다. 아무리 적은 것이라 할지라도, 그는 인류사에 족적을 남기기를 원한다.

중년의 전환기에 있는 남성은 마치 죽음이 다가오고 있는 것처럼 보이기 때문에 고통을 당한다. 그는 자신의 미래를 과거보다 더 호전시키지 못할 것이라는 불안감에 사로잡혀 있기도 한다. 자신의 인생을 수정해서 풍요롭게 하려고 할 때, 그는 약한 염세주의에서 완전히 공포에 이를 정도까지 자기회의自己懷疑를 한다. "나는 남은 여생 동안 내 인생을 좀 더 가치 있게 만들 수 있을까? 이제 난 새로운 출발을 하기엔 너무 늙지 않았을까? 나는 시대에 뒤떨어지지 않았는가? 나는 나 자신과 나의 사랑하는 사람, 나의 일가족과 인류를 위해서 무엇을 하고, 무엇이 되기 위해 노력할 것인가?" 무엇보다도 젊음의 열정도 없이, 그리고 창조적 노력이나 사회적 공헌도 없이 무의미하게 살아온 기나긴 세월을 깊이 묵상해볼 때, 가장 최악의 감정을 느낀다. 늙음의 원형은 이러한 자기회의를 더욱 부추기는데, 그것은 무너져 내리는 느낌, 절망과 죽음에 대한 느낌을 강하게 불러일으킨다. "이제 더 이상 시간이 없다. 끝이 여기 와 있다."고 그의 내면의 목소리가 말한다.

중년의 전환기를 전후로 하여, 남성은 청년시절 젊음/늙음의 균형을 변형시키려고 노력하며, 이전보다 더욱 현명하고 성숙하나, 힘, 상상력, 용감무쌍함을 소유한 젊음의 원천과 아직도 연결된 중년의 자아를 창조한다. 그는 세대의 흐름과 인류의 **연속성**continuity을 좀 더 분명하게 파악한다. 그의 개인적인 영원불멸성은, 그 형태가 어떻든지, 이제 좀 더 원대한 인류의 연속성 안에 놓여 있다. 그는 다음에 오는 세대들에 대해 더 많은 책임감을 느낀다. 좀 더 풍부한 개체성을 갖게 되고, 자신이 누구이며 자신에게 가장 중요한 것이 무엇인지를 더욱 확실하게 느끼게 되면서, 그는 또한 자신이 인류사의 광활한 강에 한 방울의 물방울이라는 것을 더욱 깊게 이해하기도 한다. 전지전능한 젊은 영웅은 서서히 물러나고, 그 자리에 실제로 더욱 커진 힘과 권위를 알고 자신의 한계도 더 잘 아는 중년 남성이 출현한다.

50세 무렵에 쓴 시에서, 미국의 시인 뢰트케Theodore Roethke는 죽음의 필연성에 대한 자신의 경험을 묘사하고 있다. 「죽어가는 사람」이라고 이름 붙인 이 시는 예이츠William B. Yeats에게 헌시되었다. 이 시는, 중년기가 한창일 때에, 자신의 활력과 영원불멸에 대한 욕망이 절정에 이르러 있는 동안에 죽음의 실제를 받아들이려는 뢰트케의 힘겨운 싸움을 반영하고 있다.

…감히 살아남으려고
나는 새이기를 포기하면서도 날갯짓을 하면서
광활하고 무한한 공허를 향하여.[6]

비록 죽음의 필연성을 인정하려는 주된 노력이 중년의 전환기에 시작된다고 할지라도, 노년기가 되어서야 비로소 그것을 좀 더 심오하게 정신적으로 받아들이게 된다. 예이츠가 67세가 되었을 때 출판한 시 「동요Vacillation」에 이 과정이 잘 묘사되어 있다. 이 제목은, 강한 자만심으로 예이츠가 죽음에 접근해보기를 소망하지만, 그의 영혼은 아직 불확실성으로 덮여 있다는 것을 암시하고 있다.

망각의 잎새에 마음을 더 이상 사로잡히지 않고
죽음을 맞이하기 위한 준비에 정신이 팔려
인생 사십의 겨울에서 죽음을 염두에 두고
지성이나 신념에 의한 모든 일들을 시험하라.
그리고 내 손으로 엮어 낸 모든 작품도
자랑스럽게 눈을 활짝 뜨고, 웃으면서
무덤에 가는 자들에게 걸맞지 않는
모든 일들이 호흡의 낭비였다고 부르는 것이 좋으리라.[7] *

---

* 권의무 역, 『W. B. 예이츠 詩 全集』의 번역을 인용함.

예이츠가, '눈을 뜨고 웃으면서'도 아니고 슬픔과 두려움에 떨면서도 아닌, 그러나 앞으로 올, 알 수 없는 손실과 혜택을 조용히 받아들이면서, 무덤 속으로 들어가는 것을 상상하기까지는 몇 년이 더 걸렸을 것이다.

유산

유산遺産, legacy에 대한 심상은 중년의 전환기 동안, 젊음/늙음 양극성에 대한 작업의 일환으로 더욱 풍성해지는 경향이 있다. 남성의 유산은 그가 미래의 세대에 넘겨주는 것들이다. 즉 물질적 소유물, 창조적인 생산품, 기획들, 타인에 대한 영향력 등이다. 유산이 무엇으로 구성되어 있는지에 대해 남성들이 가지고 있는 관점들은 상당히 다르다. 비록 한 남성의 유산에 대한 진실한 가치를 헤아리기는 매우 어렵지만, 그는 마음속으로 그것을 자신의 인생에 대한 궁극적인 가치—**영원불멸에 대한 소망**이라고 생각하고 있다.

유산의 가치를 평가할 때에, 사람들은 자녀들을 양육하고 가족적 혈연 공동체를 유지하는 데 가장 높은 가치를 둔다. 그들은 자기 자녀들이 성장해서 성인이 되면 가족적 전통과 조화를 이루면서 살아가기를 바란다. 성인 초기에 남성은 자식들을 낳아서, 자식들이 자신이 상상했던 대로 다양하게 발달해나가는 것을 보면서 즐거움을 맛볼 수 있다. 그러나 중년기에는, 그 만족감의 순서가 약간 다르다. 이제 자녀들은 성인 세계에서 자리를 잡게 되며, 그는 자녀들의 자기발달과 성취를 성인 초기에 자신이 해온 노고의 결실로 생각한다. 자녀들의 삶과 개인적 만족감들, 또 자녀들의 성취와 공헌은 그의 유산의 중요한 일부분이다. 그는 부분적으로는 그들을 통해서 산다.

중년기에 있는 부모가 느끼는 기쁨과 낙담은 가끔 지나친 경우가 있다. "자식들이 어떻게 하고 있는지"에 대해 부모들이 가지고 있는 선입견은 유산의 맥락에서 볼 때 더 많은 의미가 있다. 즉 부모가 자기 자식에 대해 갖고 있는 선입견 속에는, 그가 자손들에게 바친 헌신의 가치에 대하여, 그리고 영원불멸에 대한 자신의 소망에 대하여 그가 부모로서 느끼는 기본적인 감정이 반영되어 있다. 아버지로서의 자격에 대해 진실로 걱정하는 사람이라면 누구라도 이러한 감정이 없을 수 없다. 이러한 감정이 보통 정도면, 인생을 풍요롭게 하는 데 도움이 된다. 그러나 지나칠 경우에는, 이러한 감정들은 부모나 자식 양쪽의 목 주위를 날아다니는 신천옹(信天翁: 골칫거리)이 된다.

남성의 유산은 그가 자기 가족과 타인들에게 물려주는 물질적인 소유물일 수 있다. 중년에 그는 가끔 자신이 소유하고 있는 재산의 가치와 안전성에 대해 점점 관심을 갖게 된다. 그는 자선 단체에 기부를 하거나 가치 있는 운동에 참여하는 데 더욱 흥미를 갖게 된다. 그는 지역사회, 종교기관, 대학, 노동조합, 전문적 사회의 복리에 더욱 마음을 쓴다. 그에게 중요한 것은 이런 단체들이 과연 자신의 도움을 받을 만한 가치가 있는가 하는 것이다. 그는 어떤 기관이 영속적인 가치가 있을 때에만 거기에 어떤 것을 양도하고, 그렇게 함으로써 자신의 가치를 영속시킬 수 있으리라 믿으려 한다. 어떤 의미에서, 이타주의는 영원불멸을 추구하기 위한 수단이다.

중년기에 있는 많은 남성들에게, 일은 인생 구조의 가장 의미 있는 구성요소이며 유산의 주요한 원천이다. 자신의 독특한 생산품을 창조하는 예술가들(과학자, 기술자, 건축가)은 영원히 후세에 자신의 이름을 남길 수 있는 보물을 만들기를 원한다. 노벨상이나 퓰리처상을 받거나 또는 지역사회에서 수상한 '올해의 인물'이 되려는 생각은 이런 의미로 가득 채워져 있다. 기관들을 발전시키고 운영하는 사람들—정치적 지도자, 교육 행정가, 조그만 상점이나 농장 소유자—은 그 기관이 자신의 기념비, 즉 그가 창조하도록 도왔고 그의 유산의 일부분이 될 큰 건축물이 됐으면 한다. 건강이나 교육, 복지 업무에 종사하는 사람들은 자신을 치료자, 선생, 고통당하는 사람을 구제해주는 사람으로 생각하며, 자신이 하고 있는 일이 미래 세대의 삶을 더욱 윤택하게 해줄 유산을 창조하기 바란다.

중년의 전환기 동안, 남성은 자신의 직업적 유산에 대해 좀 더 현실적인 시각을 가져야 한다. 만약에 남성이 40세에 매우 성공적이었다면, 그는 자신의 과거의 성취와 미래의 조망에 대해 현실보다 부푼 시각을 가질 수 있다. 중년의 전환기에 그는 이전의 성공이 자신이 상상했던 만큼 거창하지 않다는 것을 깨닫고 울적해진다. 기껏해야, 그들은 좀 더 실질적인 기획의 밑바탕이 되는, 중요한 일을 하기 위한 전주곡일 뿐이다. 아직 중요한 성취는 미래를 위해 남겨져 있다. 그의 첫 성공은 약속 어음과 같다. 즉 보증서이기는 하나 더 좋은 일이 오리라는 보장은 결코 아니다. 그가 새로운 일에서 매우 효율적일 때라도, 그 결과가 전능한 젊은이가 바랐던 것과 같은 기념비적인 것이 못 된다든지 그가 기대한 행복을 주지 못할 것이라는 사실을 깨닫게 되면, 그는 한층 더 맥이 빠지게 된다. 그가 이 자아의 위축에 의해 생긴 상처를 치료하는 한, 그는 일을 하며 진지하게 지낼 수 있고 '훌륭한' 유산을 만들 수가 있다. 사실, 트레이시, 반즈, 냄슨의 경우에서 본 바와 같이, 일 자체가 그에게 더욱 흥미로워질 때, 그는 이전 어느 때보다 더 진정으로 생산적이 될 수 있다.

가끔 30대에 열심히 일했던 남성이 절정에 이른 자신의 성취와 기술이 더 이상의 발전을 위한 바탕을 제공하지 못하리라는 것을 중년의 전환기에 와서 깨닫게 되는 경우가 있다. 그는 자신이 상상했던 것과 같은 작가, 교육자, 정치적 지도자 또는 재능 있는 바이올린 제조자가 될 수 없다. 그는 군대, 회사 또는 교회에서 그가 추구했던 수준까지 올라가지 못할 것이며, 자신의 초기의 꿈에 훨씬 못 미치게 될 것이다. 이것은 결정적인 전환점이다. 그는 점점 더 판에 박히고 굴욕감을 느끼는 일을 하면서 현재의 직업에 계속해서 머물기로 작정할 수 있다. 또는 좀 더 많은 도전감과 만족감을 주는 다른 직업이나 업무로 전환할 수도 있다. 그렇지 않으면, 그는 일에 대한 흥미를 줄이고 실직되지 않도록 충분히 업무를 잘 수행하면서, 가족이나 여가와 같은 인생의 다른 면에 더욱 자신을 투자할 수도 있다.

직업에 대한 개입을 줄이는 것은 일정한 연령이 지나면 '아무 데도 갈 곳이 없는' 많은 조직체에 종사하는 하급 노동자들 가운데에서 흔히 볼 수 있는 현상이다. 이러한 현상은 중년기에 첫 이력을 달성한 기업체 고급 간부, 전문가 등, 다른 사람들에게서도 마찬가지로 일어난다. 그들은 정해진 업무에 명목상 남아 있으면서, 다양한 자선사업, 시민활동, 다른 진지한 활동에 많은 시간을 할애하면서, 그것을 통해 유산을 생성해내기를 소망한다.

몇 명의 기업체 고급 간부들은 일찍, 아마도 50이나 55세에, 직장에서 은퇴할 의도를 가지고 있었다. 그리고 이들은 이윤을 만들거나 생산 실적을 올리는 데 자신을 바치는 것이 아니라, 타인들의 삶의 질을 개선하는 데에 바치려고 했다. 말하자면, 이것은 **하이드-지킬**Hyde-Jekyll **콤플렉스**이다. 스티븐슨Robert L. Stevenson의 소설 속에서 덕망 있는 지킬 박사는 어느 순간에 악랄한 하이드로 변했다. 이와 반대로, 기업체 간부는 자신을, 언젠가는(너무 늦기 전에) 사회적으로 가치 있는 일을 할 지킬 박사로 변신하게 될, 보수만 바라는 착취적인 하이드로 간주한다. 그는 아직 사치스러운 삶을 즐기도록 자신을 허용할 수는 없으나, 자신의 영혼을 구원하고 영원불멸을 위한 유산을 창조하도록 자신을 이끄는 지킬의 목소리를 듣는다.

남성의 유산은 가족, 직업, 또는 그의 영원불멸을 보장해주는 다른 가치 있는 공헌들로 이루어져 있다. 영원불멸은 그의 영혼이 하늘나라에 영원히 존재한다거나, 또는 크든 적든, 그가 인류 역사에 한 자리를 차지하고 있는 것을 의미할 수 있다. 영원불멸할 유산을 남기려는 욕망은 강력한, '정상적인'인간의 충동이다. 그것은 전지전능함에 대한 소망, 젊음의 원형, 그리고 영원한 형상으로서의 자아로부터 유래한다. 파우스트의 전설에서처럼, 이러한 욕망이 억제되지 않은 채 지나치게 정교하고 신비적인 형태로 커지면, 그것은 파괴적인 결과를 가져올 수 있다. 반면에, 만약에 초기의 실패나 실망에 의해 그것이 봉오리일 때 꺾여 버린다면, 그때는 자신감을 상실하게 되고 이 세상에 있는 어떤 것도 유산을 남길 만한 가치가 없다고 생각할 수 있다.

'충분한' 발달과 함께, 가치 있는 유산을 창조하고자 하는 소망은 중년기에 남성들의 인생을 풍요롭게 해준다. 중년의 전환기의 발달 과업은 꿈의 횡포와 야망과 치열한 경쟁에서 오는 긴박한 요구들을 조절하는 것이다. 그는 내적으로 더욱 자기 자신이 되기 위한 자유를 갖게 되며 종족의 요구에 부응하기 위한 충동은 감소한다. 그러나 이것은 40세에서 50세까지가 사회에서의 개입과 책임감에서 물러나야 하는 때라는 것을 의미하는 것은 아니다. 그는 아버지, 할아버지, 아들, 형제, 남편, 연인, 친구, 스승, 치료자, 지도자, 중재자, 권위자, 저자, 그리고 인류의 유산에 대한 창조자와 감식자로서 중요한 공헌을 할 수 있다. 이러한 공헌들은 그의 유산을 구성하고 있다.

모든 시대에서, 남성은 정상적으로 유산을 창조할 필요성과 능력을 가지고 있다. 그러나 중년의 전환기에는 유산의 의미는 더욱 심오해지며, 유산을 창조하는 과제는 가장 큰 발달적 의미를 갖게 된다. 우리가 중년기에 어떻게 발달을 촉진시키는가를 더 잘 배우면 배울수록, '유산을 창조하는 일'은 점점 더 중년기에 해야 할 중요한 일이 될 것이다. 이것은 개개인의 개인적 성취일 뿐만 아니라 다음 세대의 삶의 질을 높이는 데 보탬이 될 것이다.

15장

중년의 개별화

다른 양극성들

이제 중년의 전환기에 매우 중요하다고 생각되는 세 가지의 또 다른 상반된 양극성들에 관심을 돌려보자. 이 모든 양극성은 전환기마다 재작업이 시작되나, 결코 완전히 해결되지는 않는다. 그런데도 중년의 전환기 동안에 진행된 과정은 개인의 과거 삶을 재평가하고 수정해서, 중년 입문기에 새로운 인생 구조를 형성하는 데 토대를 제공해준다.

파괴성/창조성

중년의 전환기에, 남성이 자신의 삶을 고찰해보고 어떻게 거기에 보다 큰 의미를 부여할지를 생각할 때, 그는 파괴성과 창조성을 삶의 근본적 측면이라는 새로운 방식으로 받아들여야 한다. 그는 자신의 죽음의 필연성을 점차 인식하기 시작하면서 파괴성이 인생사에서 하나의 보편적인 과정임을 깨닫게 된다. 자신의 죽음이 멀지 않았음을 알게 되면서, 그는 자신을 위하여, 그리고 다음 세대를 위하여 삶을 긍정적으로 확인받기를 열망한다. 그는 더욱 창조적이 되기를 원한다. 창조적인 충동은 단순히 어떤 것을 '만드는 것'을 의미하는 것은 아니다. 그것은 어떤 것을 존재하게 하고, 탄생하게 하며, 생명을 생성해내는 것이다. 하나의 노래, 하나의 그림, 단 한 개의 숟가락이나 장난감일지라도, 만약에 그것이 창조 정신에서 만들어졌다면, 하나의 독립적인 존재로서 형태를 취하고 있다. 창조자의 마음속에서, 그것은 그 자체의 존재 가치를 갖고 있으며 그것과 함께 일하는 사람들의 삶을 풍요롭게 할 것이다.

이와 같이 **파괴성/창조성** 양극성의 양면은 중년기에 더욱 강화된다. 남성들은 자신 속에 있는 궁극적인 파괴성을 통렬하게 지각함으로써 창조성에 대한 소망을 더욱 강화시킨다. 창조적이고자 하는 소망이 점점 커감에 따라, 자연과 인간 생활 속에, 그리고 자신 안에 파괴적 힘이 보편적으로 존재한다는 사실을 그는 크게 깨닫게 된다.

조금만 주의를 기울여보면, 죽음과 파괴가 도처에 깔려 있다. 원래 모든 종족은 다른 종족을 잡아먹기도 하고 또 다른 것에 의해 잡아먹히게 되어 있다. 지구의 지질학상의 진화 과정은 파괴와 변형 과정을 수반한다. 어떤 새로운 것을 창조하기 위해서는 무엇인가가 파괴되고 재구성되어야 한다. 인간의 재생산 과정에서는, 한 개의 난자와 한 개의 정자가 새로운 존재를 창조하기 위해 결합된다. 그러나 많은 다른 것들은 죽도록 내버려진다. 모든 종족들은(다음 진화 단계에 있는 인간은 제외될 수도 있다) 성숙기를 살아낼 더 많은 자손들을 생산해낸다. 먹이 사슬에서 최초로 광범위한 먹이가 되는 종족은 다른 종족의 먹이 수요를 충족시켜주어야 하고, 가혹한 환경의 파괴 행위를 허용해야 하며, 그리고 종족의 생존을 보장하기 위해서 충분한 수의 성체成體를 생산해야 한다. '자연의 균형'은 파괴와 창조의 혼합물이다. 양극적인 두 성향이 모두 전반적인 세상의 조화와 진화를 위해서 중요하다.

눈보라는 휘몰아친 뒤에 내려앉은 나무를 손상시키기를 원하지는 않는다. 새들은 벌레를 죽이거나 덤불을 망치는 데 흥미가 있는 것이 아니라, 먹이를 얻고 둥지를 짓는 데 관심이 있다. 그러나 인간은 고통과 파괴를 불러일으키려는 특별한 욕망을 가지고, 증오와 악의와 보복심에서 행동한다. 인류는 그 자신들을 먹이로 삼고, 집단 고문과 가학행위를 즐기며, 그리고 인구의 상당 부분이 체계적으로 신체와 영혼이 박탈당하고, 억압당하며, 파괴되는 사회적 구조를 창조하는 매우 드문 종족 중의 하나이다.

그러나 우리 종족은 역시 자신의 '동물적인 본성'을 초월해서 높은 수준의 도덕성과 지적·미학적인 발달을 새롭게 달성하려고 하는 유일한 종족이기도 하다. 인류 사회의 진화는 이러한 환상적인 꿈에 대한 거룩한 약속과 같은 것이나, 우리들의 진화 과정은 측은할 정도로 느리다. 더욱 높은 선善을 향하여 일할 때, 우리는 역시 그 정반대의 것—악의 개념과 실재—을 생산해낸다. 거기에 대한 해답은 우리들의 창조적인 야망을 포기하는 것이 아니라, 파괴/창조의 양극을 가지고 어떻게 하면 잘 살 수 있는지를 배우는 것이다.

누구라도 인간의 파괴성을 조금이라도 경험하지 않고 마흔이라는 나이를 먹을 수는 없다. 그에게 가장 가까운 사람을 포함한 타인들이 어떤 방법으로든 그의 자존심을 손상시켰고, 그의 발달을 방해했고, 그가 가장 원하는 것을 추구하고 발견하지 못하도록 방해했다. 마찬가지로, 그 자신도 그의 가장 사랑하는 사람을 포함한, 타인들에게 큰 상처를 입힌 때가 있었다.

중년의 전환기 동안 남성이 자신의 인생을 재평가할 때에, 그는 타인들에게서 받은 실제적인 또는 상상적인 피해에 대한 불평의 근원을 새롭게 이해해야 한다. 잠시 그는 자신에게 심한 상처를 준 부모, 아내, 스승, 친구, 그리고 사랑하는 사람들을 향한 분노 때문에 온몸이 굳어버릴 듯 어찌할 바를 몰라 할 수도 있다. 또한 더욱더 어려운 것은, 자신이 타인에게 끼친 파괴적인 결과에 대한 죄책감—그 자신에 대한 불만의 근원—과도 타협해야 된다는 것이다. 그는 스스로 자문해보아야 한다: "어떻게 나는 사랑하는 사람과 다른 많은 사람들에게 영향을 주는 기획에 대해 성인으로서의 책임을 다 하지 못했는가? 어떻게 나는 실패했고 나 자신의 가능성을 파괴해버렸는가? 이 죄책감과 양심의 가책을 어찌해야 될지?"

그가 해결해야 할 발달 과제는 자신의 삶과 인간사에 보편적으로 존재하는 파괴성을 좀 더 심오하게 이해하는 것이다. 이 작업은 대부분 무의식적으로 이루어진다. 여기에 특별히 함께 수반되는 것은 고통스러운 감정과 그러한 경험의 재작업이다. 어떤 남성은 자신의 새로운 각성을 언어로 표현하며, 또 어떤 사람들은 음악, 그림 또는 시와 같은 미학적인 용어로 표현하기도 한다. 그러나 대부분의 남성들은 그러한 내적 경험들을 참고 견디어내면서 매일을 살아간다. 어떤 경우에는, 그는 자신의 불만과 죄책감—자신을 인간의 잔인성에 대해 쓴 드라마 속에 나오는 희생자 또는 악한으로 보면서—과 타협해야 한다. 만약에 그가 이러한 불만과 죄책감에 지나치게 짓눌려 있다면, 그는 이들을 극복할 수 없을 것이다. 또한 만약에 파괴성이 존재하지 않는다는 환상을 어쩔 수 없이 유지해야 한다면, 그는 인생을 창조하고, 사랑하고, 확신할 능력이 부족해질 것이다.

남성은 자신의 파괴성을 인정하고 책임을 질 필요가 있다. 적의가 없을 때일지라도, 그는 타인들에게 결과적으로 손상을 입히는 방식으로 행동할 때가 있을 것이다. 아버지로서, 그는 자식들에게 최선의 이유 때문에 최악의 결과를 가져온 훈육을 했을지도 모른다. 사랑 관계에서, 그의 감정은 예기치 않게 냉정해지고 멀어진다. 즉 자신은 결혼할 의향이 없어졌는데, 아직 상대방은 버림받았고 배반당한 것처럼 느낀다. 또한 상사로서, 그는 소중하지만 무능한 사람을 그의 자존심과 미래 조망을 훼손하면서 강등시켜야 한다. 어떤 행동도 그 결과가 완전히 자비스러울 수는 없다. 위대한 선을 행할 힘을 갖기 위하여, 우리는 약간의 악을 저지를 것이라는 것을, 그리고 결국 선보다는 악을 더 많이 행할 것이라는 것을 알아야 한다.

우리가 무의식적으로 파괴적일 수 있다는 것을 인정하기란 상당히 어렵다. 무엇보다 가장 고통스러운 것은 타인들에게 그리고 사랑하는 사람들에게까지도 우리가 파괴적인 소망을 가지고 있다는 것을 인정하는 것이다. 남성은 혐오감이나 반감을 느낄 때, 사랑하는 사람을 떠나고 싶거나 공격하고 싶을 때, 그리고 그들이 참을 수 없이 매정하고 경멸스럽고 마음대로 조정해도 되는 것처럼 보일 때가 있다. 그는 가끔 그것이 상대방에게 어떤 결과를 초래할지 알지 못한 채, 강한 분노나 쓰라림을 느낀다. 결국, 그는 사랑하는 사람에게 고의로 실질적인 해를 입힌다—최악의 의도로, 그리고 어떤 경우에는 최악의 결과와 함께.

40세 무렵에 이르면, 남성들은 자신의 파괴성을 인정하고 책임질 준비가 되어 있느냐 없느냐에 따라 상당히 차이가 난다. 어떤 사람들은 자신이 타인들에게 실제로 해害를 끼쳤거나 또는 그렇게 하길 원했을지도 모른다는 것을 전혀 깨닫지 못한다. 또 어떤 사람들은 자신이 실제로 또는 상상으로 끼친 해에 대해 지나치게 죄책감을 느낌으로써, 좀 더 냉정하고 넓은 조망에서 파괴성의 문제를 재고해볼 수가 없다. 그러나 어떤 사람들은 동일한 사람에 대해서도 사랑과 미움의 감정이 공존할 수 있다는 것을 어느 정도 이해하며, 자신들의 소중한 관계 속에도 이러한 양면 감정이 있음을 깨닫게 된다. 모든 경우에, 해결해야 할 발달 과제는 폭넓은 자기 이해와 자기 책임을 향해 한 걸음 더 나아가는 것이다.

아무리 성숙하고 지식이 있는 사람일지라도 중년기에는 자신과 사회 속에서 생기는 파괴성의 작용에 대해 배울 것이 무척 많다. 그는 어린 시절부터 자신 안에 간직해온 타인들과 자신에 대한 노여움의 원천에 대해 배워야 한다. 또한 그는 어린 시절부터 쌓여서 성인기 동안 내내 증폭되어온 분노에 대해서도 배워야 한다. 그리고 이제 좀 더 광범위한 성인 생활의 맥락 안에서 이 내적·파괴적인 힘을 식별해내서, 이들을 더욱 창조적이고 인생을 긍정적으로 수용하는 힘에 대비시켜 보고 이들을 재통합할 새로운 방안을 모색해보아야 한다.

이러한 학습은 순수하게 의식적이거나 지적인 것은 아니다. 비록 이 모든 것들이 앞으로 장기간의 발달 과정에 공헌할지라도, 그것은 단순히 몇 권의 책을 읽거나 두세 개의 과정을 밟고, 또는 약간의 심리 치료를 받는다고 해서 얻어질 수 있는 것은 아니다. 주요한 학습은 우리의 인생을 엮어나가는 피륙 안에서 진행된다. 중년의 전환기에, 우리는 가끔 잃어버린 기회와 자아의 부분을 애통해 하고 타인들과 자신에 대해 가장 강렬한 분노를 느끼면서 고통과 혼란 속에서 이런 것들을 배우게 된다.

지상에 존재했던 어느 누구도 마찬가지이지만, 시인 존 밀턴John Milton의 중년기에도 파괴성과 창조성의 양극은 확실히 근원적인 역할을 했다. 그는 17세기 중엽 사회적 대격변의 시기에 영국에서 살았는데, 42세에 장님이 되었고, 개인적인 삶으로 볼 때에는 가혹한 불행을 겪으면서도, 합법적인 사회 질서에 헌신했으며, 의로운 신을 믿으면서 신의 세계를 범한 불의에 격분했다. 그는 존경받는 정치가이자 학자였으며 서구 문명에서 가장 위대한 시인 중의 한 사람이었다. 『실낙원*Paradise Lost*』에서 발췌한 다음 글 속에서, 우리는 그의 중년의 힘겨운 싸움을 다소나마 엿볼 수 있다.

> 가엾구나, 나여.
> 어느 쪽으로 피해야 하나,
> 무한의 분노와 무한의 실망을.
> 어느 쪽으로 피하든 지옥,
> 자신이 지옥.
> 가장 깊은 심연에서
> 더 깊은 심연이 당장 나를 삼킬 듯이 입을 크게 벌리니.
> 그에 비하면,
> 내가 고생하는 지옥은 하늘이다.[1] [*]

이 양극을 통합하려는 노고로 인해 생긴 가능한 결실 중의 하나는 '인생에 대한 비극적 감각'이다.[2] 그 비극적 감각은 큰 불행이나 실패는 단순히 외부로부터 부과된 것이 아니라 대개는 우리들 자신의 비극적인 결함 때문에 생긴 것이라는 점을 깨달음으로써 온다. 비극적 이야기란 단순히 슬픈 이야기만은 아니다. 슬픈 이야기 속에서 주인공은 죽거나 인생의 계획을 달성하는 데 실패하거나 또는 특별히 사랑하는 사람에게서 거절당한다. 불행한 결과는 적이나 열악한 환경, 불운, 또는 주인공 안에 있는 예기치 않은 결함에 의해 초래된다.

그 주인공은 비상한 미덕과 기술을 가지고 고상한 추구를 하는 데 몰입한다. 그는 이러한 추구에서 패배한다. 그 패배는 부분적으로는 가공할 만한 외적인 어려움에서 기인하지만, 무엇보다도 내적인 결함, 즉 주인공이 자신과의 힘겨운 싸움에서 핵심적인 역할을 하는 성격 자질로부터 유래한다. 그 결함은 보통 지나친 오만(도도함, 자아의 팽창, 전지전능함)과 파괴성을 수반한다. 고귀함과 결함은 주인공이 동시에 가지고 있는 동전의 양면

---

* 이창배 역, 『골든 세계 문학선』, 중앙출판사(1992)의 번역을 인용함.

이다. 그러나 진정한 비극은 단순히 패배에서 끝나지 않는다. 비록 주인공이 자신의 최초의 야망을 달성하지 못했을지라도, 그는 궁극적으로는 승리한 것이다: 그는 자신의 내적 결함들을 심오하게 직면하고, 그들을 자신의 일부분으로 그리고 인간성의 일부분으로 수용해서 좀 더 고상한 사람으로 변형된다. 개인적인 변형은 세속적인 패배와 고통을 압도한다.

셰익스피어의 『리어왕』은 우리 문학에서 대大 비극적 이야기 중의 하나이다.[3] 리어왕은 스스로 왕관을 버린다. 그는 왕권과 부권을 포기하며 자신의 유산을 다음 세대에 물려주고 새로운 인생을 시작하려 한다. 그러나 이러한 추구는 실패한다. 리어왕의 실패와 그의 마지막 변형은 그의 비극적인 결함 속에 공통된 원천을 가지고 있다. 그는 권력을 포기하기를 원한다. 그러나 그것을 지키기도 원한다. 그의 부성애는 자만심과 자기애적인 자아탐닉으로 너무 변색되어 있었기 때문에, 그는 자신의 딸들에게 유산을 줄 수도 축복을 줄 수도 없었다.

그의 두 큰딸들도, 그처럼 사랑보다는 권력에 더 관심이 있었다. 그녀들은 그에게 아첨해서 왕실의 유산을 물려받는다. 그의 막내딸, 코델리아만이 유일하게 자신이 아버지를 사랑한다고 말하고자 한다. 그러나 그는 그녀에게 아무것도 주지 않는다. 왕권 승계 후, 상승하는 파괴의 힘은 시민전쟁과 침략으로 이끈다. 혼돈에 사로잡혀, 리어왕은 미쳐가며, 그리고 그 과정 속에서 그는 이전 어느 때보다 제정신으로 돌아간다. 그는 사랑하는 코델리아와 화해하고, 드디어 가장 참다운 의미에서 한 사람의 부모, 그리고 인간이 될 준비를 한다.

인간의 파괴성을 삼켜버리는 힘이 다음에 기술되어 있다.

> 하느님께서 눈에 보이는 신령을 빨리 내려 보내시어
> 이따위 흉악한 짓을 짓눌러 버리지 않는다면
> 인간들은 깊은 바다의 괴물처럼 서로 잡아먹게 되고야 말 것이오.*

* 신정옥 역, 『전예원 세계 문학선』(1994)의 번역을 인용함.

'하늘의 신령heavenly spirits'은 형이상학적인 것이 아니다. 그들은, 만약에 충분히 발달이 이루어진다면, 내적인 '깊은 바다의 괴물monsters of the deep'을 변형시킬 수 있는, 모든 정신 속에 존재하는 창조적인 힘이다. 그들은 코델리아의 역할에 나타나 있다. 그녀는 창의적 정신이며, 여성성의 원리이고, 사랑과 용서의 원천이다. 그러나 이러한 자질은 그녀 안에만, 또는 여성 안에만 유일하게 존재하는 것은 아니다. 리어왕이 처음에 코델리아를 거부한 것은 자신의 비극적 결함을 결정적으로 표현한 것이며, 그리고 그녀와의 화해는 궁극적인 승리를 위한 토대가 되었다. 그의 승리는 자신 안에서 이 정신을 발견한 것이다. 그가 자신의 정신 속에서 코델리아를 인정하고 통합할 수 있게 되었을 때, 그는 자신의 파괴적이고 권력을 추구하는, 편협한 남성적인 욕망을 누그러뜨릴 수 있었다.

마지막에, 리어왕은 코델리아와 함께 투옥되기를 기다린다.

> 자, 감옥으로 가자.
> 거기서 우리 둘이 새장 속에 갇힌 새처럼 노래 부르며 지내자.
> 네가 축복을 해 달라면,
> 난 무릎을 꿇고 너의 용서를 빌련다.
> 그렇게 살자꾸나,
> 기도하고, 노래하고, 옛 이야기를 하고,
> 금빛 나비를 보고 웃고,
> 그 가엾은 자들이 와서 궁중 소식을 조잘대는 것을 들으며 말이다.
> 그리고 그들 얘기에 끼어들어
> 누군 총애를 얻고 누군 잃고,
> 누군 득세하고, 누군 몰락했는지 얘기해보자…
> 우리가 신의 밀사이기나 한 것처럼
> 인생의 신비를 아는 체 해보자.*

* 신정옥 역, 『전예원 세계 문학선』(1994)의 번역을 인용함.

'궁중 소식을 조잘대며 듣고 나는 가엾은 자들'은 인류를 서로 적대하는 분파로 갈라놓은 집단들이다. 그들은 파괴적인 반목을 조장하는 집합 생활에서의 힘을 상징하며, 그리고 우리 모두를 위와 같은 막다른 골목으로 몰고 가는 자아 안에서의 힘을 상징한다. 그들은 사랑, 놀이, 화해의 힘에 의해서 상쇄된다. 비록 그때에는—또는 영구히—완전히 깨달을 수 없을지라도, 이들 상반된 힘들은 중년기에 이르러 상당히 균형이 잡힐 수 있다.

셰익스피어 자신도 중년기에 이르러 자신의 파괴성에 대해 재작업을 하는 모습을 보여주고 있다. 40대 초반과 중반에 씌어진 『리어왕』이나 『템페스트』와 같은 희곡들은 그의 천재성의 절정을 상징하고 있다. 비록 그는 리어왕이 왕좌로부터, 그리고 프로스페로Prospero가 작은 마술섬의 통치를 포기하고 은퇴하는 것에 대해 쓰기는 했지만, 셰익스피어 자신도 신비적인 집필 세계와 상업적인 극장의 세력 싸움에서 벗어나고자 자발적으로 은퇴할 것을 심사숙고하고 있었다. 그는 40대 후반에 집필을 포기했으며 52세에 죽었다.

만약에 셰익스피어가 50대 이후까지 집필을 계속할 수 있었더라면, 그의 천재성을 얼마나 더 꽃피울 수 있었을까를 생각하면 무척 가슴이 아프다. 그는 『리어왕』과 『템페스트』를 파괴성과 창조성 사이의 갈등이 절정에 이른 중년의 전환기 동안에 썼다. 이 시점에서 힘과 사랑은 그에겐 완전히 상반된 것처럼 보였다. 힘을 추구하고 휘두르는 것은 파괴적이고, 공허하고, 환상적인 것이었다. 사랑하는 것은, 특히 딸과 사랑하는 것은 즐겁고, 축복받고, 용서받고, '신비스러운 일'에 종사하는 것이었다. 그의 인생에서처럼, 그의 작품 속에서, 그는 힘을 완전히 포기하고 조용한 사랑의 세계로 들어감으로써 갈등을 해결하려고 애썼다. 이것은 진정한 해결책은 아니다. 리어왕은 새로 발견한 지혜를 시험할 수 있기 전에 죽었으며, 그리고 템페스트는 편의상 프로스페로가 그의 새로운 인생을 이끌 바다 여행을 시작할 때 끝이 난다.

불행하게도, 셰익스피어 그 자신은 이러한 갈등을 해결하는 데 큰 진전을 보일 중년기로 충분히 들어가지 못했다. 이 시대의 커다란 발달적 과제는, 세속적인 책임감으로부터 일찍 은퇴해버린다거나 또는 모든 정열과 파괴성으로부터 벗어나려고 쓸데없이 애쓰는 것이 아니라, 힘과 사랑의 새로운 균형을 추구하는 것이다. 책임감에서 오는 짐과 즐거움을 수용하고, 약간의 지혜와 연민을 가지고 권위를 행사하는 것을 배우며, 그리고 힘을 의식적으로 사용한 대가인 죄책감과 고통을 참아내는 것은, 사회와 중년기에 있는 개인 양쪽 모두에게 결정적으로 중요한 일이다.

살아온 나라와 역사적 시대가 다른 수백 명의 예술가들의 삶을 연구한 후에, 자크는 모든 예술가들이 중년의 위기를 겪는다고 결론을 내리고 있다.[4] 중년기에 그들은 자신의 죽음의 필연성을 더욱 절실히 인식하게 되고 자신의 파괴성에 좀 더 직접적으로 직면해야 한다. 어떤 남성들은 이 시기에 자신의 예술적 이력에 종지부를 찍는다. 그러나 중년기 동안 내내 예술 작업을 계속하는 사람들이 있는데, 이들은 아마도 몇 년의 휴지기 후에, 자크가 "화학 침전물로부터 '조각 작품 같은' 창조성으로"라고 표현한 변화를 겪는다. 이러한 변화는 모든 면에서 반드시 더 좋은 것은 아니지만, 작품이 좀 더 심오하고 보편적인 면이 있다. 이것은 중년의 전환기에 시작된 발달적 변화를 반영한 것이다.

만약에 예술가들이 창조성을 가장 극적인 형태로 표현한다면, 다른 재능을 가진 사람들은 중년 발달의 커다란 양극성을 해결하기 시작하면서 그들 나름대로의 창조양식을 보여준다. 그 결과는 꼭 괄목할 만한 그림이나 교향악, 소설일 필요는 없다. 창조성은 수많은 형태—모든 종류의 생산품, 인간관계, 창조적 활동, 사회적 기획들—를 취한다. 그 형태가 무엇이든, 중년기 남성의 새로운 창조성은 부분적으론 그 자신의 파괴성과 새로운 관계를 맺음으로써, 그리고 사랑하고, 생을 긍정하는 자아의 측면들을 강화함으로써 온다.

남성성/여성성

남자와 여자, 남성성과 여성성 사이의 구분은 '명백하나' 아직 가끔은 불분명하기도 하다. 이 용어들을 사용하기 전에 그 의미에 대해서 간략하게 살펴보자. '남성'과 '여성'이라는 용어는 **생물학적 성**sex을 말한다. 남성은 성인 이전기에는 소년이며, 성인기에는 한 남자이다. 여성은 소녀에서 여인이 된다. 예외 없이 모든 인류는 남성 또는 여성이 되나, 양쪽이 다 될 수는 없는 생물학적 가능성을 가지고 인생을 출발한다. 남성의 태아는 재생산 체계, 근육 조직, 그리고 여자로부터 남자를 구별해내는 다른 생물학적 모습들을 발달시킨다.

'남성성'과 '여성성'이라는 용어는 **사회적 성**gender을 의미한다. 그들은 순수한 생물학적 차이를 넘어서 남성과 여성 사이에 존재하는 사회적, 심리적 차이를 반영한다. 삶의 과정 속에서, 우리 모두는 소년과 소녀, 남성과 여성 사이의 근본적인 차이에 관해서 강력한 메시지를 받는다. 남성성과 여성성에 대한 심상은 모든 종교적, 정치적 이념들, 가족 형태, 그리고 사회적 제도 안에 포함되어 있다. 비록 그것의 세세한 내용은 다양할지라도, 그 심상은 모든 사회에 존재한다.

모든 남성은 자신이 속한 문화가 소유하고 있는 **성**gender의 이미지를 선택적으로 받아들인다. 성은 아버지와 어머니, 형제와 자매, 남성과 여성 친구들, 선생들, 연인들, 그리고 현실이나 상상 속에 존재하는 다른 인물들과의 관계 속에서 중요한 역할을 한다. 예를 들면, 소년은 어머니와의 경험을 통해서 여성에 대한 강력한 감정이나 환상, 개념을 발달시킨다: 양육적인 선한 어머니, 박탈하는 파괴적인 어머니, 에로틱한 유혹적인 어머니. 아버지나 자매들, 그리고 다른 사람들에 대해서도 마찬가지이다. 이러한 관계로부터 그는 남성성과 여성성을 상징하는 중요한 내적 성격을 생성한다. 그는 자신 안에 있는 남성성과 여성성에 대한, 그리고 다른 남성이나 여성과의 관계에 대한 태도나 소망, 환상을 발달시킨다. 남성성과 여성성에 대한 느낌은 남성의 **성 정체감**gender identity이 된다—남자로서 그는 누구이며, 그가 되기를 원하는 사람은 어떤 사람이며, 그가 되기를 겁내는 존재는 어떤 사람인가에 대한 느낌.

대부분의 사회에서 성별에 따른 구분이 있었다. 즉 남자는 남성적이고 여자는 여성적이며 아무도 양쪽이 다 될 수는 없다. 남성다움과 여성다움을 통합하는 것은 불교와 같은 특정 종교나 철학에 의해 정신적 목표로 지지되어왔으나 성공한 적은 매우 드물다(여기에서도, 통합은 극소수의 엘리트, 주로 상부 계층이나 수도승에 의해, 그리고 수년 동안 자신과의 힘겨운 싸움을 거친 후에 성취될 수 있었던 것 같다). 대부분 사람들의 삶 속에서, 그리고 거의 모든 사회의 사회적 제도 안에서, 남성성과 여성성의 구분은 만연되어 있다. 두 개의 상반된 원리—남성적/여성적, 밝음/어두움, 음/양으로 다양하게 정의된—가 남성과 여성을 구분한다.

지난 수백 년 동안에, 옛날의 성 구분이 서서히 감소해왔다. 여성들은 남성들과 범주적으로 다르지 않으며, 그들도 남성과 많은 욕망을 공유하고 있으며 많은 기술을 똑같이 발달시킬 수 있다는 것이 점차로 더 인정되고 있다. 여성들은 이제 좀더 '남성적'이 되도록, 그리고 전통적으로 남성들이 추구했던 것에 종사하도록 허용되고 있는 반면에, 남성들은 더욱 '여성적'이 되도록 허용되고 있다. 그럼에도 불구하고, 남성성과 여성성 사이의 상당한 구분이 아직도 사회적 제도나 개인의 삶 속에 여전히 존재하고 있다. 과학자들은 성에 대한 다양한 사회·심리적 의미들이 남녀의 기본적 생물학적 차이와 어느 정도 일치하는지를 아직 명확하게 밝히지 못하고 있다.

비록 세세한 내용과 갈등들이 엄청나게 다양하긴 했지만, 우리 연구에 참여한 남성들 모두에게 남성성과 여성성의 양극은 대단히 중요한 것이었다. 모든 남성들은 그 자신의 성 정체감을 가지고 있다. 그들의 삶 속에서 볼 때, 개인이 성년에 도달하려는 노력은 성인 초기에 절정에 달하고 있음이 분명하다. 젊은 남성이 성인 세계로의 여정을 시작할 무렵, 그는 자신이 남성다움의 가장 핵심적인 심상이나 동기, 가치라고 생각하는 것들과 부합되게 살기를 원하는 반면에, 자아의 여성적인 측면은 소홀히 하거나 억압하는 경향이 있다. 여성적이라고 간주되는 자아의 어떤 부분들은 위험한 것으로 체험된다. 남성다움을 유지하기 위해 고투하는 젊은 남성들은 여성다운 감정과 흥미가 자신에게 나타날 때 깜짝 놀란다. 이러한 불안에서 오는 한 가지 결과는 성인 초기에는 자아의 많은 측면이 실현될 수 없거나 또는 경험될 수조차 없다는 것이다.

여성적 또는 남성적이 된다는 것은 무엇을 의미하는가? 어떤 자질들이 남성성과 여성성의 양극 안에 모두 포함되어 있는가?

• 남성 안의 여성성을 의미하는 것 중의 하나는 **동성애**homosexuality이다: 남성이 다른 남성과 성적인 관계를 가지려는 욕망. 이것은 최대한의 불안과 도덕적 모욕을 불러일으키는 여성성의 형태이다. 실로, 다른 여성성의 형태들이 그렇게 금기시되는 주요한 이유 중의 하나는 그들이 무의식적이거나 허용되지 않은 동성애의 '증후'라고 생각되기 때문이다. 실제로, 여성성과 동성애는 전혀 다르다. 많은 동성애자들이 강한 남성 정체감과 개인적 자질을 소유하고 있는 반면에, 매우 이성애적인 사랑 관계를 갖고 있는 많은 남성들이 자아의 여성적인 측면에서 비롯된 강렬한 흥미와 특성, 감정들을 가지고 있다.

연구에 참여한 마흔 명의 남성 중 다섯 명이—두 명의 생물학자와 세 명의 소설가들—자신들의 동성애적 활동이나 관심을 의논했다. 다른 두세 명도 동성애적 경험이나 흥미를 가지고 있었으나 그것에 대해 말할 준비가 되어 있지 않은 것 같았으며, 또 몇 사람은 아직 동성애적 감정을 좀 더 무의식적 수준에서 가지고 있는 것 같았다. 한 생물학자는 젊은 시절에 동성애 생활을 한 시기가 있었다. 그가 대학원에 다닐 때 동성애가 대학 당국에 의해서 적발되었다. 그들은 그가 그것을 포기하고 심리 치료에 들어간 후에라야 그의 이력을 계속하도록 허용했다. 그 후 십 년 동안 그는 대여섯 번의 이성애적 사랑 관계를 가졌으며, 29세에서 30세까지 일 년 동안 결혼 생활도 했다. 39세에, 우리가 그를 마지막으로 보았을 때, 그는 재혼하지 않고 있었으며 그의 애정 생활은 아직 문제가 많았다.

다른 한 생물학자는, 예술과 연극에 대한 흥미를 통하여, 20대에 남성동성애자들의 세계gay world로 들어갔다. 심각한 30대 위기 동안에, 그는 스스로 심리 치료를 받기로 결심하고, 자신의 남성과 여성 관계, 그리고 자신의 창조성에 대한 의구심과 직업으로 생물학에 전념하려는 데서 오는 두려움을 치료해나갔다. 30대 후반에는, 그는 만족스러운 결혼 관계를 형성해서 가족 생활을 시작했으며, 직업에서는 고도로 창조적인 단계에 들어가 있었다.

• 남성다움과 관련된 또 하나의 자질은 **신체적 용맹과 거칠음**이다: 장기

간의 심한 일을 떠맡아서 '중도에 포기하지 않고' 심한 신체적 스트레스를 참는 체력. 이런 의미의 남성다움에 상반된 여성다움은 부서질 듯 하고, 약한 공격에도 취약성을 보이며, 가치 있는 목표를 향해 지속적인 노력을 하는 데 필요한 체력을 갖고 있지 않은 것을 의미한다. 이런 의미에서 남성성은 가끔 해병대원, 레슬링 선수, 외과 의사에 의해 상징된다. 우리는 다양한 직업에서 많은 다른 형태들을 발견했다. 앞서 본 바와 같이, 이러한 남성성의 심상은 운동가다운 소년, 젊은 군인장교, 승승장구하는 젊은 기업체 간부라는 직책을 섭렵해온 짐 트레이시에게는 대단히 중요한 것이었다. 생물학자 존 반즈(17장 참조)는 하키, 스키, 항해에 몰입했던 자신 속에서, 또한 불평하지도, 중도에 포기하지도 않고, 실험실에서 무한한 시간들을 보낼 수 있었던 지칠 줄 모르는 과학자로서의 자아감 속에서 이와 유사한 심상을 표현하고 있었다.

소설가들은 여성적이라고 생각하는 많은 면들이 자신에게 있다는 것을 더욱 잘 인식하고 있었으나, 상당한 갈등과 함께 겨우 그것을 꺼낼 수 있었다. 그들은 일반적으로 다른 직업의 속성으로 돌려지는 '남성다운 machismo' 남성성으로부터 결코 벗어나지 못했다. 열 명의 소설가 중 여섯 명은 신체적 지구력이나 용맹에 강한 관심을 가지고 있었다. 이들 중 몇 명은 군복무를 하는 동안, 전투에서 남성으로서 그 자신을 입증하기 위해 처절하게 노력함으로써, 겁 많고 수줍어하는 여성적인 남자라고 치부되지나 않을까 하는 불안을 극복해나갔다. 대부분이 축구, 야구, 권투 등과 같은 경쟁적인 경기에 일생 동안 흥미를 가지고 참여하거나 관람하고 있었다. 그들이 경쟁적인 일, 신체적 기술, 지구력, 그리고 힘에 더욱 매력을 느꼈는지 아닌지는 분명히 말하기 어렵다.

• 남성성이 상징하는 또 하나의 의미는 **성취와 야망**이다: 이런 의미는 보물을 찾아 나선 영웅적인 남성으로 표현되는데, 그 보물은 성배,* 노벨상, 위대한 소설, 또는 행정부 수행원 등 어느 것이든 될 수 있다. 이 주제

* Holy Grail: 그리스도가 최후의 만찬에 썼다고 전해지는 술잔—역주

는 가정에서의 전통적인 노동의 분담과도 관련이 있다. 여성들은 일차적으로 자녀를 양육하고 가사를 관리하며, 자신을 가정이라는 울타리 안에 있도록 해주는 잡다한 일들에 대해 책임져왔다. 반면에 남성들은 가정과 공동사회 사이의 일차적인 연결고리 역할을 했다. 그는 궁극적인 권위를 소유해왔다. 직업을 통해 수행된 그의 일차적인 책임은 가족의 물질적인 복리와 공동체의 존속을 위해 필요한 것을 공급해주는 것이었다. 최근 수세기 동안에, 가족과 직업이 점차 분리되면서, 남성들의 직업은 차츰 가족에 대한 공헌, 그리고 남편, 아버지, 개인으로서의 자존심을 유지하기 위한 근거로서 더 중요하게 되었다.

남편과 아내 사이의 노동의 분담은 남성성/여성성 양극의 서로 다른 측면들을 강화한다. 남성성으로 간주되는 자질들은 직업에서의 성공, 승진, 자신과 가족을 위해 돈을 버는 것을 의미한다. 여성적이라고 간주되는 자질들은 보금자리를 마련하고 남편과 아이들의 다양한 욕구를 충족시켜주는 것을 함축하고 있다. 여성다운 여성은 남편의 발전을 촉진하기 위해 노력하는 헌신적인 아내이다. 직업을 가지고 있는 경우라면, 그녀는 남편감을 찾는 미혼 여성이거나, 또는 적절하게 모성적이고 종속적이며 남성과 경쟁적이지 않은 교직 혹은 간호사 같은 직업에 종사하는 여성이다. 남성이 이러한 '여성적인' 자질들을 소유하고 있거나 이런 종류의 직업에 종사하고 있는 한, 그는 자신뿐 아니라 타인들이 그에게 느끼는 감정—그가 남성으로서의 무엇인가를 상실하고 있다는 느낌—을 처리하지 않으면 안 된다.

이러한 갈등은 폴 냄슨의 인생에서 중요한 역할을 했다(12, 18장 참조). 기업체 간부로서의 자신의 이력을 포기하는 것은 그에겐 어려운 일이었다. 왜냐하면 한편으로 그 일은 그의 남성적 투쟁의 수단이었기 때문이었다. 마찬가지로, 그가 자신을 소설 쓰는 데 완전히 몰입시키기 어려웠던 이유는, 부분적으로 글 쓰는 일 자체가 창조적이고 심미적인 활동으로서 여성적 의미를 지니고 있었기 때문이다. 즉 글 쓰는 일은 즉시 아무런 유용한 생산품을 만들어내지 못했을 뿐만 아니라, 그것은 그 자신의 고통스러운 감정에서 나왔고, 또한 그의 가족과 사업 세계 안에서는 그것은 몇 가지 측면에서 '기이한 일'로 생각되었다. 우리는 빌 폴슨의 인생에서 이 양극성의 또 하나의 형태를 볼 수 있다(8장, 18장 참조). 그는 산업체의 관리직급으로 들어가기를 처절하게 추구하는 노동자였다. 관리자가 되는 것은 일면 그의 남성다움을 입증하는 상징이었다. 그의 자기 기만적인 '과장된 찬사'는, 자신이 전혀 자격이 없다는, 쇼를 운영하는 사람들과 함께 한다기보다 '상점 진열대 위의 소녀'로 영원히 남아 있을 운명이라는, 불안감을 다루는 한 방편일 뿐이었다.

• 남성성/여성성을 상징하는 또 하나의 측면은 **힘과 나약함**이다: 많은 남성들에게, 남성성의 정수精髓는 힘이다—타인들에게 통제력을 행사하는 것, 강한 의지를 가진 사람이 되는 것(그런 사람으로 인정받는 것), '일이 되도록 하는' 지도자. 반대로 여성성을 상징하는 것은 약하고, 복종적이고, 자기주장 적이지 않으며, 힘이 있고 그 힘을 착취적으로 사용하려는 자의 희생물이 되는 것이다. 남성성/여성성의 이런 판은 사회적 관계의 측면에서, 그리고 위에 언급한 신체적 거칠음-허약함과 관련지어 유추해본 것이다.

힘과 나약함을 극단적으로 구분할 경우, 남성은 자기 내부에서 어떤 나약함의 기미가 보이면 이것을 아주 위험한 여성적인 것으로 간주하고 고통스러워한다. 그는 그것의 존재를 상당 기간 동안 부인한다. 이러한 불안은 중년기에 생물학적, 사회적 감퇴의 조짐이 나타나면 더욱 고조된다. 아마도 남성성을 지나치게 과대평가하고 여성성에 대해 지나치게 불안을 느끼면서 남성과 여성을 분리하려고 하는 가장 뚜렷한 형태는 권위주의적 성격authoritarian personality[5]이다. 하지만 이 주제에 대한 변이變異는 모든 남성들에게서 발견될 것이다.

• 남성성/여성성을 구분하는 마지막 차원은 **사고와 감정**이다: 남성은 선천적으로 여성보다 더 논리적이고 '이성적'이라고 가끔 가정되고 있다—좀 더 분석적이고 지적이며, 좀 더 냉정하고, 일이 수행되는 방법에 더 관심이 있다고. 반면에 여성들은 좀 더 정서적이고 직관적이며, 주의 깊은 분석보다는 감정에 근거해서 결정하는 경향이 있다고 추측되고 있다. 남성성과 여성성에 대한 이러한 정의는 부분적으로는 남성성을 전문화된 직업

구조에서의 능숙한 일과 연결시키고, 여성성을 모성과 자녀와 남편의 정서적인 욕구를 보살피는 것과 연결시킨 좀 더 광범위한 형태이다.

이것이 극단적인 형태를 나타낼 경우, 이러한 양극화는 남성에게 일종의 생각하는 기계가 되기를 요구한다. 진정으로 남성적이 되기 위해서는 그는 매우 비인간적인 방법으로 그 자신을 직업에 헌신해야 된다. 그는 자기주장 적이고, 경쟁적이며, 과제 달성과 관련된 '남성다움'을 느낄 수 있는 좁은 범위에만 그 자신을 허용할 수 있다. 그러나 그에겐 의존성, 친밀감, 비애, 관능성, 취약성을 함축하는 감정들은 허용되지 않는다. 이와 같은 감정들은 어린애다움과 여성성과 연합되어 있기 때문이다.

우리 연구에서, 감정 대신 사고가 가장 고도로 분화된 사람들은 생물학자들이었다. 대부분 그들은 권력 추구나 '사내다운' 형태의 남성성에는 개입되어 있지 않았다. 그들은 정치적 권력이나 재정적 성공 또는 성적인 정복을 위해서 경쟁하지 않았다. 그러나 가끔 그들이 보이는 신사적인 매너에도 불구하고, 그들은 지적인 분야에서는 치열하게 경쟁했다. 생물학의 '첫 번째 대열'에 자신의 지위를 확립하려고 노력할 때, 그들은 자신들의 경쟁자에게 무자비했으며, 그것을 달성하는 데 실패할지도 모르는 그 자신을 포함한 모든 사람에게 경멸을 느꼈다. DNA 분자 구조를 발견하여 그 분야의 노벨상을 수상한 제임스 왓슨James Watson은 그의 책 『이중 나선구조*The Double Helix*』에서 이러한 경쟁을 생생하게 기술하고 있다.[6] 철학자 버트런드 러셀은 이러한 경쟁에서 벗어나려는 자신의 노력을 썼다(2장 참조). 존 반즈는 지적 패권을 다투는 전투에 일방적으로 개입한 이후에 자신이 여성적이라고 여기는 자아의 모든 면들과 감정으로부터 자신이 소원해지고 있음을 경험했던 유일한 생물학자이다. 17장에서, 우리는 성인 초기에 그가 경험한 이러한 분극화의 강도와 중년기에 그것을 감소시키려는 그의 노력을 입증해보일 것이다.

위에서 기술한 전반적인 자질들을 볼 때, 우리는 여성성이 '상호 보완적'인 형태를 띠고 있는 반면에 남성성은 '다면적인' 형태를 띠고 있음을 발견할 수 있다. 남성성의 통일된 주제는 **하는 것, 만드는 것, 갖는 것**과 관련이 있다. 남성은 밖에 나가서 무엇인가를 하도록 기대된다. 수행하고, 성취하고, 생산하고, 가정에 베이컨을 가지고 오도록 기대된다. 만약에 그의 몸이 남성성을 과시하는 수단이라면, 그는 특별한 힘, 지구력, 성적인 정력, 그리고 운동가다운 용맹을 얻으려고 노력한다. 만약에 그의 정신이 더 선호하는 수단이라면, 그는 그것이 과학이든, 예술이든, 또는 체스 경기이든, 경쟁자를 이기고 밖으로 밀어내기 위한 투쟁에서 사고를 무기로 사용한다. 그 분야가 무엇이든, 그는 일과 남성의 세계에서 자신의 지위를 확립하기를 원한다. 그는 자신의 목적을 달성하기 위해 필요한 정신적 · 신체적 능력을 가진 생산적이고, 독립적이며, 책임감 있고, 권위를 가진 사람이 되기를 원한다.

여성성은 그 반대쪽 극에 있다. 여성적이 되는 것은 신체적으로 힘과 정력이 부족한 것이며, 사고보다는 감정과 더 관계를 맺고 있는 것이다. 여성들도 여성적인 방법으로 총명할 수 있다. 그러나 그녀는 일관성 있게 논리적이며, 감정의 방해를 받지 않고 어려운 과제를 수행하거나 문제를 분석할 것이라고 기대될 수는 없다. 이러한 관점에서, 한 남성이 부드럽고, 의존적이며, 최상을 위해 투쟁한다기보다는 차선책을 받아들이도록 이끄는 것은 그 안에 있는 여성성이다. '감정의 깊은 심연을 경험하는 것, 민감하고, 복종적이며, 심미적인 것'은 그의 여성적인 성향이다.

아마도 궁극적인 차이는 **창조하는 방식**에 있다. 이러한 심상 속에서는, 남성형의 창조란 자신의 고안에 따라 어떤 것을 만들고 생산해내는 것이다. 즉 계획하고, 형체를 만들고, 바로 세우고, 원 자료를 새로운 생산품으로 변형시키는 것이다. 특히 남성형의 창조는 다리를 건설하고, 쥐덫을 발명하고, 자동차 디자인을 개선하는 것이다. 여성형의 창조는 임신과 양육에 의해 상징된다. 어떤 의미에서, 여성은 태아를, 그리고 유아와 성인을 창조한다. 그러나 그녀는 어린이를 '성장하도록 만들지는' 않는다. 차라리 그녀는 어린이가 '성장할 수 있도록' 해주며, 그리고 진화 과정을 지배하는 성장의 내적 법칙에 순응할 때 그녀는 이 일을 가장 잘 한다.

예술적인 창조는 이런 점에서 매우 여성적인 것이다. 미술가, 작곡가 또는 작가는 가끔 미완성적 심상과 아이디어를 가지고 시작한 경험이 있다.

그것은 임신과 같다. 즉 그는 그 자신 안에서 양육해서, 탄생시켜서, 한 사람의 존재가 되게 해야 하는 씨앗을 가지고 있다. 예술을 관장하는 신*들은 여성이다. 한 젊은 예술가가 창조적 여성성을 자신의 일부분으로 받아들일 수 없을 때, 그는 그것을 자신의 창조적 노력을 고무시키는 예술 신muse이라고 상상해버릴 수도 있다. 중년기에 이르면 그는 여성성을 더욱 더 수용할 수 있게 되고, 그리고 예술 신을 자신의 본능적인 한 부분으로 허용한다. 이것이 중년의 전환기의 과제이다.

내가 말한 바와 같이, 젊은 남성들은 여성성에 대해 남성성이 상대적으로 우세한 정도, 그리고 의식적인 자아로부터 여성성을 금지 또는 분리시키는 정도에서 크게 차이가 난다. 어떤 남성은 여성적이라고 여기는 면들을 자신에게서 거의 완전히 단절시켜 버릴 수도 있다. 그는 누군가에게 친밀감을 느끼거나, 자신의 나약함이나 의존성을 인정하거나, 또는 남성다운 투쟁에서 이탈하는 것 그 어느 것도 자신에게 허용하지 않는다. 그는 두려움을 모르는 모험가, 군사 영웅, 야심만만한 권력 추구가, 또는 지적인 성취를 추구하는 사람은 될 수 있다. 그가 어떤 수단을 쓰든, 그것은 그의 남성적 심상 및 가치와 편협하게 조화를 이룰 것이며, 그리고 무의식적으로 표현된 것을 제외하곤 모든 여성적 자질들을 배제시켜 버릴 것이다.

이러한 과장된 남성성으로 시달리고 있는 남성은 책임감 있는 아버지일 수는 있으나, 자녀들은 그를 애정이 없고 거리가 먼, 요구하는 아버지로 느끼게 될 것이다. 그는 여성을 모성적이거나 성적인 어느 한쪽으로 간주하나 양쪽 모두로 간주하지는 않을 것이다. 그에게 전자는 헌신적인 어머니이자 아내이긴 하나 성적으로 자극적인 대상은 아니다. 후자는 성적인 정복욕이나 위안의 대상으로는 좋으나, 어머니, 아내, 누나 또는 딸로서는 소름끼치는 대상이다. 이러한 남성에게는 여성과 친밀하고 상호적인 관계를 갖는다는 것은 불가능하다. 그는 어떤 관계 속에 그 자신을 거의 들여놓지 않는다. 그는 성적인 여성은 경멸하고 미덕이 있는 여성은 존경하나, 정서적으로는 아무에게도 가까워지지 않는다. 그는 여성과 우정 관계를 가

---

* Muses: 그리스의 신화에 나오는 시, 음악, 무용 따위를 관장하는 아홉 여신—역주

질 수 없을 뿐만 아니라, 어떤 여성과 가까이 사귀려고도 하지 않는다. 왜냐하면 그는 자신이 속속들이 알려질까 봐—특히 자신의 덜 남성적인 측면이—두려워하기 때문이다.

물론, 성 분리는 그다지 심하지는 않다. 남편과 아내 또는 연인 관계에서는 가끔 심리적으로 '노동의 분담'이 이루어진다. 남성은 어떤 특정 관심사와 감정에 일차적인 책임을 지고, 여성은 그 이외의 다른 것들에 대해 책임을 진다. 그들은 한쪽의 힘이 다른 쪽의 약함을 보완해줄 잠정적인 생활 방식을 확립한다. 일반적으로 그의 특별한 기능은 남성적이라고 생각되는 자질들을 포함하고 있으며, 그녀의 기능은 여성적이라고 생각되는 자질들을 포함하고 있다. 그러나 마치 남자가 요리를 하거나 감정을 나누는 데 흥미를 갖고 있고, 여자가 남자보다 더 직업에 몰입되어 있을 때처럼, 흥미롭게도 거기에는 그 반대가 있을 수 있다.

이런 종류의 상호보완 관계는 힘과 나약함에 그 원천이 있다. 각 파트너가 어느 한쪽 면에서는 부족한 점을 가지고 있지만, 둘이 함께 하면 그들은 폭넓은 기술, 감정과 생활 양식을 포괄할 수 있다. 둘이 함께, 그들은 하나의 전인적인 인간을 형성한다. 남성은 아내로부터 자신 안에서 길러낼 수 없는 많은 여성적인 자질들을 추출해낼 수 있다. 시간의 흐름과 좋은 관계 속에서, 그는 이러한 자질들을 수용하고 발달시킬 수 있다. 그러나 그녀가 이러한 것들을 공급해주도록 의존하고 있는 한, 그는 불안전한 상태로 한쪽에 치우쳐 있는 채 남아 있게 된다. 이러한 원리는 그녀에게도 마찬가지이다.

비록 정도의 차이는 있지만, 성 구별은 현대 사회에서도 큰 힘으로 작용하고 있다. 성인 초기에 있는 대부분의 남성들은 '남성적인' 이미지와 욕망, 가치들로 가득 채워진 정체감을 형성하고 있다. 아무리 젊은 남성이 남성성에 대한 전통적인 협소한 시각을 초월해서 성장하기를 원한다 할지라도, '남자다움'은 아직 그에겐 대단히 중요한 의미를 가진다. 그는 남자 성인으로서 세상에서 자리를 잡기 위해 힘쓴다. 그럴 때, 그는 여성적인 것에 대해서는 어떤 두려움을 느껴야 하며 어느 정도는 그것을 통제하거나 억압해야 한다. 그리고 그런 만큼 남성성에 더욱 큰 우선권을 주어야 한다. 그는 여성성을 위한 여지를 남겨둘 수는 있으나, 둘을 완전히 통합할 수는 없다.

성인 초기에 남성성과 여성성을 통합하기가 어려운 것은 여러 가지 원천에서 기인한다. 그것은 부분적으로는 문화적 전통에서 오기도 하고, 일부는 개인적 미성숙에서 유래하기도 한다. 20대의 젊은 남성은 이제 막 청소년기를 벗어나고 있다. 즉 발달적으로 볼 때, 그는 성인 이전기의 갈등을 모두 해결하고 고도로 통합된 인격을 형성할 수 있기에는 아직 이르다. 그는 '자신이 얻은 것을 가지고 가야' 하는데, 이는 그가 첫 번째로 형성한 성인 인생 구조 속에는 그의 내적 갈등이 반영되고 유지된다는 것을 의미한다. 또한 남성성과 여성성을 통합하기 어려운 이유 중 하나는 해결해야 할 인생 과제의 크기에서도 유래한다. 20대와 30대에는 남성은 모든 에너지를 직업과 가정을 마련하는 데에 바친다. 통상적으로 남성은 무거운 재정적인 요구를 해결해야 하고, 자신의 목표를 추구해야 하며, 그리고 매일매일의 삶에서 오는 스트레스에 대처해야 한다. 또 다른 이유는 생물학적인 데에서 기원한다. 즉 성인 초기의 남성들은 생물학적으로 여성성보다는 남성성이 우세하다.

간단히 말하면, 10대 후반과 20대 초반에, 그리고 성인 초기가 시작할 무렵엔, 남성은 보통 남성성과 여성성을 부분적으로만 통합해낸다. 30대 전환기 동안 그는 이 갈등을 해결하는 데 좀 더 진척을 보일 수 있다. 30대 후반, 자기 자신이 되어가는 단계에서는, 남성적인 투쟁을 하려는 강한 욕망이 생기며, 좀 더 연장자가 되고, 세상에서 '남성다운' 위치를 성취하려는, 그리고 자신 안에 있는 **조그만 사내아이**의 힘을 감소시키려는 노력이 강하게 일어난다. 대부분의 남성들은 대개 자신이 20대 초반에 가졌던 남성성/여성성의 균형을 그대로 유지하면서 30대 후반에 도달한다. 중년의 전환기는 남성성/여성성의 양극을 다시금 재통합할 중요한 발달적 기회이다.

중년기의 발달적 혜택

남성성과 여성성이 마지막으로 그 균형이 이루어질 기회는 중년의 전환기이다. 이것은 남성성이 감소하고 여성성이 증가하는 단순히 양적인 문제만은 아니다. 둘 사이의 새로운 통합이 질적으로 이루어질 필요가 있다. 이 시기의 발달 과제는 새로운 방식으로 남성성과 여성성의 기본적 의미를 이해하는 것이다. 남성은 자신의 머릿속에 있는 남성다움과 여성다움을 상징하는 다양한 형상들과 새로운 관계를 형성해야 한다. 그는 현존하는 인생 구조를 수정하고 새로운 것을 향해 작업을 해야 한다. 이 새로운 구조 안에서, 여성성은 좀 더 크고 자유스러운 부분을 차지하게 될 것이다. 남성성은 여러 가지 면에서 감소될 수 있다. 그러나 개인이 여성성을 금지해야 된다는 제약을 덜 받을 때 남성성은 좀 더 풍부하게 표현될 수도 있다. 결국, 남성성과 여성성이 자아 안에서 덜 경직되게 구분될 때, 남성은 그들을 일에서, 개인적 관계에서, 혼자서, 그리고 그의 삶의 경험 속에서 더욱 창조적으로 조합할 수 있다.

이러한 변화는 한 남성이 **어머니와 가지고 있는 관계**, 특히 자신의 마음속에 있는 어머니 형상과의 관계에 변화를 초래할 수 있다. 성인 초기에는 통상 '조그만 사내아이'와 어머니가 복잡한 관계를 맺으며 자신의 내부에 공존하고 있다. 어머니는 보살핌과 보호의 강력한 원천으로, 그를 박탈하고 질식케 하고 파괴하는 강력한 적으로, 그리고 그를 버릴지도 모르는, 또는 앙심을 품은 아버지의 공격에 그를 방치해 둔 나약한 인물 등등으로 상징될 수 있다. 중년의 전환기에 남성은 이러한 심상과 불안에서 다소 벗어날 수 있다. 그는 이제 무엇인가를 못하게 억제하고 훼방을 놓고 유혹하는 여성의 힘을 덜 두려워한다. 그는 스스로 좀 더 많은 것을 줄 수 있을 뿐만 아니라, 그녀에게서 좀 더 많은 것을 받을 수 있으며, 그녀의 훨씬 커진 독립심을 수용할 수 있다. 그는 예전보다 훨씬 더 여성과 협동적으로 일할 수 있고, 여성 밑에서 부하로 일해도 무력감을 느끼지 않을 마음의 준비도 되어 있다. 이와 유사한 과정을 통해서, 그는 자신이 좀 더 남성다워지고 여성성을 더욱 유용하게 활용하는 데 큰 장해가 되었던 마음속에 있는 아버지의 횡포에서 벗어나려고 노력한다.

마찬가지로, 중년의 전환기에는 남성이 **동년배 여성과 맺은 사랑 관계**에서도 변화가 올 수 있다. 성인 초기에 남성은 자신이 필요로 하나 자신 안에는 상당히 결핍되어 있는 많은 것들을 채워 줄 '특별한 여성'을 원한다. 그 양상은 다양하지만, 이것은 성인 초기의 안정된 가족 생활을 위한 전통적인 바탕이 되어왔다. 하지만 중년기에 이르면, 이러한 노동의 분담이 반드시 필요한 것도 바람직한 것도 아니다. 이제 남성은 이전에 자신 안에서 거부하고 여성에게 투사했던 자질들을 되찾을 수 있다. 그는 다양한 원형적인 형상들—시적 영감, 부드러운 연인, 어린애의 양육자—이 실제로 그 자신의 부분들이라는 것을 인정하기 시작할 수 있다. 만약에 그가 그들을 인정하고, 그들을 사랑하고, 그리고 그들을 자신의 삶 속에서 통합할 수 있다면, 이러한 내적 형상들은 좀 더 성장할 수 있고 유용하게 활용될 수 있다. 그는 이제 자신 안에 수용할 수 없는 것을 여성이 제공해주기 때문이기보다는, 한 여성 자체를 더욱 사랑할 수 있을 것이다.

중년기에 남성성과 여성성을 더욱 통합해나감으로써, 스승의 역할을 하는 것 역시 훨씬 더 용이해지고 더욱 보상을 받게 된다. 성인 초기에 남성은 다양한 스승의 기능을 수행할 수 있으나, 40대가 되기 전까지 완전한 의미에서 스승이 되기는 어렵다. 초심자나 젊은 성인은 어린애 같은 의존성과 불안정성을 약간 갖고 있긴 하나, 역시 성인과 같은 독립심과 내적 자원, 발달적 역량도 소유하고 있다. '훌륭한' 스승은 이 양쪽을 다 고려해야 한다. 만약에 그가 자신의 부하를 우선 어린애로 간주한다면, 지나치게 주거나 통제하면서 너무 불평등한 관계를 형성하게 될 것이다. 반면에, 만약에 그가 그를 완전히 발달된 성인으로 간주한다면, 그는 어떤 특별한 면(정보나 직업 기회를 제공하는 것과 같은)에서는 도움을 줄 것이나, 젊은 남성의 발달적 욕구를 파악해서 반응해주지는 않을 것이다.

남성성과 여성성의 양극을 더욱 더 해결해나가면서, 남성은 스승의 역할이 갖고 있는 다양한 측면들을 훨씬 잘 조합할 수 있다. 그가 실제로 휘말려 있거나 혹은 타인들이 그렇게 보았을지도 모르는 동성애적 취지에 대해 불안해하지 않고 젊은 남성을 더 잘 보살펴줄 수 있다. 일(생각하고, 수행하고, 성취하는 것)과 개인적 관계(사랑하고, 돌보아주고, 발전을 촉진하는 것) 사이를 경직되게 구분하지 않기 때문에, 그는 일과 우정을 다양하게 혼합해서 조합할 수 있다. 그는 개인적 관계에서는 좀 더 비평적이고 과제 지향적일 수 있으며, 권위를 행사하는 데는 좀 더 인정 많고 분별력이 있을 수 있다. 힘과 성공에 대한 욕구를 조절할 수 있기 때문에, 그는 더욱 덜 경쟁적이 되고, 추월당하는 데서 오는 시기나 두려움에서 벗어날 수 있다. 자신이 발달하고 있다는 느낌이 더욱 강해지기 때문에, 그는 다른 성인들의 발달을 더 잘 이해하고 지지해줄 수 있다.

이 양극을 해결함으로써 남성은 여성과도 좀 더 발전된 스승 관계를 맺을 수 있다. 성인 초기에는 극소수의 남성들만이 여성 제자를 가지고 있었다. 직업 세계에서는, 여성은 일반적으로 그녀가 모시고 있는 남성보다 사회적으로나 맡은 일의 규모면에서 계급이 훨씬 낮다. 즉 그의 위치로 승진할 기회는 그녀에겐 완전히 닫혀 있을 수 있다. 그러나 여기에는 사회적 거리나 기회의 결핍보다 훨씬 많은 것들이 개입되어 있다. 대부분의 남성들에게 여성과 진지한 우정 관계를 맺거나 비 낭만적인 관계를 형성하는 것은 매우 드문 일이다. 여성의 스승이 되는 것은 많은 남성들에게 거의 상상할 수 없는 일이다.

만약에 성인 초기에 있는 남성이 그의 학생, 부하 또는 친구인 여성과 스승 관계를 시작한다면, 그는 그 관계를 자신의 남성 성향에 적합하도록 형성하는 경향이 있다. 그녀를 총명한 학생이나 직업인으로 본다면, 그는 그녀의 여성다움을 포함한 다른 개인적인 자질들을 제외하고, 그녀의 지성과 능력을 강조할 수 있다. 또는 부성父性적으로, 그는 자신의 여학생을 공부 잘하는 매력적인 작은 소녀로 간주할 수는 있으나, 성장해서 남성이 하는 일을 하도록 바랄 수는 없다. 아버지의 사랑을 받고 자란 총명한 소녀는 전통적으로 성공한 남성의 지성적이고 교양 있는 아내로 성장한다. 즉 그녀는 자신의 직업은 가지고 있지 않으나, 가족을 양육하기 위해서, 그리고 남편의 발전을 촉진시키기 위해서 열심히 일한다. 만약에 그녀가 매우 남성적인 직업 세계(법률, 의학, 사업과 같은)에 들어간다면, 그녀는 남성들이 갖고 있는 모든 남성적인 힘과 한계를 가진 채, '그 남자들 중의 한 사람'

이 되어가고 있는 자신을 발견할 수도 있다. 과장된 남성성은 남성에서와 마찬가지로 여성의 개인적 발달을 왜곡시킬 수 있다.

남자 스승은 자신의 제자가 매력적인 여성이라는 것을 발견할 수도 있다. 이때 그는 대개 성적인 관계를 정당화하는 방편으로 제한된 스승 역할을 제공할 수 있다. 이런 종류의 스승 역할이란 기만적이고 그녀의 발전을 촉진시킬 가능성이 없다. 경우에 따라서 그들은 성적인, 사랑하는, 그리고 스승 역할이 복합된 복잡한 관계를 형성한다. 이 애정-스승 관계의 가치는 매우 다양하다. 비록 그녀가 몹시 상처를 받을 수 있기도 하지만, 여성은 그녀의 개인적·직업적 발달이라는 점에서 상당히 이득을 얻을 수도 있다. 스승 관계와 로맨스를 장기간 엮기는 어렵다. 본질적으로, 심각한 로맨스가 결말이 좋으면 지속적이고 동등한 결혼 관계로 발전하는 반면에, 스승 관계는 거의 언제나 몇 년 후에 결별이나 온건한 우정으로 끝난다. 만약에 스승 관계에 있었던 두 사람이 결혼을 한다면, 그들은 상당한 친밀감을 가지고 있는 점에서 유리하지만 자신들의 관계를 스승의 역할을 제거한 관계로 변형시켜야 하는 문제에 직면하게 된다. 남편은 그의 아내의 스승으로 남아 있을 수가 없다. 수혜자의 위치에 있는 사람이면 누구나 그런 것처럼, 그녀는 조만간에 성장해서 자력으로 세상에 나가야 하며, 그렇지 않으면 그녀의 발달은 손상당할 것이다.

남성성과 여성성의 양극을 좀 더 완전하게 통합해감으로써, 남성은 자신의 남성적인 가치와 성적인 욕구를 심하게 침범하지 않고 젊은 여성의 스승이 될 수 있다. 그는 여성을 거부하거나 착취하지 않고 그녀의 여성다운 자질들을 인정할 수 있다. 그가 자신의 여성적인 면을 발달시키려고 할 때, 그는 그녀에게서 배울 수 있으며 여성과 좀 더 동등한 관계를 가질 수 있다. 그는 직접적으로 성적인 관계를 갖지 않고 그들 관계의 성애적인 측면을 자유스럽게 즐긴다. 남성성과 여성성을 통합하려는 그의 노력은 여성적이면서도 성취 지향적인 사람이 되기 위한 그녀 자신의 노력을 도덕적으로 지지해주는 본보기이자 원천이 되기도 한다.[7]

남성성과 여성성을 통합하고자 하는 중년기의 고투—가끔 보이는 어설픈 성공—가 여기 그들의 전기가 제시된 네 명의 남자들의 삶에서 명백히 보이고 있다. 다음 장에서는 이들의 중년의 전환기와 그 이후의 삶을 좀 더 자세히 고찰해볼 것이다.

애착/분리

우리는 **애착**attachment이라는 용어를, 개인과 환경을 연결하는 모든 힘들을 포괄하기 위해서, 가장 광범위한 의미에서 사용한다. 애착은 관여되어 있고, 개입되어 있으며, 몹시 필요로 하고, 결합되어 있으며, 추구하고, 뿌리를 내리고 있는 것이다. 이런 의미에서 애착은 다양한 근원과 다양한 형태를 취하고 있는 일반적인 조건이다. 내가 어떤 것에 대해 관심을 가지고 있고, 그것을 미워하고, 그것이 주는 것을 얻기를 바라고, 그것이 흥미롭거나 혼란스럽거나 놀랄 만한 것이라고 발견하는 한, 나는 외적인 세계에 애착을 갖고 있다. 많은 감정과 내적인 동기들—의존성, 성적인 행동들, 공격성, 야망, 애정, 질투—은 내가 외부 세계에 애착을 느끼도록 부추긴다. 환경 역시 자극하고, 도전하게 하고, 적개심을 품게 하고, 박탈함으로써, 내가 세상일에 관여하도록 유인할 수 있다. 내가 외적 세계에 적응하거나, 참여하거나, 또는 그것을 지배하려고 노력할 때, 나는 애착이 되어 있다.

그 반대편 극은 **분리**separateness이다. 이것은 격리된다거나 혼자되는 것과는 그 의미가 다르다. 홀로 된 사람이, 미래의 활동을 적극적으로 계획하고 있으며 과거에 당한 거절로 인해 분노의 감정에 사로잡혀 있다면, 그는 아직 외부 세계에 강한 애착을 갖고 있다. 분리된 사람이란 우선 자신의 내적 세계—상상, 환상, 놀이의 세계—에 몰입할 경우를 말한다. 그의 주요한 관심사는 밖의 '현실' 세계에 적응하는 것이 아니라, 상상의 세계, 즉 자신의 내적 자아의 세계를 구축하고 탐색하는 데에 있다.

비록 극단적인 경우에는 해로울 수도 있지만, 분리는 개인의 성장과 창조적인 적응을 촉진한다. 분리의 가장 병리적인 형태는 자신의 세계가 완전히 사적이고 주위에 있는 사람이나 대상과 최소한의 관계만을 갖는 정신 분열증 환자이다. 극단적인 분리의 좀더 '건강한' 형태는 명상이나 몽상

인데, 여기에서 개인은 일시적으로 환경으로부터 주의와 관심을 철회하고 완전히 내적 경험 세계에 사로잡혀 있다. 분리의 좀 더 덜 극단적인 형태는 놀이에 몰입해 있는 어린애이다. 위니코트가 말했듯이, 놀이는 '실제'와 '환상' 사이의 경계지역을 간다. 어린이는 스스로 무대 장치와 배역진을 만들어내고 미지의 삶을 상상해서 각본을 쓴다. 놀이는 그 자신을 위한 것이다. 즉 그것은 어린이로 하여금 자신이 누구이며, 자신이 마음속에 품고 있는 미래는 어떤 것인가를 탐색하도록 한다. 비록 그것이 그로 하여금 이후의 적응을 준비하도록 할지라도, 그것은 현재의 세상에서는 직접적인 가치가 없다.

작품을 쓰고 있는 전문 소설가나 작곡가는 자신 속에 몰입되어 자신의 내적 자원을 그려내고 있으며, 심미적으로 자신을 즐겁게 할 작품을 창조하기 위해 노력한다는 점에서 분리되어 있다. 그러나 글을 쓰거나 음악을 작곡한다는 것은 그의 직무의 일부분이기 때문에 그는 역시 애착의 상태에 있다. 그는 특정한 청중을 즐겁게 하고 그에게 수입과 명성을 제공해줄 생산품을 창조하기 위해 노력하고 있다.

창조적인 예술가는 이처럼 애착과 분리의 경계지역에서 일하고 있다. 그는 자신을 인류의 일부분으로 보고 있으며, 인류의 미래에 자신의 작품이 어떤 운명에 처하게 될지 염려한다. 예술은 그의 직업이다. 그것을 통해서, 그는 사회에 참여하고 사회에 애착을 형성한다. 그러나 창조적이 되기 위해서는, 그는 어느 정도의 분리를 유지해야 한다. 그의 작품은 자신을 표현하고 기쁘게 해야 하며, 자신의 꿈에 진실해야 한다. 비록 그의 기교와 작품이 다양한 외적 압력에 영향을 받는다고 할지라도, 그들의 궁극적인 자원은 그 자신 안에 있다. 만약에 그가 타인들과의 접촉에서 충분히 철수해서 그 자신의 창조적 원천에 의지할 수 없다면, 그의 작품은 반복적이고, 메마르게 되며, 자아와 단절되게 될 것이다.

어느 연령층에 있든지, 어느 직업에 종사하든지, 모든 사람들은 애착과 분리의 양극을 다루지 않으면 안 된다. 만약에 우리가 너무 분리되게 되면, 우리는 세상과의 교제를 상실하게 되고 생존을 위한 역량이 위협받게 된다. 또한 만약에 우리가 환경에 너무 애착하게 되면, 자기 쇄신과 성장, 그리고 창조적 노력을 할 능력이 위태롭게 된다. 비록 애착과 분리의 균형은 모든 연령층에서 이루어져야 하지만, 인생 주기상의 한 시대에서 다음 시대로 옮아 갈 때는 반드시 변화가 있게 마련이다.

성인 이전기에 어린이들은 자신의 강력한 추동들을 잘 다스려 사회적으로 건설적인 목적을 위해 사용하도록 자아의 능력을 발달시킨다. 애착과 같은 정서적 힘은 적응에 도움이 되도록 이용되어야 한다. 어린이는 안정된 인간관계를 형성하고, 정보와 기술을 얻고, 그리고 상당히 독립된 성인으로의 삶을 시작할 수 있는 지점까지 성숙해야 한다. 풍요로운 발달 조건에서, 그는 자신의 문화에 적응하는 데 필요한 학식, 가치와 성격 특성을 획득한다. 그럼에도 불구하고, 상상과 환상의 힘은 그가 외적 세계로부터 어느 정도 분리되어 있을 수 있게 한다. 분리되어 있음으로써, 그는 창조성을 북돋우고, 개체성을 유지하며, 자신의 내적 '꿈'을 발달시킬 수 있다. 그는 사회에서 자신의 위치를 확보할 수 있을 정도로 충분히 애착을 형성해야 한다. 그러나 그는 스스로 계획을 세우고, 전통적인 형태에 의문을 던지며, 그리고 자신과 타인들을 위해 삶의 질을 향상시킬 수 있을 정도로 충분히 분리되어야 한다.

성인 초기에는 일반적으로 애착과 분리의 균형이 분리보다는 애착 쪽으로 쏠려 있다. 20대와 30대에, 남성은 이미 성인 세계로 들어가서 가족과 사회를 위해 일하는 데 완전히 몰입되어 있다. 그는 가족과 직업을 형성하고, 크게 불어난 일련의 책임들을 수용한다(각 단계는 통상 그가 그것을 받아드릴 준비가 완전히 되기 전에 도래한다). 그는 경제적 어려움, 주거지의 변화, 질병, 죽음, 전쟁, 공황, 자연의 재앙과 천재지변에서 오는 스트레스에 대처해야 한다. 분리되기 위한—혼자만의 시간을 갖고, 기분전환을 하고, 조용한 자기 쇄신을 위한—시간을 발견하기가 어렵다. 부분적으론 외적인 긴박감 때문에 분리되기가 어렵다. 즉 집세를 내야 하고, 어린이들을 돌보아야 하며, 직무를 수행해야 하고, 위기에 대처해야 한다. 거기에는 역시 내적인 긴박감도 있다. 그는 사회에서 적재적소를 확립하고, 목표를 달성하고, 영웅이 되기를 원한다. 그는 '자신의 인생을 상당한 것으로 만들려고' 노력하며 그의 가족과 사회는 그가 의무를 다하기를 요구한다. 내적으로 밀어붙이고 외적으로 끌어당기는 사이에서, 애착과 분리의 균형은 강하게 애착 방향으로 기운다.

중년기에는 애착과 분리에 좀 더 균등한 비중을 둘 필요가 있다. 중년의 전환기에, 남성은 외적 세계에 대한 과다한 개입을 줄일 필요가 있다. 과거를 재평가하고 각성하기 위해서, 그는 자신의 내면에 주의를 기울여야 한다. 그는 자신이 혼란을 느끼고 있는 것이 무엇인지, 그리고 어디에서 상처를 받았는지를 발견해야 한다. 그는 자신의 상처를 발견해서 부드럽게 어루만져주고 싶어진다. 지금까지 세속적인 투쟁에 지나치게 몰입해왔기 때문에, 이제 그는 자기 자신에게 더욱 주의를 기울일 필요가 있다. 이 시기에는 **원형적 자아**archetypal Self가 더욱 명료해지고 활기를 띠게 된다. 이 자아를 통해 그는 좀 더 의식적으로 내적 자아와 함께 이야기하고 내면의 목소리를 경청하는 법을 배우게 된다. **자아**Self란, "내가 진실로 원하는 것은 무엇인가? 내 인생에 대해서 나는 어떻게 느끼고 있는가? 미래에 나는 어떻게 살 것인가?" 하고 그가 물을 때, 마음속에 가지고 있는 **나**I이다. 사실상, 그는 현재의 관계들, 목표, 삶의 양식 등이 어떤 결정적인 면에서 자신에게 맞지 않는다고 느끼고 있다. 그는 투쟁적 자아나 외적 압력으로부터 자신을 분리시킬 필요가 있는데, 그렇게 함으로써 그는 내부의 목소리를 더 잘 들을 수 있다.

남성이 중년기에 이 과제를 어느 정도 성공적으로 해결했느냐에 따라, 그의 내적 자아는 외적 세계와 비등한 중요성을 갖게 된다. 그는 내적 자원으로부터 좀 더 많은 것을 끌어낼 수 있으며 외적 자극에 덜 의존하게 된다. 함께 있어줄 사람이 없더라도, 그는 내적 동료를 갖고 있기 때문에 고독을 더욱 즐긴다. 그는 소유나 보상이나 사회적 인정에 가치를 덜 두게 된다. 그는 지금 현재에 살고 있으며 삶의 과정—무엇인가를 하고 소유하는 것보다는 존재하는 것 자체—으로부터 좀 더 많은 만족감을 얻는다. 그 자신의 감정과 더욱 긴밀하게 접촉하게 됨으로써, 그는 더욱 심미적·감각적·각성적이 될 수 있다.

남성이 더욱 개별화되고 자신의 내면을 향하게 될수록, **종족 고유의 풍습을 초월하는 과정**detribalization이 일어난다. 그는 종족—그에게 가장 큰 의미를 지닌 특별한 집단들, 제도들, 전통들, 그리고 그가 가장 애착되어 있는 사회적 맥락—에 대해서 더욱 비판적이 된다. 그는 종족이 주는 보상에 덜 의존적이고, 종족의 가치를 좀 더 의문시해보며, 인생을 좀 더 보편적인 조망에서 볼 수 있다. 그는 타인들과 문화를 헐뜯지 않고 자신의 사회적 뿌리의 진가를 더 잘 인식할 수 있다. 특정 개인이나 집단을 이상화할 필요성이 적어지기 때문에, 그는 다른 사람을 비난하는 경향이 줄어든다. 만약에 젊은 시절 자신의 뿌리를 이탈했다면, 그는 이제 어떤 형태의 화해를 시도할 수 있다. 그는 성인 초기에는 종족에 의해서 속임을 당하고 기진맥진하게 되었다고 느낄 수도 있으며, 욥*처럼 종족의 신에게 분노하는 폭풍우의 시기를 겪을 수도 있다. 그가 이러한 갈등을 해결하는 한, 그는 인생에 대한 더 넓고 독립적인 조망을 형성해 나아갈 수 있다. 그는 선과 악에 대해 더욱 보편적인 관점을 형성하며 그들이 자신 안에, 그리고 모든 인류 안에 공존한다는 비극적 감각을 조금 더 형성한다. 그의 영혼은 뚜렷한 종교적 교리 형태를 취하나, 가끔 그는 그것이 인간에게 무엇을 의미하는지를 개인적으로 이해하기 위하여 공식적인 교리로부터 벗어나려고 노력한다.

더욱 내향적이 되고 종족 고유의 풍습을 잃어가는 현상은 애착에서 분리로 전환되는 과정의 일환이다. 이러한 전환의 결과, 남성은 눈에 띄게 외부 세계로부터 유리된다기보다는, 애착과 분리의 양극을 더욱 원만하게 통합해나간다. 중년기의 주요한 발달 과제는 **자아의 욕구와 사회의 요구 사이의 균형을 더욱 찾아가는 것**이다. 한 남성이 자아에 더 많은 관심을 두고, 야망, 의존성, 정열의 횡포로 인해 시달림을 덜 받게 되면, 이전 어느 때보다 더 다른 사람들과 어울릴 수 있으며 사회적 역할을 더욱 책임 있게 수행할 수 있다. 만약에 그가 자신 내면의 목소리와 더욱 긴밀하게 접촉하면서 그 요구에 응한다면, 그는 자손과 젊은이들의 발달적 요구에 좀 더 적절하게 반응해줄 수 있다. 만약에 그가 특별한 기술이나 지식, 보상을 획득하려는 집착을 조금 줄인다면, 그는 더욱 더 지혜로워질 수 있다.

타인에게 좀 더 깊이 마음을 쓰기 위해서는, 그는 먼저 자기 자신에게

---

* 구약 성서 욥기의 주인공—역주

더욱 깊은 관심을 가져야 한다. 마음을 쓴다는 것은 물리적 안락이나 성공에 관심을 갖는 것이 아니라, 주로 **자기-발달**과 **자기-통합**에 관심을 갖는 것을 의미한다. 이것은 그가 좀 더 풍부한 상상력과 연민으로 권위를 행사할 것이라는 걸 의미한다. 그것은 권력과 리더십의 실질적인 보상을 즐기는 대신에, 유산을 창조함으로써, 그리고 일하는 데서 오는 원초적 기쁨을 즐기고, 더욱 개별화되며, 맺은 유대 관계들을 사랑함으로써 더욱 큰 만족감을 얻는다는 것을 의미한다.

성인 초기의 남성은 강렬한 욕망들로 가득 차 있다—승리하기 위한, 정의롭기 위한, 고매한 '꿈'을 실현하기 위한, 중요한 사람들로부터 높이 인정받기 위한(아마 모든 사람들에게 인정받진 못해도) 욕망. 중년기에 이르러 발달이 진전됨에 따라, 이러한 욕망들 중 어떤 것들은 사라져버린다. 남아 있는 것들은 덜 긴박한 특성이 있다. 이러한 욕망들 역시 이전보다 더 충분히 실현될 수 있다. 그는 이제 더욱 사랑할 수 있는 능력이 있고, 감각적이고, 권위가 있으며, 친밀감이 있고, 고독을 즐길 수 있다—세상에 더욱 애착할 수 있고, 그리고 세상으로부터 그 자신을 더욱 분리시킬 수 있다.

결론

만약에 한 남성이 중년기에 이르러, 사랑 관계, 직업, 여가, 그리고 인생의 다른 중요한 면에서 변화를 시도한다면, 그는 더욱 개별화될 필요가 있다. 그는 개인과 사회 내에 근본적으로 존재하는 양극적인 성향들을 대면해야 한다. 유아기에서 노년기까지 이어진 발달 시기들, 특히 주요한 전환기마다, 남성은 자신의 내부에 존재하는 이 상반된 경향성들을 점차 더 통합할 기회를 갖게 된다. 비록 그가 이러한 통합을 각 시기마다 완전하게 이룰 수 없다고 할지라도, 그는 인생 주기가 진행됨에 따라 젊음/늙음, 남성성/여성성, 파괴성/창조성, 애착/분리의 양극들을 통합해가는 새로운 방식을 각 시기마다 적절하게 발견한다.

어떤 남성들은 성인 이전기나 성인 초기에 돌이킬 수 없는 패배로 인해 고통을 당해왔고, 중년의 전환기의 발달 과제를 별로 해결할 수 없었기 때문에, 중년의 인생 구조를 최소한으로 구축하려 해도, 거기에 필요한 내적·외적 자원이 부족한 경우가 있다. 이들은 옹색함과 감퇴로 점철된 중년기를 맞게 된다. 또 어떤 사람들은 세상에서 상당히 실현 가능하긴 하나 내면의 자아와는 밀접한 접촉이 없는 빈약한 인생 구조를 형성한 경우도 있다. 이들은 사회적 역할을 수행하고 자신과 타인들을 위해 본분을 다 하지만, 자신의 삶은 내적인 희열이나 정취가 결여되어 있다.

그러나 어떤 사람들은 중년기 특유의 만족감과 짐을 기꺼이 수용하며 중년의 전환기에 새로운 출발을 한다. 이들에겐, 중년기는 인생 주기 상에서 가장 사랑스럽고 창조적인 계절일 수 있다. 이들은 야망, 본능적 충동, 젊은 날의 환상 등의 횡포로 인해 시달림을 덜 받게 된다. 이들은 타인들에게 더욱 깊게 애착을 형성할 수 있으면서도, 세상으로부터 자신을 더욱 분리시켜 자신의 내면에 주의를 기울일 수가 있다. 이들에게, 중년기라는 계절은 가장 조화로운 운율 속에서 지나간다.

중년의 전환기는 변화와 성장의 마지막 기회가 아니다. 발달 과제를 수행하는 작업은 중년기 이후로도 끊임없이 지속되며, 그 과정은 주로 잇따라 오는 전환기 동안에 촉진된다. 인생이 계속되는 한, 어떤 시기도 앞으로의 발전을 위한 기회와 짐이 완전히 사라졌음을 알리는 시기는 없다.

16장 중년의 전환기

인생 구조의 수정

가장 깊은 수준에서, 중년의 전환기에 남성의 과제는 그에게 생기를 불어넣기도 하고 분열시키기도 하는 양극적 성향을 통합하는 것이다. 이러한 내적 재통합은 그로 하여금 안정기의 인생 구조를 수정할 수 있게 해준다. 13장에서 우리는 직업 영역에서 일어나는 변화들을 숙고해보았다: 성공과 실패의 의미, 인생 구조 안에서 남성의 직업이 차지하는 위치. 이제 인생 구조의 세 가지 부가적 요소에서 일어나는 변화에 대해 논의하고자 한다: 꿈, 젊은 성인의 스승 역할과 아버지 역할, 결혼. 18장에서 우리는 이러한 다양한 수정 작업이 뒤이어오는 중년 입문기에서 새로운 인생 구조를 형성하는 데 어떻게 공헌하는지를 보게 될 것이다.

꿈의 수정

중년의 전환기에 남성이 성인 초기의 인생을 재평가하려고 할 때, 그는 자신의 인생에서 **꿈**Dream이 차지하고 있는 위치를 이해하고 평가하려고 노력한다. 어떤 방식으로 꿈이 실현되었고, 적절히 절충되었거나 방치되었는가? 만약에 자기 자신이 되어가는 단계의 마지막 무렵에 **절정 사건**이 있었다면, 그것은 꿈을 실현하는 데 어떤 의미를 갖고 있는가?

우리 연구에 참여한 남성들 대부분이 확실히 뚜렷한 '꿈'을 가지고 있었다. 그러나 인생 구조가 전개됨에 따라 그 꿈의 위치는 대단히 다양하게 변화했다. 꿈은 겸허할 수도 영웅적일 수도, 모호하게 정의될 수도 수정처럼 명확하게 정의될 수도, 또는 타오르는 열정이나 조용한 유인력일 수도, 영감의 원천일 수도, 힘과 소모적인 갈등일 수도 있다. 어떤 남성들은 꿈을 추구하는 것을 인생의 가장 중요한 일로 생각하고 모든 것을 여기에 맞추어 살아온다. 또 어떤 남성들은, 꿈을 추구하기 위하여 일생 동안 다른 직업이나 삶의 방식과 끊임없는 갈등 속에서 살기도 한다. 이들의 삶은 이러한 갈등들로 온통 점철되어 있다. 그러나 인생에서 아예 뚜렷한 꿈을 한 번도 형성해본 적이 없는 사람들이 있다.

꿈은 '세계 속의 자아'라는 원초적인 느낌에서부터 성장한다. 그것은 개인의 삶에 흥분과 생기를 불어 넣어준다. 그것은 '나는'이라는 느낌과 연합되어 있다: 즉 "나는 존재한다"는 경험, 나 자신과 세상이 적절하게 잘 맞는다는, 나는 나 자신일 수 있고 자아와 일치되게 행동할 수 있다는 체험. 나는 꿈을 가지고 있고 그것을 내 인생의 적절한 위치—나 자신과 세계 양쪽에 다 합법적이고 실현 가능한 위치—에 배치해둘 수 있는 한, 나의 인생은 풍요로워진다. 만약에 내가 아무런 꿈도 갖고 있지 않거나 꿈을 실현할 방도를 찾지 못한다면, 내 인생은 진정한 목적이나 의미가 없을 것이다.

가장 훌륭한 물건처럼, 꿈은 여러 가지가 복잡하게 혼합된 축복이다. 꿈의 어떤 측면은 의식적이고 현실적이나, 다른 측면은 좀 더 무의식적이고 비합리적이며 환상적이기 조차 하다. 주된 환상은 이렇다: "만약에 내가 꿈을 성취한다면—만약에 내가 위대한 소설가나 과학자가 된다면, 만약에 내가 인류와 나의 종족을 위해 특별한 공헌을 한다면, 만약에 내가 큰 힘을 얻는다면—그때 내 인생은 대단해질 것이며 나는 정말로 소중한 모든 것을 얻게 될 것이다."

예를 들면, 젊은 생물학자는 특수 대학에 근무하면서, 유전학을 연구하기를, 그리고 조만간에 선임 연구자가 되고 교수가 되기를 원한다. 그러나 그 이상으로, 그는 다른 사적인 환상과 야망을 갖고 있다. 그는 특별한 목표를 성공적으로 달성하면 다른 모든 보상들이 함께 찾아올 것이라고 상상한다. 그는 단순히 상급자가 되는 것이 아니라 뛰어난 연구가, 노벨상을 받을 만한 사람, 그 분야에서 역사적으로 중요한 인물이 될 것이다. 그렇지 않으면, 그는 대학과 지역사회에 대한 공헌을 통해 그 지역에서 더욱 큰 명성을 얻을 것이다. 특별한 목표가 무엇이든, 그것을 달성하는 것은—존 바스John Barth의 적절한 표현처럼—'보물함의 열쇠'이자, 풍요로운 인생을 위한 토대이다.[1] 만약에 이러한 목표를 달성하지 못한다면, 그의 인생은 분명히 완전한 실패일 것이며 아무런 가치도 없게 될 것이다.

이와 같이 꿈은 다양한 목표와 야망과 가치를 가진, 무의식적일 뿐 아니라 의식적인, 그리고 어떤 특정 세계 안에서 무언가를 추구하는 상상속의 자신을 의미한다. 남성의 꿈은 그의 개인적 신화이며, 그 속에서 주인공이 되고, 자칭 영웅이 되며, 장엄한 탐색을 하는, 상상 속의 드라마이다. 그것은 복잡한 세계를 그리고 있다. 즉 천연의 풍경, 다양한 배역진들, 사회적 제도와 갈등적인 집단들을 그려내고 있다. 거기에는 선과 악, 진실과 오류, 아름다움과 추함 사이의 본질적인 갈등들이 반드시 내포되어 있으며, 그 결과는 전반적인 세계에 대단히 중요한 의미를 가진다. '꿈속의 주인공'은 남성의 자아 속에 있는 많은 인물들 중의 하나일 뿐이다. 성인 초기에 이 인물의 역할이 인생 구조가 진화되는 과정에서 우세하는 한, 다른 내적 인물이나 자아의 부분들은 소홀히 다루어지는 경향이 있다.

젊은 시절의 꿈은 그 안에서 환상이 발달하는 주요한 터전이다. 꿈은 훌륭한 인생을 살고자 하는 성인 자아의 미래상이다. 그것은 즐거운 희망을 꽃피울 수 있는 토양을 창조하는 반면에, 환상적인 믿음들을 강화시키기도 한다—꿈속에 그려본 모든 것이 성취될 수 있을 것이라는, 분명히 어떤 사람들이 나의 노고를 지지해줄 것이라는, 꿈을 성취함으로써 나에게 진정한 행복이 찾아오리라는 믿음들.

꿈은 부분적으로는 소망과 현실 사이를 제대로 구별하지 못하는 초기 아동기에 정상적으로 나타나는 전지전능한 환상에서 비롯된다. 어느 정도의 '정상적인 전지전능함'은 가끔 꿈을 실현할 가능성이 희박해 보이는 성인 초기에 개인의 용기를 북돋기 위해서 필요하다. 결국에는 그것이 함정일지라도, 영웅은 약간 오만한 기미를 보일 수 있다. 괴테가 말했듯이, "그에게 요구되는 모든 것을 성취하려는 사람은, 자신을 실제보다 더 위대하게 생각해야 한다."[2] 스승과 아내의 비슷한 기능은 그것에 대해서 너무 많이 묻거나, 그것을 달성하도록 지나치게 요구하지 않고, 젊은 남성의 꿈을 지지해주는 것이다.

꿈은 젊은 남성이 그것을 인생 속에서 실현하려고 할 때, 점점 더 합리적이 되고 현실에 근거하게 된다. 그는 적절한 기관에 입학 허가를 얻어서, 필요한 기술과 성격 자질들을 발달시키며, 구체적인 계획을 세우고 목표에 도달하기 위해 힘쓴다. 그러나 그는 특정 사회적 맥락에서 단순히 이력을 추구하는 것만은 아니다. 신화는 항상 현실 속에 어떤 근거를 갖고 있기 때문에, 신화의 기능을 이해하려면 현실을 고려해야 한다. 그러나 한 남성이 자신의 신화를 상연하고 있거나 자신의 꿈을 추구하고 있을 때, 그의 활동은 훨씬 깊은 의미를 갖고 있다는 점을 우리는 간과해버린다. 신화는 일종의 건축물이다. 그것은 인간의 욕구를 충족시켜주며, 개인의 성격과 문화 속에 내재한 좀 더 깊고, 가끔은 무의식적인 원천으로부터 유래한 의미들을 반영하고 있다.

중년의 전환기가 진행되는 동안에 꿈이 갖고 있는 환상적 측면들이 좀 더 명백해진다. 이미 나는 가장 만연되어 있는 환상들 중의 하나를 말했었다. 즉 만약 주인공이 성공을 한다면, 그 후의 그의 인생은 행복할 것이라는 환상이다. 중년의 전환기에 이러한 환상이 진실이 아니라는 것을 발견하고 그 결과를 처리하는 일은, 대단히 성공한 남성들에겐, 가끔 끔찍스러운 과정일 수 있다. 꿈에 파묻혀서 살아온 대부분의 사람들은 실패나, 흠이 있는 성공의 결과를 처리해야만 한다.

또한 전지전능함에 대한 환상도 있다. 주인공이 꿈에 충실한 한, 그를 이길 사람은 아무도 없다. 그는 일시적인 패배감을 맛볼 수도 있으며, 어떤 때는 모든 것이 상실된 것처럼 보일 수도 있다. 그러나 만약 그가 굴하지 않고 꾸준히 노력한다면, 그는 성공할 것이다. 이런 종류의 믿음은, 꿈이 이제 막 형태를 갖추고 있고 현실에 충분히 기반을 두고 있지 않을 때인 성인 초기 전환기와, 지금이야말로 성인 초기의 야망을 실현하기에 절호의 기회라는 충동을 느끼는 자기 자신이 되어가는 단계에서 가장 강한 경향이 있다. 융은 남성이 자신의 내면의 주인공을 가장 전지전능하다고 느낄 때를 **자아 팽창**ego inflation이라고 하고 있다. 자아 팽창 뒤에는 주인공이 몹시 상처를 입고 있는 **자아 위축**ego deflation의 시기가 뒤따른다고 그는 말한다. 비록 그것이 고통스러울지라도, 자아 위축은 중년의 전환기 동안 주인공의 내적 우세함을 극복하고 보다 통합된 자아를 형성하는 데 필요한 절차이다.

꿈과 부합하지 않는 자아의 부분들을 최소화하기 위하여 그는 자아에 대한 다양한 환상을 만들어 낸다. 남성은 자신이 꿈과 아무런 상관이 없는 것을, 혹은 실제로 꿈과 상반된 것을 원하고 있다는 사실을 인정하기가 어렵다. 그는 자신의 인생 속에 있는 타인들이 오로지 신화적인 드라마 속에서 그들이 맡은 역할—주인공의 상대역, 적, 조연助演, 배경 인물 등—만을 위해 존재한다는 환상도 갖고 있을 수 있다. 아내는 가끔 이 과정의 주된 수익자이자 희생물이다. 그는 만약에 그녀가 약속된 역할을 잘 수행하면 그녀를 사랑하고 보상해주는데, 그러한 역할들은 일반적으로 어머니로서의 역할과 돌보는 역할, 그리고 그를 편안하게 해주는 역할이다. 그러나 그는 그녀를 한 사람의 전인적인 인간으로 간주하거나 그녀의 독립된 재능과 야망을 고려하기는 어렵다.

마지막으로, 주인공은 자신의 인생이 완전히 성공하지 않으면 완전히 실패한 것이라고 믿는 환상이다: 그에게 의미가 있는 유일한 성공은 완전히 성공하는 것이며, 부분적으로 성공한 것은 실패한 거나 다를 바가 없다. 주인공은 어떤 결함도 가질 수 없다. 꿈은 완벽하게 실현되었어야 한다.

환상들, 전지전능한 느낌, 그리고 영웅적인 드라마의 흥분은 그의 꿈을 강화시키고, 거기에 영감적인 성질들을 부여해준다. 그러나 그들은 역시 꿈의 횡포도 조장한다. 꿈이 남성의 인생에서 중요한 위치를 차지해왔고 그가 그 신화 속에 사로잡혀 있을 때는 언제나, 이 꿈의 횡포를 감소시키는 것이 중년의 전환기의 주요 과제이다. 그 과제는 꿈을 완전히 제거해 버리는 것이 아니라, 꿈의 지나친 힘을 감소시키는 것이다. 꿈의 요구를 좀 더 덜 절대적인 것으로, 성공을 좀 더 덜 중요하게, 실패를 좀 더 덜 비참하게, 즉 꿈의 신비적이고 환상적인 성질들을 감소시키는 것이다. 그 이후에도 남성은 계속해서 탁월함을 추구할 수 있다. 그러나 그는 자신이 노력하는 과정이나 결과 그 자체에서 더욱 본질적인 기쁨을 얻으며, 사회적 인정이나 힘에는 좀 더 관심이 적어진다. 야망이 몰고 온 타락한 결말에 대해서, 그리고 '실존'과 '자아실현'의 중요성에 대해서 가장 감명 깊은 글을 쓴 사람들은, 자신들의 강력한 꿈의 횡포를 서서히 그리고 고통스럽게 감소시키기 시작한 중년의 전환기 이후에 그러한 통찰에 도달하게 되었다.

꿈을 재조정할 때, 남성은 사다리의 의미도 역시 수정한다. 앞서 본 바와 같이, 사다리의 의미는 **안정기의 기획**enterprise을 정의하는 데 중요한 역할을 한다. 40세 무렵, 성인 초기에 기획한 성취의 사다리 맨 꼭대기 단에 도달했을 때, 남성은 사다리 그 자체의 의미를 재평가해야 한다. 그것은 현실적인 의미에서 그가 얼마나 성공했고 또 실패했는가를 평가하는 바로 그런 문제는 아니다. 그는 성공과 실패의 기본적인 의미, 즉 사다리의 가치를 물어보아야 한다.

만약 남성이 그가 기획한 목표에 어느 정도 도달하면, 그는 자신에게 묻는다. "이런 것들이 무슨 쓸모가 있는가? 나의 성취가 타인들과 사회에, 그리고 특히 나 자신에게 무슨 가치를 가지고 있는가? 그 대가는 무엇이었는가? 이제 나는 어디로 가야 하는가?" 만약에 그가 인생의 중요한 면에서 실패했다면, 그는 묻는다. "그 실패는 돌이킬 수 없는 것인가, 아니면 아직도 내가 원했던 것을 성취할 수 있는가? 나는 실패를 수용하고 성공이 갖다주었을지도 모르는 것들을 체념한 채로 살아갈 수 있는가? 대안은 무엇인가 —나는 앞으로 오는 세월을 더 나은 삶의 방식으로 살아갈 수 있는가?"

중년의 전환기는 남성들이 성공의 사다리에 대한 강력한 심상을 조절하는 시기이다. 성취와 힘, 탁월함에 대한 욕망을 송두리째 버리지 않으면서도, 그는 야망에 의해 덜 내몰리고, 이전에는 성공의 사다리의 꼭대기에 도달하는 데에만 귀인 시켰던 신비적인 자질들을 더 많이 인식하게 된다. 이제 더 이상 인생에서 성공하는 것이 가장 중요한 것이고, 실패는 완전한 파멸이라고 생각지 않는다. 그는 성공과 실패를 좀 더 복잡한 여건에서 평가한다. 즉 그는 경험의 질을 더욱 강조하며, 그의 노고와 성과의 본질적인 가치를, 그리고 그들이 자신과 타인들에게 갖는 의미를 더욱 강조한다.

사다리의 심상은 문학이나 신화 속에 널리 묘사되어 있다. 젊은 영웅(용사, 예술가, 인류의 위대한 공헌자)은 가끔 '신분 상승'이라는 말로 상징되는 것을 추구하기 위해 몰입한다. 파우스트의 이야기는 악마에게 영혼을 팔아서 전지전능함을 얻으려고 최후의 처절한 노력을 하는 중년 남성에 대한 하나의 고전적 초상화이다. 그의 경우에는, 지식—과학자들의 오만—을 통해 힘을 얻는 것이 목적이었다. 예이츠는 중년기 이후에 가장 위대한 시들을 썼는데, 그의 시에는 가끔 주요한 발달적 전환기에 대한 자신의 경험이 묘사되어 있다. 그의 시 「서커스 동물들의 탈주」에는 이런 말들이 담겨 있다.

> …이제 나의 사다리는 사라졌기에,
> 모든 사다리가 시작된 원점에 누울 수밖에,
> 더러운 고물 잡동사니를 파는 이 마음의 가게에.[3] *

융과 프로이트의 관계는 융이 31세일 때 시작되었는데, 이때 프로이트는 융보다 19세 연상이었다. 이들의 관계는, 갑자기 융이 친구-스승의 유대 관계를 끊고 정신 분석학적 운동의 지도자적 위치에서도 물러난 무렵인, 융의 나이 38세에 끝났다. 결별은 융이 자기 자신이 되어가는 발달 시기에 있을 때 일어났다. 심한 중년의 위기를 겪은 후, 융은 자신의 길을 가고자 했고, 그의 가장 창조적인 작업인 심층 심리학에 대한 자신의 학파를 창설했다.[4] 말년에 융은 30대 동안 프로이트와의 사이에 오고간 서신 내용들을 출판하도록 압력을 받았다. 그 '저주스런 서신들'을 출판하기를 꺼려한다는 것을 자인하면서, 그는 친구에게 편지를 썼다.

> 나에게 그것은 불행하게도 내 젊은 날들(주: 31~38세)을 가득 채운 엄청난 어리석음들을 지울 수 없이 생각나게 하는 것이네. 이상향을 등지고 현실로 향하는 여행은 오랫동안 계속되었지. 나의 경우에, 순례자의 행군

* 이창배 역, 『예이츠 시의 이해』, 문학과 지성사(1992)의 번역을 인용함.

> 은 내가 서 있는 한 줌의 흙덩이에 내 손이 닿을 때까지 수천 계단의 사다리를 내려가는 것이었네.[5]

성인 초기에 꿈을 추구해왔던 남성들은 중년의 전환기에 그 꿈의 위력을 감소시켜야 한다. 또한 자신의 꿈을 배반해온 사람들은 그 대가를 감수해야 한다. 엘리아 카잔Elia Kazan의 소설 『어레인지먼트*Arrangement*』는 40세에 잃어버린 꿈을 다시 찾기 위해, 또는 그 자신을 죽이기 위해 용감한 투쟁을 시작한 어떤 남성에 대한 이야기이다. 그는 젊은 날의 꿈인 소설가가 되었다기보다는 차라리 광고 경영인이 되었다. 잘못된 사다리를 오르는 데 성공한 후, 그는 이제 자기 기만적인 공허한 인생의 덫에 걸려 있다. 그의 결혼은 아내와 자신 안에 있는 경영인(소설가가 아닌) 사이의 관계에 기반을 두고 있었다. 그들은 둘 모두에게 파괴적인 관계 속에서 수년 동안을 살아왔다. 그는 자신의 가장 가치 있는 부분들을 세상으로부터 배제시킨 채 살아왔으며, 진실로 사랑하고, 일하고 놀 수가 없었다. 그는 자신의 그리스 민족성과 부모, 그리고 그것을 상징하는 확대 가족과의 교제를 상실했다. 40대 초반에, 그는 현실을 직면하고, 환상을 극복해서, 지금까지 올라온 사다리를 벗어나, 자신이 진실로 원하는 것이 무엇인가를 이해하려고 발버둥쳤다. 두뇌가 명석해서인지 아니면 '제정신이 아니어서'인지, 그는 변화를 위한 기반을 찾기 전에 좌초해야 했다. 새로운 인생 구조를 구축할 수 있는 선택을 하고 거기에 전념할 수 있을 때까지 수년이 걸렸다.

소설가 제임스 볼드윈James Baldwin은 그 자신이 40대 초반일 때, 카잔의 소설을 평하면서, 이 문제를 가슴에 사무치게 말하고 있다.[6]

> 비록 우리는 후회 없이 살고 싶고, 또 때론 아무런 후회도 없다고 자랑스럽게 주장하고 싶지만, 이것은 실로 가능한 일이 아니다. 우리가 언젠가는 죽어야 할 운명이기 때문이라면 말이다. 우리 앞에 뻗어 있는 시간들보다 더 많은 시간들이 우리 뒤에 뻗어 있을 때, 아무리 마지못해서 그리고 불충분하게 할지라도, 우리는 어떤 평가를 시작해야 한다. 우리가 되기를 원했던 것과 되어버린 것 사이에는, 이제는 결코 메울 수 없는 중

요한 틈이 있다. 그리고 이 틈은 창조를 위한, 우리의 마지막 한계, 마지막 기회로 작용할 것처럼 보인다. 그리고 실제의 자신과 우리가 보고 있는 자신 사이에도, 비록 측정하기는 어렵지만, 역시 거리감은 있다. 우리들 중 몇 사람은, 인생의 중반에 와서, 이들의 거리를 극복하려는 희망에 서라기보다는 그 거리를 더 이상 벌어지지 않게 하겠다는 결심에서, 이 걷잡을 수 없는 지리학 연구를 하지 않으면 안 된다.

볼드윈 자신의 성인 초기는 카잔의 소설 속 주인공의 그것과는 매우 달랐다. 비록 그가 가고자 하는 인생행로에서 그를 꾀어내는 유혹은 더 적었을지라도, 그는 작가로서 이력을 쌓는 길에서 훨씬 더 큰 장애물들을 발견했다. 그러나 볼드윈은 자신의 '꿈'에 줄곧 성실했다. 40세에 그는 뛰어난 작가, 아마도 당대 최고의 흑인 미국 작가가 되었다. 그럼에도 불구하고, 그 역시 '실제의 자신과 겉으로 보이는 자신' 사이의 거리감을 인식해야 했다. 이 책을 비평하면서, 그는 그 자신을 '인생의 중반에 이 걷잡을 수 없는 지리학 연구를 해야 하는' 우리들 나머지 사람들과 연결 지어 놓고 있다. 조금 과장해서 비유한다면, 이 지리학 연구는, 생기를 돋는 오아시스가 가끔 나타나는 길게 뻗은 모래사장이 있는, 사막처럼 느껴지는 지역에서 지도를 제작하기 위해 탐험하고 있는 것과 같다. 여행자는 눈에 보이는 물웅덩이의 어떤 것은 신기루이고 어떤 것은 진짜라는 것을 발견하며, 그 영역은 그가 볼 수 있었던 것보다 훨씬 많은 자원을 보유하고 있다는 것을 알게 된다. 서서히 그는 지표 밑을 들여다보는 방법을 배우며 그가 거기에서 발견한 보물들을 사용하는 방법을 배운다.

성인 초기를 좀 더 성실하게, 그리고 카잔의 주인공보다 훨씬 꿈에 충실하게 살아온 볼드윈과 같은 사람은, 중년 입문기를 위한 새로운 구조를 창출할 때, 자신의 이전 삶에 더욱 크게 의존할 수 있다. 그럼에도 불구하고 그 역시 중년기 위기를 겪고 있다. 그는 젊은 날의 꿈과 현실 사이의 차이, 그리고 그가 소망했던 인생과 그가 만들어 낸 인생 사이의 불일치를 깨닫는다. 그의 성공에도 불구하고—그리고 그의 성공 때문에—그는 '이제는 결코 메울 수 없는 틈'을 느끼고 있다. 볼드윈이 주장한 것처럼, 이러한 틈을 인식하는 것은 창조를 위한 우리의 마지막 기회이다.

만약 남성이 성인 초기를 가장 창조적으로 보낸 사람들까지도 매우 강렬하게 경험하는 틈과 모순과 환상들과 타협하기만 하면, 그의 중년기는 창조적인 시대가 될 수 있다. 이제 더 이상 자신이 뛰어난 작가, 기술자, 또는 지도자이어야만 된다고 느끼지 않을 때, 그는 좀 더 자유스럽게 그 자신이 되고, 자신의 소망과 재능에 따라서 일하게 된다. 그의 인생이 자아에 더욱 바쳐지고 자아를 더욱 표현할 때에, 그가 사회에 공헌할 기회는 더 많아진다.

젊은 성인들과의 관계: 스승 역할과 아버지 역할

앞서 본 바와 같이, 남성들이 맺는 스승 관계와 특별한 여성과의 관계 사이에는 유사한 점이 있다. 강한 스승 관계의 종말은 여러 가지 면에서 사랑 관계의 종말이나 결혼 위기의 시기와 유사하다. 젊은 남성 쪽은—연장자 쪽도 마찬가지이다—환상에서 벗어나는 과정을 겪게 된다. 젊은 남성은, 통찰과 뒤틀림이 어느 정도 혼합된 채, 그 관계가 자신이 상상했던 만큼 자애롭지 못하다는 것을 깨닫는다. 즉 스승은 그가 이전에 알았던 것보다 덜 존경스럽고 덜 헌신적이며, 오히려 자신의 욕구와 흥미에 더 관심이 있다—간단히 말해서, 더 인간답다. 만약에 그가 스승의 인간적 결함을 바르게 인식하고 참을 수만 있다면, 그리고 만약에 그들 두 사람이 친구가 되거나 동료가 되기 위한 상호 간의 기반을 발견할 수만 있다면, 그들은 새로운 관계를 형성할 방도를 발견할 수 있다. 그러나 그렇게 하는 사람들은 매우 드물다.

또한, 중년의 전환기에 있는 남성에게 또 하나의 중요한 문제는 자신의 환상을 직면할 수 있는지의 문제이다. 그는 자신이 영웅이 되기 위해 고투할 때 자신을 지탱해줄 스승 역할을 할 인물을 절박하게 필요로 했던 내면의 작은 소년과 타협해야 한다. 남성은 성인 초기에 형성한 성공의 사다리와 꿈을 포기해야 될 때, 스승도 역시 포기해야 한다. 물론 훌륭한 상담과 우정을 항상 유용하게 쓸 수는 있지만, 40대 초반 이후에 제자가 되는 일은 거의 불가능하다. 이때는 그 자신이 차라리 스승이 되는 시기이다.

만약에 한 남성이 훌륭한 스승 관계를 맺어왔고, 그리고 중년의 전환기에 기본적인 양극성을 해결할 수 있는 사람이라면, 그는 기꺼이 젊은 성인의 발달을 촉진하기 위한 좀 더 큰 책임을 떠맡으려 할 것이다. 30대의 젊은 남성도 좀 더 어린 사람들을 가르치고, 감독하고, 인도하는 일을 훌륭히 해낼 수 있다. 그러나 진정한 의미에서 **스승 역할**은 중년의 전환기의 발달과업을 수행한 후에라야 가능하다.

중년의 전환기에 스승이 되는 과정은 부분적으로는 세대교체와 관련이 있다. 35세인 남성은 이제 완전한 성인이나, 아직도 20대와 긴밀한 유대관계를 갖고 있다. 그는 20대보다 반 세대 더 나이를 먹었고, 아버지라기보다는 형의 위치에 있다. 그러나 그가 40세를 지날 때, 그 차이는 완전히 한 세대 차이로 커진다. 젊은 사람들은 그를 동료라기보다는 상관이나 '아버지'로 더 간주하며, 그리고 나이뿐 아니라 권위, 사회적 유대망과 같은 장벽에 의해 그와 거리감을 더 느낀다.

처음으로 그는 젊은 세대로부터 추방당한데서 오는 실망감과 상실감을 크게 느낄 수 있다. 그러나 서서히 그는 자신도 역시 변화하고 있음을 발견한다. 그는 가장 직접적 관계를 40대, 50대에 있는 사람들과 맺고 있는 직업, 가족, 공동체 생활의 세계 속으로 들어가고 있다. 그는 성인 초기 세계와는 더 거리가 멀어지고 있다(그리고 더 지배적이 되고 있다). 그는 30대의 '젊은 성인'이나 20대의 '풋내기 성인'과는 완전히 다른 '원로 성인'이 되어가고 있다.

더욱 연장자의 위치로 향하는 움직임은 실제로 지위상의 발전이 있을 때 가장 명백해진다: 직장에서 높은 지위로 승진한 경우, 좀 더 정평 있는 작가, 물리학자, 기술자로 인정받았을 때, 노인과 젊은 세대에 대한 책임을 떠맡으며 확대가족 내의 어른 위치로 들어갈 때, 종교 기관이나 시민 기관에서 존경받는 연장자의 위치를 획득했을 때이다. 다양한 형태의 연장자 역할이 있고 다양한 성취 수준이 있으나, 남성이 중년 세대에서 자신의 위치를 마련하기 위해서는 어느 정도의 발전이 필요하다.

중년에 남성은 20대와 30대에 있는 젊은이들과 많은 접촉을 가질 수는 있으나, 그들 세계에 완전히 동료로서 참여할 수는 없다. 그 관계가 여러 가지 점에서 동등할 때일지라도, 그는 중년 세대와 같은 좀 더 큰 성숙성을 반영하는 어떤 독특한 면모를 그들에게 보여주어야 한다. 그는 자신의 세대 안에서 사회적 기반을 형성함으로써, 세대 간의 경계를 좀 더 쉽게 넘나들 수 있으며, 상호 간에 유익한 관계를 확립할 수 있다. 그는 자신 안에 있는 젊음을 유지할 수 있고, 타인들 안에 있는 '젊음'과 '늙음' 양쪽 모두와 접촉할 수 있으며, 자신의 중년기를 젊은 세대나 늙은 세대와의 관계를 좀 더 풍요롭게 하는 데 이용할 수가 있다. 만약에 그가 아직 젊은 성인들과 너무 밀착된 채 매여 있다면, 그는 그 자신의 세대로부터 격리될 것이며 자신 안에 있는 늙음과도 분리되어, 모든 세대와의 유대 관계를 상실해버릴 수도 있다. 다른 극단에는, 젊은 사람들과의 유대 관계가 완전히 위축되어 버린 경우가 있다. 그러나 이것은 그가 자신 안에 있는 '젊음'으로부터 소원해져서 너무 조숙해졌다는 것을 의미할 수도 있다.

젊은이의 스승이 된다는 것은 중년 남성에게는 가장 유용하고 의미 있는 관계 중의 하나이다. 스승으로서의 독특한 만족감은 젊은 남성과 여성의 발달—자신의 꿈을 형성해서 실현시키고, 자신의 가치와 능력에 따라 좀 더 나은 삶을 영위하기 위해 노력하는 것—을 촉진시키는 데에 있다. 어린이와 청소년들의 발달을 도모하는 것은 성인 초기의 남성들에게 또 하나의 주요한, 나이에 적절한 기능이다. 그것은 어버이다운 충동의 좀 더 원초적인 형태이다. 중년기에 남성은 한 걸음 더 나아가 젊은 성인의 발달을 촉진시켜 줄 수 있다. 스승의 역할은 어버이다운 충동을 활용한 것이기는 하나, 그것보다 더 복잡하며 어느 정도 중년기의 개별화 경험을 필요로 한다. 중년기에 좀 더 강한 자아감을 획득하고, 자신이 계속적으로 발달하고 있다는 강한 느낌을 가질 때, 그는 다른 성인들의 발달을 더욱 촉진시킬 수 있다.

스승 역할을 하는 데는 어느 정도 이타성이 개입되어 있다—의무를 다하려는, 다른 존재를 위해 무엇인가를 하려는 느낌. 그러나 이타성보다 훨씬 더 많은 것들이 개입되어 있다. 스승은 그 자신을 위해 어떤 일을 하고 있다. 그는 중년에 자신의 지식과 기술을 생산적으로 활용하고 있는 것이다. 그는 다른 방법으로는 가능하지 않은 독특한 방법으로 학습하고 있다. 그는 세계 속에 있는, 그리고 자신 안에 있는 젊음의 힘과 연결을 유지하고 있다. 도움이 필요한 제자가 그를 필요로 하는 만큼 그도 도움을 줄 제자가 필요하다. 이 단순한 진리를 좀 더 폭넓게 인식할 때가 바로 이때이다.

스승과 제자 양방이 젊음을 되찾고 창조적 작업에 임하는 것은 **훌륭한 스승 관계** 속에서 촉진된다. 그러나 거기에는 수많은 위험이 있으며, 어떤 관계도 이런 위험에서 완전히 벗어날 수는 없다. 스승은 쇼George B. Shaw의 연극이나 『마이 페어 레이디*My Fair Lady*』 속에 나오는 히긴스Higgins 교수처럼, 자기중심적으로 자신의 엘리자 돌리틀Eliza Doolittle(여성 또는 남성)을 자신이 선택한 상像으로 만들려고 노력하는, 전지전능한 피그말리온Pygmalion*의 역할을 하려는 유혹을 받는다. 결국 엘리자는 그녀(그의) 자신의 발달을 추구하기 위해 스승을 거역해야 한다.

또 다른 위험은, 스승이 제자가 노력한 결과를 자기의 것으로 만든다거나 그것을 자신의 명성이나 행운을 위해 사용함으로써, 그 관계를 자신에게 유리하게 이용하려는 유혹을 끊임없이 받는 것이다. 그렇지 않으면, 제자가 자신보다 더 뛰어나게 빛을 발할지 모른다는 두려움에서, 스승이 파괴적인 형태의 훈련과 통제를 할 수도 있다. 다른 극단적인 경우, 스승이 지나친 이타성에서 결국 양쪽에 파괴적인 불균형을 초래하는 제자의 요구에 자신을 헌신할 수 있다. 물론, 양방은 모든 관계의 본질과 결과에 기여한다.

스승의 역할은 에릭슨이 **생성감**generativity이라고 부른 발달 과정의 일부분이다. 이러한 과정을 통해서, 중년 남성은 인생의 연속성과 세대의 흐름을 점차로 깨닫게 된다. 그는 조만간에 중년의 책임을 떠맡을 준비를 해야 하는, 다가오는 젊은 성인 세대에 대해 관심을 갖게 된다. 또한 그는 중년 세대가 짊어져야 할 다른 짐들—권위를 행사하고, 리더십을 발휘하며, 광범위한 대중에게 중요한 결과를 초래할 결정을 내리고—을 수용한다. 그

* 그리스의 신화에 나오는 키프로스의 왕이며 조각가. 상아로 조각한 여인상을 사랑하며, 살아 있는 상이기를 간절히 소망한 끝에 아프로디테로부터 이 상像에 생명을 부여받는다.—역주

기본 과정은 마을에 있은 농부, 공장이나 노동조합의 노동자, 회사의 관리자, 지방 또는 국가적, 국제적 정치 지도자에게 모두 유사하다.

간디의 전기에서, 에릭슨은 그의 40세에서 60세까지의 세월을 생생하게 그려냈다.[7] 중년기가 시작될 무렵에, 간디는 남아프리카에서 인도로 돌아와 자신의 정치적 이력을 시작했다. 50세에, 그는 비폭력 투쟁의 시험대가 될 아메다바드Ahmedabad 동맹파업을 이끌었으며, 식민 통치에 대항하는 국가적 지도자인 마하트마Mahatma로서 자신의 위상을 확립했다. 자신의 추종자들이나 젊은 세대들과 새로운 관계를 형성하고 있을 때, 간디는 자신의 젊은 아들들에게도 좋은 아버지가 되고자 노력하고 있었다. 그의 정치적 성공과 아버지로서 실패의 공존, 그리고 양쪽에 바친 투자의 강도는 성인 발달의 복잡성과 모순을 예시해주고 있다.

우리는 15장에서, 중년기에 남성성과 여성성의 양극성을 통합한 결과가 남성이 스승 역할을 할 수 있는 능력, 특히 여성의 스승 역할을 할 수 있는 능력에 영향을 미칠 수 있다는 것에 대해 논의했었다. 이것은 중년의 전환기의 가장 의미 있는 소득 가운데 하나일 수 있다.

훌륭한 스승 역할은 중년 남성이 사회에 공헌할 수 있는 특별한 일 중의 하나이다. 스승의 역할이 스승과 제자, 그리고 사회에 갖는 전반적인 가치를 생각할 때, 이런 일이 실제로 매우 드물게 일어나고 있음은 비극적인 일이다. 우리는 개인적 발달과 제도적 구조 안에 있는 제약들에 얽매여 있다. 이러한 제약들은 세대 간의 갈등을 강화시키고 젊은 세대와 중년 세대 사이의 관계를 서서히 약화시킨다.

스승이 되는 과정은 성인 초기로 들어가는 자녀에게 **새로운 방식으로 아버지가 되려는 과정**과 흡사하다. 남성이 40세 무렵이 되면, 그의 큰 자녀들은 청소년기나 그 가까이에 있을 가능성이 있다. 아버지와 자녀 모두가, 자녀들은 성인 초기로 다가가고 있고 아버지는 그걸 뒤로 하고 떠나고 있다는 사실에 의미를 부여해야 한다. 이제 그는 더 이상 조그만 어린애들을 양육하는 젊은 아버지가 아니며, 자신의 청소년 또는 젊은 성인 자녀들과 새로운 관계를 모색하고 있는 중년의 아버지이다. 세대의 위상이 바뀜에 따라, 그는 새로운 책임과 기회들에 직면한다. 최선의 경우, 그들은 어느 정도의 사랑과 가르침, 배움, 지지, 일과 놀이를 함께 하는 상호 만족스러운 관계를 형성할 수 있다. 그러나 그것은 쉬운 일이 아니며, 관례라기보다는 예외적인 것이다. 만약에 그가 자녀들을 계속해서 마치 조그만 어린애처럼 다룬다면, 그들은 복종적이 될 수 있고 그들 자신의 자율성을 발달시키지 못하거나, 또는 반항과 경멸을 하면서 멀리 떠나버릴 수가 있다.

부모와 젊은 자녀 사이에서 일어나는 문제는 거의 전적으로 자녀의 입장에서 검토되어왔다. 자식을 끔찍이 사랑하거나, 또는 통제적인, 거부적인, 도덕적인, 유혹적이고 억제적인 부모들이 젊은이들에게 가한 손상에 대해서는 많은 것들이 쓰여져왔다. 만약에 우리가 이러한 관계를 부모의 입장에서 숙고해본다면, 세대 간의 관계에서 자연히 발생하는 갈등에서, 한 세대를 악한으로, 다른 세대를 희생물로 만들어버리는 경향이 줄어들게 된다. 쌍방 모두가 반드시 문제의 일부분을 소지하고 있다. 즉 좀 더 폭넓은 이해로 해결의 실마리를 찾을 수 있다. 젊은이들을 발달적 조망에서 볼 때, 청소년들이 성장하면서 겪은 고통들이 부모와의 갈등 속에 어떻게 반영되고 있는지를 좀 더 쉽게 이해할 수 있다. 또한 부모들 역시 성숙하면서 겪는 고통을 갖고 있다. 즉 그들 역시 발달적 조망에서 이해될 필요가 있다. 여기에서 아버지들에 대해 말하고 있지만, 비록 세부적인 문제들이 다를지라도, 어머니들도 역시 똑같은 기본적인 문제들을 갖고 있다.

40세경에, 남성은 젊음과 늙음의 양극성을 해결하는 문제에 깊이 휘말려 있다. 이 발달 과정은 보통 남성이 자신의 자녀나 젊은이들과 맺고 있는 관계에 강력한 영향을 미친다. 노화老化가 자신을 무겁게 짓누를 때, 젊은이들의 넘쳐흐르는 생동감은 그에게 기쁨이나 관용보다는 질투와 분개심을 더 일으키기 쉽다. 그는 예전에 부모가 자신에게 실제로 가한 또는 자신이 상상하고 있는 상처를 생각하며 부모들에 대한 원망에 사로잡혀 있을 수 있다. 이러한 선입견들 때문에, 그는 자녀들이 자신에게 직접적으로 불평과 불만(가끔 유사한)을 토할 때, 더욱 이해심이 사라져버린다.

만약에 그가 자신의 젊은 날의 꿈을 이루지 못했거나 저버렸다고 느끼면, 그는 진심으로 젊은이의 꿈을 지지해주고 축복해주기가 어렵다는 것을 알게 된다. 그의 자녀가 성인으로서의 목표를 추구하지 못하고 실패나 혼란의 기미를 보일 때, 그는 그들의 삶이 자신의 삶처럼 좋지 않게 될까 봐 두려워한다. 그렇지만, 그들이 잘하고 있을 때도, 그는 그들의 성공을 불쾌하게 여길 수 있다. 불안과 죄책감 때문에 도움을 주려고 하지만 제대로 되지 않으며, 그 대신에 그는 끊임없는 잔소리로 귀찮게 징벌하는 사람이 되어버릴 수도 있다.

자신의 인생에 대한 실패감이나 공허감을 통렬하게 느낄 때, 그는 자신이 갖지 못한 것들을 자녀들이 더 많이 갖게 될 것이고, 자녀들의 성공이 자신의 실망을 보상해줄 것이라는 생각으로 위안을 얻을 수도 있다. 부모가 할 수 있는 위대한 선물 중의 하나는 자녀들이 그들 나름대로의 시각에서 행복하기를 진정으로 바라는 것이다. 그렇지만, 아버지가 자신이 놓친 특별한 것을 자식이 갖기를 처절하게 원할 때, 그 부모의 관심은 너무 쉽사리 폭군적인 요구가 되어버리고, 자녀들은 조만간에 거기서부터 벗어나지 않으면 안 된다.

자신 안에서 중년의 양극성들을 해결했을 때, 아버지는 좀 더 참다운 염려와 지혜로써 자녀들의 요구에 반응할 수 있다. 그는 자녀들의 젊음이 넘치는 희망에 가치를 둘 수 있고, 그들의 젊음에서 오는 서투름을 수용하고, 그들의 개성을 고려해 지혜를 제공해줄 수 있다.

결혼 관계의 수정

많은 남성들이 30대 후반이나 40대 초반이 되면, 이전에는 무시하거나 막연하게만 인정했던 결혼 문제를 심각하게 생각해볼 수 있다. 어떤 남성은 결혼이 처음부터 잘못됐다는 것을 인정할 수도 있다. 열렬히 사랑해본 경험도 없이, 그는 가족의 압력이나 관습, 권위에 대한 반항, 사회적 상승, 또는 죄책감과 같은 이유 때문에 결혼했었다. 그래서 부부가 만족스러운 결혼 관계를 창조한다는 것은 어려운 일이었다. 시간이 지남에 따라 사태는 좋아진다기보다는 더 악화되었다. 그는 주로 가족 생활, 자녀들과 전통에 대한 애착 때문에 결혼 생활 속에 남아 있었다. 이제 거대한 환상의 안개가 걷히었다. 그는 처음으로 그의 아내를 한 사람의 인간으로 보고 그들 관계의 본질을 이해하는 데 자유스러움을 느낀다. 통찰과 왜곡과 자기 합리화가 제멋대로 뒤섞인 채, 새로운 자각이 그를 엄습한다. 그들 사이에는 어떤 짜릿한 흥분도 없다. 그는 자신의 주요한 흥미와 관심거리를 그녀와 나눌 수가 없다. 그녀는 그를 친구나 연인이라기보다는 어린애들 중의 하나로 간주한다. 그녀는 그가 자신들의 초기의 목표를 성취하지 못한 것에 대해 실망하고 있다. 그녀는 자신이 즐기거나 공유할 수 없는 세계 속에 그를 휘말려들게 한 그의 성공에 대해 분개하고 있다.

남성은 어느 연령 또는 어느 시기에서나 자신의 결혼 생활이 생각했던 것보다는 어렵다는 것을 발견할 수 있다. 그러나 변화의 과정은 한 시기에서 다음 시기로 갈 때마다 달라진다. 30대 후반에, 그는 자신의 결혼에 대해서 격렬하게 불만족감을 느끼게 될 수 있다. 좀 더 남자다워지기 위해서, 사회에서 좀 더 인정받기 위해서 분투노력하면서, 그는 아내가 자신을 조그만 소년으로 간주하고 있는 것을 느끼게 된다. 그는 그녀가 어떤 면에서는 지나치게 통제적이거나 숨이 막히게 하고, 다른 면에서는 박탈감과 굴욕감을 주고 있는 것처럼 경험한다. 그는 좀 더 이해심이 있고, 공유할 수 있으며, 육감적으로 감정을 불러일으키는, 그리고 그녀와 함께 있을 때는 좀 더 사람답게 느껴지는 다른 여성을 발견할 수도 있다. 이것은 '탈출'—이혼 혹은 재혼—이나 또는 아내와 '다른 여성'을 동시에 포함한 인생 구조로 유도할 수도 있다.

남성이 자기 자신이 되어가는 시기에 자신의 결혼 생활에 대해서 불만족을 느끼게 되면, 그는 그 문제를 자신보다는 아내의 탓으로 돌리는 경향이 있다. 그는 그녀에 대한, 그리고 결혼 관계에 대한 환상은 극복할 수 있으나, 그 자신에 대한 환상을 검토해보기는 어렵다는 것을 발견한다. 그의 발달적 추진력은 자아를 탐색하는 쪽으로 향하기보다는 외부 세계를 통제하려는 쪽으로 향하고 있다. 중년의 전환기 동안 남성은 그 자신을 더욱 자세히 들여다볼 수 있으며 자신에 대한 환상을 다룰 수 있다. 그는 다음과 같은 질문을 던질 마음의 준비가 되어 있다: "결혼 생활에서 생긴 갈등 중에서 내가 한 일은 어떤 것들인가? 나는 아내가 특별한 모성적인 인물이 되기를 원했는가? 무엇이 나를 그 결혼 생활로 이끌었으며, 그토록 오랫동안 거기에 머무르게 했고, 그리고 이제 그것에 대해서 질문을 던지게 했는가?"

이런 문제들을 해결하는 것은 결코 쉽지가 않으며, 단지 그는 가끔은 자신의 사고와 감정이 변화하고 있음을 막연하게 깨닫고 있을 뿐이다. 갈등이 극에 달했을 때에 그는 그 갈등이 무엇인지 명확하게 말할 수 없고, 자신의 마음속에 있는 문제들을 분별해낼 수도 없다. 그는 덫에 걸려 있는 듯한, 분명한 방향이 없이 밖으로부터 반대 방향으로 끌려 들어온 듯한, 그리고 안에는 갈등과 절망으로 가득 차 있는 것 같은 느낌이 든다.

때로는 결혼 관계를 재평가하도록 촉발시키는 쪽이 아내일 경우가 있다. 그녀는 30대 후반이나 40대 초반이 되면 가족적인 책임감에서 좀 더 자유스러워지기 때문에, 그녀 자신의 시야를 넓히고 가정 밖에서 새로운 일을 시작하려고 한다. 그녀는 발달과 변화를 위한 목소리를 높인다. 결혼 생활에서 가끔 생기는 '노동의 분담'을 통해서, 이때 남편은 '현 상태를 유지하라'고 목청을 높일 수 있다. 더군다나, 자신의 젊음이 위협당하고 있다고 느끼는 남성은 아내가 자신의 삶을 수정하려고 하는 것을 기뻐하기보다는 위협적으로 느낄 수 있다. 만약 남편이 아내가 우선 가정적인 역할로부터 해방되려고 하는 것을 수용할 수만 있다면, 그들이 공동으로 소유하고 있는 것은 함께 공유하고, 서로 다른 흥미는 좀 더 자율적인 바탕에서 추구하면서, 부부는 좀 더 새롭고 친밀한 관계를 함께 발전시켜나갈 수 있다.

어떤 가족에서는, 아내는 점점 더 자기주장적이고 자유스러워지는 반면에 남편은 심각하게 쇠퇴해간다.[8] 그는 가족 생활에서 권위와 개입이 더 줄어들고 직장에서도 점점 시대에 뒤떨어져감을 느낀다. 이런 일이 일어날 때, 그것은 전체 가족을 위해서 심각한 문제이다.

가끔 변화를 위한 첫발을 내딛는 것은 남편이다. '자기 자신이 되어가는' 시기나 '중년의 전환기'에 그는 자신들의 삶을 수정하려는 강한 욕구를 느낀다. 그는 자기 아내에게 이것을 전달하려고—보통 서툴거나 혼란된 방법으로—노력한다. 비록 그의 처지에 동정하기는 하지만, 아내는 파경이 될까 봐 두려워한다. 그녀는 그가 토해내는 실망과 불만을 그녀에 대한 간접적인 공격—그의 고통은 근본적으로 그녀의 잘못 때문이라는 비난—으로 간주한다. 만약에 그들 양방이 모두 이런 문제에 직면하게 되면, 그녀는 이런 불만으로 인해 남편이 자신들의 결혼 생활이나 인생 구조에 내재한 더욱 심각한 문제들을 인정하게 될까봐 두려워한다. 이런 경우, 비록 문제를 명확히 분석하여 새로운 방향을 모색하려는 최초의 노력이 가끔 엉망진창이 될지라도, 아내가 안정과 자제의 목소리를 내는 반면에, 남편은 변화를 주도하게 된다.

중년의 전환기에 표면화되는 결혼 문제들은, 별거나 이혼에서부터 결혼 관계의 재조정이나 개선까지, 다양한 변화로 나타날 수 있다. 어떤 경우에는 불만의 씨가 남아서 부부를 점점 더 갈라놓을 수가 있다. 그들은 후에 (가끔 50세경에) 이혼하거나 또는 부부싸움이나 냉전 상태로 수년 동안을 계속해서 살 수도 있다.

결혼 문제들을 이해하는 데는 발달적인 조망이 유용하게 쓰인다. 남편과 아내가 각기 다른 비율로, 그리고 다른 방향으로 발달했음이 결혼 후 몇 년이 지난 뒤에야 명백해진다. 결혼 초기부터 있었던 결함들은 시간이 지남에 따라 다른 문제들을 첨가시켰고, 이것은 부부 중 한쪽에게는 참을 수 없는 것이 되었다. 다른 쪽은, 실제로 많은 불만의 씨앗을 갖고 있긴 하지만, 그들을 부정하고 현 상태를 유지하기 위해 매달린다. 결혼 생활에서 오는 긴장감은 보통 전환기—특히 30대 전환기나 중년의 전환기—나 자기 자신이 되어가는 단계의 위기 동안에 곪아 터진다. 새로운 전환기나 환경에서의 뚜렷한 변화가 균형을 깨뜨릴 때까지, 갈등은 수년 동안 속에 담겨져 억제되어 있을 수 있다. 양방이 그 문제를 협력해서 해결하려는 준비가 되어 있고 그들의 발달적 노력이 좀 더 완전하게 동시에 진행될 수 있을 때에만, 그 관계는 개선될 것이다.

이 나이의 남성은 더 젊은 여성과 심각한 사랑 관계에 빠져들 수 있다. '도망치는' 배우자는—보통 남편이나 점점 더 아내가 증가한다—전형적으로 타인들에 의해 공정한 이해를 받기보다는 도덕적 비판의 대상이 된다. 가족의 안정성에 큰 가치를 둔 사람들은 가끔 자동적으로 부정적인 판단을 한다: 이와 같은 일을 저지른 남성들을 도덕적으로 타락했거나 일시적으로 흔들린 것으로 본다. 또는 그들은 그를, 동정과 경시가 함축된 용어인

사추기思秋期, middlescence로 고통당하고 있다고 본다. 반면에, 열렬한 자유주의 옹호자들은 가끔 판에 박힌 틀에서 벗어나 자기 자신의 삶을 찾은 것에 대해 칭찬할 만한 가치가 있다고 평가한다.

만약 혼외 관계를 좀 더 잘 이해하려 한다면, 우리는 이것을 발달적 조망에서 보아야 한다. 그것은 젊음과 늙음의 양극성을 해결하려는 남성들의 힘겨운 싸움을 반영하고 있다: 그는 자신 안에 있는 젊음이 메마르고 죽어가고 있는 늙음에 의해 뭉개어지고 있다는 두려움을 느끼면서 자신의 젊은 혈기를 우겨대고 있는 것이다. 만약에 그가 단순히 자신의 청춘을 되찾으려고 한다거나, 또는 그것을 결코 변하지 않게 고정시켜 두려고만 한다면, 그 탐색은 공허한 것일 것이다. 반면에, 다양한 연령층에 있는 여성과 새로운 관계를 탐색하는 것이, 그로 하여금 자신과 타인들 안에 있는 여성성과 더욱 접촉할 수 있게 하고, 남성성과 여성성의 양극성을 해결하도록 할 수도 있다. 이때 그는 자신의 젊음의 에너지를 중년기에 적절한 형태로 활용할 수 있을 것이다.

40대 중반 중년의 전환기가 끝날 무렵, 남성은 새로운 선택들을 하거나 또는 다른 여건에서 예전에 한 선택들에 재개입해야 한다. 만약에 그가 현재의 결혼 관계를 개선시키려고 하거나, 또는 예전보다 개선된 새로운 결혼 관계로 들어가려 한다면, 그는 자신에 대한 환상에서 깨어나야 한다. 그는 여성들과 좀 더 성숙한 관계를 형성하지 못하게 한 자신의 동기나 성격적인 측면들에 대해 약간의 책임을 느껴야 한다. 그는 이러한 상호 간의 노력에 동참하려고 하는 아내나 연인과 새로운 관계를 발달시키기 위해서 수년 동안 노력해야 할 것이다. 그렇지 않으면, 그는 양쪽에 다 파괴적인 침체된 결혼 생활 속에 남아 있거나, 또는 예전에 상처를 준 주제들을 새삼스럽게 되풀이하는 결혼 생활(또는 새로운 여성과의 관계)을 다시금 시작하게 될 것이다. 다음 장에 제시되는 전기에서는 결혼, 아버지 역할, 스승 관계, 그리고 꿈에 관하여 위에서 논의해온 많은 변화들이 조명될 것이다. 제18장에서는, 중년의 전환기 동안 인생 구조를 재평가하고 수정하기 위한 노력들이, 다음 시기인 중년 입문기에, 어떻게 새로운 인생 구조를 형성하도록 이끄는지 보게 될 것이다.

17장 존 반즈의 인생

생물학자

존 반즈John Barnes는 1925년에 태어나, 청교도적 전통이 강한 유복하고 보수적인 상류층 뉴잉글랜드 집안에서 성장했다. 그의 성인 이전 세계에서는 진정성, 빅토리아 시대의 성적 관습, 엄격한 감정 통제, 자기과시의 자제, 높은 지적 성취와 공적인 봉사가 강조되었는데, 목사의 아들이자 월스트리트의 성공한 법률가인 그의 아버지가 이런 면에선 좋은 본보기였다. 존은 중년인 부모의 막내아들로 태어났는데, 그의 부모는 아들을 잃은 지 얼마 안 되어 매우 슬퍼하던 참이어서, 그는 그 자리를 메꾸어주는 대역이었다. 그는 하인들의 손에 길러지다가 13세에 기숙학교로 보내졌다.

어릴 때, 그는 부모님의 여름 농장 관리인을 가장 가깝게 느꼈는데, 그는 그에게 고급 가구 제작하는 법을 가르쳤으며 그에게는 '거의 양아버지'나 다름이 없었다. 그의 가족은 친밀감이 결핍되어 있었고 애정이 자연스럽게 넘쳐흐르지 않았다. 그는 부모님에게, 특히 마음을 잘 드러내지 않는 아버지에게 애착을 느끼고 있었는데, 아버지와 함께 바다와 항해에 대한 사랑을 공유하고 있었다. 어머니는 큰딸을 가장 좋아했으며 존에게는 가끔 비평적이고 통제적이었다.

> 내 생각으론, 나는 항상 우리 가족의 토템 기둥 위에서 가장 신분이

낮은 사람인 것 같은 느낌으로 고통받았죠. 어느 정도는, 이것은 너무 늙어버린 부모님과 관련이 있죠. 그러나 주로 그것은 두 명의 누이와 관련이 있는데, 불화가 있는 날엔, 곤란한 일이 벌어질 때면, 문제가 무엇이든지 간에, 그들이 옳고 내가 나빴죠. 그리고 이러한 결과로 나는 매우 심한 '막내 콤플렉스'를 갖게 되었다는 것입니다. 나는 그것을 아직도 상당히 갖고 있지 않나 염려됩니다.

'단순한 대체물'인 것 같은, 가족의 '토템 기둥 위에서 가장 신분이 낮은 사람'인 것 같은, 그리고 어머니의 애정으로부터 가장 멀리 떨어져 있는 것 같은, 그의 초기의 경험은 그의 인생 속에서 끊임없이 되풀이되었다: 최고가 되기 위한 처절한 욕망과 힘겨운 발버둥, 그러나 결국은 좌절로 끝나버리는.

일련의 엘리트 사립학교에서, 그는 매우 성공적인 학생이자 운동선수였다. 뒤떨어진다는 것은 항상 그에게 고통스러웠다. 매우 사교적이지는 않았지만, 그는 항상 몇몇 가까운 친구를 갖고 있었다. 그가 8세 때, 큰누이가 생화학과에서 대학원 과정을 시작했다. 두 명의 매부도 마찬가지로 생물학자였는데, 그들 중 한 사람은 존이 특히 존경한 사람이었다. 12세에, 그는 위대한 발견을 할 생화학자가 되려는 특별한 꿈을 형성했다. 가족의 고무, 과학 분야에서의 우수한 학교 성적, 집안의 화학 실험실에서 보낸 시간들이 그의 꿈을 북돋았고 그에게 자신감을 주었다.

존은 고등학교 시절에 몇 명의 소녀들에게 마음이 끌렸으나, 수줍었고 격렬하게 휘말려드는 것을 두려워했는데, 가족적인 금기 때문에 제약을 받기도 했지만, 좀 더 앞서가는 동료들보다 뒤떨어지는 것을 두려워했다. 과거를 회상하면서 그는 자신이 실험실의 안전한 곳으로 퇴각했었다고 느끼고 있었다. "나는 다른 것들에 관심을 가져서는 안 되었죠. 그들이 그렇게 끔찍하게 중요한 것은 아니라고 난 항상 상상할 수 있었지요."

초심자 단계

존 반즈는 하버드대학교에 다니던 시절과 군에서 복무하던 기간 중에 성인 초기 전환기(18~23세)를 겪었다. 많은 젊은이들에게, 이때는 불연속성과 실험의 시기였다. 존의 경우엔, 이 여러 해 동안 별다른 변화가 없었다. 그의 학교생활, 부모와 타인들과의 관계, 그의 '꿈'과 인생의 목표는 큰 변화가 없었다. 비록 가까스로 데이트를 하고 있는 두세 명의 여자들을 다루는 자신의 인간미 없는 자질에 대해 남몰래 걱정을 하고 있기는 했지만, 그는 이것을 변화시킬 방도가 없었다.

19세에서 21세까지 군복무 하는 동안, 성인 이전 세계와는 매우 다른 환경에서, 그는 훨씬 더 자유스럽게 새로운 경험의 세계에 자신을 개방할 수 있었다. 그는 부대에서 사용하는 건설기계에 매료되었으며 건설 회사를 경영하는 자신을 상상해보았다. 이 대립된 꿈은 요즈음 그의 환상 속에 다시 출현하고 있다. 그는 자신의 첫 성경험도 역시 약간 흥분해서 회상하고 있다. 비록 이것은 완전한 애정 사건도 친밀한 우정 관계도 아니었지만, 그는 이제 여성에게 성적인 접근을 할 수 있었고 더욱 한 남성이 된 것처럼 느낄 수 있게 되었다.

21세에 대학에 돌아온 후, 그는 군대에서 꽃피우기 시작한 흥미들을 옆으로 제쳐놓았다. 그는 곧 매력적인 바사Vassar 학생인 엘렌과 사랑 관계를 시작했다. "우리는 꽤 급속도로, 내 입장에서는 즐겁게, 바로 성관계로 들어갔죠. 내가 추측하기엔 난 홀딱 빠져버렸었죠. 그것은 이런 방면에서는 나의 첫 경험이었습니다. 우리가 결국 결혼했다는 점만 봐도 홀딱 빠져 버렸던 거죠."

그와 엘렌은 대학을 졸업한 후 곧바로 결혼했는데, 주로 그는 이것이 '해야 할 당연한 일'이었기 때문이라고 믿고 있다. 그녀는 마지막 순간에 물러서려고 했으나 그가 결혼하도록 그녀를 설득했다. 23세에, 그들 중 아무도 자신들의 관계에 도사린 문제들을 직면할 수 없었다. 그는 엘렌이 자신들의 사랑 행위를 즐기지 않았으나 거기에 대해 그와 함께 의논할 수가 없었다는 걸 깨닫지 못했다. 또한 그녀의 흥미 역시 과학에서 예술로 바뀌었는데, 그는 예술엔 전혀 흥미가 없었다. 둘 중 아무도 상대편의 꿈에 개입할 수가 없었다. 그들의 관계는 친밀하지 못했으나, 그때는 무언가가 어긋나고 있다는 것을 그는 깨닫지 못했다. "그것은 낯설다는 의미에서는 중매결혼과 전혀 달랐죠. 그러나 바로 마찬가지였을지도 모르지요."

23세에서 28세까지의 성인 입문기에는, 존은 예일대학교에서 열정적이고 성공적인 대학원생이었다. 생화학 과정에서 박사학위를 받았고 일 년 동안 박사 후 과정 연구생으로 머물렀다. 이 기간 동안 그는 자신이 존경하는 저명한 여성 과학자 밑에서 연구했다. 그녀는 선생, 조언자, 후원자라는 의미에서는 분명히 그의 스승이었으나, 그 관계는 아주 개인적이지는 못했다. 그는 완전히 자신의 '꿈'에 사로잡혀 있었다. "과학, 나의 일, 실험실은 깨어 있는 동안의 내 모든 시간을 점령하고 있었죠. 이 시절에는 국가 정치나 다른 어떤 것—점심시간의 대화나 그와 같은 것 이상의—에 공개적으로 관심을 쓴다는 것은 나에겐 결코 있을 수 없는 일이었습니다."

광범위한 과학적, 사회적 의미에 대해서는 거의 생각지도 않고, 자기 학문의 통달에만 배타적으로 관심을 기울이는 것은 자연과학에서 도제徒弟 기간 중에 흔히 있는 전형이라는 것을 반즈는 인정하고 있다. 그러나 그의 협소함은 자신과 그를 둘러싼 세계에 대한 순박함을 반영한 것이라고 그는 역시 느끼고 있다. 그는 그것을 자신의 엄청나게 강한 꿈에 대한 몰입과, 그리고 "단순히 내가 그것을 하려고 결심만 하면, 내가 손을 대는 어떤 일도 해낼 수 있다"는 자신의 전지전능한 느낌과 연결시키고 있다.

이 시기 동안 그는 결혼 생활에 충실할 수 없었다. 성관계는 오랫동안 유예상태였다. 엘렌은 그의 부재와 그녀의 감정에 대한 무반응을 불평했다. 그가 26세일 때 그들은 첫아이를 가졌고, 2년 후에 둘째 아이를 가졌으나, 부모로서의 역할이 결혼 관계를 개선시키지는 못했다.

28세에서 34세까지 30대 전환기에, 반즈의 인생 여러 부분에서 중요한 변화가 일어났다. 그의 이력은 급속한 성장과 발전을 했다. 28세에, 그는 스승의 실험실에서 일하고 있는 비교적 자리가 잡히지 않은 초심자였다. 30세에, 그는 해외 특별 연구원 생활을 마친 뒤, 자기 분야의 첨단에서 흥미로운 연구 주제를 발견했으며, 컬럼비아대학교에서 조교수의 직위를 받았다. 그는 동부의 주요 교육기관인 이 학교에서 고향에 온 듯 편안함을 느꼈다. 이 학교는 그의 아버지와 가족의 많은 세대들이 거쳐 간 곳이었다. 컬럼비아 교수진에 합류하면서, 그는 가족적 전통과 유대 관계를 더욱 강화시켰다.

2년 동안의 고통과 고독한 실험 작업 끝에, 그는 32세에 중대한 발견을 하게 되었는데, 그것은 분명히 그의 인생의 정점을 상징하는 사건이었다. 그는 연구의 성공과 '엄청난 흥분의 순간'에 대해 말하고 있다.

> 말하자면 그건 엄청나게 강렬한… 그러나 그런 흥분은 비교적 일순간에 지나지 않지요. 실제로 그 일을 하는 고역은 2년이나 걸렸습니다. 희열과 흥분은 그다지 오래 계속되지 않았습니다. 이런 의미에서 그들은, 말하자면 스포츠 사건이나 짜릿한 흥분을 느끼게 하는 다른 일과 매우 흡사합니다. 우리가 하나의 중요한 검사를 하자마자, 모든 분야가 훤하게 보였습니다… 그리고 이것은 즉석에서 명백해졌어요—바로 문이 열리는 것처럼. 그게 바로 짜릿한 흥분을 주는 거지요!
>
> 나의 과학적 이력에서 가장 극적인 순간은 11월에 왔어요. 나는 그것을 나의 실험 책에서 찾았습니다만, 그러나 그것은 내내 대문자로 자세히 쓰여 있었지요. 우리는 실험실에서 하룻밤을 분광 광도계 앞에 앉아서 조심스럽게 준비된 용제를 섞었지요. 그리고 그것 때문에 지금 내가 유명해진 극적인 결과를 얻어냈어요. 내 생각엔, 그것은 크게 신비스러울 게 없습니다. 우리는 바로 정규적인 절차에 따라 조작을 했을 뿐인데, 그 당시에는 매우 예기치 않은 결과에 도달한 거지요. 요즈음은 그것에 대해서 재고해보지 않지만, 그때는 매우 흥분할 만한 것이었습니다. 약 일주일의 과정 속에서, 전무후무하게 나의 모든 과학적 이력에서 이룬 것보다 더 많은 기본적인 정보를 얻어냈으니까요. 나는 실제로 그 이후 꽤 잘해오고 있습니다. 이러한 진정한 흥분의 순간들이 수많은 지루한 고역을 치러 낼 가치가 있게 하지요. 분명히 그것은 그 어느 누구도 흥분시키지 않았습니다. 그것은 매우 개인적인 것이었지요.

그의 발견 내용이 출판되면서, 그는 '장래가 촉망되는 젊은 생화학자'로서 인정받게 되었다. 33세에 종신 직위로 조기 승진한 것은 대단한 인정이었다. 그는 과학적 엘리트 사회에서 자신의 가치를 입증했다고 느꼈다.

많은 과학자들이 최고의 상(노벨상)을 향한 경쟁자들을 완파하면서 현대판 영웅적 탐색에 몰두하고 있다(우리 연구에 참여한 과학자들의 반 이상이, 첫 결혼에서, 자신들을 고통 속에 처한 처녀를 구제한 사람으로 느끼고 있었다). 환상 속에서, 존 반즈는 이제 더욱 근본적인 발견을 하고 그 세계의 갈채를 받는 미래를 향해 돌진하는 젊은 영웅이었다.

그의 결혼 생활에서의 변화는 처음에는 고통스러웠으나, 궁극적으로는 하나의 진보였다. 컬럼비아로 이사한 지 몇 개월 후, 엘렌은 이혼을 요구했다. 그녀는 다른 사람과 사랑에 빠져 있었고 재혼을 원했다. 화해를 시도해 본 후에 품위 있는 이혼이 뒤따랐다. 서로에게 상처를 준 상황을 원만하게 해결한 데 대해 위안을 얻었음에도 불구하고, 반즈는 결혼 생활의 파경으로 위기감을 느끼기 시작했다.

> 확실히 그것은 여러 가지 면에서 큰 충격이었습니다. 하나는, 상황이 그렇게 분명하게 악화될 때까지 초기에 전혀 깨닫지 못하고 있었다는 것입니다. 나는 우리 관계가 매우 좋지 않았다는 것은 확실히 깨닫고 있었지요. 그러나 그것을 그렇게 극단적으로까지는 미처 생각하지 못했습니다. 그리고 엘렌이, 내가 아주 잘 아는 녀석인 젊은 남자와 얼마 동안 바람을 피웠다는 사실에 개인적으로 대단한 모욕을 느꼈지요. 그 모욕은 그녀가 이런 짓을 하고 있었다는 것이 아니라, 내가 그것을 알아차리지 못했다는 것이었습니다. 그리고 그것이 실로 나를 몸서리치게 했습니다. 분명히 나는 그 지방 사람들과 잘 어울리는 편이 아니었기 때문에, 그래서 그 사실은 더욱 충격적이었습니다.
>
> 첫 파경의 순간부터, 다음 몇 년 동안의 정신적 충격을 통해서, 나는 사람들이 말을 하거나 말을 하지 않거나, 무엇을 생각하고 있는지를 알아차리는 지각이 발달하기 시작했습니다. 나는 지금 그것에 대해서 전문가는 아니나 예전보다는 훨씬 더 나은 시각을 가지고 있지요. 나는 그 시점

부터 남의 마음의 리듬을 알아차리고 있습니다. 왜냐하면 전에는 이런 종류의 일에 내가 관심이 없다는 것이 그다지 큰 문제가 되지 않았습니다. 다른 사람들이 가끔 충분히 말해주곤 했지요. 그러나 난 그것을 아무렇게나 받아들이곤 했습니다. 드디어 그 시점에서 마음에 와 닿았습니다—조금 늦게, 그러나 아직이라고 말해야 되겠죠. 나의 아내는 '이해'나 '감정'을 언급하면서 우리의 관계에서 그녀가 잃어버린 것을 설명하려고 애썼습니다. 그러나 나는 단순히 이러한 낱말들이 그녀에게 무엇을 의미하는지 이해하지 못했습니다. 이런 말들은 그 당시 나에게는 큰 의미가 없었습니다. 그리고 무엇보다도 가족치료 기간을 포함한 이런 식의 논의가 변화를 위한 촉매 작용을 하고 있었지요. 나는 아마도 그녀가 옳았다고 생각합니다. 비록 그때에는 그녀가 무슨 말을 하고 있는지를 실제로 모르고 있었지만 말입니다. 그 이후에 나는 이런 것들이 많은 의미를 갖고 있었다는 것을 깨달았지요.

3년 동안 독신으로 지낸 다음, 반즈는 이제 자신의 삶에서 개인적인 인간관계에 좀 더 진지하게 마음을 쏟기 시작했다. 그는 예전보다 더 누이의 가족들과 가깝게 지냈으며, 대여섯 번의 애정 관계도 가졌다. 33세에, 그는 다시 결혼할 마음의 준비가 되어 있음을 느꼈다. 앤과의 구혼 기간 동안, 그는 처음에는 비록 신중하고 서툴긴 했지만, 해가 갈수록 두 사람의 관계는 점점 친밀해졌다.

앤은 그와 동갑내기인 독신이었으며, 생물학의 다른 분야에서 대단히 유능한 연구원이었다. 그녀는 박사학위 취득에 실패한 것과 자신의 직업적 발전이 제한된 것에 대해서 자책감을 느꼈으나, 존경하는 선배 과학자들을 위해 일하고 있는 데에서 보람을 찾고 있었다. 그녀의 성장 배경, 이전의 경험과 흥미는 존과 매우 유사해서, 두 사람은 마치 '똑같은 천을 잘라 놓은 것처럼' 보였다. 그들의 관계는 비록 대단히 낭만적이거나 열정적이지는 않았지만, 성격과 취미가 서로 비슷해서 두 사람 다 이전에 결코 경험해보지 못한 깊은 애정 관계와 상호 이해로 성숙해 갔다. 그들은 심리적 의미에서뿐 아니라 사회적인 의미에서, 경쟁적 역할보다 상호 보완적 역할에 더 잘 어울렸다. 그녀는 그의 일을 극구 찬양했고 경쟁적인 학계에서 그가 힘겨워함을 이해했다. 또한 그는 그녀를 과학적인, 지적인, 그리고 스포츠 동료로 존경했으며, 그녀의 직업적 야망을 북돋아주었다. 그들은 일 년 동안의 교제 후, 34세에 결혼했다.

안정기와 자기 자신이 되어가는 단계

34세에서 41세까지 안정기 동안, 반즈의 인생 구조는 30대 전환기에 한 선택들과 발달적 변화 위에 튼튼하게 구축되었다. 그는 선임 교수단의 새로운 임원으로서 앞으로의 발전을 위해 열심히 일했다. 동시에, 결혼 관계에서도 두 사람은 협력하여 부부 관계를 향상시켰으며 부모 노릇을 했다. 그들은 요트 항구가 있는 아름다운 조그만 마을에 아담한 집을 샀다. 되도록 공식적인 사교 생활을 피하면서, 그들은 활기찬 생활을 이끌어나갔다. 가끔 둘만이 함께 가사일이나 정원을 돌보면서, 또는 하이킹이나 스키를 타면서 서로 즐겼으며, 무엇보다도 그들이 애지중지하는 보트를 타고 모든 것으로부터 멀리 떠나는 것을 즐겼다.

앤 반즈 역시 자신의 감정을 엄격하게 통제하긴 했으나, 그녀는 더 지각력이 있었고 다른 사람들과 더 열정적으로 어울렸다. 깊어지는 관계를 통해서, 그는 서서히 그녀의 기분을 감지하고, 그녀를 한 개인으로서 이해하고 자신의 개인적 관심을 그녀와 공유하는 법을 배웠다. 앤은 가끔 그가 알아차리지 못하는 둘 사이의 관계나 정서적 문제에 그의 주의를 끌어들였다. 또한 그들의 30대 후반, 그녀가 3년 동안 정신분석 치료를 받던 어려운 시절에, 그는 아내에게 지지적인 큰 힘이 되어주었다.

직업적으로, 안정기는 그의 큰 발견과 조기 승진의 여파 속에서 시작되었다. 그때는 높은 희망과 대단한 자기 신뢰의 시기였다. 일 년 뒤 35세에, "내가 직업적으로 하고 있는 일이 사실상 세상을 구제하기 위하여 하고 있는지에 대한 의문이 일기 시작했죠. '세상을 구원한다는 것'은 항상 세상이 자신들이 구제되었다는 사실을 인정하고 마땅한 아첨을 해올 때야 표시가

나지요." 그는 자신이 지난 3년 동안 처음의 연구결과에서 파생된 부산물 위에서 계속 연구해오고 있었다는 것을 깨닫고 충격을 받았다. 만약에 그가 뛰어난 연구 경력을 원했다면, 기본적으로 새로운 문제를 정의하고 주요한 연구 기획을 세워야 할 때였다. 미래의 연구에 대한 불확실성은 가벼운 위기감으로 발전되었다. 처음에, 그는 자신의 창조적 재능을 심각하게 의심했다. 건설 회사를 경영하려던 이전의 꿈이 이제 강력하게 재출현했다. 그는 불도저를 몰고 과학 세계를 완전히 떠나는 환상을 했다. 그 위기는, 얼마 가지 않아 그가 야망에 찬 새로운 연구 기획을 시작했을 때 끝이 났다.

그러나 젊은 교수 반즈는 학과의 행정 조직에 점점 더 휘말려들고 있는 자신을 발견했다. 그는 사리가 분명한 지도자로 알려지게 되었다. 가르치는 것과 행정은 많은 시간을 잠식하기 시작했으며, 그러는 동안에 그의 연구 기획은 천천히 진행되어갔다. 그는 점점 더 전제적인 학장 밑에서 제약을 받고 있음을 느꼈다.

37세에 반즈는 자신의 실험실의 연구소장이 되면서 대여섯 개의 업무 제의를 거절하고, 정교수로 조기 승진했다. 그의 연구 기획은 자금 지원을 받았으나, 그 진행은 서서히 진척되었으며 성공할 확률은 불확실했다. 이 무렵, 대학 행정 당국에 있는 옛 친구가 인기가 하락해가고 있는 관련 학과의 학과장직을 맡으라고 그에게 압력을 넣었다. 그의 친구가 잘 감지했듯이, 이 특별한 사명은 존 반즈의 귀족적인 의무감뿐만 아니라 최고가 되려는 야망에 호소했다. 무엇보다 중요한 것은 컬럼비아에 대한 그의 강한 가족적 유대 관계였다. 한편, 반즈는 학과장직을 수행하는 것이 자신의 연구에 방해가 될 것이며, 일의 성격상 행정에 대해서는 자신이 과학자의 낮은 식견을 갖고 있을 뿐이라는 것을 알고 있었다. 심각하게 우려를 하면서도, 그는 38세에 학과장직을 시작했다.

진정으로 자기 자신이 되어보려는 반즈의 힘겨운 싸움은 두 가지 라인으로 진행되었다: 선구적인 연구를 통해 일류 과학자가 되려는 시도, 그리고 실험실과 대학에서 지도자적 위치로 발전하는 것. 33세에서 37세에 그는 대학에서 '원로 교수'가 되었다. 그러나 그가 몇 년 후에 우리에게 말했듯이, 그는 아직도 어린 시절 가족 관계 속에서 느꼈던 '하위자'인 느낌을 그대로 느끼고 있다. 그의 내적 자율성 역시 매우 제한되어 있었다. 내면의 충분히 인정받지 못한 '조그만 사내아이'는 아직도 첫째가 되기를 갈망했으며 끊임없이 동료들로부터 인정받기를 추구했다. 그가 대학의 압력에 취약해져서 자신의 '꿈'을 추구하는 데서 빗나가게 된 것은 바로 이 때문이었다.

예상했던 대로, 존 반즈는 그의 행정적인 사명을 성실하게 수행했으며 3년의 임기 동안에 학과를 부활시키는 데 성공했다. 그는 이것을 직분을 잘 수행한 것으로 회고했다. 그러나 학과장직은 그의 교수 생활에, 사회에 대한 그의 관점에, 그리고 그 자신에게 주요한 변화를 가져왔다. 그는 연구에 시간과 정력을 훨씬 덜 투자했으며 대부분의 연구를 다른 사람들에게 위임했다. 그는 이러한 변화를 깊은 상실감과 함께 경험했다. 그는 과학의 상징적 요람인 '실험실'에서 멀어졌을 뿐만 아니라, '자아'의 창조적인 측면으로부터도 멀어졌다. 동시에, 그는 학과와 대학과 학문 분야에 영향을 미치는 정치적인 문제에 국가적, 국제적 수준에서 점차 개입하게 되었다. 그는 1963년에 학과장이 되었고, 1960년대의 국가적 위기가 큰 자극이 되어 그는 사회적 개입을 하게 되었다. 그는 기초 과학뿐 아니라 사회적 문제를 해결하는 데도 공헌하기를 원했다.

존과 앤이 결혼했을 때, 처음에 그들은 어린애를 가지려고 노력했으나 성공하지 못했다. 그래서 그녀는 이것을 감수하고 자신의 이력에 더 많은 투자를 했다. 30대 후반에 그녀는 정신분석 치료를 받고 있었는데, 40세에 '깜짝 놀랄 만한 소식'이 터져나왔다. 그녀가 임신을 한 것이다. 부모로서의 역할이 그녀의 이력과 결혼, 그리고 정신 분석 치료를 통해서 얻은 마음의 평정을 깨뜨리지 않을까 두려워서 그녀는 임신을 시킨 남편에게 화를 냈다. 존은 또 하나의 어린애가 태어날 가망성으로 기뻐했으나, 나이를 이유로 합법적인 낙태 허가를 얻어내려는 아내의 결정에 동의했다. 그러나 낙태는 법적으로 허용되지 않았다. 앤이 후에 깨달은 것이지만, 그녀 역시 마음속으론 어머니가 되는 것을 기뻐하고 있었다.

41세에 앤은 존의 아버지 이름을 따서 헨리라고 이름 지은 건강한 아들을 출산했다. 돈을 주고 도움을 받을 수 있는 수단이 충분히 있었음에도 불구하고, 앤은 얼마 동안 어머니 역할만 하려고 했다. 은퇴 후 첫 2년 동안 그녀는 극도로 괴로워했다. 그녀는 자신이 하던 일을 통렬하게 그리워했으며, 어머니가 된 것에 대한 후회와 우울감, 불안감으로 몸부림쳤다. 이 고통스런 시기는 그녀의 남편이 중년의 위기 속으로 접어들고 있는 바로 그때에 시작되었다.

40세에 가까워지자 반즈의 '꿈'은 훨씬 더 긴박성을 띠었다. 그는 과학 분야에서는 대부분의 창조적 연구가 40세 이전에 수행되고 있다고 믿었다. 이 시절 아버지의 절친한 친구가 한 말은 그에게 오래도록 큰 감명을 주었다. 그 노인은 자신이 '법정의 스타'가 되는 데 실패한 것을 이제는 수용했으며 유능하고 존경받는 세법 전문가로서 만족하고 있다고 털어놓았다. 그는 스타의 자리가 훌륭한 인생과 동의어가 아니라고 스스로 마음을 달랬다. "둘째가 되는 것만으로도 충분히 좋았다." 그러나 그때 반즈는 자신의 야망을 축소할 마음의 준비가 아직 되어 있지 않았었다. 대신에, 그는 학과장직을 포기하기로 하고 완전히 연구에 투신했다.

41세에 가까워지자, 그는 학과장직에서 내려왔으며, 그의 연구 기획은 마지막 단계에 에 이르렀다. 그에겐 이때가 수년 동안 고투의 절정이 될 결정적 시기였다. 몇 개월 동안, 잇따라 일어난 마음을 산란하게 하는 일들에 사로잡혀 있었고 긴장감은 고조되었다. 일주일 동안에, 그는 조그만 소년의 아버지가 되었고, 동시에 예일대학교에서 '명예스러운 직위'를 제의받았다. 우쭐하고 흥분해서, 그는 이것이 '엄청난 제의를 받을 마지막 기회'라고 느꼈다. 그러나 결국 반즈는 "아니요"라고 말했다. 그는 자신의 일의 무대를 바꿀 수 없다는 것을 깨달았다. 또한 가족과 친구들과의 유대관계, 그리고 장소에 대한 애착이 그와 앤에게는 이제 훨씬 더 중요했다. 그녀는 말했다. "영광스러움이 거의 그를 사로잡았죠. 그러나 이제 우리는 둘 다 여기에 머무르는 것을 좋아합니다."

중년의 전환기

예일대학교의 제의를 거절한 후 몇 개월 만에, 반즈는 자신의 연구 기획을 완료하고 과제를 해결했다. 대단히 실망스럽게도, 다른 대학에 있는 연구팀이 2주일 전에 그 해결법을 발견했었다. 반즈도 그의 경쟁자도 노벨상 후보로 추천받지 못했다. 비록 그의 연구 결과는 대단히 중요한 업적이었으며 그에게 국제적인 명성을 가져다주었지만, 반즈는 깊은 실패감을 맛보았다. 41세에, 그는 12년 전에 시작한 일련의 연구를 완료했다. 최근 생물학의 연구 분야는 변하고 있었으며, 성인 초기 동안 이루어진 연구의 핵심 부분이 장래에 상을 받을 만한 가능성은 거의 없었다. 그는 최일류급의 과학자가 되지 못했고 앞으로도 그렇게 될 기회는 거의 없는 것처럼 보였다. 연구 기획의 완성은 그의 성인 초기와 중년의 전환기 초의 절정 사건이었다.

41세에서 42세까지, 연구 기획이 끝난 직후 일 년은 새로운 개입은 피하면서 많은 내적 작업을 한, 일종의 유예기나 휴지기와 같았다. 마음속으로 그는 자신이 실패했다고 느끼고 있었고, 인생은 방향을 잃은 듯했다. 2년 후 면담을 하는 동안에도, 이때의 기억들이 아직 너무 고통스러워서 그는 거의 그들을 재고해볼 수가 없었다. 그의 아내가 무엇이 일어났는지를 더욱 잘 확인할 수 있었다.

> 나는 그 연구 과제가 41세보다는 25세이나 35세에 끝났다면 무슨 일이 일어났을까 궁금했지요. 그는 "될 대로 되라"는 느낌이 온 바로 그때에 그것을 끝마쳤습니다. 적어도 우리 친구들 판단에 의하면 말입니다. 오! 우리 오빠도 그런 감정을 몹시 심하게 가지고 있었죠. 그이도 아주 심했습니다. 그러나 그런 느낌은 45세 무렵 그쯤 되어서 극복된 것 같아요. 그러니까 안식년, 연구 과제를 끝낸 것, 그리고 헨리가 갑자기 존이 다시 아이들에게 관심을 갖도록 만든 것 등이 조합되어서… 오! 내 자식들이 이제 다 컸구나! 하는 생각에 미치게 되었죠. 그리고 지저분한 학과 상황이 그 당시에 분명하게 드러난 것도 있지요. 이 모든 것들이 함께 몇 년

동안 그를 불행하게 만들었죠. 게다가 나는 잠시 동안 그에게 별로 도움이 되지 못했습니다. 내가 은퇴하고 있는 동안에, 말하자면, 나는 그를 돕는 것이 어렵다는 것을 알았죠.

반즈의 가족은 그 해의 반을 유럽에서 보냈으며, 구겐하임 장학금의 지원을 받았다. 그의 친구 데니스가 선구적인 과학자로 재직하고 있는 영국 대학에서 교환 교수직을 얻었다. 어디를 가나, 반즈는 그 분야의 선구자로 인정받았다. 이 6개월 동안은 직업적으로 매우 성과가 있었고, 개인적으로도 큰 가치가 있었다. 그는 유럽에 있는 몇 명의 동료 학자들도, 그리고 자신보다 더 성공한 학자들까지도, 자신이 느낀 것과 같은 실망감과 불확실성으로 고통받고 있다는 것을 발견했다. 그는 데니스와 오랫동안 친밀하게 이야기를 나누었다.

아주 가깝게 지내는 친구 중의 한 사람이 우연히 거의 똑같은 상황에 있는 영국인이었습니다. 그는 나보다는 직업적으로 약간 더 발전했으나, 연령, 결혼 문제, 사업 문제, 그리고 인생에 대한 접근이라는 견지에서 우리는 거의 똑같습니다. 그건 매우 재미있는 일이죠. 우리는 둘 다 매우 강한 직업적 욕구들을 가지고 있지요. 이 점에 대해서 상당히 논의를 했습니다만 썩 좋은 점이라고는 확신하지 않습니다. 그리고 우리는 둘 다 독불 장군의 성향을 갖고 있지요.

우리는 가족 문제와 직업 생활의 자질구레한 문제들, 그리고 미래가 어디로 가고 있는가에 대해 우리가 느낀 점들을 전반적으로 이야기했죠. 아시다시피, 우리는 둘 다 똑같은 문제로 고통을 받고 있었습니다. 우리는 10년이나 15년 전에 시작한 것을 끝냈고, 이제 무엇을 해야 할지? 그는 영국 학술원 회원이었고, 과학계에서는 거물이었죠. 당신은 아마 그 정도면 모든 게 해결된 것이 아니냐고 생각하시겠죠. 그러나 그에게나 나에게나 그건 그렇지 않습니다. 우리는 이 문제에 대해 상당히 많이 걱정하고 이야기를 합니다.

비록 그들은 외적인 대안들을 고려하여 합리적인 선택을 함으로써 이 문제들을 해결하고 싶었지만, 반즈와 그의 친구는 둘 다 자기 자신을 거의 수용할 수 없었다고 털어놓았다. 노벨상을 받지 못한 데서 오는 큰 실망감, 상당한 업적에도 불구하고 느껴지는 실패감. 그들은 자신들이 지나치게 인정받고자 하는 욕망이 강하고, 야망에 사로잡혀 있다는 것을 깨달았다. 그들은 다른 사람들과 소원한 채, 자기충족적인 삶에 몰입했다. 본인들은 깨닫지 못하지만, 어떤 면에서 그들은 자신들이 원하는 만큼 좋은 남편도 인간적인 사람도 아니었다. 어린 헨리는 그때 겨우 한 살이었으며 앤은 새로운 어머니 역할과 그녀의 직업적 이력을 중단한 것 때문에 심리적 고통을 겪고 있었다. 앤과 존은 둘 다 어린애가 태어나기 전보다 상대편으로부터 관심을 덜 받고 있다고 느꼈다. 그녀는 임신한 것에 대해서 그에게 분개하고 있었다. 존은 아내가 중동 여행에 아이를 데려가지 않고 자신들의 편안한 영국 집에서 돌보도록 결정한 것에 분노했다. 다행히도 데니스 가족과의 따뜻한 우정 관계 때문에 그들은 처절하게 불행감에 빠져드는 걸 모면할 수 있었다.

컬럼비아에 돌아온 후, 일 년 동안에 가족 생활은 크게 나아졌다. 앤은 헨리와 동갑내기 애를 가진 어머니들과 사귀게 되었으며, 다른 여성들도 자신 못지않게 심리적 고통을 겪고 있다는 것을 알게 되었다. 그녀는 활발하게 지역사회 활동에 참여했다. 건강하고 활동적이었으나 '꽤 순한' 세 살짜리 헨리는 그들에겐 큰 즐거움이었다. 그들은 하이킹이나 캠핑 여행에 헨리를 즐겨 데리고 다녔다. 그들이 장거리 항해를 할 때는 헨리가 방해되기는 했으나, 그 이외에는 그들이 불안해할 만큼 중년 인생을 방해하지는 않았다. 그들은 조그만 땅을 사서 좀 더 큰 집을 지을 계획을 세웠다. 이것은 아내와 어머니로서 자신감, 그리고 지역사회 내에서 자신의 위치에 대한 앤의 감각이 커지는 것을 표현했다. 그녀는 자신의 인생에 대해 훨씬 더 만족해했고 예전의 우울증에서도 벗어났다. 단 하나의 문제는 또다시 임신하지 않을까 하는 두려움 때문에 앤이 성관계를 꺼리는 것이었다. 그럼에도 불구하고 존은—이때 43세가 된—결혼 생활에 푹 빠져 있는 것처럼 느끼고 있었으며 친밀감이 증가하고 있음을 다정스레 말했다.

직업 생활에서도 반즈는 역시 전환기에 처해 있었다. 그의 주요 연구 기획에 대한 논문을 완전히 끝내는 데는 거의 3년이 걸렸다. 그는 이 분야의 연구를 계속하도록 연구비를 받았고, 많은 학생들과 하급 교수진이 이 연구에 참여하게 되었다. 그러나 그 자신은 거기에 별로 흥미가 없었다. 그는 새로운 분야에서 조그만 연구 기획을 시작했으나 아직 거기에 자신을 완전히 투자할 마음의 준비는 되어 있지 않았다.

새로운 연구를 막 시작했을 때, 대학 행정당국은 그에게 생물학과 학과장직을 맡도록 강요했는데, 이것은 그를 절망적인 궁지로 몰아넣는 거나 다를 바 없었다. 이러한 임무를 맡기기에는 누가 보나 그가 적임자였으며, 그는 마지못해 3년 동안의 임기를 수락했다.

이제 44세인 반즈는 학과장직을 맡아 과를 재건하기 시작했다. 그는 의과 대학의 부학장직 역시 맡게 되었으며, 차츰 학교의 조직 구조, 정책, 인물들에 대해 정통하게 되었다. 그는 막대한 시간과 정력을 이 업무에 투자했다. 도전은 그를 흥분시켰으며 그는 훌륭한 행정가였다. 그러나 그는 이것을 자신의 직업 인생에서 가치 있거나 즐거운 부분으로 보지는 않았다. 그는 지도력이나 힘에 대해서는 아무런 흥미도 없었으며, 행정 업무가 자신의 연구를 방해하는 것에 대해 욕구불만에 차 있었다. 그는 단지 이 짐을 대학에 대한 의무감에서 수락했다고 생각하고 있었다. 동시에, 그는 새로운 일보를 내딛기 위해 내적 작업을 하고 있는 공백기를 이 일시적인 임무 때문에 바쁘고 유용하게 보내게 되었다고 생각하고 있었다.

반즈는 이제 인생의 막다른 골목에 도달한 듯이 느꼈다. 얼마 동안, 그는 자신이 직면한 중요한 결정들을 할 수가 없었으며, 더욱이 이런 중요한 결정을 할 근거도 찾을 수 없었다. 최일류급 과학자가 되려던 꿈은 그의 인생에 공식적으로 의미를 부여했고 분명한 목표를 제공해주었다. 인생의 전반부의 기획은 이제 완료되었으나, 꿈은 실현되지 않았고, 앞으로도 실현될 가망이 없었다. 갑자기 투쟁할 대상이 사라져버렸고, 인생은 아무런 의미도 없었다.

44세가 되는 생일을 전후로 한 면담에서, 반즈는 자신의 생애를 바칠 수 있는 가치 있는 일을 절박하게 요구하고 있었다. 그러나 무엇이 가치 있는지 어떻게 정의할 수 있었겠는가? 그는 현재의 직업을 포기할 것을 심각하게 고려해보았다. 아마도 12세 때에 선택한 인생행로를 계속해서 가는 것은 잘못된 것 같았다. 그는 사회적으로 공헌할 수 있는 일을 하고 싶었으나 적당한 역할이 생각나지 않았다. 열 번의 면담을 통해서 그의 인생의 모든 면이 정리되고 있다. 되풀이해서 그는 똑같은 질문을 반복하고 있다: 연구에 다시 전념해야 하는가? 그가 그 문제를 다른 각도에서 접근할 때마다, 또 다른 갈등이 일어났다. 그는 수많은 중년의 문제들을 안고 있었고 거기서 오는 고통스런 감정들을 다루려고 애쓰고 있음이 분명했다. 그러나 이러한 노력은 그의 합리적인 사고방식 때문에 그 해결이 더욱 어려웠다.

문제 중 하나는 젊은 날의 꿈과 실제의 성취가 불일치한 것이었다. 자신이 노벨상을 받지 못한 사실을 감수할 수 있는지를 물어보았을 때, 그는 솔직하게 인정했다. "글쎄요, 그것과 타협하게 될지는 잘 모르겠습니다. 그러나 실패했다는 것은 확실히 인정합니다. 만약에 그 상이 아직도 가까이 다가와 있지 않다면, 할 가치가 있는 것(연구에서)이 있겠습니까?"

많은 과거의 업적들이 마땅히 자랑스러움에도 불구하고, 그는 자신을 '최일류급'이라고는 간주하지 않았다. 야망이 사나이에겐, 이것은 쓰라린 타격이었다.

> 나는 현재 과학적 스펙트럼에서 정확하게 두 번째 계급의 꼭대기 쪽에 나 자신을 놓아볼 수 있습니다. 맨 꼭대기에는 진짜 선각자들이 있지요. 그들이 어떻게 거기에 도달했는지는 모르지만 말입니다. 그 밑에는 다양하게 줄지어 서 있는, 나머지 우리들이 있습니다. 두 번째 계급에서는, 나는 내 분야에서만은 꽤 명성이 높다고 생각합니다.
>
> 나는 그 정도의 위상은 당연히 받을 만하다고 생각합니다. 아시다시피, 훌륭하고 성실하고 매우 인정받고 있으나 탁월하지 않은. 아마도 그것이 사실일 것입니다. 나는 그것에 대해서 다르게 생각하고 싶습니다만, 분명히 모든 사람뿐 아니라 내 마음을 변화시킬 어떤 일이 일어나야 할 것입니다. 그리고 무슨 일이 일어날지 지금은 알기가 어렵습니다. 그래서,

잘 모르겠어요. 그건… 그건 매우 어려운 일이지요.

자신이 늙어가고 있다는 사실에 관심이 쏠리면서, 그는 차츰 연구자로서의 앞날을 비관적으로 생각했다. 그는 매우 건강했으며 대여섯 종류의 스포츠에 적극적으로 참여하고 있었다. 가끔 피로를 느끼긴 했지만, 만약 일에서 오는 압박감을 줄이고 운동을 더 많이 한다면, '그러한 피로감은 대부분 사라져버릴 것'이라고 그는 생각했다. 그러나 그는 정신력과 창조성이 감퇴하는 것을 대단히 두려워했다. "인간은 퇴화합니다." 그리고 "난 몇 년 동안 진정으로 좋은 아이디어를 생각해내지 못했습니다." 때때로 그는 새로운 분야에서 큰 과제를 시작해서, 창조적인 느낌과 발견의 흥분을 다시 맛보고 싶었다. 그러나 이제 그러기에는 자신이 너무 늦었다고 두려워하고 있다.

> 나에게 관심 있는 유일한 과제는 그 분야를 뒤엎을, 또는 그 분야를 뒤엎지 않을지라도 그 기초를 휘청하게 할 과제입니다. 우리는 실제로 처음부터 새롭게 시작해야 합니다. 그렇지 않고 잘 알려진 체계 위에서 또 하나의 세부적인 과제를 다루는 것은 나에게는 흥미가 없습니다. 그러나 내 생각에는, 그것은 역시 우리들 모두에게 불가능한 일이지요. 그러나 그런 느낌을 갖고 있는 것은 바로 이런 감정입니다. 맙소사! 우리는 나이를 먹고, 그리고… 우리 모두가 아는 바와 같이, 역사적으로 충분히 입증되지는 않았지만, 40세가 되면 기회를 놓쳐버리는 게 이 분야의 특성이라는 것입니다.
>
> …무엇을 할 것인가를 결정하기가 매우 고민스럽습니다. 왜냐하면 다소 늦었기 때문이지요. 만약에 지금 실수한다면, 그것은 실험실에서 실험을 다시 하면서 몇 개월을 소모하는 것과는 다릅니다. 만약 어떤 것을 하기로 결정한다면, 대체로 그것은 돈을 벌려고, 사람들을 고용하려고, 일이 진척되도록 하려고, 그리고 실험을 시작하기 위해, 거대한 기계를 돌리는 것을 의미하며, 이런 일을 하기 위해서는 오랜 시간이 걸립니다. 만약에 무언가를 시작해서, 그리고 실수를 한다면, 아마 몇 개월이 아니라 몇 년

을 잃어버릴 것입니다. 그것은 너무 긴 기간이지요. 그래서 현명하게 선택을 해야 합니다. 게다가 불길하게도, 지금 주위에는 영리한 친구들이 많아서, 당신이 선택한 것이 그들이 하는 것보다 더 재치 있는 것이라고 어떻게 확신하겠습니까? 그 대답은 보통 그렇지 못하다는 것이지요. 그래서 무엇을 할 것인가를 선택하는 것은 매우 고민스러운 문제이지요. 그리고 뒤따라오는 젊은 친구들이 매우 훌륭하고 우리보다는 그것에 대해 걱정할 시간이 다소 많기 때문에, 우리에겐 이런 실험실 작업이 실제로 그다지 중요하지 않다고 생각될 수 있지요. 아마도 우리는 어떤 다른 영역에서 공헌을 할 수 있을 것입니다.

존 반즈는 젊은 시절에 꿈꾸었던 영웅으로서의 자신의 모습을 포기하는 중이었다. 그는 자신에 대한 몇 가지 환상들을 깨닫게 되었다. 그 하나는 전지전능함에 대한 것이다. 그는 말했다. "매우 최근까지, 나는 진실로 내가 손을 대면 무엇이든지 할 수 있다고 느꼈습니다. 이제 그런 생각이 서서히 사라지고 있습니다. 그러나 이런 생각은 그동안 모든 일을 하는 데에 매우 강력한 원동력이었습니다."

그가 매우 수치스럽고 당황하게 느낀 또 하나의 환상은 명성—엄청난 인정과 찬사—에 대한 소망이었다.

내가 하고 싶은 것은 나 자신만의 일을 할 수 있는 공간으로 벗어나서, 바로 보는 것입니다. 지금 이 모든 것들이 온통 만족스럽지 못한 데도, 왜 우리는 그런 방향으로 당장 머리를 돌리지 못할까요? 글쎄요, 정답이 무엇인지 잘 모르겠습니다만, 내 느낌으로는 그 대답이 매우 불쾌한 것 같습니다. 나를 실로 성가시게 하는 이런 것들로부터 홀가분하게 벗어날 수 없는 이유는 바로 명성에 대한 강한 욕망 때문입니다. 그것은 바로 인정받는 것을 의미하지요. 그 안에는 다양한 수준이 있습니다. 가장 강력하고 가장 중요한 것은 직업 동료들의 인정입니다. 물론 그들 대부분이 같은 기관에서 일하는 사람들은 아니지요. 명성을 유지하는 유일한 방법은 질적으로 중요한 연구를 수행하는 것입니다. 그리고 그것이 매우 중요한 연구라면 좀 더 대규모로 할수록, 분명히 명성은 더 커집니다. 당신은 최대한의 연구 실적을 올릴 연구팀을 가지고 있고, 그것은 항상 당신이 혼자서 할 수 있는 것보다 훨씬 더 많은 일을 할 수 있습니다. 아마도 대규모 조직이지요. 그래서 당신은 책상 뒤에 앉아서 뒷짐을 지고 있게 되지요. 즉 연구 행정가가 되는 겁니다. 좋든 싫든…대학원생들과 함께일지라도, 당신은 거기에 중요한 것이 있다는 것을 재빨리 깨닫지요. 확실히 무엇인가가 성취되고 있는데, 왜 그것이 중요할까요? 그것 때문에 당신은 동료들로부터 과학적인 명성을 얻기 때문이지요… 나는 이것을 대학원생일 때 깨달은 것 같습니다. 그러나 지금은 그때에 이해했던 것과는 다른 의미가 있지요.

그는 '첫째'가 되려는 어린애 같은 소망을 극복하고 싶어 했다.

왜 우리는 무슨 수를 써서라도 명성을 얻기를 원하죠? 그게 무슨 의미가 있습니까? 아무런 의미가 없지요. 만약에 당신이 어떤 형태로든 외부 세계로부터 아첨하는 말을 듣고 지지받기를 원한다면, 그것은 당신의 내면으로부터 무언가를 잃어버리고 있음이 틀림없습니다.

반즈가 학생이나 동료들과 갖고 있는 관계는 세대 전환기의 중반에 있는 한 남성으로서 아름다운 본보기를 보여주고 있었다. 그는 이제 자신보다 연상의 사람을 더 이상 스승으로 받아들일 수 없었고, 그 자신이 스승이 되고자 했다. 이러한 그의 매력적인 생각은 **주제통각검사**TAT의 반응 속에 잘 반영되어 있다. 젊은 남성과 중년 남성이 있는 그림을 보고 반즈는 두 명의 과학자들에 대한 이야기를 엮었다: 스승 로렌스 브래그Lawrence Bragg 경과 일하고 있는 젊은 페루츠. 이야기 속에서, 그들은 브래그가 페루츠에게 '준' 과제에 대해서 이야기하고 있고, 그 과제로 제자는 약 20년 후에 노벨상을 받는다. 후에 반즈와 면담자는 다음과 같은 대화를 교환했다.

면담자: 1960년에, 당신은 페루츠였죠, 그렇죠?(반즈는 웃음을 터뜨렸다.)

반즈: 그리고 지금 우리가 브래그고요.(웃음)

면담자: 지금 당신은 어느 쪽입니까?

반즈: 나의 아이디어들은 아직 어느 누구의 것보다 더 훌륭합니다. 나는 다만 내가 예전에 했던 만큼 그 정도로 확신하고 있지는 않을 뿐입니다.(웃음)

면담자: 아마도 당신은 그 사이에, 중간쯤… 어디엔가 있겠죠?

반즈: 중간 어디엔가 라는 표현이 사실 정확한 묘사지요. 나는 나 자신을 어디쯤에 놓아야 할지 모르겠습니다. 나 자신이 생각하고 활동하고 있다는 의미에서, 나는 아직도 직업적으로 할 일이 남아 있다고 느낍니다. 나 자신을 브래그 위치에 놓기는 어렵습니다. 그가 할 일이 그다지 많이 남아 있지 않다는 의미에서가 아니라, 아직 우리는 브래그만큼 과학적으로 발전한 나이가 아니라는 것입니다. 다른 한 가지는, 나는 사실 페루츠 부류에 속하는 그런 제자가 없습니다. 이런 상황을 갖기는 쉽지 않습니다. 나에겐 아직 한 개인으로 키울 만한 아주 젊은이가 없습니다. 왜냐하면, "그런 젊은이는, 앞으로 나타날 대단한 녀석"이라고 나는 생각하고 있기 때문이죠.

이와 관련해서, 그는 자신의 **막내 콤플렉스**에 대해서 말하고 있다.

나는 우리 과에서 나를 고령자 중의 한 사람으로 보고 있다는 것을 최근에야 알아차리고 실소를 금치 못했습니다(싱긋 웃으면서). 놀랍게도! 나는 거기에 전혀 익숙해 있지 않죠. 학생들이 젊은 교수진에 대해 잡담을 할 때, 그들은 나를 거기에 포함시키고 있지 않았습니다. 그것이 나에게는 상당한 충격이었던 것 같습니다. 이것은 한 사람의 모든 처신에 파생 효과를 내지요. 매우 최근까지, 나는 항상 다른 동료들의 생각이 나보다 더 훌륭할 것이라고 생각하곤 했죠. 왜냐하면 보통 그들이 한두 살 더 나이를 먹었으니까요. 이런 생각은 가족 중에서 막내였던 어린 시절의 경험에서 나온 생각인 것 같습니다.

40대 초반에는 일의 사회적 가치와 인생의 의미가 그에겐 점점 더 중요해졌다. 20대와 30대에, 반즈는 '다른 책임감을 희생하고서라도' 일을 즐겼으며, 그가 하는 일은 당연히 사회적으로 가치 있는 일이라고 생각했다. 그러나 중년의 전환기에 그는 이에 대해 회의를 느꼈다.

이러한 회의는 1960년대 말에 일어난 사회적 변화에 일부 자극을 받았는데, 그 변화는 반즈 자신의 내면의 우울감과 자기평가절하를 반향 한 것이었다. 그 하나는 과학자들을 문화적 영웅의 자리에서 끌어내리는 것이었다. 과학과 기계공학은 이제 더 이상 진보의 도구로 환영받지 못했으며, 오히려 파괴와 비인간화의 동인으로 공격을 받았다. 연구 대신에, 새로운 운동은 사회적 변화를 요구했으며, 대학에서 더 큰 '적절성'을 요구했다. 동시에, 닉슨 행정부는 기초 연구와 대학원 교육에 대한 예산을 급격하게 삭감했다. 반즈에게는, 이러한 변화들이 그가 가장 신성하게 여기고 있었던 것들에 대한 직접적인 공격이었다. 그렇지만 그는 이러한 비평에 동의하지 않을 수 없었다.

> 주입된 새로운 요인은—매우 혼란스러운 것이지만, 내가 받아들여야 하는—60년대 초반에는 분자 생물학 연구가'한창'이었으나, 오늘날은 완전히'한물갔다'는 것입니다. 일반 대중들의 대의大意는 분명히 이러했죠: "이 불길한 연구를 타도하자, 무언가 다른 것들—건강 보호 또는 비스킷 또는 그들이 원하는 무엇이든지—을 구하자." 그것은 확실한 변화였죠. 나에게 실로 충격적인 것은 이러한 것들이었다고 생각됩니다. "오오 하느님! 그것은 터무니없는 것이 아닙니다. 우리는 달에 착륙했고, 이제 그 과제는 완전히 끝났습니다"… 그렇지만 나 역시 대중들의 감정에 동정적이 되어가고 있습니다. 아마도 우리가 필요한 것보다 더 많이 갖게 될 것이라고 생각합니다.

1960년대 말 한 자유주의자로서, 반즈는 추구할 가치가 있는 대중적 목표나 합류할 가치가 있는 사회적 운동을 발견하기 어려웠고, 이것은 자신이 무용지물이라는 감정을 부추겼다. 과학에 대한 자신의 헌신에 회의가 생겼고, 가르치는 사람이나 교육 행정가로서나 어느 한쪽으로도, 그는 새로운 역할을 찾을 방도를 알 수 없었다. 그는 연구비를 신청하는데 죄책감을 느꼈다.

> 나는 거기에 대해 고뇌하고 있는 것 같습니다. 내가 어떤 의미가 있다고 볼 수 있는 유일한 문제는 인구 통제인데, 거기에 나는 전혀 전문적인 지식을 갖고 있지 않습니다. 그것과 대동소이한 다른 어떤 단일한 문제는 없지요. 만약에 우리들이 인구 문제를 해결하지 않는다면, 우리는 그 나머지 문제들을 소홀히 할 수 있습니다.

44세에, 좀 더 낙관적인 기분으로, 그는 다양한 인도주의적 운동과 사회적 프로그램에 마음이 이끌렸는데, 아마도 가장 강하게 마음이 이끌린 것은 대도시 중앙의 저소득층 거주 지역을 재건하려는 노력이었다. 그는 자신의 화려한 생활과 도시 주변의 불량 주택들을 대조해보고 섬뜩해졌다. 그러나 그는 이 분야에 아무런 특별한 전문지식을 갖고 있지 않았다.

> 아마도 요즈음 이 나이에 어떤 긍정적인 공헌을 할 생각을 한다는 것이 무리이지요. 그래서 이런 쪽으로 주의를 기울이는 다른 방도는 뚜렷이 부정적이지 않은 어떤 일을 하는 것입니다… 나는 평화 봉사단과 같은 조직에 매우 흥미를 느낍니다. 그런 단체는 아주 철저하게 이타적인 것처럼 보이지만, 거기에 대한 해답은 매우 복잡합니다. 나는 그런 방식으로 사람을 도울 수 있다고는 전혀 확신하지 않습니다. 때때로 우리는 벽돌로—적어도 상징적인 벽돌로—그들의 머리를 침으로써 그들을 가장 많이 도울 수도 있습니다. 어떻게 하면 이타적으로 될 수 있는가를 아는 것은 매우 어렵습니다… 우리는 분명히 과거에 우리가 생각했던 전형적인 방법으로 사람들을 돕고 있지는 않습니다.

44세의 나이에, 반즈는 새로운 삶을 선택할 아무런 근거도 찾지 못했다. 자신의 인생이 아무런 의미도 없을지 모른다는 생각에 미치면 절망감은 더욱 처절했다.

> 지금 나를 괴롭히고 있는 것은 가치 있다고 생각되는 인생의 목표가 없는 것입니다. 나는 그것을 과학의 틀 안에서 표현해야 합니다. 왜냐하면 그것은 지금까지 내가 실제로 훈련받아온 유일한 것이니까요. 그러나 나는 이 문제가 완전히 일반적인 것이라고 생각합니다. 나는 솔직히 지금 할 가치가 있다고 생각되는 목표를 알 수 없습니다… 사실은 이것이 나를 뒤흔들고 있는 것입니다. 도대체 다음 1~2년 후에 세부적으로 무엇을 해야 할까보다는 이 문제가 훨씬 더 나를 괴롭히고 있습니다. 글쎄요, 아시다시피, 일반적으로 사람들은 인류의 보존을 말하지요. 왜일까요? 만약에 그게 다라면, 내가 염려하는 한 그것은 유용한 목표가 아닙니다.

반즈는 가끔 목표를 갖는 것이 진정으로 반드시 필요한 것인지 아닌지를 자신에게 물어보았다. 그의 매형은 일찍 은퇴해서 자신을 즐기고 있었으나, 이것이 그다지 만족스럽게 보이지는 않았다.

> 내가 즐기는 두 가지 것이 있습니다. 실험실에 있는 것과 보트 타는 것. 이것은 둘 다 바로 개인적인 즐거움이지요. 그러나 그들 중 어느 것도 반드시 누군가에게 조금이라도 공헌하고 있는 것은 아닙니다. 예, 좋습니다. 그런데, 도대체 그게 어쨌다는 것입니까? 잘 모르겠습니다만, 실제로 그것을 아는 것은 유쾌한 일은 아니지요. 한 달에 두 번 정도 우리 부부는 패배를 자인하기로 결심하지요. 우리는 바로 사임을 하고 보트를 타고 떠나려 합니다. 어린애는 충분히 자랐고, 그래서 아무 문제가 없습니다. 과연 경탄할 만한 일이지요. 그것은 확실히 모래 속에 머리를 처박고 사실을 외면하면서, 모든 것으로부터 떠나서 어떤 것에 공헌한다는 일로 더 이상 괴롭힘을 당하지 않으려는 것이지요. 그러나 그걸로 충분하지는 않습니다.

상징적인 영원불멸에 대한 소망도, 유산을 남기려는 소망도 회의가 생겼다.

> 그러나 무언가를 뒤에 남긴다는 것은 누군가가 어떤 것을 뒤에 남기거나 또는 남기지 못한 것을 어느 정도 중요하게 생각하는가 하는 문제와 밀접한 상관이 있습니다. 그것은 사회에 대한 가치 판단입니다. 만약에 사회가 진정으로 구제할 만한 가치가 없다면, 그때는 당신이 뒤에 무엇인가를 남기거나 남기지 않거나 실제로 무슨 차이가 있겠습니까?

44세의 중년기에, 존 반즈가 느낀 염세주의적인 생각은 다른 면으로도 절망적으로 표출되고 있었다. 인생의 어두운 측면—세계와 자신 안에 있는 죽음, 파괴성, 악惡—이 이전보다 더욱 직접적으로 가슴에 사무쳐왔다. 그는 세상을 구제함으로써 영원불멸하는 영웅이 되기를 원했다. 동시에 그는 세상을 파괴하거나 미련 없이 떠나서 세상이 스스로 파괴되도록 내버려두고 싶었다. 강한 인도주의적 관심과 함께 그는 사회가 구원할 만한 가치가 있는지 회의도 느꼈다. "나의 인간성에 대한 감정은 미풍양속의 견지에서 보면 부적절한 것이지요."

반즈가 자신의 꿈을 묘사하고, 분노를 다루는 점, 그리고 면담에 대한 그의 태도를 보면(그는 한번 자신의 문제를 재정의하고 해결하는 데 '뚜렷이 실패한 것'에 대해 반농담조로 면담자를 비난했다), 이즈음에는 감정이 그의 삶에서 훨씬 더 큰 의미를 갖기 시작한 것이 분명했다. 이것은 중년의 전환기에 일반적으로 일어나는 변화를 반영한 것이고 또 그 변화가 더 강하게 일어난 것이었다. 반즈는 항상 타인들에게 자신이 합리적이고 의지가 강한 사람이며, 타인들로부터 약간 동떨어져서, 차라리 자신의 감정도 잘 깨닫지 못하는 사람이라는 인상을 주었다. 이제 그는 타인들과 자신을 이해하는 데 훨씬 더 흥미를 갖게 되었다. 바로 이삼년 전에, 그는 자신이 회의에서 얼마나 화를 냈는지를 다른 사람들에게서 전해 듣고 놀랐다. 이제 그는 자신이 회의에서 얼마나 화를 냈는지를 아내에게 시인하기 시작했다.

그러한 변화는 아버지와의 관계에서도 역시 분명하게 나타났다. 40대 초반까지, 그와 아버지와의 관계는 소원한 편이었다. 그는 아버님이 돌아가셨을 때 아버지의 죽음에 대해서 그다지 할 말이 없었다. 그러나 그의 슬픔과 분노는 그가 자신의 꿈속에서 묘사한 죽음과 폭력, 유기에 대한 이야기 속에 간접적으로 표현되어 있었다. 처음이자 마지막으로, 그는 아버지에 대해 회상하면서, "자신이 얼마나 아버지를 좋아했는지, 그리고 아버지가 그의 참모습을 알도록 결코 허용하지 않았던 것을 자신이 얼마나 애통해하고 있는지"를 말했다.

점차로, 존 반즈는 영원불멸에 대한 환상을 잃었다. 죽음의 필연성에 대한 인식이 점점 증가하고 있음이 **주제통각검사**TAT의 반응 속에 표현되었다. 그 그림은 팔에 얼굴을 묻고 앉아 있는 여인이었다. "그녀는 마음이 미칠 것 같습니다. 아마도 이것은 정신적인 충격의 일면일 것입니다. 진실로 어떤 미래도 없는!"

우리가 46세가 된 존 반즈와 다시 면담했을 때, 그의 중년의 전환기는 끝나고 있었다. 그는 인생 속에 있는 몇 가지 모순들과 아직 싸우고 있었으며, 자신의 꿈을 대치할 만한 어떤 대안을 아직도 발견하지 못하고 있었다. 그러나 그는 자신의 문제들을 상당히 명료화해서 중년기를 위한 인생 구조를 정의하기 시작하고 있었다.

그의 가족 생활은 초기에 확립된 방향을 따라서 계속되었다. 아버지의 죽음에 잇따라 일어난 어머니의 죽음과 함께, 존은 가족의 가장 연장 세대로 들어갔다. 그와 앤, 그리고 헨리는 바닷가에 있는 새집으로 이사를 했으며, 그것은 그들에게 많은 즐거움을 주었다. 학과장으로서의 임무를 완수한 것에 만족해하면서, 그는 46세에 그 직위를 사임하고 자신의 새로운 연구 분야에서 대규모의 연구 기획을 시작했다. 그는 국립과학원National Academy of Science 회원으로 선출되었다.

44세에서 46세 사이에 일어난 가장 뚜렷한 변화는 승진과 인정에 대한 관심이 크게 줄어들고, 그리고 일과 사회적 공헌에서 고유한 만족감을 얻는 능력이었다. 그와 아내는 자신들의 부富를 어떻게 사회적으로 건설적인 방법으로 사용할 것인지를 생각하고 있었다. 그들은 최근에 대학에 근무하는 흑인 고용인에게 교외에 집을 살 수 있도록 대부를 해주었다. 반즈는 이것을 단순한 '의식적인 구제' 노력이라고 겸손해 했지만, 그것은 분명히 그에게 상당한 것을 의미했다. 그는 이 관계에서 수혜자가 갖고 있는 문제에 민감했고, 그들 가족들에게 개별적으로 관심을 보였다.

두 번째 변화는, 꿈의 횡포가 약화되고 '옳은 일을 하려는' 강박적인 충동이 다소 줄어든 것이었는데, 이것은 내적으로 그를 더욱 자유스럽게 했다. "그래서 그것이 교육 행정이든 순수한 연구이든 또는 가르치는 일이든 무엇이든지 간에, 그게 실로 그다지 대단한 것이 아니라는 생각으로 바뀌게 되었죠."라고 그는 말했다. "중요한 문제는 내가 하는 일들은 나 자신이 가치 있다고 생각해야 한다는 것입니다."

50세에 반즈는 중년기를 위한 비교적 만족스런 인생 구조를 형성했다. 그의 결혼과 가족 생활은 여전히 순조로웠다. 그의 아내는 가족과 시간제 직장, 그리고 환경운동에 참여하면서 만족스럽게 생활의 균형을 찾고 있었다. 아홉 살짜리 아들은 그에게 큰 만족감을 주었다. 그는 큰 실험실의 수장으로서 행정적인 책임을 지고 있었으나, 대학에서 학과장이나 다른 지도자적 직위를 맡으라는 압력은 거절했다. 그는 새로운 연구 기획에 적극적으로 개입했으며 자신의 창조적인 힘이 아직 사라지지 않았음을 느끼고 위안을 얻었다. 그의 실험실에는 대학원 학생들과 박사 후 과정 연구생들이 끊임없이 찾아왔고, 그리고 그는 대여섯 명의 재능 있는 젊은이들과 만족스러운 스승 관계를 맺고 있었다.

그는 자신을 세상을 구원하려는 젊은 영웅으로 생각하는 환상을 포기했다. 그러나 그는 메마르고 죽어가는 늙은 남자 유령의 위협에 결코 무릎을 꿇지 않았다. 그는 자신의 목표를 상당히 성취했고, 경험과 성실함을 지닌—그리고 심각한 결함도 가진—중년 남성으로 수용했다. 그는 스스로 자신이 즐기는 일을 할 수 있는 특권을 가진 사람으로 느꼈다. 그리고 그는 부모, 관심이 있는 시민, 과학자 그리고 젊은 세대를 가르치고 이끄는 스승으로서 겸허한 사회적 봉사를 하는 데 만족해했다. 그는 행복감을 느꼈다.

18장 중년 입문기

어떤 남성이 성인 초기를 지나 중년기를 시작하는 도중에 있다면, 즉 두 시대를 분리하기도 하고 또 연결하기도 하는 분수령에 와 있다면, 그는 중년의 전환기에 있다. 45세경(±2년), 발달 과제들이 변화한다. 이제 그는 더 이상 과거를 재평가하고 자기 내면의 양극성을 재통합하는 데 많은 정력을 쏟을 수 없다. 지금은 새로운 시기인 중년 입문기를 시작하는 시기이다. 주된 과제는 이제 주요한 선택을 하고, 이 선택들에 의미를 부여해서 개입하며, 그들 주위에 인생 구조를 구축하는 것이다. 20대의 성인 입문기처럼, 이 시기는 **시대를 교차하는 전환기**cross-era transition 뒤에 따라오며, 새로운 시대의 출발을 위한 인생 구조를 형성하는 데 바쳐진다.

어떤 남성들은 중년의 전환기 동안 만족스러운 잠정적 선택들을 해서, 45세까지 이러한 선택들에 전념할 준비를 하고, 새로운 구조를 창출해낸다. 이런 남성들은 중년 입문기 초에 통합된 구조를 형성해서, 이 시기의 나머지를 이 틀 안에서 자신들의 삶을 풍요롭게 하는 데 사용한다(예: 랠프 오치스와 리처드 테일러). 이 계열에 속한 사람들은 주로 이전 시기나 40대 초반에 한 잠정적 선택들을 재확인하고 강화시키는 데 중년의 전환기를 투자한 사람들이다.

예를 들면, 리처드 테일러Richard Taylor는 40세에 소설 쓰는 일을 주된 직업으로 삼기로 결정했다. 이것은 중요하긴 하나 잠정적인 선택이었다. 만약에 이러한 선택이 이루어지지 않았다면, 그는 42세나 45세에 소설 쓰는 일을 포기하고 새로운 직업을 찾아야 하는 끔찍한 과제에 직면하게 되었을 것이다. 다행히, 그는 확고한 선택을 했고, 45세에는 소설가로서의 직업이 새로 출현한 인생 구조에서 기둥이 되었다. 또한, 그는 40세에 수년 동안 사랑해온 여성과 결혼을 했다. 그들은 만족스럽고 변함없는 결혼 생활을 희망했지만 그들이 지속적으로 그런 결혼 생활을 영위해갈 수 있을지는 아직 미지수였다. 직업에서와 마찬가지로, 다음 이삼년 동안에 그의 결혼 생활도 확고하게 자리를 굳혀나갔다.

대부분의 경우, 남성은 중년 입문기 출발 시점에서 안정된 구조를 형성할 수가 없다. 여러 가지 이유로, 45세 때 그가 처한 인생은 그에게 적합하게 느껴지지도 않거니와 그걸 지탱하도록 도와줄 만큼 타인들에게도 썩 잘되고 있지는 않다. 비록 그는 어딘가에 전념해서 새로운 인생 구조를 구축하고 싶지만, 그렇게 하기는 쉽지 않다. 그는 중년 입문기의 대부분을 새로운 구조를 구축할 토대가 될 선택들을 하는 데 소비해버릴 수도 있다.

수많은 새로운 행보들이 이루어짐에는 틀림이 없으며, 그리고 그러한 행보의 정확한 특징과 속도는 매우 다양하다. 어떤 남성은 아내와 헤어지거나 직장을 그만두고, 또는 친구, 스승, 애인과 의미 있는 관계를 청산하기도 하고, 그리고 현재 살고 있는 이웃이나 지역에서 멀리 떠나기도 하면서, 성인 초기에 살아온 세계에서 완전히 벗어나버릴 수도 있다. 이것은, 말하자면, 부정적인 선택들이다. 새로운 행보는 남성이 자신의 인생을 성공적으로 개선할 수 있는 공간을 창출해낸다. 그러나 어떤 긍정적인 선택을 해서 인생을 재구축해나갈 수 있기까지, 그는 이 공간 안에서 일시적으로—그리고 불행하게—떠돌고 있는 자신을 발견할 수도 있다.

인생을 재구축하는 과정 역시 많은 단계들을 요구한다. 그는 세상이 자신을 위해 어떤 대안들을 마련해놓고 있는지 알아보기 위해 약간의 탐색을 해야 한다. 가끔은 아무런 대안도 없는 것처럼 보이기도 한다. 그는 예비적으로 다양한 선택을 해보고 이를 시험해보아야 한다. 어떤 사람들은 이런 작업을 하지 않는다. 그는 실망을 극복하고 계속해서 다른 선택들을 해야 한다. 그는 안정적이고 만족스러운 대안을 발견하기 전에, 일시적인 혹은 심각한 사랑 관계에 빠질 수 있다. 그러나 그는 이런 관계가 전혀 해답이 되지 못한다는 것을 발견할 수도 있고, 또 아무런 해답도 찾지 못할 수가 있다. 그는 자신에게 잘 맞는—또는 잘 맞지 않는—하나의 직장에 안주하기 전에, 몇 군데의 일자리를 전전할 수 있다. 그는 자신이 좋아하고, 꽤 좋은 보금자리가 될 장소를 발견하기 전에 몇 번의 이사를 할 수도 있다.

간단히 말해서, 통합된 구조는 중년 입문기에 일찍 또는 느지막하게 출현할 수 있으며, 또 전혀 출현하지 않을 수도 있다. 하지만, 만족스러운 구조를 창출하는 것이 두드러진 발달 과제인 한, 그는 아직 이 시기에 머물러 있다. 그 과제가 변화할 때 그 시기는 끝나며, 그는 새로운 전환기로 들어간다.

남성들이 중년 입문기를 보내는 다양한 방법 중 몇 가지를 살펴보자. 내가 언급한 바와 같이, 우리 연구에 참여한 남성들의 연령은 처음 면담 시 35세에서 45세 사이에 분포되어 있었다. 2년 뒤에 우리는 그들 대부분과 후속 면담을 했다. 가장 집중적인 연구를 위해 선택된 네 명의 남성들(반즈, 냄슨, 폴슨, 트레이시)과는 이삼년 후에 다시 면담했다. 우리는 정규적인 면담 후에 몇 명의 다른 사람들과 부수적인 접촉을 가졌다. 그 결과, 연구 초에 42세에서 45세였던 열다섯 명의 남성들의 45세 이후의 인생에 대해서 부가적인 정보를 얻을 수 있었다.

이러한 삶들에 근거해서, 우리는 중년 입문기에 일어나는 변화에 대한 그림을 구성해보았다. 비록 이 그림이 이전 시기의 것보다 더 대략적이라 할지라도, 그것은 이 시기 동안의 어떤 공통 주제와 개인적 다양성을 보여주고 있다. 이 시기가 시작되는 평균 연령은 45.5세였으며, 빠르면 44세, 늦어도 47세를 넘기지는 않았다. 이 시기가 43세 이전이나 48세 이후에 시작될 수 있을지는 의문이다.

이번에는 각 직업군별로, 중년 입문기를 보내는 몇 명의 남성들의 삶을 기술해보겠다.

노동자

다른 직업군에서와 마찬가지로, 노동자들도 중년 입문기에 그들이 형성한 인생 구조의 특성과 또 거기에 대한 만족도가 상당히 다양하다.

아마도 가장 안정되고, 아직도 끊임없이 발전하고 있는 인생은 랠프 오치스Ralph Ochs의 인생이었다. 45세에, 그는 18세 때 아버지의 도제로 시작한 공장의 핵심 부서에서 아직도 일하고 있었다. 대단히 성실하고 소박한 야망을 가진 사람인, 그는 성인 초기의 전 과정에 걸쳐 자신의 인생을 풍요롭게 만들었다. 그는 노동조합을 조직하여 운영하는 데 적극적으로 개입했으며, 노조 대표가 되었다. 그리고 40세를 넘기면서, 그는 점차로 다른 노동자들과 스승 관계를 맺어나갔다. 그는 이제 자신의 주된 투자를 가족에게 하고 있다. 그는 세 명의 청소년 자녀들에 대해 비상한 지각력과 관심을 가지고 이야기하고 있다. 그는 세 자녀 모두가 대학에 다니기를 바라고 있다. 그의 큰아들은 곧 고등학교를 졸업하게 되나 대학에 아무런 흥미가 없다. 오치스는 이것이 그들 사이의 긴장의 원천이라는 것을 인정하고 있으며, 그래서 그는 도움이 되도록 상당한 재치와 통찰력을 가지고 노력하고 있으나 지나친 통제는 자제하고 있다. 그는 자녀들 중 가장 총명하고 성공적인 막내딸의 재능과 인생 기획에 기쁨을 맛보고 있다. 그는 자신이 적극적인 아버지라는 것을 즐기고 있으며 또 그렇게 되기 위해 노력하고 있다.

래리 스트로드Larry Strode는 제2차 세계대전 중 군복무를 마친 후, 남부의 흑인 중류층인 자신의 가족을 떠났다. 똑같은 공장에서 15년을 보낸 뒤, 그는 기술자, 노조 대표, 임시 십장이 되어 있었다. 그는 산업체에서 더 이상 발전할 가망이 없으며 자신의 인생이 별 가치가 없다는 것을 깨닫고 압박감을 느꼈다. 중년의 전환기(40~45세)에, 그는 자신의 이발소를 개업했으며, 공장을 계속 다니면서 고등학교를 마쳤다. 그는 다른 일을 해보려고 직업 세계를 탐색했으며, 실패한 결혼 생활을 개선해보려고 처절하게 노력했다. 목사의 아들인, 그는 인간의 정신과 영혼에 보다 직접적으로 유익할 어떤 이력을 오랫동안 갈망해왔다. 45세에, 스트로드는 새로운 인생 구조를 구축하기 시작했다. 그는 공장을 떠나 지역 병원에서 정신 건강사가 되었으며, 그동안에도 계속해서 자신의 이발소를 경영해나갔다. 그는 아내와 헤어졌으며, 이삼년 후에 그녀와 이혼했다. 40대 후반에 그는 새로운 직업과 가족 생활(그가 강하게 개입되어 있던, 이전 결혼에서의 아이들과 함께)을 발달시키기 위해 노력했다. 우리가 마지막으로 49세에 그를 보았을 때, 그는 성인 초기와는 다른 인생을 구축하고 이제 막 성공하기 시작하고 있었다.

아마도 가장 황폐화한 경우는, 교육을 받지 못한 남부의 흑인 노동자인 루크 다비Luke Doby의 이야기이다. 그는 16세에 북쪽으로 이주해서, 18세에 결혼했으며, 건설 노동자가 되어서 11명의 아이가 있는 가족을 부양했다. 그는 37세 되던 해를 장례식의 계절이라고 회상했다. "주위를 돌아볼 때마다 누군가가 죽었죠." 38세에 자신은 비장을 제거했고, 아내는 불임시술을 했다. 이 사건들은 급속한 감퇴의 시작을 알렸다. 그는 자기 자신이 되는 방도를 발견할 수가 없었다.

내가 41세인 그를 처음 보았을 때, 그는 공장의 수위로 일하고 있었다. 그는 이때를 자신의 인생에서 최악의 해로 간주하고 있다. 그는 건강이 악화되어, 자신이 옥외屋外의 남성적인, 그리고 자존심의 원천을 상징한다고 보았던 건설 현장에서 떠나야 했다. 그가 찾을 수 있었던 유일한 일자리는 수위직이었는데, 이것은 그의 체면을 손상시키는 여성적인 '옥내'의 일이었다. 그는 가족 내에서 쇠퇴해가고 있었으며, 아내가 대개 복지 기금으로 가계를 꾸려 나갔다. 다음 몇 년 동안 그는 나의 사무실을 종종 들르곤 했다. 그의 요청으로, 나는 그가 43세 일 때 단기간의 입원수속을 도와주었다. 그때 그는 심하게 술을 마시고 '길거리에' 나가는 것을 두려워했다. 그는 반복해서 이상한 사고의 희생물이 되곤 했다. 그는 한 번 어떤 사람에 의해 차에 태워져, 강탈을 당하고 가슴과 등에 심한 자상을 입은 채로 수마일 밖에 버려졌었다. 일 년 후에는 모터사이클에 치여서 한쪽 눈을 잃었다. 주립 정신병원은 수차례 그를 수용했으며, 적절한 퇴원계획 없이 그를 내보내곤 했다. 그는 두 차례나 단기간 직업훈련을 받는 사회복귀 프로그램에 참여했으나 고용될 수가 없었다. 46세에 그는 아내와 이혼했다. 47

세에 마지막으로 내가 그를 보았을 때, 그는 영구히 일손을 놓은 무능하고 고립된 사람으로, 그리고 자녀들(이제 9~30세)과는 거의 접촉이 없었으며 '시간을 보낼' 방법이 없는 삶 속에 정착해가고 있었다.

루크 다비는 나에게 깊은 인상을 주었고 이상하게도 내 마음속에 중요한 인물로 자리 잡고 있다. 그는 내가 무려 30년 전에 읽었던 『군중 속의 남자*The Man of the Crowd*』라고 불리는 포Edgar Allan Poe의 소설이 생각나게 한다. 작자는, 매우 신기해서 그를 따라가 보기로 마음먹고, 도심지의 군중 속을 걷고 있는 한 남자를 관찰하고 있다. 그 남자는 몇 시간 동안 목적 없이 방황한다. 결국 포우는 그 남자가 어디에도 가고 있지 않다는 것을 알아차린다. 그는 매우 고통스러워 이야기조차 할 수 없는 과거에 사로잡혀 있으며 아무런 의미도 없는 현재를 견디어나가고 있다. 그가 앞으로 몇 년 동안 더 살지는 모르겠으나, 그를 기다리는 것은 죽음뿐이다. 그는 인생의 다음 단계를 시작할 방도를 찾을 수가 없었다.

윌리엄 폴슨: 성인 초기를 마치고 중년기로 들어가다

빌 폴슨에게도, 역시 중년의 전환기는 고통스러웠다. 우리가 8장에서 살펴본 바와 같이, 그는 32세 쯤에 '안정기'를 시작해서, 다음 8년 동안 안정적인 인생 구조를 구축했다. 30대에 그의 인생에서 핵심적 구성 요소는 플로리다에 있는 보울 앤드 화이트사의 직장, 가족, 그리고 새로 지은 집이었다.

처음으로 빌은 승진 가능성이 있는 직무에 확고하게 자리를 잡았다고 느꼈다. 그는 자신을 '컴퓨터 기사'라고 표현했는데, 그것은 자료처리와 같은 판에 박힌 일을 하는 사무처리 업무를 완곡하게 표현한 말이었다. 그는 시간당 보수를 받았으며 주당 75달러를 벌었다. 보울 앤드 화이트사에서 자료처리 업무가 더욱 중요해지자, 그는 이제 감독 역할을 맡게 되었다. 그는 새로운 사람들에게 컴퓨터 작동하는 방법을 가르치고 그들의 작업을 감독했다.

> 우리 회사 컴퓨터 기사들은 노련한 프로그래머들이 쓴 프로그램을 무슨 의미인지 잘 이해하지 못했죠. 그래서 공학자들은 새로운 프로그램들 중 몇 개를 가지고 와서 말하곤 했지요. "여보게, 빌, 이걸 읽어보겠소? 그걸 이해할 수 있는지 보시오. 당신을 위해 일하고 있는 멍청이들이 그것을 이해할 수 있는지 보시오. 우리가 그들에게 그 정보를 전달하기 위해서 할 수 있는 일이 무엇인지 알려주시오." 나는 돌아가서 제안하지요. "여기에 말을 바꾸고 이 절차에 부가적인 단계를 삽입해주세요." 그러고 나서 나는 컴퓨터 기사들에게 그것을 넘겨주지요. 나는 말합니다. "좋아요, 질문 있어요?" 그리고 아무에게서도 질문이 없을 때, 나는 말하죠. "됐어요, 당신들은 이제 스스로 할 수 있군요."

그는 자신을, 양쪽이 서로 상대편을 이해하도록 도와주는 노동자와 관리자 사이의 연결고리로 보았다. 그는 회사의 '목사', '중개자' 그리고 '고해 성사를 듣는 신부'였다. 곧 그는 자료처리 부서의 총감독자가 되려는 대망을 품었다. 한 가닥의 자기기만이 폴슨의 입을 통해서 흘러나왔다. 그는 노동자들과 관리자들 사이를 중개하는 자신의 재능을 과장했다. 자신의 직업을 사무직으로 생각하고 싶지 않았기 때문에, 그는 자신의 발전 가능성에 대해 지나치게 낙관적이었다. 그래서 이 직무에 자리를 잡았을 때, 그는 미래의 문제들에 대한 씨앗을 뿌리고 있었다.

그의 가족은 안정기 인생 구조의 핵심 요소였다. 그는 여전히 루스 없이는 '전부를 잃어버리게' 될 것이라고 느꼈다. 개방적인 대화는 그들에겐 아직 기대하기 어려웠으며, 조금만 다퉈도 화를 내면서 너무 쉽게 움츠러들었다. 문제가 무엇이든, 결혼 생활은 그에게 소중한 것으로 남아 있었다. 그는 어려움들도 결혼 생활의 일부분으로 받아들였다.

겉으로 보기에는 변함없는 결혼 생활을 해나갔으나, 그런 과정에서 그들의 인생은 사실상 주요한 변화를 겪고 있었다. 빌이 33세일 때 루스는 임신하게 되었으며 자신들의 유일한 아이를 낳았다. 피트의 출생은 그들 삶의 본질을 급속하게 변화시켰다. 그들은 이제 더 이상 "와 하고 떠들어대는" 젊은 부부가 아니었다. 대신에 자신들이 보기에도 한층 더 성숙하고 안정된, 그리고 가정과 가족에게 헌신하는 사람들이 되었다. 빌은 자신들의 미래와 세 식구를 위한 삶에 대해 더 많은 것을 생각하기 시작했다. 루스는 피트가 탄생한 의미를 이런 방식으로 표현했다. "피트의 탄생은 우리에게 무엇인가를 계속해나갈 인생의 목적을, 또 그 목적을 향해 나아갈 의미를 주었지요. 나는 우리들의 삶이 그 애가 탄생하기 전에는 미완성 상태였다고 생각합니다."

폴슨은 피트의 아버지로서 자신의 행복한 초상화를 그렸다. 그는, 아버지가 자신에게 했던 것처럼, 자신도 아들에게 친절하고 관심이 있고, 친구로 사귈 수 있는 그런 아버지라고 보았다. 그러나 그는 피트에 대한 자신의 감정이 복잡하다는 것을 자인했다. "나는 때론 그 애와 함께 도저히 살 수가 없는데, 또 그 애 없이도 살 수가 없어요." 그는 아버지로서의 책임을 이행했으나, 여전히 남아 있는 소년다움이 피트와의 관계 속에서 두드러지게 나타났다. 그는 피터에게 아버지이자 형이 되기를 원했다. 루스는 이것을 잘 이해했다.

> 피트는 불행하게도 성격이 나빠졌어요. 그 애는 자기가 원하는 것은 무엇이든지 가져야 한다고 느끼죠. 그 애는 아빠가 자기에게는 거절할 수가 없다는 것을 알고 있어요. 그는 나에게 이렇게 말합니다. "아빠는 나에게 '아니요'라고 말할 수 없지만, 엄마는 할 수 있어요…" 만약에 내가 그들 둘만을 남겨 놓으면, 그들은 아마 싸울 거예요. 내가 한 시간 동안 나갔다가 돌아와 보면 반드시 어떤 다툼이 있곤 했지요. 피트는 방에 들어가서 문을 닫아버렸어요. 내가 들어가서 "무슨 일이니?" 하고 물으면, "아빠 정신이 완전히 나갔어요. 내가 잘못된 것을 좀 말했더니, 확 일어나 화를 내며 방 속으로 들어가 버리잖아요. 아빠는 나에게 미친 듯이 화를 냈어요." 그러나 한 시간이나 30분 안에, 그들은 다시 서로 정다워지지요.

안정기 인생 구조의 중요한 부분 중 하나는 플로리다에 있는 그들의 가정이었다. 그들만의 장소를 갖는다는 것이 폴슨에게는 항상 중요했다. 플로리다에서의 첫 삼 년 동안, 빌이 보울 앤드 화이트사에 있을 때, 그들은

'조그마하나 아름다운 장소'를 소유하고 있었다. 그러나 소작인들이 그 지역에 이주해오면서 "그곳은 돼지우리처럼 보이기 시작했다." 많은 친구들을 따라, 빌과 루스는 이사하기로 작정했다. 그들은 포트 로더데일Fort Lauderdale 가까이에 바로 그들이 원하는 집을 발견했다.

> 그것은 아름다운 집이었죠. 나와 아내는 우리가 여기에 돌아왔을 때 '만약에 그 집을 밑동부터 모두 들어내 뉴욕이나 코네티컷으로 날라다 조그만 땅 위에 내려놓을 수만 있다면 더할 나위 없이 좋으련만' 하고 가끔 말했죠. 정말로 아름답고 안락한 집이었습니다.

33세까지, 빌은 가족들 모두가 원하는 집에 자신의 가족을 안주하게 했다. 그는 낚시를 무척 좋아하게 됐으며, 그리고 그것은 매우 중요한 여가 활동이었다. "나는 낚시를 좋아합니다." 하고 그는 말을 꺼냈다. "나는 아침 여섯 시에 나가서 밤중까지 낚시를 할 수 있는 그런 유형의 남자입니다. 나는 이것을 아버지에게 배웠죠. 설령 물고기를 한 마리도 잡지 못할지라도 나는 여전히 행복합니다. 왜냐하면 혼자서 또는 친구들과 어울려서 밖에 나갈 기회를 가졌고, 그리고 마음 편하게 즐겼으니까요." 이때가 그의 인생에서 가장 행복한 때였다. 모든 면에서 그는 전보다 더 잘하고 있었다. 그는 만족스러운 직장과 아름다운 집과 가족, 그리고 즐거운 여가 활동을 갖고 있었다. 그는 30대 위기와는 거리가 멀었다. 그의 더 커진 자기 확신과 자기주장은 어머니와 또 한 번의 어려운 만남 속에 잘 반영되어 있었다.

폴슨이 38세일 때, 오랫동안 가족들 간의 다툼이 있은 후에 어머니가 그들과 합류했다. 어머니는 가까운 아파트에 살았지만, 대단히 요구하는 것이 많아서 그들이 무척 애를 쓰고 있었다. 어머니의 출현은 다시 빌과 루스 사이의 심한 갈등의 근원이 되었다. 아마도 긴장 때문이었는지, 루스는 십이지장 궤양에 걸려서 다시 입원하게 되었다. 결국, 빌은 어머니의 존재가 루스와 자신들의 결혼 생활에 참을 수 없는 짐을 지워주고 있다는 것을 깨달았다. 어머니가 그들에게 온 지 6개월 만에, 그는 어머니를 버지니아로 되돌려 보냈다. 비록 그것은 어려운 결정이었으나, 어머니와 가족의 요구에 대항해서 루스를 지지하기로 했다. 가족들은 그때 어머니를 요양원에 보내기로 의견을 모았다.

30대 후반에, 폴슨은 "내 능력은 누구보다 월등하며 아마 나는 전 부서의 총감독자가 될 것"이라고 믿게 되었다. "현실을 깨닫지 못하고 돌아다니면서 내가 누구보다 더 월등하다는 인상을 주려고 했었죠." 자신에 대한 이러한 시각에 대해 아무런 고무도 받지 못한 후에, 그는 자신이 감독자의 직책을 맡을 수 있는지 의아해하기 시작했다. 그는 자격이 부적합했고, 관리하는 데 아무런 경험도 없었을 뿐만 아니라 관리자로서 훈련을 받은 적도 없었다.

39세에, 보울 앤드 화이트사의 감독자가 되려던 그의 꿈은 빗나가기 시작했다. 일 년이 넘게 빌은 심한 갈등상태 속에 있었다. 그는 발전할 마음의 준비가 되어 있었고 그것을 열망했다. 그는 그동안 일을 잘 수행해왔고 회사의 지지와 인정을 받아왔다고 생각했다. 그는 좀 더 상급 임원이 되어서, 조직체 내에서 자신을 주장할 수 있는 사람이 되고, 그리고 좀 더 큰 책임감과 권위를 떠맡기를 원했다. 그러나 한편으로, 그는 자신의 관리 능력과 교육 경력에 대해 회의를 품고 있었다.

그는 승진될 가망이 없다는 것이 분명해졌다. 그는 보울 앤드 화이트에서 갈 수 있는 데까지 가 있었다. 빌과 루스 그리고 피트는 플로리다에서 안락하게 정착하고 있었다. 그는 보울 앤드 화이트를 위해 일하는 것이 즐거웠으나, 절박하게 승진되기를 원했다: 무엇을 해야 할 것인가? 현재의 위치에 안주해야 할 것인가? 아니면 어딘가 다른 곳에서 원하는 것을 얻으려고 노력해야 할 것인가?

40세에, 빌과 루스는 북부로 되돌아가기로 결정했는데 크게는 빌의 뜻에 따른 것이었다. 그 이유는 복잡했다. 우리들이 보기에, 그의 긴박감은 자기 자신이 되려는 욕구를 반영하고 있었다. 그는 자신이 원하는 것을 알고 있었으나, 그것을 얻는 데에 실패했다. 보울 앤드 화이트는 그의 야심에 불타는 자아를 인정하지 않았다. 그는 자기 의심으로 가득 차 있었으나, 다시 노력해보려는 욕망으로 플로리다를 떠났다.

39세에 이러한 결정을 하느라고 고민하는 동안에, 그는 가슴에 통증을 느끼게 되었고 심장병이 아닌지 의심하게 되었다. 종합검진을 한 결과, 그의 고통은 근육통이며 '신경과민'이 원인이었다는 것이 밝혀졌다. 불안은 해소되었지만, 그는 자신이 보울 앤드 화이트에서의 패배로 얻은 대가와 그로 인해 받은 긴장이 컸다는 것을 깨닫게 되었다. 게다가, 처음으로 그는 자신이 늙어가고 있으며 질병과 무능력과 죽음에 대해 취약하다고 생각했다. 그는 자신을 돌보기 시작했고, 음주를 줄이고 담배를 끊으려고 노력했다.

직장을 옮기는 일은 처음부터 쉽게 풀려나갔다. 폴슨은 뉴욕에 있는 빙Bing 컴퍼니에서 좋은 일자리를 얻었는데, 항공우주 모의 장치를 건설하는 공장의 컴퓨터 부서에서 일하게 되었다. 그는 보울 앤드 화이트에서보다 많은 보수를 받았으며, 그의 가장 중요한 상관인 젊은 공학자가 그를 좋아했고 그에게 관심을 갖고 있었다. 그의 상관이 뉴욕의 햄프턴에 있는 다른 공장으로 옮기게 되었을 때, 그는 따뜻하게 폴슨에게 자기와 함께 가주기를 청했다. 그것은 또 한 번의 이동을 의미했지만, 그는 그 청을 기꺼이 수락했다. 햄프턴에서, 그는 '컴퓨터에 응용하는 모든 정보 관리를 책임지는 관리자'였으며, 컴퓨터 작동을 위한 소프트웨어를 조달했다. 컴퓨터는 항공우주 모의 장치에 다양하게 사용되었다. 햄프턴에서의 첫 석 달 동안에 그는 아폴로 우주선을 위한 모의실험을 발전시키는 데에 개입되었다.

그리고 폴슨은 우주 계획을 위한 달착륙선Lunar Excursion Module: LEM에서 일했다. 그와 가족은 8개월을 텍사스에서 보냈으며, 거기에서 그는 그 프로젝트의 '기술 관리자'로서 일했다. 다음으로 그는 두 번째 달착륙선LEM 모의 장치를 설치하기 위해서 케이프 케네디로 갔다. 그는 자신이 좋은 일을 하고 있다고 느꼈다. 그의 상관은 그의 노력을 인정했으며 그 능력을 높이 평가했다.

> 나는 어느 모로 보나 우주 항공 장치를 끝마친 후에는 어딘가로 가게 될 것 같다는 생각을 했지요. 나는 소집단 사람들에 대한 감독관이나 심지어 관리자까지도 올라갈 수 있다는 느낌으로 어딘가를 가고 있었습니

다. 거기에 먼저 와 있는 두세 명의 사람들 때문에 나는 이런 생각에 상당히 익숙해졌죠.

이것은 여러 가지 면에서 폴슨의 직업 경력에서 정점이었다. 그는 자신의 상관과 자신이 하고 있는 일을 좋아했으며, 그리고 상관도 자신을 좋아하고 지지해주고 있다고 느꼈다. 42세에, 그는 마침내 감독의 지위로 승진할 정도로 충분히 잘 해냈다고 믿었다. 그의 도박은 잘 되는 것처럼 보였고, 그가 처음에 플로리다에서 추구했던 목표는 드디어 빙 컴퍼니에서 이루어질 것처럼 보였다. 그것은 처음으로 자신을 돕는 데에 관심이 있는 상관을 모시고 있다는 것을 재확인하는 것이었다.

그때 그의 상관은 F-III 전투기의 모의 장치를 발전시키기 위한 프로그램의 관리장이 되었다. 그는 빌에게 자기와 함께 일할 것을 요청했다. 빌은 동의했다. "'바로 이거다'라고 나는 생각했죠." 그러나 F-III 프로젝트에 이삼 개월을 보낸 후, 빌은 자신이 실수했다는 것을 알았다. 그 계획은 '서서히 침체되고 또 침체되어갔다'. 감독자로 승진하는 대신에 그는 이전과 똑같은 일을 하고 있었다. 그는 울적했고 따지기를 좋아하게 되었다. 상황은 더욱 악화되었다. 자신의 미래를 묶어놓았던 상관은 그 회사를 떠났다. 법인 조직은 심각한 난관에 부딪쳐, 빙 컴퍼니는 웨스턴 코퍼레이션과 합병되었다.

그 후 얼마 안 가 수많은 고용인들이 해고되었다. 그들 중에는 빌 폴슨도 있었다. 40세에 시작된 빌의 도박—플로리다에서의 좋은 생활을 포기하고 동부에서 감독직을 찾은—은 42세에 실패로 끝이 났다. 이것은 안정기의 절정 사건이었으며 '중년의 전환기'의 시작이었다.

'안정기'는 이처럼 매우 뚜렷하게 대조적인 시기였다. 32세에 플로리다로 이사해서, 그는 안정된 만족스러운 인생 구조를 구축했다. 그는 장래성이 있고 만족스런 직장에서 자리를 굳혔고, 그와 루스는 자신들이 만족하는 집을 가졌으며, 낚시는 주요한 소일거리가 되었다. 그때 그는 자신이 얻을 수 있는 것 이상에 손을 뻗었다. 그의 수준에서는, 좀 더 높은 시간제 직업인 감독자가 되기를 희망하는 것이 비합리적인 것만은 아니었다. 그러나

'모든 부서'를 감독하는 것, 그리고 관리자의 지위로 올라가는 것은 엄청난 도약이었다. 그것은 좀처럼, 특히 30대 후반에는 이루어지지 않는다. 빌은 좀 더 많은 책임과 많은 보수를 추구했다. 보울 앤드 화이트는 그에게 이 둘을 다 거절했다.

자기 자신이 되고자 하는 빌의 욕구는 40세에 최고조에 달했다. 그것은 그에게 실질적인 변화를 일으키도록 했다. 가족들은, 그들 중 아무도 원하지 않은 뉴욕의 아파트로 가기 위해 플로리다에 있는 집을 포기했다. 이전 8년 동안의 안정은 불안정과 불확실성으로 대치되었다. 그것은 빌의 자기 능력에 대한 평가—너무도 불안하게 자기-기만적인 능력에 기초한 평가—에 근거한 도박이었다. 빌은 이제 인생의 중심부에 자신의 일을 갖다 놓았다. 그는 가족이나 집, 그리고 여가를 추구하는 데에 주의를 덜 기울였다. 플로리다에서는 그렇게도 중요했던 인생 구조의 이러한 측면들은, 그가 자신의 직업적 꿈을 추구함에 따라 이차적인 것으로 전환되었다.

42세에, 도박에서 진 폴슨에게는 회의와 의문과 절망이 엄습했다. 이것은 중년의 전환기의 시작이었으며, 진정으로 위기의 시기였다. 필사적으로, 그는 드디어 코네티컷에 있는 피-이(P-E) 컴퍼니에서 일자리를 찾았다. 그가 얻을 수 있었던 유일한 일자리는 전혀 감독 책임이 없는 것이었다. 7개월 후에 회사의 관리 계약이 만료되어 빌은 해고되었다.

> "이건 계속할 수 없다"고 나는 느꼈죠. 다행히도 어떤 남자—이 사람은 우리 아파트 단지에 살고 있는 키프만 씨였죠—가 어느 날 나를 붙들고 말했죠. "나는 당신이 일자리를 구하고 있다는 것을 압니다." 나는 말했죠. "그렇소, 돈만 준다면 어디든지 항상 찾고 있소." 그래서 그와 나는 앉아서 이력서를 썼는데, 나를 위해서 그는 자기 회사를 나에게 팔아서 나를 그 안에 끌어놓을 수 있도록 썼지요. 만약에 이 사실이 회사에 되돌아가면 우리 둘은 죽는 거였지요.

그 계략은 성공적이었다. 44세에, 우리의 면담이 시작되기 바로 전에, 폴슨은 유나이티드 일렉트로닉에서, 연봉 11,000달러의 수입과 함께 일자리를 얻었다. 그 이력서는 그가 품질 관리에 경험이 있다는 인상을 주었으며, 유나이티드 일렉트로닉는 그를 품질 관리 기술자로 고용했다. 절망스럽게도, 빌은 자신을 잘못 소개해서 자신의 능력 이상의 일을 떠맡았다. 그 회사는 신설 회사였고 자리를 잡기 위해 애쓰고 있었다. 빌이 근무하기 시작했을 때, 거기에는 품질 관리에 대한 프로그램이 아무것도 없었으며, 그는 '미친 사람처럼 공장을 뛰어다니고 있었다.' 노동자들과 상관들 사이에는 상당한 갈등이 있었다. "조만간에 회사는 바로 서게 될 것입니다. 말하자면, 그때까지 우리는 관리자와 일용 노동자들 간에 한바탕 전쟁을 치러야 합니다. 지금 나는 그 전쟁의 중간에 있습니다."

다시, 빌은 노동자와 관리자들 사이에서 평화를 만드는 사람으로 자신을 그렸다. 과거처럼, 그는 중개자로서의 기술이 자신을 승진시킬 것이라고 믿었다. 그의 상관은, 그가 생각한 것처럼, '품질 관리 경영자'로 그를 단련시키고 있었다.

> 조는 내가 남달리 뛰어나다고 생각하고 있죠. 내가 그 자리에 추천되는 것은 당연하다고 말할 수 있지만, 그러나 그것 때문에 나를 방해하는 어떤 것들—나 자신의 인간적인 기질, 내가 사람들에게 말하는 방식—이 있다는 것을 두려워하고 있습니다. 나는 나의 직위 때문에 내가 그들보다 위에 있다는 인상을 사람들에게 주고 있는 것 같습니다. 만약에 내가 그렇다면, 그리고 전에 한 번 이런 말을 들은 적이 있습니다만, 그것은 고의가 아닙니다.

비록, 그는 아직도 관리자의 직위를 꿈꾸고 있지만, 자신의 한계에 대해서 좀 더 진지하게 생각할 수 있었다.

> 나는 그 일을 할 수 있다고 확신합니다만, 그러나 지난 5년 동안에 그 일에 대해 경험을 많이 쌓지 못한 것은 사실입니다. 나는 관리자의 입장에 적응하는 것과는 반대로, 하위 계급인 노동자 계층의 입장에서 생각하고 관리하는 경향이 있습니다. 나는 거물들을 향해 가기보다는 더 낮은

사람들을 향해 가는 경향이 있습니다. 만약에 그 위치에 들어간다면, 이전에 대처해야 했던 것보다 더 많은 책임을 지게 되지요. 자연히 거기에는 내가 완전히 길을 잃어버리게 될 어떤 상황들이 있을 것입니다. 그러나 나는 항상 이야기할 사람과 도움을 얻을 사람을 갖고 있다고 느낍니다.

그것은 지난날의 주제였다. 그는 자신이 그 일을 수행할 수 없을까봐 두려워했고, 그리고 동시에 자신이 그 일을 할 수 있다는 것을 재확신하기도 했다. 점점 더 이러한 재 확신은 깊이가 없고, 자신에게도 설득력이 없는 것처럼 보였다. 이전의 두 번의 실패 이후, 그는 자신의 꿈을 실현시키고자 노력하긴 했으나, 단지 예전보다 더 붙잡기가 어렵다는 것을 발견할 뿐이었다.

그의 결혼 생활과 가족들 역시 그를 괴롭히고 있었다. 루스는 자신들의 어려운 시절에 대해서 면담자와 좀 더 개방적으로 이야기를 나눌 수 있었다. 그녀는 빌이 가족을 위해서 좀 더 나은 삶을 마련하기를 얼마나 원했으며, 또 그것이 얼마나 기복이 심했는지를 알고 있었다. 그러나 그녀는 빌이 그 일을 성취하지 못할 것이라고 느끼기 시작하고 있었다. 인생의 전반적인 혼돈은 결혼 생활을 서서히 침식해가고 있었다. "그것은 밑에서부터 서서히 시작되었죠. 긴장은 여러 가지 방면으로 나타나고 있습니다. 아마도 우리 둘 다 실제로 상당한 다툼 속에 빠져든다면, 그 결과가 어떻게 될지 두려워하고 있을 겁니다."

그녀는 빌이 43세일 때의 어느 날 저녁을 이야기했다. 빌은 화가 나서 밖으로 걸어나갔다. "만약에 그가 나가면", 루스는 말했다. "나는 모든 것이 끝장난 것일 거라고 생각했죠. 그러나 그는 10분 후에 돌아왔어요. 그 점이 우리가 실제로 모든 것을 다 터놓고 이야기할 수 있는 가장 친밀한 점이지요." 루스에게 이 사건은 자신들이 결혼 생활을 깨기에는 얼마나 가까운 사이인가를 시사해주는 것이었다.

다른 문제는 그들의 집이었다. 그들은 플로리다에 있는 집을 잃었다. "나는 아파트 생활을 좋아하지 않아요. 그리고 내 아내도 마찬가지지요." 우리는 거의 미칠 정도로 집을 원하고 있지만, 지금 당장은 뾰쪽한 방도를 찾을 수가 없어요. 그의 낮은 수입과 불안정한 일자리 때문에 그들은 아파트에서 살 수밖에 없었다. 아파트는 혼란과 불안정의 상징이었다. 루스는 이제 더 이상 빌이 일하러 가거나 집에 오는 것을 학수고대하지 않았다. 그녀 역시 절망감과 싸우고 있었다. "이쯤에서 나는 모든 것을 그대로 수용하고 있어요. 나는 참고 견디어나가야 할 일들이라고 생각합니다. 나는 더 이상 어떤 일을 기대하지 않아요. 왜냐하면 만약에 그것이 이루어지지 않는다면 나는 너무 실망하게 될 테니까요."

폴슨의 건강은, 42세와 44세 생일 사이인 이 불안정한 2년 동안에 점점 악화되었다. 의사는 그의 폐를 진찰해보고 "상태가 썩 좋지 않으니 담배를 끊으라."고 권했다. 그러나 그 엄청난 스트레스 속에서, 그는 담배를 끊을 수 없었다.

이삼 개월 일한 후에, 빌은 유나이티드 일렉트로닉스에서 해고되었으며 다시 직장을 얻기 위한 고통스런 탐색이 시작되었다. 4개월 후에 그는 일자리를 발견했는데, 비록 집에서 60마일이나 떨어졌지만 그것을 붙들었다. 1970년의 취업 시장을 감안할 때, 그나마 일거리를 찾을 수 있는 것이 다행이라고 느꼈다. 그것은 조그만 공장이었는데 그는 품질 관리하는 데에서는 유일한 노동자였다, 일터에서는 긴장감이 있고 매일의 통근은 참기 힘들었다. 그는 아버지가 죽은 후 어려웠던 시절 이래로 처음으로 심하게 술을 마시기 시작했다.

빌의 45세 생일 바로 직전에 극적인 사건이 일어났다. 그것은 그의 인생 과정에 주요한 영향을 미쳤다.

> 월요일날 나는 일하러 가려고 다섯 시 삼십 분에 깨었지요. 나는 앉아 있는데 뒤통수에서 갑자기 타는 듯한 감각을 느꼈죠. 나는 그게 정상이라고 생각되지 않았어요. 전에 그런 적이 전혀 없었거든요. 아내를 깨워서 병원에 데려가도록 말했죠. 그녀는 나를 병원에 데리고 갔고 그들은 신경외과 의사를 불렀죠. 두세 번의 혈관 영상 검사Angiogram 후, 그들은 내가 뇌출혈이 있었다는 것을 알았으나, 그 장소를 알아내지 못했습니다. 그들은 약 한 달 동안 병원에 있게 했으나, 아무것도 발견할 수 없어서 나를

> 집으로 돌려보냈죠. 내가 거실 카펫 위에 쓰러질 때까지 약 일주일 동안 나는 집에 있다가 다시 병원으로 갔죠. 그들은 또 한 번의 혈관 영상 검사를 했어요. 이번에는 의사가 문제가 무엇인지를 발견해냈죠. 그는 수술을 해서 파열된 혈관을 때울 수 있었습니다. 나는 3월 중순에서부터 6월까지 병원에서 보냈죠. 상당히 심각했었지요. 그게 내가 오늘 기적이라고 말한 이유입니다. 신경외과 의사는 내가 병원에서 퇴원 후 2주일 동안에 일어난 일에 대해서 설명해주었죠. 그는 내가 매우 행운아라고 했으며, 그는 자신이 그것을 치료할 수 있었던 것을 신에게 감사한다고 말했습니다. 그가 수술을 한 4월 초부터 6월 초까지 나는 아무것도 할 수 없었죠. 적어도 그가 나를 일터로 보내려고 생각하고 있던 11월까지는 아무것도 할 수 없을 것이라고 그는 나에게 말했죠.

폴슨은 여러 가지 복합적인 문제들에 직면했다. 비록 그는 입원보험에 가입되어 있었지만, 자신이 3,000달러를 부담해야 했다. 그는 사회 안전 보험이나 퇴역 군인 연금을 받을 자격이 없었다. 그는 아직 회사에 고용되어 있었기 때문에 실업 보상을 받을 수가 없었다.

그의 감독관은 그가 이삼 개월 이내에 돌아올 수 있을 때까지 일자리를 그대로 두겠다고 약속했다. 그러나 그가 드디어 돌아올 준비가 되었다고 회사에 말했을 때, 그들은 그 대신 다른 사람으로 대체했으며 비어 있는 자리가 없다고 말했다. 빌은 실업 보상금을 신청했으나, 그것은 크리스마스이브까지는 효력이 발생하지 않았다. 그는 일자리를 찾기 시작했으나 성공하지 못했다. 그 후 일 년이 넘도록, 그는 아직 실업 상태에 있었다. 그는 자신의 상황을 평가하는 데 고통스러울 정도로 직설적이었다.

> 내가 아직 직장을 가지고 있지 않다는 점이 내 신경을 건드리고 있죠. 그리고 가까운 미래에 어떤 일이 일어날 것처럼 보이진 않습니다. 나는 내가 해야 할 도리인 내 가족을 부양하지 못하고 있다고 느끼고 있어요. 나는 아내가 일하는 데만 의존할 수가 없습니다. 지난 일 년 동안 또는 내가 이렇게 집 안에 있는 동안 그녀가 해온 일에 대해 신께 감사합니다. 만

약에 그녀가 아니었으면, 우리 가족은 바로 지옥에 갔을 겁니다. 우리는 진실로 파란만장한 시간들을 살아왔죠. 나는 작년에 차 한 대를 팔아버렸는데 그 빌어먹을 것이 6개월 이상이나 놀고 있었기 때문이죠. 게다가 상당한 비용까지 드니까요. 우리가 지금까지 꾸려나올 수 있었던 게 참 다행입니다. 매우 긴축했고, 지독하게도 허리띠를 졸라맸지요. 그러나 다행히 우리는 빚의 상당 부분을 갚았고, 그리고 식탁 위에는 음식이 떨어지지 않게 할 수 있었습니다.

나는 가족들의 행복을 위해 공헌하고 있지 않다고 느끼고 있습니다. 나는 실업 수당 이외에는 전혀 수입이 없었고, 나에게는 이것이 수입의 원천이 아닙니다. 나는 바로 그것에만 의존하는 존재가 되고 싶지 않습니다. 그러나 코네티컷 주의 고용 상황은 나에 관한 한 상당히 가슴 아픈 것입니다. 상황이 좋아지기는커녕 더 나빠지고 있습니다. 비록 지방 신문들에는 많은 일자리들이 나와 있으나, 이러한 회사들은 나와 같은 사람들은 접촉하려고 하지 않습니다.

그들은 나 같은 사람을 고용하려 하지 않는데, 왜 그런지 그 이유를 알 수 없지요. 글쎄요. 내가 생각할 수 있는 세 가지가 있습니다. 즉 나는 배경이 없습니다. 그리고 학위도 없고요. 또 나는 너무 늙었죠. 그들에게 내가 뇌출혈이 있었지만 이제 완전히 회복됐다고 말해보십시오. 그러나 그들 눈에 보이는 것은 오로지 뇌출혈뿐이지요. 회복이란 여기서는 옆으로 제쳐 놓은 수단이지만, 그들은 사실 거들떠보지도 않지요. 그들은 위험을 무릅쓰려 하지 않아요. 도대체 나는 무엇을 해야 할지 알 수가 없어요.

나는 거대한 공간을 향해 치닫고 있습니다. 나는 쓸모가 없는, 어느 누구에게도 소용이 없는 사람이라고 느낍니다. 그게 좋지 않다는 것을 깨닫고 있습니다만, 그러나 그렇다 하더라도 나는 그런 감정을 느낍니다. 나는 이 우울한 기분 속에 빠져들지요. 난 누구하고도 이야기하지 않습니다. 마치 조개처럼 입을 꼭 다문 채로 내 주위에 있는 사람들을 견딜 수 없게 만들죠. 이런 것이 좋지는 않습니다만, 그러나 내가 적당한 일자리를 구할 수 없기 때문에 이렇게밖에 느낄 도리가 없습니다. 나는 당연히 해야 하는 내 가족을 부양하는 일을 할 수 없기 때문에 전혀 쓸모가 없는 사람이죠. 이것은 내 마음속을 가장 많이 차지하고 있는 생각입니다. 생필품을 공급할 수 없다는 생각, 돈이 없다는 생각, 내 아들이 필요로 하는 것을 갖게 해줄 수 없다는 생각, 이런 것들은 내가 마치 얼간이나 웅덩이에 빠진 당나귀인 것처럼 느껴지게 합니다.

이때에, 빌은 거의 47세에 가까워지고 있었으며, 일 년이 넘게 실업 수당을 받고 있었다. 그는 필사적으로 일자리를 구했으나 성공하지 못했다. 그가 원하는 것을 얻을 기회는 적었다. 그는 더 낮은 수준의 일자리를 구할 생각을 수용하느라고 괴로워했다. 그 자신과 미래에 대한 느낌에 중요한 전환이 일어나고 있었다.

나는 지금 현재를 위해 살고 있습니다. 신이 허락하신다면, 만약에 좋은 직업이 생긴다면 아마도 나는 나머지 인생을 그 일과 함께 머무르기를 원할 것입니다. 글쎄, 또 모르지요. 반대로, 일 개월 정도 거기서 일하고 나서 이것은 나에게 맞지 않는다고 하면서 또 어딘가를 찾으러 갈지도. 그러나 나는 그걸 좋아하지 않습니다. 나는 이제 이리저리 직장을 옮겨 다니기엔 너무 늙었다고 여겨집니다. 이런 일은 지난 삼사년 동안 줄곧 일어났으니까요. 단지 나 자신이 혼란스러워서라기보다는 가족의 행복과 조화를 내가 망치고 있기 때문에 나는 그렇게 하고 싶은 생각이 없습니다. 나는 이 직장 저 직장으로 옮겨 다님으로 해서 아내를 신경질적인 폐인으로 만들고 있습니다. 그리고 아들은, 물론, 오 주여! 이제 바로 그 애의 교육이 무엇보다 더 중요한 때입니다. 만약에 내가 아들을 데리고 계속해서 떠돌아다닌다면, 그의 교육은 엉망진창이 될 것이고, 나는 그렇게 되기를 원하지 않습니다. 이와 같은 일들을 해결할 수 있는 유일한 방법은 내가 속이지 않고, 말하자면 허세 부리지 않고 제구실을 할 수 있는, 조그만 회사나 또는 큰 회사에서라도 그런 일을 할 수 있는 어딘가 좋은 직책에 안주하는 것입니다.

처음으로, 그는 도를 넘는 것보다는, 자신이 할 수 있는 조그만 일자리에 정착할 것에 대해 말했다. 그의 주요한 관심은 관리직으로의 승진이 아니었다. 그 꿈은 사라져버렸다. 그는 적절한 수준—그의 가족에게 안정된 삶을 제공해줄 고정된 수입이 있는 직업—에 정착할 마음의 준비가 되어 있었다.

폴슨은 실업에서 오는 결과를 두려워했다. 그는 아무것도 하지 않고 집에 앉아 있는 것이 어떤 매력을 가지고 있다는 것을 알았다. 그는 가족을 먹여 살리지 못한 데 대한 죄책감을 느끼긴 했으나, 보살핌을 받는 것 역시 싫지는 않았다. 그러나 그는 자신이 쓸모없는 인생 속에 정착해버릴 수 있다는 것을 생각하고 깜짝 놀랐으며, "나는 이런 방식으로 살아갈 수는 없어."라고 재빠르게 주장했다.

42세에서 47세까지의 시기는, 그가 다양한 변화를 통하여 안정기의 인생 구조로부터 새로운 구조로 이동해가는 전환기였다. 그는 일련의 직업들을 두루 전전했다. 가족은 여러 곳의 아파트에서 살았다. 빌과 루스 사이에는 점점 긴장이 증가했다. 그는 거의 풀이 죽어 있는 상태였고, 여러 달 동안 무용지물이었다. 그는 옛날 친구들과는 접촉이 끊기었고 새로운 친구는 만들 수가 없었다. 그는 불안하고 외롭고 패배감을 맛보았다. 그의 절망감은 극에 달했다.

동시에, 중요한 발달이 일어났다. 폴슨은 자기 자신과 자신의 능력에 대해서 냉정하게 재평가를 하고 있었다. 유나이티드 일렉트로닉스에 있을 때, 그는 자신이 결코 관리자가 될 수 없을 것이라는 사실과 그가 40세에 내건 도박에 졌다는 사실을 감수하기 시작했다. 이러한 야망을 포기함으로써 그는 좀 더 한정된 목표에 정착할 수 있고 다른 만족들을 추구할 수 있다는 희망을 갖게 되었다.

47세인 빌 폴슨이 겸허한 미래를 계획하고 있는 것은 분명했다. 그것은 마치 그의 질병이 그로 하여금 인생의 현실을 파악하도록 강요했고 또 그렇게 할 수 있도록 한 거나 다름없었다. 그는 세상과 화해하고, 좀 더 조그만 환상을 가지고 살며, 자기 가족을 위해 안정된 삶을 제공할 준비가 되어 있는 것처럼 보였다. 그는 중년 입문기를 시작하고 있었다.

소설가

39세에 케빈 타이런은 소설가이자 영문과 교수였다(6장 참조). 비록 그의 소설은 평범한 독자들에겐 '난해했고' 상업적으로도 성공하지 못했지만, 비평가들은 그를 당대의 제일가는 소설가 중 한 사람이 될 장래가 촉망되는 비범한 작가로 생각했다. 다음 6년에 걸쳐, 자기 자신이 되어가는 단계와 중년의 전환기의 고투는 그를 자아와 세계에 대한 새로운 탐색으로 이끌었다. 이 시기에 그는 소설은 한 편도 완성하지 못했지만, 그다지 성공적이지 않은 몇 편의 희곡들을 썼으며, 연극 세계에 몰입했고, 그리고 다양한 교육적 연구 기획에 참여했다. 그가 오랫동안 끈끈하게 맺어온 스승 관계를 끝내는 데는 몇 년이 걸렸다. 20대 초반부터 그의 창조적인 창작 생활을 활발하게 지지해주었던 결혼 생활에 심각한 회의가 생겼다. 40대 초반의 심각한 중년의 위기 동안, 그는 새로운 관계와 새로운 직업적 대안들, 그리고 자신의 노화와 파괴성, 여성성, 분리성향을 다루는 새로운 방안을 탐색해보았다.

45세에, 타이런은 중년 입문기를 위한 인생 구조를 정착시키기 시작했다. 그는 소설 쓰는 작업으로 다시 돌아가서, 전 4권으로 된 소설의 주요 부분을 시작했는데, 그 소설은 다음 몇 년에 걸쳐 완성되었다. 그는 새로운 여건에서, 그 의미와 한계를 좀 더 명확하게 이해하면서 결혼 생활에 다시 전념하고 있는 자신을 재확인했다. 40대 초반의 편력 이후에, 45세 이후의 그의 인생은 여러 가지 면에서 30대 인생의 연속이었다: 그는 동일한 가족의 남편이자 아버지였으며, 아직도 소설가이자 대학교수였다. 그럼에도 삶의 모든 면에서 유의미한 변화가 있었으며, 그 삶 속에 종사하고 있는 자아에서도 중요한 변화가 있었다.

알렌 페리 역시 '장래가 촉망되는 소설가'였다(9장 참조). 그가 25세일 때 출간된 첫 번째 책은 나오자마자 즉시 일반대중과 비평가들 양쪽에서 성공을 거두었다. 뒤이은 몇 년 동안에 그는 안정된 결혼 생활과 가족을 형성했으며, 전업 소설가로서 일할 수 있는 공간을 만들었다. 그리고 진지한 작가로서의 명성을 강화해주는 대여섯 편 이상의 소설을 출판했다. 30대 중반에 몇 가지 어려움—가장 중요한 스승과 씁쓸한 결별을 하고, 너무 실망스러운 소설을 쓴—이 있었음에도 불구하고, 40대 초반까지 그의 인생은 상당히 잘 진척되어 나갔다.

성인 초기의 절정 사건은 41세에 일어났는데, 그의 대표작이 출판되자 엄청난 찬사가 쏟아졌고 그는 일약 미국 소설가들의 원로 세대에 안착하게 되었다. 다음 몇 년 동안에 그의 결혼 생활은 더욱 복잡해졌으며, 그의 문학적 노력도 곤경에 빠지게 되었다. 페리는 초기의 작품으로부터 온 다양한 주제들을 좀 더 성숙한 표현으로 그려질 비극적 소설을 쓰기 시작했다. 대성공을 거둔 후에, 소설의 주인공은 자신의 비극적인 결함으로부터 유래한 비통한 패배를 맛볼 것이었다. 페리는 그 자신의 인생에서 아주 유사한 문제들을 처리하는 순간에도 이 책을 쓰기 위해 힘겨운 싸움을 했다.

45세에, 그는 자신의 내적 갈등을 담아서 소설로 쓰려는 욕구를 강렬하게 느꼈으나, 실제로 창작되지는 않았다. 40대 후반에, 그는 한편으로는 소설을 쓰면서, 좀 더 많은 시간을 다른 활동—희곡 쓰는 일, 문학잡지에 기고, 공적인 일에 개입—에 투자했다. 49세 때에도 그는 아직 중년 입문기를 위한 만족스러운 인생 구조를 형성하기 위해 노력하고 있었다: 소설가로서 그의 이력은 휴한休閑 중이었으며, 그가 흥미를 가지고 개입한 다방면의 일거리들은 직업으로서는 별로 의미가 없었다. 많은 소설가들이 5~10년 이상의 휴한기를 보낸 후에 다시 소설을 쓰기 시작한다. 그러나 이들은 새로운 토대와 새로운 인생 구조 안에서 집필을 하게 된다. 어떤 사람들은 다른 형식의 집필이나 새로운 직업을 찾아서 소설 세계를 완전히 떠나기도 한다. 이것은 알렌 페리가 50대 전환기에 직면해야 될 선택들 중의 하나였다.

흑인 소설가인 리처드 테일러가 이 시기를 살아온 모습은 상당히 다르다(5장 참조). 그는 30대를 대체로 생존을 위한 투쟁에 바쳤다. 그는 신문잡지나 공적인 관계로 연결된 분야에서 잡다한 직업에 종사하고 있었으며, 시간을 낼 수 있을 때마다 소설을 썼다. 그가 처음 쓴 몇 편의 소설은 주목을 받거나 판매고의 면에서 한정되었다. 근 10년 동안, 그는 한 특별한 여성과 진지하지만, 만났다 헤어졌다 하는 종잡을 수 없는 관계에 있었다. 40세에, 테일러는 좀 더 통합된 인생 구조를 구축하고 자신의 젊은 날의 꿈을 실현하기 위해 중대한 작업을 시작했다. 그는 사랑하는 여인과 결혼한 후에, 그토록 열망했던 위대한 흑인 소설을 쓰기 위하여 모든 위험을 무릅쓰기로 결정했다. 그는 그 소설을 완성하는 동안 아내와 함께 열대지방에서 일 년을 검소하게 보냈다. 그는 자신의 정열을 온통 이 책에 쏟아부었다. 41세에 이 책이 출판되었을 때, 그것은 그의 성인 초기의 절정 사건이었다. 비평가들이나 대중들로부터 온 첫 반응은 기껏해야 혼합된 것이었다. 그 책은 완전히 실패한 것은 아니었으나, 그가 예상했던 극적인 성공과는 거리가 멀었다. 이 기대에 어긋난 성공으로 그는 몹시 실망했다. 자기 자신이 되기 위한 희생과 인고의 세월들이 겉으로 보기에는 무용지물이 되어버린 것 같았다. 끈기가 약한 남자라면 모든 것을 그만둘 수도 있었다. 대략 41세에서 45세까지 중년의 전환기 동안, 그는 상처를 치료하고 집필을 계속해보려고 애썼다. 이 시기에, 그의 대표작이 더욱 광범위하게 읽히고 제대로 인식되었는데, 특히 흑인 젊은이들 가운데에서 그러했다. 그는 소설가로서 자신의 위치를 지탱하기 위해 단편소설 두 편을 썼으며, 다른 형식의 집필도 함께 했다. 처음으로 그는 진지한 작가로서 생활비를 완전히 벌어들이고 있었다.

45세에 리처드 테일러는 새로운 인생을 위한 토대를 마련한 채, 중년 입문기에 와 있었다. 그와 아내는 결혼 생활을 안정시키고 한 가족을 이루었다. 그는 첫 결혼에서 출생한 성장한 아들과 훌륭한 성인 관계를 확립했다. 이제 작가 세계의 원로로서, 그는 젊은 흑인 작가들을 지도하고 스승 역할을 하고 있었다. 그는 처음으로 "나는 작가다." 하고 자신 있게 말할 수 있었다. 야망으로 인해 덜 내몰리는 반면에, 미래의 창조적이고 책임 있는 인생을 기대하고 있었다.

물론, 그는 아직도 현대 사회의 인종 차별주의나 사회적 불의에 민감했으며, 그리고 자신이 그런 문제에 대해 할 수 있는 힘이 얼마나 미약한지를 깨닫고 마음이 무거웠다. 비록 그는 원로 작가였지만, 아직도 이루어야 할 목표가 있었다. 그는 아들과 딸들 두 세대의 아버지로서, 사랑스럽고 자율적인 아내의 남편으로서, 늙은 부모의 아들로서, 그다지 행복하다고는 볼 수 없는 자매들의 오빠로서, 사회에 대해서는 작가로서, 국민에게는 중년의 흑인 남자로서, 그리고 자신에게는 한 인간으로서 주요한 책임들을 갖고 있었다. 그의 장래는 이전 어느 때보다 밝았으나, 도전과 어려움은 더 컸다.

폴 냄슨: 40대

폴 냄슨에게, 중년의 전환기와 중년 입문기는 그의 인생이 안고 있는 모순이 절정에 달하고 있음을 보여주는 시기였는데, 결국 그는 이러한 모순들을 해결하는 쪽으로 나아가고 있었다. 12장에서 우리는 그가 안정기 동안 살아온 모습을 기술했었다. 40번째 생일날, 그는 출판사로부터 소설 『마커즈』의 출판 계획을 철회해버린 뒤 지치고 패배감에 젖어, 1966년 여름을 보내기 위해 케이프 코드로 떠났다. 그는 집필 작업을 하면서 브라운대학교에서 일 년 동안 가르치기 위한 준비를 했다.

이 새로운 직업에 대한 기대로 냄슨은 즐거웠다. 그것은 "내가 쓸모 있는 사람이라는 데 대한 일종의 확인이었죠. 나는 우쭐했어요. 나는 오스틴이 내 글을 찬양하고 있다는 것을 알았죠." 그는 일 년 동안 가르치면서 집필을 할 수 있다는 생각에 가슴이 부풀어 브라운대학교를 향해 떠났다. 그는 소설 창작법을 가르치기를 열망했으며, 자신이 학문적으로 보여줄 만한 것을 약간은 갖고 있다고 자신하고 있었다. 또한 그는 마커즈를 다시 한번 훑어볼 계획이었다.

이 희망은 환상이었음이 판명되었다. 그는 창작 과정을 두 학기 가르치고 나서, 비록 그 일을 즐기긴 했지만, 가르치는 것이 글 쓰는 일과 똑같은 정력을 요구한다는 것을 알게 되었다. 그는 두 가지를 다 할 수 없었고, 그래서 『마커즈』로 돌아갈 수가 없었다. 그는 새로운 소설 『갤러리』를 시작했으나, 자신이 원했던 만큼 진척을 보지 못했다. 브라운대학교에서의 교수 경험은 맨해튼의 혼란 상태로부터 그를 벗어나게 했지만, 그것은 그에게 완전히 새로운 문제를 제시하고 있었다. 연말에 부교수의 직위를 제의받았으나, 그는 거절하기로 마음먹었다. "글 쓰는 일과 가르치는 일을 동시에 할 수 없다는 것이 분명해진 거죠."

사실, 폴과 사라는 브라운대학교에 남고 싶은 충동이 있었다. 두 사람은 거기서 목가적인 생활에 흠뻑 젖어 있었다. 처음으로 폴은 가족의 일원으로 가정 생활을 즐기고 있었다. 사라와 어린애들과 함께 식사를 하고 야외 요리를 해 먹으면서 뒤뜰에서 셰리던과 술래잡기를 하는 것은 그에게는 새로운 경험이었다. 그와 사라는 이러한 '더욱 공고해진 가족 유대감'에 매력을 느꼈다. 특히, 사라는 머물기를 원했으나, 폴에겐 그것이 분명히 실행 가능한 해결책이 아니었다.

불확실성 속에서 어슬렁거리면서, 그는 41세에 뉴욕으로 돌아왔다. 그는 『커런트』에 대한 작업을 다시 시작했다. 이 시기에 그는 또 하나의 혼란을 가져온 희한한 생각에 빠져들게 되었다. 그와 사라는 섬 하나를 발견해서 그곳으로 이사 갈 생각을 해보았다. 브라운대학교는 '일종의 섬'이었다. 만약에 진짜 섬 하나를 발견할 수만 있다면, 그들은 별 어려움 없이 브라운대학교에서처럼 그 혜택들을 누릴 수 있을 것 같았다. 그는 예술 세계와 상류 생활에서 벗어나, 글 쓰는 일과 가족 주위에 자신의 삶을 집중시킬 수 있을 것 같았다. 얼마 동안의 탐색 후에, 그는 카리브 해에서 섬 하나를 발견했다.

> 사라와 나는 단 둘이 비행기에서 내렸습니다. 거기에 도착해서 주위를 둘러보았죠. 한편으로는 진짜 부동산 투자 대상으로—또 한편으로는 섬 위의 환상적인 집을 꿈꾸며, 그러나 역시 한편으로는 투자를 꿈꾸며—그것을 바라보았습니다. 우리가 본 것은 오래된 개발되지 않은 소유주가 있는 거대한 땅덩어리였죠. 큰 땅덩어리를 사면 큰 돈벌이가 되리라는 걸 알았지요. 매우 저명한 보스트 가족이 소유하고 있는 구역이 매매를 위해 나와 있었어요. 나는 170만 달러를 제의했죠. 여러 번 흥정한 후 두어 달 후에, 그리고 두세 번 이상의 여행 끝에 드디어 그것을 샀습니다.

다시 모순이 작용하고 있었다. 자신의 일과 가족을 위한 섬을 만들려고 노력하면서도, 냄슨은 투자사업 속으로 빠져들었다. "2년 동안 완전히 혼란 속에 빠져 있었죠. 나는 그것이 그렇게 많은 시간이 걸리리라고는 전혀 생각하지 못했죠." 그는 땅을 사서 일부분은 팔고, 그리고 옛날 사탕수수밭에 아름다운 새집을 지었다. 이 일로 인해 그는 상당한 신경을 썼고 여러 번 섬 여행을 해야 했다. 이것은 그가 집필 생활에 투자해야 할 시간들을 빼앗았지만, 재정적으로는 대성공이었다. 그는 많은 돈을 벌었고 그 과정에서 거대한 새로운 '환상적인 집'을 얻게 되었다. 그의 작가로서의 사회적 지위는 불확실할지 몰라도, 사업적 수완만은 의심할 여지가 없었다.

42세에, 냄슨이 한창 뒤늦은 부동산 투기에 빠져 있을 때에, 뜻밖의 사건으로 인해 그는 작가로서 새롭게 자세를 가다듬게 되었다. 그가 새로운 방향 감각과 목적의식을 얻었을 때, 섬에 대한 욕구는 뒤로 사라져버렸다. 그 결과, 폴과 사라는 새집으로 이사하는 것을 포기했다. 43세에 이르렀을 때, 그는 전반적인 투기 모험이 자신에게 '약간의 퇴보'였던 것처럼 느꼈다.

> 만약에 내가 다시 그 일을 해야 한다면 나는 결코 그 일—한편에서 이 이상한 신경증적인 투기를 하는 것—을 하지 않을 것이라고 말하겠소. 내가 투자 사업을 하고 있을 때는, 나는 글을 쓰고 있었소. 그리고 글을 쓰고 있는 동안에는, 갑자기 다시 투자 사업 속에서 헤매고 있었지요.

뜻밖의 사건이란 이런 것이었다. 1968년에 큰 출판사에서 폴에게 셰리던 피셔Shridan Fisher의 전기를 써 달라고 요청해왔다. 그들은 12,000달러의 대금을 제의했으며 즉시 착수해줄 것을 요구했다. 전기를 쓸 생각, 특히 피셔의 전기를 쓴다는 생각은 매우 구미가 당기는 것이었다. 그것은 그의 집필 생활에 새로운 구심점을 만들어줄 수도 있었다. '주관적인 환상'의 샘은 마른 것처럼 보였다. 위탁받은 전기로 인해, 그는 1964년 『브리지 게임』을 출판한 이래 처음으로 장편 소설을 출판할 수 있을 것 같았다. 그는 자신을 생산적으로 느낄 수 있을 것 같았고, 작가로서도 입지가 설 것 같았다.

드러난 바와 같이, "전기의 두 장을 쓴 후에 문제가 생겼죠. 나는 피셔의 생애에 대해서 쓰기를 원했고, 그들은 피셔의 세계—좀 더 사회학적 연구인—를 원했습니다. 나는 그 일을 옆으로 밀어놓고 『커런트』로 돌아갔죠."

그는 두 개의 긴 이야기로 구성된 『커런트』의 새로운 부분을 썼다. 그것은 즉시 팔렸고 권위 있는 잡지에 출판되었다. 냄슨은 집필 생활로 다시 돌아왔다. 그의 새로운 접근은 소설과 전기를 뒤섞은 것이었다. 43세에 그는 불안감과 소외감을 훨씬 덜 느끼면서 서재에 앉아 있을 수 있었으며, 작가나 출판업자들의 세계와 더욱 긴밀한 접촉을 하고 있었다.

그러는 동안에, 아버지가 임종을 바라보고 있었다. 아버지는 뇌출혈을 일으켰는데 1969년 초에 완전히 병약해졌다. 폴은 그해 겨울과 봄에 아버지 곁에서 상당한 시간을 보냈다. 그는 아버지의 죽음과 자신의 노화로 인해 고통스러운 경험을 했다.

냄슨은 또한 자신의 가족 구조가 흔들리고 있다는 것을 깨닫게 되었다. 12세인 아들 셰리던은 거의 완전히 반항적이었다. 그는 좀처럼 학교에 가려 하지 않았고 늘 방 안에서 록 음악을 듣고 있었다. 사라와 셰리던 모자는 막다른 골목에 처해 있었다. 두 사람 다 고함을 지르고 비명을 지르며, 문을 꽝꽝 닫고, 대화를 하지 않았다. 폴은 큰 소용돌이의 가장자리에 남아 있었다.

두 개의 가족 전투는, 냄슨이 43세일 때 우리가 면담하던 시기에도 계속되고 있었다. 하나는 사라와 셰리던 사이에서였고, 다른 하나는 사라와 폴 사이에서였다. 폴이 좀 더 열정적으로 집필 생활에 몰입함에 따라, 브라운 시절과 같은 좀 더 풍부한 '가족 유대감'은 사라져갔다.

> 나는 늘 그녀에 대해 참을 수가 없어요. 그리고 나는 밖에 나가는 것보다는 차라리 책을 읽는 편이 더 좋습니다. 결혼 생활에서 벗어나고 싶은 생각이 전혀 없었다고는 말하지 않겠습니다만, 그건 좀 더 복잡하지요. 왜냐하면, 글쎄요, 나는 내가 붙임성도 좋고 그 외의 모든 것이 좋다고 생각된 적들이 있습니다. 물론 이런 경우가 그녀가 좋아할 정도로 자주 일어나는 건 아니겠죠. 변명하지는 않겠습니다. 셰리던에 관한 한 사라는 거의 아무런 만족감도 얻지 못하고 있습니다. 그리고 나에 대해서는 내가 점점 냉정해지고 이기적이고 비평적이 되어간다고 그녀는 생각하고 있는 듯합니다.

사라는 외롭게 혼자 남겨져 있었다. 43세에 폴이 좀 더 왕성하게 집필 생활을 시작했을 때, 그는 옛날의 '상류 생활'을 위한 여가 시간을 만들기를 거절했다. 이것은 그들 사이의 거리를 더 멀어지게 했다. 둘 다 극도로 외로움을 느꼈다.

> 나중에, 내가 놓쳤을지도 모른다고 느낀 하나는 심오한 지적인 관계였지요. 우리가 전에 한 번이라도 그런 관계를 가져 본 적이 있다고는 생각하지 않습니다. 나는 내가 지금 진실로 느끼고 있는 것이 무엇인지를 알 수 없어요. 낭만적인 사랑이란 나에게 더 이상 그다지 중요한 것이 아닙니다. 오, 나는 환상들을 가지고 있습니다. 아마도 그것은 내 인생에서 그렇게 큰 요소가 아닐 것입니다. 나는 결혼 초보다 훨씬 더 외로움을 느끼고 있습니다. 아마도 나와 좀 더 지적인 삶을 나눌 사람이 어딘가에 있을 것이라는 느낌이 듭니다. 그러나 하여튼, 그런 일에 대해서는 아무것도 한 것이 없습니다.

사라가 그의 집필 생활을 좀 더 진지하게 받아들이는 것이 폴에게는 점점 더 중요해졌다.

> 나는 사라가 적어도 내가 애시와 함께 일할 때 했던 것처럼 그런 존경심으로 지금 내가 하고 있는 일을 대해주었으면 합니다. 내가 애시와 함께 일할 때, 사라가 나한테 할 말이 있다고 회의실에 걸어 들어올 생각은 결코 해보지 못했을 거예요. '거기엔 도자기에 대한 경매'나 그런 종류의 일이 있었죠. 번번이 그녀는 지금 내가 하고 있는 일을 사업과 같은 존경심으로 대우하지 않습니다.

43세에 우리가 처음 그를 면담했을 때, 그는 어떤 빛을 볼 수 있었으나 아직도 단테Alighieri Dante의 '어두운 숲' 속에서 방황하고 있었다. 그는 신체적 죽음, 상징적인 영원불멸, 유산과 같은 문제에 심오한 관심을 보이고 있었다. 그는 이런 문제들에 대해 매우 순조롭게 지적 관점을 형성하고 있었으나, 좀 더 깊은 정서적 흐름이 계속해서 마음을 어지럽히고 있었다. 그는 가끔 섬뜩한 감정을 가지고 있었다.

> …인생이란 게 아무런 틀이 없어요. 마치 꼭 젤리 같지요. 아무것도 없다니까요. 꼭 문짝 밑에서 줄줄 새어나오는 그런 것과 같지요. 나는 밤에는 그런 종류의 불안을 가졌을지도 모릅니다—또는 바로 그런 생각을 했거나, 아시다시피, 거기에는 아무것도 없어요.

죽음의 실재에 사로잡혀서, 그는 영원불멸에 대한 물음들을 생각해보아야 했다.

> 내가 발견할 수 있는 유일한 위안은 이 말들의 어떤 것들은 영구히 남아 있을 수 있다는 것입니다. 그리고 글로써 뿐만이 아니라, 말로써도 말입니다. 내가 조금이라도 영원불멸하다는 생각에 가장 가까이 갈 수 있는 것은 몇몇 사람들—나의 아내, 나의 어린애들, 몇 명의 친구들—과 부대끼며 사는 것입니다. 그러나 아! 남겨질 게 아무것도 없다는 사실을 받아들이는 것은 어렵지요, 대단히 어려운 일입니다.

그는, 자기가 쓴 글이 자기 이름으로 영원히 가치 있는 유산이 되었으면 하는 욕망과, 동시에 작가로서 자신의 한계를 받아들여야 하는 문제에 직면하고 있었다. 작품의 가치가 불확실하고 어떤 경우에는 '대단치 않을' 뿐이라면, 글을 쓴다는 것이 뭐 좋을 게 있겠는가?

> 결국 어떤 예술가도 그가 할 수 있는 모든 일이 자신을 표현하는 일이라는 것을 느껴야 한다고 나는 생각합니다. 우리들은 자신의 한계를 인정합니다. 나는 아무런 환상도 갖고 있지 않습니다. 노력하기 위하여 A라는 것에 대한 어떤 신화가 있고, 그리고 이제 거기에는 아무것도 없다는 것을 발견하죠… 어떤 인정이 지금 나를 만족시킬 수 있겠습니까? 결국 그 인정은 나에게서 나와야 합니다. 내가 원하는 어떤 것을 나에게 줄 수 있

는 사람은 아무도 없습니다. 나는 언젠가는 작가로서 진지하게 받아들여지기를 바라고 있지만, 그러나 이제 나에겐 모든 것이 끝났습니다. 나는 글을 쓰고 있는 나 자신에 만족해야 합니다. 나는 만족하고 있지 않을 뿐만 아니라 예전에도 만족한다는 것은 상상할 수도 없었다는 것을 정직하게 말해야 되겠습니다. 가장 높은 수준의 최우수 문학 작품이란 내 분수에 넘치는 것이라고 믿고 있습니다. 그래서 나에게 불가능한 것은 하지 않지만, 그러나 마치 시시포스*처럼, 나는 또한 내가 하고 싶어서 그것을 하고 있고, 그리고 그것은 노력할 만한 가치가 있지요.

그는 '안락'에 대한 관심이 변화하고 있었는데, 이것은 냄슨이 점점 진지해져 가고 있음을 반영했다. 그는 성인 초기에는 재정적 보상이나 물질적 안락을 추구하는 데에 정력의 대부분을 낭비했다. 시릴 애시를 떠나던 37세에, 그는 돈과 힘을 추구하는 것을 포기하려고 노력했으나, 그가 안락의 의미를 재평가하기 시작한 것은 40대 초반에서야 비로소 가능했다:

나는 이제 내가 20년 전에 했던 것처럼 그렇게 많은 안락을 추구하지 않습니다. 과거 20년 동안 내 인생의 대부분은 안락에 대한 꿈과 관련되어 있습니다. 그리고 지금은 대부분 안락이라는 것이 바로 어디에 있는가 하고 깨닫는 데에 관심을 갖고 있습니다. 나는 아직도 물질적인 것에서 안락을 추구하고 있습니다만, 그러나 거기에 안락이 있으리라고는 생각지 않습니다. 나는 그것은 연민이나 사랑, 그리고 부드러움이라는 견지에서 다른 사람들에게서 온다고 생각합니다.

43세에, 냄슨은 스스로 피셔의 전기를 다시 쓰기로 마음먹었다. 동시에, 어느 진지한 예술 출판업자가 그에게 또 다른 예술가의 전기를 쓰도록 위탁했다. 44번째의 생일날까지, 이 두 전기가 출판될 예정이었다. 그가 일

---

* 지옥에 떨어져서 큰 돌을 산 위에 올려놓으면 금방 떨어지는 헛수고를 되풀이하는 악한 왕—역주

년 전에 탈고한 소설 『커런트』는 아직 출판되지 않았었다. "피셔의 전기가 나에 대한 흥미를 충분히 끌게 해서, 다시 『커런트』를 출판하게 되기를 소망하고 있습니다. 『커런트』는 내가 지금까지 쓴 작품 중에서 가장 훌륭한 작품이라고 생각합니다. 나는 나의 모든 작품들이 출판되는 것을 보고 싶습니다."

44세에 그의 작품 활동은 더 좋아지고 있었고, 가족은 다시 함께 모여들고 있었다. 가정은 한층 평화스러웠다. 셰리던은 학교에 다니고 있었고 충분히 잘해나가고 있었다. 폴은 결혼 생활에서 생긴 긴장들에 직면하기 시작했고 사라와 함께 그 문제들을 해결할 수 있기를 바랐다. 옛날의 관계는 끝났다. 앞으로 어떻게 되든지 간에 폴의 집필 생활 주변에 인생 구조를 구축할 필요가 있음이 분명해졌다. 그는 사라의 역량 때문에 결혼 생활이 변할 수 있으리라 느꼈다. 폴은 그녀가 '어떤 면에서는 자기보다 더 적응적'이라고 느꼈다. 동시에, 그는 옛날의 관계에서 생긴 문제들에 대해 더 책임을 질 마음의 준비가 되어 있었다.

> 사라는 파티를 좋아하고 폴은 좋아하지 않는다거나, 그리고 매사가 그렇다고 말하는 것은 지나치게 단순화시킨 것이지요. 많은 사람들이 그렇게 생각하고 있다는 말입니다. 나는 전형적으로 아내보다 더 일찍 떠나기를 좋아하곤 했습니다만, 나 역시 사교 무대에 매우 흥미를 가지고 있었습니다. 집도 마찬가지입니다. 어떤 수준에서는 나도 역시 그것을 원해야 했으며, 아내가 하는 대로 따라갔지요. 우리는 둘 다 멋있는 파티와 흥미로운 골프 놀이에 가기를 원했습니다.

그는 역시 사라와 함께 한 것이 그에게 얼마나 결정적으로 중요했었는지를 깨달을 수 있었다.

> 나는 많은 것을 주기도 했고 또 어떤 때는 개자식이기도 했지요. 피츠제럴드가 젤다로부터 얻은 것, 또는 좀 더 긍정적으로 말하면, 아내가 피츠제럴드에게 준 것은, 사라와 내가 가졌던 그런 종류의 관계와 완전히

다른 것이 아닙니다. 그래서 거기에는 그와 유사한 복잡하고 공생적인 관계가 있지요.

이 시점에서, 폴은 상당히 많이 변했으나 사라는 그렇지 못했다. 그들 간에 차이가 점점 커지면서 새로운 문제들이 생겼다.

나에게는 좀 더 많은 급진적인 변화가 있었지요. 진지함이나 개입의 정도가 새로워졌어요. 그녀가 나와 결혼했을 때는 나에겐 다른 면이 있었지요. 그러나 그것은 확실히 내 인생의 전부는 아니었습니다. 사실, 나는 다른 선택을 했으니까요. 사라는 변함이 없었다고 생각합니다. 지금의 아내와 그리고 지금까지의 아내는 나에게 필요하다든가, 유용하다든가, 도움이 된다거나 하는 그런 면에서는 우리가 처음 결혼했을 때보다는 훨씬 더 못합니다. 그래서 의심할 여지없이 그런 것들이 문제점들을 나타내고 있을 것입니다… 이제 아내는 내가 자기와 충분한 시간을 보내지 않는다고 불평하고 있습니다. 그러나 나는 서재에 들어가서 주장하지요. 절대로, 내가 일하고 있을 동안에는 그녀가 침입해서는 안 된다고—지금은 그것이 이해되고 있지요.

45세에는, 중년의 전환기의 혼돈은 가라앉고 새로운 인생 구조가 출현하기 시작하고 있었다. 40세에서 45세까지 중년의 전환기 동안, 그의 인생과 그 자신의 내면에서는 뚜렷한 변화가 있었다.

안정기의 마지막 무렵, 그가 40세가 되었을 때, 애시 앤드 컴퍼니를 떠나던 37세에 시작한 도박이 성공하지 못했다는 사실이 거의 확실시 되었다. 소설 한 편이 출판되었으나 그 성공은 보잘 것 없었다. 그에게 그렇게도 많은 것을 의미했던 두 번째 소설은 출판업자에게 흥미를 끌지 못했기 때문에, 그는 스스로 그 출판 계획을 포기했었다. 중년의 전환기가 시작되었을 때, 그는 새로운 방식으로 가장 근본적인 문제들을 직시하게 되었다. "만약에 가능하다면, 어떤 종류의 글을 써낼 수 있을까? 글 쓰는 일을 수용하고 촉진해줄 인생을 구축할 수 있을까? 나 자신과 나의 세계 속에 있는,

그리고 좀 더 나은 인생을 위한 기회가 주어진다면 극복해야 할, 모순과 결함들은 무엇인가?"

중년의 전환기가 시작할 무렵, 냄슨은 스스로 자신에게 유예기를 만들어주었다. 그는 자신의 인생을 재평가할 수 있고, 자신의 가능성과 한계에 대해 좀 더 명확한 감각을 발달시키고, 새로운 방향을 모색할 수 있는 공간을 만들어내려고 애썼다. 브라운에서의 일 년 동안, 그는 업무를 바꾸어서 인생 구조의 주변에는 '상류 생활'을, 그리고 중심부에는 가족 생활을 두었다. 섬에서 진짜 부동산 투기를 할 때에는, 그것은 마치 사업 세계에 영원히 안녕을 고하기 위해 잠시 되돌아온 것과 같았다. 유사한 맥락에서, 셰리던 피셔에 대한 전기를 쓰는 일은 예술 세계에 대해 안녕을 고하고 피셔와의 관계를 좀 더 적절하게 끝내는 수단이었다(피셔를 자신 속에 더욱 더 결합시키는 반면에). 두 편의 전기를 씀으로써 그는 소설을 쓰는 좀 더 주관적인 작업으로부터 잠시 휴식을 취할 수 있는 여유를 가질 수 있었다. 또한 그로 인해 다음 집필에서는 그는 전기와 소설을 창조적으로 통합할 수 있었다.

45세에, 냄슨은 중년의 입문기—이 계절의 첫 구조를 형성하면서—를 시작했다. 드디어 글 쓰는 일이 그의 인생 구조의 중심적인 요소가 되었고, 옛날의 '혼란'은 대부분 사라졌다. 그는 자신에게 좀 더 만족감을 주고 세계로부터 좀 더 큰 인정을 받을 수 있는 집필 방식을 발달시키고 있었다. 그는 자신의 인생, 그리고 성취와 패배 양쪽에 더욱 강한 책임감을 느끼고 있었다. 비록 그와 사라는 자신들의 결혼 생활을 위한 새로운 토대를 이제 막 만들기 시작했지만, 그의 가족은 더욱 안전하게 정착되어 있었다.

40대 후반의 그의 인생에 대해서는 우리는 단순히 흘낏 들여다볼 수밖에 없다. 그의 이전 스승인 오스틴 개리슨이 새로운 모습으로 이야기 속에 잠깐 재등장한다. 개리슨은 새로운 출판사를 시작했는데, 이 출판사는 특히 "그렇지 않고는 그들의 작품들이 인쇄되는 것을 볼 수 없을지도 모르는 작가"들을 위하여 만든 출판사였다. 그는 폴이 46세일 때 『커런트』를 출판했다. 2년 후, 냄슨은 고든 아카이브스에서의 경험으로부터 나온 장편 소설 『갤러리』를 완성했다. 그는 그 세계 속에서 자신의 집필을 풍요롭게 해주는 또 하나의 '사치스런 공간'을 발견했다. 그는 또한 그 시설의 후원자인 비어트리스 고든의 일생에 대해 호기심을 느끼게 되었고, 그녀의 전기를 쓰기 시작했다. 냄슨처럼, 그녀도 사업에 대한 강한 흥미와 화가로서의 생산적인 경력을 조화시킨, 다양한 국면의 인생을 이끌었다. 그녀의 인생 역시 냄슨의 집필에 자양분을 공급해주었다.

중년기로 접어들면서, 폴 냄슨은 자신과 타인들 안에 있는 여성성을 수용하고 가치를 두게 되었다. 그는 자신이 동일시한 여성의 전기를 쓰는 일에 몰두했다. 드디어 그는 소년기 이래로 자신에게 생기를 주기도 하고 자신을 괴롭히기도 했던, 자아의 예술적이고 창조적인 측면들을 좀 더 자유스럽게 그려내고 있었다. 그때 그에겐 예술적인 동시에 남성적일 수는 없는 것처럼 보였다. 이제 그는 완전한 인간이 되기 위해서는 자신의 남성적인 측면뿐만 아니라 여성적인 측면도 유용하게 써야 한다는 것을 알았다. 이런저런 방법으로, 그는 거대한 중년의 양극들을 해결하고 있었으며, 진정으로 그의 인생의 생산적인 계절로 들어가고 있었다.

생물학자

각 생물학자의 인생 과정은 주로 엘리트 대학에서의 이력으로 형성되어 있었는데, 거기에서 그는 학문적 지위와 과학적 명성의 사다리를 올라가려고 노력했다. 그의 인생 과정 역시 발달 시기들의 공통된 계열을 따라, 그리고 개인적 성격, 능력, 외적 환경의 독특한 특성에 의해서 형성되었다. 다시 우리는 공통된 주제 위에서 개인적 다양성을 발견하고 있다.

거의 처음부터, 얼 노스럽Earl Northrop은 화려하나 결함이 있는 이력을 가지고 있었다. 그는 정부기관에서 몇 편의 '장래가 촉망되는' 연구를 발표한 후, 32세에 부교수가 되었다. 다음 몇 년에 걸쳐 그의 연구는 탄탄하긴 했으나 뛰어난 것은 아니었다. 35세에 그는 크게는 그의 학문의 폭, 주요 과목을 가르치는 데서의 성공, 그리고 그의 학과에 대한 행정적 공헌을 바탕으로 종진 계열로 승진되었다. 40세에 그는 결정적인 승진을 하게 되었

다: 그는 종신교수가 되었으며, 거기에 따라 자신의 대학과 과학 분야에서 연장자 계열에 합류했다. 그러나 다시 그 보상은 손상되었다. 그는 여전히 탁월한 교수였고, 자신의 전공 분야에서 대여섯 편의 총론叢論을 썼다. 그러나 아마도 자신의 연구를 통해서는 고도로 창조적인 공헌을 결코 하지 못할 것이라는 사실이 그 자신이나 타인들에게 명백하게 보이고 있었다. 그가 표현한 것처럼.

> 나는 내 안에 있는 갈등, 지적인 면에 대한 긴장을 깨닫게 되었죠… 나는 어떤 상상적인 의미에서 진실로 독창적인 존재가 되는 데에 필요한 자질이 부족합니다… 그것이 바로 첫 번째 계열에 서는 데 장해가 되고 있습니다.

중년의 전환기 동안, 노스럽은 '두 번째 계열'이 그다지 훌륭해 보이지 않은 대학에서, 별로 뛰어나지 못한 연장자라는 입장에 만족하기 시작했다. 그리고 대부분의 선임 교수진이 이 고통스런 상황에 있었다. 그는 환상이나 위선적인 자기합리화를 꾀하지 않고 이러한 문제들을 직면하는 데 다른 사람들보다 더 잘해나갔다.

44세에에 그를 면담했을 때, 노스럽은 한창 고통스러운 재평가를 하고 있는 중이었다. 그의 일처럼, 결혼 생활도 그럭저럭 유지되고 있긴 했으나 재미가 없었다. 결혼 문제가 약간의 고민을 불러일으킬 만큼 심각하긴 했으나, 그렇다고 심리 치료나 이혼을 심각하게 고려할 정도로 나쁘지는 않았다. 그는 헌신적인 아버지이자 가장이었다. 열렬한 평화주의자이자, 자연주의자이며, 내성적이었던 그는 미국의 베트남 전쟁 참전, 도시 생활의 폭력과 환경 오염 문제로 마음이 몹시 산란했다. 많은 학생들과 친구들이 있음에도 불구하고, 그는 절친한 동료나 친구가 전혀 없어서, 직장에서 완전히 고립된 것처럼 느꼈다. "만약에 내가 은퇴하거나 병이 들면, 아무도 날 찾아오지 않을 거예요. 또한 내가 죽으면 관심조차 기울이지 않을 거예요." 그는 다른 일류 대학에서 교수가 되기를 간절히 바랐을 것이다. 그러나 그의 자존심을 지켜주기에는 너무 적은, 극소수의 대학에서 제의가 왔을 뿐이다.

그의 나이 46세에 우리가 후속 면담을 했을 때에는, 활발한 의문의 시기는 끝났었다. 이제 그는 안정을 취하려 하고 있었다. 그는 가족과 직장 생활을 풍요롭게 할 조그만 방안을 모색하고 있었다. 그러나 이런 선택들 속에는 재확인하는 느낌이 거의 없었다. 그 구조는 매우 잠정적이었고 변화에 노출되어 있었다. 2년 후에 노스럽은 이류이긴 하나 성장하고 있는 영국 대학에서 주임교수직을 맡았다. 그는 중년기의 만족스러운 인생 구조를 구축하기 위해서 한 걸음 더 나아가고 있었으나 아직 시험적인 발걸음이었다.

열 명의 생물학자 중 네 명이 30대 후반과 40대 초반에 자신들이 몸담고 있던 대학을 떠났는데, 어떤 사람들은 더 이상 계속할 수 없어서, 또 어떤 사람들은 어딘가 다른 곳에서 구미를 당기는 제의를 해왔기 때문에 떠났다. 이들 모두가 직장에서 뿐만 아니라 일의 성격과 자신의 전반적인 인생에서 변화를 겪어나가야 했다. 그들 모두가 추방당한 느낌 내지는 해방감, 그리고 일류 대학에서 떠나는 씁쓸한 경험을 감수해야만 했다.

생물학자들 중 다섯 명은 자신들이 몸담고 있는 대학에 40대까지 남아서 연장자의 위치에 올라 있었다(한 사람만이 결과가 불확실했다). 그들 중 몇 명은 노스럽처럼 성공이 불안정했으나, 다른 사람들은 좀 더 큰 개인적 만족감과 성취감을 맛보고 있었다. 우리가 생물학자들을 40대 초반에 면담했을 때, 그들 모두가 외적인 성공이나 실패에 상관없이, 경미하거나 또는 심한 중년의 위기감을 경험하고 있었다. 위기를 성공적으로 극복한 남성의 대표적인 예는 우리가 앞 장에서 만난 존 반즈이다.

기업체 간부

생물학자들처럼 기업체 간부들도 고도로 제도화된 세계 속에 살고 있으며, 그들의 직업적 발전감은 조직체의 계열을 통한 승진에 크게 영향을 받고 있다. 이러한 직업 세계에 몸담고 있는 사람들이 일상적으로 받는 스트레스와 만족감에는 큰 차이가 있지만 유사성도 역시 있다.

데이비드 자페David Jaffe는 교육 경력과 초기 실무 경험으로 공학 기사가 되었다. 31세에 그는 관리 경력을 시작했다. 그는 비록 승진하기 위해 열심히 일하긴 했으나, 가족과 지역사회 안의 일에 주로 많은 개입을 하고 있었다. 38세에, 그의 야망은 더욱 높아졌고 그는 구매 관리자의 직위로 승진하기 위해서 대단한 노력을 했다. 또한 그는 더 크고 좋은 집을 갖기로 결심했다. 이것은 가족이 커지는 데 대비하기 위한 것이기도 했지만, 한편으로는 자신의 꿈을 실현한 것이기도 했다. 집은 그의 성城이었으며 자신의 사랑스러운 집을 갖는다는 것은 곧 그의 성공을 의미했다. 그에게 새 집을 짓는 것은 자기 자신이 되어가는 시기의 주요한 기획이었다. 자신의 공학기술과 교제술, 그리고 인내심에 힘입어, 그는 자신이 살 수 있었던 것보다 훨씬 더 값비싼 집을 지었다.

41세에, 성인 초기와 관련된 극적인 사건들이 그에게 다가왔다. 자페의 가족은 새집으로 이사했고, 그리고 그는 승진을 하게 되었다. 그 집은 완전히 성공적인 것이었다. 그것은 그들에게 더욱 안락한 생활을 가능하게 해주었고 지역사회에서 존경받는 위치를 부여해주었으며, 그 지역에서 그는 연장자의 한 사람이 되어가고 있었다. 그러나 그가 구매 관리인으로 승진한 것은 완전한 실패였다. 그의 회사는 거대한 법인체에 팔렸고 구매 정책은 위에서부터 확립되었다. 그는 압박감과 굴욕감을 느꼈다. 극심한 실망감에도 불구하고, 그는 다른 주에서 온 몇 차례의 매혹적인 제의를 거절하면서, 4년 동안 이 직장에 남아 있었다. 그는, 이삼년 동안의 군복무 기간을 제외하고는, 전 인생을 50마일 이내의 지역 안에서만 살아온, 우리 연구에 참여한 극소수의 남성들 가운데 한 사람이다. 만약에 전통적 종족주의적인 남성—전통적 여성과 유사한—이 있다면, 그가 바로 그런 사람이다. 그의 인생 구조의 핵심 요소들은, 그 우선순위로 말하면, 가족, 종교 및 종족적 공동체, 그리고 직업의 순이다. 그는 직장에서 열심히 일했으나 하루가 끝날 무렵에는 어김없이 일을 등지고 떠났으며 그의 가장 중요한 만족감은 어딘가 다른 곳에 있었다.

41세에서 45세 동안, 자페는 제자리에 그대로 머물러 있으면서 중년의 전환기의 다양한 문제들을 해결해나갔다. 45세에 그는 자신의 직업이 견딜 수 없음을 발견했다. 어느 날 절망감에서 이 조심스럽고 신중한 남자는 직장을 그만두었다. 다음에 무엇을 할지도 모른 채, 충동적으로. 그는 아직 큰 지리적인 이동을 고려해보지 않았으나, 다행히도 집에서 통근할 수 있는 거리 안에 있는 유나이티드 일렉트로닉스사에서 구매 관리자로서의 일자리를 찾았다. 그가 45세에 이 직장에서 일을 시작한 직후에 나는 그를 처음 면담했다. 45세에 시작했던 인생 구조는 좀 더 안정적이었고 그는 그 안에서 잘 발전하고 있었으나, 그러나 거기에는 끊임없이 성가신 의문들이 있었다. 그는 생산부의 총지배인 다음 사람으로서 최고 관리직에 있었다. 그는 비록 부사장이 되기를 희망했으나, 급속히 성장하는 회사의 불안정성과 지도력에 대해서 그는 잘 알고 있었다. 그래서 그는 아무것도 기대하지 않았다. 가족의 둥지는 비워져 가고 있었고, 연로한 장모는 그들에게 무거운 짐이었으며, 새로운 인생의 단계가 바로 코앞에 다가와 있었다.

역시 교육을 받은 공학자인 로저 몬은 전 생애를 한 직장에서 보냈다(10장, 13장 참조). 운 좋게 그는 금속 공장의 공장장으로 고용되었으며, 바로 자기 자신이 되어가는 시기인 37세에 뜻밖에 중견 관리직으로 승진했다. 구매 관리자로서의 3년은 어렵긴 하지만 흥분되는 시기였다. 제조 부서의 우두머리로 승진한 것은 41세 때의 절정 사건이었다. 권위와 수입 면에서 볼 때, 이러한 급속한 발전은 그의 젊은 시절의 야망이나 그가 소유하고 있는 관리적 기술을 훨씬 더 능가한 것이었다.

그 승진은 그가 중년의 전환기로 들어가는 이정표였다. 일 년이 채 안 돼서 몬은 궤양을 앓게 되었다. 그는 소외감과 외로움을 느꼈다. 그는 자신의 대학 시절과 자신에게 그렇게도 많은 것을 의미했던 친구들에 대해서 많이 생각해보았다. 그들은 그가 등지고 떠난 다른 세계에 살고 있었으며 이제 더 이상 손이 미칠 수가 없었다. 사랑하는 아버지이자 가장인 그는 아내와 아이들마저도 손이 닿을 수 없는 곳에 있는 것처럼 느껴졌다. 42세에 그는 예후가 확실치 않은 암으로 앓게 되었다. 42세에서 44세 동안은 그에게 최악의 시기였다. 현재와 미래가 너무 암울한 때에, 그는 자신의 죽음과 가족의 복리에 대한 걱정, 그리고 자신의 삶에 어떤 의미를 주는 데 대한 염려로 사로잡혀 있었다. 이 견디기 힘든 시기 동안 그를 줄곧 지탱해준 것은 그의 가족 생활이었다.

그가 44세가 되었을 때, 회사의 조직 개편으로 인하여, 그의 동료들은 대부분 실직 당했고 그는 보수는 같으나 책임감이 덜한 위치로 '측면 이동'하게 되었다. 이러한 조직 개편은, 그가 느끼기엔, 다른 사람들에겐 '대학살'이나 '완전한 살육'이었으며 그리고 그 자신에겐 굴욕적인 강등이었다. 몇 개월 후에, 그는 비록 다른 회사로부터 제의를 받았으나 그냥 그 자리에 머물기로 결정했다. "나는 새로운 환경보다는 익히 알고 있는 주위 상황 속에서 안전감을 느낍니다."

안전에 대한 소망은 단지 제자리에 머물기 위한 이유일 뿐이었다고 나는 믿는다. 좀 더 깊은 수준에서, 몬은 중년 입문기를 시작할 준비가 되어 있었고, 다음 인생 구조를 위한 기본적인 선택들을 했다. 그는 법인 세계의 치열한 경쟁과 관리직 사다리를 더 올라가는 데 흥미를 느끼는, 그러한 허세를 모두 포기했다. 이때에 그에게 가장 절실하게 필요한 감정은 안도감이었다—보수가 제대로 지불되고, 도전적이지 않은 일자리에 남아 있을 수 있다는 안도감, 그리고 자신의 암이 이제 통제 하에 있는 것 같은 안도감. 그는 우리들 대부분보다 훨씬 더 죽음의 그림자 속에서 살고 있었으나, 그런 상황 속에서 그는 자신의 가족과의 유대 관계를 재확인했다. 그는 자신의 인생에서 중심을 이루고 있는 두 개의 구성 요소에 만족했다. 그의 가족과 여가 활동들. 그는 자신을 사랑하는 사랑스러운 딸들과 함께 시간 보내는 것을 배우고 있었으며, 딸들은 그에게 산보하고 낚시하고 자연을 즐기는 법을 가르치고 있었다. 그는 아내와 더욱 가까워지고 있었으며, 동시에 그녀가 가정으로부터 새로운 직업과 지역사회로 활동 범위를 넓혀가는 것을 지지해주었다. 그는 친밀감과 고독이라는 예술 속에서 더욱 훌륭한 기술을 습득함으로써, 이전 어느 때보다 더욱 충만해진 삶의 모습으로 중년기 속에 출현하고 있었다.

우리가 이야기하려고 하는 세 번째 기업체 간부는 제임스 트레이시이다. 11장에서 우리는 그의 안정기 동안 삶의 모습을 계속 살펴보았다. 다음 장에서 우리는 중년의 전환기와 중년 입문기에 그에게 일어난 예기치 않은 변화들에 대해서 알아보고자 한다.

19장 제임스 트레이시의 인생(3)

11장에서 우리는 짐 트레이시가 30대 후반에, 첫 번째 아내와 이혼하고 조안과 결혼해서, 전처 자식들과의 관계를 유지하면서 제2의 가족 생활을 시작하고 있는 과정을 살펴보았다. 이러한 일들은 그의 안정기 동안에 일어났다. 41세에 그와 조안은 사내아이를 낳았으며 새로운 가정을 형성하고 있었다. 그러나 두 가족과 함께 사는 데서 오는 문제, 그리고 새로운 가족을 인생 구조의 중심부에 두려는 노력에서 오는 문제들이 바로 시작되고 있었다.

40세에서 41세까지의 한 해는 트레이시의 직업 인생에서 중대한 해였다. 그가 40세일 때, 그의 스승 돈 본드가 갑자기 에이잭스를 떠났다. 월터 존슨은 그룹 부회장인 본드의 지위로 승진했으며, 그리고 짐 트레이시는 그 부서의 총 관리인으로 승진했다. 이것은 그가 오랫동안 갈망했던 승진이었으나, 그러나 그것은 흠이 있는 성공으로 다가왔다. 존슨과 그의 관계는 결코 가까워질 수 없었다. 더구나 그는 처음에 수습 조건으로 새로운 직위를 얻었으며, 그는 그 안에서 자신을 입증해야 했다. 그는 주시하고, 기다리고, 의문을 던져보면서 일 년을 보냈다.

41세에 수습 기간이 끝났다. 트레이시는 공식적으로 새로운 직위를 양도받았다. 또한 그는 꽤 맘에 드는 직함도 부여받았고 약간의 부가적인 특별 급여도 지급받았다. 그러나 그는 다시 한번 그 승진을 얼룩진 성공으로 간주했다. 그는 아직 존슨의 의심에 찬 눈초리와 통제 하에 있었다. 그는 자신이 그룹의 부회장이 될 때라고 느꼈다—존슨의 휘하에 있기보다는 존슨의 위치에 있을. 트레이시는 아직 자기 자신의 목소리로 말하는 남자가 아니었다.

> 그들은 나를 총지배인으로 그리고 또 법인의 부회장으로 만들었죠. 회사에는 열다섯 명의 부회장이 있었으며, 그리고 전체 회사 규모는 실로 10억 달러에 달하는 법인체입니다. 일의 범위는 변하지 않았죠. 비록 그들은 나에게 말하지는 않았지만, 나는 마치 그들이 나를 주위에 붙들어 두기 위해 미끼를 던지고 있는 것처럼 느꼈죠.

트레이시는 41세에 연봉 10만 달러 이상을 받는 부회장이었으며 수천 명을 고용하고 있는 수백만 달러의 기업을 책임지고 있었다. 그러나 성인 초기의 절정 사건이었던 이 마지막 승진은 그의 직업적 미래에 대해 심각한 의문을 불러일으켰으며, 그의 중년의 전환기를 시작하게 했다. 분명한 승진이 여러 가지 면에서 볼 때, 일종의 측면 이동—죽음과의 입맞춤—이었다. 이제 더 이상의 승진 기회는 가망이 없어 보였다. 그는 에이잭스에 머물러 있었으나 덫에 걸려 있는 듯이 느꼈다. 그는 직업과 가족, 그리고 인생 전반에서 위기가 시작되고 있는 시점에 와 있었다.

그의 무기 사업에 대한 태도는 다음 몇 년 동안에 변하기 시작했다. 그는 "무기 자체가 위험스러운 것은 아니다."라는 관점을 지지했었다. "문제의 핵심은 총 뒤에 있는 사람이다." 그러나 총과 무기 사업에 대한 그의 견해는 사회적 변화와 자신이 중년기에 느낀 의문들로 인해 변화되고 있었다. 월남전에 대한 반대는 1969년에 정점에 달했다. 그의 의문은 자신이 에이잭스에서 갈 수 있는 데까지 갔다는 느낌 때문에 더욱 확대되었다. 그는 자신의 인생과 사회에서의 위치에 대해 재평가를 하고 있었다. 그는 또한 흑인 노동자들이 회사에 대해 대파업을 감행했을 때, 자신이 했던 역할에 대해 혼란을 느끼고 있었다. 트레이시는 우리 문화에 만연한 폭력을 생각하면서 마음이 울적했다. 그는 자신의 감퇴를 보면서, 그리고 자신의 일과 인생에 대한 통제력에 한계가 있음을 깨닫게 되면서 한층 더 사회적 관심이 증가했다. 그는 이제 더는 자신을 전지전능한 지도자로 간주하지는 않았다. 이것은 혹인 동맹 파업자들을 향한 양면 감정으로 인해 더욱 혼란스러워졌다. 그는 용감하게 경영자들을 이끌고 피켓 라인(노조 측 감시선)을 가로질러 갔으나, 그 역시 흑인 노동자들과 동일시했으며, 에이잭스가 회사 경영에서 좀 더 인간적인 운영을 하길 바랐다. 처음으로 그는 자신이 약자처럼 느껴졌다.

그가 45세가 되었을 때, 마지막 면담 중 하나에서, 짐은 자신의 개인적 철학에 대해서 말했다.

> 나는 정직하고 솔직했으며, 공정치 못하지는 않았습니다. 내 인생에는 많은 행운이 있었죠. 이런저런 이유에서 나를 이끌어준 사람들이 있습니다. 그러나 이 모든 것과 함께, 나는 그 누구도 짓밟지 않았고 지름길로 가기 위해 원칙에 반하는 짓을 하지 않았다고 정직하게 말할 수 있습니다. 사람들은 그들이 마땅히 받아야 할 가치가 있는 것을 받습니다. 만약에 당신이 사람들에게 관대하게 대한다면, 결국 당신은 관대한 대우를 되돌려 받게 될 것입니다. 나의 기본적인 신념은 만약에 당신이 사람들에게 정직하고 솔직하다면, 결국 당신은 그것을 되돌려 받는다는 것입니다. 공정치 못해서는 안 되지요. 경쟁자를 앞지르기 위해 교활한 사람이 되어서는 안 되지요. 당신이 선을 행하면, 결국 당신은 천당에 가게 될 것입니다. 그것이 나의 기본적인 철학이라고 생각합니다.

짐은 그의 높은 기준에 맞추어 살기 위해 일했다. 개인적으로나 직업적으로, 그는 점점 성공해가는 것처럼 보였다. 그러나 그는 자신의 전 인생에 대해서 의문을 던지는 한편으로 새로운 길을 모색하고 있었다. 40대 초반에 되살아난 꿈이 이것을 잘 예시해주고 있다.

> 나는 비행기를 타고 날아가고 있습니다. 그리고 어떤 이유에선지 실로

> 아무도 모른 채, 우리는 전신주가 있는 길 위를 매우 낮게 날아가고 있습니다. 나는 거기에 앉아서, 행여 부딪쳐 비행기 날개가 찢어지거나 무슨 일이 생기지 않을까 두려워하고 있습니다. 비행사는 다리 위를 날아가고 있고 우리는 아직 부딪치지 않았습니다.

트레이시는 자신의 인생 전반부가 끝나고 있다고 느꼈다. 그는 예전처럼 살기를 원하지 않았다. 그는 공중 속에서 더 높이 떠오르기를 원하지 않았으며, 좀 더 굳건히 땅에 뿌리를 내리기를 원했다. 그는 자신이 인생의 모든 주어진 상황에 대해 통제력을 보유할 수 없다는 것을 인정하기 시작했다.

통제력을 잃고 있다는 극심한 두려움은 초기 인생 구조의 해체와 관련되어 있다. 공격적이고 성취 지향적인 자세를 포기하면서 이런 의문이 떠올랐다. "나에게 남은 것이 무엇인가?" 아마도 '세속적인 성공'은 그에게 등을 돌리려는 듯했다.

> 때때로, 오 주여, 나의 온 인생이 꼭 무너져 내리고 있는 것처럼 생각됩니다. 이것은 45세인 나를 오싹하게 만드는 그런 것이지요. 나는 인생의 중반쯤에 와 있는데, 나머지 후반부는 어떤 모습으로 살아가게 될지, 왜냐하면 전반부는 사업상으로 꽤 훌륭했거든요. 나는 때때로 긴 내리막길의 경사가 어떻게 될지에 대해서 생각하고 있습니다. 연봉 15,000 달러나 10,000 달러를 벌면서 65세에 마감할지? 나는 온 인생이 무너져 내리는 어느 날을 생각하고 있습니다. 나는 이것을 그대로 내버려 둘 수는 없습니다. 시시때때로 나를 상당히 겁나게 하는 것이 그것이지요.

트레이시는 55세에 조기 은퇴해서 대학에서 가르치거나 집에서 가까운 조그만 회사에서 최고 경영자의 지위에 앉을 가능성에 대해서 이야기했다. 그는 인생 초기의 힘에 대한 야망으로부터 조금 덜 당당한 조직체에서 스승–선생 역할을 하는 쪽으로 옮아가고 있었다.

나는 지금 내가 벌고 있는 보수와 같거나 상당히 비슷한 정도의 보수를 줄 수 있는 회사를 원하고 있습니다. 나는 지금 살고 있는 곳에서 살기를 원하며 자동차로 한 시간 이내의 거리에서 일자리를 갖길 원합니다. 나는 전 사업 경력을 큰 규모의 회사를 위해 일해왔습니다. 아마 좀 더 조그만 회사에서는 훨씬 더 잘 적응할 수 있다고 생각합니다. 나는 집을 떠나 멀리 사업 여행을 가는 것을 좋아하지 않습니다. 그것을 몹시 싫어합니다. 나는 어떤 목표도 가지고 있지 않습니다. 오! 확실히 나는 성공하고 싶고 그룹 부회장으로 상관의 자리에 앉고 싶지요. 그러나 나는 예전에 했던 것처럼 나 자신을 그렇게 강력하게 내몰고 있지는 않습니다. 아마도 예전처럼 효율적일 것이라고 생각하고 있습니다만, 그러나 내가 지금까지 해온 것과 같은 정력이나 성공을 위해 나 자신을 몰아붙이는 야망을 가지고 있지는 않습니다. 나는 에이잭스의 사장이 되려는 거대한 욕망을 가지고 있지 않습니다. 정말입니다.

트레이시의 자기 자신에 대한 태도 역시 40대 중반에 변화했다. 그는 이제 자신의 성격의 부드럽고 남을 보살피려는 측면을 수용하고 가치를 둘 수 있었다.

나는 내가 추진력이 강한 사람이라고는 생각하지 않습니다. 나는 사람들을 너무 쉽게 대하고 감독으로서는 부족한 데가 있다는 자책감을 가지고 있습니다. 본능적으로, 나는 사람들에게 지나치게 부드럽고 동정적이지요. 나에게 세상에서 가장 어려운 일은 어떤 사람과 맞대면하고 앉아서 그들이 잘못하고 있다는 것을 그들에게 말하는 것입니다. 나는 그렇게 하는 것이 무척 어렵다는 것을 알고 있습니다. 나는 그다지 훌륭한 훈련사가 못되지요. 정말로 그렇게 믿고 싶습니다. 나는 이성과 논리 또는 본보기에 의해서 사람들에게 일을 하도록 하려고 노력하지요. 나는 내가 더욱 강해지기를 원합니다. 그러면 인생이 상당히 더 쉬워질 것입니다. 어떤 상관이 나에게 이런 말을 한 적이 있습니다. 내가 갖고 있는 유일한 진짜 문제는 내가 생각하고 있는 것을 숨김없이 말해버리는 것이라고요. 나는

> 사람들에 대해 감정적으로 화를 내지요. 그것이 그가 나에게 말한 것입니다. 나는 사실 그다지 거칠지는 못합니다.

두 번째 결혼도 역시 결함이 있음이 점점 분명하게 드러났다. 압박감 아래서, 조안은 바람직한 조력자로서의 기능을 할 수 없었으며, 짐은 극단적으로 고통스러운 일련의 사건들을 혼자서 처리하도록 남겨졌다. 그것은 최악의 시기였다.

짐이 42세일 때, 그의 딸 린다는 대학 일 학년이었다. 그녀는 23세에 임신하게 된 후에 자동차 수리소의 비숙련공인 알렉스와 결혼했다. 그 다음 해에 대학 진학 예비학교에 다니는 짐의 큰아들 라비가 시험 삼아 약물을 복용하기 시작했다. 그는 교수진에 대해 편집증적인 생각을 갖게 되었고, 몇 차례 심한 소동을 벌인 후 학교를 떠나도록 요구받았다. 그 후 얼마 되지 않아 라비는 자살을 시도했다.

> 나는 읍내에 없었죠. 전처가 조안을 불러서 느닷없이 말했죠. "라비가 자살하려고 했어요. 어떻게 해야죠?" 조안이 말했죠. "그 앨 병원으로 데려가세요." 그들은 그를 그 지방 병원으로 데려갔고 의사들은 단번에 그를 보고 프랭클린 주립 병원으로 실어 보냈죠. 집에 도착했을 때, 그 애는 프랭클린 병원에 있었죠. 만약에 내가 그때 집에 있었다면… 그러나 나는 없었죠. 그게 일어난 일의 전부입니다. 그 애 어머니는 목요일에 그 애를 병원에 보냈죠. 나는 금요일 날 집에 돌아올 때까지 그 일에 대해선 전혀 몰랐습니다.

짐은 조안을 개입시킨데 대해서 빅토리아에게 분노를 느꼈으며, 충격적인 사건이 일어난 동안에 아들을 도울 수 없었던 자신에 대해서도 분노하고 있었다. 그는 두 아내 사이에서 진퇴양난에 빠져 있었다. 그는 빅토리아를 몰아내고 조안을 받아들이기를 원했다. 그와 조안은 병원으로 가서 폐쇄 병동에 있는 라비를 방문했다.

> 조안이나 나나 전에 한 번도 프랭클린에 와 본 적이 없었어요. 그 애는 온통 철장으로 둘러싸인 소름 끼치는 한 병실 속에, 거칠고 비정상적인 사람들과 함께 있었죠. 조안과 나는 용감하게 들어가서, 맨 한가운데에 있는 면회실 속에 갇혔죠. 그건 정말로 그녀를 오싹하게 하는 것이었습니다. 그다음에 그녀가 나와 함께 갔을 때, 그녀는 모든 차 문을 잠근 채 주차장에 앉아 있었고, 나만 그 애를 방문했죠.

조안은 그 상황으로부터 물러났다. 그녀 자신을 차 속에 효율적으로 가두는 것은 짐의 자식들로부터 자신을 멀리 하려는 것을 의미하고 있었다. 그러한 행동은 짐으로 하여금 자신의 인생에서 두 개의 중요한 요소들—조안과 전처 자식들—을 결합시킬 수 없다는 것을 심각하게 깨닫게 했다. 그녀의 물러섬은 그가 이전에 그녀에게 가졌던 이상적인 시각을 수정하도록 했다. 트레이시는 아들을 병원에서 퇴원시켜 개인 정신과 의사에게 단기 치료를 받게 했다.

> 개인 정신과 의사는 라비가 매우 강한 폭력 성향을 가지고 있다고 말했습니다. 우리들의 조그만 두 아들들을 생각할 때, 이 말은 조안을 궁지에 몰아넣었죠. "우리는 집에 미친 사람을 데리고 있어요. 어떻게 해야 되지요?"

그래서 라비는 사립 시설에 수용되었다. 거기에 있는 의사들은 개인 정신과 의사의 진단에 동의하지는 않았으나, 학교에서 더 이상의 교육을 받을 희망은 그다지 많지 않다고 생각했다. 짐은 대부분의 시간을 치료자나 개인 교사와 약속하면서 보냈다. 조안은 개입하려고 노력했으나, 주립 병원과 정신과 의사들에 대한 경험이 그녀를 몹시 놀라게 했다. 그 사고로 인해 그녀는 자신이 짐의 첫 번째 결혼을 파괴했다는 죄책감을 갖게 되었다. 그녀는 자신이 짐의 가족들과는 거의 아무런 관계가 없다고 말한 개인 정신과 의사를 만나기 시작했다. 그래서 짐은 혼자서 첫 번째 결혼에서 발생한 문제들을 처리해야만 했다. 짐은 자신이 라비의 어린 시절에 충분히 마음을 쏟아주지 못했던 것을 인정하면서, 극단적으로 어려운 상황 속에서 아들에게 손을 뻗어 가까이 감으로써 이를 보상하려고 애썼다.

같은 해에, 짐의 동생 조지 역시 어려운 때를 보내고 있었다. 아내는 조지보다 훨씬 더 젊은 유부남과 달아났다. 화해를 위한 모든 시도는 허사로 돌아갔다. 조지는 곧 더 젊은 여자와 결혼했다. 유사한 곤경에 처하자 형제들은 더욱 가까워졌다. 짐은 어린 시절 조지가 자신에게 분개하고 있었다는 것을 깨닫게 되었다. "나는 항상 그를 매우 좋아했지요, 그리고 그는 나를 전혀 좋아하지 않았다는 것이 드러났습니다… 지금 우리 사이는 좋습니다. 만약에 내가 어떤 것을 원한다면, 아무것도 물어볼 필요 없이, 나는 그를 부를 수 있고, 또 동생도 그렇게 할 수 있다는 것을 나는 압니다."

이때에 트레이시는 두 분 다 70대에 계신 부모님에게 더욱 효성스러워졌다. 그리고 린다와 로비에게도 점점 더 가까워지고 있었다. 린다는 아버지에게 남편 알렉스의 일자리를 구해주도록 도움을 청했다. 그는 기회를 잡아서, 사위에게 에이잭스에서 적당한 일자리를 얻어주었다. 그는 라비에게도 역시 다른 곳에 여름 일자리를 얻어주었다. 그의 40대에는 베푸는 것이 더욱 더 중요한 일이 되었다.

트레이시는 회사에 쓸 시간과 자원을 가족을 돕는 데 사용할 때, 마치 자신이 회사를 속이고 있는 것처럼 느꼈으며, 그리고 이것이 에이잭스에서의 자신의 미래를 위태롭게 할지도 모른다고 느꼈다. 일과 아버지 역할 사이에서 또 다른 갈등이 생겨나고 있었다.

> 나는 린다와 라비에게 생긴 일을 해결하기 위해, 주말이나 저녁 같은 개인적인 시간을 끌어들인 적은 한 번도 없습니다. 나는 직무 시간에서 그것을 훔쳐냈죠. 만약에 일을 제대로 하려 한다면 엄청나게 더해야 할 텐데, 줄일 수 있는 데까지 외부 활동을 최소한도로 줄이고 있습니다. 그것이 나에게 정신적인 고통을 주고 있어요. 그런 행동이 에이잭스에서 내 이미지에 어떤 손해를 끼칠지 솔직히 잘 모르겠습니다. 나는 죄책감을 느끼고 있습니다.

또한 그는 첫 번째 가족에서 일어난 문제를 해결하기 위해 지금의 가족에게서 시간을 빼앗는 데 대해 마음이 혼란했다. 조안은 고통을 더해주었다. "그녀는 나보다는 한 가족과 결혼했다고 생각하고 있습니다. 그녀는 이전의 가족과 친구들로부터 멀어져서 이제 완전히 내 방식대로 인생을 살고 있다고 느끼고 있지요."

하지만 그들 문제들 중 어떤 것은 조안의 첫 번째 결혼에서 기인했다. 이제 열 살인 아들 케빈은, 다른 아이들이 자기를 놀리지 않도록, 그리고 자신이 현 가족의 일부분으로 느낄 수 있도록, 코코란에서 트레이시로 자기 이름을 고쳐 달라고 했다. 짐과 조안은 입양 절차를 밟기 시작했다. 이것은 코코란과의 지루한 법정 투쟁으로 이어졌는데, 그는 조안이 돌아올 것이라는 환상에 젖어 그들의 이전 집에서 살고 있었으며, 약간 알코올 중독인데다 세상에서 철회한 겉늙은 사람이었다.

> 의심할 여지없이, 조안은 코코란을 도저히 참아내기가 어렵지요. 그는 케빈을 둘 사이에 그가 가지고 있는 유일한 연결고리로 이용하고 있고, 그것을 포기하려 하지 않습니다. 그는 술을 목이 차게 마셨을 때만 꼭 전화를 걸지요. 그가 금요일 밤이면 술집에서 장시간 전화기를 붙들고 그녀에게 이야기를 하다 보면, 그녀 마음은 온통 엉망진창이 되어버리지요.

코코란의 전화는 조안을 지치게 했고, 그녀는 자신의 화풀이와 불만을 짐에게 드러냈다. 코코란은 좀처럼 떨어져나가려 하지 않는 괴물이었다. 그러한 갈등으로 인해, 짐은 격분하기도 했지만, 한편 조안의 문제와 그녀의 연약함에 더욱 더 민감해졌다. 그는 그녀의 한계를 수용하는 것을 배우고 있었다.

그는 역시 전처 자식들과 함께 했던 것보다 더 많은 시간을 케빈과 토미와 함께 보냈다. 그는 보이스카우트 단장까지 되었다.

> 그것은 어떤 때는 목에 가시지요. 그러나 쉰 명의 어린이들 앞에 서서, 그들에게 내 말 한마디 한마디를 따르라고 할 때, 나는 한 달에 한 번씩

젊음을 되찾습니다. 매달 한 시간 반 동안, 만약에 당신이 이 어린이들을 바르게 자라도록 돕는다면, 오! 주여, 그것은 가치 있는 일이지요. 바로 이 얼굴들을 보면서, 나는 재충전을 하게 됩니다.

아직, 그의 직장과 새로운 가족 사이에는 끊임없는 갈등이 계속되고 있었다. 그들이 처음 결혼했을 때는, 짐은 조안이 집에 머무르면서 가족을 돌보아주기를 바랐다. 그러나 28세의 매력적인 신부는 이삼년 이내에 누에고치 속으로 움츠러들었다. 그녀는 짐이 일보다는 그녀와 가족에게 더 많은 시간을 쏟아야 된다고 느꼈다.

조안은 반드시 내가 원하지 않아도 직장에서 내가 해야 되는, 그리고 나를 가정에서 끌어내는, 어떤 일들이 있다는 것을 이해하지 못하고 있습니다. 그녀는 약간 울적해져서 평상시처럼 이야기도 하지 않아요. 그런 것이 겉으로 크게 나타나는 것은 아닙니다만, 그녀는 자신이 그 생각에 익숙해져서 괜찮다고 생각할 때까지 잠시 동안 움츠러들지요. 이것은 우리 생활에서 정상적인 것이 아니지요. 나는 그녀가 나에게 의존적이고 나와 함께 있는 것을 좋아하기 때문이라고 추측합니다만, 그녀의 전 인생이 정도 이상으로 내 주위를 선회하고 있는 것 같아요.

그러한 갈등으로 인해 짐은 조안의 의존성과 자제력을 새삼스럽게 깨닫게 되었다. 이로 인해 그는 그녀를 한 인간으로 성장시키고자 하는 관심을 갖게 되었다. 그는 그녀를 '주부' 역할로부터 끌어내서 세상 속으로 데리고 나오기를 원했으며, 그녀의 심리 치료를 지지해주었다.

트레이시는 그녀의 방식대로 일을 처리하고, 그녀를 기쁘게 해주기 위해 자신의 생활을 제한하기 시작했다. 그는 다른 사람들과 함께 지낼 초대를 거절했으며 그에게 많은 것을 의미하는 활동들을 포기했다. 그는 보트를 팔고, 수영장을 지었으며, 정원을 손질하고, 집을 수선했다. 그는 자신의 여가 시간을 조안과 가족 주위에 집중시켰다. 조안을 기쁘게 하기 위하여, 그는 자신의 꿈과 생활을 제한하는 것을 택했다. 그는 그 나름대로 가능한

한 가족 생활을 '평화스럽고' '안정되게' 유지하기 위해 노력했다. 그러나 그 대가는 엄청났다.

조안과 새로운 결혼에 대해 짐이 처음에 가졌던 환상은 이러한 경험들 때문에 많이 사라져버렸다. '두 가족'의 위기는 그가 41세에서 45세일 때 절정에 이르렀는데, 그때 그는 두 가족 사이에서, 그리고 가족과 일 사이에서 오는 긴장을 해결하려고 애썼다. 그는 조안과 자녀들에게 좀 더 지지적이 되었고, 다른 사람들에게도 더욱 많이 베풀고 친밀해졌다.

41세에서 44세까지, 중년의 전환기의 첫 번째 시기는 심각한 문제들과 혼돈으로 점철되었다. 44세에서 46세까지의 다음 시기는 좀 더 큰 자기-성찰과 통합감, 그리고 계획성으로 특징지어져 있었다. 46세에, 트레이시는 대기업체를 떠나기로 결심했다. 그는 가족을 인생의 중심부에 놓고 있었고, 위기감은 줄어들었다. 그는 두 가족을 직면하면서 복잡한 문제들을 처리하는 법을 배우고 있었으며, 조안의 힘과 한계를 이해하기 시작했다. 그들은 함께 골동품에 점점 흥미를 갖게 되었으며, 조안은 하트포트의 중심가에 상점을 차렸다. 그는 대기업체의 최고 경영자가 되는 꿈을 포기하고 있었다.

중년 입문기

중년 입문기는 트레이시에게 주요한 변화를 하도록 이끌었다. 우리가 가지고 있는 것은 몇 개 안 되는 세부적인 내용들이지만, 그의 새로운 인생의 주요한 윤곽은 명백히 보인다.

그가 46세일 때, 조안은 알레르기를 앓게 되었는데, 의사는 그녀에게 좀 더 건조한 기후가 필요하다고 제안했다. 3주 이내에, 그는 에이잭스에 사표를 제출했다. 회사는 그에게 다른 지역에서의 일자리를 제의했으나 거절했다. 그는 새롭게 시작해야 했다. 그들은 콜로라도로 이사하기로 작정했다.

에이잭스 시절에 겪은 그의 느낌은 그가 유산遺産에 대한 이야기를 하는 중에 나타나 있다.

> 나는 내가 해온 역할에 꽤 적절하게 배역된 사람이었다고 생각합니다. 나는 속임수를 당했거나 내가 해야 하는 일을 해낼 수 없었다고 느끼지는 않습니다. 나는 겉으로 보기에는 여러 가지로 행운이었다고 생각합니다. 나는 어떤 후회도 없습니다. 나는 내가 있을 곳에 있었고, 내가 성취할 것을 성취했다고 자부합니다… 내가 해군에 있을 때, 항상 가지고 있었던 꿈은 장군이 되는 것이었지요. 말하자면, 나는 대기업을 운영하고 있고 그 야망을 만족시켰습니다. 내가 하는 일이 사람들에게 나를 위해 일하도록 시키는 것이라는 관점에서 볼 때, 그것이 해군에서건 또는 대기업체에서건, 그 둘 사이에는 별다른 차이가 없습니다. 나는 그들에게 충성심을 고취시킬 수 있다고 봅니다. 나는 꽤 개방적이고 사람들에게 솔직하지요. 나는 대체로 의사소통을 잘하는 편입니다. 특히 나를 위해 일하는 사람들과 말입니다… 확실히 조안과 케빈, 그리고 토미는 나를 꽤 좋은 아버지이며, 남편이자 부양자로 생각할 것입니다. 나는 린다도 똑같이 생각할 것이라 믿습니다. 라비는 어떻게 생각할지 모르겠군요. 만약에 내가 내일 당장에 죽는다면, 내 직계 가족 이외의 어떤 사람이 나의 죽음에 대해 온통 혼란을 느끼게 될지 알 수 없군요… 내 이름은 에이잭스의 흑판에서 곧 지워지게 되겠지요. 내 가족 이외에는 아무도 나를 그리워하지 않을 것입니다. 관리자들은 대치될 수 있고 그들이 회사를 위해 추진력이 되지 않은 한 별로 큰 문제가 되지 않습니다.

트레이시는 자신이 에이잭스를 떠나는 데 대해 다른 사람들이 보이는 반응을 보고 기쁘기도 했지만 놀랍기도 했다. 그는 지지와 애정이 담긴 따뜻한 메시지를 받았는데, 그것들은 기쁨을 주긴 했으나 받아들이기는 어려웠다.

처음에 그의 부모님은 이사 간다는 말을 듣고 당황했으나, 곧 어머니는 편지를 보내서 이해할 수 있다고 말했다. 동생은 그 결정을 지지했다. 린다와 그녀의 남편은 이제 세 아이들과 함께 테네시에서 살고 있었으며, 거기에서 알렉스는 에이잭스의 성공적인 구매원이었다. 라비는 상당히 좋아져서 스무 살 때에 드디어 고등학교를 졸업했다. 그는 약물을 끊고, 사진에 몰두했으며, 여자 친구를 가지고 있었고 “주위에 있는 사람의 50%만큼은 정상”이었다. 마침내, 그의 가족은 상당히 좋아 보였고 새로운 곳으로 이사하려는 그의 생각을 지지하고 있었다.

에이잭스를 떠남으로써, 트레이시는 무기 산업에서의 지도적인 경영 역할을 포기했을 뿐만 아니라, 거대한 기업 계열로부터 영원히 벗어났다. 비록 콜로라도에서 무엇을 하게 될지 아직 확실치는 않았으나, 그는 변화를 갈망하고 있었다. 그는 조안과 골동품상을 경영하면서, 가르치거나 기업 상담가로서 활동하고 있었으며, 조그만 하드웨어 사업을 경영해볼까 고려 중이었다.

콜로라도로의 이사는 중년기로의 이동이었다. 47세에, 트레이시는 절망감을 비교적 덜 느꼈으며 좀 더 많은 대안을 생각해냈다. 그는 자신의 길을 발견할 수 있고 그것과 함께 살 수 있다는 감각을 갖고 있었다. 콜로라도에서 그가 무엇을 하든지 간에, 그는 자신의 일과 가족을 새로운 방법으로 연결시킬 것이라는 점이 명백했다.

1973년에 우리는 짐 트레이시로부터 한 장의 편지를 받았다. 그는 이제 덴버에서 기계 유통 사업의 총지배인으로 일하고 있다.

> 콜로라도는 대단히 훌륭합니다! 가족들은 여길 사랑하고 있습니다. 특히 어린애들이 말입니다. 조안은 건강이 훨씬 더 좋아졌고, 그런 점에서 볼 때, 이사한 게 확실히 잘한 일이었지요. 사업의 결말은 아직 미지수이나, 나는 상당히 낙관하고 있습니다. 여기는 매우 급속히 성장하는 지역이지요. 그래서 만약에 이러한 연결 사업이 잘 되지 않는다면, 반드시 할 만한 다른 일들이 있을 것입니다.

이제 그는 이야기를 나눌 시간을 훨씬 많이 갖고 있었다.

THE SEASONS OF A MAN'S LIFE

5부

결론

20장 성인기의 발달 과제와 가능성

우리는 이 연구를 다음과 같은 의문을 갖고 시작했다. 도대체 인생 주기란 무엇을 의미하는가? 그 안에 있는 계절들seasons은 어떤 것들인가? 성인 발달과 같은 현상이 존재할까? 성인기에도 아동기나 청년기에 비유할 만한 일련의 발달 시기들을 확인할 수 있을까?

우리 연구는 이러한 질문들에 대해 조금은 초보적인 대답을 제공해주고 있다. 그 대답은 당연히 잠정적인 것이다. 우리들이 현재 이해한 것을 검증하고 확장시키기 위해서 앞으로 더 많은 연구가 필요하지만, 그러나 이제 우리는 앞으로 더 나아갈 토대를 갖고 있다.

우리는 인생 주기 안에서 네 개의 서로 겹쳐 있는 시대eras를 확인했으며, 각 시대는 약 25년간 지속된다. 시대를 통해 우리는 개인의 인생을 좀 더 멀리서 바라보는 시각을 갖게 된다. 전반적인 삶의 특징에 따라 각 시대가 구분되는데, 그것은 생물학적, 심리적, 사회적 측면들을 가지고 있다. 시대는 인생 주기의 골격을 형성하고 있다. 일단 인생 주기라는 전체적인 조망에서 한 시대의 본질을 이해하고 난 후, 그 안에서 전개되는 좀 더 세부적인 과정과 사건들을 검토해볼 수 있다.

발달적 시기들periods은 좀 더 세부적이고 해설적인 시각을 제공해준다. 그들은 시대 안에 존재하며, 시대에 의해서 형성되고, 시대를 계승해준다.

이 시기들은 한 시대의 발달 과업이 수행되는 수단이며, 시대 사이를 연결하는 연결고리 역할을 한다. **시대를 교차시키는 전환기**는 아마 인생 주기 상에서 결정적 전환점일 것이다. 성인 초기 전환기, 중년의 전환기, 성인 후기 전환기에서는, 다가오는 시대를 살아갈 삶의 토대를 만든다. 이러한 전환기들은 발달 계열의 특성을 형성하는 원천—새롭게 쇄신하거나 혹은 침체시키는—이다. 시대와 시기들에 대한 통합된 조망을 통해서, 우리는 전 인생을 탐색해볼 수 있으며, 그 과정에서 어느 특정 시점의 발달적 진행을 탐구해볼 수 있다.

우리의 발달 시기 이론의 토대는 개개인의 인생 구조 개념이다. 인생 구조는 번갈아 찾아오는 시기들의 계열을 통해 진화된다. 즉 비교적 안정된 **구조-형성** 시기 다음에는 **구조-변화** 시기인 전환기가 뒤따라온다. 구조-형성 시기의 주요한 발달 과제는 중요한 선택들을 해서, 그들 주위에 인생 구조를 형성하고 그 구조를 풍요롭게 하며, 그 안에서 자신의 목표를 추구하는 것이다. 이 시기들은 보통 6~8년간 지속된다. 전환기의 주요한 발달 과제는 현재의 인생 구조를 재평가해보고, 자신과 세계 안에 있는 새로운 가능성들을 탐색해보며, 새로운 인생 구조를 형성하는 데 기초가 될 선택들을 향한 준비 작업을 한다. 전환기에는, 새로운 사람이나 새로운 장소에 개입될 수 있으며, 또는 현재의 결혼, 직업, 사회적 관계를 유지하나 또 다른 관계를 맺거나, 자아의 다른 측면들을 살려 낼 수가 있다. 이러한 전환기는 보통 4~5년간 지속된다.

인생 주기에서 시대와 시기

이 연구를 시작할 때, 인생 주기 상에 질서정연하게 전개되는 시대와 시기들의 계열이 있을 거라고 암시해주는 심리학이나 사회과학 문헌은 아무것도 없었다. 그러한 개념을 바탕으로 연구가 시작된 것은 아니었다. 그와는 정반대로, 인생 주기가 진행되는 기본적 순서를 파악할 수 있었던 것은, 많은 사람들의 독특하고 복잡한 인생 설계와 과정을 자세히 추적한 후라야 가능했다. 인생 구조의 개념은 어떤 주어진 시점에서 한 남성의 전반적인 삶의 모습을 보려는, 그리고 이러한 삶의 모습이 있기까지 수년 동안에 걸쳐 진화되어온 발달 과정을 이해하려는 노력의 산물이었다.

연령 연관성age linkages: 가장 놀랄 만한 사실 중 하나는 모든 시기가 끝나고 시작하는 연령이 비교적 일정하다는 것이다. 그것은 우리가 미리 예언한 것도 아니고, 우리 생각 속에 어떤 소지素地가 있었던 것 도 아니다. 이러한 발견은 오랫동안 소중히 간직되어온 생각—성인기에는 발달의 속도가 매우 다양하다는—에 반하고 있다. 전통적인 생각은 사실상 어떤 근거가 있다. 즉, 생물학적 노화나 심리적 성숙 또는 직업적 이력과 같은 단일한 측면에서 발달을 연구하는 사람들은 특별한 변화가 일어나는 연령이 상당히 다양함을 발견한다. 이러한 단일한 측면의 발달에서는 질서 정연한 발달 시기들이 전혀 없는 것으로 보인다. 이와 유사하게, 결혼, 출산, 사랑하는 사람의 죽음, 은퇴와 같은 특별한 사건들이 일어나는 연령들도 매우 다양할 수 있다. 우리가 단지 발달을 인생 구조의 진화 과정이라는 관점에서 볼 때만이, 발달 시기들이 연령과 관련된 계열을 따르고 있다.

모든 시기들이 시작되는 전형적인 연령을 우리는 제시할 수 있다. 이 연령은 우리 연구에 참여한 남성들에게서 가장 빈번히 나타났던 시작 연령이다. 연령 범위age range는 평균 연령을 중심으로 양쪽으로 약 2~3년씩 펼쳐져 있다. 이러한 범위는 전혀 아무런 질서도 없을 것이라고 기대했던 사람들에게는 대수롭지 않게 보일지도 모르나, 그러나 그것은 충분히 큰 의미를 가지고 있다. 성인 발달의 시간표에서는 아동 발달의 시간표에서보다 그 다양성이 약간 더 크다. 이는 특정인이 어떤 발달 시기에 있다는 단순한 준거로 **생활 연령**chronological age을 사용할 수 없다는 것을 의미한다. 똑같이 39세라고 할지라도, 어떤 남자는 중년의 전환기를 시작하고 있고, 다른 사람은 아직 자기 자신이 되어가는 단계의 절정에 있을 수도 있다. 발달 시기들은 연령과 연관되어 있긴 하나, 단순한 연령의 파생물만은 아니다. 한 시기가 오는 때, 그리고 그 안에서 수행된 발달적 작업의 종류는 한 남성이 살고 있는 생물학적, 심리적, 사회적 조건에 따라 다양하다.

순서sequence: 우리는 발달 시기들이 미리 정해진 순서에 따라 차례로 찾아온다는 사실을 발견했다. 한 남성이 계속해서 발달하고 있는 한, 그는 주어진 순서에 따라 시기들을 거쳐나가게 될 것이다. 그는 네 번째 시기를 거치지 않고 세 번째 시기에서 다섯 번째 시기로 넘어갈 수가 없다. 세 번째 시기에 있는 남성이 앞으로 더 발달해가기 위해서는 네 번째와 다섯 번째 시기를 통과해야 한다. 거기에는 지름길이나 대안적인 길이 없다. 그는 한 시기를 수많은 방도로 통과할 수 있으나, 그것을 피할 수는 없다. 만약에 그가 현재 속에서 어떤 만족을 찾고 다음 시기의 삶을 위한 토대를 마련하려 한다면, 그는 현재의 발달 과제들을 처리하지 않으면 안 된다.

과거의 발달적 손상이나 실패는 새로운 시기를 시작하고 새로운 발달 과제들을 수행하는 데 방해가 될 수 있다. 이렇게 되면 그는 감퇴의 상태에 놓이게 되며, 침체되어 갇혀 있게 된다. 이런 종류의 발달적 장애는, 어린 시절과 마찬가지로, 지나친 생물학적, 심리적, 사회적 모욕의 결과로 생길 수 있다. 이와 같이, 어떤 집단에서는 상당수의 남자들이 중년의 전환기와 중년 입문기의 발달 과제들을 수행하는 데 이러한 어려움을 가질 수 있어서, 이들은 중년기에 필요한 웬만한 삶의 토대마저 마련할 수 없다.

위계적 단계hierarchical stages**와 계열적 시기**sequential periods: 몇몇 발달 이론들은 상승적이거나 위계적 순서를 따르는 발달 단계들을 기술하고 있다. 개인은 한 수준에서 더 높은 능력을 상징하는 다음 수준으로 진전해 간다는 것이다. 로렌스 콜버그Lawrence Kohlberg, 진 피아제Jean Piaget, 그리고 제인 뢰빙거Jane Loevinger 등의 단계 이론들이 바로 이런 종류의 이론들인데, 이들은 우리들이 인간 발달을 이해하는 데 상당한 공헌을 해왔다.[1]

에릭슨Erik H. Erikson의 이론이나 우리들의 이론은 위계적이라기보다는 계열적 발달을 가정하고 있다. 한 시기는 이전 시기보다 높거나 우월하지 않다. 즉, 계절을 상상해보는 것이 도움이 될 것이다. 봄은 본질적으로 겨울보다 좋은 계절이 아니며, 여름도 봄보다 좋은 계절이 아니다. 각 계절은 인생 주기가 전개되는 과정에서 본연의 주요한 역할을 하며, 그 순서는 규정된 과정을 따른다. 겨울은 이전의 성장이 끝나고 새로운 성장 가능성이 창조되는 고요한 휴한休閑의 시기이다. 그것은 궁극적으로 전환기적 시기이다. 겨울의 창조적 작업이 끝나서 씨앗이 뿌리를 내리지 않는 한, 아무것도 더 이상 싹이 터서 성장할 수가 없다. 봄은 겨울 동안 노고의 결실이 실현되는 개화의 시기이다. 꽃봉오리들은 씨앗에 영양분이 주어지지 않는 한 피어나지 않을 것이며, 이 꽃봉오리들은 만개滿開를 위한 준비를 한다.

우리의 발달 시기들에서도 마찬가지이다. 성인 초기 전환기는 성인 이전기에서 성인 초기로 시대를 교차시킨다. 다음 세 시기—성인 입문기, 30대 전환기, 안정기—를 통과하면서, 남성은 첫 성인 인생 구조를 세우고, 그것을 수정해나간 후, 그 구조를 재건축해서 성인 초기의 절정에 도달한다. 40세경에, 남성은 중년의 전환기로 들어간다. 이제 그는 성인 초기 시대를 마무리 짓고, 중년기를 위한 씨앗을 뿌려야 한다. 이때 그는 또 인생 구조를 짓고, 수정하고, 다시 짓는, 유사한 계열을 통과하게 될 것이다. 한 시기의 과제가 다른 시기의 과제보다 더 좋거나 발전된 것은 아니다. 다만 일반적 의미에서 각 시기는 이전 시기들이 이루어놓은 바탕 위에서 형성되며, 인생 주기 상에서 다음 시기는 이전 시기보다 더 뒤에 오는 단계라는 것을 의미할 뿐이다. 모든 시기나 시대가 다음 시기나 시대로 교차되는 과정에는 얻는 것도 있지만 잃는 것도 있다.

평가evaluation: 한 남성이 주어진 시기에 얼마나 잘 살아왔는가를 생각해볼 때는 좀 더 비판적인 접근을 할 필요가 있다. 우리는 그가 발달 과제들을 얼마나 잘 해결하면서 살아왔는가, 그가 자신이 형성한 인생 구조에 얼마나 만족해하는가, 전환기에 과거를 재평가하고 미래를 위한 토대를 창조하는 작업을 얼마나 잘 해냈는가 하는 질문들을 물어보아야 한다.

극단적인 경우에, 우리는 한 남성이 특별히 잘 살아왔다든가 또는 형편없이 살아왔다고 쉽사리 말해버릴 수가 있다. 어떤 남성은 전환기 동안에 분명히 과거를 재평가하고 자신의 인생을 수정할 수 없었기 때문에 지금 적절한 새로운 구조를 창조할 수가 없다. 또 어떤 남성은, 고통스러운 전환기를 겪고 난 후에, 삶이 자극적이고 생산적이며, 자신과 타인들에게 가치 있는 새로운 인생 구조를 형성하기도 했다. 그러나 대부분의 경우 그 실상은 좀 더 혼합되어 있고 평가하기가 어렵다. 우리가 평가하고 있는 것은 단순히 한 개인이 자질구레한 일들을 얼마나 잘 수행했으며, 구체적인 상황에 얼마나 성공적으로 적응했는지가 아니다. 우리는 묻고 있다. 그는 기본적인 인생 과제들을 얼마나 충족시켰는가? 그는 자신의 인생에서 무엇을 해왔는가?

이러한 질문들은 과학자들, 그리고 임상가나 교육자들을 이상한 영역으로 끌고 간다. 우리는 합법적으로 삶의 질을 이해하고 증진시키는 데 흥미가 있다. 그러나 우리가 삶의 질을 너무 피상적으로 평가하지 않기 위해서는 우리에게 큰 지혜가 필요하다. 성인 발달 과제나 인생을 구축하고 수정하는 문제에 대해서는 거의 알려진 것이 없다. 우리는 어떻게 개인과 사회 속에 있는 강력한 형성력에 보다 큰 관심을 두면서, 이 영역을 더욱 심도 깊게 탐색할 것인지를 배워야 한다. 우리는 삶을 검토해보고, 개인적, 제도적 혁신을 시도하며, 새로운 방향을 찾아 나설 필요가 있다. 그러나 만약에 우리가 조급한 평가를 하거나 쉽지만 비효율적인 방법을 촉진한다면, 우리의 작업은 본질적 가치와 대중적 신뢰도가 부족하게 될 것이다.

서로 겹쳐져 이어진 시기들: 우리는 각 시기들이 언제 일어나며 인생이 전개되는 과정에 어떻게 공헌하는지를 예시하기 위하여, 각 시기들을 하나하나 확인하려고 노력했다. 그러나 실제 발달 과정에서는, 각 시기들이 서로 '상호 침투'되어 있다. 현재의 시기가 우세하긴 하나, 다른 시기들도 그 안에 공존하고 있다. 한 시기가 시작되어 독립적 과정을 거쳐 끝난 후, 전혀 특성이 다른 또 하나의 시기가 뒤따라오는 그런 경우가 아니다. 연이어진 시기들은, 각각의 고리가 서로를 묶고 있으나 원래는 따로따로 떼어져 있던 쇠사슬 고리와는 다르다.

인생의 주기는 유기적 통일체이며, 각 시기들은 다른 모든 시기들을 포함하고 있다. 발달하고 있는 개인은 장거리 여행자와 같다. 시시때때로 그는 운송 수단, 동료 승객, 이런저런 짐들을 바꾸나, 과거는 단순하게 사라지지 않는다. 그는 지금 현장 뿐 아니라, 그가 살아온 다양한 세계와 앞으로 나아갈 세계와도 맞물려 있다. 과거와 미래가 현재 속에 있다.

시기들이 공존해 있고 상호 침투되어 있는 현상은 전기biography의 대가인 마르셀 프루스트Marcel Proust가 쓴 『과거의 추상*Remembrance of Things Past*』 속에 잘 포착되어 있다.

> 남성은 어떤 고정된 나이가 없는 창조물이다. 그는 몇 초 안에 수년을 더 젊어질 수 있는 능력을 가지고 있으나, 또한 그는 자신이 살아온 시간의 장벽들에 에워싸인 채, 그를 때로는 한 시대로, 또 때로는 다른 시대로 데려가기 위해, 그 표면이 끊임없이 변하고 있는 작은 웅덩이의 물처럼, 그들 안에서 표류하고 있다.[2]

여기에서 프루스트가 확인한 역설은, 남성은 '어떤 고정된 연령이 없는 창조물'이긴 하나, 그는 자신의 인생 속에 있는 '시간'과 '시대들'에 의해 지배된다는 것이다. 프루스트가 했던 것처럼, 우리는 우리들의 인생 속에 있는 시대들의 심오한 의미를 이해한 후에야, 한 개인이, 어느 한 때에, 어린이, 청년, 중년, 노인으로 산 방식을 이해할 수 있다. 우리는 결코 불로장생不老長生할 수는 없다. 그러나 우리가 우리들 자신의 일생에 대한 좀 더 심원한 감각을 얻게 될 때, 비로소 우리는 다양한 연령대에 존재할 수 있다. 그 과정에서, 우리는 우리 자신을 산산조각 내지는 않는다. 차라리, 우리는 더욱 통합되고 전체적이 되어간다.

남성이 어느 한 시기에 머물고 있는 동안, 그는 주로 그 시기의 발달 과제들을 수행한다. 그러나 그는 역시 다른 시기의 발달 과제도 약간씩은 수행한다. 우선 다음 시기의 주요한 과제들이 먼저 활성화될 수 있다. 이전 시기의 과제들이 완료되지 않은 채 그 시기가 끝나게 되면, 그 과제들은 옆으로 미루어진다. 만약에 발달 과제들이 적절한 시기에 꽤 잘 수행되었다면, 그들은 계속해서 다음 시기의 발달을 촉진하게 된다. 과거로부터 얻어진 이득은 현재의 발달적 노력이 이루어질 기반을 형성한다. 이와 반대로, 만약에 이전 시기들이 끊임없는 갈등과 제약을 만들어냈다면, 현 시기에서 그의 발달은 심각하게 저해되거나, 극단적인 경우에는 완전히 저지될 수도 있다.

새로운 시기로 접어듦에 따라, 가끔 이전 시기에서 해결되지 못한 문제나 부족한 점들이 재활성화된다. 이러한 문제들은 현재의 과제를 더욱 처리하기 어렵게 만드는 '과거로부터의 짐'이 된다. 이월된 과거의 갈등과 상처들은 매우 무거운 하중으로 짓누르기 때문에 현재의 과제들은 어두운 그림자 속에 가리어진다. 한 개인이 심각한 어려움을 겪고 있을 때, 그는 현재 진행되고 있는 시기의 첫 인생 구조와 과제들, 관심사들을 검토해볼 필요가 있다. 그리고 그는 아동기와 성인기의 초기부터 계속되어온 문제들을 이러한 맥락 안에서 검토해볼 수 있으며, 그들이 어떻게 현재의 발달적 수행을 저해하고 있는지를 볼 수 있다.

시대와 시기들의 보편성: 인생 주기에 대한 이러한 개념은 주로 현재 미국 내에 살고 있는 남성들에 대한 연구에 근거를 두고 있다. 일반적으로 그것은 역사상 현 시점의 미국 남성들에게만 해당되는가? 아니면 다른 사회나 역사적으로 다른 시대에 사는 사람들에게도 적절성을 가지고 있는가? 우선 말할 수 있는 것은, 우리는 알 수 없다는 것이다. 여기에서 예시된 어떤 통찰이나 일반화도 완전한 진리로 시사되고 있지는 않다. 그들 각각은 앞으로 더욱 검증이 요구되는 하나의 가정이다. '문화와 성격'에 대한 나의 이전의 연구는 인간의 생애에 대한 보편적 양상을 단정 짓는 데 매우 조심스럽도록 가르쳤다. 사회과학의 역사는 이와 같은 보편성에 대한 논박으로 매우 어지러워져 있다.[3]

그러나 이러한 경고와 함께 우리는 다음과 같은 가설을 강력하게 제의한다: '시대와 시기들의 계열은 모든 사회에, 그리고 인류의 진화 과정에서 현 단계에 있는 모든 인류에게 존재한다.' 시대와 시기들은 생물학적, 심리적, 사회적 유기체로서의 인간의 본질 속에, 그리고 여러 세대에 걸쳐 확장되는 복합적 기획으로서의 사회의 본질 속에 그 바탕을 두고 있다. 그들은 종족의 인생 주기를 상징한다. 개개인은 일정하지 않은 다양한 방법으로 시기들을 통과하나, 그 시기들 자체는 보편적이다. 이 시대와 시기들은 과거 5천 년 내지는 1만 년 동안 인간의 발달을 지배해왔다—좀 더 복잡하고 안정된 사회가 시작되면서부터.

이러한 발달적 계열에는 생물학적, 심리적, 사회적 조건이 복합적으로 영향을 미친다고 가정할 때, 이들 조건들 중 아무것도 그 자체로서는 충분하지 않다고 말할 수 있다. 시대와 시기들이 단순히 개인 내에 있는 생물학적, 유전적인 계획이 전개됨에 따라 달라진다는 증거는 지금 아무것도 없다. 또한 그들은 사회적 제도나 문화에 의해서 보편적으로 설정된 시간표를 직접 따르지 않는다. 만약에 이러한 발달적 계열이 어느 정도 모든 인류에 적용된다면, 그 기원은 인류의 진화 과정에서 특정 단계가 진행되는 동안에 작용하는 모든 영향력의 상호작용 속에서 발견되어야 한다.

에릭슨은 그의 임상적, 인류학적, 역사적, 전기적 연구에 근거해서 인생주기에 대해 이와 유사한 관점에 도달했다. 그의 '정체감 성취/정체감 혼미'의 자아 단계는 우리가 성인 초기 전환기로 확인한 시기 동안에 절정에 달한다. 그의 '친밀감/고립'의 단계는 20대 초반에 시작되어서 성인 초기 동안 계속된다. 그 다음 단계인, '생성감/침체감'은 마흔 살 무렵에 시작되어 중년기를 특징짓고 있으며, 반면에 '통합/절망'은 성인 후기의 자아 단계이다. 그는 이러한 관점을 루터, 간디, 프로이트, 히틀러, 버나드 쇼, 윌리엄 제임스에 대해 그가 쓴 전기들 속에서 입증하고 있다.* 이들은 5~6세

* 우리들의 '시기'와 에릭슨의 '단계'라는 용어 사이의 유사점과 차이점에 대해서 한마디 하는 것이 도움이 될 것이다. 우리는 성인 발달을 인생 구조의 진화로 간주한다. 우리들의 발달 시기들은 그 구조를 형성해서, 수정하고, 재형성하는 과정에서 잇따라 일어나는 국면들이다. 에릭슨 역시 분석 양식은 자신과 세계 사이의 상호 연관성에 관심을 두고 있다. 그러나 그는 발달을 일련의 자아 발달 단계들로 간주하고 있다.

에릭슨이 제시한 8단계의 각 단계들은 외부 세계와 관련되어 있는, 자신을 위한 하나의 결정적인 문제에 의해 지배된다. 그 문제는 정반대가 되는 양극성 또는 상반된 경향성으로 언급되고 있다. 각 단계의 발달적 과제들은 극의 중심부에서 유래한다. 즉, 생성감/침체감의 단계에서는, 생성감과 침체감 사이의 균형감을 얻는 것, 침체감과 죽음의 현실과 타협하게 되는 것, 생성적인 목적을 위해 자신의 내적 자원을 좀 더 충분히 끌어내는 것, 일반적으로 사회를 향한 그리고 특히 다음 세대를 향한 개인의 책임감과 의무를 좀 더 양면감정 없이 받아들이는 것, 그리고 개인과 제도를 위해 새로운 방식으로 '보살피는' 미덕을 터득하는 과제들이 포함되어 있다.

에릭슨의 자아 단계들은 세계뿐 아니라 자신과도 관련이 되어 있다. 그러나 그들의 일차적인 초점은 개인 안에 있다. 각 단계는 개인의 속성이라는 용어로 정의된다: 개입 능력, 보살피는 미덕, 신뢰감. 이러한 개인적인 자질들은 자신을 사회·문화적인 세계와 연결하는데, 에릭슨은 다른 어떤 학자보다도 더 자아 발달에 대한 미묘하나 광범위한 사회·

기에 걸쳐, 그리고 육대주六大洲에 널리 퍼져 산 사람들이다.

성인 발달에 대한 융의 개념은 개인들에 대한 분석, 그리고 수많은 문화와 시대 속에 존재한 신화들, 종교적 체계들, 꿈과 관습들에 대한 분석에 의존하고 있다. 조셉 캠벨Joseph Campbell과 엘리아데Mircea Eliade와 같은, 다른 사람들은 융의 개념에 대한 인류학적 근거를 확장시켰다.[4] 자크는 지난 500년 동안 여러 나라에서 산 300명의 예술가들의 인생에서 중년기 위기에 대한 증거를 발견했다. 오르데가 이 가세트는 지난 2,500년에 걸친 인간 생활에 대한 광범위한 역사·철학적 관점을 얻어냄으로써, 사회와 개인의 인생주기 속에서 일련의 세대들을 확인했다. 이 세대들의 계열은 여기에서(2장) 기술한 시대·시기들과 상당히 일치한다. 『다가오는 세대*The Coming of Age*』 속에서 시몬 드 보부아르Simone de Beauvoir는 중년기에서 노년기로 가는 전환기를, 그리고 모든 사회 속에서의 노년기의 삶의 본질을 입증하고 있다.[5] 데이비드 거트만David Gutmann은 대여섯 개의 대조적인 사회에서 남성들의 환상을 비교 연구했는데,[6] 그녀도 우리들과 같은 발견을 했다.

보편성에 대한 의문을 탐색하는데, 만약에 우리가 초기 문화 속의 인생주기에 대한 자료를 좀 더 많이 가지고 있다면 더욱 도움이 될 것이다. 그러나 우리는 약 2,500년 전으로 거슬러 올라가 유용한 문서 세 가지를 가지고 있다.(467~468쪽 참조) 이 문서들은 고대 헤브루, 중국, 그리고 그리스 문명의 지혜를 반영하고 있다. 「**탈무드**Talmud」는 "선조들의 가르침"이라고

문화적인 영향력을 묘사해왔다. 역사적, 문화적, 제도적 힘이 개인의 인생 형태와 본질에 침투하는 방식을 예리하게 그려 낸 점에서는, 루터와 간디에 대한 그의 전기적인 연구를 대적할 만한 것이 없다.

우리들의 접근은 에릭슨의 접근을 유용한 것이나, 초점을 약간 바꿨다. 인생 구조의 개념은 자신과 세계 사이의 경계 지역에 더 직접적으로 초점을 맞추었다. 그것은 인생의 생생한 장면으로 자아와 세계를 동등하게 고려하도록 해준다. 우리는 좀 더 많은 발달 시기들을 발견하고, 약간 더 자세하게 발달 과정을 추적한다. 아직, 이차적으로 유사한 영역들이 많이 있다. 자아self에 대한 우리들의 관점은 에릭슨의 자아ego 개념을 함축하고 있다. 인생 구조의 한 측면으로서 사회·문화적 세계에 대한 우리들의 관점은 그의 사회에 대한 사고방식과 일치한다. 그의 성인기의 자아 단계는 우리들의 시대와 시기들에 대한 시간표와 잘 맞아떨어진다. 우리들의 견해는 그의 견해를 바탕으로 형성되었고 거기에 더 첨가를 했으며, 그리고 그것과 상반되지 않는다.

불리는 부분을 포함하고 있는데Pirke Aboth, 그것은 '남성의 일생'에 대한 윤곽을 그리고 있다.[7] 기원전 500년 전쯤 중국에서 집필한 **공자孔子**는 인생 주기에서 여섯 개의 단계를 확인하고 있다.[8] 기원전 7세기에 그리스의 시인이자 법률가인 **솔론**Solon[9]은 인생 주기를 각각 7년씩 계속되는 열 개의 단계로 나누었다.

이러한 원자료들은 문화적, 종교적인 맥락이 크게 다르다. 그러나 그 비유적 표현과 내용이 다양함에도 불구하고, 인생 주기에 대한 세 가지 관점은 근본적으로 서로 유사하며 여기에서 제시된 것과도 유사하다(불행하게도, 그들 모두가 남성에 대해서만 언급하고 있다. 여성의 인생 주기를 소홀히 해온 것은 이미 역사적으로 오래 전부터이다). 만약에 우리 연구에서 확인된 시대와 시기들의 시간표를, 형판型板처럼 고대의 이야기 각각에 맞추어본다면, 그들은 상당히 근사하게 맞아 떨어질 것이다.

a. 성인 이전기는 대략 15세에서 20세에 걸쳐 있다.
b. 성인 초기는 15세 또는 20세에서 약 40세까지 뻗어 있다. 이 시대는 젊은 남성이 성인 세계로 들어가서, 결혼하고, 직업을 추구하는 약 15년 동안의 최초의 형성기를 포함하고 있다(우리 이론의 '초심자 단계'처럼). 30세가 되어서야 그는 비로소 완전한 힘을 갖게 되며(탈무드, 솔론), "그는 자립할 수 있다"(공자). 30세에서 40세까지 남성은 최고의 힘과 정력을 소유하게 되나, 그러나 아직 가장 성숙한 역량에는 도달하지 못했다. 성인 초기는 이와 같이 개화의 시기일 뿐만 아니라 다음 시대를 위한 준비의 시기이다.
c. 중년기는 대략 40세에서 60세까지 지속된다. 46세에서 56세까지, "말과 정신은 이제 그 절정에 달해 있다."고 솔론은 말한다. 다음 단계(56~63세)에서는, "그는 할 수는 있지만, 말과 재치가 예전처럼 결코 민활하지 못하다." 「탈무드」에 따르면, 40대는 '이해理解'의 나이이며, 50대는 '상담을 해주는' 나이이다. 공자는 어법이 약간 다르게 표현했을 뿐이다: "나이 마흔에는 나는 더 이상 유혹에 빠져 고통당하지 않았으며不惑," 그리고 "쉰에는 천명天命을 알았다." (비록 그는 예순

이 되어서야 남의 말을 들어도 귀에 거슬림이 없었을지라도!) 그래서, 40세에서 60세까지는, 비록 젊음의 힘과 정력이 다소 감퇴함에도 불구하고, 개인이 자신의 능력과 덕을 최고도로 성취하고 사회에 가장 큰 공헌을 하도록 허용되는 기간이라는 점에 모두가 일치하고 있다.

d. 세 자료 모두에서, 성인 후기는 60세경에 시작하고 있다. 솔론은 노년을 감퇴의 시기로 간주하고 있다. 70세에는, 남성은 "죽음의 썰물을 타고 떠날 시점에 와 있다." 「탈무드」와 공자는 이 시대에 대해 좀 더 발달적인 관점을 제공하고 있다. 「탈무드」에 따르면, 연장자로서의 충만한 지혜와 위엄은 60세에 시작된다. 공자는 말하기를, 이 연령대에 나는 하늘—즉 생과 죽음, 개인적 가치의 궁극적인 원천, 자아—과 새로운 관계 속에 들어갔으며, 그것을 통해서 욕망과 도덕성, 사회와 자아 사이의 오래된 대립을 초월해서 새로운 종류의 영적인 자유를 얻었다고 말하고 있다.

e. 「탈무드」는 마지막 단계를 하나 더 첨가하고 있는데, 그것은 우리들의 노년 후기에 해당된다. 80세에는, 남성은 고령의 새로운 힘Gevurah을 얻게 된다. 90세 이후에는, 그는 삶과 죽음 사이의 경계 지역에서 훨씬 더 가장자리에 살고 있다.

'남성의 일생'에 대한 고대의 개념들에 덧붙여서, 우리는 1851년 독일 철학자 아르투르 쇼펜하우어Arthur Schopenhauer가 『소품집과 보유편: 단편적인 철학적 수필집*Parerga and Paralipomena: Short Philosophical Essays*』(1974년 클래렌든 출판사에 의해 영역 출판됨)에 제시한 흥미진진하고 암시적인 윤곽을 주시해볼 수 있다. 그는 "인간의 자연스런 수명은 100살이다(사고나 질병이 없으면)."라고 하는 베다교의 우파니샤드 철학에 동의하고 있다. 그래서 그는 약간 미흡하긴 하지만 행성의 영향력을 적절하게 관련시킨 10년 단위의 계열을 확인하고 있다. 예를 들면, 나이 30에는 "화성Mars 이 지배를 하며 남성은 이제 충동적이고 강하고 용감하며 호전적이 된다." 50에는 "목성Jupiter이 세력을 잡고 있다." 마지막으로, "천왕성Uranus이 오며, 그때에는 그들이 말한 대로 우리는 하늘로 가게 된다…"

'남자의 일생'에 대한 세 가지 해석

"선조들의 가르침" (「탈무드」에서)

5세: 성경을 읽을 나이.
10세: 미쉬나(Mishnah: 유태교의 율법)를 익힐 나이.
13세: 계명(Commandments: 금지, 선행, 도덕적 책임감)을 익힐 나이.
15세: 게마라(Gemara: 탈무드식 토론, 추상적 추론)를 할 나이.
18세: 후파(Hupa: 혼례단)에 어울릴 나이.
20세: 생계를 꾸릴(취업을 할) 나이.
30세: 힘이 절정에 달하는Koah 나이.
40세: 이해를 할 나이.
50세: 상담을 해줄 나이.
60세: 연장자(지혜와 나이를 갖춘)가 될 나이.
70세: 흰머리가 날 나이.
80세: 고령의 새로운 힘Gevurah을 얻을 나이.
90세: 세월의 무게에 짓눌려 허리가 구부러질 나이.
100세: 이미 죽어서 세상을 떠난 것처럼 될 나이.

공자

공자님이 말씀하셨다.*
15세에, 나는 학문에 뜻을 두었다吾十有五而志于學.
30세에, 나는 자립했다三十而立.
40세에, 나는 더 이상 유혹으로부터 고통당하지 않았다四十而不惑.
50세에, 나는 천명天命을 알았다五十而知天命.
60세에, 나는 남의 말을 순순히 들어도 귀에 거슬림이 없었다六十而耳順.

---

* 윤진, 『성인 · 노인 심리학』(1985)에 번역된 내용을 인용함.

70세에, 나는 마음 내키는 대로 좇아도 법도를 넘어서지 않았다七十而從心所欲, 不踰矩.

솔론Solon

0~7세: 처음에 소년은 미숙한 남자이다. 일곱 살이 되는 해에 그는 젖니를 빼 던져버리고 어린애에서 벗어난다.

7~14세: 그의 일곱 살에 신이 일곱 살을 더 보태주면, 점점 더 남성다움의 징후가 싹트기 시작한다.

14~21세: 세 번째 7년이 더해지는 중에, 아직 그의 사지는 자라고 있고, 그의 턱은 부드러운 솜털이 만져지나, 뺨의 홍조는 사라진다.

21~28세: 네 번째 7년이 더해지는 중에, 이제 완성감과 남성다운 힘이 무르익으며, 그의 가치는 더욱 명료해진다.

28~35세: 다섯 번째 7년이 더해지는 중에, 그는 이때가 구애求愛의 시기라고 생각하게 되며, 자손들이 자신의 뒤를 계승해줄 것이라는 생각에 미치게 된다.

35~42세: 여섯 번째 7년이 더해지는 중에, 이제 그는 과거 어느 때보다 후덕하고 도량이 넓어지며, 그리고 결코 무익한 행위를 하려 하지 않는다.

42~56세: 일곱 번째, 그리고 여덟 번째 7년이 더해지는 중에, 이 14년 동안에는 말과 정신이 이제 완전히 절정에 이른다.

56~63세: 아홉 번째 7년이 더 더해지는 중에, 아직 그는 할 수는 있지만 말과 재치가 예전처럼 결코 민활하지 못하다.

63~70세: 열 번째 7년이 더해질 때까지 산 사람은 이제 인생을 다 살아서 완성의 경지에 이르렀으며, 죽음의 썰물을 타고 떠날 시점에 와 있다.

진화론적인 조망

좀 더 추론적인 맥락에서, 나는 이러한 인생 주기에 대한 관점을 인류의 진화라는 조망 속에 놓고자 한다. 1932년에, 생물학자 비더G. P. Bidder는 세인들의 주목을 끄는 논문을 출판했다. 거기에서 그는 생물학적 노쇠 현상, 즉 정상적인 신체의 쇠퇴 과정을 설명하고자 했다. 노년이란 죽음에 이르는 하나의 가차 없는 절차로 어떤 유기체의 인생 주기 속에 설정된 것은 아니다. 그러나 노쇠 현상은 인간을 포함한 지상의 모든 척추동물에게서 일어난다. 왜 이것이 일어나는가 하고 비더는 묻고 있다.

그의 견해의 주요한 핵심은 지상의 모든 척추동물들은 이동과 생존을 위해 가장 적절한 신체 크기에 도달하면 그것을 유지해야 한다는 것이다. 성장의 순서는 다음과 같이 진행된다. 먼저, 유기체는 가장 적절한 신체 크기에 도달할 때까지 긍정적인 방향으로 성장을 한다. 그리고 가장 적절한 크기에 도달하면 성장을 제한하기 위한 조절기제가 필요하게 된다. 이 조절 기제는 잠시 동안 최적의 상태를 유지하기 위해 비非성장 단계를 만들어내며, 그러고 나서 죽음이 정상적 결말이 되는 부적 성장이 점점 증가하는 단계가 온다. 비더의 추론은 이렇다.

> 특정한 크기에 도달하면 자연스럽게 성장을 멈추도록 하는 어떤 조절기제가 진화됨에 따라 적절한 효율성이 얻어질 수 있다. 이 기제는 조절기라 불린다.
>
> 노쇠는 성장이 멈춘 후 조절기가 지속적으로 활동한 결과라고 주장해왔다. 조절기는 종족의 복리에 관련된 모든 일을 효율적으로 수행한다. 남성은 18세에서 60세까지는 2cm 이내에서 신장이 거의 동일하다. 그는 20세에서 27세 사이에는 서서히 2cm 정도 올라가나, 대략 40세경까지는 서서히 1cm 더 낮아진다.
>
> 만약에 원시인이 18세에 자식을 낳았다면, 그가 37세가 되면 그때는 그의 종족은 더 이상 그를 필요로 하지 않았다. 그의 아들이 손자들을 위한 식량을 사냥할 수 있게 되었기 때문이다. 그러므로 우리가 노쇠 현상

이라고 부르는, 연골 조직이나 근육 및 신경 세포의 퇴화는 종족의 생존에 영향을 미치지 않았다. 즉 성장이 정지되어서 20세에서 40세 사이의 완성된 체격이 보장됨으로써 종족의 생존이 안전하게 되었다.

37세 이후의 지속적인 부적負的 성장의 효과는 종족에게는 별로 중요하지 않았다. 싸울 수도 사냥할 수도 없는 남성들에게 오랫동안의 경험이 가치 있는 것이 될 정도로 언어가 종족에게 중요한 장비가 될 때까지는, 아마 아무도 60세 이상 살지 못했을 것이다.

이 부적 성장은 원형질이나 핵이 있는 세포의 특성 속에 있는 타고난 나약함을 나타낸 것은 아니다. 그것은 빠르게 움직이는 육상 동물의 생존에 필요한 조절 기제의 하찮은 부산물이며, 포유류의 손발을 접합해온 것과 같은, 그리고 그와 유사한 완벽함으로, 선택과 생존에 의해서 진화된 기제의 부산물일 뿐이다.[10]

비록 그의 중요한 목적이 노쇠의 생물학적 기제를 확인하려는 것이었을지라도, 비더는 여기에서 거의 우연히 인간의 인생 주기에서 보편적인 단계들을 기술하고 있으며, 그들이 진화과정 속에서 어떻게 영향을 받아왔는지를 암시하고 있다. 정적 성장기인 그의 첫 번째 단계는 우리가 성인 이전기라고 부르는 시대와 일치한다. 그것은 탄생에서부터 20세까지 뻗쳐 있으며, 이때 개인은 생물학적으로 완전히 성숙한 상태에 도달하게 된다. 성인 초기에 해당되는 두 번째 단계는 대략 20세에서 40세까지 지속된다. 이 시기 동안에 적응과 지배를 위한 개인의 능력은 절정에 달하며 그는 종족의 생존을 위해 일차적인 공헌을 하게 된다. 40에서 60세까지인 그의 세 번째 단계는 우리의 중년기와 같다. 조절기의 효과로 인하여 가벼운 생리적 감퇴가 시작되나 좀 더 용이해진 사회적 조건 속에서 심리적 발달이나 사회적 공헌은 더 커질 가능성이 있다. 60세 이후인 네 번째 단계에서는 점점 더해가는 노쇠 현상이 죽음으로 끝난다.

우리의 현재 목적을 위해, 비더는 인생 주기에 대한 두 가지 중요한 점을 말하고 있다. 첫째, 그는 대략 40세를 전환점으로 하여, 성인 초기와 중기를 명확하게 구분하고 있다. 둘째, 그는 인류의 진화 과정에서 매우 최근까지, 중년기에 대한 경험이 거의 없었다고 주장하고 있다. 40세까지, 원시인들은 자신의 주요한 재생산적인, 부모로서의, 그리고 종족에 대한 직업적인 공헌을 완료했다. 자신의 사회적 유용성과 적응 능력의 감퇴와 함께, 그가 40세 이상 살아남을 기회는 아주 적었다. 종족이 40세 이후까지 개인의 삶을 지탱하는 데 많은 가치를 두게 된 것은 언어와 좀 더 복잡한 문화 형태가 출현한 불과 최근의 일이었다.

최근의 증거가 비더의 관점을 지지하고 있다. 인류는 적어도 50만년 동안 그리고 아마도 300만 년 이상 존재해왔다. 5천 년 내지는 1만 년 전까지 인류는 일차적으로 사냥과 낚시, 채집에 의해 살고 있는 조그만 사회들 속에서 위태롭고 불안정한 생활을 영위했다. 인간 생활의 특성은 농업의 발달과 좀 더 안정된 사회의 형성, 좀 더 효과적인 기계 공학의 발명, 그리고 글과 한 세대에서 다음 세대로 문화를 전승할 다른 수단들이 출현함에 따라 변형되었다.

원시 수렵사회에서는, 단지 인구의 절반만이 20세까지 도달했으며, 기껏해야 10% 미만이 40세 이상까지 생존했다.[11] 성인 초기의 높은 사망률은 조기 노화에 기인한 것이 아니었다. 왜냐하면 70세 내지 80세는 아마도 수천 년 동안 인간의 정상적인 수명이 되어왔기 때문이다. 그것은 질병과 사고, 전쟁의 참화, 그리고 부적절한 영양 공급에 기인했다. 40세 이후의 인생—중년기와 그 이후—이 인간의 집단경험의 의미 있는 부분이 되어온 것은 우리의 역사 속에서 단지 잠시 동안이었다.

원시인은 40세 이후까지 삶을 지속할 생물학적 또는 종족적인 이유를 거의 가지고 있지 않았다. 그 나이가 되면 어린이들은 성장해버렸고, 생산적인 노동을 위한 가장 좋은 시절들은 끝나버렸으며, 종족에 대한 공헌은 충분히 이행되었다. 40세가 되면 남성은 스러져갔다. 지도력과 책임감이 있는 위치에서 원숙한 지혜를 가지고 종족에게 기여하는 데에는 단지 소수의 중년 남성들만이 필요했다. 아마도 중년 남성의 대다수가 종족의 자원을 절박하게 했을 것이다.

현 국가들의 연령 구조를 비교한 UN의 자료는 흥미롭다. 파키스탄에서는, 인간의 생식력이 가장 높고 생활 조건이 최악인데, 단지 인구의 17%

만이 40세 이상을 넘긴다. 이러한 현상은 이디오피아와 방글라데시에서는 더욱 더 낮아진다. 다른 극단에서는, 일본인의 35%가 40세 이상이며, 미국에서는 36%가, 서독에서는 42%가 40세 이상이다. 현재의 예상대로라면, 오는 매년 동안 산업화된 국가에서는 그 비율이 높아질 것이다.

현대 사회에서 급속하게 연장되고 있는 수명은 성인 후기에 대한 폭넓은 관심을 불러일으켰다. 우리는 노인들의 삶의 질을 개선하고 거기에 수반되는 경제적인 부담을 다루는 방도를 찾기 시작하고 있다. 그러나 그것과 비슷하거나 더 중요한 문제에 대해서는 훨씬 적은 관심을 기울여왔다. 중년 인구의 비율이 급속히 증가하고 있는 데 대해서는 어떠한가? 만약에 이 세대의 삶의 질이 향상되지 않는다면, 중년은 엄청난 긴장 상태에 놓이게 될 것이며, 사회는 창조적인 지도력이 계속해서 부족하게 될 것이다. 사회의 모든 면—농업, 산업, 정부, 종교, 교육, 건강 보호, 과학, 예술, 레크리에이션까지—에서 사회적 구조가 좀 더 정교하게 발달되어왔다. 직업적인 역할들은 더욱 세분화되었다. 우리는 지도자, 관리인, 스승, 그리고 비전과 상상력뿐 아니라 전통적인 지혜의 원천으로 공헌할 수 있는 더 많은 사람들을 필요로 하고 있다. 현대 사회는 중년기에 있는 생동감 넘치고, 발전하고 있는 분견대를 필요로 하고 있다.

중년에게 요구되는 일은 젊은이에게 요구되는 일과는 다르다. 그것은 좀 더 큰 책임감, 조망 능력과 판단력을 포함하고 있다. 이 세대에 있는 사람은 젊은이와 노인들을 돌볼 수 있어야 하며, 젊은 날의 극단적으로 천박한 동조와 충동적인 반역을 초월할 수 있어야 한다. 정상적인 중년은 생리적 능력의 감퇴와는 대조적으로 심리적 능력이 증가한다. 헤아릴 수 없을 정도로 많은 지적, 정서적, 도덕적, 심미적, 관리적, 그리고 치료적인 방법으로, 중년은 문화를 유지하고 발달시키도록 도와야 한다.

중년을 하나의 시대로 창조해온 것은 현대 사회가 아니다. 40세 이후를 생산적으로 살기 위한 능력은 처음부터 인간의 가능성 중의 한 부분이었다. 그러나 단지 최근에야 사회는 그의 구성원이 자신 수명의 반보다 전 수명을 살 수 있도록 훨씬 더 잘 보장할 수 있게 되었다. 사회는 이제 사람들이 40세 이후를 건강하게 살도록 훨씬 더 잘해나가고 있다. 더욱 어려운 문제는 심리적 복리를 촉진하고 중년기의 만족스럽고 생산적인 삶을 위한 조건을 제공하는 것이다. 나라마다 형편은 다소 다양하지만 문제는 보편적이다. 문제의 근본뿌리는 특정 사회의 특성에 있다기보다 차라리 인류 진화 과정 속에 존재하고 있다. 강력한 기계공학과 번거로운 제도적 구조의 급속한 발달은 수많은 생산적인 중년을 필요로 하게 만들었다. 그러나 이러한 필요성은 중년기에 대한 축적된 이해와 그 안에서 삶을 향상시킬 우리의 능력을 훨씬 더 능가하고 있다.

40세 이후 평균 기대수명이 엄청나게 연장된 것은 인류 진화에서 대단한 성취 중의 하나이다. 그것은 '인류 진보'에서의 일보이다. 그러나 성인 초기를 끝맺는 것은 아직도 여전히 당황스럽고 고통스러운 일이다. 이것은 부분적으로 중년기가 인류의 진화 과정에서 최근에 얻어진 것이기 때문이기도 하다. 40세를 지나면서 우리가 가장 절실히 느끼는 불안은 종족의 옛 경험을 그대로 반영하고 있다. 우리는 아직도 인생이 40세에 끝나는 것을 두려워하고 있다. 이러한 불안은 아직도 성인 초기에서 중년기로 이동해가는 것을 심각하게 위협하고 있다. 그 위협은 젊음을 힘과 생동감으로, 그리고 노년을—중년까지도—나약함, 취약성, 죽음으로 동일시하는 데 기초하고 있다.

중년기와 함께, 그리고 그 과정을 형성하고 있는 제도들과 함께 무엇을 할 것인가를 배우는 데에는 이삼천 년으로 충분하지 않다. 우리는 아직 우리들의 길이 어둠 속에 있다는 걸 느끼고 있다. 내가 성인 초기에서 중년기로 전환할 때, 종족은 어떤 교훈이나 고무 또는 문화적 지혜를 거의 제공해주지 않는다. 내가 잃고 있는 것이 내가 얻을 수 있는 것보다 훨씬 더 분명히 드러난다. 나는 새로운 계절이 오고 있으며, 나의 인생이 결정적으로 변화될 것이라는 것을 알고 있다. 그러나 나를 기다리고 있는 대안들은 무엇인가? 나는 죽음, 상실, 한계에 대한 많은 외현적인 메시지와 막연한 느낌을 얻는다. 시간이 바닥나버렸다는, 그리고 나는 곧 죽거나, 더욱 나쁜 것은 나 자신이나 타인들을 위해 아무런 의미 없는 인생을 살았다는 느낌들이다. 그러나 나는 중년의 영웅에 대한 약간의 긍정적인 심상—연인, 친구 또는 스승, 위엄과 지혜, 권위와 창조성을 갖춘 사람—을 가지고 있다.

아브라함, 부처 또는 오디세이처럼 중년을 여행하고 있는 현대인은 어디에 있을까?

성인 초기와 중년기의 발달적 작업

여기서 나의 목적은 영웅적 성인기의 새로운 신화를 보태거나, 혹은 구원과 환희, 최적의 발달로 이끄는 확실한 통로를 제시하려는 것이 아니다. 그것은 다소 어둠을 밝히고 지형에 대한 좀 더 명확한 조망을 제공하려는 것이다. 성인 초기와 중기에 발달의 본질은 무엇인가? 어떤 종류의 발달과업이 수행되어야 하는가?

시대들에 대한 개념은 인생 주기에 대한 대략적인 지도地圖를 제공해주고 있다. 말하자면, 그 안에서 성인 초기와 중기의 지형地形을 검토해보고 당면해야 할 발달 과제들을 구체화하도록 해주고 있다. 이러한 틀 안에서, 우리는 세 가지 과제를 확인해왔다. 그 세 가지 과제는 서로 밀접하게 관련되어 있으며, 그들 모두가 성인기를 이해하는 데 중요하다. 나는 그들을 간략하게 살펴보고자 한다.

인생 구조의 형성과 수정

첫 번째 과제는 발달 시기와 인생 구조의 진화와 관련되어 있다. 나는 인생 주기 안에서 시기들을 특별히 강조했는데, 그 이유는 시대들의 보다 광범위한 패턴 안에서, 시기들은 질서와 순차적 진전에 대한 주요한 원천을 제공해주기 때문이다. 안정기의 주요 과제는 인생 구조를 구축하고 그 안에서 자신의 삶을 고양시키는 것이다. 전환기에는 우리는 현재의 인생 구조를 끝내야 하며, 이제 자신과 세계 속에서 가능성들을 탐색해보고 새로운 선택들을 구성해볼 수 있으며, 그리고 새로운 구조의 토대가 될 첫 선택들을 하게 된다. 시대를 교차시키는 전환기는 우리에게 지나가는 시대를 마무리 짓고 다음 시대를 시작하도록 요구한다. 게다가, 시기마다 인생 주기 상에서 그 특별한 위치를 반영하는 독특한 과제들을 가지고 있다.

인생 구조의 단일 요소들에 대한 작업

두 번째 과제는 인생 구조를 구성하는 단일 요소들을 형성하고 수정하는 것과 관련되어 있다. 우리는 직업, 가족, 스승 관계와 같은 몇 개의 구성 요소들을 확인했는데, 그들은 가끔 남성의 인생에서 핵심적인 중요성을 가지고 있다. 만약에 한 남성이 자신의 인생 속에 어떤 구성 요소의 여지를 마련하려면 발달적 작업이 필요하다. 이러한 과제들을 계속해서 수행하는 것은 성인 생활의 안정성에 기여한다. 동시에 이러한 작업은 한 시기에서 다음 시기로 이동할 때마다 변화하며 인생 구조가 진화하는 데 공헌한다. 내가 주장해온 바와 같이, 심리학자와 사회과학자들은 가끔 단일요소를 인생 구조의 전반적인 맥락 속에 배치해보지 않고 그 자체에 초점을 두고 있다. 단일 요소 안에서 일어나는 변화는 우리가 그것을 발달적 조망에서 검토해볼 때, 한층 더 이해하기 쉬워질 것이다. 다시 강조해보자. 개인의 인생 구조는 연령과 관련된 일련의 시기들을 통하여 진화된다. 단일 요소 안에서 일어나는 더욱 구체적 변화는 그들이 일어나는 순서와 때에 따라 훨씬 더 다양하다.

남성의 인생에서 큰 의미를 가질 수 있는 많은 구성 요소들 중에서, 우리 연구에서는 다섯 가지가 특별히 중요한 것처럼 보였다.

- **꿈을 형성하고 수정하기**: 성인 초기에, 남성은 꿈을 형성해서 그 꿈이 실현될 수 있는 첫 인생 구조를 창출해야 하며, 그리고 이를 통해 어느 정도 달성 가능한 목표에 도달해야 한다. 중년기에, 그의 과제는 꿈을 수정하거나 포기하는 것이다. 그는 자신이 그것을 부분적으로라도 성취할 수 없다는 것을 인정할 수도 있다. 그때 그는 과도한 집착에서 벗어나야 하며, 이제 자아의 다른 어떤 측면들을 살리려고 노력해야 할지를 결정해야 한다. 만약에 그가 꿈을 충분히 실현했고, 그리고 그것이 가치 있는 일이라는 사실을 발견한다면, 그는 그것이 이끄는 일방적인 방향으로 계속해서 나아

갈 수 있다. 그러나 그는 이제 야망의 횡포로 인해 괴롭힘을 덜 당하고 있으며, 자신이 행한 노력의 본질적인 가치에 좀 더 관심이 있고, 그리고 삶의 더욱 다양한 면을 즐길 수 있다.

꿈은 여러 해 동안 좌절될 수도 번창할 수도 있다. 비록 그것이 계속해서 부분적인 역할을 할 때일지라도, 그의 인생에서 그것의 의미와 위치는 반드시 시기들의 계열을 따라 진화된다. 모든 남성들은 안정과 변화에 대한 자기 나름대로의 균형을 발견한다.

• **직업을 형성하고 수정하기**: 직업을 형성하는 과정은 결코 짧거나 단순하지 않다. 그것은 대략 17세에서 33세까지, 성인 초기의 초심자 단계 전체를 점유하고 있다. 어떤 사람들은 이 시기 동안 단일한 직업에 머물지만, 대부분은 두세 번 또는 여러 차례의 변화를 겪는다. 비록 한 남성이 하나의 광범위하게 정의된 직업(배관공, 소설가, 관리자 등) 내에서 계속해서 머문다 할지라도, 그는 직장, 지위, 직업적 정체감, 일의 의미와 양식에서 많은 질적인 변화를 겪게 될 것이다.

30대 초반에는, 안정기의 출발과 함께, 그는 젊은 시절 고투의 정상에 자신을 옮겨놓을 작업 기획과 사다리를 정의하려고 애쓴다. 그는 성인 세계의 연소자로서 사다리의 맨 밑단에서 시작한다. 약 40세경, 자기 자신이 되어가는 단계의 마지막까지, 그는 성인 초기의 사다리를 자신이 오를 수 있는 데까지 올라왔다. 중년의 전환기의 필수 과제는 중년 세대 속에 그 자신의 위치를 마련하는 것이며, 그 세계 속에서 '연장자'가 되는 것이다. 남성들에겐, 성인 초기 사다리의 본질과 개인적 중요성, 성공의 사다리를 얼마나 멀리 올라갔는지, 그리고 본인이 느끼는 궁극적 성공과 실패의 의미가 엄청나게 다르며, 중년기에 떠맡을 새로운 작업 역시 크게 차이가 난다.

• **사랑-결혼-가족**: 몇 개의 과제들이 여기에 포함되어 있으나, 그들은 상호 관련되어 있어서 함께 고려해보는 것이 최선 일듯 싶다. 남성은 사랑 관계에서 무엇을 추구하는지, 그리고 그는 어떤 종류의 사랑 관계를 형성

할 수 있는지가 성인기 삶에서 끊임없는 문제로 등장하고 있다. 만약에 그가 여성과 친밀한 사랑 관계를 가지려 한다면, 그는 어느 정도 성적으로 자유스러워야 하며, 성생활과 애정을 통합해야 한다. 만약에 그가 지속적인, 상호 소중히 여기는 결혼 관계를 형성하려 한다면, 그는 성실해야 하고 책임과 의무를 다 할 수 있어야 한다. 만약 그가 자녀들과 부모님의 욕구에 봉사하는 안정된 가족 생활을 아내와 함께 꾸리려면, 그는 가족적 책임을 수용하고 결혼과 아버지 역할에서 오는 만족감을 얻을 준비가 되어 있어야 한다.

성인 초기가 시작될 무렵엔 아무도 이러한 과제들을 잘 수행해낼 수가 없다. 초심자 단계 동안, 인생의 다른 면에서처럼, 남성은 생계를 유지하고, 남편 노릇을 하고, 아버지 역할을 하는 데 견습생이나 다름이 없다. 그의 사랑은 가끔 비인격적인 쾌락을 추구하거나, 사내다운 힘을 과시하거나, 또는 열정과 관능을 억제하는 특색이 있다. 만약에 그가 한 여성과 진지한 관계를 추구한다면, 그의 이상형은 그의 연인이자 친구이자, 꿈을 추구하는 데 도움을 줄 '특별한 여성special woman'이다. 그렇지만 그는 자신의 꿈을 제대로 인식하고 지지하지 못하는 여성과 결혼할 수 있으며, 그리고 조만간에 그들은 이러한 거절의 결과를 처리해야 될 것이다. 때론 그의 아내는 남편의 영웅적인 싸움을 크게 도우며 그들의 관계는 처음에는 목가적이다. 그러나 그들 양쪽이 다른 방향으로 변화하면 이들의 관계는 시간이 지나면서 수정되어야 할 것이다. 만약에 그녀가 아내나 어머니가 되는 것보다 다른 꿈을 추구한다면, 부부는 자신들의 공동 가족과 분리된 직업을 아우를 수 있는 발전된 인생 구조를 창출해야 할 것이다. 가족 관계의 정형화와 시간의 흐름에 따른 부침浮沈에는 끊임없는 다양성이 존재한다. 무엇보다 확실한 것은 그 정형화가 변화할 것이며 다음에 오는 시기들에서도 꾸준한 발달적 작업이 요구될 것이라는 것이다.

비록 직업과 가정, 이 둘 사이의 상대적 균형이 아주 다양하지만, 성인 초기에는 대부분의 남성들이 가족보다는 일에 더 높은 우선권을 둔다. 가끔 남성은 자신 속에 있는 여성성에 대한 두려움 때문에 가족 생활에 개입하려 하지 않는다. 예를 들면, 그는 예리하게 모성과 부성 기능을 분리해서 전자를 아내에게 남겨준다. 그는 외부 활동에 지나치게 개입하고 가정에 있을 때는 보살피는 역할을 회피하려는 경향이 있는데, 이것이 가끔 그가 가족에 투자할 힘을 약화시킨다.

아버지가 된다는 것은 우리 연구에 참여한 대부분의 남성들에게 매우 중요한 일이었다. 그들은 가정이 순조롭게 돌아갈 때 흐뭇해했으며, 가족 생활이 너무 제한되어 있거나 갈등으로 가득 차 있을 때 불안과 죄책감을 느꼈다. 가끔 남성의 가족 의식과 자녀들에 대한 애착이, 그렇지 않으면 무의미할 결혼 생활 속에서, 그를 지탱해줄 만큼 충분히 강했다. 짐 트레이시는 많은 예들 중의 하나일 뿐이다. 그 역시 30대 후반과 40대 초반에 자주 일어나는 변화를 예시해주고 있다. 그는 일에 대한 개입을 조정하고 가족을 인생 구조의 좀 더 중심적인 위치에 배치하고 있다. 중년의 전환기 동안의 발달적 작업은 이러한 과정에 기여한다. 이러한 과정을 통해서, 남성은 자신과 타인 속에 있는 여성성과 더 긴밀하게 접촉하게 된다. 그는 어린 자녀들에겐 스승 같은 아버지가 되고, 아내의 욕구를 가정 밖으로 넓히도록 돕는 데 더욱 흥미를 느끼게 된다.

• **스승 관계 형성하기**: 스승 관계를 형성해서, 수정하고, 끝내는 것은 중요하기는 하나 성인 초기의 어려운 과제이다. 젊은 남성들이 이러한 관계를 형성하고 지속시키는 능력은 폭넓게 차이가 난다. 또한 개인이 소속된 사회마다 스승 관계를 맺을 수 있도록 허용된 기회가 상당히 다양하다.

좋은 스승은 좋은 아버지와 좋은 친구의 혼합물이다(아버지와 친구의 최악의 모습을 조합한 나쁜 스승들도 있다). '훌륭한 스승'은 젊은이를 기쁜 마음으로 성인 세계로 들어가도록 이끌어주는 전환기적인 인물이다. 그는 안내자이자 교사이고 후원자이다. 그는 기술, 지식, 미덕, 성취—젊은이가 언젠가는 얻기를 바라는 우수한 자질들—를 상징한다. 그는 초심자를 북돋아주고 그의 꿈을 축복해준다. 또한, 이 모든 탁월함을 가지고, 조만간에 그들이 자신의 동료가 될 것이라는 언약을 넌지시 전해준다. 제자는 곧 자신이 두 사람이 공동으로 가치를 두고 있는 일을 스승과 함께 하거나, 또는 그를 능가할 수도 있을 것이라는 희망을 갖고 있다.

스승은 젊은 남성이 자신의 길을 찾아가고 새로운 기술을 얻으려 할 때, 상당히 실질적인 도움을 줄 수 있다. 그러나 좋은 스승은 좀 더 기본적인 발달적 의미에서 도움이 된다. 훌륭한 스승 관계 속에서는 수혜자는 자신이 추구하는 많은 자질들을 예시해주는 사람을 동일시할 수 있으며, 이로 인해 자신의 고투를 사랑하고, 찬양하며, 북돋아줄 '내적 형상'을 형성할 수 있다. 그는 장래가 촉망되는 젊은 세대에 속해 있다는 소속감을 얻게 된다. 그는 약간 연상인 남성 혹은 여성과의 진지하고 상호적이며, 비非성적인 사랑 관계에서 얻을 다양한 혜택을 거두어들인다.(그 관계가 성적이거나, 스승이 훨씬 더 늙거나, 혹은 동갑일 때, 다양한 이점과 불리한 점을 가져올 다른 요인들이 있다).

모든 사랑 관계에서처럼, 스승 관계를 맺는 과정은 좀처럼 순탄하지 않으며 그 끝이 가끔은 고통스럽다. 이러한 관계는 좋은 발달적 기능을 갖고 있지만, 부정적인 측면도 역시 갖고 있다. 스승 쪽에서는 착취를 하거나 밑동을 잘라버린다거나, 시기하고 질식하게하며 억압적인 통제를 할 여지가 있다. 그리고 수혜자 쪽에서는 탐욕스러운 요구를 하거나, 착 달라붙는 아첨을 하거나, 또는 자기 부정적으로 감사함을 표시하거나 오만해 할 여지가 충분히 있다. 누가 누구를 위하여 무엇을 하고 있는가는 항상 분명하지 않다. 그 관계가 끝난 후에는, 양쪽이 모두 찬양과 비난, 감사와 분개, 슬픔, 분노, 쓰라림, 그리고 안도와 같은 가장 강렬한 감정을 느낄 수 있다. 마치 어떤 의미심장한 사랑 관계가 깨어졌을 때처럼.

많은 성인들이 스승의 도움을 거의 주지도 받지도 못하고 있다. 기업 조직체에서 팀워크와 충성심이 자주 강조되고 있음에도 불구하고, 노동자와 관리자를 위해 마련된 규율보다는 스승 관계를 찾아보기가 훨씬 더 어렵다. 우리들의 고등교육 체계는, 비록 공식적으로는 학생들의 지적·개인적 발달을 촉진하도록 위탁받고 있지만, 대체로 양적으론 제한되어 있고 질적으론 빈약한 스승 기능을 제공하고 있다. 교육기관이나 노동조직은 학생과 젊은 노동자들의 발달을 돕기 위해 훨씬 더 많은 것을 할 수 있다. 이런 일을 하기 위해서는 그들은 역시 30세 이상의 세대에 있는 선생, 관리자, 그리고 다른 노동자들의 발달을 지지해주어야 할 것이다. 중년기가 인생에서 좀 더 좋은 시절이 되기 전까지는, 대부분의 중년들이 젊은 세대가 절박하게 필요로 하는 스승 역할에 기여할 수 없을 것이다. 많은 중년 남성들이 스승 역할에서 오는 만족감과 고뇌를 결코 경험하지 못한다. 이것은 재능의 낭비이고, 개인에게는 하나의 상실이며 사회적으로는 건설적인 변화에 장애가 된다.

• **상호 간 우정 관계 형성하기**: 우리의 면담에서는, 우정 관계의 부재가 매우 두드러졌다. 잠정적으로 일반화를 해보면, 미국 남성들은 남성 또는 여성과 친밀한 우정 관계를 경험하는 일이 좀처럼 드물다고 말할 수 있다. 이것은 질문지나 대단위 조사에 의해서 적절하게 결정될 수 있는 성질의 것이 아니다. 우정과 그저 아는 사이는 잘 구별이 되지 않는다. 남성은 많은 남성들과, 또는 두세 명의 여성들과 우호적이고 '친구 같은' 관계를 맺고 있는 광범위한 사회적 연결망을 갖고 있을 수 있다. 그러나 일반적으로 대부분의 남성들은 그들의 소년 시절이나 젊은 시절로부터 다정하게 회상할 수 있는 그런 종류의 절친한 남성 친구를 갖고 있지 않다. 많은 남성들이 여성들과 일시적인 데이트 관계를, 그리고 아마도 두서너 개의 복잡한 성적인 애정 관계를 가지고 있었다. 그러나 대부분의 남성들이 여성과 친밀한 비非성적인 우정 관계를 갖고 있지는 않았다. 우리는 왜 우정 관계가 이렇게도 드물며, 그리고 그러한 박탈이 성인 생활에 어떤 결과를 초래하는지를 이해할 필요가 있다.

더욱 개별화 되어가기

마지막 세 번째 과제는 성인기의 개별화와 관련이 있다. 이 과제는 젊음/늙음, 파괴/창조, 남성성/여성성, 그리고 애착/분리의 기본적 양극성을 통합해가는 일을 포함하고 있다. 전환기에는, 남성은 인생 주기상의 새로운 위치에 적절한 형태로 각 양극성을 재통합하는 과제에 당면한다.

이 양극성들은 이들을 성격의 한 측면으로 간주해온 심리학자들에게 주로 흥미가 있었다. 우리가 생각하기에는, 이 양극성들은 개인과 사회의 공통적 조망에서 고려되어야 한다. 왜냐하면 그들은 양쪽에 모두 존재하고 있기 때문이다. 각 극성은 자아 안에 존재하며, 시간의 흐름에 따라 자아에 의해서 기능하게 된다. 그것은 역시 사회 안에도 존재하며 역사가 진행되는 과정에서 사회에 의해 수정된다. 젊음/늙음의 양극을 생각해보자. 젊거나 늙었다는 것이 무엇을 의미하는지에 대한, 한 미국 남성의 감각은, 문화적 상징과 심상에 의해서, 학교와 직업에 의해서, 그리고 의료 보장 제도, 은퇴, 사회적 안전, 플로리다 콘도미니엄, 죽음과 죽어가는 과정의 실제와 의미에 의해서, 그리고 영화, 텔레비전, 록 뮤직, 직업적 스포츠와 현대적인 라이프 스타일에 의해서 형성된다. 외부 세계가 젊음과 늙음 사이에 이와 같은 굵은 선을 그어놓을 때, 자신 안에서 젊음/늙음의 양극을 통합하기는 어려우며, 젊음이 아닌 다른 것이 된다는 것은 매우 당황스러운 일이다.

성인 이전기에 발달을 촉진하기 위한 보다 많은 일이 수행되었을 때, 젊은 남성은 이런저런 발달 과제들을 수행할 수 있도록, 양극성이 비교적 잘 통합되고 준비된 상태에서 성인 초기로 들어갈 것이다. 그럼에도 불구하고, 성인 초기 전환기가 끝날 무렵까지는 양극성들이 통합되는 정도는 한계가 있는 것 같다. 약간 분리된, 편향된 상태가 아마도 성인 초기의 인생구조와 자아의 전형적인, 정상적 모습일 것이다.

이와 같이 20대나 30대의 남성은 젊음의 힘과 야망으로 가득 차 있는 것이 정상이다. 말하자면, 그는 젊음/늙음의 양극 중 젊음 쪽으로 기울어져 있다. 그는 원형적인 '젊음'의 특성들을 강조하려는 강한 욕구를 갖고 있으며, 이에 상응하게 원형적인 '늙음'의 특성들을 최소화하거나 억압하려는 욕구도 갖고 있다. 발달적으로 볼 때, 자신이 정말로 영원불멸할 것이라는 무의식적인 소망과 가정을 계속 유지하기에 적절한 시기이다. 그가 자신의 죽음의 필연성에 직면해서 자신이 결국은 죽게 될 것이라는 생각, 그리고 사랑하는 사람이 실제로 죽거나 또는 앞으로 죽을지도 모른다는 생각과 타협할 수 있기까지는, 아직 더 많은 시간이 필요하고, 더 많은 시간적 여유를 가질 수 있다. 중년의 전환기는 발달적으로 이 과정을 수행하도록 주어진 시기이다. 그는 이제 더욱 스승 역할을 잘할 수 있고, 유산을 창조하고, 그리고 중년기에 적합한 방식으로 젊음/늙음의 양극을 통합함으로써, 거기서 오는 다른 만족감들을 맛볼 수 있다.

다른 극에서도 마찬가지이다. 비록 성 구분이 극심한 사회에서보다는, 남성성/여성성의 불균형이 훨씬 더 현저하지 않을 수 있지만, 성인 초기의 남성은 남성성에 약간의 우선권을 부여하고 있음에는 틀림없다. 그의 성인 정체감은 남성다움의 심상들에 의해 채색되어 있으며, 자신이 여성성이라고 간주하는 특성들을 충분히 유용할 수가 없다. 그러나 중년기에는 이러한 양극성을 더욱더 잘 통합할 수 있다: 그는 이제 자신과 타인들 안에 있는 여성성을 즐길 수 있는 내적인 자유를 더 풍부하게 갖고 있다. 또한 '훌륭한 사회'에서는, 외적인 자유 역시 마찬가지로 풍부하다.

젊은 남성에게 파괴성/창조성의 양극성을 통합하도록 기대하는 것은 무리이다. 그는 전쟁, 범죄, 빈곤 또는 천재지변과 같은 일종의 파괴성에 관하여 상당한 지식과 개인적인 경험을 갖고 있을 수 있다. 그러나 한 젊은이로서, 그는 자신과 사회, 자연 속에 내재한 파괴적인 힘을 충분히 경험하고, 그들에게 좀 더 심오한 의미를 부여할 준비는 아직 되어 있지 않다. 중년기에는 그는 파괴성/창조성의 양극을 좀 더 완전하게 통합할 수 있으며, 이전에는 가능하지 않았던 방도로 창조적이 될 수 있다.

성인 초기에, 남성이 개입, 지배, 통제를 추구하고, 물질적, 정서적인 소득을 추구하는 것은 외부 세계에 대한 그의 강한 애착을 반영한다. 애착/분리의 균형은 통상 중년기에 전환된다. 그는 이제 분리의 힘을 강화할 수 있다. 그는 더욱 강한 자아감을 발달시킬 수 있으며, 세상 속에서 책임과 유대 관계를 유지하면서도, 자신 내부에 더 구심점을 둘 수 있다.

성인 발달의 촉진

분명히, 개인의 성인기 발달을 지원하기 위해서는 엄청나게 많은 작업이 수행되어야 한다. 과거 어디에선가 개인의 발달이 심각하게 저해되었거나 또는 현재 방해를 받고 있다면, 거기에 새로운 치료적 접근이 필요하며,

이러한 접근은 신경증적이고 병적인 측면뿐만 아니라 거기에 수반된 정상적인 발달 과정도 고려해야 한다. 개인 상담이나 집단 상담 또는 교육적 노력을 통해서, 우리는 고통받는 개인이 갖고 있는 특수한 문제들을 좀 더 광범위한 발달적 조망 안에서 봄으로써 그들을 도울 수 있다.

그러나 이러한 접근은 비록 도움은 되지만 문제의 심장부까지 미치지는 못한다. 만약에 좀 더 광범위한 범위에서 성인 발달을 지원하려 한다면, 우리는 우리의 삶을 조형하는 사회적 제도들을 수정해야 한다. 산업체와 다른 노동 조직, 정부, 고등 교육, 종교, 가족, 이 모든 것들은 발달 시기와 발달 시대에 따라 변화하는 성인들의 욕구를 고려해야 한다. 한 시대에 도움이 되었던 것이 다른 시대에는 도움이 되지 않을 수도 있다.

성인 초기에 한 남성이 직업을 형성하고, 결혼과 가족 생활을 시작하고, 무거운 경제적 요구를 충족시키고, 성인 이전기의 자신과 세계 사이의 유대 관계를 수정하고, 그리고 한 사람의 성인으로서 자신의 인생을 통합하려고 시도할 때, 그는 엄청난 부담에 직면하게 된다. 30대 전환기는 흔히 위기의 시기이다. 그의 인생이 더욱 정착되어가는 시점인 20대 말에는 수많은 인간관계, 목적과 가치들이 의문시된다. 30대 초반에 30대 전환기가 끝나고 안정기가 시작됨에 따라, 그는 자신의 미래 전체에 중요한 결과를 초래할 선택들을 해야 한다. 어떤 남성들은 30대 말에 자기 자신이 되어가는 것과 관련된 위기를 경험한다. 그들은 성인 초기의 절정에 도달했을 때 자신의 인생 구조가 참을 수 없다는 것을 발견한다.

20대와 30대는 인생 주기 상에서 아마도 가장 풍요롭고, 또한 스트레스 역시 가장 심한 시기일 것이다. 젊은 남성이 다루어야 하는 엄청나게 어려운 적응과 발달 과제들을 보면, 이 시대는 결코 쉽고 단순하게 통과될 시기는 아니다. 아직, 젊은이들의 과도한 스트레스를 감소시키고, 이들이 발달 과제들을 수행하도록 촉진시키기 위해서 많은 일이 행해질 수 있다.

만약에 한 남성이 성인 초기에 빈곤과 반복되는 실직 속에서 살아왔고 사회에서 비교적 만족스러운 적재적소適材適所를 찾지 못했다면 그의 성인 발달은 위태로워질 것이다. 그의 정력은 꿈을 추구하거나 자신과 타인들을 위해 가치 있는 인생 구조를 창조한다기보다는 단순히 생존을 위해 쓰일 것이다. 만약에 그가 혼란스럽고, 산산조각이 난, 오염된 범죄의 세계 속에서 살고 있다면, 그러한 집단 생활의 최악의 모습이 그의 개인적 발달의 일부분이 되지 않을 수 있겠는가?

그러나 그것은 단순히 극심한 빈곤과 사회적 혼란의 문제는 아니다. 한 남성의 환경이 좀 더 안락할 때일지라도, 즉 그가 좋은 이웃과 함께 살고 있고 안정된 일자리나 직업을 갖고 있을 때일지라도, 일, 가족과 공동생활의 여러 면들이 함께 어울려 무거운 외적 압박감과 내적 갈등을 만들어 낸다. 가족 생활을 시작하고 직업적 이력을 시작하는 것은, 개인의 수입이 최저 수준이고 성인으로서의 지위가 아직 안정되어 있지 않을 때, 남편과 아내 모두에게 엄청난 부담을 주게 된다. 만약에 이런 문제의 범위와 결과가 좀 더 진지하게 다루어진다면, 젊은이들이 경험하는 스트레스를 경감시키는 데에 우리는 더 많은 일을 할 수 있을 것이다.

수많은 남성들에게 성인 초기의 작업 조건은 억압적이고, 개인을 소외시키며, 발달에 이롭지 못하다. 대부분의 사람들이 주식회사나 조그만 회사, 지방 또는 연방 정부의 부서, 학교, 교회, 병원 등 온갖 종류의 제도적인 구조 속에서 일을 한다. 이것은 최근의 역사적인 발달이다. 우리는 아직도 어떻게 하면 생산적으로, 인간적으로, 그리고 그들의 피고용자와 피보호자의 성인 발달을 지원하는 방도로 운영되는 조직체를 창조할 수 있는가를 배우고 있다. 생산성과 이윤 추구는 현대 산업 세대의 최우선 목적이었다. 우리는 생산성과 능력에 대한 관심이 좀 더 누그러진 세대 속으로 들어가고 있기 때문에, 그 우선순위를 재조정할 기회를 갖고 있다. 우리가 일의 의미를 고양시키고 생산의 효율성뿐 아니라, 발달을 촉진하는 노동조직을 만드는 데 더 높은 우선권을 줄 것인지는 두고 볼 일이다.

좀 더 세부적인 개인적 수준에서, 우리는 직업 세계에서 스승 역할의 양과 질을 개선하고자 노력할 수 있다. 대부분의 젊은이들이 스승의 도움을 거의 받지 못하고 있으며, 훌륭한 스승 관계는 지극히 드물다. 성인 초기의 빈약한 스승 관계는 어린 시절 빈약한 양육 환경이나 다를 바 없다. 젊은 남성이 적절한 스승 역할 없이 성인 세계로 들어가는 데에는 상당히 큰 어려움이 있다. 성인 세계로 들어가는 길을 순탄하게 하고 그 여행을 가치 있게 하기 위해서는, 어느 정도의 정서적 지원과 안내, 그리고 후원이 필요하다.

일의 세계가 고도로 남성적일 때—여성들이 없거나 매우 종속적일 때, 그리고 남성들 안에 있는 많은 특성들이 '여성적인 것'으로 폄하될 때—남성은 남성성/여성성의 양극을 통합하기가 더욱 어렵다는 것을 발견할 것이다. 일의 세계에 여성들이 더 자유롭게 참여함으로써, 남성들은 한쪽에 치우친 남성성과 여성성에 대한 불안으로부터 해방되는 데 중요한 일보를 내딛게 된다. 남성들은 동료, 상관, 그리고 스승으로서 여성들을 필요로 하고 있다. 이러한 관계들을 통해 그들은 좀 더 풍부한 정체감을 형성하고, 자아의 좀 더 많은 면들을 살려낼 수 있게 되며, 지나치게 남성화된 일의 세계로 인해 생긴 부담을 경감시킬 수 있다. 이런 종류의 변화를 통해, 여성들 역시 양육이라는 지나친 여성화와, 대부분의 기관에서 흔히 볼 수 있는 여성 참여를 제한하는 성차별로 인해 생긴 제약에서 벗어날 수 있다.

중년기의 더 나은 삶과 발달을 위해서는 그 이상의 제도적 변화가 필요하다. 지금 우리들의 제도는 주로 성인 초기에 맞추어져 있다. 이 제도들이 젊은 남성들에게 갖는 제한점이 무엇이든, 이들은 중년 남성들에겐 훨씬 많은 결함을 가지고 있다. 예를 들면, 우리 사회나 종種의 기원 이래 모든 사회에서, 가족이라는 제도는 특히 젊은 성인을 위한 제도이다. 가족은 우리들 대부분에게 전통과 개인적 불멸不滅의 강력한 상징이다. 가족은 젊은 부모들이 어린 자녀를 기르고 세계 속에서 자신들의 위치를 확립하기 위해 분투노력하는 사회적 장치이다. 가족의 기능은 자녀들이 둥지를 떠나기 시작하고 부모가 중년기로 들어갈 때, 극적으로 변화한다.

우리는 이제 막 중년의 삶 속에서 가족의 역할이 무엇인가에 대한 기본적인 물음을 묻기 시작하고 있다. 늙은 부모와 성인 자녀와의 관계(그리고 다음 세대와의 관계)는 중년기와 성인 후기에도 내내 중요성을 가지고 있다. 만약에 가족이 손상되지 않고 고스란히 보존되어 있다면, 중년기에는 남성과 여성은 서로의 부부 관계, 자녀와 손자들과의 관계, 그리고 부모 혹은 조부모와의 관계를 재구성해야 한다. 가족의 적절한 기능은 무엇인가? 그리고 중년기의 새로운 생활 조건에서 가족의 구조와 지침이 되는 가치는 무엇이어야 하는가? 중년기에 있는 사람들이 자신들의 발달 과제를 더욱 잘 다룰 수 있고 가족 생활에서 오는 긴장에 좀 더 잘 대처할 수 있도록 하기 위해서는 어떤 지원이 필요한가? 중년기에 개인이 하나 이상의 가족을 갖고 있다거나, 가족이 전혀 없을 때, 문제는 더욱 복잡해진다.

이와 유사하게, 대부분의 직업들도 성인 초기의 관점에서 정의되고 이해되고 있다. 직업에 대해서 논의하거나 연구할 때, 우리는 보통 직업에 들어가는 과정이나 최초의 5년 또는 10~20년 동안 요구되는 일의 종류에 초점을 둔다. 그러나 남성들이 하는 일의 성질은 중년기에 눈에 보일 정도로 변화한다. 우리는 이 시기의 일이 갖는 의미에 대해서는 훨씬 소홀히 생각해왔으며, 대중적 논의도 훨씬 적었다. 중년기에는 직업과 이력이 어떻게 전개되어야 하는가? 개인과 사회의 관점에서 볼 때 어떤 종류의 새로운 일이 바람직한가? 동일한 직업 내에서 좀 더 많이 배우거나 재충전하기 위해서, 또는 '제2의 이력'으로 전환한다거나 조기 은퇴해서 중년기에 새로운 유형의 일로 전환하려는 사람들을 지원하기 위해서는 어떤 일이 이루어질 수 있겠는가?

우리가 '후기 산업 사회'로 들어갈 때, 사회생활의 여러 측면에서 주요한 변화가 일어날 것이다. 우리는 창조적인 일과 놀이에 대한 가능성을 증가시켜야 한다. 모든 부문에 종사하고 있는 사람들에게 새로운 원형적인 꿈이 생성되고 유지되어야 할 것이다. 스승 관계를 맺는 데 참여하는 것이 성인 생활에서 좀 더 보편적이고 가치 있는 부분이 되어야 한다. 이 모든 것들에는 주요한 정치적, 경제적 측면들이 있으나 현재의 어떤 정치적 관점도 명확한 해답을 제공해주지는 못하고 있다.

이제 이러한 문제들[12]이 논의되기 시작하고 있으나, 단지 피상적인 것일 뿐이다. 개인적으로나 제도적으로 좀 더 깊이 들여다보는 것을 꺼리고 있다. 질문들은 새로울 뿐이다. 이러한 질문들은 큰 불안을 만들어내고 전통적인 사고방식에 어긋난다. 그들의 복잡성 전체를 파헤쳐서 합리적인 대답이 저절로 발견되도록 하기는 어려운 일이다. 역설적인 것은, 비록 우리는 아직 그 과제를 해결할 수 없으며, 의미심장한 진전이 있기 전에 엉망진창이 된 상황에서 몇 세대 더 지나게 될 것임을 알고 있음에도 불구하고, 새로운 해결책을 찾는 데 우리 자신을 바쳐야 한다는 것이다.

이러한 문제들은 확실히 우리 사회에 국한된 것만은 아니다. 정도는 다르지만, 그들은 현 진화 단계에 있는 모든 인류에게 해당된다. 개인적 유전이나 환경 뿐 아니라 문화나 제도의 차이에 따라, 보편적인 주제 위에서 헤아릴 수 없는 다양성이 만들어지고 있다. 인류는 아직도 현 시대와 시기의 발달 과제들을 어떻게 충족시키며, 그럼으로써 인생의 전 과정에 걸쳐 삶의 가치를 어떻게 향상시킬 것인가를 배우고 있다. 머지않은 미래에, 어떤 사회에서든, 대부분의 사람들이 중년기를 잘 다루어나갈 것이라고 기대하는 것은 너무 지나친 낙관일 것이다.

나는 현재의 인생 주기의 형태가 변하지 않는다고 말하는 것이 아니다. 시대의 기본적인 성질과 각 시대가 오는 시점timing은 의심할 여지없이 미래에는 수정될 것이나, 그러나 이런 종류의 기본적인 변화는 진화적이다. 그렇게 되는 데는 단순히 수십 년 또는 수 세기가 아니라 수백 세대가 요구된다. 장기적으로, 성인 발달을 촉진하는 데 앞으로의 행보는 인류 사회와 인간의 성격을 변형시키는 데 일익을 담당하게 될 것이며, 그리고 인류의 진화에 새로운 기원을 만드는 데 공헌하게 될 것이다.

역사 속에서 그 장은 아직 아득하다. 당분간은, 우리는 현재의 인생 주기의 본질을 이해하고 그 안에서 건설적인 변화를 향해 노력하기 위해서 우리가 할 수 있는 모든 것을 하고 있다. 만약에 우리가 그렇게 할 수 없다면, 다음 장은 결코 써질 수 없을 것이다. 문제의 어려움에도 불구하고, 우리들의 유일한 이성적인 선택은 그 일을 계속해나가는 것이다.

미주

지은이의 말

1 이 연구의 일환으로 워커는 예일대학교 의학부에서 최고의 학위논문을 썼다: *Individuation and the Mid-Life Decade in Men*, Yale University School of Medicine, April 1970.

2 Barbara L. Kellerman, *Willy Brandt: Portrait of the Leader as Young Politician*, 예일대학교 정치학과 박사학위 논문, 1975.

3 Wendy A. Stewart, *The Formation of the Early Adult Life Structure in Women*, 컬럼비아대학교 사범대학, 임상박사학위 논문, 1976.

1장. 인생 주기와 그 계절들

1 사회과학에서의 중요한 초기 작품들로는 만하임Karl Mannheim의 초기 수필 *The Problem of Generations*(초판, 1928), in *Essays on the Sociology of Knowledge*, pp. 276-320, (옥스퍼드대학교 출판부, 1952); Arnold van Gennep, *The Rites of Passage*(시카고대학교, 1960. 원본, 1908)가 있다. 전환기transition에 대한 우리들의 개념은 게네프의 'passage'에 대한 관점에서 많은 도움을 받았다.

최근의 사회과학 문헌을 요약하면 다음과 같다: Leonard D. Cain, Life Course and Social Structure, in R. E. L. Faris, ed., *Handbook of Mordern Sociology* (Rand McNally, 1964); Orville G. Brim, Jr. & Stanton Wheeler, *Socialization After Childhood*(Wiley, 1966); Orville G. Brim, Jr., Theories of the Male Mid-life Crisis, *The Counseling Psychologist*, 6, 2-9, 1976; Glen H. Elder, Age Differentiation and the Life Course, *Annual Review of Sociology*, Vol. 1(Annual Reviews, 1975); Matilda W. Riley, et al., *Aging and Society*, 3, (Russell Sage, 1968, 1972)(특히 3장 John Clausen의 The Life Course of Individuals를 보시오).

학문적 심리학에서 성인 발달과 관련된 초기 연구는 불러Charlotte Buhler와 그의 동료들의 연구였다: Charlotte Buhler, The Curve of Life as Studied in Biographies, *Journal of Applied Psychology*, 19, 405-409, 1955; Charlotte Buhler, The Course of Human Life as a Psychological Problem, *Human Development*, 11, 184-200, 1968; Charlotte Buhler & Fred Massarik, eds., *The Course of*

Human Life(Springer, 1968); Else Frenkel, Studies in Biographical Psychology, *Character and Personality*, 5, 1-34, 1936.

학문적 심리학에서 발달에 대한 생물학적, 심리적, 사회적인 통합된 관점을 창조하기 위한 맨 처음의 체계적인 노력은 나의 옛 친구이자 동료인 화이트(Robert W. White)에 의해 이루어졌다: *Lives in Progress*(Dryden Press, 1952); *The Enterprise of Living*(Holt, Rinehart and Winston, 1972).

1960년 이전에 행해진 광범위하고 대표적인 연구들은 Bernice L. Neugarten이 편집한 *Middle Age and Aging: A Reader in Social Psychology*(University of Chicago, 1968)에 수록되어 있다.

2 성인 발달과 개별화 과정에 대한 융의 생각은 그의 40대에 시작되어서 여러 해 동안 진화되어왔다. 이 주제에 대한 그의 관점을 간결하게 언급한 단행본이나 논문은 없다. 다음과 같은 작품들이 관련이 있다: *Man and His Symbols*(Doubleday, 1964); *Memories, Dreams, Reflections*(Pantheon, 1963); *The Archetypes and the Collective Unconscious,* Collected Works, Vol. IX, Part 1(2nd ed.)(Bollingen, 1968); Joseph Campbell, ed., *The Portable Jung*(Viking, 1971).

3 인생 주기에 대한 에릭슨의 관점은 다음의 저서에 기술되어 있다: *Childhood and Society*(Norton, 1950); Identity and Life Cycle, *Psychological Issues*, 1, 1-171, 1959.

4 베커Ernest Becker의 마지막 두 권의 저서는 *The Denial of Death*(Free Press, 1973)와 *Escape from Evil*(Macmillan, 1976)이다. 비록 베커는 인생 주기와 성인 발달의 문제를 일차적으로 다루지는 않았지만 성인 발달에 대한 그의 생각은 발달적 접근에 도움이 되고 있다. 우리와 가장 유사한 연구자는 굴드Roger L. Gould이다. 그는 독자적으로 성인 발달에서 유사한 시기들의 계열을 발견했다. 그의 발견은 주로 집단이나 부부들과의 임상 경험에 근거하고 있는데, 그는 일차적으로 성격 발달에 초점을 맞추고 있다: The Phases of Adult Life: A Study in Developmental Psychology, *American Journal of Psychiatry*, 129, 521-531, 1972. *Transformations*(Simon & Schuster, 1978).

또 하나의 우리와 유사한 중요한 연구는 George E. Vaillant의 *Adaptation to Life*(Little Brown, 1977)이다. 하버드 졸업생들을 표본으로 사용한 이 연구는 성인기에서의 전반적인 적응의 질을 다루고 있다. 적응은 방어기제나 적응기제와 같은 성격에 의해 크게 영향을 받고 있는 것으로 나타났다. 비록 그는 성인 발달보다는 주로 성격이나 적응에 강조점을 두고 있지만, 대략 스물에서 쉰 살까지 중요한 변화가 일어나고 있다는 증거를 제시하고 있다.

리프턴Robert Lifton은 과거에는 '심리학사'라는 광범위한 분야에서 에릭슨의 접근을 취해왔다. 그러나 그의 가장 최근의 책에서는 여러 가지 근원에서 도출한 성인 발달에 대한 그 자신의 관점을 말하고 있다: *The Life of the Self: Toward a New*

Psychology(Simon & Schuster, 1976).
리쯔Theodore Lidz는 인생 주기에 대한 통합적인 교과서에서 정신분석과 사회과학으로부터 검증된 증거들을 조합하려고 시도했다: *The Person: His Development Throughout the Life Cycle*(Basic Books, 1968).

5 앤더슨Maxwell Anderson과 웨일Kurt Weill의 뮤지컬 *Knickerbocker Holiday*에서 (Anderson House, 1938), pp 55-56.

6 딜런 토머스Dylan Thomas의 『시 모음집*Collected Poems*』에서 (New Directions, 1957).

7 가족 발달이나 직업 발달에 대한 대표적인 연구: Jesse Bernard, *The Future of Marriage*(World, 1972); Michael P. Fogarty, Rhona Rapoport & Rober N. Rapoport, *Sex, Career and Family*(Allen & Unwin, 1971); Marjorie Fiske Lowenthal, Magda Thurnher & David Chiriboga, *Four Stages of Life: A Comparative Study of Women and Men Facing Transitions*(Jossey-Bass, 1975); Cyril Sofer, *Men in Mid Career: A Study of British Managers and Technical Specialists*(Cambridge University Press, 1970); Harold Wilensky, Life Cycle, Work Situation and Participation in Formal Associations, in R. Kleemeier, ed., *Aging and Leisure*(Oxford University Press, 1961); Donald E. Super, *Career Development: Self-Concept Theory*(College Entrance Examination Board, Research Monograph No. 4, 1963).

8 이력 발달에 대한 나의 초기 연구에는 다음과 같은 공동 연구들이 포함되어 있다: Myron R. Sharaf & Daniel J. Levinson, The Quest for Omnipotence in Professional Training: The Case of the Psychiatric Resident, *Psychiatry*, 27, 135-49, 1964; Richard C. Hodgson, Daniel J. Levinson & Abraham Zaleznik, *The Executive Role Constellation: A Analysis of Personality and Role Relations in Management*(Harvard Business School, 1965); Daniel J. Levinson & Eugene B. Gallagher, *Patienthood in the Mental Hospital: Role, Personality and Social Structure*(Houghton Mifflin, 1964); Daniel J. Levinson & Klerman, The Clinician-Executive: Some Problematic Issues for the Psychiatrist in Mental health Organizations, *Psychiatry*, 30, 3-15, 1967; Gerald L. Kierman & Daniel L. Levinson, Becoming the Director: Promotion as a Phase in Personal-Professional Development, *Psychiatry*, 32, 411-427, 1969.

9 Wendy A. Stewart, *The Formation of the Early Adult Life Stucture in Women*, 컬럼비아대학교 사범대학, 임상 박사학위 논문, 1976.

10 많은 사람들이 우리가 좀 더 풍부하게 작가의 세계를 이해하도록 도왔다. 특히 나는 말라머드Bernard Malamud와 모리슨Toni Morrison에게 감사한다. 이들은 그 자신과 타인들의 삶에서 얻은 풍부한 사례들을 갖고 있었는데, 나는 이들과 함께 작가들의 작품과 이력에 대해 많은 면들을 토론했다.

2장. 시대: 인생 주기의 해부학적 구조

1 생물학적인 감퇴 곡선이 시작되는 준거점으로 서른 살을 사용하는 것은 Robert R. Kohn의 *Principles of Mammalian Aging*(Prentice Hall, 19H)에서 논의되고 있다.

2 로저 칸Roger Kahn은 직업 야구 선수들의 이력에 대한 설명을 하고 있다: *Boys of Summer*(New American Library, 1973). 재키 로빈슨Jackie Robinson은 30대 후반에 야구 경력을 끝마치고 사업과 정치 세계로 들어갔다: *I Never Had It Made*(Putnam, 1972).

3 Elliott Jaques, Death and the Mid-Life Crisis, *International Journal of Psychoanalysis*, 46, 502-514, 1965. Elliott Jaques, *Work, Creativity and Social Justice*(International Universities Press, 1970)에 재수록됨.

4 José Ortega y Gasset, *Man and Crisis*(Norton, 1958).

5 Erik H. Erikson, *Childhood and Society*(Norton, 1950)와 Identity and the Life Cycle, *Psychological Issues*, 1, 1-171, 1959. 이러한 저술에서, 에릭슨은 성인 발달 단계를 연령과 관련시키는 데에 약간 모호하다. 내가 제시한 연령도 그의 일반적인 사용법과 일치한다고 믿는다. 예를 들면, 중년기를 다룬 그의 주요한 전기인, *Gandhi's Truth*에서, 그는 생성감/침체감을 40대와 50대에 수행하는 문제로 확인하고 있다.

6 *The Autobiography of Bertrand Russell*, Vol. II, p. 1, 1914-1944(Little Brown, 1968).

7 중년의 개별화에 대한 융의 이론은 어떤 하나의 저술에 체계적으로 기술되어 있지는 않다. 우리는 다양한 자료에서 그것에 대한 의미를 얻어야 했다. 이 책 1장의 주2를 보면, 융이 그 용어를 사용하기 시작한 것이 적혀 있다.

8 초기 심층 심리학자들 가운데, 랭크Otto Rank 역시 성인기의 분리와 개별화를 크게 강조했다: *Will Therapy and Truth and Reality*(Knopf, 1945)에 1926년까지 거슬러 올라간 대여섯 편의 논문들이 수록되어 있다.

9 도널드 위니코트Donald W. Winnicott는 아동 발달을 '촉진하는 환경'에 대한 개념을 발달시켰다. *The Maturational Processes and the Facilitating Environment: Studies in the Theory of Emotional Development*(Hogarth, 1965). 동일한 기본 개념이 성인 발달을 촉진하는 데 적용될 필요가 있다.

10 독일 시인 벤Gottfried Benn은 그의 논문에서 인생 후반의 왕성한 창조성을 기술하고 있다: Artists and Old Age, *Partisan Review*, 22, 297-319, Summer 1955.

11 존스의 3권의 전기는 *The Life and Works of Sigmund Freud*(Basic Books, 1935, 1955, 1957).

12 로젠펠드Albert Rosenfeld는 *Prolongevity*(Knopf, 1976)에서 평균 수명을 여든 살 이상 증가시키기 위한 생물학적인 가능성에 대한 연구들을 고찰하고 있다. 그러나 로젠펠드와 대부분의 생물학자들은 노년의 심리적 · 사회적인 면에 대해서는 전혀 아무런 언급도

하고 있지 않다.

3장. 발달 시기: 인생 구조의 진화 과정

1 밀러Arthur Miller의 수필집 39페이지에서 인용했다.: The Shadow of the Gods, *Harper's Magazine*, pp. 35-43, August 1958.
2 밀러의 같은 수필집 43페이지에서 인용함.
3 사르트르의 '기획project'에 대한 개념은 그의 저서 *Existential Psychoanalysis* (Philosophical Library, 1953; paperback: Regnery, 1962) 속에서 논의되고 있다.

5장. 초심자 단계: 성인 초기 전환기, 성인 입문기, 30대 전환기

1 우리는 각 피험자들에 대해 모든 시기가 시작되고 끝나는 연령을 결정했다. 어떤 경우에는 그러한 결정은 전기를 쓰는 연구진에 의해 행해졌고, 그리고 나서 우리들의 전체 회의의 논의를 통해 수정되었다. 이와 같이 최종 결정은 전체 연구진의 동의에 의한 것이었다. 이러한 절차는 우리가 시기에 대한 개념을 설정하던, 연구 초기 단계에서는 통상 뒤따르던 절차였다. 연구의 말기에는 보통 두 사람—전기를 쓰는 사람과 나 자신—이 공동 작업을 했다. 이 점에서 우리는 하나의 사례에서 한 시기가 시작되고 끝나는 연령을 평가하기 위하여 두 경험 있는 연구자가 일 년 이내에 만난 것이라고 말할 수 있다. 우리는 이러한 결정을 해야만 했던 준거를 아직 완전하게 성문화하지 못하고 있다. 이러한 성문화는 다음 단계에서 해야 할 중요한 과제이다.

우리는 모든 피험자들에 대해 각 시기가 시작되고 끝나는 연령을 체크했다. 이러한 양적인 자료를 통해 시기들의 시간표를 미리 구상해보는 것은 흥미가 있으나, 우리 연구의 다른 양적인 자료들처럼, 그들은 결정적이라기보다는 암시적이라는 점을 강조할 필요가 있다. 연령의 연쇄를 확실하게 일반화할 수 있기 위해서는 앞으로 할 일—좀 더 엄밀하게 측정하고, 이론적 쟁점들을 명료화하며, 다른 전집을 연구해보고, 여기에 개입된 다양한 요인들을 분류해내는 방법을 통해— 이 많이 남아 있다.

6장. 초심자 단계의 주요한 발달 과제

1 쉬바르츠의 저서 *The World is a Wedding*(New Directions, 1948)에서 인용함.
2 위니 코트는 *Playing and Reality*(Basic Books, 1971) 속에서 아동기의 '전환기적 현상'에 대해 논의하고 있다. 그의 초기 저서인 *The Maturational Processes and the Facilitating Environment: Studies in the Theory of Emotional Development*(Hogarth Press, 1965)도 역시 보시오.
3 내가 대학원생일 때 중요한 스승 중 한 분은 엘스 프렌켈-브런스윅(Else Frenkel-

Brunswik)이다. 수년 후— 실로 내가 이 성인 발달에 대한 연구를 막 시작할 무렵—나는 그녀의 인생과 연구 업적에 대해 짤막한 설명을 하게 되었다. 이 설명 속에는 심리학자, 선생, 그리고 친구로서, 내가 그녀에게 개인적으로 느낀 점들이 진솔하게 담겨져 있다: Else Frenkel-Brunswik, *International Encyclopedia of the Social Sciences*, V, 559-62(Macmillan and Free Press, 1968).

4 비평가 블룸Harold Bioom은 젊은 시인들은 통상 자신들이 겨루어서 대신 그 자리를 차지하기 위해 싸우는 과거의 위대한 작가와 같은, 상징적인 인물을 가지고 있다고 주장한다: *The Anxiety of Influence*(Oxford University, 1973).

5 정신 분석학자 뢰발트(Hans Loewald)는 정신 분석학적 처치가 성인 발달에 공헌하는 방법(단순히 성인 이전기의 갈등을 해결하는 것이 아닌)에 대한 몇 안 되는 논문 중의 하나에서, 정신분석학자에 대한 환자의 내면화는 이 과정의 중요한 측면이라고 제안하고 있다: On Therapeutic Action of Psychoanalysis, *International Journal of Psychoanalysis*, 41, 16-33, 1960.

10장. 안정기의 다섯 가지 발달 계열

1 이 중년기의 감퇴 과정은 로젠버그Stanley Rosenberg와 패렐Michael Farrell에 의해 기술되었다: *Change in Life Course at Mid-life: A Pattern of Psychosocial Decline*, the American Sociological Association 연차 대회에 발표됨, San Francisco, August 26, 1975(저자로부터 자료를 얻을 수 있음, Dartmouth University Medical School).

13장. 중년의 전환기

1 에릭슨의 생성감/침체감에 대한 이론은 Identity and Life Cycle, *Psychological Issues*, 1, 1-171, 1959에 제시되어 있으며, *Gandhi's Truth*(Norton, 1969)는 이 단계에 대한 완벽한 전기적 예이다.

2 Elliott Jaques, Death and the Mid-Life Crisis, *International Journal of Psychoanalysis*, 46, 502-514, 1965. Elliott Jaques, *Work, Creativity and Social Justice*(International Universities Press, 1970)에 재수록됨.

3 Goya's Dining Room, *Psychoanalytic Quarterly*, 35, 1, 47-83, 1966.

4 Bernice L. Neugarten, A Developmental View of Adult Personality, in James E. Birren, ed., *Relations of Development and Aging*(Charles C. Thomas, 1965).

14장. 중년의 개별화: 젊음/늙음, 주요한 양극성

1 퓨어와 시넥스에 관한 융의 이론에 대해서는 다음과 같은 저술이 있다: C. G. Jung, *Man and His Symbols*(Doubleday, 1964); Marie-Louise von Franz, *The Problem of the Puer Aeternas*(Spring, 1970); James Hillman, Puer and Senex, *Eranos Jahrbuch*, 36, 301-59(Zurich, 1968); James Hillman, On Senex Consciousness, *Spring Annual of Archetypal Psychology and Jungian Thought*, 1970.

2 원형적인 의미에서, 젊음은 에너지와 동인動因을 그리고 늙음은 구조와 안정을 상징한다. 현대의 생물학, 심리학, 사회과학 이론에서도, 고도로 세련된 형태로 이러한 구분을 하고 있다. 에너지와 구조는 모든 유기체의 기본적인 특성이다—세포, 생물학적 기관, 개개인, 사회적 기관과 사회. 모든 유기체는 어떤 형태의 에너지를 가지고 있어야 하며, 그리고 그 에너지를 담고 방향지을 구조를 가지고 있어야 한다. 에너지가 없는 구조는 행동이나 변화를 할 수 없는 불활성의 형태이다. 구조가 없는 에너지는 혼돈 상태이다. 하나의 체계는 다양한 기능을 수행하고 시간이 지남에 따라 진화되기 위해서 이 두 가지가 모두 필요하다.

발달 과정의 초기에는, 유기체는 풍부한 에너지와 가능성을 가지고 있으나 상대적으로 제한된 에너지를 가지고 있다. 그의 행동 목록은 협소하며, 적응 능력은 제한되어 있고, 그리고 에너지의 상당량이 그의 내적인 발달을 위해 사용된다. 발달 과정에서, 구조는 성장해서 좀 더 세분화된 기능을 할 수 있는 수많은 구성인자로 분화된다. 구성인자들은 이번에는 좀 더 복잡한 구조로 통합된다. 구조는 좀 더 안정성을 얻게 되고, 기능들은 잠시 최고 수준에 도달했다가 서서히 감퇴해서, 결국은 해체되거나 새로운 구조로 변형된다.

이와 같이 발달의 초기 국면에서는 하나의 체계는 최고 수준의 에너지와 초기의 취약한 구조를 가지고 있다. 중간 국면에서는 체계는 에너지와 구조간 최적의 균형 상태에 도달한다. 마지막 국면에서는 에너지는 감퇴하고 구조는 점점 더 취약해져서, 결국 외적인 스트레스에 의해 파괴되거나 내적 자원이 고갈된다. 이러한 과정은 대체로 모든 발달 시기 동안, 그리고 전 인생 주기에 걸쳐 반복된다.

3 그의 소설 *Chimera*(Random House, 1972)에서, 바스John Barth는 중년기로 들어가는 젊은 주인공의 다양한 초상화를 그려내고 있다.

4 영원불멸에 대한 소망과 자신의 죽음의 필연성과 타협하려는 자신과의 힘겨운 싸움의 중요성은 다양한 심리학적·철학적 관점에서 논의되었다. 프로이트 학파의 이론에서는 전지전능함에 대한 소망과 자신이 영원불멸할 것이라는 가정은 아동의 기본적인 심리적 기능의 일부분으로 자리잡고 있다. 비록 프로이트는 성인 발달 과정에서 일어나는 그런 종류의 변화를 체계적으로 다루지는 않았지만, 이러한 아동기의 특성들이 성인기에도 지속된다는 것을 주시했다: *Religion: The Future of an Illusion*(Norton,

1975). 융의 이론에서는 이러한 특성들은 '퓨어' 개념의 일부분으로 다루어지고 있다(이 장의 주 1 퓨어의 시작 부분을 보시오). 또한 스페인의 위대한 철학자 우나무노Miguel de Unamuno는 *The Tragic Sense of Life*(Dover, 1954; 영역 초판 1921) 속에서 이것을 심리 · 철학적인 통합된 관점에서 논의하고 있다. 인류학자인 베커Ernest Becker는 그의 저서 *Denial of Death*(Free Press, 1973)에서 영원불멸의 소망에 대한 인류학적 관점과 심층 심리학적 관점을 통합하려고 시도했다. 리프턴의 작품에서는 이것이 하나의 주제가 되었다: *The Life of the Self: Toward a New Psychology*(Simon & Schuster, 1976). 자크는 그의 수필집, Death and the Mid-Life Crisis, *International Journal of Psychoanalysis*, 46, 502-514, 1965에서 프로이트와 클라인Melanie Klein의 생각을 끌어들이고 있다. 비록 이러한 저자들이 다양한 이론적 접근을 사용하고 있으나, 우리는 점점 더 영원불멸-죽음의 필연성 갈등을 성인 발달에서의 쟁점으로 이해하고 있다.

5 무디Richard Moody에 의해 쓰여진 전기, *Lillian Hellman: Playwright*(Bobbs-Merrill, 1972), p. 226에서 인용함.

6 W. B. Yeats, *Words for the Wind*(Indiana University Press, 1961), p. 190에 있는 뢰트케의 시, The Dying Man: In Memoriam에서 인용함.

7 예이츠의 시 「동요」는 로젠탈(M. L. Rosenthal)이 편집한, *Selected Poems and Two Plays of William Butler Yeats*(Collier Books, 1966), p. 134에 재수록됨.

15장. 중년의 개별화: 다른 양극성들

1 *Paradise Lost*, IV권, 73행에서 인용했다.

2 우나무노는 그의 저서 *The Tragic Sense of Life*(Dover, 1954)에서 '비극'에 대한 개념을 전개한다. 문학에서 비극을 논의한 작품은 Richard B. Sewall, *The Vision of Tragedy*(Yale University Press, 1959)이다.

3 『리어왕』에 대한 나의 논의는 Harold C. Goddard의 *The Meaning of Shakespeare*(University of Chicago Press, 1951)에서 많은 도움을 얻었다.

4 Elliott Jaques, Death and the Mid-Life Crisis, *International Journal of Psychoanalysis*, 46, 502-14, 1965.

5 Theodor W. Adorno, Else Frenkel-Brunswik, Daniel J. Levinson & R. Nevitt Sanford, *The Authoritarian Personality*(Harper, 1950; paperback editions by Wiley and Norton).

6 James Watson, *The Double Helix*(Atheneum, 1968).

7 성공적인 직업 여성의 이력 발달에서 스승의 역할을 논의하기 위해서는 Margaret Henning & Anne Jardim, *Women and Management*(Doubleday, 1977)를 보시오.

16장. 중년의 전환기: 인생 구조의 수정

1 John Barth, *Chimera*(Random House, 1972).
2 Johann Wolfgang von Goethe, *Faust*(New Directions, 1941).
3 M. L. Rosenthal, ed., *Selected Poems and Two Plays of William Butler Yeats*(Collier Books, 1966), p. 184에서 인용함.
4 프로이트와의 결별에 대한 융의 설명은 그의 자서전, *Memories, Dreams, Reflections*(Pantheon, 1963)에 기술되어 있다. 캠벨이 융의 저술들을 선택해서 소개 한, *The Portable Jung*(Viking, 1971)도 보시오.
5 융과 프로이트와의 관계는 서문에 포함되었다: William McGuire, ed., *The Freud/Jung Letters*(Princeton University Press, Bollingen Series XCIV, 1974). 융이 84세 때 쓴 1967년 3월 23일자 편지.
6 *New York Review of Books*, March 23, p. 17, 1967에서 볼드윈이 엘리아 카잔의 『어레인지먼트』에 대해 고찰한 것을 보시오.
7 Erik H. Erikson, *Gandhi's Truth*(Norton, 1969), pp. 314-321.
8 Stanley Rosenberg & Michael Farrell, *Changes in Life Course at Midlife: A Pattern of Psychosocial Decline*, the American Sociological Association 연차대회에서 발표됨, San Francisco, August 26, 1975(저자로부터 자료를 얻을 수 있음. Dartmouth University Medical School).

20장. 성인기의 발달 과제와 가능성

1 콜버그, 피아제, 레빙거의 연구 업적이 다음과 같은 저술들 속에 기술되어 있다: Lawrence Kohlberg, Stage and Sequence: The Cognitive-Developmental Approach to Socialization, in D. A. Goslin, ed., *Handbook of Socialization Theory and Research*(Rand McNally, 1969); Lawrence Kohlberg, Continuities in Childhood and Adult Moral Development Revisited, in P. B. Baltes and K. W. Schaie, eds., *Life Span Developmental Psychology: Personality and Socialization*(Academic Press, 1973); Jane Loevinger, *Ego Development: Conceptions and Theories*(Jossey-Bass, 1976); Jean Piaget, *The Child and Reality: Problems of Genetic Psychology*(Penguin, 1976); Jean Piaget, *Moral Judgement of the Child*(Free Press, 1932); Jean Piaget & Barbel Inhelder, *The Child's Conception of Space*(Humanities, 1963).
2 Marcel Proust, *Remembrance of Things Past*(Random House, 1932). *Sweet Cheat Gone*에서 인용함(C. K. Scott Moncreiff가 번역함).
3 문화를 초월한 성격의 보편성을 결정하는 문제를 논의하기 위해서는 다음과 같은

저 술을 보시오: Alex Inkeles & Daniel J. Levinson, National Character: The Study of Modal Personality and Socio-cultural Systems, in G. Lindzey and E. Aronson, eds., *Handbook of Social Psychology*(Addison-Wesley, 1968).

4 신화 연구를 위한 융 학파의 접근은 다음과 같은 저술에 소개되어 있다: Joseph Campbell, *The Masks of God*, 4 vols.(Viking, 1959-68); Mircea Eliade, *Patterns in Comparative Religion*(Meridian, 1958); Mircea Eliade, *The Myth of the Eternal Return*(Harper & Row, 1965).
신화에 대한 융 자신의 관점을 알려면 다음과 같은 저술을 보시오: C. G. Jung & K. Kerenyi, *Essays on a Science of Mythology*(Princeton University Press, 1949); Paul Radin(Jung과 Kerenyi의 비평이 실린), *The Trickster: A Study in American Indian Mythology*(Schocken, 1972[rev. ed]).

5 Simone de Beauvoir, *The Coming of Age*(Putnam, 1972).

6 David L. Gutmann, Women and the Parental Imperative, *Commentary*, December 1973; Individual Adaptation in the Middle Years: Developmental Issues in the Masculine Mid-life Crisis, *Journal of Geriatric Psychiatry*, 9, 41-59, 1976; Mayan Aging: A Comparative TAT Study, *Psychiatry*, 29, 246-59, 1966.

7 The Sayings of the Fathers, in Philip Blackman, ed., *Order Nezikin*, *Tractate Avoth*, *21st Mishna*. (Judaica Press, 1963[2nd rev. ed.]).

8 웨리Arthur Waiey가 번역해서 주석을 단, *The Analects of Confucius*, Book II, p. 88(Vintage Books, 1938).

9 인생 단계에 대한 솔론의 설명은 A. L. Vischer, *Old Age: Its Compensation and Rewards*, p. 121(Macmillan, 1947)에서 인용했다.

10 비더의 원래의 논문은 Senescence, *British Medical Journal*, 2, 1932, 5831이다. 이 논문은 Alex Comfort, *Ageing: The Biology of Senescence*(Routledge & Kegan Paul, 1964)에서 인용되어 논의되었다.

11 수렵 사회에서의 수명에 대한 자료를 고찰하기 위해서는, J. S. Weiner, *The Natural History of Man*(Universe Books, 1971)을 보시오.

12 존 샤John Schaar는 이러한 문제를 다룬 탁월한 논문을 썼다: Legitimacy in the Modern State, in Philip Green and Sanford Levinson (eds.), *Power and Community: Dissenting Essays in Political Science* (Vintage Books, 1970). 그는 현대 사회에서 권위의 합법성이 당면한 위기를 검증했다. 비록 그는 외현적으로는 성인 발달을 다루지는 않았지만, 그의 분석은 가정과 사회에서 권위라는 가장 무거운 짐을 수행하는 중년기에 있는 사람들에게 직접적으로 적용된다. 샤의 말을 빌리면, 현명한 권위자가 되기 위해서는, 우리는 중년의 전환기의 문제들을 해결하는 데 상당한 진전이 이루어져야만 한다.

찾아보기

[인명]

[사항]

남자가 겪는 인생의 사계절 (개정판)

펴낸날 1판 1쇄 1996년 4월 25일
2판 1쇄 2023년 4월 27일
지은이 대니얼 레빈슨 외
옮긴이 김애순
펴낸이 주소현
펴낸곳 이화여자대학교출판문화원
주소 서울특별시 서대문구 이화여대길 52(우 03760)
등록 1954년 7월 6일 제9-61호
전화 02) 3277-2965 (편집), 02) 362-6076 (마케팅)
팩스 02) 312-4312
전자우편 press@ewha.ac.kr
홈페이지 www.ewhapress.com
책임 편집 민지영
디자인 정혜진

ISBN 979-11-5890-485-2 93180
값 28,000원

* 잘못된 책은 구입처에서 바꾸어 드립니다.